Arno Plack

Hitlers langer Schatten

Arno Plack

Hitlers langer Schatten

Langen Müller

Das vorliegende Werk übernimmt einige Teile aus dem Buch
des Verfassers von 1982 *Wie oft wird Hitler noch besiegt?*

© 1993 by Langen Müller
in der F. A. Herbig Verlagsbuchhandlung GmbH München
Alle Rechte vorbehalten
Satz: Schaber Satz- und Datentechnik, Wels
Gesetzt aus: 11/12$^{1}/_{2}$ Punkt September auf Scantext 2000
Druck: Jos. C. Huber, Dießen
Binden: Großbuchbinderei Monheim
Printed in Germany
ISBN 3-7844-2443-0

INHALT

I. KAPITEL
HITLER ALS ÄRGERNIS

II. KAPITEL
VOLKSERZIEHUNG UND VERGANGENHEITS-BEWÄLTIGUNG

III. Kapitel

MASSENMORD UND KOLLEKTIVE AGGRESSION

IV. Kapitel

KOLLEKTIVSCHULD UND DIE EINMALIGKEIT DEUTSCHER VERBRECHEN

V. Kapitel

JUDENHASS — DEUTSCHENHASS

VI. Kapitel

UNRUHIGE JUGEND — HITLERS KINDER?

VII. Kapitel

HITLERS SOZIALISMUS UND DIE PSEUDOPROGRESSIVEN

VIII. Kapitel

HITLERS UNGEIST HEUTE

IX. Kapitel

ADOLF HITLERS FORTLEBEN

VORWORT

Schon einmal, 1982, habe ich unter dem Titel »Wie oft wird Hitler noch besiegt?« kritisch zu jener »Vergangenheitsbewältigung« Stellung genommen, die nicht zuletzt dazu bestimmt ist, von drängenden Fragen der Gegenwart abzulenken. Während in der Ära Adenauer zu wenig getan wurde, um die wirklich Schuldigen am braunen Terror zur Verantwortung zu ziehen, erleben wir mit wachsendem zeitlichem Abstand vom NS-Staat eine um so beschämendere Nähe zu Hitler und seinen Schergen. Der Sturz Philipp Jenningers (1988) war dafür ein Signal: Er leitete über zu einer ausgedehnten Gesinnungs- und Sprachkontrolle, die noch die gutwilligsten Gedenkworte auf neonazistische oder antisemitische Töne abzuhorchen vermag. Die so Beflissenen werden des selber Faschistoiden an permanenter Verdächtigung nicht gewahr. Nicht Hitlers frühe Erfolge, nicht seine »völkischen« Zielsetzungen haben letztlich sein Terrorregime ermöglicht, sondern die allzu vielen Pflichteifrigen und Verschüchterten in einem System der Ausforschung, der Bespitzelung und Verunsicherung. Ohne die stete Überwachung der »Volksgenossen«, ohne die dafür geeigneten Gesinnungstüchtigen wäre selbst Hitlers Antisemitismus nur das geblieben, wofür ihn sogar hohe NS-Führer um 1934 noch hielten: ein »Hirngespinst von Adolf«[1]. Ein führender Nationalsozialist, den aber Hitler bald ermorden ließ, hatte noch 1932 verkündet: »Wir wollen keine Judenverfolgung ...«[2]

Die Hoffnung, daß mit dem Untergang Hitlers jeglicher Rassismus zumindest aus Europa verschwinden würde, hat getrogen. Er hat bei uns zulande in nicht zuverlässig bezifferbaren Rändern antisemitisch Denkender sich erhalten, und er ist in den »ethnischen Säuberungen« rund um Serbien wieder mörderische Wirklichkeit geworden. Rassismus ist — gegen das »Volk der Täter«[3] — aber auch spiegelbildlich wiedergekehrt in jener Kollektivschuld-These, die ein ganzes Volk einschließlich der Nachgeborenen mit untilgbarer Schuld zu belasten hat: nicht ohne Wirkung bei denen, die solches Stigma sensibel verinnerlichen. Ihnen kommt noch nicht zu Bewußtsein, daß ihr gebrochenes Verhältnis zur eigenen Nation ebensowenig eine Grundlage für Völkerverständigung bildet wie nationale Hybris. Wie kann ein Mensch, der sich schämt, ein Deutscher zu sein, bei anderen Völkern um Sympathie und Vertrauen werben! Alles, was an Hitler erinnert, steht ihm dabei im Wege.

Mit diesem Buch geht es mir darum, wegzulenken von den vordergründigen ideologischen Leitplanken organisierter Gewalt und zurückzuleuchten auf jene gebrochenen vitalen Antriebe, die in mißgünstiger politischer Großwetterlage sich unheilvoll politisieren.

Heidelberg, im Mai 1993   Arno Plack

EINLEITUNG

Es ist nicht meine Absicht, die Flut der Hitler-Bücher um ein weiteres zu vermehren. Es geht mir vielmehr darum, die tiefersitzenden Beweggründe aufzuzeigen, die uns eine immer stärkere Beschäftigung mit dem »Führer« und der NS-Zeit gebracht haben. Diese Motive sind nicht mehr rein politischer Natur. Die politische und ideengeschichtliche Auseinandersetzung mit dem Nationalsozialismus hat vielmehr gerade die vitalen Gründe verdeckt, die den NS-Staat mit heraufgeführt haben und heute zur Wiederbelebung des längst getöteten Drachens führen. An solcher Erweckung haben militante Neonazisten und aufgebrachte Vergangenheitsbewältiger gemeinsamen Anteil. Beiden geht es darum, die Saalschlachten von damals noch einmal zu schlagen, den Ausgang des Krieges aus je verschiedener Perspektive neu zu bewerten und den Terror und die Greueltaten von damals als Bedrohung für die Gegenwart zu reaktivieren, freilich mit je entgegengesetzter Tendenz. Von beiden Seiten werden wir auf höchst unterschiedliche Weise vor neuer »rechter Gewalt« gewarnt; die einen meinen, sie werde wiederkehren, wenn wir nicht den Anfängen wehrten; die anderen raunen, sie könne nötig werden, wenn nicht bald eine »nationale Besinnung« erfolge. Die aufgeregt Warnenden wollen nicht einsehen, daß sie mit eben ihrer Aufregung die Gefahr, vor der sie warnen, mit aufrichten helfen. Die Rechtsradikalen und die radikal national Gesinnten aber dürfen nicht zugeben, wie gelegen ihnen jede demonstrative Warnung vor einem neuen Nazismus kommen muß, hilft sie ihnen doch, die eigene Vereinsmeierei allmählich in politische Gruppenaktivität überzuführen. Was als Stammtischmeinung beginnt, kann an ernstgemeintem Widerstand zu ernstzunehmender politischer Gesinnung sich erhärten.

Allmählich sich verhärtende Radikale und allzu wehrhafte Demokraten kommen wesentlich darin überein, daß ihnen die tieferen, die triebhaften Motive ihrer Kampfbereitschaft selber gar nicht bewußt sind. Sie brauchen das Bewußtsein einer politischen Sendung und ein Feindbild, um für ihre eigenen aggressiven Neigungen eine honorige Rechtfertigung und Gewissensbeschwichtigung zu bekommen. Sie brauchen zugleich einen Feind, der bedrohlich genug ist, um als Feind sich sehen zu lassen, damit die eigene Grimmigkeit sich nicht der Lächerlichkeit preisgibt. Beide aber, die aufgebrachten Antifaschisten wie die aufmuckenden Rechtsradikalen kennzeichnet auch Realitätsverlust vor den drängenden Gefahren der Gegenwart: vor der Gefahr eines »Atomstaates« (Jungk), vor der Vertotung unserer Umwelt, vor der um sich greifenden Vergiftung und Selbstvergiftung des Menschen, vor bevölkerungspolitischen Problemen, vor der Hungersnot in der Dritten Welt, die eines Tages auch auf uns zurückschlagen kann, wie vor der Gefahr eines dritten Weltkrieges. Angesichts solcher Gefahren und Nöte und derart bedrängender Probleme ist es genußvoll und erholsam zugleich, in nostalgischer Tapferkeit sich einem Feind zuzuwenden, den es als politisch entscheidende Kraft nicht mehr gibt. Was den verspäteten Widerstandskämpfern ihr Neonazi oder ihr Faschist, das ist den »Unbelehrbaren« ihr Vaterlandsverräter: Feindbilder, an denen sie um so zäher — fast möchte ich sagen: liebevoller — festhalten, je weniger ihnen eine reale Bedrohung entspricht. Solch unproblematisches Engagement gibt eigener Aggressivität ein sinnvolles Ziel und befriedigt zugleich das Bedürfnis, in einer Welt von Teufeln und Gefahren das Seinige zur Verhütung des Allerschlimmsten oder zur Verbesserung der Verhältnisse beizutragen. Je geringer die Chance, die uns bedrängende Wirklichkeit zu durchschauen, um so entlastender muß es wirken, ein vertrautes Feindbild zu haben und sich kämpferisch an ihm auszurichten.

Das getreulich gehegte Feindbild ist auch eine Gewähr dafür, daß es von Leuten, die nichts weiter als provozieren wollen, schließlich doch wieder erfüllt wird. Das gilt vorweg für jene aggressiv gestimmten jungen Menschen, denen es nicht mehr genügt, in Rockkonzerten ohne den Aufblick zu höheren Werten

das Mobiliar kurz und klein zu schlagen oder als Fußballfans
für den eigenen Verein zu randalieren, Jugendliche, die vielmehr durch eine einschlägig erprobte politische Idee ihrer aggressiven Gereiztheit Sinn und Bedeutung geben wollen, auch
zur Beschwichtigung ihres Gewissens. Daß so versprengte destruktive Charaktere unter einer Fahne versammelt und auf einen ihnen vorgegebenen Feind ausgerichtet werden, ist wohl
ein Politikum; aber das Heranwachsen derart destruktiver wie
beeinflußbarer Menschen ist ein triebpsychologisches Problem.
Es ist zugleich das in allen Faschismus-Debatten ausgesparte
Grundproblem, weil bis jetzt niemand einzusehen vermag, daß
der Nazismus unter anderen pädagogischen und moralischen
Bedingungen als den uns vertrauten kaum mächtig, auf keinen
Fall übermächtig werden könnte. So wie jede Gesellschaft nur
die Verbrechen, Neurosen und Psychosen aus sich heraus entwickelt, die für ihre Moral charakteristisch sind, so treibt sie
auch nur zu jenen politischen Katastrophen und zu jenen im
Namen des ganzen Volkes verübten Grausamkeiten, die den im
Alltag moralisch gepreßten Trieben ein Ventil zu schaffen ver-
sprechen. Die Grausamkeiten, die in sogenannten Ausnahmesituationen geschehen, sind dann aber nicht eine Konsequenz zu
lax gehandhabter moralischer und rechtlicher Regelungen, sondern geradezu eine Folge allzu lange gedrosselten Lebens.
Der Hinweis auf die uns vertraute Erziehung und Moral soll
nicht die Folgerung nahelegen, daß der Faschismus ein typisch
deutsches Phänomen sei. Er ist es weder in seiner rassistischen
Komponente, noch in der Neigung zur Gewalt schlechthin und
zum »harten Durchgreifen« oder im Ruf nach wieder strenge-
ren Strafen, noch gar in der Sehnsucht nach dem »starken
Mann«, an den in allen Ländern die vom Leben Enttäuschten
ihre geknickten Hoffnungen abtreten: auf daß er sie wieder
aufrichte. Wenn aber gerade unsere demokratischen Freunde
im westlichen Ausland nicht die Splitter des Radikalismus in
ihren Augen sehen, sondern den Balken des Neonazismus in
den unseren, so ist das nicht nur Selbstgerechtigkeit. Es steht
dahinter die Ahnung, wenn nicht die Erfahrung, daß ein in seinem nationalen Selbstverständnis gebrochenes und moralisch
gedemütigtes Volk um so leichter wieder nach einem »Retter«

rufen könnte. Hitlers politischer Aufstieg nach dem Ersten Weltkrieg ist ja nicht denkbar ohne die »Schmach« des Friedensvertrages von Versailles, die er zu tilgen versprochen hatte. Weltwirtschaftskrise und Massenarbeitslosigkeit allein hätten kaum ausgereicht, einen Mann an die Spitze des Reiches zu heben, der in gar keiner Weise als Fachmann für ökonomische Fragen ausgewiesen war. Auch sein demagogisches Geschick, alle nationalen Mißstände auf die Juden und auf äußere Feinde des deutschen Volkes zurückzuführen, hätte ihn ohne das Trauma des verlorenen Krieges nicht so weit emporgetragen.

Dies alles steht hinter der Besorgnis einiger unserer Freunde im Ausland, es könne auf deutschem Boden ein neuer »Faschismus« entstehen. Wir selber sehen uns ebensoweit davon entfernt, wie wir uns in unserer Schönwetterdemokratie nicht vorzustellen vermögen, daß in einer lange andauernden wirtschaftlichen Krise auch die nationale Wunde neu aufbrechen könnte. Unsere gegenwärtigen Faschismusdebatten sind aber kaum geeignet, uns dagegen gefeit zu machen. Das liegt an ihren rückwärtsgewandten Fragen und Kategorien, die unterschwellig die Überzeugung vermitteln, daß ein das ganze Volk ergreifender Radikalismus sich mit den Parolen und Emblemen von einst ankündigen müßte, wenn er auch nur etwas Aussicht auf Erfolg haben soll. Dies ist der Grundirrtum aller »Vergangenheitsbewältigung«, die sich zur Lösung von Gegenwartsproblemen anbietet: daß sie die politische und ideologische Einkleidung destruktiver Kräfte für die von ihnen ausgehende Gewalt und Gefährdung selber nimmt.

Gewiß haben wir zu untersuchen und zu erforschen, wie es seinerzeit »soweit kommen konnte«. Und gewiß haben wir einiges aus den sozialen, ökonomischen und parteipolitischen Konstellationen zu lernen, um eine wie auch immer abgewandelte Wiederholung solch gefährlicher Massenverführung zu verhüten. Aber wir dürfen nicht glauben, daß Verführung zur kollektiven Aggression — und das bedeutete heute: Verführung zur Selbstvernichtung — nur im Zeichen des Hakenkreuzes wiederkehren könnte. Unter jedem anderen parteipolitischen Feldzeichen ist das möglich, wenn das ohnehin schon schwach ausgebildete Interesse an den Ursachen kollektiver Gewalt durch das Prinzip des Kampfes vollends ersetzt würde. Gerade im Kampf für die gute Sache — und das kann auch die »freiheitliche demokratische Grundordnung« sein — wird um so leichtfertiger verdrängt, woraus destruktive Gewalt bei den anderen wie bei sich selber erwächst. Wo alles zum Mittel der Auseinandersetzung, zum Kampf, zur Front und zur Konfrontation wird, da bleibt nichts mehr, was es liebevoll zu fördern und zu bewahren gälte. Und da ist es zuletzt auch belanglos, ob einer die Fronten wechselt.

Das Vorurteil, Faschismus lasse sich am besten dadurch vermeiden, daß man ihn bekämpfe, wird uns nicht so plump und mit so anfechtbaren Worten vermittelt. Es fließt uns unbewußt zu durch jene filmische und literarische »Aufarbeitung« des Dritten Reiches, die besonders kämpferische, ja spannende Momente des Widerstandes herausstellt. Der aggressiv gestimmte junge Mensch, der sich zu seiner nächsten »Demo« rüstet, muß davon her die Überzeugung gewinnen, daß es nur darauf ankomme, mit seinen Aggressionen auf der richtigen Seite zu stehen. Aber so einfach ist faschistoider Ungeist nicht zu bewältigen; denn er ist nur eine *Bewußtseinsform* der Gewalt, die uns allen in dieser leib- und lustverneinenden Kultur mehr oder weniger im eigenen Nacken sitzt. Gewalt gegen Unterdrückung, Widerstand gegen Verführung mag notwendig sein; aber wer nicht auch noch in der dabei widerstrebenden Gewalt ein Übel erblickt, wenngleich ein mehr oder weniger notwendiges, der ist selber angefressen von dem, was er bekämpft.

Wo Autoren und Filmemacher den Widerstand gegen das NS-Regime zum heroischen Kampf um des Kampfes willen stilisieren, da wird ebenso der moralischen Überdetermination von Gewalt in die Hände gearbeitet wie in jener »Aufarbeitung« des Hitlerreiches, die den »Führer« als zwar schreckliche, doch faszinierende Gestalt präsentiert: zum emotionalen Konsum für gelangweilte und frustrierte Gemüter. Hitler als ästhetisiertes Faszinosum aber ist schon eine Verharmlosung des Abgründigen, das wir in uns selber noch gar nicht ausgelotet haben. Die Faszination des weltgeschichtlichen Bösewichts kommt von der unausgelebten Triebhaftigkeit des Betrachters, der genußvoll und schaudernd zugleich, noch das eigene Schaudern genießend, mit der realen oder fiktiven Verkörperung des Bösen innerlich mitschwingt. So wie es prüde Sittenwächter gibt, die sexuelle Reize nur noch.in der Form der Entrüstung genießen, so gibt es von Adolf Hitler Faszinierte, die ihre fixierten Gefühle nur in der Form antifaschistischer Erregung ausleben können: verkappte Nazis mit seitenverkehrtem Eifer. Ein in privaten Nöten rasend Gewordener heftet sich — liebend oder hassend — nur zu leicht an starke Persönlichkeiten, vornehmlich solche, die rücksichtslos allgemeinmenschliche Werte verletzen. Am scheinbar kraftvollen Lebensgefühl der Nazis kann noch heute ein ängstlicher Mensch sich aufrichten — selbst dann, wenn er ihre Herrschaft bewußten Sinnes verurteilt[2].

Je mehr wir uns über die triebhaft-unbewußten Bedingungen der Faszination des fanatisch brutalen Menschen klarzuwerden vermögen, je besser wir auch den Zusammenhang von vitaler Frustration und Aggression verstehen lernen und unser Leben unter solchen Einsichten verändern, desto weniger werden wir vom sogenannten ästhetischen Reiz des uns vorgegaukelten Führerkultes noch berührt. In diesem Sinne haben wir Hitler und alles das, wofür sein Name steht, durchaus noch zu überwinden. Das allermeiste von dem, was uns literarisch, filmisch, politologisch und sozialpsychologisch zur »Vergangenheitsbewältigung« und zur »Trauerarbeit« angedient wird, ist dafür denkbar ungeeignet, weil es irrational Hitler als Faszinosum bestehen läßt. So treten wir aus Hitlers Schatten nicht heraus.

I. KAPITEL

Hitler als Ärgernis

a) Der Führer als Verführer

Nach der totalen Niederlage des Deutschen Reiches im Jahre 1945 war es eine beliebte Rede zu sagen, das deutsche Volk sei von Hitler *verführt* worden. Die so sprachen, vor allem Mitläufer des »Dritten Reiches«, aber auch wohlmeinende Demokraten, taten das nicht zuletzt zur moralischen Entlastung eines Volkes, das mit »Kollektivschuld« belastet wurde, seitdem die Nürnberger Prozesse das ganze Ausmaß der von Hitler und Himmler angeordneten Massenmorde hatten erkennen lassen. Was aber so der Beschwichtigung deutscher Gewissen diente, war zugleich dazu angetan, uns als ein recht tölpelhaftes, ja politisch unreifes Volk erscheinen zu lassen, das die von den Besatzungsmächten verabreichte »Umerziehung« um so nötiger hatte, als es wieder den Anschluß an die zivilisierte Welt finden wollte. Adenauer in seiner nüchternen Art sagte später im Blick auf die britische Besatzungszone, was er von solcher Nacherziehung hielt: »Die Bevölkerung wurde nach meiner Meinung von den Engländern schlecht behandelt.«[1] Das Volk hatte, nicht zuletzt mit knurrenden Mägen, für seine Verführung durch Hitler zu büßen.

Von »Verführung« sprechen wir im Deutschen schon seit dem 18. Jahrhundert nur noch im Sinne des »sittlichen Irreleitens«[2]. Opfer einer Verführung sind vornehmlich sexuell unerfahrene junge Mädchen und biedere Frauen. Dem »Verführer« haftet der Ruf und der Ruch an, ein unwiderstehlicher Herzensbrecher zu sein, der sich um die Gefühle der einmal Verführten nicht weiter kümmert. Nun aber: ein ganzes Volk *verführt?*

Das leichtsinnig, aber doch vielleicht treffend benutzte Wort, um ihr Verhältnis zum »Führer« zu charakterisieren, schob die Deutschen in die Rolle einer willenlosen Frau, die, geheimen Neigungen folgend, nicht mehr wußte, was sie tat, und darum

»schwach« geworden war. Ein wahrlich kränkender Vergleich! Aber er trifft — von der Seite der nachträglichen Beschämung her — genau mit der Vorstellung überein, die Hitler sich von der »breiten Masse« des deutschen Volkes gebildet hatte. »Die Masse ist ein Weib, und als solches mache ich sie mir gefügig«, soll Hitler im vertrauten Kreis[3] gesagt haben. Dieses »Weib«, das in den Versammlungen, den »Kundgebungen«, als »wogende Masse« (*Mein Kampf*[4]) vor ihm lag, galt es durch die »Erzeugung von Stimmungen« (S. 531) anzuwärmen, zu entflammen und mitzureißen zum »Rausch der Begeisterung«. So hat er es selber bezeichnet[5]. Diesen »suggestiven Rausch« (S. 536) aber wußte er noch zu steigern zu einer Art Klimax: zu einem »fanatischen Ausbruch völkischer und nationaler Leidenschaft« (S. 541). Der »grandiose Volksredner« (H. Frank[6]) arbeitete zielstrebig darauf hin: aus der Überzeugung, daß »die Triebkraft zu den gewaltigsten Umwälzungen auf dieser Erde … zu allen Zeiten weniger in einer die Masse beherrschenden wissenschaftlichen Erkenntnis (lag) als in einem sie beseelenden Fanatismus und manchmal in einer sie vorwärts jagenden Hysterie« (S. 371).

Daß Hitler Versammlungen, in denen er sprach, als quasi erotische Vereinigung mit der Masse erstrebt und genossen hat, geht aus seinen Worten selber hervor. Der Volksredner, meinte er, sollte »sich von der breiten Masse immer so tragen lassen, daß ihm daraus gefühlsmäßig gerade die Worte flüssig werden, die er braucht, um seinen jeweiligen Zuhörern zu Herzen zu sprechen« (S. 527). In seiner Rede beim Nürnberger Parteitag 1936 fand sein erotisches Gefühl für die Masse sogar unverschlüsselt ins Wort:

> »Wenn wir uns hier treffen, dann erfüllt uns alle das Wundersame dieses Zusammenkommens. Nicht jeder von Euch sieht mich und nicht jeden von Euch sehe ich. Aber ich fühle *Euch,* und Ihr fühlt *mich!* Wir sind jetzt eins.«[7]

Das Verschmelzungserlebnis mit der Masse im Stadion war die schon erlebbare Erfüllung dessen, was der noch um die Macht Ringende sich selber wie seinen Getreuen zugesprochen hatte: »So wie ein mutiger Mann Frauenherzen leichter erobern wird als ein Feigling, so gewinnt eine heldenhafte Bewegung auch eher das Herz eines Volkes als eine feige, die nur durch polizeilichen Schutz am Leben erhalten wird.« (*Mein Kampf*, S. 546) Hitler sprach es geradezu aus, daß er die »breite Masse« des Volkes für »feminin« hielt (S. 201). Nicht nur von diesem signifikanten Wort her dürfen wir schließen: Hitler hatte ein durchaus erotisches, doch zugleich kühl überlegenes Verhältnis zum Volk, das er im Begriff war zu gewinnen: durch die in *Mein Kampf* offen dargelegten Methoden der »Massenbeeinflussung« (S. 525). Hitler, der Volksverführer, ging darauf aus, die »Willensfreiheit des Menschen« zu beeinträchtigen (S. 531). Jedesmal galt es, den noch spürbaren Widerstand einer Versammlung zu brechen, und das gelang am ehesten am Abend, wenn die Menschen »selbst bereits eine Schwächung ihrer Widerstandskraft in natürlichster Weise erfahren haben« (S. 532). Das schließt nicht aus, daß er die von ihm entfachte Begeisterung, das Aufrauschen des Beifalls in einer vieltausendköpfigen Menge selber orgiastisch genossen hat; er könnte anders nicht so bewegt davon schreiben. Aber er hatte wohl — wie alle echten Verführer — Distanz zu seinen eigenen Emotionen. Das heißt, es war ihm möglich, sie instrumental zu den jeweils vorweg gewählten Zwecken einzusetzen. Hitlers vielfach bezeugte suggestive Wirkung auf Menschenmassen beruhte zuallererst auf seiner tiefen, an Übertönen reichen, modulationsfähigen Stimme; aber sie erklärt sich auch aus jener Leidenschaft der Rede, die von sittlich gestauter Triebhaftigkeit rührt. In seinem Verhältnis zu Frauen war Hitler »erotisch hochgespannt und zugleich sexuell gehemmt«. So sieht es, psychologisch einleuchtend, ein alter Mitkämpfer des Führers, Baldur von Schirach[8]. Was in intimer Zweisamkeit unbefangen sich nicht ausleben konnte, das eben schuf die faszinierende Stimmung der Massenveranstaltungen.

Die »Vermutung, daß Hitler sexuell frustriert war« (Toland[9]), bedürfte gar nicht der Bestätigung durch seine Vertrauten (v. Schirach, Hanfstaengl, Rauschning, Speer[10]); schon die Worte, mit denen Hitler sein Verhältnis zur Masse des Volkes beschreibt, weisen darauf zurück. Seine Sprache in *Mein Kampf*, von ihm selbst nicht allzu hoch eingeschätzt, verrät in ihrer

Wortwahl, in den oft unbedachten Vergleichen und Metaphern, mehr über ihren Urheber, als er bewußt und willentlich sagen wollte. Er war sich darüber im klaren: »Die Gedanken gehen mir durch beim Schreiben.«[11] Man darf es daher als Äußerung seines triebhaften Wollens werten, wenn er sagt: »Die Angst unserer Zeit vor Chauvinismus ist das Zeichen ihrer Impotenz.« (S. 475) Er selber fühlte sich Manns genug, im deutschen Volk wieder eine »nationale Leidenschaft« (S. 471) zu wecken. »Leidenschaft erwecken aber kann nur, wer sie selbst im Innern trägt.« (S. 116) Es war die Leidenschaft des leibhaft Frustrierten, die immer schon sosehr Aggression ist, daß sie auch die positive Zuwendung nur als harten Kampf leistet, doch dabei von einem Haß auf Feinde unterlegt und befeuert ist: »Die Nationalisierung unserer Masse wird nur gelingen, wenn bei allem positiven Kampf um die Seele unseres Volkes ihre internationalen Vergifter ausgerottet werden.« (S. 372)

Diese Sprache wurde seinerzeit als bloße Drastik genommen. Noch war man bereit, von solcher »Urwüchsigkeit« (S. 376) sich verführen zu lassen. Aber der tödliche Haß, der hier sich ausdrückte, konnte auch umschlagen auf das Objekt der Zuwendung, auf das willentlich und ostentativ geliebte deutsche Volk. So wie vom prototypischen Frauenverführer nicht gesagt werden kann, daß er die von ihm verführten und wieder sitzengelassenen Frauen auch liebe, so kann vom Führer und Verführer der Deutschen nicht behauptet werden, er habe sein Volk geliebt. Eberhard Jäckel, der jedenfalls an Hitlers Liebe zu den Deutschen zweifelt[12], zitiert in diesem Zusammenhang eine Bemerkung, die der Führer während des Krieges vor seiner Tischgesellschaft fallenließ: »Wenn das deutsche Volk nicht bereit ist, für seine Selbsterhaltung sich einzusetzen, ganz gut: Dann soll es verschwinden.«[13]

Das deutsche Volk war für Hitler nur »Menschenmaterial« (*Mein Kampf*, S. 424 und 529), um seinem eigenen Macht- und Eroberungswillen eine Grundlage zu geben. Von allem Anfang an, das heißt noch lange bevor er überhaupt in Deutschland politisch Fuß fassen konnte, war es ihm nicht genug, hier an die Spitze zu treten. Vom Beginn seiner politischen Laufbahn an ging es ihm nicht nur um Deutschland, sondern um

die »arische Menschheit« (S. 629). Deutschland sollte die Ausgangsbasis sein, die es ihm ermöglichen würde, eine beherrschende Rolle in der Welt zu spielen. Schon in *Mein Kampf* (S. 742) heißt es: »Deutschland wird entweder Weltmacht oder überhaupt nicht sein.« Der Satz ist charakteristisch für Hitlers Spielernatur, die in radikalen, immer Triumph und Absturz ansetzenden Möglichkeiten dachte. Immer ging es um alles oder nichts, »Sein oder Nichtsein«, Leben oder Tod; lebensichernde Kompromisse waren ihm wesensfremd. Schon seine erste »Massenkundgebung« im Münchner Cirkus Krone am 3. Februar 1921 hatte er unter dem Titel angekündigt: »Zukunft oder Untergang«[14]. Solch radikales, alles Vermittelnde ausschließende Entweder-Oder bestimmte nicht nur Hitlers Einstellung zu den sogenannten »Lebensfragen der Nation«; es bildet die Struktur seines Denkens überhaupt. Nicht von ungefähr war es, wie Albert Speer berichtet[15], seine stehende Redewendung: »Da gibt es zwei Möglichkeiten.«
Wer Hitler nicht von seiner alltäglichen Neigung her kannte, jede Situation zu zwei einander ausschließenden Möglichkeiten zu stilisieren, der mochte es als Offenbarung empfinden, wenn der Parteiredner verkündete: »Es gibt nur zwei Möglichkeiten: Wir werden Opferlamm oder Sieger!«[16] Doch selbst wer mit Hitlers Denkmuster vertraut war, konnte ihm, sowie es um große Dinge ging, erliegen, weil die uns allen eingeübte Weise, die Welt zu sehen, auf Alternativen abstellt: Tag und Nacht, Licht und Finsternis, Geist und Materie, Gut und Böse, Freiheit oder Sklaverei. Für ein Denken, dem alles nach strengen Gegensätzen sich aufteilt, gibt es keine fließenden Übergänge zwischen Hell und Dunkel, Gut und Böse, keine Grade der Freiheit und keine Vielfalt akzeptabler Lebensformen. In einer Kultur, wo die Überzeugung vorherrscht, daß es nur eine einzige wirklich menschenwürdige Ordnung gebe, da treffen unversöhnlich die Ideologien aufeinander, und da können immer wieder Heilbringer, charismatische Führer die Menschen in ihren Bann schlagen.
Hitler war nicht dumm. Er ist der Triumph und das Fiasko der binären Logik des abendländischen Denkens in einer Person. Hier, nur hier in dieser Kultur, in der es nicht möglich ist,

»zween Herren zu dienen«, wo einer nicht — wie in Japan —
den Geist zweier Religionen in sich aufnehmen darf, da werden
fortwährend Entscheidungen von uns verlangt, die uns ganz
und ungeteilt fordern. Und, damit wir uns leichter dazu einen
Ruck geben, flößt man uns die Idee der Willensfreiheit ein. Hitler als Moralist wird daher nicht müde, von der Erziehung die
»Ausbildung von Willens- und Entschlußkraft« (*Mein Kampf*,
S. 462), ja von »blitzschneller Entschlußkraft« (S. 454) zu fordern. Jede einmal getroffene Entscheidung grundsätzlicher Art
hat danach aber keinen Zweifel mehr an ihrer Richtigkeit zu
dulden. Es ist nicht reiner Irrationalismus, sondern die Konsequenz einer starr angelegten Entscheidungslogik, daß Hitler
»blinden Glauben an die Richtigkeit einer [seiner] Lehre«
(S. 512) von den Menschen erwartet. Nur so erfüllt sich ihm
das Unfrieden stiftende Ideal der Entschiedenheit für eine Sache: im Bewußtsein, daß »eine Weltanschauung niemals bereit
ist, mit einer zweiten zu teilen« (S. 508). Jeder Zweifel an ihrer
Richtigkeit streckte schon versöhnlich die Hand zu den Anders-
gesinnten aus.

Absolutgesetzte binäre Logik ist das Schema der Unversöhnlichkeit. Da wird alles so angelegt, daß nur noch zwei Möglichkeiten bleiben, deren jede mit dem Äußersten verknüpft ist:
Sein oder Nichtsein. Das geschieht nicht aus geistigem Rigoris-
mus, sondern aus triebhaft destruktivem Wollen, das immer gewinnt, wenn entweder der Feind oder man selber zugrunde
geht. Denn der rein destruktive Wille ist richtungslos, rundum
angreifend und auf sich selber zurückstoßend, weil sado-maso-
chistisch motiviert. Mit solch »eiskalter« Entschlossenheit lassen sich Erfolge erzielen, solange die Gegenkräfte noch nicht
stark genug sind, um zurückzuschlagen, oder noch nicht genügend provoziert, um sich in einen »Entscheidungskampf um
Sein oder Nichtsein« (Hitler[17]) hineinziehen zu lassen. Um
»scheinbar unmögliche Forderungen« durchzusetzen, empfahl
Hitler sich selber, »die gesamte Aufmerksamkeit eines (!) Volkes nur auf diese eine Frage« zu richten, »so, *als ob von ihrer
Lösung tatsächlich Sein oder Nichtsein abhänge*«[18]. Nur, daß
diese Fiktion, einmal durchgespielt, in Realität übergeht, hat
vor Stalingrad außer Heß, der ihm darum davongeflogen ist,

kaum jemand in Hitlers Gefolgschaft gemerkt. Der Führer selber in seinem destruktiven Drang war sich wohl darüber im klaren.

Adolf Hitlers unerbittliches, vermittelnde Lösungen ausschließendes Denken erklärt seine Anfangserfolge wie seinen Untergang. Für einige Jahre ließen sich die Staatsmänner des Westens die beständige Drohung mit der äußersten Alternative, der bewaffneten Intervention, gefallen; dann war der Bogen überspannt. Hitler selbst erkannte wohl die Zwangslage, in die er sich im September 1939 gebracht hatte. Der Spieler in ihm sagte trotzig, er sei »gewillt, alles auf *eine* Karte zu setzen«[19]. Diese Karte aber war Deutschland, das zu lieben er vorgab. Daß Zweifel daran berechtigt waren, mochte er spüren — er hat sie mit einer dramatischen Geste überdeckt: »Wenn einer von Ihnen glaubt«, beschwor er eine Gruppe von Reichstagsabgeordneten, »daß ich nicht nur aus Liebe zu Deutschland handle, so gebe ich ihm das Recht, mich niederzuschießen.«[20] Als er, bereits 1941, die Möglichkeit einer Niederlage ins Auge faßte, sagte er zum kroatischen Außenminister Lorković, er würde dann »dem deutschen Volke keine Träne nachweinen«[21]. So spricht schon die sich abzeichnende Enttäuschung dessen, der zwar selber nicht lieben konnte, aber vom Volk geliebt werden wollte. Die zuletzt, 1945, gegen das Überlebensinteresse des deutschen Volkes angeordneten »Zerstörungsmaßnahmen im eigenen Land«[22], die Strategie der »verbrannten Erde«, haben enthüllt, daß seine wegwerfenden Bemerkungen früherer Jahre durchaus ernst zu nehmen sind. Dies aber macht Hitler erst recht zum Ärgernis für die Deutschen.

b) War Hitler geisteskrank?

Schon zu der Zeit, als Hitler noch herrschte, kam in Emigrantenkreisen und — im Kriege auch — im deutschen Volk die Meinung auf, daß er verrückt sein müsse. Ich erinnere mich noch gut an die Witze vom »Teppichbeißer«, die damals kursierten, ein Gerücht, das sich offenbar nicht bewahrheitet hat. Intellektuelle Emigranten wie Konrad Heiden[23] aber versuchten mit dem Rüstzeug psychiatrischer und psychoanalytischer Kategorien Hitlers psychische Abnormität aufzuzeigen. Theodor W. Adorno, selber Emigrant in den USA, sah darin schon damals die hilflose geistige Abwehr einer »Gewalt ..., welche real solches Denken außer Kraft setzt«[24].

Für das deutsche Volk, das sich von Hitler in die schwerste Niederlage seiner Geschichte geführt sah, konnte es ebensowenig ein Trost sein, einem im klinischen Sinne Gestörten aufgesessen zu sein. Ein solcher Gedanke, der bis auf den heutigen Tag dazu herangezogen wird, das »Phänomen Hitler« zu erklären, stellt den davon Verführten ein noch schlechteres Zeugnis aus als dem »Führer«. Es ist, wie er selber schrieb, »keine nationale Ehre, von Wahnsinnigen regiert zu werden«[25]. Wer sich von einem Verrückten verführen läßt, muß noch verrückter sein als dieser, weil der Verführer immer noch die geistige Oberhand behält. Hitler psychiatrisch sehen heißt schon die Frage aufwerfen nach den psychisch Kranken und Abartigen, die von ihm sich unbewußt angezogen und vertreten fühlten. Wenn Hitler ein psychisch kranker Mann war, dann waren auch diejenigen nicht gesund, die ihn emporgetragen haben.

Hitlers Judenhaß hatte gewiß schon seit seinen Wiener Tagen ein Maß an Verbohrtheit erreicht, das einer Auseinandersetzung mit Argumenten, historischen, volkswirtschaftlichen und sozialpolitischen, sich entzieht. Wer eine Menschengruppe so pauschal und absolut verteufelt wie Hitler die Juden, der fordert dazu heraus, daß man sich nach seinen Motiven und den dahinter gärenden Trieben erkundigt. Und das heißt: Man muß ihn psychologisch betrachten, um seiner aggressiven Fixierung gerecht zu werden. Solch triebpsychologische Betrachtung impliziert aber noch nicht das Werturteil »verrückt« oder die Diagnose »wahnsinnig«, hinter deren abschließendem Urteil jeweils gerade verdeckt bleibt, was solch einen Menschen motiviert und bewegt. Wer sich damit begnügt, Hitlers Untaten als die Auswirkung einer psychotischen Charakterstruktur zu erklären, der verzichtet nicht nur darauf, zu verstehen, wie er lebensgeschichtlich dazu kam, sondern verkürzt den nur in der »verschworenen Gemeinschaft« mit anderen sich vollends ausformenden Willen zur Völkervernichtung um seine sozialpsy-

chologische Dimension. Dann klaffen das (vermeintlich) nur individuell Psychotische und das von den Anhängern mehr oder weniger rational Nachvollzogene unvereinbar auseinander. Aber sie waren in seinem Bann, weil sie schon eine Neigung hatten, so zu fühlen wie er. Auf das sie verbindende Lebensgefühl gründete sich ihre Art von Vernunft. So verrückt, das heißt: so in sich selber versponnen war Hitler nicht, daß er das, was rückblickend als reine »Wahnidee« erscheint, seiner Umwelt nicht noch scheinrational hätte vermitteln können. Die Begründung, mit der er die Juden in London und in den USA als »Kriegstreiber« darzustellen verstand, dürfte auch für marxistische Ohren vernünftig klingen, sah er hier doch Kräfte am Werk, denen es nichts ausmache, für ihre »Finanzinteressen ... Millionen Menschen zu opfern«[26]. Sogar »kapitalistische Interessen«[27] wußte er, Zustimmung erheischend, anzuprangern.
Die Psychiater, die Hitler im nachhinein für verrückt erklärt haben, tragen im allgemeinen wenig dazu bei, das Gemeingefährliche an solch einem Charakter in seinen Ursprüngen und in seinen sozialen Verflechtungen zu verstehen. Wenn William Carr uns als Forschungsergebnis mitteilt, er habe zusammen mit einem Kollegen herausgefunden, daß Hitler unter die »fanatischen Psychopathen« im Sinne Kurt Schneiders zu rechnen sei[28], dann bietet er uns nichts als jenes alles verdeckende Wort (»fanatisch«), das wir bei Hitler selber in positiver Wertung unzählige Male finden, auf manchen Seiten von *Mein Kampf* (zum Beispiel S. 370) sogar mehrmals. Solche klassifizierenden Diagnosen, gegen Hitlers eigenen Text gehalten, wecken eher Verständnis für die Frage, ob nicht eine ganze Reihe psychiatrischer Klassifikationen nur verkappte Werturteile sind[29].
Von tiefenpsychologischen Untersuchungen dürfen wir mehr Aufschluß erwarten über die Bedingungen, unter denen ein gemeingefährlich aggressiver Mensch sich zur Herrschaft über seine Mitmenschen aufzuschwingen vermag. Aber auch Psychoanalytiker neigen dazu, mit fertigen Begriffssystemen an ihre Untersuchungsobjekte heranzugehen. Mit stereotypen Fragestellungen wird der Spielraum möglicher Antworten so eingeengt, daß nicht mehr genug von dem, was uns als Phänomen beunruhigt, durchsichtig werden kann. Das sei am Beispiel der

»Charakterdiagnose« Hitlers, die uns Erich Fromm gibt, erläutert.

Erich Fromm überschreibt seine psychobiographische Studie mit: »Bösartige Aggression: Adolf Hitler, ein klinischer Fall«[30]. Des näheren wird Hitler als ein »nekrophiler Charakter« beschrieben, der destruktiv und narzißtisch gestimmt sei auf der Grundlage einer »kalten« ödipalen Bindung an seine Mutter[31]. Man kann diese »Charakterdiagnose« (Fromm, S. 360), von ihrer Verknüpfung der Fakten beeindruckt, annehmen oder, nicht von ihr überzeugt, verwerfen. Was man aber nicht kann, das ist, sie als Kausal-Erklärung für Hitlers destruktive Gesinnung verwenden. Denn eben im Aufweis einer solchen Gesinnung als Motor und Motivation destruktiver Akte liegt schon die eigentliche Aufgabe solcher Psychologie. Das sagt Fromm (S. 359 f.) selber unmißverständlich, aus der Überzeugung, daß »destruktive Handlungen ... nicht notwendigerweise eine Manifestation eines destruktiven, nekrophilen Charakters« seien. Bei Napoleon sei das zweifelhaft. Was solcher Psychologie als kausal gilt, das Verhältnis des Charakters zum Verhalten oder der Gesinnung zur Handlung, kann als Erklärung überhaupt nur genügen, wenn man — anders als Hegel[32] und Nietzsche[33] — das Wesen eines Menschen nicht in seinen Handlungen aufgehen sieht, sondern immer noch hinter dem, was er tut, ein geistiges oder charakterliches »Sein« unterstellt, das als Träger oder steuernde Kraft des Verhaltens gedacht wird. Diesem »eigentlichen Sein« eines Menschen, das nur das fiktive Produkt seiner theoretischen Aufspaltung ist, werden seine Handlungen dann entweder als ihm gemäß zugeschrieben; oder sie werden als »persönlichkeitsfremde Taten« (Mezger[34]) sogar juristisch von ihm weggehalten. Was in der Sicht einer derart dualistischen Psychologie schon kausal ist, hat für uns, die wir den Menschen als einen wesensmäßig Tätigen verstehen, nur noch den Wert einer Beschreibung.

De facto deskriptive Psychologie, der es nur darum geht, für offenkundige Reden und Handlungen eine dazu passende »Persönlichkeitsstruktur« aufzuzeichnen, kann aber auch nicht widerlegt werden. Denn auch sie beschreibt, was wir erklärt haben möchten, schon mit Begriffen, die ein bestimmtes Ergebnis vorwegnehmen. Daß Hitler Millionen Menschen zu Tode gebracht hat, »erklärt« sich danach aus einer todesbejahenden Einstellung, seiner »nekrophilen Gesinnung« (Fromm, S. 351). Daß er riesige Zerstörungen angerichtet hat, wird jetzt verständlich durch seine »Destruktivität« (so Fromm, S. 360 f.) und, so könnten wir im Stile Fromms ergänzen: Daß Hitler nach seinem eigenen Bekunden immer wieder zu »eiskalten« Entscheidungen fähig war, das folgt aus seiner »kalten« ödipalen Fixierung. Auf solche Weise täuschen Wörter Erklärungen vor.

Nun ist gewiß ein Mensch, der millionenfaches Töten und Morden verursacht, kaum vorstellbar ohne einen ausgeprägten Drang zum Töten. Doch für Fromm ist eben dies ein Zusammenhang, den es für Hitler erst noch zu beweisen gelte, zumal dieser niemals mit seinen eigenen Händen getötet habe. Der Führer hatte dazu offenbar noch »zu viel« moralische Hemmungen, und so bediente er sich des mündlichen oder schriftlichen Befehls an Leute, die eigenhändig töten konnten, wenn sie sich dabei nur durch einen Führerbefehl moralisch entlastet fühlten. Indem er wie diese Männer und Frauen von Gewissensdruck sich frei wähnte, mußte Hitler nach Fromm es konsequent vermeiden, die Opfer seiner Politik, die Bombenopfer und die Gefallenen des eigenen Volkes, zu Gesicht zu bekommen. Deshalb also — trotz Speers und Goebbels' dringenden Vorstellungen[35] — keine Fahrten in zerbombte Städte und keine Frontbesuche. Selbst Hitlers Vegetarismus weiß Fromm (S. 367) psychoanalytisch als »Gegenbesetzung« seiner Mordlust zu deuten, als Mittel, sie nicht sich selber eingestehen zu müssen. Daß er aber den Film von der Hinrichtung der Verschwörer des 20. Juli 1944 sich offenbar mit Genuß angesehen hat, wird wieder als direkter Beleg für seine nekrophile Charakterstruktur genommen (Fromm, S. 368). Man könnte, was Fromm nicht tut, hierfür die Vermutung beibringen, daß Hitler wohl davon überzeugt war, die Verschwörer hätten ihre gerechte Strafe gefunden, während er sich am Tod der im Felde Gebliebenen vielleicht unbewußt schuldig fühlte. Aber ebenso ließe sich anführen, daß Hitler auf den Vorhalt, es seien in einer Schlacht, derjenigen bei Kursk, zu viele junge Offiziere gefallen, trotzig geantwortet hat: »Dazu sind die jungen Leute doch da.«[36] Wenn er seit langem so dachte, hatte er eine »Gegenbesetzung« seines destruktiven Willens gar nicht nötig. Und er hatte dann andere Gründe, zerbombte Städte und die Front nicht zu besuchen, etwa den, aus seinen Träumen von noch vorhandener militärischer Abwehrkraft nicht geweckt zu werden.

Es kommt bei aller noch so fein gestrickten Psychologie nur heraus, daß der »Führer« auch so destruktiv gesinnt und gestimmt war, wie er gehandelt hat. Das ist schon ein Ergebnis, aber nur im Verhältnis zu der Meinung einiger Neonazis, die glauben, daß Hitler das, was durch ihn geschehen ist, im Grunde gar nicht gewollt habe. Aber wenn wir, um für die Zukunft etwas daraus zu lernen, durchaus wissen wollen, wie ein »Hitler« sich heranbildet, dann läßt uns solche Psychologie im Stich. Sie muß es auch: dank ihrer individualpsychologischen Fragestellung.

Erich Fromms Bemühungen sind insofern für die posthume Führer-Psychologie charakteristisch, als er bewußt darauf abstellt, Hitler als »spezifischen Charakter«, ja als einen »anormalen« zu erklären[37], während er an der Charakterstudie von W. C. Langer von 1943 auszusetzen hat[38], daß sie mit ihrer einseitigen Stützung auf den Ödipuskomplex Hitlers etwas in der Bevölkerung nur zu Verbreitetes beanspruche (Fromm, S. 340). Je mehr nach dem Kriege auch die zeitgeschichtlich interessierten Psychoanalytiker vorher unterdrückte Details aus Hitlers Kindheit und Privatleben erfuhren und sich darein versenkten, desto eher konnten sie auch das biographisch Einmalige zur Beantwortung der Frage heranziehen, wie »der Führer« möglich geworden sei. Aber damit entfernten sie sich auch schon wieder von der moralischen und sozialen Konstellation, in der ein Hitler seine destruktiven Neigungen entfalten und organisieren konnte. Langers unverkennbarer Irrtum hielt ihn doch immer noch näher bei der Wahrheit, daß ein Neurotiker, ein Hysteriker niemals mächtig werden könnte in einer psychisch gesunden Gesellschaft, die nicht unter Triebverzichten leidet. Auch der Ödipuskomplex ist ja, wie Margaret Mead gezeigt hat, keine anthropologische Konstante, sondern beschränkt auf Kulturen, in denen die Kleinfamilie aus Elternpaar und dessen Kindern die Regel[39] ist. Und hier, so dürfen wir vermuten, werden gerade in der Ehe frustrierte[40] Väter oder Mütter durch erotisch aufgeladene Zuwendung den Ödipus- oder Elektrakomplex ihren Kindern induzieren.

c) War Hitler dumm?

Man schafft das Ärgernis Hitler nicht aus der Welt, wenn man ihn als einen klinisch Kranken abtut. Noch beschämender nicht nur für die Deutschen ist es, Hitler im nachhinein als intellektuell dürftige Figur darzustellen. Selbst der scharfsinnige Sebastian Haffner tendiert zu solcher Verkleinerung, wenn er Hitlers innen- und außenpolitische Erfolge bis 1939 mit der Schwäche seiner Gegenspieler erklärt[41]. Intelligenz, die nicht einfach nur an Sachproblemen sich erprobt, sondern in der Auseinandersetzung mit anderen sich zu bewähren hat, ist allemal ein relativer Begriff: bezogen eben auf die intellektuellen Gegenkräfte und Gegenzüge, die sie zu überwinden hat oder auszuspielen sucht. Ein wirklicher Machtpolitiker ist nicht darauf erpicht, in den Augen feinsinniger Intellektueller als überragende geistige Potenz zu erscheinen. Ihm genügt es, daß er sich durchsetzt, und sei es mit allerplumpsten Mitteln. Nach Rauschning[42] soll Hitler sogar gesagt haben: »Es ist nicht meine Schuld, wenn mich die Leute für einfältig halten und nachher feststellen, daß sie selbst die Dummen waren.« Das Bild, das Hitler in *Mein Kampf* (S. 376 f. und S. 533 f.) vom mitreißenden Volksredner zeichnet, unterlegt das mit Selbstbewußtsein: Ein solcher Mann gehe nicht darauf aus, die Intellektuellen zu beeindrucken.
Wir müssen uns freilich hüten, Dummheit und Mißerfolg allzu eng zusammenzudenken. Sonst kommt nur wieder heraus, daß der letztlich im Krieg gescheiterte Hitler doch ein dummer Mensch gewesen sein müsse. Da schließlich jeder von uns eines Tages für immer hinsinkt, ist das persönliche Scheitern nicht in jedem Falle ein Argument gegen die Klugheit eines Menschen. Es kommt darauf an, ob er »vorzeitig« in die Knie gezwungen wird, gar vernichtet wird, noch ehe er durchgesetzt hat, worauf

es ihm eigentlich ankam. Wer abtreten muß, nachdem er erreicht hat, was er bewußt oder unbewußt wollte, kann kein reiner Tor gewesen sein.

Beweiskräftiger für die Fähigkeiten eines Intellekts sind die Wirkungen, die von ihm ausgehen, sofern sich nur davon sagen läßt, daß er sie auch erzielen wollte. Und solch bleibende Wirkungen durch Hitler gibt es:

1. Vertreibung und Ausrottung fast aller deutschen Juden und die Vernichtung von Millionen europäischen Juden. Hitlers Völkermord hat Schule gemacht: in Biafra, in Kambodscha und am Amazonas.
2. die Gründung des Staates Israel als Konsequenz der durch Hitler eingeleiteten völligen Vernichtung des Judentums.
3. die mit Stalin begonnene geographische Verschiebung ganzer Völker.
4. die Amputierung Deutschlands als des Landes, von dem Hitler zuletzt gesagt hat: »Es war nicht bereit oder nicht stark genug für die Aufgabe, die ich der Nation gestellt hatte.«[43]
   Er war sich auch hierin, in der Form seiner Enttäuschung, nur treu geblieben. In *Mein Kampf* (S. 105) hatte er geschrieben: »Wer nicht bereit oder fähig ist, für sein Dasein zu streiten, dem hat die ewig gerechte Vorsehung schon das Ende bestimmt. / Die Welt ist nicht da für feige Völker.«
5. Eine erst noch sich verfestigende Fernwirkung der Untaten Hitlers ist die Verkürzung der deutschen Geschichte auf die zwölf Jahre seiner Herrschaft, so als seien sie das Wesentliche und alles Überschattende in den über tausend Jahren seit Heinrich I. und Otto dem Großen.

Wir dürfen heute erkennen, daß für Hitler die deutsche Nation, das deutsche Vaterland, nur die Basis war, von der er als Welteroberer ausging, und auf die er sich vor der sich abzeichnenden Niederlage wieder zurückzog. In einem beschwörenden Appell an die Truppe kurz vor seinem Ende kam es heraus, daß das Vaterland für ihn nur ein »leerer Begriff« war:

»Bildet eine verschworene Gemeinschaft nicht des leeren Begriffs eines Vaterlandes, sondern zur Verteidigung eurer Heimat, eurer Frauen, eurer Kinder und damit unserer Zukunft!«[44]

War Hitler als »oberster Kriegsherr« ausgezogen, dem deutschen Volk im Osten neuen »Lebensraum« zu gewinnen — das proklamierte er schon in *Mein Kampf* (S. 333 ff. und 732) —, so sah er sich mitten im Kriege bereits als Repräsentant aller ihm folgenden Nationen auf dem Wege, »den Lebensraum des kämpfenden Europas« zu erweitern[45]. Hatte er bis dahin den westlichen Alliierten in öffentlichen Reden wiederholt unterstellt, sie wollten das deutsche Volk *ausrotten*[46], so sah er sich ab 1942 in der Rolle dessen, der überhaupt die »arische Menschheit« vor der *Vernichtung* durch die Juden zu bewahren hatte, jener Juden, die in London, New York und Moskau säßen[47]. Da war nach Hitler der neuen deutschen Wehrmacht die Aufgabe zugewiesen, einen ganzen Kontinent zu schützen: vor dem Bolschewismus, der nur ein Ziel habe: »Europa zu überfallen, seine Kultur zu vernichten, vor allem aber seine Menschen auszurotten, um Sklavenarbeiter für die sibirischen Tundren zu gewinnen«[48].

Vernichtung und *Ausrottung* war für Hitler eine so geläufige Kategorie, daß er sie auch verwendet hat, wo sie inhaltlich nicht so recht paßte. Denn wie sollen bereits ausgerottete Menschen noch die Tundra kultivieren? Hier, im logisch falschen Gebrauch des Wortes »ausrotten«, verrät sich ein Hang zu dem damit Gemeinten. Eben das, wozu der eigene zerstörerische Wille sich drängte, wurde den »Todfeinden« zugeschrieben: das Unternehmen der Ausrottung ganzer Völker. Im Neujahrsaufruf vom 1. Januar 1942 kam solche Schuldprojektion am bündigsten zum Vorschein: »Der Jude aber wird nicht die europäischen Völker ausrotten, sondern er wird das Opfer seines eigenen Anschlags sein.«[49]

Wer es darauf anlegt, Hitler als Tölpel und politischen Wirrkopf erscheinen zu lassen, kann das nur, wenn er den tief in ihm angelegten destruktiven Willen übergeht, einen Vernichtungswillen, der sich des deutschen Volkes nur als eines Verstärkungspotentials bedient hat. Der aus welchen Triebmotiven auch immer radikal destruktiv gestimmte Mensch kann gar nicht aus Dummheit scheitern, wenn er nur dem Gefälle zu größtmöglicher Destruktion folgt. Gemessen an dem, worauf er triebhaft hinauswill, auf Zerstörung, Massenmord und Chaos, handelt ein destruktiver Mensch allemal klug, wenn er seine intellektuellen Fähigkeiten in den Dienst solchen Dranges stellt. Hitler war, wie er ganz offen in *Mein Kampf*[50] dargelegt hat, von Anfang an auf Krieg eingestellt, und, wie er in vertraulichen Gesprächen verraten hat, auf den Krieg als Vernichtungskampf. Auf Rauschnings Frage, was geschehen werde, wenn sich England, Frankreich und Rußland wieder gegen Deutschland verbünden würden, antwortete Hitler 1934:

> »Dann werde ich nicht mehr leben. Aber wenn wir auch nicht siegen können, so werden wir selbst untergehend noch die halbe Welt mit uns in den Untergang reißen, und niemand wird eines Sieges über Deutschland froh sein.«[51]

Fünf Jahre später, bei Kriegsausbruch, sagte Hitler vor dem Reichstag[52] in bezug auf seine Person dasselbe:

> »Ich will jetzt nichts anderes sein als der erste Soldat des Deutschen Reiches! Ich habe damit wieder jenen Rock angezogen, der mir selbst der heiligste und teuerste war. Ich werde ihn nur ausziehen nach dem Sieg — oder ich werde dieses Ende nicht mehr erleben!«

Nach weiteren fünf Jahren war es soweit. Da Hitler vom Beginn seiner politischen Laufbahn an immer die Möglichkeit des völligen Scheiterns mit einkalkuliert hatte, wird man nicht sagen können, daß er so dumm gewesen sei, sich davon überraschen zu lassen. Auf Görings Warnung vor einem »Vabanquespiel« sagte er zwei Tage vor dem Einfall in Polen: »Ich habe in meinem Leben immer Vabanque gespielt.«[52a]

Die Frage nach Hitlers intellektuellen Fähigkeiten darf nicht mit der nach den politischen Zielen verwechselt werden, die er triebhaft angesteuert hat. Solche Verwechslung liegt nahe, weil die starrsinnig, monomanisch, ja »fanatisch« angestrebten beiden Hauptziele: die Vernichtung der Juden und das Gewinnen von Lebensraum[53] seine geistige Beweglichkeit eingeengt haben. Wer nahezu alle Übel dieser Welt auf die Juden zurückführt, der wird natürlich blind für jene Ursachen der Mißstände, die für andere offen zutage liegen. Und wer seine Feldzüge auf Landgewinnung abstellt, der wird um jeden Fußbreit Boden kämpfen lassen, auch wenn die Generale zu taktischem Zurückweichen raten. Die dem Führer auch von den memoirenschreibenden Generalen nachgerühmte Willenskraft[54] kommt von eben der Starrheit im Festhalten an einmal gewählten Zielen. Doch diese Unbeweglichkeit hat die formalen Fähigkeiten dieses »überragend klugen Kopfes« (Guderian, S. 392) zum Teil entwertet.

Hitler — der Tölpel, oder Hitler — das Genie? Zu offensichtlich sind die Antworten auf die Frage nach den geistigen Fähigkeiten des »Führers« vielfach von der Interessenlage des danach Fragenden bestimmt.

Es braucht uns nicht zu wundern, daß »Hitler als Feldherr« aus der Erinnerung des Generalstabschefs Halder als eine Gewaltnatur hervortritt, die, von »Augenblickseingebungen bestimmt, keine Grenzen des Möglichen anerkennt und ihre Wunschträume zum Gesetz des Handelns macht«[55]. Hier erscheint also jener »Gröfaz«[56], der höchst borniert seinen Militärs beständig in das Handwerk pfuscht. Der sachverständig Rückschau haltende General urteilt nicht nur mit der Überlegenheit des Experten, sondern auch aus der Perspektive dessen, der sich bei Lagebesprechungen oft nicht durchgesetzt hat, aber nachträglich noch recht bekommen möchte. Ganz anders finden wir David Irving motiviert, der in seinem Buch *Hitler als Feldherr* den Oberbefehlshaber der Wehrmacht zwar nicht als Feldherrngenie präsentiert, doch die eine oder andere Situation aufzuzeigen weiß, in der er seinen Generalen an Urteilskraft und Spürsinn überlegen war. So habe er für den erwarteten sowjetischen Gegenangriff an der Don-Front entgegen der Meinung des Geheimdienstchefs Gehlen und des Generalstabes genau die Stelle vorausgesagt, an der die Russen Mitte November 1942 dann auch angegriffen haben und durchgebrochen sind[57]. Und so habe er im August 1944 den in Frankreich stehenden Truppen »klare Befehle« gegeben, denen Generalfeldmarschall von Kluge in einer nur dem Feind nützenden Weise zuwidergehandelt habe[58]. Irving, in beharrlicher Gegenposition zur institutionalisierten Zeitgeschichtsforschung, von der er sich nicht anerkannt findet, ist geradezu darauf ausgerichtet, Fakten und Zeugnisse aufzuspüren, mit denen sich gängige Werturteile über die Person des »Führers« in Frage stellen lassen.

Es geht nicht an, Hitler, weil er im Kriege unterlegen ist, als tölpelhaften Gefreiten darzustellen, der einmal den Oberbefehlshaber spielen wollte. Gewiß haben seine Fronterfahrungen aus dem Ersten Weltkrieg sein militär-strategisches Denken dahingehend beeinflußt, daß es ihm grundsätzlich geraten erschien, gewonnenes Gelände nicht wieder preiszugeben. Denn er hatte miterlebt, wie eine einmal »ins Rutschen« gekommene Front nicht mehr aufzuhalten war[59]. Diese seine strategische Grundkonzeption war wesentlich aber bestimmt von seinem dominierenden Kriegsziel, dem Gewinnen von Lebensraum. Wer Krieg führt, um Land hinzuzugewinnen, der wird von daher fast jede militär-strategische Situation anders bewerten als ein Feldherr, dem es darum geht, Feinde niederzuwerfen. Hitler hat sein eigentliches Kriegsziel, die Raumgewinnung, seit der Niederschrift von *Mein Kampf* (S. 726 ff.) wiederholt offen verkündet und darauf seine Kriegspropaganda gestützt: »Wo der deutsche Soldat steht, kommt kein anderer hin!«[60] Selber ein Opfer der »Dolchstoßlegende« nach dem Ersten Weltkrieg, überschätzte er den Durchhaltewillen eines Volkes und seiner Truppe und unterschätzte er die Wirkungsmöglichkeiten eines durch Menschenzahl und Material überlegenen Feindes. Aus dieser grundlegenden Fehleinschätzung heraus bekam für ihn die Propaganda im Kriege den Wert einer Waffe. Nicht nur auf den Schlachtfeldern und auf den Weltmeeren wurde Krieg geführt, sondern auch auf den Ätherwellen, die »Sondermeldungen« zu verbreiten hatten. Da wurden Menschen geopfert, nur um, solange es irgend ging, keine Gebietsverluste eingestehen zu müssen. Es wäre aber selber eine tendenziöse Behauptung zu sagen, daß damit durch Hitler etwas Neues in die Kriegsgeschichte gekommen sei. Schon nach dem Ersten Weltkrieg wurde rückblickend festgestellt: »Tausende starben für einen Leitartikel.« (Axel Eggebrecht[61]).

Wer wie die Generale Halder und von Manstein Hitler seine strategischen Fehler vorrechnet, um so die Schlachten des verlorenen Krieges auf geduldigem Papier noch einmal zu schlagen, der übergeht dabei nicht nur das völlig andersgeartete Kriegsziel des »Führers«, sondern auch das Bemühen des von vornherein zum Scheitern verurteilten Oberbefehlshabers, seine Unterlegenheit an Menschen und Material durch Propaganda auszugleichen: zur Demoralisierung des Gegners und zur Stärkung der »Heimatfront«. Daß Hitler solch kraftlosen »Ausgleich« für nötig hielt, zeichnet ihn indirekt als den größeren Realisten aus, jedenfalls in der Einschätzung des eigenen Kriegspotentials. Daß er hier — im Unterschied zu seinen Generalen — sich insgeheim keinen Illusionen hingab, macht freilich seinen Entschluß, sich militärisch mit fast der ganzen Welt anzulegen, um so unbegreiflicher. Da er im innenpolitischen Kampf die schier wundersame Gewalt seiner Rede erprobt hatte und wohl im Gefühl solch leibhaft erfahrener Macht lebte, konnte in ihm die Vorstellung aufkommen, mit Hilfe von Propaganda die Feinde sturmreif zu reden. In solcher Weise utopisch hat er sich schon vor 1935 zu Hermann Rauschning geäußert [62].

Propaganda und Massenbeeinflussung war Hitlers eigentliches Feld. Dies hatte er — wohl unter dem Einfluß von Le Bon und aus Bewunderung für Lloyd George [63] — gründlich durchdacht und meisterhaft erprobt. Selbst diejenigen seiner Vertrauten, die mancherlei an seinem Charakter und seinen Fähigkeiten auszusetzen hatten, rühmen doch seine »unerhörte Faszinationskraft als Redner« (Hanfstaengl [64]), die kaum jemanden unbeeindruckt ließ, solange er ihm zuhörte. Die in den letzten Jahren (um 1980) gedrehten oder vielmehr: aus alten Aufnahmen zusammengeschnittenen Hitler-Filme vermitteln davon keinen nachvollziehbaren Eindruck. Denn sie zeigen zumeist einen sich überschreienden, tobenden und lospolternden Hitler, nicht den gemessen in der Pose des Staatsmannes ans Pult tretenden Führer der Nation, der mit festen, klaren, einfachen Sätzen seine Rede beginnt, fast jedesmal mit einer langatmigen »Parteigeschichte« seine Hörer zu langweilen wagt, und dann, wenn er sie hinreichend ermüdet und eingelullt hat mit seiner tiefen volltönenden Stimme, sie unversehens hochreißt und aufpeitscht mit wilden Sätzen der Empörung gegen seine Widersacher: das »Weltjudentum«, die Freimaurer, die »Plutokraten« der westlichen Demokratien und die »Bolschewisten« des

Ostens. Wer ihm solange gefolgt ist bei ruhigen und nüchternen Darlegungen, der mußte die Überzeugung gewinnen: Wenn ein so ruhiger und beherrschter Mann sich plötzlich so erregt, dann muß er triftige Gründe dazu haben. Auf diesen Effekt der Hitlerschen Redestrategie hat noch während des Dritten Reiches Konrad Heiden aufmerksam gemacht[65]. Vergangenheitsbewältiger, die heute Hitler uns als einen nur immer Rasenden vorstellen, werden weder seiner wohldurchdachten Massenpsychologie gerecht, noch der Faszination, die von ihm ausging.

d) Hitler, der Menschenkenner

Viel wichtiger als die Frage, wie normal, wie gescheit oder gestört Hitler war, erscheint mir eine ganz andere: Wie sehr war er der Menschenkenner und der »Kenner der Volkspsyche«[66], als den er sich selber sah. Diese Frage geht in der nach seinen intellektuellen Fähigkeiten nicht einfach auf, weil intuitive Menschenkenntnis, auch schon die bloße Erfahrung der suggestiven Macht über andere Menschen, mit geringer psychologischer Einsicht gepaart sein kann. Tatsächlich war sich Hitler über die vitalen Antriebe seines »Fanatismus« kaum im klaren, schon eher über den erotischen Charakter seiner ihm wohl bewußten »Ausstrahlung«. Über deren Grenzen und Bedingungen gab er sich keinerlei Täuschung hin. Speer gegenüber hat er illusionslos eingestanden, daß er als Politiker die Frauen gewonnen habe, weil er unverheiratet sei[67]. Es minderte nicht den psychologischen Wert dieser Einsicht, wenn er sie bloß nachvollzogen hätte. Der 1923 verstorbene Dietrich Eckart hatte es schon gesagt, der Führer müsse Junggeselle bleiben: »Dann kriegen wir die Weiber.«[68] Selbst wenn Hitler diese zynische Erkenntnis als eigene Meinung lediglich übernommen hätte, verriete dies doch einen nüchternen psychologischen Sinn; denn der vollends von seiner suggestiven Wirkung Überzeugte hätte sie gar nicht in Erwägung gezogen.
Wenn wir fragen, wieweit Hitler Menschenkenner war, so schließt das natürlich die Frage ein, wieweit er sich über seine eigentlichen Antriebe, die ihn treibenden Motive im klaren

war. Das darf allerdings nicht so verstanden werden, als hätte er schon alle die möglichen und »unmöglichen« psychologischen Deutungen seines Charakters vorausahnen müssen, die viele Jahre nach seinem Ende einen kraftlosen Beitrag zur Vergangenheitsbewältigung leisten. Sicher war er sich über seine Mutterbindung im klaren und vielleicht fast bis an die Schwelle des Bewußtseins davon durchdrungen, daß der Gedanke an Deutschland ihm — für eine Weile jedenfalls — die früh verlorene Mutter zu ersetzen hatte. Zwei Stellen in *Mein Kampf* legen das nahe:

1. Eine sprachlich inkonsequente, nur psycho-logische Stelle in *Mein Kampf* (S. 136) deutet darauf hin. Da ist von den Auslandsdeutschen die Rede, die »selbst um das heilige Gut der Sprache zu kämpfen haben, die wegen ihrer Gesinnung der Treue dem Vaterlande gegenüber verfolgt und gepeinigt werden, und die nun in schmerzlicher Ergriffenheit die Stunde ersehnen, die sie wieder an das Herz der treuen Mutter zurückkehren läßt«. Das Vaterland als treue Mutter: Das läßt ahnen, aus welch unerfüllter Sehnsucht nach Geborgenheit sich ihm die Idee der Volksgemeinschaft geformt hat. Daß er daraus aber im Handumdrehen eine von »blindem Glauben« (S. 718) an seine Weltanschauung erfüllte Gefolgschaft zu machen gedachte, widerspricht nicht ursprünglichem Liebesverlangen als grundlegender Motivation. Jeder, der herrschen möchte, ist letztlich von einem verzweifelten Bedürfnis nach Liebe motiviert. Es kommt dazu nur ein resignatives Moment, die Erfahrung oder die Besorgnis, daß auf die Liebe der Menschen wenig Verlaß ist. Aus solcher Resignation heraus sucht der auf Macht Setzende die anderen zu sich herzuzwingen: »Ich verzichte auf Treuekundgebungen, sie haben für mich gar keinen Wert. Ich wünsche nur Disziplin. Ich will keine Liebe, man kann mich sogar hassen, aber die Organisation muß erhalten bleiben ...« So hat Hitler am 2. Mai 1931 zu den NS-Studentenführern gesprochen[69].

2. Hitler, der sich viel auf seine »kalte Vernunft« (*Mein Kampf*, S. 59) zugute hält, gesteht, daß er 1918, als er von der deutschen Niederlage erfuhr, zum ersten Male seit dem Tode seiner Mutter wieder geweint habe (S. 223). Die tiefenpsychologische

Vermutung, daß auf irgendeine Weise Hitlers Mutterbindung in
sein politisches Engagement mit eingegangen sei oder gar dafür
grundlegend war, ist in ihrer allgemeinsten Fassung nicht einfach von der Hand zu weisen. Nur, daß darauf besondere Mo-
tivationstheorien gesetzt werden (so von W. C. Langer, Binion,
Gérard Mendel, Stierlin und Erich Fromm), überzieht die Bedeutung unbewußter Vorstellungskomplexe für menschliche
Aktivität, die ohne vitale Antriebe nicht möglich wäre. Nicht
die so oder anders eingefärbten Bindungen sind es, die einen
Menschen gefährlich entgleisen lassen, sondern die schon in
frühester Kindheit gebrochenen oder verschüchterten vitalen
Antriebe, die, gebrochen, in pervertierter Weise sich ausformen
oder, wenn lange verschüchtert und zurückgestaut, eines Tages
entweder in rasender Leidenschaft, in »Fanatismus« oder in ex-
plosiver Entladung hervorbrechen. Adolf Hitlers vielberedete
Mutterbindung war wohl nur ein Ergebnis der Flucht vor einem drakonisch harten Vater, von dem er nach dem Zeugnis
seiner Schwester Paula täglich seine Prügel bekam und nach einer Mitteilung von Hitlers Neffen William Patrick Hitler einmal fast totgeprügelt wurde[70].
Um sich über die Wirkungen häuslichen Terrors auf ein Kind
klarzuwerden, dazu hat Hitler selbst keinen Psychologen gebraucht. Er beschrieb in *Mein Kampf* (S. 28 und 32 f.) »miter-
lebte« höllische Prügelszenen, die sich, wie er sagte, in ärmli-
chen Schichten auch zwischen Vater und Mutter abspielen, und
wußte offenbar nur zu genau, wie ein kindliches Gemüt davon
beeindruckt wird: »Mit sechs Jahren ahnt der kleine, zu bedau-
ernde Junge Dinge, vor denen auch ein Erwachsener nur Grau-
en empfinden kann.« (S. 33) Hitler war — in vermutlich auto-
biographischer Schilderung — nahe daran, den Freudschen Begriff des frühkindlichen Traumas für sich zu entdecken: »Aus
dem dreijährigen Kinde ist ein fünfzehnjähriger Verächter jeder
Autorität geworden.« Hitlers spätere Verachtung für jede Autorität, die nicht die seine war, ist hier in ihrem Ursprung bezeichnet.
Bei einem etwas anderen Werdegang wäre es vorstellbar, daß
Hitler sich zu einem ganz tüchtigen Psychologen entwickelt
hätte. Psychologisch zu denken war ihm sosehr gemäß, daß er

mit Selbstverständlichkeit auch Begriffe jener »jüdischen Psychologie«[71] verwandte, die er durch C. G. Jung und den Psychiater M. H. Göring, einen Verwandten des »Reichsmarschalls«, seit 1933 von der »deutschen Psychologie« hatte abstoßen lassen. So wies er in der Sportpalast-Rede vom 30. Januar 1941 den wohl bei sich selber genährten Gedanken von sich, daß er den Engländern gegenüber einen »Minderwertigkeitskomplex« habe[72], gewiß ohne zu bedenken, daß er damit einen Begriff des Juden Alfred Adler in den Mund nahm.

Tiefenpsychologischem Denken stand Hitler schon insofern nahe, als er all seine Hoffnung auf einen neuen Aufbruch der Massen, auf eine Mobilisierung ihrer (nicht-rationalen) Leidenschaften setzte und die Meinung verspottete, man könne politische Bewegungen wie den Marxismus mit rein »geistigen Waffen« bekämpfen (*Mein Kampf*, S. 594). Aber er scheute die Konsequenz, die im Kampf der Massenbewegungen gegeneinander aufzurührenden Triebe bei ihrem eigentlichen Namen zu nennen. Im Grunde war er prüde, ein echter Sohn des kleinbürgerlichen Milieus, in dem er aufgewachsen war. Ersten Anhang gewann er nicht nur als der sich selber anpreisende Befreier von der »Schmach« von Versailles (S. 519), sondern auch als eifernder Saubermann, der gegen die »Schmach der Menschheit« (S. 275), die Prostitution, zu Felde zog. Dazu schien es ihm vor allem nötig, dafür zu sorgen, daß der Mann — die Frau sei »hier ohnehin nur der passive Teil« — möglichst früh heiraten könne. Aus solcher Empfehlung sprach der weltfremde junge Mann, der denken mochte, die Prostitution sei nichts weiter als ein Ersatz für die Ehe. Von den vielen jungen und älteren Ehemännern, die den Dirnen zusprechen, wußte er anscheinend nichts. Hier, in der Meinung, die Prostituierten seien nur dazu da, jungen unverheirateten Männern ihre Sexualnot zu lindern, zeigte sich aber auch die Grenze der Hitlerschen Psychologie, die, im Einklang mit der bürgerlichen Moral, Triebregungen wesentlich als Äußerungen vitaler Energie betrachtet und von den unbewußten Wünschen und Neigungen der Menschen nichts wissen will.

Wer den Einzelnen nur als potentielles Glied einer homogenen und lenkbaren Masse nimmt, der kann es sich leisten, über alle geheimen Sehnsüchte hinwegzugehen, in ihnen jedenfalls nichts zu sehen, was nicht in »völkische und nationale Leidenschaft« (M.K., S. 541) sich einbringen ließe. Selber mit den moralischen Normen der »breiten Masse« übereinstimmend, wird es ihm als Massenführer um so eher gelingen, das Normwidrige individueller Neigungen, noch ehe sie sich ausleben, in kollektive Leidenschaften umzuschmelzen und aggressiv auf Feinde der »Volksgemeinschaft« zu lenken. Mit tieferen Einsichten in die vitalen Beweggründe menschlichen Verhaltens wäre Hitler gar nicht »der Führer« geworden, weil dann Zweifel am Sinn der geltenden Moral ihn nicht das Pathos der Entrüstung hätten finden lassen, das ihm die Masse der libidinös Frustrierten zugeführt hat. Der Volksführer ist wie der Bestsellerautor gerade darum erfolgreich, weil er sich über die unbewußten Antriebe, die er mit seinem Publikum gemein hat, gar nicht Rechenschaft ablegt.

Hitler war kein Psychologe, der sich über die tieferen Beweggründe menschlichen Handelns wirklich klar geworden wäre. Er war ein genauer Beobachter seiner Mitmenschen, ein »Menschenkenner«, der aus ihrem Verhalten anwendbare, aber nicht ihr Wesen enträtselnde Schlüsse zog. Gerühmt von allen, die ihn näher kannten, wird seine Fähigkeit, andere Menschen (etwa auch den Duce) in Haltung, Gestik und Sprechweise zu imitieren[73]. Aber daß er verstehend das Wesen anderer erfaßt hätte, kann ihm von niemandem bescheinigt werden. Speer[74] beklagt seine emotionale Verschlossenheit, die jeden auf Distanz gehalten habe. Auch an seinen engsten Gefolgsleuten interessierte ihn offenbar nur, was sie zu Vollstreckern seines Willens geeignet machte. Von der marxistischen Bewegung meinte er gelernt zu haben, was er auf sein Führerkorps anzuwenden verstand:

> »Es gibt zwei Dinge, die die Menschen zu einer Gemeinschaft zusammenzuschließen geeignet sind. Das eine ist Idealismus, das zweite ist die gemeinsame Lumperei.«[75]

Zwischen »Lumperei« und Idealismus gab es für ihn keine menschliche Mitte, keine aus Sympathie, Vertrauen und Verstehen gewachsene Zusammengehörigkeit. Was er selber in seiner Kindheit und Jugend kaum erfahren hatte, Solidarität in emotional gewachsener Gemeinschaft, das konnte er auch niemandem vermitteln. Er schuf nur Bindung über den gemeinsam bekämpften Feind. Und das hatte auf allen Seiten, gegen die er sich wandte, immer nur ein einziger zu sein: der »Todfeind der arischen Menschheit«[76], als den er das Judentum sah. Seine antisemitische Besessenheit kam so mit psychologischer Berechnung überein. In *Mein Kampf* (S. 129) hatte er geschrieben:

> »Überhaupt besteht die Kunst aller wahrhaft großen Volksführer zu allen Zeiten in erster Linie darin, die Aufmerksamkeit eines Volkes nicht zu zersplittern, sondern immer auf einen einzigen Gegner zu konzentrieren.«

Darüber jedoch, was ihn selber immer nur in Kategorien der Gegnerschaft und des Kampfes denken ließ, blieb er sich zeitlebens im unklaren. Das war der blinde Fleck seiner unbestreitbaren psychologischen Fähigkeiten.

Wer sich selber in seinen vitalen Antrieben undurchsichtig bleibt, kann doch eine Menschenkenntnis erwerben, die an Erfolgen der Menschenführung und der Massenbeeinflussung sich heranbildet. Dazu genügt es, das einmal als erfolgreich Erwiesene von Stund an planvoll und zielstrebig als Mittel der Führung und Beherrschung einzusetzen. Daß er als Redner die Menschen zu fesseln vermochte, konnte Hitler nur durch einen allerersten, insofern »zufälligen« Erfolg erfahren, ebenso das Wissen um die hypnotische Kraft seiner Augen, von der er, wie aus vielen Berichten hervorgeht, wohlüberlegt Gebrauch zu machen verstand. Selbst Geistesriesen sind dem bezwingenden Blick seiner blauen Augen erlegen. Gerhart Hauptmann bekannte, nachdem ihm Hitler fest in die Augen geblickt hatte, dies sei »der größte Augenblick seines Lebens« gewesen[77]. Rauschning, der Danziger Senatspräsident, sprach vom »Zauber der Persönlichkeit« Hitlers, aber mit der Einschränkung, daß nur diejenigen ihm erlegen seien, die ihm hätten erliegen wollen[78]. Wenn wir das auch nicht so verstehen, als ob ein bewußter oder unbewußter Wille, sich selbst aufzugeben, etwas Dämonisches in Hitler erst hineinprojiziert habe, so bleibt doch anzunehmen, daß zum bedingungslosen Gefolgsmann des »Führers« nur werden konnte, wer mit dem, was gewalttätig von ihm ausging, mitzuschwingen begann. In einer Art psychischer Rückkopplung mochte sich beim Führer das Gefühl der Überlegenheit und damit wiederum die bezwingende Kraft seiner Persönlichkeit verstärken.

Die reale Dialektik von Führung und Gefolgschaft, die auf beiden Seiten unbewußte Bindungskräfte intensiviert, wird von zwei Gefolgsleuten Hitlers von jeweils nur dem einen Aspekt des Gesamtzusammenhanges erfaßt. Albert Speer fühlte sich von Hitler, nachdem er ihn 1930 zum ersten Male als Redner erlebt hatte, »suggestiv berührt«[79]. Später, als er nacheinander längst Hitlers Architekt und Rüstungsminister war, wurde ihm allmählich bewußt, daß er jahrelang »von der magischen Kraft Hitlers« in seiner Erkenntnisfähigkeit verwirrt gewesen war[80]. Schirach dagegen sieht rückblickend in Hitler den Mann, der erst durch »maßlose Verherrlichung zum Herrn unseres Schicksals« geworden sei; erst die ihm vom Volk entgegengebrachte Verehrung habe ihm »das Bewußtsein des Übermenschlichen und der Unfehlbarkeit suggeriert«[81].

Es wäre verfehlt zu meinen, daß Hitler, wenn er für »besondere Aufgaben« willfährige Werkzeuge brauchte, sich einzig auf Gefühle verlassen habe, auf Begeisterungsfähigkeit, Treue und Ergebenheit für seine Person. Als in NS-Führungskreisen bekannt wurde, daß SS-Obergruppenführer Heydrich »jüdisches Blut« in seinen Adern habe, war Hitler selbst es, der ihn in der SS gehalten hat, ja ihn erst recht zur treibenden Kraft der Judenvernichtung bestimmt hat. Psychologe, der er war, wußte er nur zu gut, daß er einen solchen Mann »in der Hand« hatte, daß Heydrich, um von seinem vermeintlichen Manko abzulenken, eher zuviel des Verlangten tun würde als zuwenig. Himmler: »Alle Dinge, an die niemand sonst gern heranging, konnte der Führer jetzt getrost Heydrich übertragen und versichert sein, daß er sie bestens ausführte, auch die Judenaktion.«[82] Vielleicht gedachte Hitler auch, den schon von Marx her bekannten jüdischen Selbsthaß sich zunutze zu machen, wenn er einen Halb- oder Vierteljuden als Judenverfolger verwandte. Er hätte sich damit psychologisch auch nicht verrechnet, wenn Heydrich, wie Günther Deschner[83] behauptet, gar nicht von Juden abstammte. Denn zum »Juden«, zu einem schuldlos Verfolgten und darum mit sich selber zerfallenen Menschen, wird man nicht durch Abstammung, sondern eben dadurch, daß man verfolgt wird und alle Welt einen so ansieht, als sei man erblich belastet. Gerade bei Deschner (S. 70) finden wir, daß Heydrich schon als Kind von seinen Mitschülern als Jude betrachtet und gehänselt wurde. »Isi! Isi!« (für Isidor, einen typisch jüdischen Vornamen) riefen sie ihm nach. Zuletzt mochte er sich beschämt als Juden sehen, selbst wenn sein Vater doch »Arier« gewesen sein sollte. Einen solchen Vorgang psychischer Induktion, die Übernahme der Rolle des Ausgestoßenen, hat Max Frisch in seinem Stück *Andorra* unübertrefflich gezeichnet. Was die anderen von uns halten, reicht hin, uns zu verunsichern — oder uns innerlich aufzurichten. Hermann Görings zynisches Wort »Wer Jude ist, bestimme ich« unterlegt das mit Realität. Immerhin hatte er es fertiggebracht, den »Halbjuden« Erhard Milch, einen Pionier der Zivilluftfahrt, neben sich an die Spitze der Deutschen Luftwaffe zu setzen[84].

So wie es unter Hitler privilegierte Juden gab, die »arisiert« werden konnten, so wurde dem Gros der noch im Lande verbliebenen mitten im Kriege (1941) der Judenstern angeheftet — zum Zeichen ihrer Diskriminierung[85]. Hitler, der Menschenkenner, mochte ahnen, daß der Gebrandmarkte die ihm zugewiesene Rolle mehr oder weniger übernimmt und damit erst richtig wehrlos wird. Was es heißt, in einem abwertenden Sinne als »Jude« zu gelten, war ihm aus eigenem Erleben wohl bewußt, seitdem (1930) sein Neffe William Patrick Hitler ihn mit seiner zweifelhaften »arischen« Abstammung öffentlich bloßzustellen drohte — Hitler sprach sogar von Erpressung[86], so zu seinem Anwalt Dr. Hans Frank, der gleichfalls jüdischer Herkunft gewesen sein soll[86a].

Ganz gleich, ob nun sein Großvater väterlicherseits Jude war oder nicht — die Frage danach mußte Hitler beschäftigen und um so mehr beunruhigen, je intensiver er im Wien des Dr. Lueger den Antisemitismus der »Alldeutschen« in sich einsog[87]. Nicht, daß Hitler tatsächlich Vierteljude war, ist erforderlich, um seinen Judenhaß als projektiven Selbsthaß zu verstehen oder als »Verwandtenhaßpsychose« (H. Frank[88]) zu erklären, sondern daß er es überhaupt für möglich hielt, sein Vater könnte Halbjude gewesen sein. Gerade wenn er hierüber — im Unterschied zu seinen Biographen — weder so noch so eine Gewißheit erlangte; wenn ihn, wie ein Gewährsmann sagt, zeitlebens schwere Zweifel plagten, ob er sich selbst als reinen Arier betrachten dürfe, dann mußte er, der Führer der völkischen Bewegung, um so stärker motiviert sein, sich sein »arisches Blut« durch schonungslosen Kampf gegen das Judentum zu »beweisen«. Dann hätte sein erstaunliches Wort zu Rauschning: »Der Jude sitzt immer in uns«[90] auch einen realen biographischen Kern. Doch selbst als eine rein tiefenpsychologische Einsicht — als solche wertet es Friedrich Heer[91] — wäre es beachtlich genug. Es zeigte Hitler als einen Fanatiker, der einen hellsichtigen Augenblick lang seine eigene Motivation überblickt.

Gespenstische Vision: Der Enkel eines Juden Frankenberger, nämlich Adolf Hitler, ernennt zum »Reichsorganisationsleiter« seiner antisemitischen Partei einen Juden Levi alias Ley[92], duldet in der Führung seiner Luftwaffe als Generalfeldmarschall den Halbjuden Milch und beauftragt den Nachfahren eines Juden Süß, Reinhard Heydrich[93], mit der physischen Vernichtung der Juden. An dieser »Vision« ist nichts erdichtet und zweifelhaft nur, daß der »Führer« selber Vierteljude war.

Sind solche Männer an der Spitze eines antisemitischen Regimes auch ein Ärgernis den Juden, jedenfalls denen, die sich selber noch als »Volkskörper« sehen[94], so führt doch nichts den Rassenwahn Adolf Hitlers besser *ad absurdum.* Zumindest sollte klarwerden, daß das Verlangen nach »Rassenreinheit« nicht das ihn letztlich treibende Motiv war. Es war nur die bewußtseinsfähige Form eines Vernichtungswillens, der aus frühen Versagungen und Demütigungen sich entwickelt hat. Freilich: *Wenn* Hitlers Vater Halbjude war, ja auch schon, wenn der Sohn die Vermutung nie ganz loszuwerden vermochte, dann gewinnt von daher die These, Hitlers politisches Handeln sei eine einzige »Revolte gegen den Vater« (G. Mendel[95]) gewesen, ein besonderes Licht. *Dann* hat er in den Juden, die er verfolgen und ermorden ließ, sich an dem Vater gerächt, an dem drakonisch strengen, oftmals betrunkenen Haustyrannen. Daß er ein paar Juden oder Halbjuden in der Führungsspitze neben sich duldete, widerspräche solcher Haßübertragung nicht. Die

Politisierung privater Wut erlaubt allemal, einzelne aus dem Pechregen der Verunglimpfung herauszuhalten. Hitlers Verhalten gegenüber Heydrich beweist, daß er, ausgerichtet auf die »Endlösung« seiner rassistischen Politik, durchaus imstande war, von Affekten zurückzutreten, die sich auf den nächst greifbaren Juden richten möchten. Ein Halbjude in höchster SS-Position hatte ungleich größeren strategischen Wert als seine Ausstoßung aus dem Verband. Eben dies machte ja Hitlers eigentliche Gefährlichkeit aus, daß er — anders als der landläufige Judenhasser — seinen Haß auch beiseitesetzen konnte, wenn es größtmöglicher Vernichtung diente. Er war durchaus imstande, die ihn triebhaft stimulierende Feindseligkeit bei sich selber wie bei anderen instrumental zu gebrauchen. Dazu mußte er jenen Abstand zu seinen ideologisierten Affekten gewinnen, der sich im engeren Kreis der Vertrauten bisweilen in Zynismen kundtat, so in der Bemerkung gegenüber Rauschning, er wisse sehr wohl, daß man von »Rasse« im wissenschaftlichen Sinne nicht sprechen könne [96]; oder der noch weitergehenden, auch von Rauschning berichteten, man brauche die Juden aus ideologischen Gründen und müßte sie erfinden, wenn es sie nicht schon gäbe [97]. Der Historiker Jäkkel [98] zweifelt nicht zuletzt im Blick auf diese Zitate an der Verläßlichkeit der Aufzeichnungen Rauschnings. Doch selbst wenn Zweifel an der Echtheit dieser »Gespräche« berechtigt wären, zeigte doch eine Stelle in *Mein Kampf* (S. 228), daß Hitler durchaus imstande war, den Antisemitismus *auch* instrumental zu sehen: Die nationalsozialistische Bewegung habe es fertiggebracht, die »Judenfrage« — gemeint war: den Antisemitismus — »aus dem engbegrenzten Kreise oberer und kleinbürgerlicher Schichten herauszuheben und zum treibenden Motiv einer großen Volksbewegung umzuwandeln«. Diese Stelle, nicht ganz so zynisch wie der Hitler bei Rauschning, widerspricht noch nicht der Vermutung, daß Hitler von Judenhaß durchdrungen war. Aber selbst was Rauschning von ihm gehört haben will, könnte so gesagt worden sein und brauchte doch nicht denen recht zu geben, die Hitler für einen im Grunde »prinzipienlosen Opportunisten« (Bullock [99]) halten. Es könnte sogar sein, daß Rauschning durchaus richtig wiedergegeben hat, was Hitler ihm ge-

sagt hatte, daß aber Hitler, der Menschenkenner, im Gespräch
mit diesem intellektuellen Parteigenossen sich dessen rationaler
Lebenseinstellung angeglichen hat und in der Hoffnung, so
auch ihn ganz für sich einzunehmen, unversehens Distanz zu
seinem eigenen rassistischen Standpunkt gewonnen hat. Dabei
wäre denkbar, daß Hitler, später auf jene affektfrei-nüchter-
ne Bemerkung angesprochen, sich selber an sie gar nicht mehr
erinnert hätte. Es ist dies ein keineswegs einmaliger Vorgang,
daß ein Mensch flüchtig Einsicht gewinnt in das, was ihm für
gewöhnlich verborgen bleibt, weil es sich bei ihm noch nicht
von den Kräften unterscheidet, die ihn als lebendiges Wesen
überhaupt bewegen. Sigmund Freud berichtet, wie ihn einige
seiner medizinischen Lehrer wie beiläufig auf den sexuellen
Charakter nervöser Erscheinungen aufmerksam gemacht haben, aber später, von ihm darauf angesprochen, dies verleugnet
hätten[100].

Was die Hitler-Biographen und Zeitgeschichtsforscher in zwei
Lager spaltet, in die Anhänger der »Opportunismus-Theorie«
und in diejenigen, die den »Führer« für einen fanatisch Überzeugten halten, das schließt sich doch psycho-logisch zusammen, wenn wir mit Stierlin[101] erkennen, daß Hitler die Fähigkeit hatte, in ein und derselben Hinsicht »distanziert und engagiert zu sein«. Wer so sich selber aufzuspalten vermag in einen,
der affektiv bewegt ist, und in einen, der noch seine eigenen Affekte »planmäßig« einsetzt und situationsgerecht beiseitesetzt,
der kann ebenso seine Erregung auf andere übertragen wie sich
selber davor bewahren, von ihr unkontrolliert mit fortgerissen
zu werden. Solche Fähigkeit wird indessen nicht unentwegt beansprucht; sie schließt bei dem, der so schizoid verfaßt ist,
nicht aus, daß er mitunter auch geradewegs opportunistisch
sich verhält. So konnte Hitler den langjährigen Außenminister
der Weimarer Republik Gustav Stresemann aufrichtig bewun-
dern und im vertrauten Kreise auch loben, obschon er ihn öffentlich als »Erfüllungspolitiker« abgetan hatte[102]. Opportunistische Gesinnung ist am ehesten möglich, wenn die Frage, um
die es gerade geht, nicht auf den Boden der Motive hinabreicht,
von denen ein Mensch bewegt und umgetrieben wird. Reinen
Opportunismus aber gibt es gar nicht. Selbst Heuchler müssen,

was sie öffentlich vertreten, sich selber bis zu einem gewissen Grade glauben, um es glaubhaft vertreten zu können. Die Zeitgeschichtsforscher, die auf soviel Psychologie sich nicht einlassen wollen — oder können, bleiben vor der unauflösbaren Alternative stehen, uns Hitler entweder als einen Fanatiker oder als einen Zyniker vorstellen zu müssen. Das landläufige Hitler-Bild ist wohl das des überzeugungsstarken Fanatikers, des verblendet Rasenden; und vor diesem Bild klingt gerade das am rätselhaftesten — und am unglaubwürdigsten, was der Führer gelegentlich wie in einem Anfall von Hellsichtigkeit von sich gegeben hat, zum Beispiel das folgende:

> »Das deutsche Volk hat einst die Kriege mit den Römern überstanden. Das deutsche Volk hat die Völkerwanderung überstanden. Das deutsche Volk hat dann die späteren großen Kämpfe der neueren Zeit überstanden. Das deutsche Volk hat dann einen Dreißigjährigen Krieg überstanden. Das deutsche Volk hat dann später die Napoleonischen Kriege, die Freiheitskriege, es hat sogar einen Weltkrieg überstanden, sogar die Revolution — es wird mich überstehen!«

So Hitler vor der Inlandspresse in der Nacht vom 9. zum 10. November 1938, der sogenannten »Reichskristallnacht«. Da es von dieser Rede — laut Gisevius [103] — eine Tonbandaufnahme gibt, wird es nicht möglich sein, sie für zweifelhaft zu erklären, wenn sie nicht in ein bestimmtes zeitgeschichtliches oder psychologisches Schema passen sollte.

e) Führer und Volksgemeinschaft

Schon lange, ehe er in den Reichstag einziehen konnte, um ihn zu entmachten, wandte sich Hitler gegen die parlamentarische Demokratie mit dem Argument, durch ihre Mehrheitsbildungen sündige sie »wider den aristokratischen Grundgedanken der Natur« (*Mein Kampf,* S. 87); sie degradiere den Führer zum bloßen »Vollstrecker des Willens und der Meinung anderer« (S. 378). An die Stelle von Mehrheitsentscheidungen habe darum der »Führergedanke« (S. 87) zu treten, ja die »unbedingte Führerautorität« (S. 378). Und das hieß: Es durfte wohl beratende Gremien geben, »allein *die Entscheidung trifft ein*

Mann« (M.K., S. 501). Hitler wußte damals schon, wer das einmal sein sollte: er selbst. Auf nicht näher erklärte Weise solle sich »aus der Masse« und für sie »die Bedeutung der Person« herausschälen. An einer Stelle (S. 501) hieß es sogar, daß dazu die Parlamente »an sich« doch notwendig seien. Aber Hitlers Grundtendenz und das Wesen seiner »jungen Bewegung« war »antiparlamentarisch« (S. 378).

Wer so wie Hitler von den Menschen dachte, wer zumindest die »breite Masse« des Volkes für dumm und geistig träge hielt[104], wer »Millionen deutscher Dummköpfe« (S. 596) vor Augen sah, der konnte sich auch mit dem Gedanken an wirkliche Volksherrschaft niemals befreunden. Denn Volksherrschaft, die nicht bloß auf dem Papier steht, setzt ein politisch urteilsfähiges, zumindest bildungsfähiges Volk voraus. Nur von einem solchen Volk sind bei den Wahlen parlamentarische Mehrheiten zu erwarten, die nicht bloß für den Augenblick affektive Neigungen befriedigen, sondern eine Entwicklung gewährleisten, die asymptotisch zu innerem und äußerem Frieden führt.

Majorität war für Hitler gleichbedeutend mit Dummheit, Feigheit und Schwäche[105], allenfalls stark genug, den Kampf zu verhindern, aus dem sich der »Sieg des Besseren und Stärkeren«, »die Unterordnung des Schlechteren und Schwächeren« (S. 421) ergeben sollte. Das Bessere ist hier mit dem Stärkeren, auch: dem Gesünderen (S. 577), in eins gesetzt; ebenso das Schlechtere mit dem Schwächeren. Das war im Sinne Nietzsches gedacht, der sich gegen jene Tradition der Moral gewandt hatte, nach der das Schwache, das Triebschwache und Kraftlose, mit dem Guten gleichgesetzt wird[106]. Und wie Nietzsche[107] wollte er auch, daß die starken, die kraftvollen Menschen herrschen. Doch anders als Nietzsche, der in *Mein Kampf* an keiner Stelle erwähnt wird, denkt Hitler »Stärke« sich nur als Kraft zur Überwältigung anderer. Nietzsche aber spricht auch von der »Kraft ... in der Milde und Stille«[108].

Nun scheint auf den ersten Blick auch bei Hitler dem »aristokratischen Prinzip der Natur« (*Mein Kampf*, S. 69) und dem Führerprinzip etwas die Waage zu halten, was der menschlichen Liebesfähigkeit versöhnlich Rechnung trägt. Das Ideal der »Volksgemeinschaft« (S. 374) könnte sogar als Widerspruch zum Elite-Gedanken verstanden werden, der der Sache nach und auch in Hitlers Gedankengebäude eine hierarchische Schichtung des Volkes verlangt. Doch es liegt kein Widerspruch vor und auch nichts, was seine martialische Sozialphilosophie abmildern würde.

Der kaum verborgene Sinn von Hitlers »Volksgemeinschaft« war es, daß das Volk eine möglichst homogene, dem Willen des Führers nicht hinderliche Masse bilden sollte. »Denn Führen heißt: Massen bewegen können.« (*Mein Kampf*, S. 650). Wer sich eine solche Herkulesarbeit vornahm, mußte »in erster Linie Psychologe sein« (S. 650), einer, der seine Propaganda auf die »Primitivität der Empfindung der breiten Masse«[109] abzustellen wußte. Nichts sei dem Erfolg eines Führers, eines Massenbewegers, abträglicher als der Ehrgeiz, der »sogenannten Intelligenz« (S. 376) zu gefallen. Nur wenigen, also wohl sich selber, traute Hitler zu, »vor Schlossern und Hochschulprofessoren zugleich in einer Form zu sprechen, die beiden Teilen in ihrem Auffassungsvermögen nicht nur entspricht, sondern beide Teile auch gleich wirksam beeinflußt oder gar zum rauschenden Sturm des Beifalls mitreißt« (S. 376). Daß er dies vermochte, hat er bewiesen. Wenn aber Intellektuelle, die von einer »Führerrede« beeindruckt waren, sich von deren Lektüre im *Völkischen Beobachter* enttäuscht zeigten, dann verrieten sie mit solchem Urteil, daß auch sie als Zuhörer Adolf Hitlers von rational nicht nachvollziehbaren Momenten seiner Rede und seines Auftretens sinnlich gepackt waren. Er sah es als seine Aufgabe an, »das Instinktmäßige gegen das Judentum in unserem Volke zu wecken und aufzupeitschen und aufzuwiegeln«. So hat er es in einer frühen Rede (1920) selbst formuliert[110]. Seiner Partei empfahl er, Bilder und Filme für die Propaganda einzusetzen, denn der davon angesprochene Mensch brauche »noch weniger verstandesmäßig zu arbeiten« (*Mein Kampf*, S. 526). Hitler, der es bewußt verschmähte, »Aufklärungsarbeit« (S. 377) zu leisten, war nahe daran zuzugeben, was ihm Kurt Schumacher noch am 23. Februar 1932 im Reichstag bescheinigen sollte: »Die ganze nationalsozialistische Agitation ist ein dauernder Appell an den inneren Schweinehund im Menschen.«[111]
Nicht bessere Einsichten in gesellschaftliche Zusammenhänge

sollten nach Hitler die Menschen zur Volksgemeinschaft zu-
sammenführen, sondern jene Leidenschaften, die sich zu »fanatischer Nationalbegeisterung« (M.K., S. 472) noch steigern ließen. Es ging ihm um die »Nationalisierung der bewußt antinationalen Masse« (S. 366). Wenn aber das Nationalgefühl der
Deutschen durch Hitler erst noch zu »entflammen« (S. 471)
war, dann konnte ein solches Feuer sich nur aus jenen triebhaften Sehnsüchten nähren, die, sonst unbefriedigt, sich dem Führer gleich einem Erlöser oder einem kollektiven Bräutigam zugewandt hatten. Das wurde von dem Menschenkenner, als den
er sich selber sah, durchaus reflektiert. Er war sich nicht nur
darüber im klaren, daß ihm als Junggesellen die Frauen folgen
würden[112]; er sah — noch in der »Kampfzeit« — auch illusionslos, daß viele aus dem Bürgertum, die ihm zujubelten,
wieder anders dachten, »sobald der Rausch der Kundgebungen
vergangen« war (S. 375). Später, als Reichskanzler und Führer
der Nation, ist es ihm wohl gelungen, jeweils für die Dauer einer Rede, die »über alle deutschen Sender« ausgestrahlt wurde,
so etwas wie Volksgemeinschaft im gebannten Zuhören aller,
die eingeschaltet hatten, zu verwirklichen.

Der Begriff der Volksgemeinschaft als der emotionalen Ver-
schmelzung aller Schichten der Bevölkerung zu einer »kämpferisch« nach außen gerichteten Nation widerspricht nicht Hitlers aristokratischem Lebensgefühl und seiner Geringschätzung
der »breiten Masse« des Volkes. Der »Schwatzhaftigkeit des
deutschen Volkes« (M.K., S. 608) galt es eine das »vorhandene
Menschenmaterial« (S. 424) formende Rede entgegenzustellen:
Führung aller durch den »unbeugsamen« Willen, der redend
sich ihrer bemächtigte, ihre uneingestandenen und verworrenen
Sehnsüchte auf sich zu ziehen wußte und ihren unterschwelli-
gen Mißmut zum »Haß gegen die Verderber von Volk und Vaterland« (S. 780) auszuformen verstand. Solche »Nationalisierung« hatte das ganze Volk zu ergreifen, die »Arbeiter der Stir-
ne und die Arbeiter der Faust«[113]. Daß zumindest ein Teil der
Intellektuellen sich nicht von der triebhaften Seite ihres Wesens
her ansprechen und manipulieren läßt, hat Hitler zweifellos geahnt und deshalb den »geistigen Schichten« (*Mein Kampf*,
S. 480) immer eine wohlbegründete Skepsis entgegengebracht.

Sie erschienen ihm als »in sich abgeschlossen und verkalkt«
(S. 452), ohne Verständnis für das Volk. Als Vertreter der am
höchsten stehenden Klasse kamen sie deshalb für ihn nicht in
Betracht; das mußten Menschen sein, die sich durch »Mut und
Opferfreudigkeit« (S. 581) auszeichneten, also solche, die sich
in seine aggressiv formierte »Volksgemeinschaft« sogar noch
besser einfügen würden als die »breite Masse«. An wissenschaftlicher Bildung habe es den Deutschen nie gefehlt, desto
mehr aber an »Willens- und Entschlußkraft« (S. 480). Und eben
diese sowie »Verantwortungsfreudigkeit« (S. 452) habe die Erziehung im »völkischen Staat« noch vor allen wissenschaftlichen Fähigkeiten auszubilden. »Frische Blutzufuhr« (S. 481)
aus den unteren sozialen Schichten hat nach Hitler dies biologisch abzusichern: Es gehe in erster Linie um das »Herauszüch-
ten kerngesunder Körper« (S. 452). Als das abstoßende Gegen-
bild werden »körperlich degenerierte, willensschwache und feige Pazifisten« (S. 452) gemalt.

An Geist, meinte Hitler, habe es uns bisher nie gefehlt. Wer darum heute einem Elitebegriff anhängt, der »geistige Führung«
meint, braucht den Vorwurf, »faschistisch« zu denken, nicht
hinzunehmen. Hitlers Glaube an die »Ungleichheit der Menschen« war auf andere Tugenden abgestellt als auf geistige
Überlegenheit. Er war wohl Psychologe genug, um zumindest
zu ahnen, daß seine eigentliche Wirkung auf Menschen und
Menschenmassen auf anderen als rein intellektuellen Fähigkeiten beruhte. Ein überwiegend sittlich verquältes, leibhaft fru-
striertes Volk wird immer anfällig sein für politische Verführung, die seine aggressiv zugespitzten Triebe mobilisiert. Dies
erklärt, weshalb auch sogenannte nüchterne Intellektuelle der
vitalen »Ausstrahlung« des Führers erlegen sind. In das, was da
in ihnen zum Erliegen kam, reichte ihr rationales, vorweg mes-
sendes und rechnendes Weltverständnis nicht hinab. Einzig die
von Hitler verfemte »jüdische« Psychologie Sigmund Freuds
hätte darüber Aufschluß geben können.

Um einen neuen Nazismus zu verhindern, kann es daher nicht
genügen, eine noch mehr aufs »rein Geistige« ausgerichtete Bildung zu fördern, wenn solche Bildung nicht breitesten Schichten ermöglicht, sich auch in ihren vitalen Antrieben selber bes-

ser zu verstehen. Die Ausbildung formaler intellektueller Fähigkeiten, wie sie unsere sogenannten Intelligenztests messen, kann aus noch immer unbewußten Motiven nur zu leicht in den Dienst einer undurchschaubar verquälten Triebhaftigkeit gestellt werden. Unser auf Meßbarkeit ausgerichteter Intelligenzbegriff stimuliert zu einer Verstandesschulung, in der das — eben meßbare — Tempo eine entscheidende Rolle spielt: »Rasche Auffassungsgabe«, nicht lange zögernde »Kombinationsfähigkeit« und flinke Wortfindung kommen nur auf andere Weise dem Ideal eines genormten Menschen entgegen, der auch geistig reibungslos funktioniert. Die wirklich einfallsreichen Köpfe schneiden hier nicht so gut ab: ihre Zweifel am Vorgegebenen erscheinen als »Verstehensschwierigkeiten«; ihre Kraft der Verarbeitung von Eindrücken erweist sich als Unfähigkeit, zu allem sofort Stellung zu nehmen; ihre geistige Eigenwilligkeit erfüllt nicht das vorgegebene Schema.

Wer Wert darauf legt, Menschen heranzubilden, die in einer immer verworrener werdenden Welt neue Wege zu finden wissen, der kann dabei nicht die »geistige Elite« alten Zuschnitts als Erziehungsziel herausstellen. Er wird vielmehr Nachdenklichkeit, Spieltrieb und Gestaltungskraft zu fördern suchen, kurzum auf Kreativität setzen und sich um die Bedingungen ihrer Entfaltung kümmern. Und er wird, wenn ihm die Demokratie lieb ist, dabei für allerbreiteste Vermittlung gefundener Einsichten sorgen, die das Zusammenleben der Menschen betreffen. Nur Solidarität aus Einsicht, aus Einsicht auch in unsere Triebnatur, kann eine »Volksgemeinschaft« verhindern, in der unbewußte Antriebe, geheime Sehnsüchte die Menschen so »zusammenschweißen«, daß allen anderen, die nicht dazugehören, angst und bange werden muß.

f) Volk und Volksgesundheit

Hitlers Begriff der Nation war biologisch geprägt. Nation war ihm nicht die historisch gewachsene Schicksalsgemeinschaft eines Volkes, das in einem umgrenzten Staatsgebiet eine ihm gemäße Lebensform gefunden hat und im Idealfall eine gemeinsame Sprache spricht. Nation war ihm vielmehr die sich politisch formierende Kraft eines »Volkskörpers«, der durch besondere rassische Merkmale sich von anderen Völkern zu unterscheiden habe. Die räumlich anschauliche Rede vom *Volkskörper,* einem Schlüsselbegriff in Hitlers Ideologie, bot die Möglichkeit, gesundheitspolitische, rassistische und sittliche Forderungen miteinander zu vermischen. Da ist die Rede von der »entsetzlichen gesundheitlichen Vergiftung des Volkskörpers« (*Mein Kampf,* S. 269), aber auch von der »rassenmäßigen Vergiftung unseres Volkskörpers« (S. 432), von der »Versyphilitisierung des Volkskörpers« (S. 272) und in einem nicht nur medizinischen Sinne von »Krankheitsstoffen im Volkskörper« (S. 254) oder eindeutig vom Juden als dem »Parasiten im Körper anderer Völker« (S. 334). Sogar in einem volkswirtschaftlichen Sinne sieht Hitler die Juden »am Volkskörper nagen«[114]. Im Blick auf die Syphilis und die Prostitution, deren Bekämpfung ihm als »eine der ungeheuersten Aufgaben der Menschheit« erschien, verknüpfte er selber die verschiedenen Aspekte seiner Auffassung von Volksgesundheit miteinander: »... die Erkrankung des Leibes ist hier nur das Ergebnis einer Erkrankung der sittlichen, sozialen und rassischen Instinkte.« (*Mein Kampf,* S. 280) »Volkstum« wurde von Hitler ausdrücklich mit »Rasse« gleichgesetzt, und von dieser konnte er dann sagen, daß sie »eben nicht in der Sprache liegt, sondern im Blute« (S. 428). Zumindest indirekt beeinflußt von Gobineau und H. St. Chamberlain, sah Hitler im »nordisch-germanischen Menschen« (S. 438) nicht nur den kulturellen Höhepunkt der Menschheit, sondern auch die biologisch gesündeste Rasse. Voraussetzung dafür, daß einem Volk in Europa solcher Rang zugesprochen werden konnte, war nach dieser Logik »Rassenreinheit« (S. 449), ein zumindest hoher Anteil der am höchsten bewerteten »rassischen Urelemente« (S. 438 f.) eines Volkskörpers. Je häufiger der hochgewachsene, blonde und blauäugige Mensch in einem Volk vertreten war, als desto wertvoller durfte es gelten, aber auch für um so gesünder wurde es gehalten. Wo die Rassen sich vermischten, wo Angehörige einer höchststehenden Rasse mit rassisch Tieferstehenden »Rassenschande« (S. 444) trieben, da werde die »Widerstandskraft« (S. 442) der Nachkommen so geschwächt, daß sie sogar aussterben könnten. Von der Natur selber sagte Hitler: »Sie liebt die Bastarde nur wenig.« (S. 441/442) — eine biologisch absurde, höchst affektgeladene These, die ganz außer acht läßt, daß genetische Mängel einer Sippe durch Paarung mit rassisch Andersartigen im Phänotypus der Kinder am sichersten überdeckt werden.

Um zu größerer Reinheit der eigenen Rasse zu kommen und damit zugleich ein gesünderes Volk zu schaffen, sah Hitler zwei Wege: einmal die »bewußte planmäßige Förderung der Fruchtbarkeit der gesündesten Träger des Volkstums« (S. 448) und zum andern freiwillige und zwangsweise Sterilisierung oder Kastration von »körperlich Degenerierten und geistig Erkrankten« (S. 448), wie er es im »Erbgesundheitsgesetz«[115] dann verwirklicht hat. Ein dritter Weg wurde von Hitler erst während des Krieges ohne gesetzliche Grundlage beschritten: das sogenannte Euthanasie-Programm zur Vernichtung »lebensunwerten Lebens«. Dieser rechtswidrigen Aktion sind mindestens 60 000 deutsche Mitbürger zum Opfer gefallen, ehe Proteste von seiten der Kirche Hitler dazu bewogen, die Massentötung wieder einzustellen[116].

Rassereinheit und Volksgesundheit waren für Hitler und die NS-Ideologen nahezu deckungsgleiche Begriffe. Was fehlte, um sie voll zur Deckung zu bringen, war die Gewißheit, daß Reinrassigkeit auch vor vererblichen körperlichen und geistigen Defekten bewahrt. Beides aber, die Sorge um Rassereinheit und die Befürchtung von »erbkrankem Nachwuchs«[117], motivierte zu einer selber lebensbedrohenden Gesundheitspolitik. Wenn die Nation als »Volkskörper« (Hitler) in Analogie zum individuellen Organismus verstanden wurde, dann lag es nahe zu denken, daß man alles Unreine, Erbkranke und unkontrolliert Wuchernde wie von Chirurgenhand aus ihr herausschneiden müsse. So verstand es auch ein erst später berühmt gewordener Biologe. Konrad Lorenz schrieb 1940, die Evolution des Menschen könne nur gewährleistet werden durch die »Ausmerzung der mit Ausfällen behafteten Elemente« aus dem »Volkskörper«[118]. *Ausmerzung aus dem Volkskörper* meinte da eine radikalere Operation als die nur am Individuum zu vollziehende Sterilisation oder Kastration. Wem »der rassische Gedanke als

Grundlage unserer Staatsform«[119] galt und wer dabei in der Kategorie des *Volkskörpers* dachte, für den verlor die Vernichtung ganzer Menschengruppen den Aspekt des moralisch und rechtlich Verwerflichen. Der gewaltsame Tod eines erbkranken Menschen bedeutete da eine Wertsteigerung der Volksgesundheit. Die Ausmerzung »lebensunwerten Lebens« konnte als Unwert anderer Art gar nicht mehr reflektiert werden.

Inzwischen hat, nicht zuletzt dank der geschichtlichen Niederlage des NS-Staates, sich eine radikale Umwertung des Lebens vollzogen. Sie ist so radikal, daß selbst der Gedanke einer Sterilisation Schwachsinniger und genetisch schwer Geschädigter nicht mehr öffentlich vertreten wird, wenn auch in der Alltagspraxis der Gesundheitsämter den Eltern solcher Kinder dazu geraten wird (im Einklang mit einem »Gesetz über freiwillige Kastration und andere Behandlungsmethoden« vom 15. 8. 1969). Menschliches Leben, das überhaupt lebt, gilt jetzt auch in seiner Reproduktionsfähigkeit als prinzipiell lebenswert, als fortpflanzungswürdig, selbst wenn das dabei weiterzugebende Leben mit der Mitgift schweren Leidens von Geburt an belastet ist. Hitler hatte — zweifellos unter Zustimmung weiter Volkskreise — für seinen »völkischen Staat« gefordert, »daß nur, wer gesund ist, Kinder zeugt« (*Mein Kampf, S. 446*). Er betrachtete es als eine Schande, eigene Krankheit, eigenes Leid »im Körper seines Kindes zu verewigen« (S. 477).

Wir sind heute bei allem, was Hitler jemals angesprochen, gefordert oder befohlen hat, von vornherein ablehnend und auf geistige Distanz bedacht. So auch in der Frage, ob erblich belasteten Menschen das Glück leiblicher Elternschaft verwehrt werden soll. Solche Reserve ist selbstverständlich bei jenen, die heute aus derselben ehrgeizigen Anpassung an den Zeitgeist zu »Antifaschisten« geworden sind, aus der es seinerzeit Mitläufer des »Führers« gab. Nun ist in der Frage der Sterilisation erbkranker Menschen freilich Zurückhaltung auch sachlich — und nicht nur aus Gründen der Vergangenheitsbewältigung — geboten. Hitler sprach in *Mein Kampf* (S. 447) nicht allein vom »erblich belasteten« Menschen, der sich nicht fortpflanzen dürfe, sondern allgemein von dem, »der körperlich und geistig nicht gesund und würdig ist«. Wir brauchen nicht lange zu ra-

ten, wer dabei mit denen, die *geistig nicht würdig* seien, gemeint war. An einer anderen Stelle desselben Buches (S. 250)
wird *Unwürdigkeit* für »innere Fäulnis, Feigheit, Charakterlo-
sigkeit« gesetzt, also für all das, womit der Führer die »Verderber von Volk und Vaterland« (S. 780), die »vaterlandslosen Gesellen«[120] zu charakterisieren pflegte. Dadurch, daß er auch pa-
zifistisch gesinnte Regimegegner hinter Stacheldraht brachte,
wurde es freilich überflüssig, an ihnen die Körperstrafe der Kastration zu vollziehen.

Neben den Erbkranken kamen für eine »Unfruchtbarmachung«
auch Verbrecher, insbesondere Triebtäter in Betracht. Hitler
war im Einklang mit der Kriminologie seiner Zeit davon überzeugt, daß es »geborene Verbrecher« gibt[121], ein Begriff, der
auf Lombroso[122] zurückgeht. Und eben hierin stimmt auch ein
heute noch verbreitetes Vorurteil mit Hitlers kriminal- und ge-
sundheitspolitischem Programm überein. Immer noch gilt es
unter Kriminologen und Psychiatern, nicht bei allen, als wünschenswert, Triebtäter zu kastrieren[123]. Einzig in der jetzt ge-
setzlich verlangten Freiwilligkeit von seiten des Häftlings liegt
der Unterschied zu der unter Hitler geübten Praxis. Wie frei in
seiner Entscheidung aber ist ein Gefangener, dem für den Fall,
daß er sich kastrieren läßt, seine Entlassung aus der Haft in
Aussicht gestellt wird?

Der verbreitete Glaube, daß es eine Naturanlage zu verbreche-
rischem Handeln gibt, hat sich 1933 nach Hitlers Machtergreifung im deutschen Strafgesetzbuch niedergeschlagen. Im
neueingefügten Paragraphen 20a wurden härteste Strafen für
den »gefährlichen Gewohnheitsverbrecher« vorgesehen. Der
»Reichsjustizkommissar« Dr. Hans Frank drückte aus, was
dem »wirklich gemeinen Verbrecher« angemessen sei: »Ausrottung«, »Vernichtung«, »Unschädlichmachung«[124]. Der Henker
wurde so zum Chirurgen am »Volkskörper«, von dem er das
Schlechte wegzuschneiden hatte. Die gesamtgesellschaftliche
Funktion des Verbrechens konnte der Kronjurist der NSDAP
nicht begreifen; doch solches Unverständnis bildet noch immer
das Rückgrat unbeugsamer Behauptung des Vergeltungsprin-
zips. Ebenso tief verdrängt ist heute wie damals die sittliche
Komponente in der Neigung zu Gewalttaten. Kein Gedanke

daran, daß namentlich triebstarke junge Männer, auch durch eine prüde Erziehung verklemmte Menschen, nur noch gewalttätig aus sich herausgehen können.

Anstatt dazu beizutragen, daß unsere kriminogene Moral an bestimmender Kraft verliert, ist die bei uns (wie in anderen westlichen Ländern) vorherrschende Haltung gegenüber dem Kriminellen eine Feind-Haltung, gekennzeichnet von Berührungsängsten, Abwehr- und Haßgefühlen. Selbst wer wissenschaftlich solche Feindorientierung weitgehend abmildert, sie *rationalisiert,* spricht doch immer noch von »Verbrechensbekämpfung«, wenn schon nicht mehr von einem Kampf gegen die Verbrecher. Soweit Kriminologen nach »Verbrechensursachen« fragen, meinen sie damit fast ausnahmslos reflektierbare Gründe oder Motive, aus denen ein Mensch den ihm vorgezeichneten Weg der Anpassung an die bestehende Ordnung verlassen hat, nicht aber die in dieser Ordnung schon mit angelegten Bedingungen krimineller Auflehnung oder Entgleisung[125]. Auch Rauschgiftsucht und Alkoholismus werden »bekämpft«, ohne daß das Moment der Ersatzlust daran bemerkt oder zugegeben würde[126]. Das kämpferische Moment im Selbstverständnis der hier wirkenden Heiler und Helfer verdeckt die sittlichen Bedingungen des Bedürfnisses nach einem Rausch oder einer durch Drogen erzeugten Entrückung, wo eine vitalpsychisch blockierende Erziehung vielberedete »Orgasmusschwierigkeiten« geschaffen hat.

Auf dem Boden einer die Menschen leibhaft frustrierenden Kultur muß folgerichtig alles, was der Mensch sich selbst abzuverlangen hat, einen heroischen Anstrich bekommen, vom Kampf gegen das Laster, den der Christgläubige in sich auszutragen hat, bis zum »Kampf gegen die Genußgifte«, auf den sich Hitlers »Reichsfrauenführerin« etwas zugute hält[127]. Hitler selber lobte den »Kampf« der Amerikaner gegen die »Alkoholvergiftung« (*Mein Kampf,* S. 450) und sprach von der »Kraft zum Kampfe um die eigene Gesundheit«, ohne die es kein Recht zum Leben gebe »in dieser Welt des Kampfes« (S. 282). Eben dieses Gewalttätige sogar im Umgang mit uns selber, das ist es, worin wir Hitler noch zu besiegen haben. Dies nicht, um uns leichtsinnig auch selbtzerstörerischen Neigungen zu überlassen, sondern aus der Einsicht, daß das forciert in uns Zurückgestaute nur um so gewalttätiger sich entlädt. Der moralisch überforderte Mensch, der an seinem Versagen leidet, wirft seine Wut darüber auch noch gegen »Todfeinde«, ihnen das »Recht zum Leben« (Hitler) zu bestreiten.

g) Was hat Hitler von Nietzsche gelernt?

Hitler ist ein Ärgernis den deutschen Ärzten, deren höchste Standesvertreter sich in seinem Sinne für die Vernichtung »lebensunwerten Lebens« engagierten; er ist ein Ärgernis den deutschen Juristen, weil namhafte Rechtsexperten dem »völkischen Staat«, dem »Führerstaat« mit ihrem Scharfsinn dienten und wie Franz Gürtner, der Reichsjustizminister seit 1932, bei Verbrechen gegen die Menschlichkeit allenfalls nach der »rechtlichen Grundlage« fragten und sich zufrieden gaben, wenn sie in Aussicht gestellt wurde[128]. Hitler ist ein Ärgernis aber auch den Philosophen, da der »Führer« in seinem Wüten sich auf einen der Ihren, auf Friedrich Nietzsche, hätte berufen können. Er hat es nicht getan; aber die Kenner Nietzsches wußten und wissen es heute, daß Hitler »seinen Nietzsche« gelesen hatte und von ihm die philosophische Rechtfertigung seiner Schreckensherrschaft bezog. Die sogenannte Euthanasie, die Vernichtung lebensunwerten Lebens, läßt sogar unmittelbar auf Empfehlungen Nietzsches sich zurückführen, der von dem »großen Menschen«, der wirklich Macht gewinne über ein Volk, eine »ungeheure Energie der Größe« erwartet, »um, durch Züchtung und andererseits durch Vernichtung von Millionen Mißratener, den zukünftigen Menschen zu gestalten und *nicht zugrunde* zu gehn an dem Leid, das man *schafft* und dessengleichen noch nie da war!«[129] Das scheint geradezu prophetisch auf den erst kommenden Hitler vorauszuweisen. Aber der so Geweissagte hatte — in Landsberg — seinen Propheten gelesen und in dessen Geist formuliert: Man werde, »wenn nötig, zur unbarmherzigen Absonderung unheilbar Erkrankter schreiten müssen — eine barbarische Maßnahme für den unglücklich davon Betroffenen, aber ein Segen für die Mit- und Nachwelt.

Der vorübergehende Schmerz eines Jahrhunderts kann und wird Jahrtausende vom Leid erlösen.« (*Mein Kampf*, S. 280) Nietzsches Idee der »Fernstenliebe« schien solche Grausamkeit zu überstrahlen.

Was hier im Blick auf »defekte Menschen« (S. 279) und unheilbar Kranke von Hitler gefordert wurde: »unbarmherzige Absonderung«, das war schon die Sprache, in der sich später seine Erfüllungsgehilfen über das, was sie auf seinen Befehl hin insgeheim taten, verständigten: »Absonderung«, »Evakuierung«, »Umsiedlung«, »Endlösung« waren die Chiffren für den Massenmord. Was konkret über zu erwartende Zwangssterilisierung hinaus mit erblich Belasteten und unheilbar Kranken zu geschehen habe, wird von Hitler in *Mein Kampf* bewußt offengelassen oder vielfältiger Auslegung anheimgestellt. Da ist (S. 279) vage nur davon die Rede, daß »man zu den schwersten und einschneidendsten Entschlüssen kommen« müsse. Was aber kann es »Schlimmeres und Einschneidenderes« geben als die Tötung solcher Menschen!

Daß Hitler schon bei der Niederschrift jener Sätze das später befohlene Morden im Sinn hatte, wird nicht nur von den Beiwörtern nahegelegt, mit denen er die ins Auge gefaßte »Maßnahme« der Absonderung charakterisiert: unbarmherzig, barbarisch. Der Gedanke an Mord drängt sich auf, wenn wir weiter in *Mein Kampf* (S. 772) entdecken, daß Hitler schon damals erwogen hat, im Falle eines Krieges Juden »unter Giftgas (zu) halten«. Was er mit unheilbar Kranken und mit kerngesunden Juden wirklich vorhatte, ließ er sich vor der Machtergreifung auch von engsten Gefolgsleuten nicht entlocken. Auf Baldur von Schirachs Frage (Januar 1933), was denn nun mit den Juden geschehen solle, antwortete er ausweichend: »Wir werden sehen.«[130]

Wenn behauptet wird, daß sich Hitler für millionenfachen Mord beim Philosophen Nietzsche ein gutes Gewissen besorgt habe, dann ist dem wenig entgegenzusetzen. Für das, was Nietzsche angeregt hatte, die »Vernichtung der Mißratenen«[131], fand Hitler namhafte akademische Eideshelfer und Helfershelfer. Der Strafrechtstheoretiker Karl Binding und der Psychiater Alfred Hoche können mit ihrem 1920 erschienenen Buch *Die*

Freigabe der Vernichtung lebensunwerten Lebens — zusammen mit Nietzsche — noch als Wegbereiter betrachtet werden. In den Funktionären der Reichsärztekammer und in den Mitarbeitern der Ärztezeitschriften gewann Hitlers Auffassung von einem gesunden »Volkskörper« ebenso gelehrte wie gelehrige Propagandisten[132], in Ärzten wie dem Psychiater Carl Schneider[133] oder dem Pädiater Werner Catel[134] sogar willfährige Vollstrecker. Der auf das Volksganze, den »Volkskörper«, ausgedehnte Gesundheitsbegriff ließ nur die Ausmerzung fremdrassiger Menschen nach seiner eigenen Logik noch nicht zu. Um dies — im *Deutschen Ärzteblatt* — zu fordern, dazu mußte ein Arzt schon in besonderem Maße ideologisch angekränkelt sein: im Sinne von Hitlers rassistischer Weltanschauung. Auf Nietzsche konnte sich da niemand mehr berufen.

Hitlers Vorstellung von einem gesunden, weil rassisch reinen oder wieder »gereinigten« Volkskörper ist in gar keiner Weise auf Nietzsches Idee von einer »Höherzüchtung der Menschheit«[135] zurückzuführen. Nietzsche ging es, wie diese Wendung schon verrät, dabei gar nicht um die rassische Veredelung eines einzelnen Volkes, sondern darum, die Menschheit im ganzen voranzubringen: indem der Mensch die »Naturprozesse der Züchtung des Menschen«[136] selber in die Hand nähme. Rassenreinheit war für den Philosophen des Willens zur Macht kein zu propagierendes Ideal. Er glaubte sowenig an biologisch reine Rassen wie an die kulturelle Gleichheit aller Rassen. Konsequent biologisch denkend, was Hitler nicht tat, stand ihm als Ziel möglicher Menschenzüchtung der gesunde, der in jeder Hinsicht stärkere Mensch vor Augen[137]. Nicht rassische Eigenart hätte Nietzsche, wäre er an Hitlers Stelle gelangt, aus dem Volk herauszuzüchten bzw. auszumerzen begonnen, sondern er hätte »die guten und die schlimmen Eigenschaften des Menschen gleichermaßen ins Große züchten« wollen[138]. Jenseits von Gut und Böse erblickte er den »Übermenschen«: nicht als reinrassiges Zuchtexemplar, sondern als die Verkörperung der stärksten und der verwegensten Möglichkeiten des Menschen. Die Unterscheidung von »arisch« und »semitisch« lehnte Nietzsche ab: »Wo Rassen gemischt sind, (ist) der Quell großer Kulturen.«[139]

Das jüdische Volk galt Nietzsche als ein »Volk der zähesten Lebenskraft«[140] — ein Urteil, das Hitler fast wörtlich (»zäher«[141]) und in der Form übernahm, daß ihm der Jude als »der klimafesteste Mensch der Erde« erschien[142]. Damit hatte der »Führer« indirekt zugegeben, daß sein Antisemitismus nicht, wie er vorgab, von Sorge um »Volksgesundheit« bewegt war — das wäre wahnhaft genug gewesen —, sondern im tiefsten von einem Ressentiment gegen die tatsächliche oder vermeintliche Vitalität der Juden. Und so wird durch Hitlers Ausrottungskrieg noch der Philosoph bestätigt, der nüchtern konstatierte: »Der Kampf gegen die Juden ist immer ein Zeichen der feigeren Naturen gewesen.« (Nietzsche[143])
Soviel hatte Hitler von Nietzsche gelernt: daß man Menschen ebensogut wie Haustiere züchten könnte. Aber indem er den Züchtungsgedanken mit dem Rassenwahn Gobineaus verknüpfte, schuf er die seinem destruktiven Willen gemäße Vernichtungsideologie. Den Geist Friedrich Nietzsches, den er öffentlich ehrte und in seinen Tischgesprächen rühmte[144], diesen Geist konnte er sich nur zu eigen machen, indem er dessen kühle Distanz zur Rassenfrage ignorierte, um dafür eben das, was Nietzsche »nicht anständig« fand[145], kräftig zu schüren: den Antisemitismus. Hitler, der als Reichskanzler 1934 Nietzsches Schwester in Weimar seine Aufwartung machte, wäre von ihm selber vielleicht gar nicht empfangen worden. Der Denker hatte sich als »Maxime« aufgesetzt: »Mit keinem Menschen umgehn, der an dem verlognen Rassen-Schwindel Anteil hat.«[146]
Wenn sich auch bei Nietzsche kritische Sätze zum Judentum finden, so hat das mit Rassismus, gar Antisemitismus nichts zu tun. Solche Urteile haben ihren Stellenwert in Nietzsches kulturkritischer Grundlinie und sollen lediglich aufzeigen, wo die für uns verbindlich gewordene leibfeindliche Moral und das auf Rache gegründete Strafrecht seinen Ausgang genommen haben, ehe sie »christlich« wurden. Ein sittlich bedingter Judenhaß, wie ihn Hitler bei sich selber gepflegt hat, lag Nietzsche in zweifacher Hinsicht fern: aus Distanz zum Rassenwahn und aus Widerwillen gegen jenes Moralisieren, das der Parteiredner Hitler so publikumswirksam intonierte, etwa indem er vom

Berlin der zwanziger Jahre als einem »Sündenbabel« sprach[147].
Dieser Unterschied zwischen Hitler und Nietzsche kommt am
klarsten heraus in beider Stellungnahme zur Prostitution. Während Hitler die Prostitution als »eine Schmach der Menschheit«
empfand und ihr »zu Leibe gehen« wollte[148], regte Nietzsche,
am griechischen Vorbild orientiert, lediglich an, die Prostitution zu veredeln«[149].

Wenn auch Hitler gelegentlich von »verlogener Moral« (*Mein
Kampf*, S. 274) sprach, so war das kaum mehr als eine Geste
für aufgeklärte Zeitgenossen, denen damit sein Feldzug gegen
»sittliche und moralische Vergiftung« (S. 252) als affektfrei und
vernünftig erscheinen sollte. In seiner auf »Volksgesundheit«
gerichteten Vernunft hatte aber auch die Forderung Platz, die
männliche Jugend mit »eiserner Abhärtung« (S. 277) zu erziehen, um ihren Geschlechtstrieb zu dämpfen. »Sexuelle Vorstellungen« sollten nicht zu früh in den jungen Menschen sich regen. Die Jugend, so klagte er in *Mein Kampf* (S. 458), verkom-
me »auf Straßen und in Bordells«. Er hatte sie schon damals für
die Schlachtfelder eines »Schicksalskampfes«[150] vorgesehen, in
dem Deutschland nur triumphieren konnte oder untergehen
mußte. Noch mitten im Kriege (1942) aber sorgte sich Hitler
um die *Sittlichkeit bei Heer und SS*. Er verbot durch »Führer-
erlaß« den deutschen Soldaten den Geschlechtsverkehr mit Po-
linnen und bestimmte die Todesstrafe für Homosexuelle in der
SS[151]. Von Nietzsches »moralinfreiem« Standpunkt, der Pla-
tons »philosophische Erotik« würdigen ließ[152], war Hitler damit unüberbrückbar entfernt.

Der Zusammenhang von Triebunterdrückung und Militarisie-
rung, von Prüderie und Mordlust wird in der Gestalt Adolf
Hitlers unabweisbar. Nietzsches Wort, Grausamkeit sei nur eine »versetzte Sinnlichkeit«[153], ist von Hitler und seinen Schergen genau aber unreflektiert bestätigt worden. Der »Führer«
war, triebpsychologisch gesehen, ein rasend gewordener Saubermann. In dem von ihm geschaffenen Vernichtungssystem
enthüllte eine lust- und leibverneinende Moral ihre eigentlich
lebensfeindliche Tendenz. Wenn in Auschwitz im Herbst 1942
polnische Kinder getötet wurden, weil die SS-Leute es »unmo-
ralisch« fanden, sie bei erwachsenen Männern schlafen zu las-

sen[154], dann lag das nur in der Konsequenz einer »Sittlichkeit«, nach der als das Schlimmste, was Menschen widerfahren kann, noch keineswegs der Tod gilt. In diesem Sinne hatte Hitler, ehe er zur Macht kam, moralische Aufrüstung betrieben: mit dem Hauptangriffsziel der Prostitution, weil er dahinter — wie hinter allen Übeln dieser Welt — geschäftstüchtige Juden am Werke sah.[155]

In dem sittlichen Eifer, aus dem in manchen westdeutschen Städten von der Polizei immer wieder die Dirnen gejagt und von Viertel zu Viertel vertrieben werden, wäre durchaus noch etwas von jener Moral zu überwinden, die Hitler auf eine mörderische Weise verkörpert hat. Schon in der ersten Nachkriegszeit hat Theodor W. Adorno, selber einst »rassisch Verfolgter«, die Treibjagden auf die Dirnen mit der Verfolgung der Juden verglichen: Wie diese sollten sie offenbar keine Bleibe haben[156]. Die aus sittlich verquälten Gemütern hervorzuckende Lust, andere Menschen zu jagen, kommt am reinsten hervor, wenn sie in den Gejagten noch den Trieb bekämpfen kann, von dem das Jagdfieber selbst seine Energie nimmt.

II. KAPITEL

Volkserziehung und Vergangenheits-
bewältigung

a) Die Deutschen als Objekt der Erziehung

Wenn wir die Jahrzehnte dieses Jahrhunderts zurückblicken, sehen wir Deutsche uns als ein unausgesetzt zurechtgewiesenes und pädagogisiertes Volk. Hitler, der nicht allzuviel von den Deutschen hielt, aber das bei ihnen »vorhandene Menschenmaterial« (*Mein Kampf*, S. 651) als Machtbasis für seine Welteroberungspläne brauchte, schalt zumindest ihre »breite Masse« wegen ihrer Dummheit[1], ihrer Feigheit (S. 455), ihrer Faulheit (S. 625) und wegen ihrer im Grunde »antinationalen« Einstellung (S. 366), nicht zuletzt jedoch darum, weil er im deutschen Volk keinen rassisch »einheitlichen Volkskörper« (S. 438) gegeben sah. Die vom Führer der NSDAP ausgehenden moralischen Appelle wandten sich folgerichtig an noch in diesem Volk schlummernde Fähigkeiten, seine wahre Bestimmung zu erkennen, an »verzichtfreudige Opferbereitschaft« (S. 470) für eine ihm willfährige Volksgemeinschaft, und sie forderten vor allem einen Willen zur »Rassenreinheit« (S. 449). Da Hitler dem deutschen Volk offenbar nicht allzuviel Sinn für »Rassenhygiene« zutraute, schien es ihm geboten, durch die Heiratsbeschränkungen der »Nürnberger Gesetze« von 1935[2] den wohl zu schwach ausgeprägten »Rasseninstinkt« (S. 443) abzustützen. Rassereinheit und das Gewinnen von Lebensraum, das waren die beiden »Ideen«, zu denen Hitler das deutsche Volk zu erziehen gedachte, und, wenn es sein mußte, mit dem Nachdruck eines Zwanges:

> »Der Nationalsozialismus muß grundsätzlich das Recht in Anspruch nehmen, der gesamten deutschen Nation ohne Rücksicht auf bisherige bundesstaatliche Grenzen seine Prinzipien aufzuzwingen und sie in seinen Ideen und Gedanken zu erziehen.« (*Mein Kampf*, S. 648)

Als Ergebnis seiner Volkserziehung erwartete der Führer der »Bewegung« keine durch Vernunftgründe gewonnene Anhängerschaft, sondern bei der breiten Masse des Volkes »blinden Glauben« (M.K., S. 718) an seine Weltanschauung und von den Parteigenossen darüber hinaus »disziplinierten Gehorsam« (S. 510) anstelle »einer möglichst großen und selbständigen Geistigkeit«. Ein eher gehorsames als national begeistertes Volk hat er dann 1939 in den Krieg geführt. Als er ein knappes Jahr davor, am 28. September 1938, eine motorisierte Division zur Demonstration militärischer Stärke durch Berlin paradieren ließ, wurden er und Goebbels der teils gleichgültigen, teils ablehnenden Haltung der Bevölkerung gewahr. Hitler: »Mit einem solchen Volk kann ich keinen Krieg führen.« — Goebbels: »Nein, mein Führer! Ich habe mich unten [auf der Straße] selber überzeugt, dieses Volk bedarf noch einer intensiven Aufklärung.«[3]

Zur Zeit ihrer Herrschaft beklagten sich Hitler und Himmler über den ihrer Ansicht nach ungenügenden Antisemitismus der Deutschen. Jeder habe »seinen anständigen Juden«, sagte Himmler in einer Rede vor SS-Führern[4]; und Hitler soll Ilse Braun, seine spätere Schwägerin, sogar angefahren haben: »Wenn jeder Deutsche einen guten Juden beschützen will, wird es bald nicht mehr genug Juden für alle geben.«[5] Solcher Spott kam aus ehrlicher Enttäuschung. Schon die Aktionen der »Kristallnacht« vom 9. auf den 10. November 1938 mußte Hitler vorzeitig abbremsen, als er merkte, daß der Zorn des Volkes sich nicht gegen die Juden, sondern gegen seine Partei zu richten drohte[6]. Die »große stupide Hammelherde unseres schafsgeduldigen Volkes«, von der Hitler in *Mein Kampf* (S. 685) gesprochen hatte, war offenbar doch nicht grenzenlos durch Propaganda lenkbar und zu verhetzen. In dieser Nacht zum 10. November 1938 mußte Hitler zu der Überzeugung gekommen sein, daß er, wenn er das jüdische Volk in Europa ausrotten wollte, dies dem deutschen Volk, solange es ging, verheimlichen mußte[7].

Dieses Volk, das für Hitlers Ausrottungsplan offenbar noch nicht »reif« oder »hart« genug war, bekommt nach dem Untergang des Dritten Reiches dafür immer häufiger den Vorwurf zu hören, es habe die Judenvernichtung stimmungsmäßig ermöglicht und durch Duldung und Mitwissen zumindest moralisch mitgetragen. Das wird heute auch von jüngeren und von ganz jungen Juden »den Deutschen« vorgehalten:

> »Als die Deutschen ihre Juden vertrieben oder umbrachten ...«
> CHAIM NOLL [8]

> »Interessant, daß ein Volk mit dauernder Neigung zu einem schlechten Gewissen ein anderes Volk gewissenlos umgebracht hat.«
> LEA FLEISCHMANN [9]

> »Auschwitz ist eine deutsche Erfindung.«
> HENRYK M. BRODER [10]

Die doppelte Frage, wieweit »die Deutschen« von der Judenvernichtung gewußt haben und wieweit Mitwisserschaft Mitschuld begründet, wird uns nicht ruhen lassen*. Einstweilen sei nur vermerkt, daß drei von vier der Deutschen von 1993 zur Zeit des Hitlerreiches noch gar nicht geboren waren; selbst gestandene Männer wie der Schreiber dieser Zeilen waren damals erst Kinder. Sind wir mitschuldig? Nur ein umgedrehter Rassismus, eine antifaschistische Sippenhaftung könnte uns zu Schuldigen stempeln. Die von unversöhnlicher Seite allen Deutschen unterschiedslos zugeschriebene Schuld an dem von Hitler befohlenen Genozid ist aber nicht nur die Wirkung eines auf uns zurückstrahlenden Völkerhasses, sondern auch ein Zeichen dafür, daß die triebstrukturellen und sittlichen Grundlagen jenes Geschehens noch gar nicht begriffen wurden und noch weit davon entfernt sind, durch kulturelle Reformen aufgelöst zu werden. Umerziehung zur Demokratie, deren wesentlicher Inhalt aus Antifaschismus besteht, zeigt uns wiederum nur, wogegen wir — jetzt — zu sein haben, und nicht, was wir positiv zu entwickeln hätten.

Wir Deutschen sind in diesem Jahrhundert jedenfalls — nächst den Juden — das am meisten geschmähte Volk, geschulmeistert zuerst von den Nazi-Führern, jetzt von den »Antifaschisten«. Kaum war das, was Goebbels »Volksaufklärung« und Hitler »nationale Erziehung« [11] nannte, vorüber, da wurde diesem

---

* Siehe hierzu im IV. Kapitel den Abschnitt a!

Volk nach 1945 auch schon eine »Umerziehung« zuteil, die gerade einen »typisch deutschen Kadavergehorsam«, »autoritäre Gesinnung« und »Untertanengeist«, »teutonischen Chauvinismus« und einen Antisemitismus bekämpfen sollte, der in Deutschland zum Massenmord geführt hat. Statt dessen sollten »kritische Fähigkeiten«, »demokratische Grundhaltung«, Völkerverständigung und »antifaschistische Gesinnung«, ja »Erziehung zum Ungehorsam« [12] erprobt, gefördert oder eingeübt werden.

Zunächst aber wurden zur »Entnazifizierung« noch Tugenden gebraucht, die schon den Machthabern und Häschern des NS-Staates nützlich gewesen waren: die Fähigkeit, die Gegner der bestehenden Ordnung ausfindig und namhaft zu machen; die Begabung, sich selber ins rechte Licht zu rücken, und das Geschick, für »einwandfreie Gesinnung« notfalls auch Leumundszeugen aufzutreiben. Mit anderen Worten: Denunzianten und Gesinnungstüchtige, Bestechliche und Rachsüchtige hatten immer noch ihre Zeit. Diejenigen, die Hitler verächtlich als die »breite Masse« der »ebenso schwankenden wie zu Zweifel und Unsicherheit geneigten Menschenkinder« [13] bezeichnet hatte, hielten sich da wohl heraus oder halfen sich gegenseitig, als »Entlastete« oder wenigstens als »Mitläufer« davonzukommen. Die wirklich Orientierungsfähigen aber, diejenigen, die den jeweiligen Zeitgeist am schnellsten erfassen, fanden nach dem Abklingen der Entnazifizierungswelle bald ein neues Wirkungsfeld, in dem ihr »Durchsetzungsvermögen«, ihr »Organisationstalent« und ihre »Führungsqualitäten« zum Zuge kamen: in der wiederaufblühenden Wirtschaft, in staatlichen Laufbahnen oder in der Politik. Es kam dabei zwischen 1946 und 1950 nur darauf an, nicht zu früh zu starten, weil sich dann zumeist herausstellte, daß man irgendeine NS-Mitgliedschaft bei der Entnazifizierung »vergessen« hatte anzugeben. Doch je jünger einer war, desto gelenkiger konnte er sich umstellen. Als damals Fünfzehnjährigen hat es mich doch stark beeindruckt, daß ich einen unserer HJ-Führer zwei Wochen nach dem Einmarsch der Amerikaner als Dolmetscher in einem Jeep des CIC sitzen sah. Später erfuhr ich die Geschichte von einem Beamten, dem seine Entlassung aus dem Staatsdienst mitgeteilt wurde, zu-

gleich mit der Aufforderung, sich der Spruchkammer zur »Entnazifizierung« zu stellen, und der dann unter dieser Verfügung
»genau dieselbe Unterschrift entdeckte, die schon einmal, vor
mehreren Jahren, unter einem ähnlichen Schreiben gestanden
hatte«[14].

Diese Geschichte vom zweimal entlassenen Beamten, einmal
im Dritten Reich, weil er da (noch) nicht der NSDAP angehörte, einmal danach, weil er ihr doch noch beigetreten war, diese
Geschichte ist wohl von anekdotischer Einmaligkeit. Doch sie
charakterisiert recht gut den Ungeist, der — sonst wohl mit
überwiegend wechselnder Besetzung — in dem neuen Stück
der Volkserziehung immer wieder in Szene gesetzt wurde. Bis
in die siebziger Jahre bot die »braune Vergangenheit« des einen
oder anderen Politikers, wenn zufällig entdeckt, verspäteten
Widerstandskämpfern eine willkommene Handhabe, ihn zu
Fall zu bringen. Im Jahre 1978 wurde es förmlich Mode, nach
alten, zur NS-Zeit erschienenen Dissertationen zu schürfen, um
den inzwischen arrivierten Verfassern am Zeug zu flicken. Die
dabei fündig und durch ihre Funde politisch wirksam Gewordenen bemerkten nicht, wie sehr sie den Ungeist, den sie bekämpften, noch im eigenen Nacken trugen. Jedenfalls dann,
wenn es ihnen um nichts anderes ging als um die »Erledigung«
eines politischen Gegners. Ich verstehe noch eher, daß die
stramm rechtsorientierte *National-Zeitung* sich mit solchen
Ausgrabungen gegen einen »Musterdemokraten« zur Wehr
setzt, der sich stark macht, ihr Verbot zu fordern[15]. Wer ehedem zur Begründung des Strafrechts Alfred Rosenberg herangezogen hat, der die staatliche Strafe als »Aussonderung fremder Typen und artfremden Wesens« (*Mythus,* S. 580) verstand,
und heute für das Verbot einer Zeitung eintritt, die gewiß nicht
beispielhaft demokratisch ist, der muß es sich wohl gefallen lassen, daß man auch seine eigene demokratische Gesinnung näher betrachtet. Es wäre noch nicht einmal richtig zu sagen, daß
gerade ein derart Vorbelasteter »kein Recht« habe, anderen Extremismus und eine Gefährdung der Freiheit vorzuwerfen. Weder dürfen wir echten Gesinnungswandel ausschließen, noch
können wir irgendwem ein Recht zubilligen, bloß unbequemen
oder schon ärgerlichen Blättern ihr Recht auf Erscheinen strei-

tig zu machen. Die Pressefreiheit verlangt von uns, auch einiges kaum noch Zumutbare zu ertragen.

Es ist gewiß der alte Ungeist der Überwachung und Ausforschung noch lebendig, wenn in den Archiven und Bibliotheken nach Unterlagen und Texten geforscht wird, um heute politisch oder publizistisch Wirkende zur Strecke zu bringen. Aber es ist nicht minder Hitlers Ungeist am Werk, wenn im Meinungsstreit, auch im Kampf gegen extreme Gesinnungen, nur in der Kategorie des Verbots noch gedacht wird. Für die »freiheitliche demokratische Grundordnung« kann man nicht so fechten wie für die völkische Idee mit ihrer aggressiven Zuspitzung gegen äußere und innere Feinde. Für den autoritär geführten »völkischen Staat« waren Verbote und Zwangsmaßnahmen konsequente Mittel zur Festigung der einmal errungenen Macht. Ein freiheitlich verfaßtes Gemeinwesen aber untergräbt durch das Verbot einer Zeitung oder einer politischen Partei immer auch ein wenig die Freiheit, die dadurch verteidigt werden soll.

Es ist nicht einmal ratsam, das Verbot als letztes Mittel einer »wehrhaften Demokratie« bereitzuhalten, da mit dem Verbot einer politisch extrem orientierten Zeitung auch ein Ventil verstopft wird, durch das Dampf abgelassen wird. Das Verbot ist zur Abwehr radikaler politischer Kräfte ein überhaupt untaugliches Mittel. Sind diese Kräfte noch schwach und unbedeutend, dann braucht man sie nicht zu verbieten. Sind sie aber stark, dann kann man sie nicht mehr verbieten. Hat man sie erst einmal verboten, dann kann man nicht verhindern, daß Ersatzorganisationen gegründet werden. Das haben wir erlebt: Für die vom Bundesverfassungsgericht verbotene KPD kam die DKP, für die vom selben Gericht als neonazistisch verbotene SRP wurde die NPD gegründet.

Nun wäre es gewiß naiv zu verkennen, daß die politischen Extremisten die demokratischen Freiheiten, auf die sie sich berufen, lieber heute als morgen abschaffen würden, wenn sie nur erst die Macht dazu hätten. Aber solche Einsicht hilft uns wenig in der Auseinandersetzung mit ihnen, wenn wir den Boden der Demokratie dabei nicht verlassen wollen. Demokratische Gesinnung, die nicht bloß ein Lippenbekenntnis ist, wird beharrlich dahin wirken, auch den, der lieber Feind sein möchte, an einen Grundkonsens zu binden, nach dem es allenfalls Gegner gibt, die um Anhang werben, aber nicht Feinde, die einander zu vernichten trachten. In einer so befriedeten politischen Ordnung wäre es reiner Mutwille, durch das Aufblättern alter Texte für Beschämung, Haß und sozialen Ruin beim also »Entlarvten« zu sorgen. Über die Echtheit eines Wandels zum Demokraten steht uns kein Urteil zu, solange der augenscheinlich Gewandelte nicht gegen demokratische Spielregeln verstößt. Wo er es aber in unerträglicher Weise doch tut, da kann auch ein Hinweis auf früher von ihm Verfolgtes zur Verteidigung der eigenen Unabhängigkeit noch zu vertreten sein. Wenn der also Abgewehrte sich dann immer noch auf »Jugendsünden« hinausredet, soll man ihn reden lassen.

Wer seinerzeit, sei es aus kluger Anpassung, sei es ehrlich überzeugt, als Doktorand der NS-Ideologie gedient hat, der würde, wenn das Dritte Reich noch nicht untergegangen wäre, bis heute kaum Anlaß gefunden haben, sich politisch zu wandeln. Dann hieße es wohl in einer ihm zugedachten Laudatio, »schon in jungen Jahren« habe er sich der »völkischen Idee« verpflichtet und den Rassengedanken wissenschaftlich weiterentwickelt. So aber, da es anders kam, da äußerer Umbruch einen inneren Wandel zumindest nahegelegt hat, kann alles vordem Geschriebene und Gedruckte als »Jugendsünde« moralisch abgestreift werden. Wir können das, nicht nachforschend, hinnehmen, wo einer wirklich so handelt, wie es demokratischen Grundsätzen entspricht. Der Weg des Demokraten ist allemal eine Gratwanderung zwischen Schnüffelei und Heuchelei. Und er verlangt die Bereitschaft, noch von beidem ein wenig zu dulden.

b) Was ist Anti-Faschismus?

Es war wohl von Anfang an der Fehler der »Umerziehung« wie der antifaschistischen Pädagogik in den Schulen, Volkshochschulen und Massenmedien, daß sie viel stärker eben das herausgestellt hat, was nicht sein sollte: den »Faschismus«, als daß sie zu einer positiven Schätzung demokratischer und liberaler Grundsätze und Verhaltensweisen hingeführt hätte. Was aber völlig fehlte und bis heute noch fehlt, das ist eine Vermittlung der triebdynamischen Bedingungen, unter denen ein vom Leben enttäuschter Mensch sich mit einer extremen politischen Gesinnung befreundet, um sie, einrückend in die Gemeinschaft ihrer Anhänger, sich schließlich selber als Überzeugung aufzusetzen. Man sage nicht, daß solch psychologische Einsichten nur schwer zu vermitteln seien und entsprechende Vorbildung verlangten. Um die Vermittlung solcher Vorbildung geht es gerade sowie darum, die moralischen Scheuklappen abzunehmen, die alles sozial Mögliche nur unter so rigorosen Alternativen wie *verboten — erlaubt, richtig — falsch, moralisch — verwerflich* sehen lassen und die triebhaften Neigungen der Menschen nicht in Rechnung stellen, sie allenfalls nehmen als etwas, was in Schach zu halten wäre. Hierin gerade war Hitler den betulichen Fürsprechern einer langweiligen sittlichen Ordnung als Menschenkenner überlegen: daß er die hier verquälten Neigungen der Menschen zu politisieren verstand und auszuformen zu kollektiven Leidenschaften. Nicht zuletzt dadurch, daß er Ausnahmesituationen schuf, in denen sonst unterdrückte Triebe sich ausleben konnten, vermittelte er vielen das Gefühl, in einer »großen Zeit« zu leben. Permanente Gefahr konnte dieses Lebensgefühl nur noch verstärken, weil dem, der stündlich mit seinem Ende rechnen muß, die leibhafte Gegenwart noch bedeutsamer wird.

Wem es im tiefsten ernst wäre mit der Absicht, neuen »Faschismus« nicht wieder aufkommen zu lassen, der müßte sich um jene Triebbedürfnisse der Menschen kümmern, die in einer strengen oder wohlreglementierten Ordnung auf friedliche Weise nicht zum Zuge kommen. Wer als Bildungsplaner, Pädagoge, Sozialpsychologe oder Politiker das unterläßt, der kann demokratische Gesinnung nur entweder als »Lernziel« vorgeben oder darauf hoffen, daß durch möglichst drastisches Ausmalen der »Schrecken des Dritten Reiches« sich das demokratisch Wünschenswerte wie von selber einstellen werde. In jedem Falle ignoriert er vitale Antriebe, die als unerwünschte und zurückgestaute Regungen sich zu einem Wutverhalten umformen und dann noch das demokratische und antifaschistische Engagement mit aggressivem Eifer durchsetzen.

Die von Hitler und Goebbels zielstrebig aufgebauten Feindhaltungen haben schon den Pimpfen, die heute lehren und die Führungsschicht bilden, den Eindruck vermittelt, daß es vor allem darauf ankomme, tapfer und entschieden *gegen* etwas zu sein, was sich als schlecht, »verderblich« oder schädlich darstellen läßt. Diese Grundhaltung des entrüsteten Dagegenseins, die sich auf beliebige Entrüstungsobjekte ausrichten kann, hat sich ebensoleicht in den Antikommunismus der Ära Adenauer wie in den Antiamerikanismus der Neuen Linken überführen lassen. Diese grundsätzliche Anti-Einstellung bestimmt seit den Tagen der »Umerziehung« aber auch das Verhältnis zum Nationalsozialismus, dem deutschen »Faschismus«, für den Mussolinis römische Bewegung durchaus ein Vorbild war[16]. Wer heute als »aufrechter Demokrat« gelten will, kommt kaum darum herum, einen gehörigen Tribut an *anti*faschistischer Beteuerung zu leisten. So als rechtschaffener Demokrat vor seinen Gesinnungsgenossen legitimiert, kann der Aggressivere noch einen Schritt weitergehen und die innenpolitischen Gegner »faschistischer« Methoden, »faschistoider« Gesinnung bezichtigen.

Zeitgemäßer Antifaschismus bekundet sich in gesinnungsstarken, kräftigen Worten, die die affektive Ladung der NS-Parolen nur gleichsam mit negativem Vorzeichen versehen. Sprach Hitler von der »inneren raubgierigen Brutalität der Juden« (*Mein Kampf*, S. 354), so konnte jetzt die durch ihn bewirkte »Herausforderung durch nackte Machtpolitik und brutalen Rechtsbruch« (Bracher[17]) nicht genug gegeißelt werden. Erregte sich Hitler über »parlamentarische Verbrecher« und »Volksbetrüger« (S. 298), so war es jetzt an der Zeit, sein »verbrecherisches Regime« (Rothfels[18]), »sein terroristisches und unmenschliches System« (Kühnl[19]) anzuprangern. Und wenn es nur um die Aufrichtigkeit ging, so war gegen Hitlers Rede von der »dialektischen Verlogenheit« der Juden (S. 67) das Urteil zu setzen, daß er sich selber in eben dem Buch, in dem er das schrieb, in »unvorstellbar primitiven Verdrehungen« (Melchers[20]) erging. W. F. Haug hat schon auf die »Sprachverwandtschaft des hilflosen Antifaschismus mit dem Faschismus« hingewiesen und eine lange Liste solcher »Gegen-Namen« aufgeführt[21]. Nun wird man angesichts dessen, was unter Hitler geschah, nicht so

»sachlich« sein können, daß man sich jeder affektiv wertenden Stellungnahme enthält. Aber es kann nicht genug sein, »Vergangenheitsbewältigung« mit bloßen Wertungen zu bestreiten, die »braune« Schlagworte mit Gegen-Schlagworten kontern. Auf diese Weise wird keine positive Überzeugung gebildet, nur Aggressivität auf lohnendere Ziele umgeleitet. »Anti-antisemitischer Konsens« (W. Bergmann[22]) schafft noch keine ehrlichen Freunde der Juden.

Was in gelehrten Abhandlungen über den »Hitler-Faschismus« lange Jahre als bloße Anti-Wertung vorgebildet wurde, das kommt auf niedrigerem sprachlichem Niveau als Verbalsadismus heraus. Gegen die kahlköpfigen Skinheads, die als Ultrarechte gelten und auftreten, richtet sich ein in vielen Städten gesprühter Graffito, der lautet: »Haut die Glatzen, bis sie platzen!« Seit dem Wahlerfolg der deutschen »Republikaner« in Baden-Württemberg (am 5. April 1992) fordert dort ein anderer Wandspruch: »Die Reps in den Toaster«[23]. Das erscheint wie eine Gegen-Parole zu jener Schmähung aus Neonazi-Mund, diese oder jene ihnen unbequeme Person habe man »vergessen zu vergasen«. Und wenn von einem Jugendheim triumphierend gemeldet wird, es sei »nazifrei«[24], dann klingt jenes unheimliche »judenfrei« von damals einem Zeitzeugen noch mit im Ohr. In einfacher Umkehr einer alten antisemitischen Losung stand auf einem antifaschistischen Transparent (in Rostock) zu lesen: »Nur ein toter Arier ist ein guter Arier.«[24a] Solcher »Antifaschismus« zeigt eine beklemmende Ähnlichkeit mit dem, was er verwirft. Sollen wir sagen, daß das, was bekämpft wird, allemal auf den Kämpfer noch abfärbt? Für den Sprachstil und die Wortwahl gilt das gewiß. Es ist aber zu merkwürdig, daß antifaschistische Erziehung keinen Widerwillen gegen die darin sich ausdrückende Brutalität zu wecken vermag. Wer als junger Mensch nur eingebleut bekommt, was er zu bekämpfen hat, der braucht zu friedfertiger Haltung sich nicht zu entwickeln. Die nur oberflächlich gewandelte Triebstruktur der Gesellschaft, die durch ihn selbst hindurchgeht, hält ihn zu einem Kampf, der primär Abreaktion ist, bereit. Sozial angepaßt an den erwünschten Konsens bleibt jeder, der mit frustrationsbedingter Aggressivität in den Faschos oder Neonazis ein gefahrlos zu schmähendes Objekt gefunden hat. Doch mit faschistoidem Antifaschismus treten wir aus Hitlers Schatten nicht heraus.

c) Lektionen in Demokratie

Gleich nach dem Untergang des »Dritten Reiches« fühlten deutsche Historiker, Politiker und Publizisten sich gedrängt, in kräftigen Worten ihre Abneigung gegen das nicht von innen her zu Fall gebrachte Regime, gegen den schon besiegten »Führer« zu bekunden. Dem war oft allzu deutlich das Bemühen anzumerken, sich persönlich von der »Vergangenheit« abzusetzen, um als »unbelastet« zu erscheinen. Solange man spüren mußte, daß jetzt ein anderer Wind weht, war eine dramatische und demonstrative Abwendung von dem, was bis dahin gegolten hatte, durchaus nötig. Sonst hätten, soweit nicht die Besatzungsmächte eingriffen, die überlebenden NS-Ideologen gar noch weiter den Ton angegeben.

Wenn aber nun, Jahrzehnte später, junge Leute zu Hitlers Feindhaltungen und affektiven Urteilen nur die entgegengesetzten Werturteile geboten bekommen, dann haben sie lediglich die Wahl zwischen zweierlei Affekten, zweierlei Aversionen; und es sollte uns nicht wundern, wenn manch einer zu dem Ergebnis käme, daß die antifaschistischen Affekte den faschistischen gleichwertig sind, als politische Stellungnahmen von nicht geringerem Anspruch. Alles wäre dann wieder nur eine Frage der persönlichen Entscheidung, zu der man sich emotional »durchringen« müsse, wie seinerzeit Hitler zu seinem Antisemitismus. Wo tiefere Einsichten in die Triebstruktur des Antisemiten fehlen, wenn sie gar »sittlich« verdrängt werden, können weltanschauliche Gesinnungen wie der Nazismus oder der Antifaschismus, der Antisemitismus wie der Philosemitismus als historisch gleichberechtigte Einstellungen gelten, nur in ihrer Zweckmäßigkeit für das eigene Fortkommen und Aufrükken durch Jahrzehnte voneinander geschieden. Wie der Hochverrat, der nach Talleyrand eine Frage des Datums ist, wäre die Entscheidung für oder gegen Hitler, für oder gegen die Juden, nur eine Frage der rechten Orientierung an dem, was gerade gilt und, verinnerlicht, sozial voranbringt. Die im Grunde leitende Motivation wäre dann nicht die damals oder heute herrschende politische Meinung (die nicht unbedingt mit derjenigen der Majorität übereinstimmt), sondern das Bestreben, sozial aufzusteigen. Solcher Ehrgeiz vermag nur die jeweils herrschenden Überzeugungen sich anzueignen nach dem Prinzip von Versuch und Irrtum: Was gesellschaftlich und beruflich nicht voranbringt, muß offensichtlich die falsche, die realitätswidrige Gesinnung sein. Denn früh schon wurde man belehrt: »Die Wahrheit setzt sich immer durch.« Also muß das, womit man sich durchsetzt, die wahre, die richtige politische Überzeugung sein.

Was aber geschieht, wenn der Wind sich wieder einmal dreht, wenn er den freiheitlich Gesinnten ins Gesicht bläst? Werden dann nicht die nur mit Schlagworten zur Demokratie »Erzogenen« wieder die Wahrheit in kompromißloser Entschiedenheit für eine »heilige Sache« entdecken? Werden dann nicht die vielen, die heute mit ernstester Miene von der Verantwortung in der freiheitlich-demokratischen Ordnung sprechen, deren Werte wieder relativieren und einer »Einheitsfront« oder einem sonst in sich geschlossenen Volkswillen das Wort reden? Wer durch antifaschistische Erziehung so geprägt wird, daß er glaubt, die einzige Gefahr für die Demokratie sei ein neuer Faschismus oder ein anders formierter Totalitarismus, der muß, um selber »überzeugter Demokrat« bleiben zu können, entsprechende Feindbilder pflegen, von deren Vorstellung er weiter abhängig bleibt. Auf Feinde ausgerichtet, nach Feinden verlangend, kann er eine wesentliche demokratische Tugend in sich gar nicht aufkommen lassen: die Duldung Andersgesinnter, die nur denjenigen ausnimmt, der seinerseits auf Überwältigung und Alleinherrschaft ausgeht.

Wer glaubt, es genüge, um wetterfeste Demokraten heranzubilden, vollauf, jungen Menschen die Werte der Demokratie zu predigen, der vermittelt ihnen nur nachsprechbare Parolen wie »Frieden und Freiheit«, »Menschenrechte«, »freiheitliche demokratische Grundordnung«, ohne auf die tieferen, die vitalen Bedürfnisse der Menschen zu achten, die unter jedem staatlichen

System frustriert sein können und mit Werten, die bloß als Worte klingen, sich nicht abspeisen lassen. Nur wo die tieferen Beweggründe zutage liegen, die den politischen Fanatismus wie jede Unduldsamkeit und Unerbittlichkeit hervorbringen, wird auch der menschliche Abgrund sichtbar, der hinter undemokratischer Haltung heraufgähnt. Dieser Abgrund aber ist kein wesensmäßig politischer, sondern hat mit der Triebnatur des Menschen zu tun, die, fehlgeprägt, nur einen ihr gemäßen politischen Ausdruck sucht.

Die entscheidenden Faktoren vitalpsychischer Fehlprägung sind in unserer Kultur: verweigerte Zärtlichkeit und die Prügelstrafe. Beides galt lange Zeit als vorbildlich für eine Erziehung, die jede »Verweichlichung« oder »Verzärtelung« vermeiden sollte und auf die Härte des Lebens, wenn nicht gar des Krieges, vorzubereiten hatte. Wer sich als Erwachsener dazu geprägt fand, Schläge einzustecken wie auszuteilen, damit das Leben auch hart genug blieb, der mußte das, was er als Kind erlitten hatte, rückblickend durchaus förderlich finden: »Ich habe oft schwere Schläge von meinem Vater bekommen. Ich glaube aber auch, daß das notwendig war und mir geholfen hat.« Das sagte, schon auf der Höhe seiner Macht, Adolf Hitler zu seiner Tafelrunde[25]. So oder ähnlich hören wir immer noch einst zurechtgeprügelte Charaktere sprechen: »Es hat mir nicht geschadet.« Die *Verschlagenen* schaden zuletzt sich selber.

Der Stock ist heute aus den deutschen Schulen verbannt, aus gutem Grund: weil aus verprügelten Kindern noch allemal prügelnde Eltern und aggressive Mitbürger wurden. Aber mit dem Schlagstock werden jungen Menschen heute Lektionen in Demokratie erteilt. Ist es gleich Wahnsinn, hat es doch Methode: eben die, den allgemeinen Anreiz zur Gewalt zu verschärfen. Schlagstock und Tränengas lehren die Aufsässigen zwar nicht, was sie tun sollten, um gute Demokraten zu werden; aber sie zeigen ihnen, daß sie sich auf verbotenem Gelände bewegen. Solch negative »Belehrung« steht durchaus in der Tradition jener Erziehung zur Demokratie, die seit den Tagen der »Umerziehung« bei uns praktiziert wird. Nicht Einübung in demokratische Verhaltensweisen, nicht Ausbildung zum Debatter, Entwicklung eines Gespürs für Meinungsbildung in der Gruppe standen da im Vordergrund, sondern möglichst drastisches Vor-Augen-Führen der Untaten des »Faschismus«. An Aufklärung über die unbewußten Neigungen, die im Kollektiv sich gefährlich zusammenschließen, wurde überhaupt nicht gedacht. Wenn heute selbst Studenten ihren politischen Willen (oder ihre politisierten vitalen Nöte) oftmals nicht anders als durch Randalieren und Niederschreien eines Redners bekunden können, so hat das neben triebhafter Freude am Radau seinen Grund auch darin, daß sie nie wirklich frei zu reden und zu diskutieren gelernt haben.

In demokratischem Geist diskutieren heißt nicht: den Gegner verletzen, sondern in seinen Kopf den Samen des Zweifels säen. Wer dazu nicht die intellektuelle Kraft oder den Mut hat, der kann nur noch durch Schreien und Lostoben sich zur Geltung bringen. In demokratischem Geist argumentieren heißt nicht: den Gegner in die Enge treiben oder ihn zum Eingeständnis einer Fehlhaltung zwingen. Wer so das Argument als Waffe im Meinungskampf benutzt, der kann es, noch ehe er damit zu fechten gelernt hat, auch gleich durch Steine, Farbbeutel und Molotow-Cocktails ersetzen. Wo solche »Argumente« losgeschleudert werden, da drückt wohl ein leibhaftes Bedürfnis nach handfester Aggression sich aus, das in vital frustrierten Menschen sich heranbildet. Aber wir ernten da auch die Früchte einer antifaschistischen Erziehung, die im reinen Anti sich erschöpft, also den Eindruck vermittelt: Um ein guter Demokrat zu sein, genüge es, auf der richtigen Seite der miteinander streitenden Parteien zu stehen. Wer so zu denken gelernt hat, dem kommt es auch leicht in den Sinn, den innenpolitischen Gegner als bösen Feind zu verteufeln und als »Faschisten« zu verunglimpfen. Wo zwei so zu »Antifaschisten« Erzogene einander feindlich begegnen und sich in solcher Weise beschimpfen, da bekommen sie wechselseitig sogar noch recht, denn eine pseudodemokratische Erziehung, die nur anti-faschistische Indoktrination ist, kann nur Anti-Haltungen entwickeln, auf deren aggressiven Grundstock sich am Ende noch faschistoide Gesinnungen aufpfropfen lassen.

Was sollen wir von einer »antifaschistischen Erziehung« halten, wo man den Kindern zuerst Filme über die Verbrechen der Nazis zeigt und sie danach aufgefordert werden, auf der Bühne das Gesehene nachzuspielen? Eine Lehrerin berichtet:

>»Die sehr schüchternen Jugendlichen spielen bezeichnenderweise die wehrlosen Juden, lassen sich bereitwillig zusammenschlagen (richtig!), die Unterdrücker übertreffen sich an Grausamkeit. Die Szene endet mit viel Gelächter und dem lauthalsen Gebrüll: ›Juden tot — Juden tot‹.
Ich bin entsetzt und will abbrechen, aber die Jugendlichen sind nicht mehr zu bremsen. Jetzt fließt alles ein, was sie an Filmen übers Dritte Reich gesehen haben. Es wird auf der Bühne geschossen, gewürgt, gedrosselt, vergewaltigt. Und jede Szene endet mit dem Gebrüll: ›Juden tot.‹«[26]

Die Schilderung bedarf keines Kommentars; aber sie wird kommentiert durch vergleichbare Spiele junger Neonazis. Aus einem Wehrsportlager der »Nationalen Jugend Ostfriesland« wird berichtet: »In Uniform, mit Stahlhelm und Gewehr proben sie KZ. Einem ›Gefangenen‹ haben sie den Juden-Stern auf die Brust gemalt und ihn nackt in ein Erdloch gesteckt.«[27]
Was die einen zur Abschreckung nachspielen sollen, dient den anderen schon zur Einübung einer Feindhaltung. Das wirft ein Licht zurück auf die Aggressivität, die auch vom gutgemeinten antifaschistischen Spiel den Schülern abverlangt wird. Die Gleichartigkeit der Spiele unter einander entgegengesetzten politischen Vorzeichen macht diese auch schon nebensächlich. Gesinnungen werden belanglos und wohl auch nicht mehr reflektiert, sobald die Lust am Zuschlagen sich durchsetzt.
An der pädagogisch entglittenen Prügelszene kommt nur drastisch heraus, woran alle sogenannte antifaschistische Erziehung notwendig leidet: daran, daß sie, um zu vermitteln, was nicht sein darf, eben dies den Schülern eintrichtert, hier: einübt, so daß die Kinder am Ende haarklein wissen und nachahmen können, wie sie nicht denken und was sie nicht tun sollten. Solche Abschreckungs-Pädagogik ist nur möglich auf der Basis des kulturgebundenen Vorurteils, daß alles Böse, das Menschen einander zufügen, letztlich geistige Ursachen habe und durch Aufklärung vermieden werden könne.
Offenbar wohlinformiert über Hitlers Ungeist erwies sich ein 14jähriger Schüler, der in einem Aufsatz beschrieben hat, wie er, wäre er 1934 Lehrer in Deutschland gewesen, auf den

Reichstagsbrand reagiert hätte. Stramm geradestehen sieht er da die Schüler, als er vor die Klasse tritt. Aber dann:

»Als ich mich setzen will, bricht der Stuhl zusammen. Ich sage: ›Wer war das?‹ Keiner meldet sich. Da fällt mir das mit den Juden ein. Ich schreibe an die Tafel: ›Hütet euch vor den Juden, sie sind Deutschlands größter Feind.‹ Ich lasse unsere beiden Juden vortreten und haue ihnen eins auf die Pfoten. Sie schwellen rot an. Das eine von den Judenkindern weint, das andere bleibt hart. Ich sage zu den Judenkindern: ›Raus, vor die Tür!!!‹ Schnell rennen sie raus. In der Zwischenzeit bis zur Pause arbeiten wir in Deutsch an der Kommasetzung. Dann klingelt es. Die Schüler rennen auf den Hof und verprügeln die Judenkinder. Innerlich finde ich es grausam. Aber der Reichstag muß gerächt werden.«[28]

So gründlich werden junge Menschen unserer Tage über die Brutalität und Grausamkeit des Hitler-Reiches aufgeklärt, daß sie schon wüßten, was sie zu tun hätten, wenn es in irgendeiner Form wiederkehrte. Allen Ernstes hören wir — in einem Kommentar des *Deutschlandfunks* vom 7. 11. 1981 — die Ermahnung zu noch mehr Aufklärung über das Dritte Reich in den Schulen, damit rechtsradikale Aktivitäten verhindert würden. So einfach stellt sich die Abwehr neonazistischer Tendenzen in scheinbar affektfreien politischen Köpfen dar: Aufklärung genügt.

Wenn »antifaschistische« Aufklärung wirklich etwas verhüten würde an rechtsextremen Aktivitäten, dann könnte sie die darin wirksame Aggressivität nur umlagern entweder in den Linksextremismus oder in apolitische Gewalttätigkeit, in Bandenkriminalität oder in jäh hervorbrechende Destruktion auf eigene Faust. Die politische Motivation ausgewachsener Rechtsterroristen kommt eher aus hinreichender Kenntnis der Verbrechen Hitlers und seiner Helfer. Anders wäre es nicht zu erklären, daß in neuen Judenwitzen und Drohungen gegen Ausländer, die von dieser Seite kommen, schon wieder von »Vergasen« die Rede ist. Noch mehr schulische Aufklärung über die Untaten des NS-Staates wirkte auf destruktiv gestimmte Charaktere nicht abschreckend, sondern stimulierend, ja orientierend. Wenn sie im Detail erfahren, welche Folter-Methoden und welche Verfahren der Menschenvernichtung seinerzeit angewandt wurden, ersparen sie sich Anstrengungen ihrer destruktiven

Phantasie. Was bei mitfühlenden Gemütern Reaktionen des Abscheus und der Abwehr hervorruft, entriegelt bei verdrossenen, gar lebensüberdrüssigen jungen Menschen moralische Hemmungen, den angestauten Unmut gegen völkische Minderheiten oder gegen politisch Andersgesinnte abzureagieren. Hierauf, auf diesem Entlastungseffekt, beruhte ja auch schon die Faszination des Kinohelden James Bond: daß er im Staatsinteresse töten durfte, wann immer es ihm notwendig erschien. Um wieviel stimulierender muß da ein Killer in Uniform wirken, den es wirklich gab.

Wer das Aufsteigen eines neuen Hitler vermeiden will, darf sich als »Volkserzieher« nicht damit begnügen, nur antifaschistische Stimmungen zu wecken. Anti-Stimmungen sind aggressive Einstellungen, die, wenn der Wind sich dreht, auch gegen ein neues Feindbild sich wenden lassen. Unsere antifaschistische Erziehung ist, so gesehen, eine faschistoide Anti-Erziehung.

d) Rückwärtsgewandter Mut

Es ist schon notwendig, daß wir Hitler, vor allem den Hitler in uns selbst, überwinden. Aber es könnte sein, daß Hitler einmal zu oft, einmal zu ostentativ, zu theatralisch und zu aggressiv besiegt wird. Hitler wird immer noch besiegt von jenen anpassungsfähigen Charakteren, auf die gerade das Hitlerreich sich gestützt hat: Leute, die wissen, wo »oben« ist, und die ihr politisches Engagement nur in einer Richtung bekunden, die persönlichen Erfolg verspricht und voranbringt. Mutige Antifaschisten, die zu den gegenwärtigen Mißständen schweigen, »bewältigen« immer wieder aufs neue die »unheilvolle Vergangenheit«. Solcher Mut vor einem autoritären Regime, das nicht mehr aufsteht und das in dieser Form auch nicht mehr wiederkehren dürfte, ist ungefährlich, bringt aber doch gewisse Prämien für rechtschaffene demokratische Gesinnung. Wer im Dritten Reich noch zu jung oder durch Kriegsdienst davon abgehalten war, in der damaligen Hierarchie über den Fähnleinführer hinaus aufzurücken, der kann heute mit nach rückwärts gewendetem Widerstand einen Hauch von versäumtem Heldentum auf sich ziehen. Gegen den braunen Terror lassen sich immer noch markige Worte finden, die den Redner als eine Säule der »freiheitlich demokratischen Grundordnung« ausweisen. Aber schon gegen den Terrorismus der jungen Desperados wird der ewige Mitläufer sich nicht deutlich erklären, teils aus der Angst, andernfalls selbst eines Tages eine Bombe unter dem Auto zu haben, teils aus der ungewissen Erwägung, daß man nicht wissen könne, ob die Terroristen von heute nicht die Märtyrer und Helden von morgen sein werden.

In einem innerlich weitgehend befriedeten Land wie der Bundesrepublik Deutschland leben alle diejenigen, die insgeheim einen militanten Staat wollen, emotional nicht in der Gegenwart. Sie leben nostalgisch in ihrer »großen Zeit« oder in der Hoffnung auf deren Wiederkehr. Die so unter Realitätsverlust leiden, sind gescheiterte Funktionäre beider Diktaturen und jene unzufriedenen jungen Leute, die sich für die Zukunft eine harte »rechte« oder »linke« Hand wünschen: um die heute herrschende und besitzende Klasse wegzuprügeln. Aber nur, wer immer noch oder rückblickend mit den NS-Führern oder mit den DDR-Kadern sich identifiziert, kann ein Interesse daran haben, deren Untaten abzustreiten oder zu verharmlosen oder durch unsinnige Vergleiche zu relativieren.

e) NS-Führer blicken zurück

Sehr unterschiedlich nach Motivation und Zielsetzung sind die Beiträge zur Vergangenheitsbewältigung, die von NS-Führern geleistet werden, die das Dritte Reich überlebt haben. Sie reichen in der Frage der Schuldverstrickung von Rudolf Hess' trotzigem »Ich bereue nichts«[29] bis zu Albert Speers Bekenntnis zu einer »Gesamtverantwortung«[30] für all das, was unter Hitler überhaupt geschehen konnte; und sie reichen im Rückblick auf Adolf Hitler von Baldur von Schirachs enttäuschter Abkehr vom einstigen Idol bis zu des SS-Generals Wolff anhaltender — und noch 1981 geäußerten — Genugtuung darüber, daß er anders als Speer »dem Führer« zuletzt noch habe in die Augen sehen können: »Ich bin froh, daß ich selbst die Hand nicht gegen ihn erhoben habe.«[31]

Ungebrochen dem ein für allemal geliebten Führer hingegeben, präsentiert sich die Führerin der NS-Frauenschaft, Gertrud Scholtz-Klink. In ihrem 1978 erschienenen Buch *Die Frau im Dritten Reich*[32] erinnert sie sich der schlimmen Zeit nach dem »Zusammenbruch unseres Vaterlandes« — gemeint ist 1918 —, da »Zerrbilder in Sitte und Gesittung, in Wort und Bild« den Deutschen sich dargeboten hätten. Ähnlich bewegt hat Hitler in *Mein Kampf* (S. 282 ff.) die »ersichtlichsten Verfallserscheinungen« in moralischer und kultureller Hinsicht beklagt. Seine »Reichsfrauenführerin« denkt heute, als habe es danach nichts Schlimmeres gegeben, mit Schaudern an die Zeit der Weimarer Republik zurück und charakterisiert sie, nicht zuletzt im Blick auf die Arbeitslosigkeit im Gefolge der Weltwirtschaftskrise von 1929, mit den Begriffen »Kampf, Haß, Dunkel — Hoffnungslosigkeit«. Und wenn wir fragen, wie lange dieser Zustand gedauert habe, wird uns die Antwort:

> »Bis eines Tages der Name Adolf Hitler in unser Bewußtsein drang — eines Frontsoldaten, der unser Volk wachrüttelte, uns Licht zeigte, wo wir Dunkel sahen, der uns nicht mehr aus der Hand ließ, und uns das gab, was ein Mensch damals dringender brauchte als alles andere: Selbstvertrauen, Glauben an eine Zukunft und den Mut zu diesem Glauben.«

Kein Wort darüber, worin diese Zukunft bestand: im Krieg, im Massenmord und in der Zerstörung des Deutschen Reiches. Kein Wort der Klage über diese nun vergangene Zukunft, kein Wort der Reue über den millionenfach fehlgeleiteten Idealismus, der dazu gebraucht wurde, um ein System der Menschenvernichtung zu stützen und gegen moralische Skrupel aus dem eigenen Volk abzuschirmen. Kein Wort der Scham über das, was im Namen der Deutschen an anderen Völkern verübt wurde. Statt dessen im Vorwort — ein »dankbarer Gruß allen Frauen, die die nationalsozialistische Zeit gestaltend oder mittragend gläubigen Herzens erlebt haben«. Das kommt so heraus, als seien es die von Hitler oft beschworenen »feindlichen Mächte« gewesen, die Widersacher seiner nationalsozialistischen Idee, die deren Scheitern zugleich mit dem Untergang des Deutschen Reiches bewirkt hätten — wie wenn nicht ein zur Politik erhobenes Vabanquespiel die sichere Niederlage schon mit einschlösse. Denn wer alles je Gewonnene zusammen mit dem, was er zuvor schon hatte, zum Einsatz bringt, der muß notwendig eines Tages auch alles auf einmal verspielen. Soviel müßten heute selbst die einst gläubigsten Nationalsozialisten begreifen, auch wenn sie meinen, daß ohne den von Hitler gewollten Eroberungskrieg das Dritte Reich immer noch fortbestünde. Ungleich schwerer dürfte es fallen, sie zu der Einsicht zu bringen, daß das ganz auf einen Mann zugeschnittene und von ihm in Atem gehaltene Regime auch ohne Krieg diesen »Führer« nicht lange überlebt hätte.

Man kann verstehen, daß ein altgewordener Mensch seiner »großen Zeit« gedenkt, der Zeit seiner sozialen Geltung, seiner größten Ausstrahlung und Wirkung. Auf der Suche nach der verlorenen Zeit ist ein jeder, der im Erzählen vieles ausschmückend sich erinnert, immer schon positiv voreingenommen. Das Eingeständnis, mit all seinem Bemühen, ja schon mit der gewählten Zielsetzung gescheitert zu sein, käme der Erklärung gleich, seine Zeit nutzlos vertan zu haben. Dazu ist kaum jemand bereit — außer ein Philosoph, der weiß, daß wir in irgendeinem Sinne alle einmal scheitern. Die Abneigung, dies wahrzuhaben, macht den Grad unserer Eitelkeit aus. Sie durchfärbt und verfälscht gerade bei Albert Speer das sicher ernstgemeinte Bemühen, sich des unter Hitler Geschehenen möglichst unbeeinflußt zu erinnern und es so darzustellen, daß es den Mit- und Nachlebenden zur Lehre dienen kann. Speer schreibt, so in sich selber hineinhorchend, weniger über das, was er unter Hitler erlebt, miterlebt, mitangesehen und selbst getan hat, als vielmehr über seine *Rolle* in dieser Zeit. Aber auch diese Form der Darstellung, die ihn ein Kapitel seiner *Erinnerungen* mit »Zweiter Mann im Staat« überschreiben läßt (womit nicht etwa Göring gemeint ist), verrät doch auch etwas von seiner Motivation, Hitler zu dienen. Wer aber wie die ehemalige Reichsfrauenführerin trotz des millionenfachen Leids, das Hitler über die Welt gebracht hat, immer noch so tut, als habe er/ sie sich einer hohen und rühmenswerten Sache hingegeben, der ist nicht nur eigensinnig im Festhalten dessen, wofür er sich einst entschieden hat; er leidet auch an Realitätsverlust.

Der glühend Verehrende und der vorweg sich selber Bespiegeln-
de sind nur in einem psychologischen Sinne Antipoden. Als
Darsteller erlebter Geschichte kommen sie darin überein, daß
ihr Gedächtnis sich an dem orientiert, was sie beeindruckt hat
und was sie empfunden haben. Der eitel seine historische Rolle
Schildernde ist dabei aber die verläßlichere Quelle, sofern es
darum geht, sich über seine Zeitgenossen ein Urteil zu bilden.
Denn er urteilt — bei aller möglichen Verehrung für eine starke
Persönlichkeit — über andere immer noch aus der Distanz dessen, der nicht mit ihnen verschmilzt. In jedem Falle wirkt er
durch nichtunterdrückte Eitelkeit aufrichtiger als jene dritte
Kategorie von Memoirenschreibern, die ihre hohe Selbstein-
schätzung durch angestrengte Sachlichkeit zu bändigen suchen,
nicht zu sprechen von denen, die wie Hans Fritzsche[33] sich lediglich selber rechtfertigen wollen.
Großadmiral Karl Dönitz, der sich im Spandauer Kriegsverbre-
chergefängnis — nach dem Zeugnis von Schirach[34] und
Speer[35] — immer noch als das legale deutsche Staatsoberhaupt
fühlte, gibt sich in seinen Erinnerungen (*10 Jahre und 20 Tage*)
betont sachlich und um die Klärung historischer Tatsachen bemüht. Das Buch ist mit Daten und Zahlen (Bruttoregistertonn-
nen!) der Seekriegsführung gespickt: die Darstellung des Dritten Reiches und des Hitler-Krieges aus der Perspektive des politisch desinteressierten Marineoffiziers. Bei der Erörterung der
Kriegsschuld-Frage beruft er sich klug auf einen britischen Historiker und Militärschriftsteller, I. F. C. Fuller, der ausgeführt
habe, der wahre Grund, Hitler den Krieg zu erklären, sei für
die englische Regierung gewesen, »daß die Selbsterhaltung
Großbritanniens es erforderlich mache, auf der traditionellen
Politik zu beharren, wonach Deutschlands Machtpolitik,
Deutschlands Lebensart, die deutsche Finanzpolitik und der
deutsche Handel Großbritanniens Interessen entgegengesetzt
seien und, wenn geduldet, zur Errichtung einer deutschen Vorherrschaft in Europa führen würden.«[36] Zu Roosevelts und
Churchills Forderung einer »bedingungslosen Kapitulation«
des Deutschen Reiches wird angemerkt, daß es danach, das
heißt nach der Konferenz von Casablanca 1943, für die deutschen Militärs »zwecklos« geworden sei, »Hitler zu erklären,

nun müsse er den Krieg beenden und Frieden schließen«[37].
Grundsätzlich aber wird festgestellt:

> »Die Wehrmacht eines Staates wird nicht gefragt, wann und gegen wen
> sie zu kämpfen hat. Das ist Sache der politischen Führung, die das Primat
> gegenüber dem Soldaten hat. Ebenso ist die Beendigung des Krieges Sa-
> che des Politikers.« (DÖNITZ, S. 299)

Das ist eine auch heute im demokratischen Rechtsstaat unbe-
strittene Auffassung. Daß Dönitz (S. 54) den uns selbstver-
ständlichen, in Bananenrepubliken bestrittenen Grundsatz des
Primats der Politik über das Militär auch gegen die Rechtspre-
chung des Nürnberger Militärgerichtshofes wenden kann, das
zeigt, daß die zu bewältigende Vergangenheit nicht mit dem
9. Mai 1945 endet. Wenn wir Westdeutschen uns als NATO-
Partner der westlichen Welt solidarisch verbunden fühlen dürfen, dann gibt es im Blick auf den Vietnam-Krieg auch für uns
noch ungelöste militärstrafrechtliche Probleme.

Unter dem Gesichtspunkt des Primats der Politik macht Dönitz
auch geltend, daß er sich neben den Aufgaben der Seekriegsführung nicht auch noch um die Regierung des Reiches hätte
kümmern dürfen und können. Er räumt allerdings ein, daß er,
wenn ihm das »Ausmaß der Menschenvernichtung durch die
Hitlersche Regierung« vor der Kapitulation bekannt gewesen
wäre, sich »gegen sie gewandt hätte« (S. 394). Das ist eine dankenswert klare Stellungnahme — für die Ohren derer, die das
Wort von der »Auschwitzlüge« aufgebracht haben und zugleich
Karl Dönitz als den »legitimen Nachfolger Adolf Hitlers« für
sich in Anspruch nehmen wollten.

Von jenen in Nürnberg angeklagten NS-Führern, die tiefer in
die von Hitler und Himmler angeordneten Massenmorde ver-
strickt waren, durfte man noch beweiskräftigere Bestätigung erfahren. Hermann Göring, obschon als Generalbevollmächtigter
für den Vierjahresplan mit dem Einsatz von Zwangsarbeitern
aus Konzentrationslagern befaßt, war doch von der Zeugenaussage des Auschwitz-Kommandanten Rudolf Höss so beeindruckt, daß er zu Mitangeklagten gesagt haben soll: »Wenn nur
nicht dieses verdammte Auschwitz wäre! Das hat uns Himmler
eingebrockt! Ohne Auschwitz könnten wir uns richtig verteidigen. So ist uns jede Möglichkeit verbaut.«[38] Auch ein den

Nürnberger Angeklagten gezeigter Film über die Konzentrationslager scheint Göring nach Meinung des Gerichtspsychologen Gilbert[39] zumindest »trübsinnig« gestimmt zu haben. Tags darauf beim Mittagessen aber hatte er sich wieder soweit gefangen, daß er diesen Film Schirach gegenüber als »eine ganz gemeine Fälschung« bezeichnen konnte[40]. Nach solch bewußter Verdrängungsleistung brachte er es in seinem Schlußwort immerhin über sich, von den »schweren Verbrechen« zu sprechen, die nach dem Kriege bekanntgeworden seien[41]. Sein mannhaftes »Ich stehe zu dem, was ich getan habe« war aber verquickt mit der Leugnung jeder persönlichen Schuld — und dadurch entwertet.

Die Erinnerungen der drei in Nürnberg verurteilten NS-Führer, die sich nach 1945 von Hitler losgesagt haben, Hans Frank, Baldur von Schirach und Albert Speer, stimmen in bedeutenden Punkten überein:

1. Die drei Genannten sind der nationalsozialistischen Partei beigetreten aus Bewunderung, ja Verehrung für die Persönlichkeit Adolf Hitlers. Auch der vermeintliche Technokrat Speer war beeindruckt, sogar »aufgewühlt«[42], als er Hitler im Jahre 1930 zum ersten Male reden hörte. Speer und die beiden anderen jungen Intellektuellen, die später zu NS-Führern wurden, erlagen der »suggestiven Überzeugungskraft« (Speer), der »suggestiven Ausstrahlung« (Schirach[43]) Hitlers — bei klarer Erkenntnis, daß der Führer der Bewegung von charakterlich bedenklichen oder politisch kraftlosen Gestalten umgeben war: von »Erzschurken«, wie Himmler und Bormann von Hans Frank[44] bezeichnet werden, von dem »viele Phrasen« (Speer[45]) redenden Goebbels, von dem, wie Schirach sagt, »versponnenen, schwerfälligen Heß«, der sich als moralisierender Eiferer im Reichskabinett lächerlich machte[46], vom »rabiaten Antisemiten« Julius Streicher[47], dem Morphinisten Göring und vielen politisch bedeutungslosen, aber willfährigen Gefolgsleuten wie dem späteren Innenminister Wilhelm Frick oder dem Nachfolger Ernst Röhms als Stabschef der SA, Viktor Lutze.

2. Frank, Schirach und Speer bemühen sich rückblickend, sich von Hitler loszusagen. Am leichtesten gelingt das Albert Speer, weil er sein Verehrungsbedürfnis auf Winston Churchill zu

übertragen weiß[48]. Am härtesten tut sich dabei Hans Frank, der bekennt, er fühle sich »Hitler noch heute [1946] schicksalsmäßig verbunden«[49], während in Baldur von Schirachs Rechenschaftsbericht fast auf jeder Seite eine große Enttäuschung spürbar wird. Als ein Überlebender von den »führenden Nationalsozialisten, die Hitler früh und aus nächster Nähe kannten«, faßte er den Entschluß zu berichten, »wie es zu Hitler kam, wie wir ihm verfielen und das Deutsche Reich verspielten« (Schirach, S. 6). Er klagt sich an, daß er als Hitlers »Reichsjugendführer« die Jugend »für ein falsches Idol erzogen hatte« (S. 331), für einen Mann, den er »für unantastbar hielt und der ein millionenfacher Mörder war« (S. 332).

3. Die drei genannten NS-Führer bekennen sich in ihren Erinnerungen, wie sie das auch vor den Schranken des Nürnberger Tribunals taten, freimütig zu einer »Gesamtverantwortung« (Speer[50]) für alles, was unter Hitler geschah. Schirach (S. 332) und Frank (S. 431 und 458) sagen das nur mit etwas anderen Worten. Das pauschale Bekenntnis zu einer alles Geschehene mit einschließenden Verantwortung bekommt aber ein Gegengewicht in der Weigerung, strafrechtlich relevante Schuld an den Massenmorden zuzugeben. Von Schirach und Speer wird solche Schuld sogar durch eine grandiose moralische Geste weggeschoben. Speer wirft sich vor, auf Andeutungen hin, daß in einem Konzentrationslager Dinge geschähen, die man »nicht schildern dürfe«, nicht weiter nachgeforscht zu haben: »Ich wollte nicht wissen, was dort geschah.« (*Erinnerungen*, S. 385). Schirach (S. 301) sagt im selben Sinne: »Wenn ich mir das heute überlege, muß ich mir sagen, daß ich als einer der führenden Männer im Staate damals durchaus die Möglichkeit gehabt hätte, mich rechtzeitig zu informieren. Das ist meine Schuld.«
Die Methode, rechtlich vorwerfbare Schuld abzuwehren: durch ein Bekenntnis zu umfassender moralischer Verantwortung, hat Albert Speer in seinen *Spandauer Tagebüchern* (S. 21) selber reflektiert, freilich nicht, indem er sie bei sich selber wahrgenommen hätte, sondern im projektiven Blick auf Hermann Göring. Indem er des Reichsmarschalls Auftreten vor Gericht zu beschreiben meinte (»mit großer Allüre alle Verantwortung auf sich nehmend, um dann mit Schläue und Energie alle Schuld

von sich zu weisen«), charakterisierte er in Wahrheit sich selbst. Denn Göring hat in Nürnberg gar keine »Verantwortung« auf sich genommen, sondern in seinem Schlußwort eher trotzig erklärt: »Ich stehe zu dem, was ich getan habe.« Das aber war seiner Meinung nach nichts, dessen er sich hätte schämen müssen.

Schirach berichtet in seinen Memoiren (S. 296 f.) von einer Rede, die Himmler am 29. Mai 1944 im Posener Rathaus vor den Reichs- und Gauleitern gehalten habe. Der Reichsführer SS habe in diesem Kreis ganz offen erklärt, was es mit der »Endlösung der Judenfrage« auf sich habe:

> »Die Vernichtung der Juden ist eine harte und schwere Aufgabe. Es trat an uns die Frage heran, wie ist es mit den Frauen und Kindern? Ich habe mich entschlossen, auch hier eine ganz klare Lösung zu finden. Ich hielt mich nämlich nicht für berechtigt, Männer auszurotten — sprich also, umzubringen oder umbringen zu lassen — und die Rächer in der Gestalt der Kinder für unsere Söhne und Enkel großwerden zu lassen.«

Während Himmler so sprach, kam Schirach der Gedanke, daß Himmler sie mit dieser Rede alle »durch Mitwisserschaft zu seinen Komplizen machte«. Rückblickend bekennt Schirach: »Moralisch hat sich jeder, auch derjenige, der nicht an so verantwortlicher Stelle stand wie ich, nach der Rede Himmlers mitverantwortlich gemacht für millionenfache Greueltaten, die jenseits jeder Vorstellungskraft lagen.«[51]

Auch Albert Speer, Hitlers Rüstungsminister, soll bei jener berüchtigten Rede des Reichsführers SS zugegen gewesen sein. Doch er bestreitet das. Dabei hatte Himmler, als er zu den Reichs- und Gauleitern sprach, sich sogar unmittelbar an den Minister gewandt:

> »Wenn man früher dort [gemeint waren: die jüdischen Ghettos] hinlangen wollte, so hieß es: Halt! Sie stören die Kriegswirtschaft! Halt! Rüstungsbetrieb! Natürlich hat das mit Parteigenossen Speer gar nichts zu tun, Sie können gar nichts dazu.«

Als Albert Speer längst zum Star der Vergangenheitsbewältigung geworden war, hat man ihn wiederholt auf jene Rede angesprochen. Er blieb dabei: Er sei nicht unter den Zuhörern gewesen. Zwar am Morgen desselben Tages (29. 5. 1944) noch in Posen, sei er, bevor Himmler zu sprechen begann, weiter nach Rastenburg zu Hitler gefahren[52], so also der Wahrheit über das Schicksal der Juden buchstäblich knapp entgehend.

Speer blieb mit seiner Version, für die er noch Augenzeugen fand, konsequent bis zur Selbstverleugnung. Sogar den Dank eines Juden für die Errettung vor der Gaskammer mochte er nicht annehmen. Hätte er es getan, dann wäre damit auch schon eingeräumt, daß er von den Vernichtungslagern gewußt hat. So aber, da er nicht der Urheber eines Briefes sein wollte, der einigen hundert Juden das Leben gerettet hat, meinte er wohl, den Anschein der Unwissenheit vor der Geschichte zu bewahren. »Es ist kaum denkbar«, so schrieb er zuletzt, »daß es sich um ein persönliches Schreiben von mir gehandelt hat; vermutlich war es ein Begleitbrief der Rüstungsinspektion Posen, der dem damaligen Sprachgebrauch entsprechend vom ›Ministerium Speer‹ gestammt haben konnte.«[53] Mit anderen Worten: Nicht nur seine Freunde unter den Gauleitern, auch die ihm unterstellten Beamten in Posen haben ihm das, was wirklich vorging, verschwiegen. Wir müßten, wenn wir uns das zu eigen machten, rätseln, ob sie allesamt aus unüberwindlicher Scham, aus Arglist gegenüber dem unentbehrlichen Minister oder zur Schonung seines sensiblen Wesens es vermeiden wollten, ihm zu sagen, was mit »Endlösung« gemeint war.

III. KAPITEL

Massenmord und kollektive Aggression

a) Der Komplex von Schuld und Niederlage

In der Anklageschrift des Internationalen Militär-Tribunals (IMT), die in Nürnberg im Jahre 1945 den Paladinen Hitlers vorgehalten wurde, hieß es unter anderem, zu den von ihnen begangenen »Verletzungen der Kriegsregeln« gehörten auch »die mutwillige Vernichtung von großen und kleinen Städten und Dörfern, Verwüstungen, die durch keine militärische Notwendigkeit geboten waren«[1]. Das paßt nicht nur auf die von der deutschen Luftwaffe in Großbritannien, namentlich in Coventry, angerichteten Zerstörungen, sondern ebenso auf die von den alliierten Bomberflotten in Schutt und Asche gelegten deutschen Städte; hier ist der Name *Dresden* zum Symbol geworden[2]. Während aber die hochrangigen deutschen Militärs für den Bombenterror zu büßen hatten, wurde erst noch im Frühjahr 1992 dem britischen Luftmarschall Harris in London ein Denkmal gesetzt[3]. Noch Jahrzehnte nach Hitlers Untergang wird so die Überzeugung aufgefrischt, daß an Sieger und Besiegte des Zweiten Weltkrieges höchst gegensätzliche Maßstäbe angelegt werden.

Es ist nicht einfach nur Hochmut und Willkür der Sieger, was da zum Ausdruck kommt; und es stimmt auch nicht, daß die Geschichte allemal nur von den Siegern geschrieben werde. Sie wird auch — in demütiger Anerkennung einer zu Recht erlittenen Niederlage — von Historikern der Besiegten geschrieben. Ein magisches Denken aus frühen Zeiten der Menschheitsgeschichte schlägt da immer noch durch: man wähnt, ein Gottesurteil sei über die Besiegten gesprochen, das sie anzunehmen hätten als »Schuldige«. Nie zuvor ist in den USA daran gedacht worden, Kriegsverbrecher der eigenen Armee strafrechtlich zu verfolgen. Erst die schmähliche Niederlage im Vietnam-Krieg hat das ermöglicht und heraufgeführt, so in der Anklage gegen US-Leutnant William Calley[4]. Telford Taylor, in Nürnberg der amerikanische Hauptankläger, hat mit seinem Buch *Nürnberg und Vietnam*[5] die Parallele gezogen zwischen den Verbrechen der Nazis und dem, was Amerikaner in dem asiatischen Land angerichtet haben. Er hat damit — unter dem Beifall angesehener Blätter — seine Landsleute aufgerüttelt, im Verein mit Vietnamkriegsgegnern so nachhaltig, daß davon eine nationale Zerknirschung zurückblieb, auf die noch Präsident Bush bei seiner Amtseinführung (1989) zu sprechen kam:

> »Wir haben noch eine Lehre aus Vietnam zu ziehen: Keine große Nation kann es sich auf die Dauer leisten, unter der Last einer Erinnerung uneinig zu sein.«[6]

Die Erschütterung des amerikanischen Nationalgefühls durch Vietnam und die Beschämung der Deutschen durch die NS-Verbrechen haben eines gemeinsam, was so an der Oberfläche liegt, daß gerade tiefer Blickende es leicht übersehen: Es handelt sich beide Male um moralische Demütigungen, die aus einer militärischen Niederlage erwuchsen. Das Bewußtsein, eine Niederlage zu erleiden, ist im Leben der Völker wie im Leben des Einzelnen für Schuldgefühle konstitutiv. Dieses Bedingungsverhältnis ist mit dem Begriff »Siegerjustiz« noch nicht ausgeschöpft; es wird dadurch allenfalls polemisch vereinseitigt. Gerade das amerikanische Vietnam-Trauma zeigt, daß es nicht einer siegreichen Besatzungsmacht bedarf, um im Bewußtsein einer nationalen Niederlage auch Raum zu schaffen für ein Gefühl der Schuld. Für breite Schichten des Volkes bilden beide Vorstellungen zusammen einen *Komplex,* der nicht aufgelöst, sondern nur verdrängt werden kann. Das ist schon eine mögliche Antwort auf die Frage, »warum die Deutschen die Schuld am Holocaust so irrational verarbeitet haben« (E. Tugendhat[7]). Just diejenigen unter uns, die solcher Vorwurf zu Recht treffen mußte, konnten ihre Schuld und den »Zusammenbruch« von 1945 wohl nicht auseinanderhalten. Die am Massenmord unbeteiligten Deutschen — und das betrifft vorweg die nachgeborenen — können indessen nur auf irrationale Weise die ihnen eingeredete Schuld sich zurechnen.

Der Zusammenhang von Schuld und Niederlage erfüllt ein tief-
sitzendes moralisches Muster, das aus Märchen und Mythen
sich formt und dem noch die üblichen Cowboy- und Gangster-
filme genügen. Dieses Grundmuster verlangt, daß der Böse, der
Schuldige, bestraft wird und daß der Gute, der Edelgesinnte,
obsiegt. Wer noch die Macht hat, wer noch im Sattel sitzt, der
kann nach dieser moralischen Logik so schlecht gar nicht sein;
denn sonst hätte ein gerechtes Schicksal ihn schon lange abge-
worfen. So ist es auch kein Zufall, daß erst nach der militärischen Niederlage der Pol-Pot-Regierung in Kambodscha die
Weltöffentlichkeit durch ihre Medien von den Massenmorden
dieses Regimes erfahren hat[8]. Dem Gewaltherrscher, der noch
die Macht hat in seinem Land, dem wird bei Staatsbesuchen
(wie Erich Honecker 1987 in Bonn) der rote Teppich ausge-
rollt. Erst wenn er als Person oder mit seinem Regime gescheitert ist, treten Juristen auf den Plan, die nach seiner Schuld fragen.

Der Nürnberger Kriegsverbrecher-Prozeß ist mit Recht als »Tribunal der Sieger«[9] bezeichnet worden. Da kamen auch Untaten
zur Sprache, deren sich die Sieger selbst hätten schämen müssen. Auf einen entsprechenden Vorhalt des Angeklagten Göring
reagierte der sowjetische Chefankläger Rudenko barsch, aber
unbedacht: »Sie haben keine sowjetischen *Aktionen* zu erwähnen.«[10] Es wäre dennoch abwegig zu behaupten, die ehemaligen Kriegsgegner des Reiches sähen nur die von Deutschen verübten Verbrechen und dabei gar nichts, was Angehörige ihrer
eigenen Völker sich während des Krieges haben zuschulden
kommen lassen. Wohl gab es keine Prozesse für die auch an
Deutschen verübten Morde und Grausamkeiten; dafür wurden
in Ost und West um so erbarmungsloser die »Kollaborateure«
verfolgt. In Frankreich sollen — nach dem Bericht der Präfektu-
ren an die Regierung[11] — nach dem Ende des Zweiten Weltkrieges 105 000 »spontane Hinrichtungen« stattgefunden haben. In Italien waren es kaum weniger. In Turin wurden 400
Frauen als »Faschistinnen« im Fluß ertränkt[12]. Wenn es darum
ging, noch nach Jahrzehnten mögliche Kollaborateure der
Deutschen aufzuspüren, blieben auch dem KPF-Führer Mar-
chais Verdächtigungen nicht erspart. Der Vorwurf, er sei ein

Parteigänger der Nazis gewesen, machte sogar vor dem NATO-Generalsekretär Joseph Luns nicht halt. Dies und die Aburteilung des früheren SS-Mannes Pieter Menten in Den Haag (am 13. Januar 1981) beweisen, daß auch die Niederländer ihresgleichen nicht schonen, wenn es sich um Personen handelt, die auf der Seite des Verlierers gestanden haben.

Der mythische Zusammenhang von Schuld und Niederlage bewirkt bei Siegern wie Besiegten eine Halbseitenblindheit, die zunächst nur die Verbrechen auf der Verliererseite in den Blick rückt. Der von den Gedemütigten an die Adresse der Sieger zurückgespielte Schuldvorwurf ist nur ein Aufbegehren gegen das, was bei Kriegsende überdeutlich und beschämend vor aller Augen steht: die Schuld des Verlierers, der nur zu verlieren scheint, weil er schuldig ist. Je tiefer der Besiegte, das Mitglied eines besiegten Volkes, die eigene Schuld in der erlittenen Niederlage verspürt, desto stärker wird auch der Hang, sie zu verdrängen und in Zukunft nur noch die Verbrechen der einstigen Feinde zu sehen. Der trotzige Blick auf die andere Seite ist dabei motiviert von der Unlust, das moralische Versagen des eigenen Volkes anzuerkennen. Wer aber davon zu bewußt noch erschüttert ist, der wird es ebenso strikt vermeiden, die Verbrechen der anderen auch nur zu erwähnen. Vor der eigenen Türe zu kehren, das erscheint ihm als das einzig Sinnvolle, um das beschmutzte Ansehen des Vaterlandes vor der Welt zu reinigen. Der mythische Gedanke, daß dies die verdammte Pflicht des Besiegten sei, gibt dazu dem rechtschaffenen Deutschen eine einfache Orientierung. Auch sie ist einseitig.

Beide Male, ob im ausschließlichen Deuten auf die Schuld der anderen oder ob im Stilisieren des »anderen Deutschland«, ist das treibende Motiv nur die Wiederherstellung der nationalen Ehre. Um diesen Angelpunkt drehen sich alle Diskussionen um die KZ-Filme. Und das macht sie, jene Diskussionen wie diese Filme, im Blick auf die Zukunft so überflüssig, so wirkungslos für eine Wende zum Besseren. Denn die kann nur eingeleitet werden, wenn in allen hier anzusprechenden Nationen sich die Einsicht ausbreitet, daß der Hang zur Grausamkeit und der Vernichtungswille nicht projektiv in das eine oder andere Volk hineingesehen werden dürfen, sondern daß sie als allgemeinmenschliche Möglichkeiten ihre pädagogischen, sittlichen, sozialen, politischen und auch religiösen Bedingungen haben. Schuldprojektionen und nationale Selbstanklagen stehen einer solidarischen Überwindung des Übels, das von Menschen herkommt, gleichermaßen im Wege.

b) Die Lust an kollektiver Aggression

Der Deutsche, der heute Auschwitz mit Hiroshima, Coventry mit Dresden, Hitler mit Pol Pot und Oradour mit Vietnam vergleicht, kommt leicht in den Verdacht, solche Vergleiche nur anzustellen, um sich als Angehöriger eines vielgeschmähten Volkes die nationale Selbstachtung zu stärken. Wer aber sagt, solche Vergleiche seien unstatthaft, der ist vielleicht nur angepaßt an das, was die Welt heute von uns hören will: daß das deutsche Volk in seiner Gesamtheit untilgbare Schuld auf sich geladen habe. Es fehlt nicht an Publizisten und Volkserziehern, die mit Selbstverständlichkeit davon »ausgehen«, aus eben derselben unvergleichlichen Neigung, dem »Zeitgeist« Tribut zu zollen, aus dem seinerzeit Verfechter des »völkischen Staates« hervorgingen. Selbst wer, ehrlich erschüttert über die von Deutschen geplanten und ausgeführten Verbrechen, kein anderes Morden ihnen gleichen lassen möchte, der hindert uns doch, den triebhaften Motiven menschenverachtender Mordgesinnung auf den Grund zu gehen. Denn mit dem Denkverbot, das mit »Unvergleichbarkeit« ausgesprochen wird, bleiben wir, sofern wir uns nicht rassistisch selber stigmatisieren wollen, bei einer rein ideologiekritischen Betrachtung der NS-Täter stekken, unfähig zu sehen, was sie mit allen denen gemein haben, die sich im Drang zu töten nur allzugern irgendeine Idee überstülpen, die diese Neigung verdeckt oder verklärt. Wer auf »Unvergleichbarkeit« der hier und anderswo verübten Massentötungen beharrt, um unseren Tribut an nationaler Beschämung nicht zu schmälern, der hält uns in bloßen Überbau-Diskussionen fest, in denen es um Nazi-Ungeist und ideologische Ursachen geht, um Befehlsnotstand und Schuldzuweisungen, aber nicht um die Erkenntnis der vitalen Beweggründe, aus denen Menschen, zu Kampfgemeinschaften vereinigt, überhaupt dahin drängen, andere Menschen systematisch zu töten. Wir müssen grundsätzlich festhalten: daß alle Erkenntnis mit dem Vergleichen des Unvergleichbaren beginnt. Nur so lassen sich Strukturgesetzlichkeiten herausfinden sowie Bedingungen aufzeigen, die nicht nur eine einzige unverwechselbare Wirkung zeitigen. Wenn wir das unvergleichlich abgründige Auschwitz mit Hiroshima oder mit Vietnam vergleichen, dann sehen wir in solchen Vergleichen ab von den je vordergründigen politischen oder ideologischen Motiven der dafür Verantwortlichen oder ihrer ausführenden Kräfte, sondern gehen zurück auf die hier wie dort anzutreffende Triebstruktur, die zum Ausgleich für sittlich verknappte oder verdorbene Sinnenlust auf die Ersatzlust des Tötens verfällt. Daraus ergibt sich eine moralkritische Perspektive, die nicht bei der Feststellung stehenbleibt, daß offenbar die allermeisten der am Massenmord Beteiligten hier aus »blindem Gehorsam« oder »übersteigertem Pflichtgefühl« mitgewirkt hätten. Was bewußtseinspsychologisch als blinder Gehorsam sich darstellt, das ist nur die zur gewissenlosen Bereitwilligkeit gesteigerte Erwartung, Befehle zu erhalten, die ein menschenfeindliches Verhalten fordern. Unbewußte Neigung ist schon dazu bereit, wenn das Wachbewußtsein lediglich ein Pflichtgefühl reflektiert. In eigener Verantwortung verübt, wäre das, was da dem Befehlsempfänger abverlangt wird, ein reines Verbrechen. In der hierarchischen Struktur einer verbrecherischen Organisation aber ist das sozialfeindliche Bestreben des Einzelnen aufgehoben in der »verschworenen Gemeinschaft« (Hitler) und in der wechselseitigen Abhängigkeit von Führung und Gefolgschaft: Diejenigen, die die Mordbefehle ausgeben, beschwichtigen ihr Gewissen mit dem Bewußtsein, nicht selber handgreiflich zu töten. Ihre Untergebenen, die es tun, aber fühlen sich entlastet durch den ihnen erteilten Befehl. So kommt es, daß in den deutschen Konzentrationslagern Verbrechen von Menschen begangen wurden, die weder zuvor noch danach irgendwelche strafbaren Handlungen begingen. Das schließt nicht aus, daß zwischen den Verbrechen von Staats wegen und den Verbrechen auf eigene Faust ein gewisser Zusammenhang besteht, sei es, daß ein Unrechtsstaat potentiell verbrecherische Menschen in seinen Dienst stellt; sei es, daß ein Terrorregime private Gewalttätigkeit erstickt oder — in der Bürgerkriegssituation — erst recht provoziert. Statistisch nachgewiesen ist immerhin, daß bei Ausbruch eines Krieges die Kriminalität zurückgeht, und zwar in allen jeweils beteiligten Staaten[13].

Eine Gesellschaft, in der das Individuum einem doppelten moralischen Druck unterliegt: dem Zwang zur Disziplinierung sexueller Regungen und dem Verbot, die darüber entstehende Aggressivität frei auszuleben, eine solche Gesellschaft wird auch zur Ausbildung einer Rechtsordnung treiben, die diese beiden Zwänge so miteinander verknüpft, daß sie als Regelungen von gleicher Berechtigung erscheinen. Je besser das gelingt, Triebverzicht und Gewaltverzicht als gleich notwendig und gleich berechtigt darzustellen, desto weniger kommt es den Massen zu Bewußtsein, was den vitalen Grund ihres Unbehagens bildet, und um so geringer ist vom Standpunkt der Tugendwächter die Gefahr, daß ein Bedürfnis nach Änderung der Sitten, nach »sexueller Revolution« sich regt und ausbreitet. Eher noch zerfällt die Gesellschaft im Bürgerkrieg in zwei einander befehdende Lager, als daß die alle umschließende lustfeindliche Moral das Individuum zu Lebenslust nach eigenem Geschmack entließe. Denn da wäre ein jeder wieder mit seinem Gewissen allein: sich quälend mit der Frage, was er vor sich selber und vor Menschen, die er liebt und achtet, noch verantworten kann zu tun.

In einer Gesellschaft, die eine Moral tradiert, die ursprüngliche vitale Freuden verknappt, braucht niemand, der nicht Außenseiter sein will, zu Willfährigkeit und Gehorsam eigens erzogen zu werden. Selbst blinder Gehorsam, wie ihn Hitler verlangte[14], muß hier nicht denen eingebleut werden, die unbewußt längst auf den »Führerbefehl« warten, um reuelos und straflos tun zu können, was sonst Moral und Strafgesetzbuch verbieten. Von blindem Gehorsam ist immer nur die Rede im Blick auf Handlungen, die in irgendeiner Weise destruktiv oder schädigend gegen Mitmenschen sich auswirken. Daß einer in Pflichterfüllung auch bis zur Selbstvernichtung gehen kann, kommt bei »blindem Gehorsam« juristisch nicht in Betracht. Doch das spricht keineswegs dagegen, daß eine den Menschen tief verstörende Moral die grundlegende Bedingung dafür ist, daß er willig Befehle ausführt, auch solche, mit denen er sich selber aufopfert. Ohne lustvolle Bindung ans Leben ist er nicht nur dankbar für jede sinnvermittelnde Orientierung, sondern auch dranghaft dazu bereit, sich selber zugrunde zu richten. Der unzärtlich erzogene, lieb- und lustlos in sich selber versponnene Mensch ist sadomasochistisch gestimmt aus dem Bedürfnis nach Berührung mit anderen Menschen und aus Überdruß an seiner von Kälte umschlossenen Existenz. Seine Grausamkeit ist die ihm einzig noch mögliche Weise, den Panzer seines Ichs zu durchbrechen und andere leibhafte Menschen zu berühren: in eben jäher, sie verletzender Weise. Seine Neigung, sich selber zu zerstören, aber ist die unmittelbare Folge seines Lebensüberdrusses. Da die sein Gewissen fesselnde Moral ebenso den Mord auf eigene Faust wie die unmittelbare Selbsttötung verwehrt, wird er entweder auf eine Lebensform ausweichen, die ihn langsam, aber sicher zugrunde richtet, oder sich mit anderen zu einer Kampfgemeinschaft formieren, in der die Chance groß ist, getötet zu werden. Für beide Zielrichtungen destruktiver Gesinnung aber, für Mordlust wie für Selbstmordneigung, braucht der auch hierbei Gehemmte eine hohe Idee, die ihm das, worauf er leibhaft hinauswill, vor seinem Gewissen verdeckt. Der Kulturkritiker indessen, der mit seinen Studienobjekten dieselben Verdrängungen gemein hat, muß notwendig bestimmte politische Ideen als mörderisch bezeichnen und aus solcher Einstellung heraus das tiefer Vergleichbare für unvergleichbar erklären.

c) Das Verlangen nach einem »Schlußstrich«

Wilhelm Reich, ein Schüler Sigmund Freuds, hat schon zu Hitlers Lebzeiten davor gewarnt, den »faschistischen Amokläufer ... je nach politischer Konjunktur nur im Deutschen oder Italiener, und nicht auch im Amerikaner und Chinesen« — und in sich selbst zu suchen[15]. Überall, wo ein wildes Verlangen nach Feinden zu harter Konfrontation führt, dürfen wir mutmaßen, daß da eine moralische und rechtliche Ordnung besteht, in der wesentliche Bedürfnisse des Menschen zu kurz kommen. Adolf Hitler, der Führer mit dem psychologischen Spürsinn, wußte selber recht gut, was eine nur ideologiekritische Vergangenheitsbewältigung niemals erfaßt: »Nicht der Geist drängt zum Kriege, sondern der Körper.«[16] Faschismus, wie wir ihn kennengelernt haben und wie er vielerorts nachwächst, ist nur die Methode, die aus Millionen frustrierter Herzen aufsteigenden Sehnsüchte zusammenzufassen im Namen einer kompromißlosen Idee, sie zu binden an einen militanten Führer und auszurichten auf »Feinde« der Gemeinschaft.

Dies vor Augen, ist für uns gar nicht abzusehen, wann damit aufgehört werden kann, Hitler oder das, wofür sein Name steht, zu überwinden oder abzuwehren. Wir dürfen dabei nur nicht vordergründig uns an den Losungen, Emblemen und Farben erregen, unter denen Neonazis sich heute wieder versammeln. Tiefer fragend nach den moralkonformen und triebrepressiven Grundlagen des Faschismus, können wir durchaus erwarten, daß Schluß gemacht wird mit einer »Vergangenheitsbewältigung«, die nicht die Ursachen kollektiver Aggression durchleuchtet, sondern irrational den Neonazi zum bedrohlichen Feind stilisiert. Wenn wir wissen, daß faschistischer Ungeist nicht aus ideologischer Verblendung erwächst, sondern aus »vegetativer Sehnsucht« (W. Reich[17]), aus vitalem Unmut über die auferlegten Verzichte und aus einem Bedürfnis nach erlaubter Aggression, dann werden wir auch milder denken über jene, die am Rande ihrer »Traditionspflege« einen Schlußstrich fordern unter die juristische Aufarbeitung der »Vergangenheit«. Unaufgeklärt über die Triebstruktur faschistischer Neigungen, müssen sie den »Führern«, denen sie ihr Gewissen abgetreten haben, auch noch den Willen und die Kraft zur Verdrängung leihen. Je höher der Grad der Identifizierung mit den Beschuldigten, desto stärker auch der Wunsch, das ihnen Angelastete zu vergessen und vergessen zu machen. Dabei mag ein humanitäres Bewußtsein solch tieferes Bestreben durchaus überformen.

Als das Buch *Wie oft wird Hitler noch besiegt* in erster Auflage erschien, 1982, da war es noch durchaus sinnvoll, sich mit den

Motiven derer, die einen »Schlußstrich« unter den NS-Verbrechen haben wollten, eingehend zu befassen. Bei einigen, die damals dafür eintraten, war Sorge um das Ansehen Deutschlands in der Welt zu verspüren, für den Fall, daß noch mehr »deutsche Verbrechen« durch Strafprozesse weltweit Beachtung fänden. In Gesprächen mit älteren Mitbürgern hörte ich auch heraus, daß ihnen ein von der politischen Führung organisierter Massenmord wie von einer unbewertbar anderen Qualität erschien als jedes Verbrechen auf eigene Faust[18]. Doch wer als Soldat im Krieg dazu angehalten war zu töten und dabei ein pochendes Gewissen verspürte, wollte nicht mehr so leicht sich darauf einlassen, zwischen erlaubtem Töten und verbotenem Tötungsdelikt zu unterscheiden. Mit seiner Ablehnung eines solchen Unterschiedes war der durch den Krieg verstörte Heimkehrer in einem naturrechtlichen Sinne durchaus »im Recht«, wenn er den Krieg selbst als das große Unrecht erkannte. Aber er verlor die Basis jeder rechtlichen Wertung, wenn er aus der Erfahrung des Krieges den Schluß zog: Alles ist erlaubt. Daß man alles tun könne, was dem Vorteil des eigenen Volkes dient (*right or wrong — my country*), ist überall auf der Welt das Prinzip skrupellos militanter Nationalisten. Die so Gesinnten unter den Deutschen begründeten ihr Verlangen nach einem »Schlußstrich« mit dem Hinweis auf die ungesühnt gebliebenen Kriegsverbrechen der Sieger, ohne damit jedoch den Unrechtsgehalt des auf deutscher Seite Verübten in Zweifel ziehen zu können. »Zweimal Unrecht ergibt noch nicht einmal Recht« (*Two wrongs do not make a right*), sagten unwiderleglich die Engländer.

Solche Erwägungen zur Forderung eines »Schlußstrichs« sind heute, soweit es deutsche Kriegsverbrechen betrifft, nur noch von historischem Interesse. Wir dürfen aber auch vermuten, daß zumindest von den noch nicht abgeurteilten Mittätern bei Hitlers Völkermord kaum noch einer unter den Lebenden ist. Soweit in den späten achtziger Jahren noch KZ-Prozesse stattfanden, wurden meist hinfällige Greise in die Gerichtssäle geführt oder im Rollstuhl gefahren — mitleiderregende Gestalten, in denen man die Schlächter von einst nicht mehr wiedererkannte. Wer 1982 noch gegen einen »Schlußstrich« war, kann es völlig unbedenklich heute nicht mehr sein: weil Mitleid mit den alt und krank gewordenen Tätern jetzt die Empörung über ihre Untaten niederzuhalten droht. Hat nicht sogar der ehemalige britische Chefankläger in Nürnberg, Sir Hartley Shawcross, sich überdeutlich gegen die weitere Verfolgung von Kriegsverbrechern ausgesprochen, gegen Prozesse mit Angeklagten, die wie er inzwischen steinalt geworden sind?[19] In der Tat: Soweit der Sinn solcher Prozesse darin liegt, im Volk ein Unrechtsbewußtsein für staatskonforme Verbrechen zu wecken, würde dies mit angeklagten Tattergreisen kaum noch erreicht. Soweit solche Prozesse aber, wie Wiesenthal sagt[20], der notwendigen historischen Dokumentation dienen, müßte der Gesetzgeber einen Weg finden, der den Gerichten erlaubte, selbst bei völliger Abwesenheit eines Angeklagten gegen ihn zu verhandeln und zu einem Schuldspruch zu kommen, an den keine Strafe mehr geknüpft ist. Das wäre allemal besser, als Verfahren wegen fehlender »Verhandlungsfähigkeit« der Angeklagten einzustellen. Denn es bleibt zu besorgen, daß ein so immer deutlicher werdender »Schlußstrich« unter die Schandtaten einzelner zusehends jene auf den Plan ruft, die dafür das ganze deutsche Volk mit »Auschwitz« wie mit einem Kainsmal versehen wollen. Ihnen kommt in ihrem Eifer nicht zu Bewußtsein, daß sie damit nur eine andere Form des Rassismus erfüllen, und daß da, wo alle irgendwie schuldig sein sollen, Schuld sich ins nicht mehr Faßbare verflüchtigt. Aus einer »Volksgemeinschaft der Täter« (Henryk M. Broder[21]) heben die wirklich Schuldigen sich nicht mehr heraus. Demgegenüber ist Simon Wiesenthals beharrliche Suche nach den NS-Verbrechern nicht vorstellbar ohne seine Ablehnung der Kollektivschuld[22], während auch die Rufer nach einem »Schlußstrich« diesem neuerstandenen Wahn — ungewollt — den Weg bereiteten.

Die notorisch Unbelehrbaren haben nicht verstanden, daß das Namhaftmachen und Aburteilen der wirklich Schuldigen am Holocaust eine Entlastung für das deutsche Volk in seiner Gesamtheit bedeutet. Denn wer ein Interesse daran hat, für die NS-Massenmorde »die Deutschen« allesamt schuldig zu sprechen, der ist ebensowenig bereit, die Fahndung nach Hitlers Mordgesellen dankbar zu würdigen. Simon Wiesenthal hat sich schon beklagt, ihm sei von jüdischer Seite, von Elie Wiesel, vorgeworfen worden, er »verkleinere den Holocaust, aber (er) vergrößere die Schuld der Nazis«[22a]. Die Massenmörder vorführen, heißt das: den Massenmord verkleinern? Auf der Täterseite verkleinern? Die wirklich Schuldigen daran hindern, sich hinter dem deutschen Volk zu verstecken, heißt das: ihre Schuld vergrößern? Wer die Kollektivschuld verwirft, kann die Täter von damals nicht ohne einen Schuldspruch davonkommen lassen.

Sooft von deutschen Publizisten über die begriffliche Schiene »Mitwisserschaft — Duldung — Mitschuld« eine Kollektivschuld »der Deutschen« nahegelegt wurde[23], ist aufgefallen, daß dabei fast immer nur von dem Massenmord an den Juden die Rede war, daß entsprechende Beteuerungen und Selbstanklagen gegenüber den Zigeunern fehlen, obschon diese Bevölkerungsgruppe von Hitler in gleicher Weise verfolgt und dezimiert wurde. Den Sintis, die keinerlei moralischen Druck auf uns ausüben[24], biedert sich kein noch so antifaschistisch Bewegter heute an. Ihre Diskriminierung hat noch nicht einmal ein Ende gefunden. Hier fehlt ein *Schlußstrich,* der allererst beendet, was Hitler begonnen hat. Auch hierin, daß wir nur tun, wozu man uns drängt, haben wir den Geist der schlimmen Jahre noch zu besiegen.

d) Kehrt Auschwitz wieder?

»Soll ich Ihnen Ihre Brillengläser in die Augen drücken?« rückte ein Polizist an einen Journalisten heran, der in Berlin eine Hausbesetzer-Demonstration beobachten wollte[25]. Andere Szene: Bei jener Nürnberger Demonstration Anfang März 1981, bei der die Polizei hart durchgegriffen hat und 141 Personen gefangengesetzt, flüchteten sich einige Demonstranten in eine leerstehende Garage und sahen sich darauf von Ordnungshütern eingeschlossen. Einer der Beamten rief hinein: »Wir könnten Sie jetzt eigentlich vergasen, dann könnten wir heimgehen ...«[26] Solche und ähnliche Vorfälle und das, was gelegentlich von Gefangenenmißhandlung ruchbar wird[27], berechtigt zu der besorgten Frage: Kehrt Auschwitz wieder, könnte sich ähnliches wiederholen? Die dafür erforderlichen Wachmannschaften hätten wir schon, erkennbar vielleicht sogar als seinerzeit, als die SS willfährige Kräfte für ihr Vernichtungswerk gesucht hat. Dem einstigen Chef der Stuttgarter Kriminalpolizei Josef Wirth hätte wohl niemand vorhergesagt, daß er einmal in einem Vernichtungslager sich als ein Mörder entpuppen würde, der die Juden mit der Peitsche in die Gaskammer treibt [28].

Man hat für die Wandlung so vieler rechtschaffener Menschen in Vollstrecker des Völkermords vielfach die Erziehung zum blinden Gehorsam verantwortlich gemacht, die von strengen Eltern bis auf den heutigen Tag praktiziert wird. Der Auschwitz-Kommandant Höss sah es rückblickend selber so: »Schon von klein auf wurde ich zu einem festen Pflichtbewußtsein erzogen. Es wurde in meinem Elternhaus streng darauf geachtet, daß alle Aufträge genau und gewissenhaft ausgeführt wurden.« [29] Das sei ihm »in Fleisch und Blut übergegangen«. Mit anderen Worten: Das Pflichtgefühl hat ihn soweit gebracht. Eichmann in Jerusalem berief sich gleichfalls auf die Moral strenger Pflicht, der er im Sinne Kants zu genügen gesucht habe [30].

Dies vor Augen oder noch im Ohr könnten wir leichthin das allgemeine Vorurteil nachsprechen, daß der Nazismus in seiner mörderischen Zuspitzung eben geistige, ja ideengeschichtliche Ursachen habe. Aber damit hätten wir die Bewußtseinsformen eines sittlich fehlgeleiteten Zusammenlebens schon als dessen Bedingungen ausgegeben. Es ist durch keinen Hinweis auf Kant hinwegzudiskutieren, daß in dessen Ethik nur die durch Religion tradierte leib- und lustfeindliche Moral ein rational widerspruchsfreies System gefunden hat, das alle Lebensfreude aus sich verbannt. Einer so trockenen Vernunft kann letztlich alles zur Pflicht werden, was vitalen Neigungen immer erst abgetrotzt werden muß: Im Widerwillen gegen das Pflichtgebot gewinnt sie ein Kriterium seiner Richtigkeit. Kant sagt, die Pflicht sei »eine *Nötigung* zu einem ungern genommenen Zweck« [31]. Allen naturgegebenen Neigungen und Vorlieben wird da nicht nur mißtraut; sie kommen in eine Position, von der sittliches Handeln sich immer erst abzustoßen hätte. Solche Ethik, die nicht mehr in Lebensfreude sich verankert, ist — entgegen der Absicht ihres Verfassers — pervertierbar in alles, was unserer Lebensbejahung widerstreitet. Zuletzt mag als pflichtgemäß gelten, was der natürlichen Abneigung, andere Menschen zu töten, entgegensteht. Pflichtgesinnung, die noch hierin ihre Befriedigung findet, das von den Erziehern gepriesene Gefühl »erfüllter Pflicht«, kann aber nicht aus verstandesmäßiger Bejahung einer Pflichtethik sich bilden; sie erwächst unvermittelt aus der Verdrossenheit eines vital frustrierten und vielfach gedemütigten Menschen, dem, darüber aggressiv geworden, alles folgerichtig und überzeugend erscheint, was auf Vernichtung angelegt ist. Dazu gehört auch eine zum Kriege drängende Politik. Kein wirklich lebensfroh gestimmter Mensch kann sich mit einer Pflichtethik befreunden, in der Gefühle, die aus der Wärme des Blutes kommen, nicht mehr zählen. Eine solche Ethik setzt geradezu jenes Mißbehagen voraus, das Fichte diesem Moralsystem kongenial unterlegt hat[32]. Kant selber stellt uns als Idealtypus des moralisch wertvoll Handelnden einen Menschen hin, »dem Widerwärtigkeiten und hoffnungsloser Gram den Geschmack am Leben gänzlich weggenommen haben«[33]. Da hilft keine Beschönigung: Diese Moral und dieses Menschenbild sind für eine lange und verhängnisvolle Zeit zu den für unser Volk idealen Vorstellungen geworden: in der Forderung von Selbstüberwindung und Selbstaufopferung. Salomon Gessners Einsicht, daß das Mißvergnügen die eigentliche Wurzel des Bösen sei[34], hatte unter den Bedingungen unserer Kultur keine Chance, sich lebensverändernd durchzusetzen.

Nun wäre es gewiß eine provozierende Übertreibung zu behaupten, daß wir hier in Mitteleuropa in einem durchweg mißvergnügten, verdrossenen und lebensfeindlichen Volke lebten. Harte Triebschicksale in sittenstrengen Elternhäusern sind nicht so häufig, daß aus jedem zweiten oder dritten Kind ein Sadist oder ein potentieller Mörder werden müßte, der nur auf eine Ausnahmesituation wartet, unter deren Schutz er sich endlich austoben könnte. Selbst in Auschwitz waren — nach der Schätzung überlebender Häftlinge[35] — nur etwa 10 bis 15 Prozent der SS-Leute richtige Sadisten in einem pathologischen

Sinne. Die anderen fielen entweder nicht weiter auf, weil sie nur einen Wachdienst zu versehen hatten, oder sie benahmen sich auch als todbringende Funktionäre kühl und unauffällig. Sie aber waren es, die die Vernichtungsmaschinerie in Gang hielten, schon dadurch, daß sie mit ihrem disziplinierten Verhalten die fürs Gas bestimmten Häftlinge bis zuletzt über das ihnen zugedachte Los zu täuschen wußten. Nicht der unberechenbare Sadist, sondern der auf Befehl durchaus kühl, ja geschäftsmäßig tötende Mensch ist es, der den Organisatoren des Todes als zuverlässiger Vollstrecker gilt. Auf ihn kann sich stützen, wer nur durch Worte (Befehle) zu töten vermag, aber nicht mit seinen eigenen Händen. Der auf Befehl Tötende aber kann dabei völlig ruhig bleiben, wenn das Gefühl erfüllter Pflicht ihn affektiv entlastet. Solch wechselseitige Entlastung läßt hinter der Fassade militärisch disziplinierten Auftretens die insgeheime Lust am Töten nicht erahnen. Sie ist aber die Motivationsgrundlage aller lebensfeindlich gewordenen Pflichtgesinnung.

Der zu etwas verpflichtete Mensch, zur Erfüllung einer ihm widerwärtigen Pflicht sich überwindende Charakter ist innerlich gespalten: in einen Willen, der hier widerstrebt, und in eine Bereitschaft, auch argen Zumutungen sich nicht zu verweigern. Solche Bereitschaft kann motiviert sein von Trennungsängsten, kurzum der Angst, durch »Pflichtvergessenheit« den Rückhalt in der ihn verpflichtenden Gemeinschaft zu verlieren. Dem bewußten Willen, sich unter allen Umständen als pflichtbewußt zu erweisen, mag aber gerade dann, wenn Unmenschliches zur Pflicht erhoben wird, ein selber nie ganz eingestandener Vernichtungswille beispringen, der dann, wenn er mit einer solchen Forderung zur Deckung kommt, als reines Pflichtgefühl reflektiert wird. Was dem pflichtgemäß oder gehorsam Tötenden jedoch wirklich die Hand führt, das ist nicht sein Pflichtgefühl, sondern der davon freigelegte Drang zu töten. Dieser ist nur durch die Pflichtgesinnung für das Wachbewußtsein verdrängt. Solche Verdrängungsleistung wurde sogar von den deutschen Richtern noch honoriert, die vor einigen Jahren über KZ-Täter zu urteilen hatten. Diejenigen unter den Schergen, denen nicht ein engagierter »Täterwille« nachzuweisen war, kamen als Mörder nicht in Betracht. Wer in den Vernichtungslagern nicht durch Mordexzesse und eigenhändige Sadismen aufgefallen war, wer vor Gericht überzeugend darlegen konnte, daß er aus »Pflichtgefühl« und »Autoritätsgläubigkeit« getötet habe, wurde als Mordgehilfe eingestuft und kam nicht selten mit einer Freiheitsstrafe von drei oder vier Jahren davon. Die haarspaltende Strafjustiz erwies sich so als integraler Bestandteil eines Systems der Verdrängung und Leugnung der eigentlich treibenden Motive. Aber noch die beflissenen Antifaschisten, die vordergründig gegen »Autoritätsgläubigkeit« wettern, reihen sich ein in den Konsens der Verdränger, die nicht wahrhaben wollen, daß »autoritätsgläubig« auf den Mordbefehl nur wartet, wer seinen vitalen Unmut nicht anders als sozialkonform austoben möchte.

Die Vorstellung, daß ohne latenten, schon sprungbereiten Menschenhaß eindeutig menschenfeindliche Befehle rein pflichtgemäß ausgeführt würden, ist ein Selbstmißverständnis des Menschen, der sich über seine vitalen Antriebe und deren Pervertierung in Lustlosigkeit gar nicht klarwerden will. Dieser aufs Töten erpichte Mensch ist selbst dort, wo ganze Völker einander bekriegen, nicht einmal mehrheitlich vertreten. Nach Untersuchungen amerikanischer Militärsoziologen machen von 100 Soldaten während eines Kampfes im allgemeinen nur etwa 15 von ihrer Waffe Gebrauch[36]. Was so bei der Truppe herauskommt, gilt erst recht für ein zur kollektiven Aggression geführtes Volk im ganzen: Es hat sich in den Willen einer destruktiven Minderheit ergeben. Diese treibt Haßpropaganda am Ende nicht, um das ganze Volk zu rasenden Kämpfern wider die »bösen Feinde« zu machen, sondern um freie Hand zu bekommen für ihr menschenfeindliches Wirken. (Durch den Fortschritt der Vernichtungstechnik wird sie dabei vom Volkswillen noch unabhängiger.)

Selbst wenn Propaganda systematisch daran arbeitet, überkommene Vorurteile gegenüber anderen Völkern oder Volksgruppen durch aktuelle Anlässe zu erhärten, so wird es ihr nicht gelingen, solche Aversionen zu reiner Mordgesinnung zuzuspitzen, wenn ihnen nicht ein pervertiertes, ein aggressiv gewordenes Triebleben vorgegeben ist und beispringt. Aus rein kulturellem Vorurteil kommt es allenfalls zu jenem »gemütlichen Anti-

semitismus«, den Hans Lamm in seiner Jugend in München erfahren hat[37], ehe Hitler sein Vernichtungswerk beginnen konnte. Hitlers schon früh darauf angelegter Wille ist ohne Fanatismus im ursprünglichen Wortsinn der religiösen Besessenheit
nicht denkbar: In seinem programmatischen Buch *Mein Kampf*
(S. 70) berief er sich auf den »allmächtigen Schöpfer« und erklärte: »Indem ich mich des Juden erwehre, kämpfe ich für das
Werk des Herrn.«

Eine destruktive, menschenfeindliche Grundstimmung, die auf
religiöse Motive zurückgreift und sich als Weltanschauung erklärt, ist nicht bloße Propaganda, sondern dem so sich Darstel-
lenden selber ein Mittel, sich seine wahren Antriebe zu ver-
schleiern. Adolf Hitler schildert im zweiten Kapitel des Ersten
Buches von *Mein Kampf* seine Wandlung zum Antisemiten.
Wer das heute nachliest, könnte in aktueller Besorgnis leicht
dabei hängenbleiben, daß Hitlers Entwicklung zum Antisemiten nicht unwesentlich von billigen Broschüren beeinflußt war,
die er sich seinerzeit vor dem Ersten Weltkrieg in Wien gekauft
hatte. Psychologisch bedeutsamer erscheint mir, daß Hitler
gleich an drei verschiedenen Stellen dieses kurzen Kapitels betont, welch schweren inneren Kampf ihn die sogenannte Judenfrage gekostet habe. In dem »bitteren Ringen« zwischen »seelischer Erziehung und kalter Vernunft« habe aber schließlich die
Überzeugung gesiegt, daß der Jude kein Deutscher ist. Was hier
mit »seelischer Erziehung« umschrieben wird, das meint wohl
den Humanismus, der in jedem Menschen den Mitmenschen
zu sehen lehrt. Was aber als »kalte Vernunft« sich aufspreizt,
das hat bei Hitler zu jener »inneren glücklichen Zufriedenheit«
des weltanschaulich Überzeugten geführt, der keine andere
»Weltanschauung« mehr neben sich duldet. Jene »kalte Vernunft«, die in der Überzeugung gipfelt, daß die Juden, die unter
uns leben, Angehörige »eines fremden Volkes« seien, vollzieht
damit den entscheidenden Schritt, der nötig ist, um sie für alle
Mißstände verantwortlich zu machen und kalten Sinnes zu verfolgen: als freilich irrationale »Personifikation des Teufels«
(*Mein Kampf*, S. 355).

Schon ehe Hitler zu der »Erkenntnis« der Fremdrassigkeit der
Juden kam, hatte er an ihrer »sittlichen und sonstigen Reinlich-

keit« gezweifelt, war geneigt, ihnen die Schuld an der in Wien
augenfälligen Prostitution zuzuschieben und an dem niedrigen
»geistigen und sittlichen Niveau« des dortigen Kulturbetriebes.
Doch immer wieder wurde er in seinem neuerworbenen antisemitischen Glauben schwankend, nach seinen eigenen Worten
»rückfällig auf Wochen, ja einmal auf Monate hinaus«. Erst die
Entdeckung, daß eine Reihe sozialdemokratischer Führer in
Österreich jüdischer Abkunft waren, bestärkte ihn in der Überzeugung, daß die Menschheit vor den Juden gerettet werden
müsse: »Siegt der Jude mit Hilfe seines marxistischen Glau-
bensbekenntnisses über die Völker dieser Welt, dann wird seine
Krone der Totentanz der Menschheit sein, dann wird dieser
Planet wieder wie einst vor Jahrmillionen menschenleer durch
den Äther ziehen.«[38] In diesem Satz wird, was er später selbst
in Szene gesetzt hat, der Völkermord, den zukünftigen Opfern
als geheimer Wunsch und Wille unterstellt. Ein verständlicheres
und zugleich grausigeres Beispiel für das, was wir mit Freud ein
»Projektionsphänomen« nennen, ist nicht denkbar.

Was in Hitlers zweifellos stilisiertem, aber doch psychologisch
naiv geschildertem Werdegang zum Antisemiten herauskommt,
das ist auch der lange innere Widerstreit zwischen unvereinbaren Positionen und Zielrichtungen der herrschenden Moral.
Gerade wir Deutschen werden zu besonderer »Reinlichkeit« erzogen, zu einer sittlichen Distanz gegenüber allen Ausscheidun-
gen des Körpers, der nach dem Vorbild der Maschine[39] in geregelten Bahnen zu funktionieren hat und jede ungeplante sexuelle Triebregung als »unanständig« oder »schmutzig« verwiesen
bekommt. Das führt zur auch projektiven Ablehnung aller
Menschen und Völker, die nicht wie die Deutschen oder die Japaner, immer wie aus dem Ei gepellt, ordentlich und sauber da-
herkommen. Unduldsamkeit gegenüber sexuellen Abweichun-
gen ist eine weitere Konsequenz. Auf der anderen Seite werden
wir zu Verständnis und Toleranz gegenüber allem Fremdartigen, zu Menschen- und Nächstenliebe erzogen. Nicht jeder
junge Mensch verspürt die Gegensätzlichkeit der so an ihn her-
angebrachten Verhaltensstile, und wohl nur wenige unter denen, die das merken, leiden unter der Widersprüchlichkeit dieser moralischen Erwartungen. Wer aber wie der junge Adolf

Hitler in einem »langen inneren Seelenkampf« diesen Widerspruch durchlebt und dabei allmählich dem Bedürfnis nach
projektiver Entlastung nachgibt, der schlägt sich damit zwangsläufig auf die Seite der Unerbittlichen, Intoleranten, die die
Welt von allem Unsauberen, Schmutzigen und Gemeinen zu
reinigen trachten. Diesen Eifer hatte der Führer der nationalsozialistischen Bewegung mit einem anderen Schlächter von welt-
historischer Bedeutung gemeinsam, mit Robespierre, der schon
als erster klar die Überzeugung aussprach, daß die Welt nur
besser werden könne, wenn man die Bösen töte.

Wer heute von »geistigen Wurzeln des Terrors« spricht, von der
ideologischen Gefahr eines neuen Faschismus oder von der Ver-
derblichkeit rassistischen Gedankengutes, der darf sich in
Kenntnis des inneren Werdeganges des Antisemiten Adolf Hitler tiefenpsychologisch fragen lassen, ob er damit nicht an jener
Oberfläche des Erklärbaren bleibt, die von den radikalen Ideologen selber dargeboten wird. Gedanken, als geistige Phänomene betrachtet, haben aus sich heraus nicht die Kraft, mörderische Affekte zu mobilisieren und in brachiale Gewalt umzuset-
zen. Wenn wir demgegenüber von moralischen Ursachen des
Völkerhasses und des Völkermordes sprechen, so meinen wir
damit nicht, daß moralische Wertvorstellungen und Widersprüche zwischen ihnen unmittelbar zu destruktivem Verhalten
führten, sondern daß unter dem, was als moralischer Konflikt
erscheint und bewußt wird, Triebkonflikte stecken, die nicht
erst durch vorgesagte Worte und geglaubte Werte geschaffen
werden. Der Wert der Reinheit und der Sauberkeit kann einem
Kind erst vermittelt werden, wenn es schon leibhaft erfahren
hat, was als schmutzig gilt und was es magisch zu vermeiden
hat. Was von Psychoanalytikern in der Erziehung der Kleinkinder als »Reinlichkeitsdressur« bezeichnet werden konnte, geht
im Prinzip nicht anders vor sich als die Methode, nach der
Haustiere »stubenrein« gemacht werden. Moralische Belehrung, die sprachlich den Wert von Reinheit und Sauberkeit unterstreicht, schafft später nur noch eine Überdetermination des
früh Eingeübten und Eingebleuten. Nicht wesentlich anders
erfolgt in jungen Jahren eine Erziehung zur Toleranz und zum
Dulden des Andersartigen. Auch hier vermittelt zunächst nicht

das Wort »Toleranz« eine Hemmung unduldsamer Affekte; vielmehr erfährt das Kind, das daran gehindert wird, an anders aussehenden oder lebenden Mitschülern seine aggressiven Neigungen auszutoben, daß es hier etwas zu respektieren gilt. Noch tiefer verankert wäre eine Haltung der Toleranz bei einem Menschen, der gar nicht eine auf andere gerichtete Aggressivität entwickelte, weil er in libidinösen Regungen nicht gehemmt und frustriert würde. Ihm aber wäre der Begriff Toleranz nicht so leicht zu vermitteln. Er müßte, was damit gemeint ist, erst auf dem Umweg über die Beobachtung der innerlich Tobenden und unerbittlich Rechthabenden erfahren: Toleranz als Gegenbegriff zu der Art, in der sie sich gegenüber anderen benehmen. Daß wir es nötig haben, zu Toleranz, Duldsamkeit, Verständnis für andersartige, anders glaubende und andersrassige Menschen ermahnt zu werden, ist schon ein Zeichen dafür, daß unsere Neugier auf Fremdes, »Exotisches«, überwuchert ist von einer Aggressivität, die nach gleichartigen Verbündeten verlangt, weil sie auf eigene Faust sich nicht hervorwagt. Die Verbündeten, die Streitgenossen aber müssen möglichst so aussehen und so sprechen und denken wie wir selber, damit durch sie die Illusion einer Vergrößerung des eigenen Ichs genährt wird. Gemeinschaftssinn, der keine Gastfreundschaft und keine Mitmenschlichkeit gegenüber Fremdrassigen kennt, ist im Grunde motiviert von einem an sich selber zweifelnden Charakter, der an »Ichschwäche« (Freud[40]) leidet, weil er in seinen vitalen und spontanen Antrieben gebrochen ist.

Gewiß läßt nicht alle Aggressivität sich auf unterdrückte Sexualität zurückführen, am wenigsten eine, die der Durchsetzung sexueller Triebregungen selber dient oder nur den Zweck hat, sich gegen Angriffe zu verteidigen. Wenn es aber wahr ist, daß das, was wir seit Freud Libido nennen, der ursprünglichste Antrieb zur Vergesellschaftung des Menschen ist, dann muß die Frustration entsprechender Neigungen das Verhältnis zum Mitmenschen überhaupt in vielfacher Weise stören. Es wird dabei nicht so einfach zugehen, daß ein Mensch lediglich gehemmt ist im Umgang mit anderen und dabei sich innerlich zurücknimmt in seinen Begehrungen und Sehnsüchten. Das ist eine Il-

lusion der Bewußtseinspsychologie, die annimmt, daß ein
Mensch eben das, wozu man ihn anhält, auch so verinnerlicht,
daß es sein Wesen verändert, hin zum Stillen, Braven, Zurück-
haltenden. Welche triebhafte Unrast hinter der Stirn zurückhal-
tender junger Männer tobt, dürfen wir gerade erschließen aus
den späteren Lebenswegen des jungen Einzelgängers Adolf Hitler und des schüchternen jungen Mannes Heinrich Himmler[41].

Der in seinen soziosexuellen Fähigkeiten beeinträchtigte, libidinös gehemmte Mensch gewinnt zu seinen Mitmenschen ein in
doppelter Weise gebrochenes Verhältnis. Gedrängt in einen sich
nicht erweiternden Lebensumkreis, wird er den vitalen Unmut
über die ihm auferlegten Triebverzichte als Haß gegen eben dieselben Menschen richten, denen er sich aus Gewohnheit und in
Abhängigkeit verbunden fühlt. Sowie sein Blick über die engere
Heimat hinausreicht, wird er zugleich inniger sich zu Hause
verwurzeln und um so feindseliger allem Fremden, Andersge-
sinnten und Andersartigen begegnen. Das doppelte Bedürfnis
nach Geborgenheit und Aggression, beides aus vitaler Verunsicherung intensiviert, wenn nicht geboren, braucht Menschen
für beide Zwecke. Diejenigen, die solch ein Verschüchterter
haßt und verfolgt, helfen ihm noch durch ihre Opferrolle, daß
er sich im engsten Kreise als ein liebender und treusorgender
Mensch entfalten kann. So braucht es uns nicht zu wundern,
daß so manche Ehefrau eines SS-Schergen, der vielfachen Mor-
des beschuldigt war, Presseleuten gegenüber erklärte, es sei
ganz unmöglich, daß ihr Mann so etwas getan habe; er sei
doch immer der beste Gatte und der fürsorglichste Vater gewesen[42]. Es gibt auch keinen Grund, an der Mitteilung des
Auschwitz-Kommandanten Rudolf Höss zu zweifeln, die wir in
seiner Autobiographie fanden: »Ja, meine Familie hatte es in
Auschwitz gut. Jeder Wunsch, den meine Frau, den meine Kinder hatten, wurde erfüllt. Die Kinder konnten frei und unge-
zwungen leben. Meine Frau hatte ihr Blumenparadies ...«[43]

Es würde gewiß zu weit gehen, aus dem intakten, ja vorbildli-
chen Familienleben von KZ-Lagerführern zu folgern, hierin sei
die eigentliche Ursache ihres verbrecherischen Verhaltens zu sehen. Die vitalen Antriebe zu destruktivem Verhalten wurzeln

tiefer als in den Emotionen, die einen traditionsgemäß über-
nommenen Lebensstil erfüllen. Die nach dem Muster der überkommenen Moral von sittenstrengen Erziehern bereits in der
frühen Kindheit gebrochene Triebnatur tritt später in nicht
mehr miteinander vereinbare Regungen auseinander: in ein
sentimentales Bedürfnis nach Geborgenheit und in ein brutales
Verlangen, andere Menschen zu quälen oder gar zu töten. Der
nicht mehr zu herzhafter Umarmung fähige Mensch kann nur
noch auf sadistische Weise auf andere Menschen zugehen.
Grausamkeit, sagt Nietzsche[44], ist eine »versetzte Sinnlichkeit«.
Was darin versetzt, von seinem angestammten Platz gerückt ist,
das ist das Kraftmoment der Libido, die, unterdrückt und allzu
hart reglementiert, in Sentimentalität und rohe Kraft auseinan-
derfällt. Der so gleichsam dissoziierte Trieb wendet sich unter-
schiedlichen Objekten zu: »geliebten Personen« und herabge-
würdigten Menschen, nur noch dazu gebraucht, den eigenen
vitalen Unmut auf sie abzuladen.
Hitlers Weg zum Antisemiten ist nur verständlich aus einer Erziehung heraus, in der Sauberkeit und Reinlichkeit, diese sittlich noch gesteigert zur »Reinheit«, eine dominierende Rolle
spielen: eine typisch mitteleuropäische Erziehung. Da kaum jemand, wenn er ehrlich ist, diesem Erziehungsideal voll genügt,
außer in paranoischer Zuspitzung, wird das Leiden an solcher
»Unzulänglichkeit« nur zu gerne als Haß auf erkennbar unsaubere und schmutzige Menschen projiziert. So rückt der gute,
sauber gekleidete Bürger angewidert von dem Stadtstreicher
weg, der sich auf einer Bank im Park oder in einer Gaststätte zu
ihm setzen will. Und so ist der zu Hause wohl zu strenger Reinlichkeit erzogene junge Adolf Hitler angewidert und abgestoßen von einem Lehrer, der immer einen ungewaschenen Eindruck macht und dessen Kragen nie rein ist. Noch der Führer
der Nation erinnert sich dieser für den Knaben einst ekelerregenden Erscheinung. So tief hat Dressur zur Reinlichkeit ihn
geprägt, daß es ihn noch schaudert, da er davon spricht: »Der
ganze Mensch war widerlich.«[45]
Daß Hitler in seiner Kindheit eine streng auf Reinlichkeit be-
dachte und triebunterdrückende Erziehung erlitten hat, kann
auch aus dem Waschzwang erschlossen werden, der an ihm be-

obachtet wurde. Der Hitler-Biograph Werner Maser[46] will uns allerdings glauben machen, daß Hitler sich diese »geradezu krankhafte Manie« wie überhaupt seine »Furcht vor körperlicher Verschmutzung« erst in Wien aus einem Buch des Antisemiten Bölsche[47] angelesen habe — ein schon absurdes Beispiel dafür, wie weit die zünftige Zeitgeschichtsforschung sich von jedem psychologischen Verständnis entfernen kann. Ein höchst banales neurotisches Symptom wird da ideengeschichtlich verbrämt. Durch Masers Erklärung schimmert aber noch die Ahnung, daß der Reinlichkeitswahn und der Eifer für Rassereinheit irgendwie zusammenhängen. Fast soviel war auch Hitler, als er in *Mein Kampf* seine Entwicklung zum Antisemiten beschrieb, schon bewußt. Er hielt nur — und dies im Einklang mit einem verbreiteten Erziehungsziel — für eine Tugend, was innerlich ausgeglichenen Menschen zumindest als ein Fimmel oder als krankhafte Manie erscheint.

In Wien hat der junge Hitler dann den Weg zu den Menschen, die er fortan hassen wollte, geradezu mit der Nase gefunden: »Mir wurde bei dem Geruche dieser Kaftanträger später manchmal übel«, schreibt Hitler in *Mein Kampf* (S. 61). Vermutlich hatten sie Knoblauch gegessen, gegen dessen Geruch auch manche semitische Nase allergisch ist. In Hitlers dramatisierender Darstellung aber wird daraus ein sich bis zur Unerträglichkeit aufsammelnder Widerwille, der, ob er will oder nicht, sich zu guter Letzt politisch artikulieren muß. Jener fremdartig gekleidete Jude, den der müßig durch Wien streifende junge Hitler staunend betrachtete, wurde ihm gleichsam zum Archetypus seiner Aversion gegen alles »Unsaubere«, die sich ihm später bis zum Vernichtungswillen gesteigert hat:

> »Als ich einmal so durch die innere Stadt strich, stieß ich plötzlich auf eine Erscheinung in langem Kaftan mit schwarzen Locken. Ist dies auch ein Jude? war mein erster Gedanke.
> So sahen sie freilich in Linz nicht aus. Ich beobachtete den Mann verstohlen und vorsichtig, allein je länger ich in dieses fremde Gesicht starrte und forschend Zug um Zug prüfte, um so mehr wandelte sich in meinem Gehirn die erste Frage zu einer anderen Frage:
> Ist dies auch ein Deutscher?«[48]

Im Juden hatte der offenbar in neurotisierender Weise zur Sauberkeit erzogene junge Hitler endlich das Objekt gefunden, gegen das er seinen sozialgefährlichen`Reinlichkeitswahn aggressiv austoben konnte. »Säuberung« und »Reinhaltung der Rasse« sind die magischen Worte, hinter denen er später seinen todbringenden Rassenhaß verbirgt, dabei dessen psychischen Ursprung immer noch verratend.

Es gibt in der Tat kein radikaleres Verfahren, die »Unsauberkeit«, die von Menschen ausgeht, zu beseitigen, als die Beseitigung dieser Menschen selber. Umgekehrt kann Mordlust vor dem eigenen Gewissen nicht besser verharmlost werden als durch die auch zu sich selbst gesprochene Erklärung, daß es nur um Sauberkeit, Reinheit und Ordnung gehe. Wer sich einzureden weiß, daß die Menschen, die er vernichten will, doch nur »Ungeziefer« seien, der braucht in sich selber keine »Tötungshemmung« (K. Lorenz) mehr zu überwinden. Die SS-Schergen, die in Auschwitz den Juden sagten, sie kämen zur Entlausung, während sie in die Gaskammer geführt wurden, belogen damit auch sich selbst. Nichts lag ihnen näher als die Lüge, für Hygiene sorgen zu wollen. Hygiene, Reinheit und Sauberkeit waren die Losungsworte ihrer mörderischen Neurose: Sie sprachen von »Rassenhygiene« und meinten Ausrottung. Sie ersehnten »Rassenreinheit« und bezweckten eine »Säuberung« des »Volkskörpers« von Menschen, die nicht in ihrem Sinne »rein« waren. Bezeichnenderweise nannte Himmler die Gestapo die »nationale Putzfrau«[49]. Eben dies war das durchschlagend Gefährliche am Vernichtungswillen der NS-Führer: daß er im Bunde stand mit der in unserer Kultur kaum bezweifelten sittlichen Zielsetzung, dem Streben nach Reinheit, Sauberkeit und Ordnung. Keine Mordlust ist so gefährlich wie diejenige, die sich selber sittlich gerechtfertigt fühlt. Nur ein derart moralisch motivierter Mensch kann mit Hitler meinen, er tue, indem er andere vernichtet, »das Werk des Herrn«.

Ich will hier nicht darauf hinaus zu sagen, daß aus der allgemeinen Verbindlichkeit des Ideals der Reinheit und Sauberkeit sich eine Art Kollektivschuld ergebe für alle Verbrechen von Staats wegen, die, verräterisch genug, als »Säuberungen« deklariert werden. Solange der triebpsychologische Zusammenhang von Triebverzicht, Reinlichkeitsideal und projiziertem Haß auf alles »Unreine« (in anderen) nicht allgemein bekannt ist oder wenigstens leichtfertig unterschätzt wird, kann noch nicht von Schuld in solchem Sinne gesprochen werden. In dem Maße jedoch, in dem triebpsychologisches Wissen sich ausbreitet, wächst auch die Verantwortung, nicht durch eine triebbeschränkende, auf Reinheit ausgerichtete Moral die Motivationsbasis für todbringende Hygiene und mörderische Säuberungen zu schaffen oder aufrechtzuerhalten.

Es ist kein Zufall, daß ausgerechnet der blonde und blauäugige Mensch zum Ideal der Rassenfanatiker werden konnte. In ihm, der zugleich der hellhäutigste ist, findet der zur Reinlichkeit Gedrillte den Menschen vor, der schon durch sein Aussehen alledem, womit man sich schmutzig machen kann, leuchtend entrückt scheint. Dieser »nordische Mensch« ist die Sehnsucht der sittlich Verquälten, der an einem »entsetzlich starken Naturtrieb« (Himmler[50]) Leidenden, die mit ihrer eigenen »Unreinheit« nicht fertig werden. Selber dunkelhaarig wie Hitler, Himmler oder Alfred Rosenberg, schwärmen sie für helle, blonde Gestalten, die nicht mehr die Farben der Erde verkörpern. Nicht nur zu äußerster Reinlichkeit erzogen, sondern auch nach ihr verlangend, um Empfindungen des »Befleckt-seins« loszuwerden, wird dem Prototyp unserer Kultur alles Helle, Leuchtende, Weiße zum Inbegriff des Schönen, zum Symbol der Erlösung von Schuldgefühlen aus verschwiegener Lust. Dieselbe triebunterdrückende Moral, die ihre höchste Tugend, die Jungfräulichkeit, im Weiß des Brautkleides demonstriert (und in der Werbung für Waschmittel), diese Moral läßt vorzugsweise durch blonde Mädchen das Gute verkörpern. Goldmarie und Pechmarie sind schon im Märchen durch ihre Haarfarbe voneinander geschieden. Welch ein Glück, daß hier die Augen genügen, um sofort das Gute zu erkennen! Da hat es auch der zur Gewalt Gestimmte leicht, sich auf die Seite des Guten zu schlagen. Bewußt von nichts anderem waren Hitler und Himmler bewegt, wenn sie die Deutschen »aufzunorden« gedachten und den »schwarzhaarigen Judenjungen« (*Mein Kampf*, S. 357) ins Gas schickten.

Die Frage, ob Auschwitz wiederkehren könnte, ist nicht vordergründig vom jeweiligen Kurswert nazistischer Ideale oder Embleme her zu beantworten. Entscheidend ist, ob, moralbedingt, die Triebstruktur des Volkes immer noch dieselbe ist wie damals, als eine Horde von Reinheitsbesessenen und Säuberungswütigen aus ihm sich formiert hat. Die Frage, ob ein kollektiv aggressiver Nazismus wiederkehren könne, ist noch weniger von daher zu beantworten, ob die Jugend heute echte Ideale und Werte habe, die ihrem Leben einen Sinn gäben. Wer so spricht, blind für den eruptiv sich bahnbrechenden vitalen Unmut junger Menschen, der ist nicht weniger naiv als jener Führer es war, vor dessen Ungeist er bewahren möchte. Hatte doch auch Hitler alles Böse und Schlimme in dieser Menschenwelt, alle »Verfallserscheinungen« unserer Kultur aus einem Mangel an »Weltanschauung« erklärt, freilich als »Folgen des Mangels einer bestimmten, gleichmäßig anerkannten Weltanschauung«[51]. Doch hier wie dort, damals wie heute, sollte alles auf die rechte geistige Motivation ankommen, auf die richtigen Ideale, die wahren Lebensziele — wie wenn in unserer Kultur nicht schon allzuoft gerade im Namen der höchsten und feierlichsten Ideale, derjenigen des Christentums, die abscheulichsten Grausamkeiten und Verbrechen verübt worden wären. Wer für triebpsychologische Analysen blind bleiben möchte, der darf natürlich nicht wahrhaben, daß ein vital frustrierter und unter harter Reglementierung körperlich leidender Mensch sich schon die hohen Ideale besorgt, zu deren noch höherem Ruhme er endlich loszutoben wagt.

Wer angesichts zunehmender aggressiver Gereiztheit, angesichts wachsender Bereitschaft zur Gewalt das Fehlen echter Werte und Ideale beklagt, der weiß nicht, was da zu unser aller Glück dem ohnehin genug verspannten Zusammenleben noch fehlt, um die hier alltäglich ungeordnet hervorkommende Aggressivität in eine kollektive Richtung zu spannen. Kein hoher Wert, selbst kein frommes Ideal, kein noch so vernünftiges Ziel ist dagegen gefeit, in eine Speerspitze vitalen Unmuts verwandelt zu werden. Steineschleudernde Pazifisten, rücksichtslos dreinschlagende Ordnungshüter und nach dem Henker rufende Freunde der Gerechtigkeit sollten uns genügen. Ein pluralistischer Staat darf es sich zum Vorteil anrechnen, daß in ihm keine allgemein verpflichtenden hohen Werte, keine kollektiv solidarisierenden Ideale gelten. *Was für alle gilt, von allen gleicher-*

maßen hochgehalten wird, kann auch dem allgemeinen Triebstau ein kollektives Ventil schaffen. Solange die Triebstruktur der Bevölkerung sich nicht grundlegend ändert, ist es immer noch besser, wenn die einen sich für ihren Fußballklub prügeln und die anderen für einen Schlagerstar randalieren; wenn die einen für höhere Löhne demonstrieren und die anderen gegen Atomkraftwerke und leerstehende Häuser. Und es ist vielleicht noch nicht einmal so schlimm, daß die ärgsten Rowdies im Grunde politisch desinteressiert sind und einfach dort auftauchen, wo es voraussichtlich den größten Krach geben wird. Wehe uns, wenn sie einmal alle wieder dasselbe wollen!

IV. KAPITEL

Kollektivschuld und die »Einmaligkeit« deutscher Verbrechen

a) Wie berechtigt ist die Kollektivschuld-These?

Es läßt sich nicht bestreiten: Ohne eine Tradition des Antisemitismus in Deutschland wären weder die Nürnberger Rassengesetze (1935) noch die »Reichskristallnacht« (1938) möglich geworden. Das heißt aber noch lange nicht, daß es überall im Deutschen Reich ein hohes antisemitisches Aggressions-Potential gegeben habe. Zu verschieden waren auch in dieser Hinsicht die deutschen Stämme. Die Bayern mußten von Hitler geradezu ermahnt werden, kollektiven Haß statt auf die Preußen gegen die Juden zu richten[1]. Den Arbeitern in den Industriegebieten aber versuchte Hitler einzureden, daß die wahren »Volksschädlinge« die Juden seien. »Für uns gibt es nicht Klassenkampf, sondern Rassenkampf«, lautete seine Losung[2]. Eben deshalb, weil vielerorts die Juden in der deutschen Gesellschaft fest integriert waren, mußte Hitler die »Endlösung der Judenfrage« außerhalb des Reiches durchführen lassen. Schon aus diesem geographischen Grund ist die Kollektivschuld-These keinesfalls in der Form vertretbar, das ganze deutsche Volk habe billigend, wenn nicht sogar unterstützend hinter der Massenvernichtung der Juden gestanden, die von der SS organisiert wurde. Wer die volle Ungeheuerlichkeit einer solchen Beschuldigung nicht mitzuvollziehen wagt, aber doch die Deutschen schlechthin für die Verbrechen Hitlers und Himmlers haftbar zu machen sucht, der vertritt jene These in der abgeschwächten Form, das deutsche Volk sei schuldig geworden durch Wissen und Duldung dessen, was vorging. Auf die Frage »Haben die Deutschen davon gewußt?« konzentriert sich denn auch die immer wieder belebte Diskussion um die Kollektivschuld des deutschen Volkes. Es schiene ja auch nicht logisch, jemandem

eine Schuld zuzuschreiben an etwas, von dem er gar nichts gewußt hat.

Nun können wir uns bei solch einfacher Logik nicht beruhigen.
Für diejenigen, die uns mißtrauen, ist der Satz »Wir haben
nichts gewußt« gerade Anlaß zu besonderer Skepsis. Ihnen
klingt das wie eine Schutzbehauptung, erst recht, wenn überle-
bende Führer des NS-Staates wie Albert Speer und der SS-Ge-
neral Karl Wolff von sich behaupten, nichts von den Judenver-
gasungen gewußt und erfahren zu haben. Durch Baldur von
Schirach und Albert Speer hat das Problem von Schuld und
Nichtwissen sogar eine besondere Wendung bekommen, wenn
sie beteuern, sie fühlten sich schuldig gerade dadurch, daß sie
es vermieden hätten, die Wahrheit über das Schicksal der Juden
zu erfahren[3]. Wer so sich selber anklagt, nicht in einem strafrechtlichen, wohl aber moralischen Sinne »schuldig« zu sein,
der zieht damit zwar die Bewunderung all derer auf sich, die
schon immer auf einen, der sich schuldig bekennt, gewartet haben. Er leistet damit dem deutschen Volk jedoch einen Bärendienst:

1. Er verwischt die Grenze zwischen Wissen und Nichtwissen
   des Massenmordes und damit auch die Grenze zwischen
   den Verantwortlichen und Eingeweihten und der Masse des
   Volkes, vor der die Wahrheit verborgen wurde.

2. Er bringt jeden Deutschen, soweit er damals als Staatsbürger schon mündig war, in den Verdacht, sich nur in ähnlicher Weise rechtlich entlasten zu wollen, wenn er sagt:
   »Ich habe davon nichts gewußt.« Denn das kann nach dem
   Vorbild Speers immer noch bedeuten, daß man zwar gewisse Ahnungen hatte, womöglich gar Fingerzeige auf
   Furchtbares, doch entschlossen war, nichts davon wissen zu
   wollen.

3. Wer wie Speer und Schirach die Schuld der NS-Führung soweit relativiert, daß sie beinahe mit der des Volkes in eins
   fällt, der macht auch Stimmung für die Frage, ob das deutsche Volk nicht von Natur aus zu kollektiven Mordtaten
   neige. Hans Frank, der sich ähnlich wie Schirach und Speer
   in Nürnberg zu einer vagen Gesamtverantwortung[4] bekannt
   hat, soll dort am Rande des Prozesses schon gesagt haben:

»Barbarei muß ein vorherrschender deutscher Charakterzug sein.«[5]

Gerade die sich reumütig zeigenden früheren NS-Führer haben so der Wiederbelebung des Kollektivschuld-Gedankens vorgearbeitet: indem sie hinter dem, was diskriminierend auf uns alle verweist, sich zu verstecken suchten. Gegenüber der damit eingeleiteten Auflösung des Zusammenhanges von Mitwisserschaft und Schuld gilt es festzuhalten, daß die nationalsozialistische Führung bestrebt war, das Schicksal, das sie den Juden bereitet hat, vor dem deutschen Volk geheimzuhalten. Sie schreckte dabei auch vor dem Äußersten nicht zurück, vor der Tötung von Menschen, die unversehens zu Mitwissern geworden waren. Jean-François Steiner berichtet in seinem Buch über das Vernichtungslager Treblinka[6] von der Frau eines deutschen Offiziers, die mit ihren beiden Kindern versehentlich einen Zug mit Juden bestiegen hatte, die zur Vernichtung nach Treblinka geschafft wurden. Dort angekommen, gelang es ihr zwar, sich durch Papiere als Arierin auszuweisen, sie wurde aber auf Befehl des Lagerleiters mitsamt ihren Kindern ins Gas geschickt. »Die junge Frau hatte durch Zufall das ungeheuerliche Geheimnis entdeckt.« Und eben dafür hatte sie zu sterben.

Der britische Historiker Walter Laqueur hat in seinem Buch über die »Endlösung«[7] Personengruppen aufgeführt, die seiner Ansicht nach von den Massenmorden gewußt haben: deutsche Techniker und Arbeiter, die für einige Zeit nach Auschwitz arbeitsverpflichtet waren; sie hätten sehen können, was innerhalb des Stacheldrahts vorging. Der Gestank der Verbrennungsöfen habe die Reisenden im nahen Bahnhof belästigt und mit seinem »süßlichen Geruch« niemanden in der Umgebung der Lager über seine Herkunft im unklaren gelassen.

Wenn vielleicht auch ein größerer Kreis, als deutsche Selbstachtung zugeben möchte, von der Judenvernichtung gewußt hat, dann war aber ebenso verbreitet ein Wissen um die mörderischen Sanktionen, die denen drohten, die unbedacht und zu unerkannten Spitzeln vom Inferno der Vernichtungslager zu sprechen wagten. Da die Ausrottung der Juden gleichsam hinter dem Rücken des sonst von Hitler beschworenen deutschen »Volkskörpers« geschah, konnte, durfte für die deutsche Öf-

fentlichkeit auch nicht wahr sein, was in einigen Lagern im
Osten vor sich ging. Die Konzentrationslager des Reichsgebiets
waren wohlweislich keine Vernichtungslager. Die nach dem
Kriege in Dachau eingebauten Gaskammern sollten wohl dem
Gedenken an die Opfer von Auschwitz dienen. Diese Installa-
tion und die propagandistisch überhöhte Zahl der Ermordeten
von Auschwitz haben jedoch den Rechtsradikalen geholfen,
von einer »Auschwitz-Lüge« zu sprechen. Die Wahrheit ist, daß
in den Vernichtungslagern Auschwitz und Treblinka massenhaft Menschen hingeschlachtet wurden. Auf einer Gedenktafel
in Auschwitz stand bis zum Jahre 1990 die Zahl von 4 Millionen Todesopfern. Sie hat sich nach Untersuchungen polnischer
Historiker als falsch erwiesen; es ist jetzt die Rede von 1,1 bis
1,5 Millionen Toten[8]. Als daraufhin jene Gedenktafel abge-
nommen wurde, nannte dies der Vorsitzende des Zentralrates
der Juden in Deutschland, Heinz Galinski, eine »Verhöhnung
der Opfer« (dpa vom 18. 7. 1990)[9]. Und davon muß auch die
Rede sein. Wurden nicht die gewiß über eine Million Toten von
Auschwitz jahrzehntelang eben dadurch verhöhnt, daß man ihre Zahl aufs nahezu Vierfache überhöhte? Waren ihre Leiden,
ihr massenhafter Tod unter einer historisch haltbaren Zahl
noch nicht wert und würdig genug, als Mahnmal gegen Rassenwahn und politischen Fanatismus zu stehen? Bedurfte es der
Vervielfachung ihrer Zahl, um nachhaltig lähmendes Entsetzen
über die Untaten von Hitlers Schergen zu verbreiten? Oder
stand hinter der Übertreibung des ohnehin schon Ungeheuerli-
chen die spekulative Erwartung, daß eine mehrfach überhöhte
Zahl von Opfern auch an einen größeren Umkreis von Mitschuldigen denken lassen müßte — bis hin zur Kollektivschuld
aller Deutschen?
Dem von Hitlers Mordgesellen verübten Genocid wird bis auf
den heutigen Tag von seiten einiger Juden eine kollektive
Schuld aller Deutschen unterlegt, eine Schuld eben jenes Volkes, zu dem in den zwanziger Jahren Juden in hellen Scharen
aus dem slawischen Osten flüchteten, weil es, wie Friedrich
Heer[10] einmal sagte, das am wenigsten antisemitische Volk Europas war. Wie verhielt es sich am Tage nach der »Reichskristallnacht«, am 10. November 1938, als für die Weltöffentlich-

keit sichtbar das Kesseltreiben gegen die Juden begann? Als Zeitzeuge habe ich, damals achtjährig, in Erinnerung, daß Menschen in kleinen Gruppen vor einem demolierten jüdischen Geschäft zusammenstanden und sich gegenseitig ihrer Empörung über die SA versicherten. Das war in Landshut; Gisevius hat aus Berlin Vergleichbares berichtet (s. o. S. 58). Friedrich Heer sagt, die Leute hätten *weggesehen.* Es gehört nicht viel Phantasie dazu, sich vorzustellen, wie in anderen Ländern auf einen Wink von oben der Mob die schon demolierten Geschäfte gestürmt und geplündert hätte. In Rußland gab es für solch ein Wüten gegen die Juden früher das Wort »Pogrom«.

Die Geheimhaltung der Massenmorde war ein ausgeklügeltes System. Es begann schon mit der Sprache, die die Funktionäre in ihrem Schriftverkehr verwendeten, immer darauf gefaßt, daß ein Schreiben auch einmal in die falschen Hände gelangen könnte. Neben dem verharmlosenden Begriff der »Endlösung« ist da von einem »Verschwinden« oder einem »Evakuieren« der Juden die Rede. So heißt es in einer Anordnung des Reichsführers SS vom 21. 6. 1943 für das sogenannte »Gebiet Ostland«: »Die nicht benötigten Angehörigen des jüdischen Ghettos sind nach dem Osten zu evakuieren.«[11] Das hieß, daß die für bestimmte Arbeiten nicht gebrauchten Juden zu töten seien. Die Vernichtungsaktionen wurden auch sorgfältig abgestuft. Darauf hat bereits Sebastian Haffner[12] hingewiesen: Zuerst wurden die Juden der besetzten Ostgebiete in Vernichtungslager gebracht; die deutschen Juden kamen zunächst in das Ghetto Theresienstadt in Böhmen, von wo aus ihre deutschen Freunde und Bekannten noch für eine Weile Post erhielten, um glauben zu können, es handle sich um nichts weiter als um einen unfreiwillig vollzogenen Ortswechsel. Später wurden die Juden von dort aus in Vernichtungslager weiterverschleppt.

Wer die Frage einer möglichen Kollektivschuld des deutschen Volkes an den Massenmorden aufwirft, der muß berücksichtigen, daß die »Endlösung der Judenfrage« erst seit der sogenannten Wannseekonferenz am 20. Januar 1942 beschlossene Sache war, also mitten während des Krieges ins Werk gesetzt wurde. Hitler, Himmler und Reinhard Heydrich, der diese Konferenz leitete, konnten darauf vertrauen, daß ein vom Krieg

und zunehmend vom Luftkrieg hart gebeuteltes Volk zu sehr mit seinen eigenen Nöten beschäftigt sein würde, als daß es sich noch um das Schicksal der Juden bekümmerte. Wo auch hätte der human gesinnte Deutsche sich nach dem Verbleib der abtransportierten Juden erkundigen sollen, etwa beim örtlichen Kreisleiter? Der hätte jeden, der mit solch einer Frage ankam, sofort als »politisch unzuverlässig«, wenn nicht gar als »Volksschädling« nach oben weitergemeldet. Wenn einer, der etwas von den grauenhaften Vorgängen im Osten zu ahnen begann und auch manches Anzeichen dafür bemerkt hatte, sich dennoch nicht weiter erkundigte, so verzichtete er darauf weniger, um sein Gewissen zu beschwichtigen, als vielmehr deshalb, weil er sich von den allgegenwärtigen Spitzeln des Sicherheitsdienstes (SD) und der Gestapo, nicht bei unbedachten Äußerungen ertappen lassen wollte. Wer, im westlichen Ausland lebend oder als Deutscher erst nach der Niederlage geboren, sich gar nicht vorzustellen vermag, in welcher Angst die Menschen unter einem Terrorregime verharren, der kann wie jener Schweizer Journalist im Deutschen Fernsehen 1981 einem alten Münchner die Frage stellen: »Warum sind Sie nicht zur Polizei gegangen, als die SA die Geschäfte der Juden geplündert hat?« Der Schreiber dieser Zeilen erinnert sich an einen Angestellten im Büro seines Großvaters, der zweimal wegen kritischer Äußerungen über die Nationalsozialisten ins Konzentrationslager Dachau verbracht wurde. Als er wieder zurück war, wurde mir, dem achtjährigen Buben, eingeschärft, ihn nur ja nicht zu fragen, wo er gewesen sei; denn es sei den Entlassenen strengstens verboten, über ihre Haftzeit zu sprechen, und man solle sie nicht durch Fragen neuerdings gefährden. Ich habe das damals gar nicht recht begriffen, aber gerade im Nichtverstehen als etwas so Geheimnisvolles empfunden, daß es sich mir bleibend eingeprägt hat. Ich entsinne mich auch gut der Empfehlung, die die Erwachsenen einander gaben: »Man braucht nur den Mund zu halten, dann passiert einem nichts.«
In einem wohlausgerüsteten System der Unterdrückung hat es wenig Sinn, offen Widerstand zu leisten und gegen staatliches Unrecht aufzubegehren. Wer es tut, macht wie die Fürsprecher der Hexen im Mittelalter sogleich sich verdächtig, mit den von

ihm Verteidigten im Bunde zu stehen. Wer bedrängten Bevölkerungsgruppen, Juden, Zigeunern, Bibelforschern, helfen wollte,
konnte das nur in Einzelfällen und im verborgenen tun. Daß
dies geschah, dafür gibt es Zeugen, die überlebt haben; und
schon solche Zeugenschaft kann die These von der Kollektivschuld des deutschen Volkes als eine tendenziöse Behauptung
erweisen. Wenn es Deutsche gegeben hat, die Juden unter eigener Gefahr versteckt hielten oder ihnen zur Flucht verholfen haben — man lese hierzu den Bericht von Leuner[13] —, dann können die übrigen nicht lauter Schuldige gewesen sein. Zwischen
denen, die den Opfern halfen, und den Schuldigen, auch den
Schuldigen des Verschweigens und stummen Zusehens, hat es
die vielen Verschüchterten und schon aus ängstlicher Zurückhaltung Verstummten gegeben — neben denen, die, auf dem
Lande lebend, vom Schicksal der Juden nicht einmal eine Ahnung hatten.

Wenn einige der Überlebenden des Holocaust mit Menachem
Begin an der Kollektivschuld-These festhalten, so ist das nicht
nur aus dem Leid heraus verständlich, das sich tief in ihr Leben
eingekerbt hat, sondern auch aus der Unvollziehbarkeit des Ge-
dankens, daß millionenfacher Mord nur von einer kleinen
Clique von Verbrechern ausgeführt worden sei. Der Kreis derer,
die an der organisierten Menschenvernichtung mitgewirkt haben, ist gewiß größer gewesen, als es durch die in den KZ-Pro-
zessen Angeklagten zum Ausdruck kommt. Es gab neben den
Mördern am Schreibtisch und den Mordgesellen in den Lagern
auch noch diejenigen, die für die Zusammenstellung der Trans-
porte sorgten, und schließlich waren da auch noch die Bedien-
steten der Reichsbahn, die das Vernichtungssystem ohne jeden
Täterwillen buchstäblich im Rollen hielten. Aber es wäre absurd, etwa den Mann im Stellwerk, der einen Zug mit depor-
tierten Juden durchzuweisen hatte, einen Schuldigen zu nennen. Hätte er die Weiche falsch stellen sollen, um seiner Empörung Ausdruck zu geben? Hätte er den Dienst verweigern, die
Arbeit niederlegen sollen? An solch wirkungslose Akte des Wi-
derstands mag heute denken, wer niemals unter einem Terrorregime gelebt hat oder nicht wahrhaben wollte, was jenseits des
Eisernen Vorhangs in den Jahren des Stalinismus geschah.

Doch völlig abgesehen von der Unzumutbarkeit eines Widerstandes, der nur Selbstaufopferung bedeutet hätte, ist »Kollektivschuld« eine Kategorie, die weder strafrechtlich noch psychologisch zu begründen ist, ethisch allenfalls als Forderung
auftritt, sich für geschehenes Unrecht mitverantwortlich zu fühlen:

— weil man es nicht verhindert habe;
— weil man zu feige, selber zu verängstigt war, um einzugreifen;
— weil man nach der letzten freien Wahl (1933) als »Volksge-
  nosse« schon zu sehr »gleichgeschaltet« war, um den ange-
  stoßenen Lauf der Dinge noch zu ändern;
— weil selbst ein nach dem Ende der Schreckensherrschaft Geborener eine nationale Erblast nicht abschütteln kann.

Dies letztere, als ein Indiz wirklicher Schuld mißverstanden,
läßt sensibilisierte (oder verstörbare) junge Deutsche heute sagen: »Ich fühle mich schuldig für Auschwitz.«[14] Nicht generell
auszuschließen ist, daß sittenstreng anerzogenes Schuldgefühl,
das diffus über nicht vertretbaren Gründen schwebt, in »Kollektivschuld« nur auf eine reputierliche Weise untergebracht
und ausgeformt wurde. Neben dem von Freud[15] entdeckten
»Verbrecher aus Schuldbewußtsein« gibt es auch Demoralisierte, die aus neurotischem Schuldgefühl fälschlich sich selbst eines Verbrechens bezichtigen[16]. Selbstanklagen wegen politisch
motivierter Verbrechen, an denen man gar nicht beteiligt war,
können so aus einem verquälten, an sich selber leidenden Gemüt kommen — sofern sie nicht bloß opportunistisch vorge-
spielt werden.
Wie auch immer: Unser Strafrecht kennt grundsätzlich nur individuelle Schuld; selbst der davon sich abhebende, gegen »kriminelle Vereinigungen« erprobte Vorwurf der »kollektiven Tatverantwortung«[17] ist nur auf die an einem Rechtsbruch oder
Terrorakt Mitwirkenden anzuwenden, nicht etwa auch auf die
Sympathisanten von Terroristen. Sie mögen sich, einsichtig geworden, selbst eine *moralische* Schuld zurechnen, eine vom kriminellen Kollektiv abgeleitete, aber nur als abstrakter Gedanke
kollektive. Jede wirklich gefühlte, beschämend empfundene

Schuld ist bezogen auf das von der eigenen Person Verschuldete oder Mitverschuldete, Mitbewirkte. Aus der Sicht des Strafrichters verhält es sich analog: Selbst gemeinschaftlich handelnde Verbrecher können streng rechtsstaatlich nur nach ihrem individuellen Tatbeitrag und gegebenenfalls unter Berücksichtigung persönlicher Schuldminderungsgründe »schuldig« gesprochen werden. Dabei darf vorausgesetzt werden, daß Schuld als Schuldgefühl im wertenden Bewußtsein jedes einzelnen seinen psychischen Ort hat. Die ins selbe Unrecht Verstrickten können sich wohl alle in vergleichbarer Weise schuldig fühlen, aber nie wirklich schuldig fürs Kollektiv. Im Begriff einer Kollektivschuld verflüchtigt sich die Verantwortlichkeit des Individuums; das individuell Belastende wird darin nivelliert — zum Vorteil der wirklich Schuldigen. »Kollektive Schuld ist beinahe keine Schuld mehr.« (Zulliger[18])

Von vornherein haftet der Kollektivschuld-These etwas bloß Deklamatorisches an. Die heute sie vertreten — oder sich dazu bekennen, haben nicht dadurch von sich reden gemacht, daß sie die Mordgesellen von damals aufgespürt und vor Gericht gestellt hätten. Das liegt in der Logik des verfochtenen Begriffes: Wenn *alle* Deutschen ohne Rücksicht auf ihr Lebensalter irgendwie schuldig sein sollen an den, wie es heißt, von »den Deutschen« verübten Verbrechen, dann verschwindet dahinter die Schuld der wirklich Schuldigen. Wie zum Ausgleich dafür dehnen die fanatischen Verfechter dieser These den Umkreis der für den Holocaust Verantwortlichen noch auf diejenigen Deutschen aus, die damals erst Kinder waren oder noch gar nicht geboren. Da ist biblisch die Rede von einer »Heimsuchung der Väter Missetat bis ins dritte und vierte Glied« (Silbermann[19]). Ein rassistischer Gedanke!

Eben dies macht die rassistische Diskriminierung noch im Unterschied zu einer nationalistischen aus: daß die in ihrem Sinne verachteten Menschen gar nicht mehr nach ihrem Verhalten beurteilt werden, nicht einmal danach befehdet. Die können tun, was sie wollen — es bleibt an ihnen ein Stigma haften, das sie vom Tage ihrer Geburt an tragen: »Schuldig geboren« hat es schon geheißen[19a]. Das scheinbar Untilgbare wird zum Motiv der Unversöhnlichkeit aller Rassisten, während nationalistisch

gegeneinander aufgebrachte Völker immer noch zueinander
finden können, sobald über gemeinsame Interessen eine Brücke
führt.

Wie stark das Denken in der Kategorie der Kollektivschuld unter den Deutschen selber bereits motivierend geworden ist,
zeigt der hier fast alle politischen Lager übergreifende Konsens
der Empörung über Helmut Kohls leichtsinniges Wort von der
»Gnade der späten Geburt«[20]. Es war leichtsinnig, weil es das
Mißverständnis zuließ, es wolle da einer aus der Geschichte seines eigenen Volkes aussteigen. Es ließ aber auch die Deutung
zu, daß alle seinerzeit schon strafmündigen Deutschen an den
Verbrechen von Auschwitz und Treblinka in irgendeiner Weise
mitschuldig seien. Das doppelt anfechtbare Wort konnte aber
nur gesprochen werden aus der Überzeugung, daß es jedenfalls
eine Kollektivschuld nicht gibt, die noch die heute auf die Welt
kommenden Deutschen mit einer sie stigmatisierenden Erbsünde behaftet. Kollektivschuld — ein Wahngedanke; und so kann
es nicht ausbleiben, daß ihm auch wahnhafte Begründungen
nachgeliefert werden. So war von einem Avantgardisten des
Kulturlebens bereits zu hören, eine Gnade der späten Geburt
könne es schon deswegen nicht geben, weil jeder Mensch, »bevor er geboren wird«, sich seine Eltern selbst aussuche[21]. Man
lache nicht! Die Mystik des Glaubens an eine Kollektivschuld
kam da nur deutlich heraus.

Kollektivschuld: ein Wahngedanke — oder eine verbale Waffe,
verwendbar zu dem Zweck, ein ganzes Volk zu demütigen und
zu stigmatisieren. Hinter solcher Verteufelung steht nicht nur
begreifliche Unversöhnlichkeit (angesichts der den Juden von
Deutschen zugefügten Leiden), sondern auch das irrationale
Bedürfnis, das Böse, das immer wieder unter Menschen hervorbricht, ein für allemal an einem ethnischen Ort festzumachen,
es überschaubar in einem Volk verkörpert zu sehen. Gefährdungen von ganz anderer Seite und auch aus dem eigenen
triebhaften Unbewußten können so leichter ertragen werden.
Schon der Eifer, mit dem zumeist Kollektivschuld beschworen
wird, drückt eine Aggressivität aus, die nicht einfach aus humanitären Regungen kommen kann. Victor Gollancz, der be-
deutende jüdische Humanist, nannte die Kollektivschuld-These

einen »beklagenswert nazistischen Gedanken«[22]. Wir können dies nachvollziehen, wenn wir mit Simon Wiesenthal bedenken, daß »die Juden im Laufe der Generationen immer Opfer der Kollektivschuld waren«[23]. Nur wer als Jude sich dessen nicht mehr bewußt ist, kann eine Genugtuung darin finden, nun ein anderes Volk zu verteufeln, so als wär's eine einzige Bande.

Die Rechtsradikalen in Deutschland begnügen sich mit der stereotypen Behauptung, mit dem Beharren auf deutscher Kollektivschuld verfolgten »die Juden« nur den Zweck, die Bundesregierung zu immer weiteren Zahlungen an Israel zu bewegen[24]. Die so sprechen, verkennen, daß in einem relativ aufgeklärten Zeitalter Geld nicht mehr jene magische Kraft hat, die es im europäischen Mittelalter noch ausstrahlte: die Kraft, Schuld zu tilgen und die Opfer von Untaten zu versöhnen[25]. Wer auf deutscher Seite noch der Magie des Geldes vertraut hat, mußte spätestens nach dem Ausbruch des zweiten Golfkrieges 1991 erkennen, »daß Israel nicht immer wieder bereit ist, das deutsche Gewissen durch die Annahme von Geld zu beruhigen«[26]. Die israelische Zeitung *Maariw,* die das schrieb, machte sich auch zum Sprachrohr eines in der dortigen Bevölkerung verbreiteten Unmuts, der verlangte, der deutschen Regierung das Geld zurückzugeben. Mit einer solchen Reaktion war nicht erst zu rechnen, seitdem irakische Raketen, scheinbar durch deutsche Technik perfektioniert[27], in Israel eingeschlagen hatten. »Blut kann man nicht mit Geld abwaschen«, hatte schon vor Jahren Menachem Begin gesagt. Wohlinformierten Israelis ist gewiß auch längst aufgefallen, in welchem Maße die großzügig nach Jerusalem überwiesenen Summen jenen bescheidenen Entschädigungsansprüchen kontrastieren, die überlebenden Juden in der Bundesrepublik Deutschland nicht selten sogar abgelehnt wurden[28]. Dieses Mißverhältnis entwertet die Wiedergutmachungsleistungen für den jüdischen Staat zu Akten außenpolitischer Klugheit[29].

Im Februar 1991 war es in Deutschland zu der paradoxen Situation gekommen, daß eine Mehrheit der Bürger — laut Meinungsumfrage 58 Prozent — als Deutsche »eine Mitschuld am Golfkrieg« empfand[30], während die in Verdacht geratenen Industriellen in markigen Worten ihre Unschuld beteuerten. Jahrzehntelange Volkserziehung zum Kollektivschuld-Gefühl hat es dahin gebracht, daß nicht nur die Nazi-Verbrechen in einer »Schuld der Deutschen« aufgehen konnten, sondern daß auch die Schuld an neuem Unrecht auf die Schultern von Millionen Sensibilisierten sich verteilen ließ. Wer darauf ausgeht, den Gedanken an Kollektivschuld nahezulegen, der bringt es fertig, nach Krawallen von Skinheads die schweigend Zusehenden für »viel schlimmer« zu erklären als die hemmungslos Gewalttätigen[30a] — so als gebe es nicht Schaulustige allenthalben, die von Aufruhr und Katastrophen aller Art sich angezogen fühlen. An diesen Beispielen kommt unabweisbar heraus, daß Kollektivschuld die wirklich Schuldigen entlastet und am Geschehen Unbeteiligte mit irrationaler Schuld beschwert. Das kann so weit gehen, daß einer sagt: Der Völkermord war »nicht die Tat einzelner noch der SS, sondern das Werk der deutschen Gesellschaft schlechthin« (Abosch[30b]). Die auf das Kollektiv eines ganzen Volkes ausgedehnte und ausgedünnte Schuld eignet sich aber noch zu dessen Stigmatisierung — mit der Wirkung, daß Haß und Gegenhaß zwischen den Völkern nicht aufhören.

Dem wahnhaften Begriff einer Kollektivschuld muß die einfache Wahrheit entgegengehalten werden, daß Schuld etwas wesenhaft Individuelles ist. Dies schon auch deswegen, weil sie, zumindest auf dem Boden unserer Kultur, auf eine freie Entscheidung der handelnden oder sich verweigernden Person zurückgeführt wird. Man mag bezweifeln, ob der Mensch dazu befähigt ist. Aber wenn man den freien Willen bestreitet, zergeht der Schuldbegriff überhaupt. Der von einigen Strafrechtslehrern begonnene Versuch, Schuld als »Vorwerfbarkeit« über den Niedergang des Indeterminismus hinaus zu retten, scheitert an der Einsicht, daß »Schuld« ja gerade das ist, was ernstlich einem Menschen *vorgeworfen* wird[30c]. Die Idee einer Kollektivschuld aber gewinnt nur auf jene widersinnige Weise einen Anflug von Realität: Sie muß Menschen, die an einem Verbrechen keinerlei Schuld tragen, zuerst vorgeworfen und eingeredet werden, ehe sie beginnen, selbst daran zu glauben und sich schuldig zu fühlen. Zwar nicht schuldig, aber wie Schuldige leben sie dann neben denen, die ihnen ein Stigma aufgedrückt haben: verschüchtert, übervorsichtig, timide sich anpassend an das ihnen Abgeforderte. Das sind schon die Charakterzüge jenes Philosemiten, der nachdenklichen Juden selbst widerlich ist. Sie können die »Bewältigungslyrik« (M. Wolffsohn[31]) mit ihren formelhaften Schuldbekenntnissen schon nicht mehr hören, weil sie ihnen betulich, hohl und unaufrichtig klingen. Sie spüren, »daß diese zur Schau getragenen und reichlich publizierten Schuldgefühle gar nicht echt sein können« (Hannah Arendt): eben weil Schuld nicht wahr ist, »wenn man absolut nichts getan hat«[32]. Heuchelei und Hysterie, »eine Hysterie von Schuldgefühlen« (H. Arendt), sind die folgerichtigen Erscheinungsformen pflichtschuldigst verinnerlichter Kollektivschuld.

Der betuliche Philosemit ist unfähig, einem Juden als einem Mitmenschen zu begegnen, dem unverkrampft Sympathie oder Antipathie zugewendet werden kann, je nach dessen persönlicher Eigenart oder als Folge der sich entwickelnden Beziehung. Der Jude hat für ihn von vornherein einen Gruppenbonus, der weder eine aufs Individuum bezogene Kritik noch ein herzliches persönliches Verhältnis aufkommen läßt. Unaufhebbar bleibt die durch ein Pariabewußtsein geschaffene Distanz. Der im Wahn einer Kollektivschuld Lebende ist zugleich blind geworden für das Individuelle in einem Volk, vor dem er sich als Massenmensch schuldig fühlt und nicht als unverwechselbares Individuum verantwortlich. Verschwiegenes Unbehagen an einer schuldlos verinnerlichten und pflichteifrig bekannten Schuld könnte unbewußt aber zu neuem Antisemitismus sich anstauen.

Wer den Eindruck gewinnt, daß zumal die ganz jungen Deutschen solche Last der Beschämung nicht mehr zu schultern bereit sind, der mag dies auf neu erwachten Nationalstolz zurückführen oder mit Ralph Giordano davon sprechen, die Deutschen lebten mit »Kollektivschuldverdrängung«[33]. Dies ist nun die Anwendung einer psychoanalytischen Kategorie (Verdrängung) auf eine psychologische Fiktion (Kollektivschuld), die Schuld einer ganzen Nation. Die Ablehnung vererbbarer nationaler Schuld für die Untaten einer Mörderbande bedarf aber keiner nationalistischen Motivation. Gerade wer ein gebrochenes Verhältnis zur eigenen Nation hat, ist zur Übernahme tradierter Lasten ebensowenig bereit wie zur Pflege tradierter Werte. Ihn wird es eher befremden als beunruhigen, wenn er Stimmen hört wie diejenige des früheren israelischen Ministerpräsidenten Begin, der gesagt hat:

> »Ich lebe damit und werde bis zu meinem Tod damit leben, was sie (die Deutschen) unserem Volk angetan haben. Ich habe dem deutschen Volk in seiner Gesamtheit nie vergeben. Ich werde ihm niemals vergeben, weil es eine kollektive Verantwortung trägt. Solange Hitler Siege erzielte, jubelten sie ihm zu. Später, als es abwärts ging, wandten sie sich von ihm ab.«[34]

Wenn es auch zutreffen mag, daß viele sich von Hitler erst vollends abgewandt haben, als das Glück ihn verließ, so ist doch festzuhalten, daß es vom selben Jahr 1942 an militärisch abwärts ging, in dem auch die Vernichtung der Juden erst eingesetzt hat. Die ersten Gaskammern wurden in Betrieb genommen, als sich die Katastrophe von Stalingrad bereits abgezeichnet hatte. Diese zeitliche Parallelität spricht sehr für die These Haffners, daß Hitler in dem Augenblick, da er die Niederlage voraussah, sich ganz auf die »Endlösung der Judenfrage« konzentriert habe[35].

Menachem Begin sprach in dem zitierten Interview von der »kollektiven Verantwortung« des deutschen Volkes, die ihn daran hindere, ihm zu verzeihen. In diesem Zusammenhang aber sollte es wohl »kollektive Schuld« heißen. Denn nur Schuld kann man vergeben oder nicht vergeben; Verantwortung ist eine Kategorie bloßer Zuständigkeit, die nicht in jedem Falle Schuld begründet. Romano Guardini hat hierzu nach dem Zweiten Weltkrieg ein für allemal Klärendes gesagt:

> »Wenn ein Glied meiner Familie ein Unrecht begangen hat, dann darf ich sagen: Ich bin daran unschuldig. Nicht aber darf ich sagen: Es geht mich nichts an. Schuldig werde ich nur durch das, was ich selbst tue oder unterlasse; aber beteiligt bin ich an allem, was die Glieder meiner Familie tun ... Das gleiche gilt für das Volk. Aus unmittelbarem Gefühl heraus weiß jeder recht geschaffene Mensch sich mit dem Leben seines Volkes verbunden. Diese Verbundenheit bildet ein Wesenselement des geschichtlichen Daseins. Jeder empfindet das Große, das im Volk geschehen ist, als auch ihm gehörig. So muß er auch das Unrecht, das da geschieht, in seine Verantwortung aufnehmen. Es trifft seine Ehre; und er ist gehalten, das Seine zu tun, damit es in Ordnung komme.«[36]

Gegen den rassistischen Gehalt der Kollektivschuld-These wandte sich der Psychiater Viktor E. Frankl, ein Überlebender von Auschwitz. Für Frankl gibt es allenfalls zwei »Menschenrassen«: »die ›Rasse‹ der anständigen Menschen und die ›Rasse‹ der unanständigen Menschen«. Die Rassen*trennung* verläuft da »quer durch alle Nationen und innerhalb jeder Nation quer durch alle Parteien« [37].

b) Die »Einmaligkeit« deutscher Verbrechen

Abhold allen irrationalen Begriffen, hat die deutsch-jüdische Philosophin Hannah Arendt ihre Ablehnung einer Kollektivschuld mit dem sachlichen Verlangen nach einer *Kollektivhaftung* verknüpft [38], einer dem Zivilrecht nachempfundenen Verpflichtung, die niemanden, dem sie auferlegt ist, diskriminiert. Das wurde noch verstanden zu einer Zeit (um 1964), als noch gegen eine Reihe von Organisatoren und Schergen des Massenmords, gegen Adolf Eichmann und die SS-Leute von Auschwitz, Anklage erhoben werden konnte. In den beiden darauffolgenden Jahrzehnten, Jahren des »kalten Krieges«, war von Kollektivschuld kaum noch die Rede; deutschen Ohren klang sie überhaupt als etwas Irreales, Unzumutbares. Mitte der achtziger Jahre wurde der Vorwurf kollektiver Schuld neuerdings lanciert, wenngleich zunächst nicht wortwörtlich. Israels Staatspräsident Chaim Herzog wählte (1985) im Blick auf das immense Verbrechen eine negative Umschreibung: »Es ist nicht nur eine Frage von persönlicher Schuld.« [39] Seither ist viel die Rede von der »Schuld der Deutschen« und immer häufiger von der »Einmaligkeit«, ja »Einzigartigkeit« der von *den* Deutschen verübten Verbrechen. Die beiden Behauptungen, die NS-Verbrechen seien einzigartig, und die Deutschen seien kollektiv daran schuld, verstärkten sich gegenseitig und flossen zusammen zu der »auf unserem Volk lastenden einzigartigen Schuld« (Freudenberg [39a]).
Einzigartig oder unvergleichbar einmalig heißt tonangebenden Publizisten der von Hitler angeordnete Völkermord wegen der

mit »deutscher Gründlichkeit« und technischer Perfektion betriebenen Massenvergasung, aber auch wegen der auf sechs
Millionen geschätzten Zahl der getöteten Juden, die nicht bloß
das Vernichtungswerk einiger weniger SS-Leute hätten sein
können. Ein ganzes Volk von Tätern oder doch Mitschuldigen
zeichnet sich dahinter ab, ein Volk, »das mehr oder weniger
hinter Hitler stand und diese ganze Sache mitgemacht hatte«
(Hans Jonas[40]). Es ist so von »deutschen Verbrechen«, einem
»Volk der Täter« und einer »Schuld der Deutschen« die Rede,
als gelte tatsächlich die von Victor Gollancz schon verurteilte
Gleichung: »Die SS-Männer *sind* das deutsche Volk.«[41] So absurd wird es nicht gesagt; aber ein jeder, der die ihm vorgehal-
tene »deutsche Schuld« verinnerlicht hat, vollzieht irrational
unbewußt diese Gleichsetzung. Sie ist die Logik einer kämpferischen »Vergangenheitsbewältigung«, der sich die öffentlich-
rechtlichen Sender Deutschlands verpflichtet haben: erregend
und anklagend auch noch zu einer Zeit, da sich die Reihen der
wirklich Schuldigen bis zu ihrem Verschwinden gelichtet haben. Dies erklärt aber das Wiederaufleben der Kollektivschuld-
these nach so langer Zeit: Wo konkrete Täter nicht mehr greifbar sind, da heftet sich ohnmächtige Wut über die monströsen
Verbrechen an die Idee eines im ganzen schuldigen Volkes. Von
da ist es nur noch ein Schritt zum selber rassistischen Glauben
an ein seiner Herkunft oder Natur nach zu Gewalt und Grausamkeit neigendes Volk — ein Volk, in dem »die alten Dämonen der deutschen Vergangenheit« (B.-H. Levy[42]) wieder lebendig werden, und dies ausgerechnet in der deutschen Friedensbewegung. In ihr, schrieb Henryk M. Broder, sei während des
zweiten Golfkrieges »der unbewußte, aber überaus heftige
Wunsch am Werke (gewesen), Saddam Hussein möge die historische Chance nutzen und den Job vollenden, den die Nazis
nicht zu Ende bringen konnten«[43]. Wer so ins kollektive Unbewußte der Deutschen zu blicken meint, dem gelten sie nicht nur
als schuldig für die Verbrechen einer Horde, die den Staat usur-
piert hatte; er hält das deutsche Volk auch für verantwortlich
für alles, was heute von anderer Seite gegen die Juden verübt
wird. Sogar Schelte für deutsche Schandtaten, die in einer un-
bestimmten Zukunft liegen, bleibt nicht aus: »Mit großer

Mehrheit« hätten die Deutschen sich dafür »entschieden, Millionen des jüdischen Volkes zu töten«, und man könne sich denken »daß sie, sollten sie wieder die Gelegenheit haben und das stärkste Land in Europa und vielleicht der Welt sein, es wieder versuchen werden« (Yitzak Schamir[44]).

›Die Deutschen werden immer wieder verbrecherisch gegen andere Völker vorgehen‹ — wer so spricht und zugleich auf der »Einmaligkeit« der »von Deutschen« verübten Verbrechen besteht, der meint damit, daß sich das »Einmalige« zwar durchaus wiederholen könne, ja werde, aber nirgendwo anders als beim deutschen Volk. Als »einmalig« erscheint danach nicht einmalig Geschehenes, sondern die kriminelle Energie eines Volkes, die sich mit der keiner anderen Nation vergleichen lasse. Solch rassistisches Denken, das Lombrosos Rede vom »geborenen Verbrecher«[45] auf ein ganzes Volk überträgt, verbietet es, Hitlers Konzentrationslager mit Stalins GULag zu vergleichen und den nazistischen »Rassenmord« mit dem kommunistischen »Klassenmord«[46] gleichermaßen zu beklagen und zu verdammen. Wer die Fähigkeit zum Völkermord prototypisch im deutschen Volk verankert sieht, der duldet auch nicht den Vergleich des »von den Deutschen« verübten Genozids mit den Massenmorden, die 1914/15 von den Türken an den Armeniern, 1945/46 bei Flucht und Vertreibung an den Deutschen und 1975—79 von den Roten Khmer an ihrem eigenen Volk in Kambodscha verübt worden sind. Solche Vergleiche gelten im Sinne einer dogmatisierten Vergangenheitsbewältigung als »Schuldaufrechnung« oder Ablenkung von der eigenen (kollektiven) Schuld an den »Verbrechen der Deutschen«. Wo aber Verbrechen nicht mehr miteinander verglichen werden dürfen; wo Geschehenes als einmalig zu gelten hat, da ist auch jede Frage nach den Ursachen mit einem Tabu belegt. Denn Erkennen heißt vergleichen. Wenn wir zu den Beweggründen der Folterer und Massenmörder vordringen wollen, dann müssen wir ihre Lebenswege vergleichen und dürfen auch nicht die Augen davor verschließen, daß es ehedem Verfolgte und Gefolterte gibt, die, einem Massaker entronnen, selber zu Menschenjägern und Folterern geworden sind. Hierauf hat Alfred Grosser gedeutet, namentlich gezeigt, daß zuvor von den Nazis gefol-

terte französische Offiziere in Algerien arabische Freiheits-
kämpfer gefoltert haben, und daß dann, als die Franzosen abgezogen waren, die von ihnen Geschundenen sich ebenso brutal gegen das eigene Volk gerichtet haben[47]. Vernichtungslust
und Grausamkeit als vorherrschende Nationaleigenschaft einem »einmalig« verbrecherischen Volk zuschreiben, heißt sich
blind machen für die überall möglichen Fehlprägungen der
menschlichen Triebnatur einschließlich der Verhetzbarkeit lange gedemütigter und vitalpsychisch deformierter Menschen.
Wem es ernst damit ist, eine Wiederkehr von Massakern zu verhindern, der wird den Beweggründen der Massenmörder auf
den Grund zu kommen suchen, um aufzuzeigen, welche Bedingungen ihres Entstehens ausgeschaltet werden müssen. Ideengeschichtliche Erklärungen reichen dafür ebensowenig aus wie
moralisch aufrüttelnde Appelle, die nur einer Beschämung von
Schuldlosen dienen, von Menschen mit suggestibler Wesensart.
Zu Brutalität und Grausamkeit Neigende lassen sich davon
kaum berühren.
»Einmaligkeit« ist keine Tatsachenfeststellung, wo immerhin
Vergleichbares dem Geschichtsbewußten sich aufdrängt und
bedacht zu werden verlangt. Der Begriff ist ein Denkverbot, ein
Tabu, das jeden Vergleich verwehrt, und als solches ohne argu-
mentative Kraft. Im Blick auf Massenmorde ist »Einmaligkeit«
eine Sprachregelung für deutsche Politiker und Historiker, ein
Stolperstein für Nachdenkliche, nicht blindlings Anpassungsfä-
hige. dabei ist noch gar nicht beachtet worden, was der in Israel geborene Historiker Michael Wolffsohn dargelegt hat: daß
»das Problem der Einzigartigkeit des Holocaust ... für einen
traditionsbewußten Juden ebenso unjüdisch (ist) wie ›unhisto-
risch‹. Für ihn ist der Holocaust ein keineswegs einzigartiger
Teil der langen Leidensgeschichte seines Volkes.«[48]
Die Rede von der Einmaligkeit der unter Hitler und auf seinen
Befehl geschehenen Verfolgungen und Massenmorde besagt ein
Vierfaches:

— Einmaligkeit und Unvergleichbarkeit der damals verübten
   Verbrechen wegen der Zahl ihrer Opfer[49] und der techni-
   sierten Menschenvernichtung;

— Einmaligkeit der kriminellen Energie und der Grausamkeit der Initiatoren und Akteure der geschehenen Massaker;
— Einmaligkeit des nazistischen Rassenmords aus der Annahme, daß ein ganzes Volk mit antisemitischem Haß billigend dahintergestanden habe;
— Einmaligkeit der Leiden der damals verfolgten, gepeinigten und nahezu ausgelöschten Menschengruppen, vorweg der Juden.

Im Sinne dieses letzten Aspekts von »Einmaligkeit« spricht der amerikanische Historiker Alfred de Zayas von einem »Leidensmonopol«, das es in Wirklichkeit aber nicht gebe[50]. Wer es für sein eigenes Volk beansprucht, dem können heute bedrängte und geschundene Völker kaum noch Sorge und Anteilnahme abnötigen. So war — in einer Polemik gegen Günter Grass — die Rede von »Palästinensern, Kurden und anderen Rechthabern« (Y. Kaniuk[51]).
Die Überzeugung der Einmaligkeit der dem eigenen Volk zugefügten Leiden drückt sich auch in dem Bestreben aus, rein jüdische Gedenkstätten für die Opfer des Holocaust zu errichten, so zum Beispiel in Berlin. Gegen ein »ausgrenzendes Mahnmal« hier hat sich Günter Freudenberg ausgesprochen. Die »beleidigende und verletzende, öffentliche Zurückweisung« des Anspruchs der Sinti und Roma, in einer nationalen Gedenkstätte berücksichtigt zu sein, bestehe »darin, daß die Ausgrenzung der Opfer von Sinti und Roma in der Konsequenz exakt das rassistische Kriterium wieder einführt, das den Nazis zur Selektion der Opfer diente«[52]. In den USA hat Simon Wiesenthal dafür kämpfen müssen, daß auch die Zigeuner in das Holocaust-Memorial aufgenommen werden. Als Überlebender der Vernichtungslager sagte er: »Leute, die mit uns zusammen gelitten haben, sind mir näher als Blutsverwandte.«[53] Wie anders als aus Solidarität mit allen gequälten Völkern kann eine Gegenkraft gegen die Peiniger der Menschheit sich formieren! Der dogmatisierte Begriff »Einmaligkeit«, angewandt auf längst Geschehenes, verstellt auch den Blick auf die »neuen Hitler« in dieser Welt.
Verstohlenes Unbehagen am pflichtschuldig nachgesprochenen

Begriff der *Einzigartigkeit* der NS-Verbrechen verleitet dazu, ihn so auf einen Wortsinn zu reduzieren, daß es problemlos wird, sich dazu zu bekennen: Singularität, sagt der Historiker Christian Meier, meine gar nichts Einmaliges; »Einzigartigkeit« beziehe »sich vielmehr auf etwas, was eben einzig in seiner Art ist«, aus der Reihe gleichartiger und durchaus vergleichbarer Geschehnisse lediglich herausrage [54]. Wenn es weiter nichts besagen sollte, das Wort von der Einzigartigkeit von Auschwitz, dann wäre es nicht verständlich, warum daran ein so zäher Bekenntniszwang sich heftet, dem jeder deutsche Spitzenpolitiker zu genügen sucht. Richard von Weizsäcker lapidar: »Auschwitz bleibt einzigartig.«[55] Die inquisitorische Frage von Journalisten, ob man sich zur Einzigartigkeit der »deutschen Verbrechen« bekenne, provoziert aber auch gewundene Erklärungen. Bundeskanzler Helmut Kohl: »Es hat vergleichbare Schrecken in der Weltgeschichte nicht gegeben. Aber es hat auch kein Volk gegeben, das in vergleichbarer Weise Wiedergutmachung geleistet hat.«[56] Da konnte jeder heraushören, was er hören wollte: der kämpferisch antifaschistisch Ausgerichtete das Bekenntnis zur »Einzigartigkeit« oder »Einmaligkeit« der »von Deutschen« verübten Verbrechen; der milde national Gesinnte eine Genugtuung über deutsche Bußfertigkeit; der insgeheim antisemitisch Eingestellte eine Klage darüber, daß Deutschland schon so viel habe zahlen müssen. Abgerungene Bekenntnisse dienen nicht der Bewältigung einer geschichtlichen Erblast, sondern lassen widerstrebende Empfindungen zum eilfertig Bekundeten mit hervorquellen. Wer gesagt bekommt, was er zu empfinden hat, der verspürt am Ende in sich selbst nur noch das Bedürfnis, nicht gegängelt zu werden. Aber dies, seine Abneigung gegen Gefühlskontrolle, kann ihm noch falsch ausgelegt werden, sei das nun in privaten Beziehungen oder im Forum bekundbarer Meinungen.

Heinz Galinski, der zwar an der »Einmaligkeit der monströsen Verbrechen« festzuhalten verlangt, hat aber doch davor gewarnt, sie »zu einer Art Ersatzreligion« zu erheben [57]. Die Gefahr einer »negativen Faszination« durch solche Überhöhung wird von Galinski (1988) durchaus nicht verkannt. Ein Überlebender des Völkermords ist wohl auch hellhörig für die falschen Töne in pflichtgemäß abgelegten Bekenntnissen, die alles Religiöse und Pseudoreligiöse begleiten, sobald ein Glaube sich durchgesetzt hat. Bekenntniszwang preßt dann auch unglaubwürdige Beteuerungen hervor, leere Pflichtübungen als Nachweis konsensfähigen Denkens. Jürgen Habermas[58] will nicht zulassen, daß die Nazi-Verbrechen »ihre Singularität« *verlieren* — so als handle es sich dabei um einen positiven Wert und nicht um einen Ausdruck maßlosen Entsetzens, der so wörtlich weder genommen noch kritisiert zu werden verlangt. Als tief in überangepaßte Gehirne eingekerbte Kategorie beherrscht »Einmaligkeit« aber bereits das politische und juristische Denken — noch dort, wo gar nicht mehr bewußt darauf Bezug genommen wird. Der Philosoph Reinhard Löw[59] nannte es »rätselhaft«, daß in einer Zeit schwindender Bedeutung der Symbole ausgerechnet Hakenkreuzschmierereien nicht als Akte »künstlerischer Freiheit« geduldet werden: so wie das Verbrennen der Nationalflagge oder die bühnenwirksame Verhöhnung des Christus-Kreuzes. Es ist aber weder rätselhaft noch verwunderlich, daß dem Hakenkreuz des Hitler-Reiches eine einzigartige symbolische Bedeutung beigemessen wird, da doch von dem damals an den Juden verübten Massenmord auch eine über die Jahrzehnte hinweg strahlende »Einzigartigkeit« abgeleitet wird. Solange das Böse, das Verbrecherische, zu dem Menschen überhaupt fähig sind, als einmalig und unvergleichbar in Hitlers Terrorregime verdichtet wird, so lange können auch die triebdynamischen Ansätze sowie die moralkonformen und durch Erziehung vermittelten Fehlhaltungen verkannt werden, die zu Grausamkeit und zu Massakern führen. Und eben so lange behält das seinerzeit ideologisch mißbrauchte Hakenkreuz seinen Symbolgehalt für das schlechthin Böse.

Der juristische Eifer, mit dem in der Bundesrepublik Deutschland Hakenkreuzschmierereien verfolgt werden, steht im umgekehrten Verhältnis zu ihrer Bedrohlichkeit. Schließlich sind Nazi-Symbole auch bei ungebärdigen russischen und amerikanischen Jugendlichen gefunden worden, und es wurden sogar in Israel erst vor wenigen Jahren Synagogen mit Hakenkreuzen beschmiert — von Juden aus Protest gegen prüde orthodoxe Juden[60]. Doch wenn ähnliche Pinseleien an irgendeiner Wand

sich in Deutschland zeigen, dann fehlt es nie an jenen Tod-
ernsten, die dramatisierend sagen, die »alten deutschen Dämonen«[61] würden wieder lebendig — so als sei Adolf Hitler mit
seiner verbrecherischen Gefolgschaft denn doch keine einmalige Erscheinung in den über tausend Jahren deutscher Geschichte gewesen.

Wenn wir den Mythos Hitler immer nur durch kämpferische
Gesinnung und durch ideologische Gegenpositionen zu besiegen suchen, nicht aber durch Aufklärung über die Bedingungen
destruktiver staatlicher Gewalt und politisierbaren Unbehagens, dann ist nicht auszuschließen, daß das Schlimme, das im
Zeichen des Hakenkreuzes geschah, unter irgendeinem anderen Feldzeichen wiederkehren kann. Magisch fixiert auf bereits
erledigte Symbole des Bösen, auf schon erkannte Embleme der
Unterdrückung und auf vielfach beschriebene Rituale der Vernichtung werden wir unfähig, die Unmenschlichkeit, die wir
überwinden möchten, unter anderen Vorzeichen wiederzuerkennen. Schon ist mit dem eilfertigen Ruf nach einer Amnestie
der Sadisten vom DDR-Geheimdienst »Stasi«[62] der Behauptung Rechnung getragen worden, daß die zwischen 1933 und
1945 in Deutschland entfesselte Gewalt einzigartig gewesen
sei[62a]. Vergleichbares hat danach gar nicht mehr geschehen
können. Die zum Dogma erhobene »Einzigartigkeit« oder »Einmaligkeit« prägt Kämpfer gegen Unrecht und repressive Gewalt, die auf ihr Feindbild angewiesen sind, um gegen Verletzungen der Menschenrechte aufbegehren zu können. Als un-
eingeschränkt verdammenswert erscheint ihnen nur, was an
staatlicher Willkür oder politisierter Gewalt sich als »faschistisch« einordnen läßt. Mögen die ideologisierten Vergangenheitsbewältiger keine anderen Verbrechen von Staats wegen sehen als jene, die auf Befehl Hitlers verübt worden sind — aus
der Sicht der Opfer totalitärer Gewalt ist es gleichgültig, von
welcher Seite es sie trifft, unter welchen Emblemen sie gefan-
gengehalten, bedroht, gefoltert oder getötet werden. Nur ideologisch Verblendete können »linker« vor »rechter« Gewalt, sta-
linistischer vor faschistischer Terrorisierung der Menschen den
Vorzug geben. Auf seiten der Täter läuft das nur darauf hinaus,
»daß die einen mit allenfalls gutem, die anderen mit nicht so

gutem Gewissen dem Mordgeschäft folgten« (Joachim Fest[63]).
Der unter Folter und Terror Leidende empfindet hier wie dort
nur seine Ohnmacht und das Ausgeliefertsein an eine ihm
überlegene Macht, nicht deren vielleicht hochgesinnte End-
zwecke oder ideologische Verbrämungen.

Mit der Sprachregelung »Opfer ist nicht gleich Opfer«[64] wird
dazu aufgefordert, Regungen des Mitleids oder der Trauer
halbseitig abzuschwächen, wenn nicht gar zu unterdrücken.
Sind die apodiktisch Urteilenden, die das vor-schreiben, sich
wirklich nicht bewußt, wie gefährlich zweischneidig ihre An-
weisung ist? Sie kann ja von Neonazis seitenverkehrt aufgegriffen werden, etwa indem sie die durch Phosphorbomben Verbrannten über die Vergasungsopfer stellten. Humanität, die
sich nach Gesinnungsfronten ausrichtet, ist aber schon der erste
Schritt zur Barbarei. Eben darum versteht sich *Amnesty International* als eine unpolitische Organisation: ihre Hilfe gilt allen
von staatlicher Macht und politischer Willkür Getretenen und
Entrechteten. Wer damit anfängt, die Opfer brutaler Gewalt
nach mehr oder weniger beklagenswerten zu unterscheiden,
ebnet jenen Radikalen den Weg, die glauben, im Besitz einer
Wahrheit zu sein, die noch Folter und »Hinrichtungen« rechtfertigen könnte. Humanität ist unteilbar. Wer das nicht ein-
sieht, steht immer noch auf der Seite der Verhetzbaren, gleich
unter welcher Fahne.

Die gegen ein ganzes Volk Aufgehetzten sind die erkennbar
Verblendeten, die einseitig fühllos Gewordenen. Realitätsverlust kennzeichnet aber auch die Demoralisierten, die sich so als
Teil eines »Volkes der Täter« (Anm. IV/80) empfinden, daß
Schuldgefühl sie daran hindert, Opfer von Gewalt auch im eigenen Volk wahrzunehmen. Nationale Hybris und nationale
Zerknirschung lassen gleichermaßen nicht zu, der Opfer roher
Gewalt ohne Vorbehalt und Auslese zu gedenken. »Wenn einer
aus dem Genozid von Birkenau gelernt hat, aber auch im Gedenken an die Opfer von Dresden nicht teilnahmslos ist« (Walter Jens[65]), dann erst zeigte er jene gerechte Gesinnung und Solidarität, ohne die es keine Freundschaft zwischen den Völkern
geben kann. So wie ein Mensch keinen Mitmenschen wirklich
lieben kann, wenn er nicht — zugleich — sich selber wie lie-

bend bejaht, so ist nationaler Selbsthaß keine gute Voraussetzung für das Verhältnis zu anderen Völkern: er macht unfähig, mit ihnen teilnehmend mitzufühlen. Wer die Menschheit nicht in der eigenen Person und in der eigenen Nation lieben kann, der kann sie im Grunde überhaupt nicht lieben; der kommt über willentlich aufgesetzte Bekundungen humanitärer Gesinnung nicht hinaus.

Pietät gegenüber den Opfern mörderischer Gewalt sollte uns indessen davor bewahren, so von »potentiellen Opfern« zu sprechen, wie das Ernst Nolte getan hat: Hitler und seine Mordgesellen hätten sich womöglich als »potentielle oder wirkliche Opfer einer ›asiatischen‹ Tat« gesehen[66]. Wenn das ein Motiv ihrer Untaten gewesen sein sollte, dann war das nur die eine Seite des Wahns, der sie verblendet hatte. Niemand soll uns zumuten, die Weltgeschichte des Grauens aus der Perspektive von Besessenen zu betrachten. Zunächst wertfreies Nachvollziehen mörderischer Motive leitet dazu über, geschehene Mordtaten von der Täterseite her zu bewerten, und das heißt, sie mehr oder weniger zu entschuldigen. Nicht der Historiker selbst muß dieser Gefahr erliegen, aber nur zu leicht jeder, der, aggressiv gestimmt, ihn so verstehen — oder mißverstehen möchte.

Mit der »asiatischen Tat« meint Nolte Stalins GULag, wie die Lager heißen, in denen — nach heutigen Moskauer Angaben[67] — 25 Millionen Menschen umgekommen sind. War Hitler über diese Lager so empört oder durch ihr Vorhandensein so beunruhigt, daß er dafür sich »rächen« wollte — durch ein gleichartiges Verbrechen, aber vorweg an Menschen, die gar nicht in der Sowjetunion lebten? Reicht es als Motiv für den rassistischen Massenmord aus, daß Hitler meinte, im Kreml herrschten »die Juden«[68]. Angesichts der Bewunderung, die Hitler für Stalin hegte — einen »Giganten« nannte er ihn[69] —, läge es näher, den GULag als *Vorbild* für den KZ-Gründer zu sehen, und nicht als eine Bedrohung, auf die er wie ein »potentielles Opfer« (Nolte) reagiert habe. Vor dem zeitlichen Nacheinander zweier Fakten nach einer Kausalität zu fragen entspricht wissenschaftlichem Interesse. Aber auf diese Frage gibt es nicht immer nur eine denkbare Antwort. Nur eines ist gewiß: Im Zusammenhang mit den Vernichtungslagern diese Frage aufwerfen heißt nicht mehr an das Dogma der Einmaligkeit glauben. Anderslautende Beteuerungen wirken im Verhältnis dazu wie aufgesetzt.

Offenbar zermürbt durch die gegen ihn gerichteten Angriffe[70] wegen seines Vergleiches der Hitlerschen Konzentrationslager mit Stalins GULag, hat Ernst Nolte neuerdings geschrieben:

> »Dennoch darf und muß weiterhin von einer Singularität der späteren nationalsozialistischen Vernichtungsmaßnahmen schon deshalb die Rede sein, weil die Ausrottung relativ kleiner und für fremd erklärter Gruppen einen abstoßenderen Charakter trägt als die quantitativ umfassendere sowjetische Klassenliquidierung.«[71]

Wer aber so den rassistischen Massenmord schwerer verurteilt als den klassenkämpferisch motivierten, für den stellen »Rasse« und »Volkskörper« stillschweigend immer noch höhere Werte dar als die Solidarität einer sozialen Klasse. Nur die Verletzung eines je höherwertigen Rechtsgutes begründet ja die Rede vom vergleichsweise schwereren Verbrechen[72]. Hinter den »Gütern« Rasse und Klasse verschwinden aber die Leiden und die unerfüllten Leben der Opfer, der Schmerz ihrer überlebenden Angehörigen. Ideologische Hartherzigkeit!

Wer sich dazu angehalten fühlt, ein Bekenntnis zur Einmaligkeit »deutscher Verbrechen« abzulegen, tut gut daran, dabei auf Begründungen zu verzichten; nur allzuleicht bleibt er sonst an einem Widerhaken dieses Begriffes hängen, oder die Peinlichkeit eilfertiger Beteuerung wird spürbar. Wer sich darauf beschränkt, das bloße Wort »Einmaligkeit« bekenntnishaft nachzusprechen, vermeidet es, einen Inhalt zu bejahen, der vielleicht gar nicht mehr gefragt ist. Seitdem die horrenden Zahlen der Opfer Stalins[73] bekannt geworden sind, werden feinere Kriterien für »Einmaligkeit« verlangt als das bezifferbare Ausmaß der NS-Massaker. Nicht *daß* von Hitler und seinen Gefolgsleuten massenhaft Menschen umgebracht wurden, sondern *wie* es geschah, soll nunmehr das global Einmalige jenes immerhin Einmaligen in der deutschen Geschichte beschreiben. Ein professioneller Kritiker einschlägiger Bücher meinte schon vor einigen Jahren, es habe »stets in der Geschichte« Massaker gegeben, »doch kein mörderisches *System* mit dem Anspruch der

Weltherrschaft«[74]. Wie geschichtsblind muß man sein, wenn man dabei nicht sofort auch an das stalinistische System der Geheimdienste, der Schauprozesse und des GULag denken soll und an das damals von Moskau aus verkündete Ziel der »Weltrevolution«? Stalin selbst war sich der Vergleichbarkeit der beiden Regime, des seinen mit dem des »Führers«, wohl bewußt. Als US-Präsident Roosevelt in Jalta (1945) ihn fragte, wer denn dieser Herr sei, der Gromyko gegenübersitze, da antwortete Stalin knapp: »Ach, das ist unser Himmler. Das ist Berija.«[74a] Während einige deutsche Historiker die Einmaligkeit der von Deutschen verübten Massenmorde vom dabei preisgegebenen Niveau eines Kulturvolkes ableiten[75], bewertet Andrei Sacharow den Stalinismus in der Sowjetunion genau umgekehrt im Blick auf sein hohes sozialistisches Ideal als ein System von »viel subtilerer Art der Heuchelei und Demagogie«, als es der »Faschismus in Deutschland« gewesen sei[76]. Qualitative Wertungen des Inhumanen, wenn sie nicht bloß nachgesprochene Pflichtübungen sind, lassen sich nie völlig ablösen vom persönlich Erfahrenen, Erlittenen oder die eigene Person Empörenden. Solcher Subjektivismus ist nichts Verächtliches, im Gegenteil: ein Zeichen des Bewegt-, des Betroffenseins. Es liegt darin aber auch die Gefahr der Blickverengung, ja der Abwendung von allem Leid und allem Unrecht, das schon nicht mehr dem gleicht, was man in irgendeinem Sinne selbst erfahren hat.

Einmaligkeit im Sinne von Unvergleichbarkeit wird den von »den Deutschen« verübten Massakern von deutschen Historikern so zugeschrieben, daß es einer Selbstbeschränkung ihrer Forschungen gleichkommt. Völlig unbefangen kann ein britischer Historiker sagen: »Der Historikerstreit wird mich nicht daran hindern, Vergleiche anzustellen.«[77] Alan Bullock hat mit seinem Buch *Hitler und Stalin* (1991) denn auch — 1333 Seiten lang — nichts anderes getan, als zwei ungeheuerliche Despoten miteinander zu vergleichen. Als Engländer hat er es nicht nötig, sich den Tabus deutscher Zeitgeschichtsforschung zu beugen. Er braucht nicht den Vorwurf zu befürchten, daß er »deutsche Verbrechen« durch den Vergleich mit den stalinistischen verharmlosen wolle. In der Verpönung eines solchen Vergleichs liegt aber auch schon die Tendenz, den Stalinismus vor allzu negativer Einschätzung zu bewahren, eben vor einer Gleichstellung mit den Untaten des NS-Regimes. Dem entgegenwirkend hat Richard von Weizsäcker nach einem Hinweis auf die Unmenschlichkeit und die Verbrechen der Nazis gesagt: »Das alles bedeutet nicht die allermindeste Entlastung für den Stalinismus und für das unmenschliche Stasi-System.«[78] Deutet sich hier eine Änderung des Meinungsklimas an? Werden die Widerhaken, die in den Begriffen *Einmaligkeit* und *Unvergleichbarkeit* stecken, allmählich sichtbar?

Zumindest dies darf erwartet werden: eine Ablösung der Rede von der Einmaligkeit der NS-Verbrechen vom Vorwurf einer Kollektivschuld der Deutschen. Wenn es doch wahr ist, daß der Massenmord an den Juden und Zigeunern vor dem deutschen Volk geheimgehalten wurde und durch eine ihn verschleiernde Sprache sich lenken ließ, dann kann »Einmaligkeit« für jene Morde nicht mehr von einem »Tätervolk« (B. Navon[79]), einem »Volk der Täter«[80] abgeleitet werden. Für den Zeitgeschichtsforscher Wolfgang Benz kommt das »Singuläre der Tat« gerade im »Schweigegebot Himmlers zum Ausdruck, denn dieses beweist auch, daß kein ›höherer, allgemein verständlicher‹ Zweck in Anspruch genommen werden konnte und kann«[81]. Eine überzeugende Argumentation, die uns aber nicht davon abbringen sollte, den Mißbrauch hoher Ideale zur Rechtfertigung von Mord und Folter für besonders verwerflich zu halten.

Es ist nicht zu übersehen, daß die auf »Einmaligkeit« der »deutschen Verbrechen« Pochenden darunter etwas je Verschiedenes verstehen. Mit der neuerdings aufgegriffenen Wendung »qualitative Einmaligkeit« ist lediglich ein formaler Konsens erzielt. Der Begriff wird — unter Bekenntniszwang — bisweilen als reine Leerformel verwendet:

> »Die deutschen Verbrechen zwischen 1933 und 1945 waren, meine ich, in dem Sinne singulär, daß sie qualitativ deutlich über die vergleichbaren anderer Völker (etwa der stalinistischen Sowjetunion), hinausgingen. Aber selbst wenn sie es nicht gewesen wären, so war und ist doch singulär die Weise, in der das hierzulande und außerhalb bewußt war und ist.« (Christian Meier[82])

In solcher Verschiebung der »Singularität« zum bloßen Bewußtseinsphänomen ist der zum Dogma erhobene Begriff voll-

ends abgehoben von den zugrunde liegenden Fakten. Die These von der Einmaligkeit oder Einzigartigkeit der NS-Verbrechen
erweist sich immer mehr als ein Postulat, für das die spezifischen Merkmale erst nachträglich und bis auf den heutigen Tag
noch gesucht werden. Dies feststellen heißt nicht verharmlosen,
was unter Hitler geschehen ist, vielmehr wachsam bleiben gegenüber *vergleichbaren* Gefahren, die nicht immer als neonazistisch sich ankündigen.

c) Der schädliche Streit um die Opfer-Zahlen

Die These von der Einmaligkeit oder Einzigartigkeit der »von
Deutschen« verübten Verbrechen wird von einigen noch abge-
stützt durch die Angabe, daß nicht weniger als 6 Millionen Juden (in den Jahren 1942—1945) ermordet worden seien. Nur
von den Rechtsradikalen, sagt Heinz Galinski, werde dies immer wieder geleugnet[83]. Doch so eng mit einer bedenklichen
politischen Haltung verquickt ist zumindest der Zweifel an der
6-Millionen-Zahl nicht, und dies auch nicht erst, seitdem auf
Anraten polnischer Historiker in Auschwitz die Gedenktafel
für vermeintliche 4 Millionen Todesopfer abmontiert wurde
(im Sommer 1990)[84]. Der jüdische Historiker Gerald Reitlinger
hatte schon in seinem Standardwerk *Die Endlösung* festgestellt,
»daß nicht viel weniger als eine Million Menschen in
Auschwitz, seinen Gaskammern und Lagern umkamen«[85]. Zur
6-Millionen-Zahl (exakt: 5 721 800) merkt er an, daß es sich
dabei um die Gesamtzahl der nach dem Zweiten Weltkrieg
»vermißten europäischen Juden« handelt[86]. Von diesen rund
5,7 Millionen sind nach der im Nürnberger Kriegsverbrecher-
prozeß verlesenen Anklageschrift[87] »die meisten von den Nazi-
Verschwörern vorsätzlich ums Leben gebracht worden«. Richter Jackson erläuterte dies am 20. November 1945:

> »5,7 Millionen Juden werden in den Ländern, in denen sie früher lebten,
> vermißt. Über 4,5 Millionen dieser lassen sich weder durch normale
> Sterblichkeit oder Auswanderung erklären, noch sind sie unter den Ver-
> schleppten.«[88]

Nahezu im Einklang damit sprach Victor Gollancz, der jüdische Humanist und britische Verleger, von »vier Millionen to-

ten Juden«[89]. 3,5 bis 4 Millionen Holocaust-Opfer verzeichnen die beiden amerikanischen Historiker Alan M. Kraut und Richard Breitman[90], die jenen Deutschen ausfindig gemacht haben, der vergeblich die Alliierten über Hitlers »Endlösung« informiert und dazu aufgefordert hatte, Millionen Juden vor dem drohenden Untergang zu retten[91]. Die bislang niedrigste Gesamtzahl der Hingemordeten (1 bis 1,5 Millionen) hat jüngst Colonel en retraite Miksche errechnet, indem er niedrige demographische Angaben aus der Zeit vor dem Zweiten Weltkrieg zugrunde legte[92]. Die geringe Zahl der Überlebenden aus den Vernichtungslagern kann ja nicht bestritten werden. (Für Auschwitz wird die Zahl 223 000 genannt.) Je kleiner aber die Population eines zuletzt dezimierten Volkes angesetzt wird, desto geringere Opferzahlen reichen aus, um von einem Völkermord sprechen zu können. Wohl auch deshalb werden die über zwei Millionen Deutschen, die bei Flucht und Vertreibung aus dem Osten den Tod erleiden mußten[93], bei einem 80-Millionen-Volk noch nicht als Opfer eines Genozids bezeichnet.

Denen, die um die Zahlen der durch Hitlers Schergen ermordeten Juden streiten, muß gesagt werden, daß niemand um Zahlen zu trauern vermag, nur um konkret vorstellbare Menschen und deren Schicksale. Es muß weiter darauf hingewiesen werden, daß im Sinne unseres Strafgesetzbuches (§ 211) schon jeder als Mörder gilt, den die gesetzliche Höchststrafe erwartet, der auch nur *einen* Menschen »aus niedrigen Beweggründen« (Rassismus!), »heimtückisch oder grausam oder mit gemeingefährlichen Mitteln« (Gas!) getötet hat. Nur für die Frage, ob es sich bei den Zigeuner- und Judenmorden jeweils um *Völkermord* gehandelt hat, spielen Zahlen eine Rolle. Jede andere Einschätzung der vielleicht nie ganz genau feststellbaren Opferzahl kommt in den Verdacht, ein Mißbrauch millionenfachen Leids zu aktuellen politischen Zwecken zu sein. Wer Opferzahlen nach oben aufrundet, erliegt zumindest der Meinung, daß in einer Gesellschaft, in der rekordsüchtig alles Menschenmögliche gemessen und gezählt wird, auch nur durch eine beachtlich runde Zahl Menschen sich aufrütteln ließen. Der Nebeneffekt kollektiver Beschämung unschuldiger Menschen sät aber, beabsichtigt oder nicht, den Samen neuer Ressentiments zwischen den Völkern. Wer dagegen einen auffälligen Eifer zeigt, Opferzahlen unter eine historisch diskutierbare Marge herunterzurechnen, den beherrscht noch der Irrtum, daß damit das Ungeheuerliche des geschehenen Völkermords sich abschwächen ließe. Wer dies als Deutscher für nötig hält, ohne selbst zu den Schuldigen zu gehören, hat den wahnhaften Vorwurf einer Kollektivschuld allen gegenteiligen Beteuerungen zum Trotz längst verinnerlicht; sonst wäre seine eigene Reaktion auf die fabrikartige Menschenvernichtung einfach Empörung, eine ohnmächtige Wut über derart abgründige Unmenschlichkeit.

Jahrzehnte nach den grauenhaften Morden streiten Menschen, jüngere zumal, die um die Ermordeten nicht mehr zu trauern vermögen, um die Zahl der von Hitlers Schergen Getöteten, namentlich um das Ausmaß des Massenmords an den Juden. Dabei schält sich heraus, daß die immer wieder anders errechnete »symbolisch gewordene Zahl« (Eberhard Jäckel[94]) von 6 Millionen auch als Stütze der Kollektivschuld-These in Betracht kommt: Wo so viele Opfer zu beklagen sind, so wird uns bedeutet, da kann das nicht das Werk einiger weniger gewesen sein; da müssen allzu viele, schuldhaft schweigend, zumindest davon gewußt haben[95]. Es ist anklagend sogar die Rede von einer »Volksgemeinschaft der Täter« (Henryk M. Broder[96]), einem »Herrenvolk der Vergaser« (Wolf Biermann[97]). Unvorstellbar ist selbst den Nachgeborenen des Atomzeitalters die Perfektion eines fabrikartigen Tötens, das nur wenige Bedienstete in Anspruch nahm. Wer hierin das Einmalige, Unvergleichbare jenes Massenmords erblickt, kann aber nicht zugleich von einem Pogrom sprechen, das von »den Deutschen«, vom ganzen deutschen Volk, verübt worden sei.

Bei allen historisch verbürgten Massenmorden, ausgenommen denen von Hitler und Stalin, liegen die Zahlen der Täter und Opfer zumindest in derselben Größenordnung. Noch durchaus verständlich ist daher das Bestreben, das Ungeheuerliche des rassistischen Massenmords durch einen maximal großen Umkreis von Tätern sich begreiflich zu machen. Der umgekehrte Versuch, von einem zu lauter »Tätern« stigmatisierten Volk auf eine größtmögliche Zahl von Ermordeten zu schließen, wäre rational schon nicht mehr nachzuvollziehen. Nachdem sogar die rechtsradikalen Blätter nicht mehr bestreiten, daß in Auschwitz und Treblinka systematisch Menschen vernichtet wurden[98], und sie insofern das Wort von der »Auschwitz-Lüge« nicht wiederholen, sollte niemand darin bestärkt werden, von einer »6-Millionen-Lüge«[99] zu sprechen. Wer mit Wiesenthal sich darüber im klaren ist, »daß sechs Millionen eine angenommene Zahl ist«[100], der steht nicht unter Begründungszwang, weder gegenüber tiefer noch gegenüber höher greifenden Schätzungen. Er kann die nähere Bestimmung der Zahl der Hingemordeten vorurteilsfreier Forschung überlassen.

Das Schädliche des Streits um die Opferzahlen liegt gerade darin, daß Unbelehrbaren und Verhetzten eine zum Tabu erhobene Zahl schon hinreicht, das Faktum des Massenmords überhaupt zu bestreiten. Hierzu einen Anstoß zu geben, kann nicht der Sinn einer Vergangenheitsbewältigung sein, die zumindest das Bewußtsein dessen wachzuhalten hat, was unter totalitärer Herrschaft an destruktiver Energie sich aus Menschen herausholen läßt, zur Peinigung und Vernichtung ganzer Menschengruppen. Dies immerhin vermag eine an Fakten ausgerichtete Vergangenheitsbewältigung zu leisten, wenn auch zu hoffen ist, daß ein neuer Erziehungsstil und eine Abkehr von zwangsneurotisch gefärbten Tugenden (Gehorsam, Disziplin, Pünktlichkeit, »Reinheit« in jeder Hinsicht) Menschen heranbilden wird, die einem neuen rasenden Saubermann nicht mehr nachfolgen würden. Bekenntnishafter »Antifaschismus« genügt nicht. Er taugt lediglich dazu, alles Widerwärtige im heutigen Deutschland, jede hier gruppenweise geübte Gewalt auf Hitlers fortlebenden Ungeist zurückzuführen, wenn nicht gar auf eine entsprechende Grundstimmung der Deutschen, auf einen »tiefsitzenden Zerstörungs- und Selbstzerstörungstrieb« (H. Saña[101]). Brutale Übergriffe auf Ausländerheime gibt es zwar überall, wo die Zahl der Immigranten beachtlich ansteigt. Wenn so etwas in Frankreich und sogar im sozialdemokratisch geprägten Schweden geschieht[102], kommt auch niemand auf den Gedanken, dies mit einer »unseligen Vergangenheit« dieser Länder zu erklären. Aber in Deutschland, unter Hitlers langem Schatten, erscheinen vergleichbare Vorfälle in einem trüberen Licht.

V. KAPITEL

Judenhaß — Deutschenhaß

a) Gibt es einen typisch deutschen Judenhaß?

Die Verbrechen von Auschwitz und Treblinka belasten so sehr die jüngste deutsche Geschichte, daß nichts das Geschehene relativiert, wenn wir darauf hinweisen, daß es Antisemitismus, Judenhaß und Judenverfolgungen auch in anderen Ländern seit Jahrhunderten gab und immer noch gibt. Wenn es aber darauf ankommt, die psychischen Motive des Judenhasses zu verstehen, um sie zu überwinden und in Zukunft zu vermeiden, dann mag der Blick auf den schier weltweiten Antisemitismus es einem Deutschen erleichtern, an den unter Hitler verübten Völkermord zu denken ohne die Neigung, diese Deutschland beschmutzende Tatsache zu verdrängen. Wer zu solcher Verdrängung neigt, ist wohl immer noch darauf eingestellt, Hitler mit Deutschland, den Nationalsozialismus mit dem deutschen Wesen zu identifizieren. Judenhaß auch andernorts: das muß immer noch anerkennen lassen, daß unter ganz bestimmten politischen und sozialen Bedingungen (verlorener Krieg und Massenarbeitslosigkeit) der überall latent schwelende und gelegentlich auch hervorzüngelnde Judenhaß in Deutschland vorübergehend zu einem Flächenbrand ausarten konnte. Oder sollte es einen besonders ausgeprägten deutschen Judenhaß geben? Dann wäre es überflüssig, von den Judenpogromen im zaristischen Rußland zu sprechen oder von den Anschlägen auf Synagogen im gegenwärtigen Frankreich. Der Hinweis auf den Antisemitismus der anderen wäre dann nichts als ein Versuch, uns selber moralisch zu entlasten.

Wenn es so etwas gibt wie eine typisch deutsche Art, die Juden zu hassen, dann begründet dies noch lange keine Kollektivschuld der Deutschen am Schicksal der Juden zwischen 1938 und 1945. Nicht jeder Deutsche hat die Juden gehaßt, gar mancher hat, sein eigenes Leben wagend, Juden zur Flucht ver-

holfen oder sie bei sich bis zum Kriegsende verborgen. Der langjährige Vorsitzende der jüdischen Gemeinde zu Berlin Heinz Galinski sprach im Blick auf diese Helfer schon von den »unbesungenen Helden«[1]. Diese Helden sind unbesungen, jahrzehntelang sogar unerwähnt geblieben, weil sie nicht in das Weltbild derer paßten, die nach dem Zweiten Weltkrieg im deutschen Volk die Verkörperung des schlechthin Bösen sehen wollten. Wenn ein typisch deutscher »Judenfresser« wirklich auf andere Art die Juden haßte als ein russischer oder französischer Antisemit, dann läge das Gemeinsame solcher Spielarten doch in der Richtung auf dasselbe Objekt: den Juden als Idee des schlechthin Hassenswerten, mithin des Bösen in der Welt. Dies gerade unterscheidet den Antisemitismus jeder Herkunft vom Haß auf völkische Minderheiten sonst: Es handelt sich dabei um keinen Prozeß bloßer Abstoßung des Fremdartigen, das in dessen eigenem Land als durchaus exotischer Reiz genossen wird. Das liegt einmal daran, daß die Juden bis 1948 kein eigenes Land besaßen, in dem sie von Touristen hätten bestaunt und bewundert werden können. Zum andern hat der von Land zu Land gehetzte, der unbehauste und darum ruhelos wirkende Jude den anderen Völkern sich stets als Projektionsziel eigener gedrosselter Unrast angeboten. Alles, was man selber sich nicht gestatten durfte auszuleben, das wollte man im Juden verkörpert sehen: einen rücksichtslosen Erwerbssinn und ein unstillbares sexuelles Begehren. »Der Jude will schänden«, behauptete Adolf Hitler[2]. Und der NS-Ideologe Alfred Rosenberg sprach von der »Gier des jüdischen Volkes« und von der »jüdischen Triebhaftigkeit«[3]: vitale Strebungen, die halb neidvoll, halb verächtlich in die Juden hineinprojiziert wurden. Rosenberg erklärt sie allerdings rein geistes- und religionsgeschichtlich letztlich daraus, daß im Alten Testament der Unsterblichkeitsglaube fehle; das führe dazu, sich das »Paradies auf Erden« zum Ziel zu setzen[4].
Solche Erklärung betonter Diesseitigkeit ist nicht einfach abwegig[5]. Im Unterschied zu einem Menschen, der im Banne einer Erlösungsreligion steht, die ihn für versäumte oder sittlich verknappte irdische Freuden auf jenseitige Seligkeiten vertröstet, muß dem leibhaft auf dieser Erde Stehenden alles, was er je er-

sehnt hat, sich auch hier verwirklichen — oder niemals. So gesehen ist es nur folgerichtig, die Lehren von Karl Marx und Sigmund Freud aus der vergleichsweise weltbejahenden jüdischen
Geisteshaltung heraus zu verstehen: die Verheißung einer
»klassenlosen Gesellschaft« als reales Ziel der Heilsgeschichte
und das Bewußtmachen verdrängter Sexualität als ersten, za-
gen Versuch, sich gegen eine Triebunterdrückung zu wenden,
die den Menschen krank, nervös und aggressiv reizbar macht.
Für den, der alles, was geschichtlich aufkommt, aus Ideen und
Glaubenshaltungen herleiten möchte, ist dies als Wirkungszu-
sammenhang verständlich. Aber damit wird ihm das weltorien-
tierte Denken bei Marx eben nur als »Heilsgeschichte in der
Sprache der Nationalökonomie« (Löwith[6]) deutlich, bei Freud
vielleicht als Ansatz zur »Entsublimierung« (Herbert Marcuse[7]). Daß jedesmal das leibhafte Dasein des Menschen gegen
alle geschichtliche Tradition (und in sie doch eingebunden) auf
freilich unterschiedliche Weise sich zur Geltung zu bringen
sucht, kann dabei nicht erfaßt werden. Ebensowenig kommt
das projektive Moment in der den Juden zugeschriebenen Welt-
bejahung heraus, das teilweise Fiktive an ihr, das eben davon
rührt, daß der Antisemit, zumal wenn er sich vom Leben vernachlässigt fühlt, sich im Juden vitale Kräfte verkörpert denkt,
die er bei sich selber vermißt oder nicht zum Zuge kommen
fühlt. Solcher »Lebensneid« (Nietzsche) findet seine schärfste
Zuspitzung in einem Sexualneid, der nicht nur den Juden be-
argwöhnt, sondern fremdrassige Menschen überhaupt umlau-
ert. Das Ressentiment stützt sich dabei auf die überkommene
lustfeindliche Moral und glaubt, wenn sich Gelegenheit dazu
bietet, zu Strafaktionen berechtigt zu sein. Was weiße Frauen
noch zugleich schwärmen wie schaudern macht, eine den Ne-
gern nachgesagte besondere Sexualkraft[8], das treibt die Männer des Ku-Klux-Klan schon zur Jagd auf die Schwarzen[9]. In
Potenzängsten und Sexualneid liegt eine der Wurzeln des Rassenhasses überhaupt: es ist letztlich die Angst, biologisch vor
jenen andersartigen Menschen nicht bestehen zu können. Solch
vitale Angst projiziert auf sie die Vorstellung moralischer Min-
derwertigkeit und liefert sich damit selbst einen Grund, sie zu
verfolgen. Das ist irrational nur vom Standpunkt eines aufge-

klärten Bewußtseins, aber durchaus konsequent im Sinne jener triebfeindlichen Moral, die, lediglich abgeschwächt, für uns noch verbindlich ist.

Diese moralkonforme Struktur des Rassenhasses gilt auch für den Judenhaß. Der Antisemit denkt die Juden sich als Rasse, weil seine sexuelle Motivation ein biologisch begreifliches Objekt braucht. Im Bild der »schönen Jüdin« treffen sich sein lüsternes Interesse und seine moralische Verachtung für alles Lüsterne. Die andere Wurzel des Antisemitismus ist der Neid auf die Kaufmannstüchtigkeit, die die europäischen Juden entfaltet haben, nachdem ihnen die Zünfte die Ausübung eines anderen Gewerbes allzu lange verwehrt hatten. Hierin aber, im Neid auf seine Handelserfolge, zog der Jude etwas auf sich, was vor dem Ersten Weltkrieg schon die Deutschen ins Abseits gedrängt hat und heute die Japaner, zunächst mit besonderen Handelsschranken, zu isolieren beginnt. Der Neid der Kaufleute auf den jeweils erfolgreichsten Kollegen projiziert in diesen auch all die Untugenden, ohne die der eigene Geschäftssinn gar nicht zu Rande käme. Die Rede von den »deutschen Juden« oder den »weißen Juden«, die sich hierzulande auf deutsche Kaufleute bezieht, unterstreicht die Willkür einseitiger Abwertung jüdischer Geschäftstüchtigkeit in doppelter Weise: einmal, indem das Jüdische darin als der Regelfall kaufmännischer Findigkeit und Gerissenheit erscheint, zum andern, weil es sich als etwas, wozu auch Nichtjuden fähig seien, relativiert.

In seiner Schrift über die »Ursachen des Deutschenhasses« hat der »Halbjude« Max Scheler[10] während des Ersten Weltkrieges die deutsche Wertarbeit genannt, die vereint mit der Tüchtigkeit der deutschen Kaufleute zu beneidenswerten Erfolgen im Welthandel geführt habe. Wer dies als Deutscher nicht ohne Stolz bedenkt, findet sich unversehens an der Seite der Juden, denen ein besonderes Talent zum Handeln nachgesagt wird, gewiß nicht zu Unrecht, weil sie jahrhundertelang von den meisten übrigen Berufen ausgeschlossen waren, während die Christen sich mit Geldgeschäften nicht befassen sollten. Die Deutschen aber, die erst spät, 1871, ihre nationale Einheit erlangt haben und darum auch bei der Kolonisierung der anderen Kontinente zu spät kamen und nur kurze Zeit ein wenig Kolonial-

macht spielen durften, diese Bürger einer »verspäteten Nation«
(Plessner[11]), die nicht groß mit Rohstoffen in den Welthandel
einsteigen konnten, waren darauf angewiesen, durch Wertarbeit bei Fertigprodukten zu überzeugen. Beide, Juden wie
Deutsche, haben so aus ihrer je verschiedenen Not dieselbe Tugend gemacht: die Tugend beharrlichen Wirkens und »gewin-
nenden« Auftretens auf dem Weltmarkt. Der Judenrabatt und
»made in Germany« standen dabei als Symbole des Erfolgs,
aber auch des Ärgernisses für diejenigen, die dadurch im Handel ausgeschaltet wurden. Was Karl Marx[12] den Juden nachgesagt hatte, das warf Adolf Hitler den »deutschen Spießbür-
gern« vor: daß ihr Gott das *Geld* sei[13].

b) Gemeinsamkeiten von Juden und Deutschen

Darauf, daß Juden und Deutsche »vieles gemeinsam« haben,
hat nach Janouch[14] — schon Franz Kafka aufmerksam gemacht: »Sie sind strebsam, tüchtig, fleißig und gründlich ver-
haßt bei den anderen. Juden und Deutsche sind Ausgestoße-
ne.« Im deutschen Großkaufmann oder Fabrikbesitzer, der wie
Kafkas Vater zugleich Jude war, fanden die in beiden kulturellen Traditionen gepflegten Fähigkeiten eine so erfolgreiche Le-
gierung, daß es keiner besonderen Phantasie bedarf, sich vorzustellen, wie der Judenhaß und der Deutschenhaß bei ausländi-
schen Konkurrenten gleichfalls miteinander verschmolzen. Hier
liegt sicher einer der Gründe für den kämpferischen Patriotismus der deutschen Juden während des Ersten Weltkrieges —
neben der nur zu begreiflichen Erwartung, sich durch Tapferkeit vor dem Feind bei den Deutschen volle Gleichberechtigung
und ein bleibendes Heimatrecht zu erwerben. Der als deutscher
Jagdflieger gefallene Jude Josef Zürndorfer hat das geradewegs
ausgesprochen: »Ich bin als Deutscher ins Feld gezogen, um
mein bedrängtes Vaterland zu schützen. Aber auch als Jude,
um die volle Gleichberechtigung meiner Glaubensbrüder zu er-
streiten.«[15] Wenn dies allgemein die Hoffnung der jüdischen
Frontkämpfer des Ersten Weltkrieges war, so ist sie durch Hitler und das Dritte Reich schmählich enttäuscht worden.

Wenn Juden und Deutsche gleichermaßen erfolgreich als Kaufleute auftraten, so mochte das bei denen, die von ihnen auf dem Weltmarkt zurückgedrängt wurden, durchaus antisemitische und antigermanische Gefühle wecken. Auch daß zwischen jüdischen und deutschen Kaufleuten eine gewisse Rivalität geherrscht hat, wird dadurch erklärlich, nicht aber der auf deutscher Seite schließlich mörderisch hervorbrechende Judenhaß. Die Neigung aller sexuell frustrierten Völker, eben das, was ihnen sittlich verwehrt ist, aber zu unterdrücken nie ganz gelingt, projektiv an ihren Minderheiten zu bekämpfen, erklärt gleichfalls noch nicht das besondere Verhältnis der Deutschen zu den Juden, das zwischen tödlichem Haß und ohnmächtiger Bewunderung schwankt und ebenso von einem schonungslosen Antisemitismus in einen Philosemitismus umschlagen konnte, den einige von uns als durchaus ehrliche Überzeugung bei sich selber wissen. Es ist hier wohlgemerkt nicht von der forcierten Entschiedenheit der NS-Führer und der SS-Schergen die Rede, denen der Haß auf das Judentum als eine so *reine* Gesinnung galt, daß jeder Versuch der »Umerziehung« daran abgleiten mußte. Vielmehr beschäftigt uns hier die ambivalente Haltung gegenüber den Juden, die den deutschen Volkswillen als geschichtlich wirkende Kraft im ganzen vorstellt, unabhängig davon, wie radikal feindlich, wie gemäßigt oder wie freundschaftlich einzelne Gruppen oder Generationen von Deutschen zu den Juden stehen. Um dem auf die Spur zu kommen, verfolgen wir weiter, was Juden und Deutsche miteinander gemein haben.

Zum realitätsbezogenen Geschäftssinn, zur zähen Zielstrebigkeit kommen noch andere Wesenszüge hinzu: das Bewußtsein, ein besonderes, ein anderen überlegenes Volk zu sein. Die Juden verstanden sich immer als das von Gott auserwählte Volk, die Deutschen sahen sich seit Kant und Goethe, Schiller und Hegel als das Volk der Dichter und Denker. Martin Luther beklagte der Juden »Ruhm und Halsstarrigkeit«[16] und nannte sie »allzu stolz und vermessen«. Aber auch die hochfahrende Devise »Am deutschen Wesen soll die Welt genesen«[17] war längst ausgegeben, ehe Hitler und seine Ideologen den Kult der Herrenrasse pflegten. Wenn wir Hermann Rauschning Glauben

schenken dürfen, war sich Hitler der Rivalität von Juden und Deutschen wohl bewußt, da er gesagt haben soll: »Es kann nicht zwei auserwählte Völker geben. Wir sind das Volk Gottes.«[18] Das war, selbst wenn es von Rauschning nur erfunden worden wäre, konsequent aus Hitlers Weltanschauung heraus gedacht. Nach ihr gab es eine »Mission des deutschen Volkes«, dessen »höchste Aufgabe in der Erhaltung und Förderung der unverletzt gebliebenen edelsten Bestandteile unseres Volkstums, ja der ganzen Menschheit« zu sehen sei[19]. Mit dem »unverletzt Gebliebenen« ist hier das nordisch-germanische Element im deutschen Volk gemeint, das nach Hitler, der es selbst nicht verkörpert hat (sowenig wie Joseph Goebbels oder Robert Ley), als rassisch »höchststehend« betrachtet wurde. Die erst um 1900 von Gobineau ausgestaltete Lehre von der »Ungleichheit der Menschenrassen«, die bereits auf eine Überlegenheit der sogenannten arischen Rasse hinauslief, hat so bei Adolf Hitler den Herrschaftsanspruch für das deutsche Volk mit zoologischen Begriffen begründet. Das alte völkische Überlegenheitsgefühl bekam damit eine »moderne« Grundlage, freilich eine, die auch dazu herhalten konnte, die für rassisch am minderwertigsten gehaltenen Menschen als eine Art Ungeziefer zu betrachten, das es auszurotten gilt. Der Glaube an das eigene bessere Wesen, der im Mittelalter durch die Überzeugung religiöser Rechtgläubigkeit sich bestärkt fand, sollte nun durch Wissenschaft abgesegnet werden. Die wechselnden Begründungen weisen zurück auf ein tieferes, rational unbegründbares Bedürfnis, sich anderen Völkern überlegen zu zeigen.
Es ist nicht möglich, ganze Völker sozusagen auf die psychoanalytische Couch zu legen. Wenn aber in einer Gesellschaft nationale Größenphantasien verbreitet sind, so mögen die Lebens- und Triebschicksale der geltungssüchtigen und von Größenideen besessenen Menschen doch zumindest ein Modell des Verständnisses abgeben. Der Mensch, der sich als »bedeutend« imaginiert und dementsprechend »hoch hinaus will«, ist in irgendeiner Hinsicht ein im Leben Zu-kurz-Gekommener, sei es, daß er mit einer »Organminderwertigkeit« (Adler) belastet schon den Weg ins Leben angetreten hat; sei es, daß er von lieblosen, selbstgerechten Erziehern hart angefaßt wurde und

sich in ihm kein »Urvertrauen« (Erikson) hat ausbilden können, durch das der zärtlich geförderte Mensch später auch
manche Widrigkeiten erträgt; sei es auch, daß er als Angehöriger einer verfemten Familie, Rasse oder Glaubensgemeinschaft
ständigen Demütigungen ausgesetzt war. Der so im Leben Be-
nachteiligte oder Verfolgte wird, sofern noch genug Gesundheit
in ihm ist, Gegenkräfte entwickeln, die das, was ihn bedrängt,
zurückzuwerfen vermöchten. Er wird dabei den Mangel, unter
dem er leidet, die Feindseligkeit, die ihm zusetzt, nicht nur
durch Aktivität und Gegenwehr auszugleichen suchen, sondern
geradezu »überkompensieren« wollen. Denn mit allem, was
über bloßen Ausgleich hinausreicht, gedenkt er sich ein Polster
der Unangreifbarkeit zu schaffen. Das muß nicht voll bewußt
reflektiert werden; die Struktur der Überkompensation eines
Mangels oder eines Leidens liegt aber allen Macht- und Größenideen zugrunde bei Menschen, die nicht lustvoll und liebend ins Leben einzustimmen vermögen und darum auch nicht
in gelassener Weise sich selber haben. Wenn eine solche Stimmung in einem Volk epidemisch wird, gar wenn es als Ganzes
sich in der Völkergemeinsehaft zurückgesetzt, verfolgt oder ungerecht behandelt fühlt, dann mag es sich zu einer Idee seiner
Überlegenheit gleichsam straffen oder sich in die Rolle einer
weltpolitischen Sendung hineinträumen. Das Motiv, aus der Situation des Unterlegenen, Gedemütigten sich herauszuschwin-
gen in die einer weltbeherrschenden Macht, ist bei Hitler
durchaus bewußt; in seinen Reden nannte er das deutsche Volk
wiederholt ein Volk von »Habenichtsen«, ein Volk, dem der
»Lebensraum« fehle oder vorenthalten werde, den es brauche,
um überleben zu können[20].
Der Einzelne erlebt sich nicht nur als Individuum, erfährt als
beglückend oder beschämend nicht nur Erfolge und Niederla-
gen seines privaten Daseins, sondern auch der Gemeinschaft,
der er sich zugehörig fühlt. Insofern ist die psychoanalytische
Kategorie der Überkompensation nicht nur als Analogie vom
verquälten Individuum auf das gedemütigte Volk anwendbar;
der Begriff deckt beim Einzelnen wie bei einer Gemeinschaft
Gleichgesinnter zum Teil dieselbe Erlebnisgrundlage. Wir brauchen, um auch beim Individuum in der Rolle des »Volksgenos-

sen« die Tendenz zur Überkompensation zu verstehen, daher
gar nicht auf Le Bons mystischen Begriff einer »Massenseele« [21]
zurückzugreifen. Wir haben nur zu berücksichtigen, daß sozial
gescheiterte oder innerlich verzweifelte Menschen ihre private
Enttäuschung leicht als Panikmache ins Politische projizieren
und mit einigem demagogischen Geschick als Katastrophen-
stimmung ausbreiten, sofern eine gewisse Not nicht zu bestreiten ist. Das ist die Methode, die Hitler gewählt hat, um sich
dem deutschen Volk als Retter anzudienen.

Die Juden bedurften und bedürfen keiner demagogisch über-
höhten Weinerlichkeit, um sich als ein seit Jahrhunderten verfolgtes und geschlagenes Volk zu empfinden. Das Bedürfnis,
durch wirtschaftlichen Erfolg und geistige Leistung das Stigma
des fast weltweit Abgelehnten zu kompensieren, ist bei ihnen
ebenso begreiflich wie bei den Deutschen, die sich in Mitteleuropa immer wieder von allen Seiten bedrängt, gefährdet und in
größeren Abständen auch erobert gesehen haben. Der Zwang,
sich als ein von vielen Seiten bedrängtes Volk zu behaupten,
hat bei den Juden wie bei den Deutschen zweifellos auch besondere geistige Kräfte mobilisiert, die ein zunächst irrational,
weil religiös begründetes Sendungsbewußtsein mit immer mehr
Leistung unterlegt haben. Es ist sicher kein reiner Zufall, daß es
deutsche Juden waren, die das Weltbild der Gegenwart entscheidend geprägt haben: Karl Marx, Sigmund Freud und Albert Einstein. Dies hat nichts mit rassischer Eigenart zu tun,
sondern mit der doppelten Herausforderung als Jude und als
Deutscher.

Wenn die Juden sich als ein von Gott oder vom Schicksal er-
wähltes Volk sehen, dann aber auch als eines, das durch die
ihm auferlegten Leiden ausgezeichnet ist. Die Deutschen zur
Zeit des Dreißigjährigen Krieges und der Herrschaft Napoleons
konnten ein ähnliches Lebensgefühl entwickeln. Auch die
Deutschen im Westen während der Rheinlandbesetzung nach
dem Ersten Weltkrieg und die nach dem Ende des Zweiten
Weltkrieges aus dem Osten Vertriebenen mochten sich als die
Parias der Weltgeschichte empfinden, büßend für eine »Kriegs-
schuld«, an der sie sich persönlich keinen Anteil zuzurechnen
wußten. Schließlich gespalten in zwei ideologisch gegeneinan-

der aufgerichtete Staaten, konnten sich die Nationalbewußten unter den Deutschen als ein Volk sehen, das vom Schicksal besonders herausgefordert und insofern »ausgezeichnet« ist. Auch für die Juden endete die Leidensgeschichte nicht mit der Niederlage des NS-Staates, der Millionen von ihnen ermordet hat. Im 1948 neugegründeten Staat Israel fanden sie sich von einer feindlichen Welt arabischer Staaten umgeben und in einen ständigen Abwehrkampf verwickelt.

»Es ist die Tragik im Dasein des Juden, daß er zwei Gefühle in seiner Seele einigt: Das Gefühl des Vorrangs und das Gefühl der Brandmarkung. In dem beständigen Anprall, in der Reibung dieser beiden Empfindungsströme muß er leben und sich zurechtfinden.« Diese Feststellung des deutschen Juden Jakob Wassermann[22] ist ebenso auf die Deutschen zu übertragen, wenn es auch nicht jedermanns Sache ist, sich als Deutscher nichtswürdig oder kollektiv schuldig zu fühlen an dem, was im Namen Deutschlands verübt worden ist. Die Kollektivschuld-These wird indessen nicht nur von unversöhnlichen Feinden des deutschen Volkes vertreten, sondern von Deutschen selber, von solchen, die sich entweder tatsächlich mitschuldig fühlen, oder sich als hochreflektierte Individuen und Sozialkritiker nicht so ganz zugehörig fühlen zu dem Volk, über das sie urteilen. So sagte die Psychoanalytikerin Margarete Mitscherlich-Nielsen im Anschluß an den KZ-Film »Spiel um Zeit« im Zweiten Deutschen Fernsehen:

> »Wir dürfen nicht vergessen, daß die Masse der Deutschen zusah oder gar daran teilnahm, wie die Juden diffamiert und zu Untermenschen erklärt wurden. Ohne diese Übereinstimmung in der Bevölkerung wäre der schließlich erfolgte Massenmord an den Juden nicht möglich gewesen.«[23]

Doch nicht erst im Zuge der Vergangenheitsbewältigung nach dem Zweiten Weltkrieg können aus deutschem Munde Äußerungen über die Deutschen überhaupt vernommen werden, die, vom Standpunkt nüchterner Einschätzung der menschlichen Natur aus gesehen, an Selbsthaß grenzen. Aber gerade hierin, in der Neigung, sich als Nation selbst zu zerfleischen, kommen die Deutschen mit den Juden überein. Kein Ausländer kann Nachteiligeres über die Deutschen sagen oder schreiben, als es einer ihrer bedeutendsten Denker, Friedrich Nietzsche, getan hat; kein Antisemit kann Vernichtenderes über die Juden sagen, als es der vielleicht weltgeschichtlich wirkungsvollste Jude, Karl Marx, von den Juden gesagt hat:

> »Suchen wir das Geheimnis des Juden nicht in seiner Religion, sondern suchen wir das Geheimnis der Religion im wirklichen Juden.
> Welches ist der weltliche Grund des Judentums? Das *praktische* Bedürfnis, der *Eigennutz*.
> Welches ist der weltliche Kultus des Juden? Der *Schacher*.
> Welches ist sein weltlicher Gott? Das *Geld*.
> Nun wohl! Die Emanzipation vom *Schacher* und vom *Geld*, also vom praktischen, realen Judentum wäre die Selbstemanzipation unserer Zeit.«[24]

Man mag sich über ein solches Verdikt erregen und es beschämend finden, daß ein Jude selber so urteilt, dies um so mehr, als Antisemiten sich nur zu gerne auf diese Sätze berufen haben[25]. Man kann sie, weniger affektiv, auch als Ausdruck einer ganz aufs Ökonomische ausgerichteten Sozialphilosophie verstehen, als den freilich gerafften, die »Judenfrage« verzerrenden Versuch, die »theologische Fassung der Frage zu brechen« (Marx). Hinter den ökonomischen Interessen der Menschen stecken allerdings ihre vitalen Bedürfnisse, die in Formen des Marktes und des ihm gemäßen Rechts ihre Absicherung, in religiösen Geboten und Riten ihre moralische Überdetermination erfahren. Die Rückführung religiöser Haltungen auf ökonomische Interessen ist im Verhältnis zu den vitalen Antrieben des leibhaften Menschen immer noch Überbau. Die schonungslose Verurteilung von Menschen, deren Gott das Geld geworden sei, bleibt als Sozialkritik immer noch an der Oberfläche einer tiefer gestörten sozialen Ordnung haften. Sie erfaßt in ihrem blinden Eifer nicht das zwanghaft versachlichte Leben, das an kaltes Geld sein Herz hängt. Ganz abgesehen von der von Marx nicht gewürdigten historischen Bedingtheit des jüdischen Geldgeschäfts (s. o.), wird in vordergründiger Verurteilung seiner jüdischen und heute auch christlichen Akteure nicht die schale Ersatzlust bemerkt, die der berufsmäßige Umgang mit dem Geld gewährt.
Wer unnachsichtig über die vitale Not hinwegsieht, die, von lustfeindlicher Moral geschaffen, einen Menschen nach dem

Fetisch »Geld« greifen läßt, der bleibt, indem er »Gewinnsucht« geißelt, noch ganz in den Formen des Denkens und Fühlens befangen, die eine aufs Ökonomische vertröstete Libido kulturell entwickelt hat. Er übersieht auch, daß der in seiner sozialen Existenz beständig bedrohte Mensch in der Anhäufung von Geld wenigstens eine Fiktion sozialer Sicherheit gewinnt. Der Jude, der von seinen nichtjüdischen Mitbürgern nicht geliebt wurde, konnte sie durch Geldverleih immerhin so an sich binden, daß sie mit ihm zu *rechnen* hatten. Wer wie Marx als Jude in einer neuen Glaubensgemeinschaft, in derjenigen des Kommunismus, menschlichen Rückhalt gefunden hatte, konnte leicht über die Lebensgefährdung hinwegsehen, die derjenige empfand, der allein auf sich gestellt in der Wertschätzung von Geld und Besitz nur den Boden unter die Füße bekam, auf dem er sich mit einer ihm mißgünstig gesinnten Umwelt verständigen konnte. In Marx' Philippika schwingt allerdings auch ein Haß auf die eigene Traditionsgemeinschaft, von der sich vollends abzusetzen sucht, wer bei schon gelockerter Zugehörigkeit die gegen sie gerichteten Angriffe doppelt schwer erträgt. Diese Motivation kommt bei Ferdinand Lassalle viel offener heraus, wenn auch nur in einem privaten Brief:

> »Ich kann wohl bezeugen, daß ich kein Jude mehr bin, nicht aber, ohne zu lügen, daß ich ein Christ geworden wäre.«

> »Ich liebe die Juden gar nicht, ich hasse sie sogar ganz allgemein. Ich sehe in ihnen nichts als die äußerst entarteten Söhne einer großen, längst vergangenen Zeit. Diese Menschen haben in den Jahrhunderten ihrer Versklavung die Eigenschaften von Sklaven angenommen, und deshalb bin ich ihnen so unfreundlich gesinnt. Ich habe auch keinerlei Berührung mit ihnen.«[26]

Nach Marx und Lassalle nun das deutsche Gegenstück des ethnischen Selbsthasses: Friedrich Nietzsche. Das Gröbste, was Nietzsche den Deutschen vorzuwerfen hat, ist, daß sie »keine Kultur haben, ja auf Grund ihrer Erziehung gar nicht haben könnten«.[27] Das unterscheidet sie nach Nietzsche von den Franzosen, ihr Mangel an Geist aber von den Juden. Nietzsche, der behauptet, »noch keinem Deutschen begegnet (zu sein), der den Juden gewogen gewesen wäre«[28], sagt von den Antisemiten überhaupt: Sie »vergeben es den Juden nicht, daß die Juden

›Geist‹ haben — und Geld. Die Antisemiten — ein Name der ›Schlechtweggekommenen‹.«[29] Die härtesten Worte gegen die Deutschen fanden sich in Nietzsches Nachlaß:

> »Die Deutschen meinen, daß die *Kraft* sich in Härte und Grausamkeit offenbaren müsse, sie unterwerfen sich dann gern und mit Bewunderung: sie sind ihre mitleidige Schwäche, ihre Empfindlichkeit für alle Nichtse auf einmal los und genießen andächtig den Schrecken. Daß es *Kraft* gibt in der Milde und Stille, das glauben sie nicht leicht. Sie vermissen an Goethe Kraft und meinen, Beethoven habe mehr: und darin irren sie!!«[30]

> »In Deutschland hat es immer an Geist gefehlt, und die mittelmäßigen Köpfe kommen dort schon zu den höchsten Ehren, weil sie schon selten sind. Was am besten geschätzt wird, das ist Fleiß und Beharrlichkeit und ein gewisser kaltblütiger kritischer Blick; und um solcher Eigenschaften willen ist deutsche Philologie, deutsches Kriegswesen über Europa Meister geworden.«[31]

Nietzsches illusionslos böser Blick erkennt an den Deutschen auch eine Neigung zum Exotismus, zur »Hingebung an das Ausländische«, die mit einem »rachsüchtigen Verlangen nach Originalität« jedoch abwechsle[32]. Nietzsche selber in seiner Verachtung des »typischen Deutschen« wäre demnach eine für den deutschen Geist nicht untypische Erscheinung. Hat nicht auch Goethe aus Bewunderung für den Kaiser der Franzosen sich über »die lieben Deutschen« recht distanziert geäußert, ein »Volk, das so achtbar im einzelnen und so miserabel im ganzen« sei[33]. Goethe zeigt hellsichtig aber schon auf das Grundübel in Deutschland, die Kinderfeindlichkeit, die bis zum heutigen Tag verbreitet Mißmut, Pedanterie und Lebensernst, ängstliche Anpassung an das jeweils Geltende und Unerbittlichkeit gegenüber allen, die aus der Reihe tanzen, von Generation zu Generation übertragen hat:

> »Ich brauche nur in unserm lieben Weimar zum Fenster hinauszusehen, um gewahr zu werden, wie es bei uns steht. — Als neulich der Schnee lag und meine Nachbarskinder ihre kleinen Schlitten auf der Straße probieren wollten, sogleich war ein Polizeidiener nahe und sah die armen Dingerchen fliehen, so schnell sie konnten. Jetzt wo die Frühjahrssonne sie aus den Häusern lockt und sie mit ihresgleichen vor ihren Türen gerne ein Spielchen machten, sehe ich sie immer ganz geniert, als wären sie nicht sicher und als fürchteten sie das Herannahen irgendeines polizeilichen Machthabers. Es darf kein Bube mit der Peitsche knallen oder singen oder rufen, sogleich ist die Polizei da, es ihm zu verbieten. Es geht bei

uns alles dahin, die liebe Jugend frühzeitig zahm zu machen und alle Natur, alle Originalität und alle Wildheit auszutreiben, so daß am Ende nichts übrig bleibt als der Philister.«[34]

Hier, auf dem Grunde der deutschen Misere, verstehen wir auch, worin der musterhafte Deutsche mit dem prototypischen Juden früherer Jahre in seinem Lebensgefühl sich trifft: Juden, Kinder und Frauen waren schon seit Jahrhunderten in unserem Land die Zurückgesetzten, die Getretenen oder ins Ghetto Eingesperrten. Die erwachsen gewordenen Deutschen aber blieben, früh verschüchtert, innerlich zeitlebens die Kinder, die sich zu ducken hatten und dafür nur von Zeit zu Zeit das Ventil der kollektiven Aggression im Kriege eröffnet bekamen. So haben deutscher Selbstzweifel und deutscher Selbsthaß ihren vitalen Kern der Berechtigung; sie sind aber sowenig wie der Selbsthaß der Juden durch bloße Ermahnung zu einem gelassenen Selbstverständnis hinwegzureden. Es kommt alles darauf an, das Verhältnis zu den Kindern zu humanisieren, das heißt damit aufzuhören, daß man sie wie Haustiere behandelt, die man stubenrein prügelt und zu allerlei Artigkeiten abrichtet. Nur wer meint, die Alternative zu triebunterdrückender Dressur sei es, die Kinder sich selbst zu überlassen, kann Unterdrückung und Reglementierung als unausweichliche Notwendigkeit gerechtfertigt sehen. Auch eine leibbejahende Erziehung braucht Zuwendung; aber damit ist keine lästige Pflichtübung gemeint, sondern Zärtlichkeit, die nicht nur dem Kind Geborgenheit gibt, sondern auf den Erzieher als eine ihn tragende Erfahrung zurückwirkt.

Wer hier, im weithin immer noch gestörten Verhältnis zu den Kindern, die über alle Zeiten hinweg mitgegangene Ursache der deutschen Selbstzerknirschung wie der deutschen Selbstüberschätzung erblickt, der kann nicht mehr daran glauben, daß uns durch die Übernahme fremder Lebensstile, fremder Wertvorstellungen seelisch aufzuhelfen sei. *Savoir vivre* und *dolce far niente* müssen dem prototypischen deutschen Charakter immer aufgepappt bleiben: als Haltungen, denen vielleicht Freizeitreservate eingeräumt werden, die streng und pünktlich von der Arbeit abgetrennt werden. Da kann nichts auf den tätigen Menschen zurückstrahlen als Gelassenheit, Großzügigkeit und

Heiterkeit bei der Arbeit. Wahrscheinlicher ist, daß der ent-
schlossene Wille, auch im Lebensgenuß den anderen Völkern
nicht nachzustehen, solchen Genuß und wahre Freude gar
nicht aufkommen läßt. Da wird noch das Freizeitvergnügen zu
einer »Hetz«, wie es verräterisch im Bayerischen heißt, zu einer
Jagd nach Genüssen und Erlebnissen, die man sich nicht entge-
hen lassen dürfe. In den Augen eines Engländers, Terence Prit-
ties, hat namentlich die Art, wie an den Wochenenden in deutschen Großstädten die Menschen zu den Vergnügungsstätten
rasen, »fast etwas Raubgieriges an sich«, es fehle die Fähigkeit,
»einmal auf anständige Weise lässig zu sein«[35].
Atemlosigkeit selbst im Genießen, Neigung zu Sucht und
Rausch, wie sie der kühl distanzierte Blick an den Deutschen
wahrnimmt, findet seine Parallele in der Hast, der Sucht, der
Pein, die Martin Buber in dem »relativen Leben des jüdischen
Volkes« bemerkt, dem er ein absolutes »der geistigen Werke
und Werte« entgegensetzt[36]. Ruhelosigkeit und Süchtigkeit
sind aber keine naturgegebenen Eigenschaften eines ganzen
Volkes, sondern entweder Folgen des Gejagtwerdens, das im
gejagten Menschen innerlich als Unrast nachzittert; oder sie
sind Zeichen einer ungestillten, von sittlichen Zwängen unter-
bundenen Triebhaftigkeit; vielleicht beides zusammen.
Daß der innerlich friedlose, unzufriedene, weil unbe-friedigte
Mensch nach fremden Lebensstilen Ausschau hält, ist verständlich von der abendländischen Überzeugung her, daß der
Mensch alles, was überhaupt menschenmöglich ist, sich auch
jederzeit willentlich aufsetzen könne. Der Glaube an den freien
Willen, ohne den eine triebunterdrückende Moral nicht aus-
kommt, läßt die Bedingungen vergessen — oder gar nicht erst
bewußt werden, unter denen wir so und nicht anders geworden
sind. Und so glaubt denn auch mancher frankophile oder anglophile Deutsche, schon etwas von dem fremden Lebensgefühl
in sich aufzunehmen, wenn er die Franzosen oder Engländer
äußerlich nachahmt: in Kleidung, Tischsitten oder Grußformen. Einzig der *american way of life* scheint deutscher Zielstrebigkeit entgegenzukommen, jedenfalls mit seinem Angebot an
prestigebesetzten Konsumgütern und Statussymbolen. Aber
schon die Fähigkeit des Durchschnittsamerikaners, mit ihm be-

gegnenden Menschen schnell Freund zu werden (»*to make friends*«) und sich überall gleich wie zu Hause zu fühlen, wird den Gästen aus Übersee nicht selten als Oberflächlichkeit, Mangel an »Gemüt« oder Unfähigkeit zu tieferer seelischer Bindung ausgelegt. Innere Beweglichkeit, die Fähigkeit, sich auf wechselnde Situationen und Partner einzustellen, findet vom Standpunkt deutscher Beharrlichkeit und Gründlichkeit her keine positive Bewertung. Der Deutschen Sehnsucht, so wie die andern zu sein, liegt immer noch der Ehrgeiz zugrunde, zu allem, wie man ist und wie man's treibt, außerdem noch so wie die anderen sein zu können. Es ist selten ein radikaler Wunsch nach völligem Anderssein; denn das verlangte, auch die Fehler und Unzulänglichkeiten der anderen in sich zu entfalten. Die gelassene Einsicht, daß jeder nur die Fehler seiner Vorzüge hat und die Schwächen seiner Tugenden, und daß auch »jedes Volkes Fehler und Tugenden demselben Charaktergrund entspringen« (Max Scheler[37]), geht nicht in perfektionistisch gestimmte deutsche Gehirne. Solche Einsicht müßte Verständnis dafür wecken, daß der an den Fremden beobachteten Fähigkeit, sich rasch auf andere Menschen einzustellen, ein leichter Sinn innewohnt; daß »deutsche Treue« aber auch mit einiger Schwerfälligkeit einhergeht und dazu neigt, dem treu Umhegten sein Eigenleben zu nehmen.

In solcher Weise Charakterzüge und Neigungen zusammenzuschauen oder ihre moralische Bewertung zu relativieren entspricht nicht dem deutschen Ideal vom »vollkommenen Menschen«, das sich selber aus zwei Erwartungen zusammensetzt: 1. aus der Forderung, alle Schwächen, Fehler und ungebärdigen Neigungen in sich zu überwinden oder niederzuhalten, und 2. aus der Hoffnung, der kulturelle Fortschritt werde dazu führen, daß der Mensch alle seine Naturanlagen »völlig entwickeln kann« (Kant[38]). Das eine, das asketische Moment, ist christliches Erbe[39]. Mit dem anderen aber, dem aufklärerischen Moment, berührt sich das jüdische Bild vom Menschen, wie er sein soll. Es berührt sich mit ihm freilich nicht in der Begründung, sondern in der Zielsetzung: in der Öffnung zur Menschheit überhaupt. Was der Mensch seinen besseren Möglichkeiten nach sein könnte, gilt dem jüdischen Denken, namentlich bei

Martin Buber[40], nicht als etwas erst noch zu Entdeckendes, sondern als etwas nur Wiederzuentdeckendes; denn das »Urmenschliche« (Buber) kommt mit dem Urjüdischen überein. Solch hochgemutes Denken hat aber im geschichtlichen Leidensweg der Juden wohl eine Abmilderung erfahren, die im Ergebnis mit weltbürgerlicher Anpassungsfähigkeit an vielfältige Kulturen übereinkommt: »Wir Juden sind doch die wahren Kosmopoliten, die Weltbürger von Gottes Gnaden, oder, wenn du willst, von Gottes Ungnaden.« So läßt Wilhelm Raabe einen Juden im *Hungerpastor*[41] sprechen. Solches Kompliment wird den Deutschen von einem deutschen Juden, von Ludwig Börne, zurückgegeben: »Der Brite ist nur Brite, der Spanier nur Spanier, der Franzose nur Franzose; Mensch ist der Deutsche allein.«[42] Gerade dies, daß Deutsche und Juden vielfach so unglücklich über den Lebensstil ihrer ethnischen Gemeinschaft sind, macht die Nachdenklichen und Beweglichen unter ihnen offen für die Menschenwelt überhaupt.

Durchaus deutsch, wenn auch nicht jedes Deutschen Neigung ist es, alles unverwechselbar Deutsche, das korrekte, an Vorschriften orientierte, ja durch sie reglementierte Leben in Deutschland unerträglich zu finden, verglichen mit dem beschwingteren Alltag gerade der südlichen Völker. Durchaus jüdisch, wenn auch nicht eines jeden Juden Tendenz ist es, sich vom Judentum zu distanzieren, von jüdischer Selbstgerechtigkeit und dem tradierten Bewußtsein, anderen Völkern moralisch überlegen zu sein, wenn nicht durch besondere Tugenden, so durch ein diesem Volke auferlegtes Schicksal. Die in der Bundesrepublik Deutschland aufgewachsene Jüdin Lea Fleischmann bekennt, als Kind davon überzeugt gewesen zu sein, »dem auserwählten Volke anzugehören«:

> »Diese Auserwähltheit erklärte für mich alles. Sie erklärte, warum es so viele jüdische Nobelpreisträger gibt, sie erklärte, warum die Juden schnell zu Reichtum gelangen, und sie erklärte das ungeheure Leid, das wir erlebt hatten.«[43]

Deutscher Selbstherrlichkeit aber hält — zumal seit Auschwitz bei deutschen Intellektuellen ein Bewußtsein die Waage, einem zum Bösen besonders verführbaren Volk anzugehören. Nationale Selbstüberhebung und Selbstzerknirschung werden bei uns zulande wohl in verteilten Rollen verkörpert; doch Stolz auf das Deutschtum und Widerwille gegen alles »typisch Deutsche« gehen auch mitten durch die Köpfe vieler Deutscher hindurch. Und das ist nur zu erklärlich. So wie früher ein Jude, der unter Christen lebte, mit dem Stigma fertigwerden mußte, ein Angehöriger des Volkes zu sein, das den »Gottessohn« gekreuzigt habe, so sieht sich heute der Deutsche dem Vorwurf ausgesetzt, zu einem Volk zu gehören, das Hitler und die KZ-Mörder hervorgebracht hat. Auf solch kollektive Verteufelung antwortet das getroffene Selbstwertgefühl entweder mit Trotz, mit Abwehr, Leugnung des Behaupteten oder mit Zweifeln an sich selbst, wenn nicht mit dem Versuch, sich aus der so diskriminierten Gemeinschaft wenigstens »geistig« zu lösen. Der trotzig gezeigte Stolz auf das eigene Volk wie die Fiktion, ihm als geistige Person oder als entschiedener Europäer gar nicht mehr anzugehören, sind aber immer noch gebunden an das Gefühl der Inferiorität dieses Volkes, weil von dem Wunsch, das loszuwerden, motiviert. Wer einem stigmatisierten Volk angehört, wird aber von allen, die sich moralisch darüber erheben wollen, immer wieder an seine nationale Erbsünde erinnert. Schon vom bloß verstehenden Mitvollzug der Verachtung, die von den anderen auf ihn als »Volksgenossen« ausstrahlt, bleibt etwas wie Schuld an ihm hängen. Ein Jahrzehnte nach der Niederlage »Hitler-Deutschlands« geborener Deutscher, der 1981 in einer Gruppe von Schülern Israel bereiste, stellte dort verwundert an sich selber fest: »Ich fühl' mich in gewissem Sinne schuldig, weil es alle sagen.«[44] Alle, das waren die Juden, auf deren Einladung hin sie gekommen waren, die ihnen das Land zeigten und für sie Seminare und Diskussionen veranstalteten. »Hier soll uns deutlich gemacht werden, daß wir mitschuldig sind«, sagte der junge Deutsche.

Schuld als soziales Phänomen entsteht nicht einfach durch eine eigenhändig verübte oder selbst zu verantwortende Untat, sondern durch das Verstehen des Vorwurfes, mit dem die Rechts- oder die Völkergemeinschaft darauf antwortet. Auf diesen phänomenalen Zusammenhang von Vorwurf und Schuld[45] gründet sich die satanische Möglichkeit, Schuldgefühle in unschuldige Menschen zu induzieren. Hier liegt die Wurzel des ethnischen

Selbsthasses bei manchen Deutschen und bei Juden wie Karl Marx und Ferdinand Lassalle.

Was aber geschieht, wenn Menschen verschiedener Völker, die einander in ihren Stärken und Schwächen so ähnlich sind, einander begegnen, gar wenn sie wie einst die Deutschen und Juden unter denselben Fürsten leben? Notwendig werden sie voneinander ebenso fasziniert sein wie voneinander abgestoßen. Hellsichtig werden sie aneinander gerade diejenigen Mängel erkennen, die sie gemein haben, und um so leidenschaftlicher an den jeweils anderen verurteilen, je weniger sie bereit sind, diese Fehler bei sich selber wahrzunehmen. Der Judenhaß eines Deutschen unterscheidet sich vom Antisemitismus anderer Europäer gerade durch das Moment des Selbsthasses, der sich projektiv darin aufgelöst hat. Andere mögen von tüchtigen Juden (wie von tüchtigen Deutschen) sich auf eine demütigende Art herausgefordert fühlen — ein Deutscher kann Juden hassen wie nur ein Tüchtiger einen Tüchtigen hassen kann, dazu provoziert, ihn durch vermehrte Anstrengung zu »schlagen«. Die Judenfeindschaft des selbstherrlichen und rastlos tätigen Deutschen, den wir heute immer seltener finden, motiviert die Berührungsempfindlichkeit gegenüber dem Doppelgänger. So wie der Geizige am Geizigen vornehmlich den Geiz bemerkt und der mimosenhaft Empfindliche an anderen ihre »Empfindlichkeit« wahrnimmt und tadelt, so nimmt der Deutsche am Juden die Selbstgerechtigkeit und den sich durchsetzenden Kaufmannsgeist wahr, die Sparsamkeit und die Ausrichtung aufs sogenannte Materielle. In einer Gesellschaft, wo »Finanzkraft« längst in den Rang einer Charaktereigenschaft aufgerückt ist und wo einer sich schämen muß, der aus sachbezogener Neigung eine unterbezahlte Tätigkeit ausübt, da begegnet uns immer noch die Überzeugung, Profitdenken sei eigentlich etwas typisch Jüdisches. Der ostentative Philosemitismus, der nach dem Zweiten Weltkrieg zumal in akademischen und evangelisch-theologischen Kreisen den einst sozialkonformen Antisemitismus abgelöst hat, ist nur eine Umkippung dieser Doppelgängerscheu in ein trotziges Betonen der Verbundenheit, freilich ohne daß die tieferen Gemeinsamkeiten in ihrer Zwiespältigkeit bis jetzt bewußt geworden wären.

Es gibt auch einen vordergründigen Philosemitismus, der nach der Niederlage von 1945 und der dabei offenbar gewordenen nationalen Schande der Judenvernichtung nichts weiter bedeutet als geflissentliche Anpassung an den jetzt herrschenden Zeitgeist. Solcher Philosemitismus meint nicht den Juden als den Bruder Abel des Deutschen, sondern jeweils das eigene eitle, karrierebesessene Ich, das weiß, womit man sich jetzt profilieren kann. So sah ich bei einer Veranstaltung zur »Woche der Brüderlichkeit« einen früheren NS-Funktionär in seiner Eigenschaft als Landtagsabgeordneten in der ersten Reihe sitzen. Ich fragte mich, was hinter seiner Stirn jetzt vorgehen mochte. Vermutlich nichts, was er heute — nach dem Scheitern seiner alten »Weltanschauung« — nicht auch öffentlich hätte bekennen dürfen.

Der neudeutsche Philosemitismus findet öffentlich alles gut, was immer von Juden getan, vom Staat Israel als Politik verfolgt wird. Es liegt nahe, eine derart kritiklose Parteinahme für alles Jüdische als reine Heuchelei abzutun. Der also Heuchelnde aber gewinnt, je länger er in das zur Schau Getragene sich einübt, ein um so distanzloseres Verhältnis zu seiner Lüge, weil er nicht beständig zu sich selber sagen kann, daß die übernommene Linie nur taktische Bedeutung hat. Solche Ehrlichkeit gegen sich selbst würde ihn allzu rasch erschöpfen. Sie bärge auch die Gefahr, sich gelegentlich, etwa in angeheiterter Stimmung, die wahre Gesinnung entschlüpfen zu lassen. Der vollendete Opportunist hat keine »wahre Gesinnung«; er taktiert vorsichtig mit sich selber.

Dem prototypischen Philosemiten wird nicht bewußt, daß er nur in anderer Weise als der Antisemit den Juden als Mitmenschen nicht ernst nimmt. Einen Menschen ernst nehmen heißt ja, sich mit ihm auch auseinandersetzen in allem, womit er fremde Lebensinteressen berührt. Wer vor den Juden — privat oder außenpolitisch — grundsätzlich zurücksteckt, zeigt ihnen gegenüber nur eine andere Form der Berührungsscheu. Er beläßt sie in der Sonderrolle, in die jahrhundertelanger Haß sie gedrängt hat.

c) Motive und soziale Funktion des Völkerhasses

Die Motivationsbasis jedweden Völkerhasses ist nichts als das Bedürfnis, vitalen Unmut gegen ein sich lohnendes Ziel richten zu können. Es muß sich »lohnen« in mehrfacher Weise:

1. Es muß der Gewissensentlastung dienen, der Befreiung von Schuldgefühlen, wenn der Haß in Aggression sich zuspitzt. Um dies zu erreichen, wird das gewählte ethnische Objekt moralisch abgewertet zum »Untermenschen«, »Ungeziefer«, das man vertilgen müsse.

2. Ein ganzes Volk als Haßobjekt »lohnt« sich für den sonst Mitleid Empfindenden, der von Mensch zu Mensch nicht vernichtend böse sein kann. Ein mehr oder weniger abstraktes »Volk« als Feind aber erspart ihm das Weiße im Auge des Feindes, das den Instinkt der Tötungshemmung in ihm erwecken müßte. Deshalb ist Judenhaß als reines Gefühl noch eher zu verwirklichen in einem Land ohne Juden als in jenem Deutschen Reich, in dem, wie Himmler beklagte, jeder noch »seinen anständigen Juden« hatte [46].

3. Der Haß von Volk zu Volk »lohnt« sich für den ängstlich Hassenden, weil er sich eingebettet fühlt in eine Gemeinschaft der Hassenden. Was immer eines Tages oder sogleich von den Verfolgten auf ihn zurückschlagen könnte, das trifft ihn nicht als Individuum, sondern als Teil eines Kollektivs, das über Recht und Unrecht nicht reflektiert, sondern nur seinem Lebensinteresse folgt — oder dem, was man verblendet dafür hält. Je mehr der Einzelne dabei auch in einem strafrechtlichen Sinne schuldig wird, desto weniger wird er geneigt sein, sich gegen den Vorwurf einer »Kollektivschuld« zu wehren.

4. Kollektiv auf einen Feind ausgerichteter Haß hat auch die Funktion, ein durch Konkurrenz, Gewinnsucht, Ehrgeiz, Sexualneid und alltägliche Streitereien in sich zerfallenes Volk zu solidarisieren. Die von Hitler und Goebbels nicht nur rhetorisch beschworene »Volksgemeinschaft« hatte ihr verbindendes Moment im wachgehaltenen Haß auf »Todfeinde«, »Volksschädlinge«, »Gewohnheitsverbrecher« und vor allem in dem von Generation zu Generation weitergegebenen Judenhaß. (Nur war Hitler sich zweifellos darüber im klaren, daß das hier-

in weitgehend einige Volk ihm nicht auf dem Wege des Völkermords folgen würde; sonst hätte er nicht Vorsorge getroffen, die Existenz von Vernichtungslagern geheimzuhalten.)

5. In der negativen Solidarität des Hasses auf fremde Völker gewinnt jeder der darin Fiebernden ein Selbstbewußtsein, das aus dem Rückhalt in solcher Gemeinschaft resultiert. Noch der ärmste und glücklose, der vielfach gedemütigte und herumgestoßene Mensch gewinnt in feindseliger Abgrenzung gegen ein »hassenswertes« Volk die Bedeutung eines unentbehrlichen Trägers dieses Hasses, der um so stoßkräftiger wird, je mehr Menschen ihn verkörpern. Gerade derjenige, dessen Leben keinerlei Richtung und Kontur hat, definiert sich so an Feinden, auf die er im Verein mit anderen sich bezieht. Wenn es gar gelingt, bei sich selber verleugnete triebhafte Neigungen am gründlich gehaßten Feind wahrzunehmen und projektiv an ihm zu bekämpfen, dann kann im Haß und Kampf gegen ihn das eigene Selbst um so makelloser imaginiert werden.

Gewissensentlastung, Hemmungsabbau, Angstbeschwichtigung, Solidarisierung und Selbstfindung — diese psychischen Momente des Völkerhasses sind keine Motive, die der so Hassende bewußt vollziehen oder sich willentlich aufsetzen könnte als Zwecke. Wer in eine tradierte Feindseligkeit sich einbeziehen läßt, gerät dabei so in den Sog der Entlastung von Schuldgefühlen, Hemmungen und Ängsten, daß er in die vorgezeichnete Aversion sich unwillkürlich immer mehr einlebt. Wenn er der moralischen Entlastung, die er dabei erfährt, einmal innewürde, verlöre er auch schon die Neigung, sich ihr willenlos hinzugeben. Denn dann würde seine Aufmerksamkeit auf ihn selber zurückgebogen, abgezogen von dem Feind, in dessen Wesen er seinen Haß begründet sieht. Sowie ihm bewußt würde, daß der verhaßte Feind ihm nur herhalten muß, um von eigener Unzulänglichkeit abzulenken und um angestauter Aggressivität ein lohnendes Ziel vorzugeben, müßte er am objektiven Sinn seines Hasses zweifeln. Der blindlings Hassende aber ist sich am allerwenigsten hierüber im klaren. Sein völlig objektbezogenes Bewußtsein sieht die Ursache seines Hasses allein in Eigenschaften der Gehaßten, nicht in seinem eigenen triebhaften Verlangen nach einem Feind.

Die älteste rationale Begründung tödlichen Hasses auf die Juden liegt in dem Vorwurf der Christen, sie hätten Christus, den Sohn Gottes, ans Kreuz geschlagen. Da ihnen so bereits das Allerschlimmste nachgesagt werden konnte, was religiöser Eifer sich auszudenken vermag, war es nur theo-logisch, sie für die meisten Übel dieser Welt verantwortlich zu machen: für die Ausbreitung der Pest und der Syphilis, für die Not der Armen, für den Ausbruch des Krieges, den Verfall der Sitten. Noch Hitler, der mit seiner Wendung gegen die Juden »für das Werk des Herrn«[47] zu kämpfen gedachte, hat an den Kreuzestod Christi erinnert; der sei erfolgt, weil Christus den Juden, »diesen Widersacher jedes Menschentums«, mit der Peitsche aus dem Tempel des Herrn getrieben habe (*Mein Kampf,* S. 336). Doch das entscheidende Motiv, selber Jagd auf die Juden zu machen, ist das für Hitler nicht mehr. Er stützt sich bereits auf Gobineaus Lehre von der »Ungleichheit der Menschenrassen«[48], die ihm dazu verhilft, im »nordisch-germanischen Menschen« (S. 438) den rassisch höchstwertigen zu sehen und in den Juden eine Rasse, von der dem deutschen »Volkskörper«[49] eine »Bastardisierung« (M.K., S. 357 und 629), ja eine »Blutvergiftung« (S. 629) drohe. Im pseudowissenschaftlichen Glauben an die kulturelle Überlegenheit einer »rein« erhaltenen Rasse wendet sich Hitler sogar ausdrücklich gegen einen »Scheinantisemitismus« (S. 132), der sich damit begnüge, die Juden zum Christentum bekehren zu wollen. Solche Bekehrungsversuche entsprächen ebensowenig wie ein den Juden entgegengebrachter Konkurrenzneid der »inneren und höheren Weihe« des Kampfes gegen das Judentum als Rasse.

Für eine dem Judentum entgegenzustellende reine Rasse dient Hitler paradoxerweise »der Jude« selber als Vorbild. »Blutsreinheit«, wie der Bajuware statt »Rassenreinheit« (S. 312) auch sagt, »wahrt der Jude besser als irgendein anderes Volk der Erde« (S. 751). Wer in den Abgrund der Motive nicht tiefer zu blicken verlangt, könnte auch hierin ein Neidmotiv sehen. Aber Neid ist nur eine Bewußtseinsform triebhaften Unbehagens.

d) Hitlers sexualpathologischer Judenhaß

Hinter der aufgeklärten Verwerfung von Glaubenseifer und Neidmotiven gegenüber den Juden spannen sich die triebhaft-sexuellen Motive, die den jungen Mann Adolf Hitler zum biologisch überzeugten Judenfeind haben werden lassen. Der junge Adolf Hitler, der nach seinem späteren eigenen Zeugnis zuerst »schüchtern und unbedeutend« war, dann »ein ausgehungerter Soldat«, für den sich kaum jemand interessieren konnte, betrachtete die Frauen als »wunderbare und unerreichbare Wesen«[50]. Er sah sie aber, wie er selber schrieb, zugleich erreichbar und durchaus zugänglich für modisch gekleidete »krummbeinige, widerwärtige Judenbankerte«, die »Hunderttausende von Mädchen« verführten (*Mein Kampf*, S. 458). In solchen und ähnlichen Tönen, die wie ein Leitmotiv in *Mein Kampf* immer wieder aufklingen, sitzt der Sexualneid des lange mittellosen und im bürgerlichen Sinne gescheiterten jungen Mannes dicht unter der sittlichen Entrüstung. Da ist die Rede von der syphilitischen »Verseuchung und Mammonisierung unseres Liebeslebens« (S. 272), die auf die Juden zurückgeführt wird. Da gibt es »unerfahrene junge blonde Mädchen«, die »planmäßig« von Juden geschändet würden (S. 630). Im Stile einer Moritat heißt es gar: »Der schwarzhaarige Judenjunge lauert stundenlang, satanische Freude in seinem Gesicht, auf das ahnungslose Mädchen, das er mit seinem Blute schändet und damit seinem, des Mädchens, Volke raubt.« (S. 357) Gegenüber solchen Erscheinungen einer »verfaulenden Welt« propagierte *Mein Kampf* ein rücksichtsloses »Reinemachen unserer Kultur« (S. 279). Solch wildgewordene sittliche Entrüstung, die als Begründung des Judenhasses dargeboten wird, weist zurück auf die sexuelle Frustration, die Hitler von allen, die ihn näher kannten, bescheinigt wird.[51] Hanfstaengl hat beobachtet, wie sich Hitler gegenüber seiner Stiefnichte Geli Raubal verhalten hat: »Ein halbwüchsiger Pennäler, von seiner Pussage den ersten Kuß erbittend, konnte kaum linkischer wirken.«[52]
Die Juden galten, wie schon nachgezeichnet*, Hitler als das

---

* im III. Kapitel dieses Buches, S. 111 ff.

Unreine schlechthin — eben jene Juden, die selber nichts Unreines, nur Koscheres zu essen pflegen. Der Jude als der unsaubere, der unreine Mensch, das ist zu offensichtlich ein Projektionsphänomen, das heißt die in ein menschliches Objekt versetzte eigene Unfähigkeit, dem anerzogenen Reinlichkeits- und
Keuschheitsideal zu genügen. Ein skrupulös auf Reinlichkeit
und sexuelle Reinheit ausgerichtetes Gewissen schleudert die
Wut über sein fortwährendes, weil unausweichliches »Versagen« auf Menschen, in denen es alle Unreinheit menschlichen
Lebens verkörpert wähnt und von denen es einen steten Anreiz
zur Lockerung der Sitten verspürt. Hitler reflektiert das als
»sittliche Verpestung«[53], die ihm von den Juden auszugehen
scheint.
Der gegenüber Frauen zurückhaltende, doch gesunde junge
Mann leidet wohl vor allem unter jener unmittelbaren Entlastung vom Triebdruck, die ihn die christliche Moral als
»Selbstbefleckung« zu verachten gelehrt hat. Solch immer wie-
derkehrender Anlaß, sich selber »unrein« zu fühlen, verlangt
um so gebieterischer nach Menschen, die er hinreichend moralisch abwerten kann, um seinem gebrochenen Selbstwertgefühl
wieder aufzuhelfen. In schon wahnhafter Projektion verkörpern
sie dem an seiner eigenen »Unreinheit« Leidenden eben jenes
Glied seines Leibes, an dem er, wie Kant sagt, »wollüstige
Selbstschändung«[54] verübt. Der Jude wird zum verabscheu-
ungswürdigen Phallus, den man besser nicht anfaßt: »Wo immer man einen solchen Apostel angriff, umschloß die Hand
qualligen Schleim; das quoll einem geteilt durch die Finger ...«
Diese Stelle in *Mein Kampf* (S. 67) kann gar nicht anders als se-
xualpathologisch gedeutet werden: Ein tief an sich selber leidender Mensch legt einen unkontrollierten Augenblick lang im
Eifer empörter Rede den neurotischen Kern seines Judenhasses
bloß.
Es charakterisiert das Ausmaß der kulturbedingten Verdrängung des Sexualtriebes als einer das Zusammenleben prägenden Kraft, daß die sexualpathologische Seite von Hitlers Judenhaß von unserer professionellen Vergangenheitsbewältigung bis
jetzt nicht gesehen worden ist, obschon Hitlers Sprache dafür
drastische Anzeichen bietet. Die Weise, in der ein Mensch

spricht oder schreibt, die Wahl der Worte und Metaphern steht seiner Selbstkontrolle nicht so zu Gebote wie ein Mittel, das er zum Erreichen eines bestimmten Zweckes sich aussucht, oder wie eine Rechtfertigung, die er für sein faktisches Verhalten sich ausdenkt und zurechtlegt. Die ihm unbewußten Antriebe beeinflussen aber auch noch den Stil, in dem er sich rechtfertigt. Hitler verbirgt zwar bewußt seine wahren Motive, verrät sie aber dennoch in der Weise seines Verbergens.

Nun fehlt es nicht an psychoanalytischen Deutungen der Charakterstruktur Adolf Hitlers. Dabei aber wird nicht auf Anzeichen geachtet, in denen der moralkonform verdrängte Trieb sich einmischt oder hervorsticht, vielmehr werden biographische Fakten und Bekenntnisse einem vorgegebenen Deutungsschema unterworfen. Da dominieren Begriffe wie Ödipuskomplex, Mutterbindung, Vaterimago, Minderwertigkeitskomplex, Überich-Bildung: mythische Prägungen, mit denen zwar aus je verschiedener Perspektive bestimmte Verhaltenskonstanten veranschaulicht werden, mit denen aber die erlittene Sexualnot eher zugedeckt als dargelegt wird. Die Psychoanalyse erweist sich so selber als ein Moment der kulturspezifischen Verdrängung: Statt von einem autoritären Vater als der ersten und entscheidend prägenden triebunterdrückenden Instanz zu sprechen, stigmatisiert sie den von ihr Verschüchterten als einen Menschen, der mit einem »Ödipuskomplex« behaftet sei oder mit einem zu strengen Überich nicht zu Rande komme. So wird in der Deutung Gérard Mendels noch alles, was Hitler zeitlebens verübt hat, zu einer »Revolte gegen den Vater«[55] oder mit Erich Fromm als das folgerichtige Verhalten eines »nekrophilen Charakters« erklärt, der aus einer »bösartigen inzestuösen Bindung« erwachsen sei[56] und sado-masochistische und narzißtische Züge aufgewiesen habe[57]. Lebensgeschichtliche Deutungen, die in die frühe Kindheit zurückgreifen, bieten den Vorteil, daß der sie Nachlesende dahinter ein einmaliges, unvertretbares, sich nicht so leicht wiederholendes Sonderschicksal zu erkennen meint. Und wo der politisch sich durchsetzende Vernichtungswille mit psychoanalytischen Kategorien beschrieben wird, ist der Eindruck des Einmaligen, aus dem Rahmen Fallenden verstärkt durch eine Terminologie, die auf Krankhaftes, klinisch zu Versorgendes angewendet zu werden pflegt. In jedem Falle wird das einfache Bedingungsverhältnis von Triebverzicht und Vernichtungswillen (Frustration und Aggression) verwischt und so mit deskriptiven Begriffen zugedeckt, daß die moralkonforme Seite der Triebunterdrückung völlig darunter verschwindet. Erich Fromm, der mit »Nekrophilie« den Schlüsselbegriff für Hitlers Charakterstruktur gefunden zu haben glaubt, begnügt sich damit, diesen Terminus auf Hitlers Verhalten anzuwenden und durch Zeugnisse anderer sowie durch Äußerungen aus des »Führers« eigenem Munde sich bestätigen zu lassen. Die Frage, wie es kommt, daß in unserer Kultur ein Mensch »nekrophil« wird, das heißt sich zu toten Menschen oder zu Verwesendem überhaupt hingezogen fühlt, wird gar nicht aufgeworfen. In seiner ernsten klinischen Bedeutung lenkt der Begriff »Nekrophilie« den Blick auf jene bedauernswerten Neurotiker, zumeist Männer, die durch eine sie verschüchternde moralkonforme Erziehung sexuell so gehemmt sind, daß sie nur noch mit toten Menschen sich einen sexuellen Kontakt vorstellen können: denn bei den Lebenden »sind da vorwurfsvolle Augen, die einen ansehen«, sagte ein nekrophiler Patient zur Erklärung[58]. Wer ganz durchdrungen ist von einer lust- und lebensfeindlichen Moral, der mag, nekrophil geprägt, immerhin auf den Gedanken kommen, daß er potentielle Sexualpartner immer zuerst töten müsse, ehe er körperlich sich ihnen nähern dürfe. Es wäre durchaus psycho-logisch, sich vorzustellen, daß ein solcher Tötungswille sich chronifiziert und verselbständigt, dann also mit dem ursprünglichen libidinösen Motiv nicht mehr bewußt verbunden wäre.

Es darf dahingestellt bleiben, ob die Kategorie des Nekrophilen an der Person Hitlers und ihrer geschichtlichen Wirkung viel erklärt. Psychoanalytische Deutungen, die feinsinnig allen Möglichkeiten der Verknüpfung von unbewußten Vorstellungen zu sogenannten »Komplexen« nachzugehen suchen, lassen gerade dadurch die explosive Kraft verdrängter Triebe nicht mehr recht deutlich werden. Damit bleibt aber auch unbegriffen, was die verführerische Faszination eines Mannes wie Hitler noch über dessen Tod hinaus ausmacht: die von ihm ausgehende Ermutigung, die durch Moral und Erziehung, Strafen und soziale

Anpassung zurückgestaute Triebhaftigkeit in »nationaler Erhebung« und gegen vermeintliche »Untermenschen« guten Gewissens aggressiv auszuleben. Wer durch die von klein auf erlittene Beschränkung und Einschnürung seiner Vitalität innerlich rasend und schlaflos geworden ist, der verspürt am ehesten die Faszination einer Führergestalt, die keine andere Moral verlangt als Treue zu ihm und Gehorsam — »Meine Ehre heißt Treue« lautete der Wahlspruch der SS —, die dann aber nur das befiehlt, was den längst destruktiv gewordenen Trieben seiner Getreuen entspricht.

Eine Vergangenheitsbewältigung, die es dabei beläßt, Hitler schrecklich, aber doch faszinierend zu finden, verbrecherisch, aber dämonisch, übergeht eben das in der Triebstruktur der seinerzeit Verführten wie der heute noch von ihm Beeindruckten, was ihm sehnsüchtig entgegenkam: das Verlangen nach Gewissensentlastung für nur im Kollektiv gewagte Destruktion. Psychoanalytische Deutungen der destruktiven Persönlichkeit Hitlers, die ein vorgestricktes Begriffsnetz über ihn ausbreiten, ignorieren aber nicht minder das potentiell Destruktive, Vernichtungswütige in denen, die allezeit auf einen »Führerbefehl« warten, der eben das erlaubt, was im geregelten Alltag verboten ist. Hitler als Dämon, Hitler als Ödipus, Hitler als nekrophiles Monstrum, kurzum als mythische Gestalt aufgerichtet oder zurechtgedeutet, verstellt den Blick auf die Notwendigkeit und die Möglichkeit, unser aller Leben so zu revolutionieren durch Bejahung der eigenen vitalen Antriebe, daß deren Verbiegung und Zuspitzung zu Aggression und Destruktion vermieden würde. Dann könnte auch Verführung dazu nicht mehr greifen. Wer sie versuchte, wäre von Anfang an als der Psychopath erkennbar, zu dem Hitler, da er gescheitert ist, posthum noch geworden ist.

e) Genügt es, Vorurteile abzubauen?

Das Bedingungsverhältnis Frustration–Aggression kommt am pathologischen Extremfall überdeutlich heraus. Ein davon eindeutig charakterisierter Völkerhaß bedarf, um in seinem Vorhandensein und in seiner Wirksamkeit erklärt zu werden, keiner psychoanalytischen Deutung, die nur am individuellen Beispiel beschreibt, auf welch besondere Weise der allgemein unterdrückte Trieb deformiert werden kann. Um zu verstehen, daß es Völkerhaß gibt, bedarf es aber auch keiner religions- oder ideengeschichtlichen Herleitung solchen Wahns. Es bedarf ihrer nur, um zu begreifen, warum er sich gerade auf dieses bestimmte Volk, etwa die Juden oder die Deutschen, heftet und auf kein anderes. Religiöse und weltanschauliche Ideen mögen dazu verleitet haben. Doch jede noch so gut tradierte destruktive Idee muß von einer ins Destruktive abgebogenen Triebhaftigkeit je individuell neuerdings aufgefangen und weitergetragen werden. Sonst reißt die scheinbar festgefügte Kette der Tradition einer »Erbfeindschaft«. Daß längst nicht jeder Deutsche den von der Staatsführung angefachten Judenhaß mitvollzogen hat, ist der beste Beleg dafür, daß solcher Haß stets seine vom Traditionsbewußtsein nicht erfaßte triebhafte Grundlage braucht. Es wäre nur kurzschlüssig, hier von einem unausweichlich angeborenen Naturtrieb zum Völkerhaß zu sprechen, da der vermutlich beachtliche frustrationsbedingte Anteil an solch einem »Trieb« bei uns immer noch kulturbedingt verdrängt wird. Ein aus verschiedenen (vitalen und sozialen) Komponenten zusammengesetztes Reaktionsmuster werden wir nicht gut als Trieb bezeichnen können. Wer, um den Völkerhaß als etwas Naturgegebenes auszugeben, auf sogenannte Naturvölker verweist, die einander abstoßen oder gar bekriegen, der sollte nicht die friedfertigen Kulturen dabei übergehen, auch nicht die vielfältigen Riten des Gastrechts in technisch primitiven Gesellschaften ignorieren.

Der aus Triebverzichten sich sammelnde vitale Unmut ist die Motivationsbasis jeden Völkerhasses, eine physische Grundlage, die auch wechselnde ideologische Begründungen trägt: so die einander ablösenden religiösen und rassistischen Vorstellungen vom wirklich guten Menschen als bewußte Motive für den Judenhaß. Der Christenmensch, der Jesu Kreuzestod zu rächen meint, wird vom »Germanen« verdrängt, der für die Reinhaltung seiner Rasse zu kämpfen hat. Solche Ablösung einer bewußten, für die jeweilige Bewußtseinslage durchaus »vernünftigen« Begründung durch eine andere ist in Hitlers *Mein Kampf* noch spürbar — wie zum Beleg dafür, daß es im Blick auf kollektive Aggressivität auf deren bewußte Motive, ihre verstandesmäßige Rechtfertigung von seiten der Lostobenden nicht ankommt, jedenfalls nicht so, daß solche Motive, solche Rechtfertigungen als die vitalen *Ursachen* des Hasses und des Mordens angesehen werden müßten. Die bewußten Motivationen kollektiven Hasses leisten nur eine soziale Koordination andernfalls freischwebender und diffus sich auswirkender Aggressivität. Und das ist auch der Grund, daß sie dort, wo sie einander ablösen, sich auch für einige Zeit überlappen müssen: weil sonst die Kontinuität kollektiver Feindhaltung zerbröckelte. Hitler, der sich rühmte, die Judenfrage »zum treibenden Motiv einer großen Volksbewegung gemacht« zu haben[59], hat zumindest intuitiv seine Propaganda auf diesen Zusammenhang abgestellt. Solch instrumentaler Umgang mit dem im Volk schon bereitgelegenen Antisemitismus schließt nicht aus, daß Hitler als junger Mann in Wien einst selbst nach seinem eigenen Lebensbericht unverkennbar froh darüber war, in den Juden ein Projektionsobjekt gefunden zu haben, auf das er eigene unverarbeitete innere Nöte abladen konnte. Der »lange innere Seelenkampf«, der ihn zum Antisemiten hat werden lassen, dieses »bittere Ringen zwischen seelischer Erziehung und kalter Vernunft«[60], bei dem der Verstand endlich gesiegt habe, weist auf ein bewußtes und zielstrebiges Bemühen, sich auf den »jüdischen Todfeind« (*Mein Kampf*, S. 720) emotional einzustimmen. Darüber konnte ein angeknackstes Selbstbewußtsein sich straffen: »Ich war vom schwächlichen Weltbürger zum fanatischen Antisemiten geworden.« (S. 69)

Die Motivationsgrundlage *vitaler Unmut*, die moralisch-sozialkonforme Entlastung, die der aggressiv Gestimmte im Völkerhaß erfährt, und die ihm bewußten Motive sind wohl zu unterscheiden. Der dem Antisemiten oder dem Deutschenhasser bewußte Beweggrund, seine Überzeugung, daß das »hassenswerte« Volk, vor der Geschichte schuldig geworden, immer noch gefährlich sei, wenn nicht überhaupt von Natur aus minderwertig und verderbt, diese selbstgerechte Überzeugung hat aber selbst eine uneingestandene, wenngleich nicht völlig unbewußte Rückseite: den Neid auf das verhaßte Volk, den Neid auf die ihm nachgesagte Gefährlichkeit, die bei ihm eine ungebärdige Kraft vermuten läßt; den Neid auf Fähigkeiten, kulturelle Leistungen, durch die es als ein überlegenes erscheint; den Neid auf seine materiellen Güter, auf seine Lebensart, nicht zuletzt auf die bei ihm verspürte Bedenkenlosigkeit, vitale Antriebe auszuleben. Verräterisch genug wirft Hitler in *Mein Kampf* (S. 506) den Juden eben jenen »Fanatismus« vor, den er an vielen anderen Stellen[61] rühmt und den er sich selber eingesteht. Er bezeichnet sich geradezu als »fanatischen Antisemiten« (S. 69). Wie der Gewaltverbrecher, zu dem man schaudernd und bewundernd aufblickt, wird auch ein verhaßtes Volk lüstern betrachtet als eines, das sich weniger Hemmungen auferlegt als die Gemeinschaft, der man angehört. Das erklärt auch die in den USA und in Frankreich gedrehten SS-Filme, in denen Sex und Gewalt sich fröhlich vermischen.

Vorurteile, auf die bewußter Völkerhaß sich gründet, lauten etwa: »Die Juden sind kraß materialistisch eingestellt«[62], oder: »Die Deutschen sind alle Nazis.« Halbbewußte Ressentiments aber kommen zum Vorschein, wenn wir hören: »Die Juden haben schon wieder zuviel Einfluß«, oder: »Die Deutschen treten immer noch als Herrenmenschen auf« (und darum hatte Kanzler Schmidt auch den Beinamen »Le Feldwebel«). Da aber ein Zuviel an Einfluß bei anderen nur bemerkt, wer selber Einfluß nehmen möchte, und keiner den Herrenmenschen im anderen verspürt, der nicht selber Herr sein möchte (zumindest sein eigener), so schwingt in solchen Urteilen — vielleicht um einen Kern Wahrheit herum — immer auch ein Unbehagen an der eigenen nachgeordneten Rolle. Da sich immer noch darüber streiten läßt, von welchem Punkt an ein Zuviel an Macht, an Reichtum oder Einfluß beginnt, sucht das Vorurteil, das sich auf ganze Völker bezieht, sich an unbezweifelbaren historischen Fakten festzumachen. Die Tatsache, daß Jesus Christus, als Mensch Jude unter Juden, auch von Juden ans Kreuz geschlagen wurde, hat so jahrhundertelang den Christen dazu gedient, alle Juden mit kollektiver Schuld zu belasten. Ebenso bemerken wir Bestrebungen, alle Deutschen, auch die seitdem nachgeborenen, mit der Erbsünde »Auschwitz« zu stigmatisieren*. Judenhaß und Deutschenhaß weisen so bis ins letzte dieselbe Struktur auf. Vorurteile und Ressentiments werden in Fakten verankert, die zwar niemand redlicherweise leugnen kann, die aber nur wahnhaft einem ganzen Volk zur Last gelegt werden können.

Mit den bewußten Vorurteilen und den halbbewußten Ressentiments befassen sich Sozialpsychologen und Politologen, denen es darum geht, der Völkerverständigung zu dienen. Ihnen kommt es darauf an, *Vorurteile abzubauen,* und zwar durch Aufklärung über das »wahre Wesen« der bisher Verteufelten, durch ein Herausstellen ihrer kulturellen Leistungen, durch ein Nachzeichnen der geschichtlichen Entwicklung, in deren Verlauf bestimmte Vorurteile hervorgetreten sind und sich abgewandelt haben. Gelegentlich wird tiefenpsychologisch auch bis auf die Ängste und Selbstzweifel zurückgegangen, die durch Völker- und Rassenvorurteile bei den so voreingenommenen Menschen überdeckt werden[63]. Wenn wir nicht einfach von der Hand weisen, daß der Mensch durch eben das, was er erkennt und durchschaut, auch seine Gesinnung und sein Verhalten schon wandelt, werden wir solch aufklärerische Bemühungen nicht für erfolglos halten. Wer aber in solcher Weise durch das Herausstellen bisher unterdrückter Fakten und durch psychologische Analyse des Vorurteils dessen »Abbau« im bewußt für wahr Gehaltenen erzielt, der greift noch lange nicht verändernd in die Motivationsgrundlage eines Völkerhasses ein. Er vermag nichts über den »sittlich« sich anstauenden vitalen Unmut, über die durch alltägliche Frustration sich ausbildende Gereiztheit und Aggressivität. Ihrer sozialkonformen Ausrichtung beraubt, wird sie als frei flottierende Feindseligkeit aller gegen alle das Zusammenleben vergiften, sich unerbittlich auf die Seite der herrschenden Ordnung stellen, diffus in Gewalt- und Terrorakten hervorzucken oder sich umpolen zu neuer Feindhaltung gegenüber nun anscheinend wirklich hassenswerten Menschen. So konnte auf dem Boden kollektiver Aggressionsbereitschaft dank politischer Umerziehung und psychologischer Aufklärung aus Judenhaß Kommunistenhaß werden, ja ein Haß auf alle

---

* Man vergleiche schon Seite 66 und Seite 130f.

Radikalen, die zunächst durch ihr bloßes Dasein nur die eigene Lebensart in Frage stellen, doch, politisch und juristisch verfolgt, sich selber immer mehr radikalisieren und in Gewaltakten sich immer trotziger darstellen. Das demonstrative Moment ihrer Gewaltakte kommt darin zum Ausdruck, daß es ihnen nicht ausreicht, die zu verüben, sondern daß sie dafür auch noch Publizität brauchen und bekenntnishaft »Verantwortung« dafür übernehmen. Wer sich sozialkritisch und sozialpädagogisch damit begnügt, »Vorurteile abzubauen«, und nicht an eine die Triebnatur des Menschen verquälende Moral zu rühren wagt, der kann das hier entstehende Verlangen nach Feinden immer nur umschichten.

f) Junge deutsche Antisemiten

Im Jahre 1992 schienen diejenigen bereits recht zu bekommen, die ein Jahr zuvor prophezeiten, was mit Ausschreitungen gegen Ausländer beginne, werde sich schließlich auch gegen die Juden richten[64]. Das wurde als Warnung gesagt und auch gedruckt, hatte aber wie alle prophetischen Warnungen zugleich die Tendenz, zu einer sich selbst erfüllenden Prophezeiung zu werden. Das darf, bezogen auf antisemitische Gewaltakte, nicht so verstanden werden, als hätten die Warnungen davor die aufkommende Gewalt allererst geschaffen. Doch aggressiv Gestimmte, die geltungssüchtig ihre kriminelle Energie weithin sichtbar und politisch bedeutsam einsetzen wollen, fühlen sich dazu angeregt, eben das, wovor am dringlichsten gewarnt wird, sich vorzunehmen. Wenn es noch so wäre wie zur Zeit des aufgeblühten deutschen Wirtschaftswunders, als die rote Fahne auch das rote Tuch für den guten Bürger war, dann würden die jungen Frustrierten von heute immer noch mit solchen Fahnen, mit Hammer und Sichel und mit Stalinbildern den Unmut von Volk und Volksvertretern provozieren. So aber, da es als ausgemachte Sache gilt, daß »der Sozialismus« tot ist, und da kein Bürger mehr mit kommunistischen Losungen zu schrecken ist, kann mit antisemitischen Symbolen und Aktionen der soziale Friede am wirksamsten gestört und das Ansehen Deutschlands in der Welt am nachhaltigsten geschädigt werden.

Wenn dumme Jungen, die nur eben »was anstellen« wollten[65], dann einen jüdischen Friedhof verwüsteten, so haben sie das nach Auschwitz mit stärkstem Warnakzent versehene Tabu gebrochen, das Verbot, Antisemitismus wiederaufleben zu lassen. Immer fühlen frustrierte Gemüter sich am wohligsten entkrampft, wenn sie gegen allerstärkste Tabus verstoßen. Die Zerstörung jüdischer Gräber ist dabei nicht einfach nur ein Akt der Aggression, der gegen lebende Juden (noch) nicht sich hervorwagt — so sieht es Seligmann[66] —; sie ist auch nicht bloß ein Akt des »Antisemitismus ohne Juden« (Poliakov[67]); sie ist eine atavistische Roheit: Grabschändungen, gar die Einebnung von Friedhöfen, sind überall, wo sie geschehen, ein Versuch, der damit befehdeten Volksgruppe ihren kulturellen Boden zu entziehen. Das wird von den jungen Vandalen wohl dumpf geahnt, ohne daß sie es reflektierten. Aber man muß es ihnen bewußtmachen, damit es nicht mehr heißen kann, sie wüßten nicht, was sie tun.

Fast ein halbes Jahrhundert nach Hitlers Abgang von der weltpolitischen Bühne kann schwerlich davon gesprochen werden, ein lange schwelender Antisemitismus sei in Deutschland wieder aufgeflammt. Es mag Familien geben, in denen rassistische Vorurteile tradiert werden. Wer aber die Väter und Großväter noch kannte, die das »Dritte Reich« überlebten, der weiß, daß sie im allgemeinen höchst ungern über jene finsteren Jahre sprachen. »So wuchs eine Jugend heran, die über den Nazismus wenig wußte, weil ihr die Schule und das Elternhaus diese Kenntnisse vorenthalten hatten.« (Galinski[68]) Wenn so im Schweigen dem »Verdrängungsprozeß« nachgegeben wurde, dann kann nicht zugleich davon gesprochen werden, daß die Eltern ihre Kinder zum Antisemitismus erzogen hätten. Es ist eher zu fragen, ob der in den Schulen vorgesagte und durch alle Massenmedien gepflegte Philosemitismus nicht eine Vorbedingung war und ist für einen spiegelbildlich dazu entstehenden Antisemitismus. Beide kommen ja darin überein, daß sie »die Juden« als eine homogene Volksgruppe auffassen, der sie eine Sonderstellung zuweisen. Wie leicht kippen da pauschale Urteile mit positiver Wertung in pauschal negative um. Ein wenig Enttäuschung genügt, etwa über einen Juden, der wieder von

Kollektivschuld spricht, gar von einer »zweiten Schuld« der Deutschen[69]. Der selbst an pauschales Denken Gewohnte vergißt darüber, daß nicht »die Juden« so denken, daß vielmehr ganz Prominente unter ihnen wie Victor Gollancz, Pinchas Lapide oder der Psychiater Viktor E. Frankl sich nachdrücklich gegen die kollektive Verurteilung eines Volkes ausgesprochen haben[70].

Die Pauschalurteile über »die Juden« und »die Deutschen« bedingen sich bis zu einem gewissen Grade gegenseitig. Eine beharrlich mit Kollektivschuld operierende »Vergangenheitsbewältigung« provoziert Trotzreaktionen, die das Faktum der NS-Massenmorde eher leugnen lassen, als den rassistischen Teufelskreis der Pauschalurteile zu durchbrechen. Allzu häufige und allzu nachdrückliche Erinnerung an »deutsche Schuld« in den Massenmedien wirkt kontraproduktiv. Das gilt auch für den Schulunterricht. Heinz Galinski sagte dazu:

> »Nun kann es nicht unser, das heißt der Juden in Deutschland Ziel sein, darauf hinzuwirken, daß an den Schulen die nazistischen Verbrechen auf eine Weise in den Vordergrund gerückt werden, die bei der jungen Generation einen Widerstand gegen ihre Behandlung im Unterricht hervorruft. Ein Zuviel wäre genauso schädlich, wie es ein Zuwenig ist.«[71]

Diese Worte eines Überlebenden des Holocaust mögen alle diejenigen bedenken, die noch deutschen Kindern eine Kollektivschuld an den Verbrechen der Nazis einzureden versuchen und bestreiten, daß es heute auch einen reaktiven Antisemitismus gibt, einen, der aus einem Unmut über die Verteufelung »der Deutschen« hervorgeht. Da solcher Antisemitismus ebenso ungerecht und rassistisch ist wie der primär aggressive, haben wir alles zu unterlassen, was ihn fördern könnte.

VI. KAPITEL

Unruhige Jugend — Hitlers Kinder?

a) Die politische Oberfläche der Gewalt

Die Stigmatisierung einzelner Menschen oder ganzer Völker verfolgt den Zweck, sie durch einen Vorwurf untilgbarer Schuld so radikal abzuwerten, daß sie von nun an tun können, was sie wollen: Sie bleiben die Verkörperung des Bösen; und wenn sie sich ruhig, verständnisvoll und friedfertig zeigen, dann muß das Heuchelei und Verstellung sein. Wer so über einzelne Menschen, ja über ganze Völker den Stab bricht, der lebt beständig in der Erwartung, daß die Gebrandmarkten sich auch so verhalten, wie er es ihnen nachsagt: Sie, die Deutschen, seien »das antihumane Volk schlechthin« (Heleno Saña[1]). Die von solcher Verteufelung genährte Erwartung findet mannigfache Bestätigung. Was andernorts als Jugendsünde oder dummer Streich gilt, das rangiert bei den Verfemten sofort als Ausdruck ihres tieferen destruktiven Wesens.

Jugendunruhen und aus ihnen hervorgehender Terror, andernorts als zwar beklagenswerte, doch unvermeidliche Erscheinungen der Industriegesellschaft gewertet, erscheinen in Deutschland sofort als Ausdruck eines unseligen »teutonischen Geistes«. Jillian Becker vermeinte in den Mitgliedern und Sympathisanten der Baader-Meinhof-Bande *Hitlers Kinder*[2] zu erkennen. Die britische Autorin sah in den jungen deutschen Terroristen zunächst einfach die Kinder jener Generation, die Hitler an die Macht gebracht hatte; sie hielt diese Desperados aber auch für Vollstrecker des Hitlerschen Willens zum Genozid, weil einige von ihnen sich von Palästinensern hatten ausbilden lassen, den heute schärfsten Widersachern der Juden. Jillian Becker (S. 398) fand darüber hinaus verblüffende Ähnlichkeiten zwischen Hitlers Lehren in *Mein Kampf* und den politischen Überzeugungen der RAF-Leute. Kein Wunder, da doch Gewalttäter aller Richtungen eben darin übereinstimmen, daß

für sie nur ein einziges »Argument« gilt und sticht: die von ihnen angewandte Gewalt.

Wo die Lust an brutaler Gewalt, frustrationsbedingt oder als
Folge entsprechender Konditionierung, das eigentliche Motiv
ist, Terrorakte zu verüben, da sind die dabei vorgeschobenen
politischen Ziele nichts weiter als Rechtfertigungen dafür, subjektiv auch Schablonen der Gewissensentlastung. Sozialistische
Ideale und neonazistische Schlagworte (oft auch nur solche
Embleme und Grußformen) bieten eine politische Oberfläche
brachialer Gewalt, von der noch besorgte Sozialkritiker sich ir-
ritieren lassen, sei es, daß sie kurzerhand die vorgezeigte politische Gesinnung als die Ursache der »dafür« geübten Gewalt
nehmen, sei es aber auch, daß sie in den einander ausschließenden sozialen Phänomenen »Armut« und »Wohlstand« jeweils
die eigentliche Wurzel jugendlicher Gewalt und gewalttätigen
Aktionismus sehen. Die kurzschlüssig von »Wohlstandskrimi-
nalität« sprechen (in dem Sinne, daß »Übersättigung« herr-
sche), ignorieren die *lieblose* Abspeisung mit Spielzeug und Lu-
xusgütern, die gerade Kindern aus begüterten Familien widerfährt. Und jene anderen Kritiker, die in Armut und Arbeitslosigkeit den wahren Grund jugendlichen Vandalismus erblicken,
sie erkennen wohl noch die Hoffnungslosigkeit und die Langeweile, die dazu führen, aber nicht die Unfähigkeit zum Müßig-
gang, die nur in den unteren Schichten zu Hause ist: aus Mangel an Geld und Wohnraum für heiteren Zeitvertreib, aber auch,
weil dort nicht zu stilvoller Muße, sondern nur zur Arbeit erzogen werden kann. Wo alles Bemühen, ungebärdige junge Leute »auf den rechten Weg zu bringen«, darauf ausgerichtet ist,
ihren Übermut zu zähmen, da kann staatliche Gegengewalt gefährlich angestauten Unmut über die »herrschenden Verhältnisse« noch auf Explosionsdichte zurückstauen. Auch betuliche
Betreuung »entgleister« Jugendlicher trägt dazu bei, wenn aus
ihr die repressive Tendenz hervorsticht. »Warum kann man ihnen in einer Stadt, wo Unruhe von ihnen ausgeht, nicht einen
Raum schaffen, in dem sie zwar nicht frei von Recht und Gesetz, doch frei wären, neue Lebensmöglichkeiten zu erproben?«
So hat Pastor Heinrich Albertz nach Krawallen in Berlin einmal
gefragt[3].

b) Alte Sittlichkeit und neue Gewalt

Das vitale Kraftpotential, das hinter den Jugendunruhen steckt, wird von den politischen und den politologischen Gewalttheorien nicht reflektiert. Ihm tragen aber die Einsatzbefehle der Polizeiaufgebote Rechnung, die gewalttätig ausufernde Demonstrationen in Schach zu halten haben. Jungen ungebärdigen Revoluzzern stehen da ebenso kraftstrotzende junge Ordnungshüter gegenüber: biologisch gesehen eine Selbstblockade jugendlicher Kraft, die vereint unsere Gerontokratie aus den Angeln heben müßte. Wer in seinem Wachbewußtsein ganz von rechtsstaatlichen Kategorien erfüllt ist, darf sich dem naiven Glauben hingeben, daß die Möglichkeit, in harten Einsätzen auf noch legale Weise einer tiefsitzenden Lust an der Gewalt frönen zu können, kein Motiv sei, Polizist zu werden. Wenn immer wieder zu beobachten ist, daß Polizisten auf weibliche Demonstranten besonders rücksichtslos einschlagen[4], dann ahnen wir das Triebmoment, das hier sozialkonform sich ausdrückt. Nach meinen Beobachtungen in Berlin werden ältere Passanten im allgemeinen von der Polizei in Ruhe gelassen, während jüngere oder jünger aussehende nur zu leicht niedergeknüppelt und für die »Grüne Minna« eingefangen werden.

Wer aus Sorge um das geltende Recht in den Jugendunruhen und erst recht in dem aus ihnen sich herausschälenden Terror vorweg die »kriminelle Energie« sieht, die es in Schach zu halten gelte, der wird von dieser Forderung her sich auch seinen eigenen Begriff der Gewaltursache bilden. Nahe der Einsicht, daß vitale Antriebe, triebhafte Regungen in »direkten Aktionen« sich austoben, wird er dies eben darauf zurückführen, daß es nicht gelungen sei, sie hinreichend zu disziplinieren. So begegnet uns im Spektrum der vermuteten Ursachen jugendlicher Gewalt auch die Meinung, sie sei die Folge einer »zu liberalen Erziehung«. Diese Auffassung, die besonders in Großbritannien ihre Anhänger hat[5], steht in der Tradition einer Moral, der die biotischen Triebe überhaupt als das Niedere im Menschen und darum als das Niederzuhaltende gelten. Erziehung zum Mitmenschen und Staatsbürger ist da weniger auf die Entfaltung und Förderung angeborener sozialer Neigungen gerichtet als gerade auf die Unterdrückung und Reglementierung libidinöser Regungen, aus denen solche Neigungen erwachsen müßten. An die Stelle dessen, was sie unverklemmt leisten könnten, werden Normen und Pflichtgebote gesetzt, deren Einhaltung durch »soziale Kontrolle« überwacht, durch negative und positive Sanktionen (Strafen und Prämien, Belobigungen, Beförderungen) gesteuert wird. Ein solches System der Erziehung, das eher einer Dressur denn einer liebenden Zuwendung gleicht, muß jede spontane Regung des heranwachsenden Menschen, sei sie sexueller oder aufsässiger Natur, von vornherein als etwas werten, das es zurückzuschneiden gilt. Auch die Freiheit, überkommene Wert- und Moralvorstellungen in Frage zu stellen, jedenfalls nicht unkritisch als etwas Heiliges hinzunehmen, fällt hierunter. So schreibt der evangelische Bischof Hans-Otto Wölber:

>»Diese Art ›Freiheitskultur‹ griff um sich. Zwischen den Geschlechtern gilt das Maß der Triebbefriedigung, zwischen den Generationen lauter Absagen, im Politischen Konfrontation als Selbstbestätigung von Parteien. Das ist der Terror der Freiheiten. Diejenigen Wohlstandskinder, die daraus anarchische Konsequenzen ziehen, sind nicht Kinder Hitlers, sondern Kinder der Freiheit.«[6]

Ursprüngliche Triebregungen und der vitale Unmut, der bei ihrer Unterdrückung und Gängelung aufkommt, werden so unterschiedslos auf dieselbe Seite der Ursachen terroristischer Gewalt geschoben. Der Kirchenmann, der so argumentiert, hat dabei vergessen, was schon die Weisheit des Alten Testaments war: daß nämlich sexuelle Enthaltung den Kampfesmut steigert. (Man lese hierzu vor allem Deuteronomium 23, 10—15, und 1 Samuel 21, 6, sowie 2 Samuel 11, 11.) Was dort in mythischer und ritueller Weise dargestellt ist, ist nichts anderes als das Bedingungsverhältnis von sexueller Frustration und Aggression. Nur wer vitale Lust und die Neigung zur Aggression gleichermaßen als Übel betrachtet, der kann auch terroristische Aggressivität als »Produkt einer permissiven Gesellschaft« (von Balluseck[7]) werten. In einer so moralisch aufwaschenden Weise wird der Unterschied zwischen dem, was triebhaft in jedem gesunden jungen Menschen sich regt, und dem, was gefährlich sich gegen das friedliche Miteinandersein wendet, verwischt.

Wer aber so von Erziehern und gar von ihn betreuenden Psychologen aufgrund gesunder Triebregungen als ein — »labiler«, »haltloser«, »unbeherrschter« — Mensch abgewertet wird, der Verbotenes tut, von dem kann nicht mehr ohne weiteres erwartet werden, daß er auch sinnvolle Schranken, die das Recht zieht, anerkennt und beachtet. Das gilt auch für jene jungen Leute, die aus Neugier, modischer Laune oder sexueller Frustration dazu gekommen sind, Haschisch zu rauchen, und sich unversehens auf dem Boden der Illegalität finden. Wenn sie aber, noch nicht einmal sozialfeindlich gesinnt, bereits dorthin gelangt sind, dann haben sie den entscheidenden Schritt, der sozialbedingte Hemmungen abbaut, bereits hinter sich, sobald wirklich gefährliche Einflüsse noch auf sie einwirken.

Nicht zu übersehen ist, daß einige der aktivsten Terroristen Westdeutschlands und Italiens — Ulrike Meinhof, Gudrun Ensslin und Renato Curcio — wie Heinrich Himmler in ihrer Jugend eine strenge christliche Erziehung erfahren haben, und das heißt auch: eine Charakterprägung, die das wertende Bewußtsein dem eigenen Leib entfremdet und gegenüber möglichen Sexualpartnern eine Abwehrhaltung bedingt. Ein derart schüchterner, weil verschüchterter Mensch bildet sich den Rahmen seines Gewissens aus Erfahrungen verwehrter Lust und wird, wenn er je zu spontanem Verhalten sich durchreißt, dies gleich in aggressiver, sadistischer Weise tun, wenn nicht gar in »reiner«, keimfreier Destruktion. Wenn wir hinzunehmen, daß in den Familien des gehobenen Mittelstandes, aus denen die meisten Terroristen hervorkommen, vor allem die Mädchen sittlich überwacht, »behütet« werden, dann verstehen wir auch, weshalb von den Terroristinnen gesagt werden kann, sie seien gegenüber den sie begleitenden Männern nicht nur in der Überzahl, sondern auch »erkennbar brutaler bei der Durchführung von Aktionen und entschlossener zum Kampf« (Boeden[8]). Das ist nun eine keineswegs neue Entdeckung. Schon zur Zeit der Französischen Revolution (im Schreckensjahr 1793) und der Pariser Kommune (1871) taten sich junge, oft auffallend schöne Mädchen als Anführerinnen mordender Banden hervor.[9] Waren es 1793 noch vorwiegend Aristokraten, die an den Laternen aufgehängt wurden, so gingen die Petroleusen von 1871 darauf aus, gerade Geistliche, die Hüter der alten Moral, auf den Straßen zu stellen und zu töten. Es darf auch daran erinnert werden, daß es eine junge Dame war, Sofia Perowskaja, die Tochter eines russischen Generals, die das Attentat auf Zar Alexander II. organisiert hat[10]. Und von den im Majdanek-Prozeß mit angeklagten und verurteilten Frauen hieß es, sie seien im Lager »die Brutalsten« gewesen, in ihrem Sadismus grausamer als die Männer[11].

Daß die Frauen, wenn erst einmal die Fesseln kultureller Zähmung wegfallen, viel rücksichtsloser, grausamer aus sich herausgehen, ist eine von Euripides (*Medea*) bis Goethe und Schiller immer wieder angesprochene Erfahrung. Schillers Vers »da werden Weiber zu Hyänen« dürfte unmittelbar von Berichten aus dem revolutionären Paris inspiriert sein. Doch es bedeutet einen Verzicht auf Erklärung, wenn ein Kriminologe, Wolf Middendorff, sich im Blick auf Terroristinnen damit begnügt, mit Goethe abzuschätzen: »Denn geht es zu des Bösen Haus, das Weib hat tausend Schritt' voraus.«[12] Denkverzicht ist allemal die Einbruchstelle für Ressentiments, hier für das misogyne Vorurteil, die Frau sei »unsäglich viel böser als der Mann« (Nietzsche[13]). Wenn es Frauen gibt, die sich als Gefangenenwärterinnen oder als Terroristinnen extrem mitleidlos zeigen, so liegt das nicht an einer im Grunde grausameren Natur der Frau, sondern daran, daß der weibliche Mensch in unserer Kultur von klein auf der am stärksten unterdrückte, sittlich überwachte und gegängelte ist. Die inzestuös gefärbte Liebe der autoritären Väter zu ihren Töchtern ist vermutlich viel bedrückender als die überbehütende Liebe einer Mutter zu ihrem Sohn, solange der Vater die oberste familiäre Autorität ist. Die amerikanische Feministin Kate Millett sieht in den Frauen »auf Grund ihrer großen Zahl, ihrer Leidenschaftlichkeit und ihrer langen Jahre der Unterdrückung die breiteste revolutionäre Basis«[14].

Sind in den deutschen Terroristinnen die französischen Petroleusen wieder auferstanden oder die russischen Anarchistinnen? Sind sie Hitlers spätgeborene Töchter oder Schwestern der Palästinenserin Leila Chalid? Wer den Deutschen nicht eben wohlgesinnt ist, wird sich für »Hitlers Kinder« entscheiden. Die historischen Parallelen zeigen aber nur das eine, daß unter einigermaßen gleichbleibenden sittlichen Beschränkungen und Reglementierungen unserer Triebnatur bestimmte brachiale Formen des Aufbegehrens auch unter ganz verschiedenartigen Regimen und Staatsformen immer wiederkehren*. Die aktuell formulierte Alternative »Kinder Hitlers oder Kinder der Freiheit« verdeckt, was triebhaft aus jungen Menschen unserer Kultur nach regelwidriger Entlastung drängt, seitdem von der staatlichen Führung keine Heldenrollen mehr vergeben werden. Die vordergründige Alternative legt uns nahe zu denken, daß wir es im westdeutschen Terrorismus entweder noch mit Spätfolgen des Hitlerreiches zu tun hätten oder schon mit Symptomen seiner Überwindung durch ein in jeder Hinsicht freies, vielleicht gar zu freies Gemeinwesen.

Soweit mit »allzuviel Freiheit« vor allem an sexuelle Freiheit gedacht wird, ist der wunde Punkt unseres Zusammenlebens schon berührt, wenn auch nicht begriffen. Liebe unter leibhaften Menschen verlangt allemal nach körperlicher Berührung. Nur Engel, wenn es sie gäbe, könnten sich lieben, ohne einander zu berühren, ja ohne sich anzusehen. Nicht der zu schüchterner Zurückhaltung (und indirekt zu heimlicher Selbstbefriedigung) erzogene Mensch, sondern der leicht enthemmte gewinnt lebendige Erfahrung von leibhaft gegenwärtigen Menschen, denen er helfen und beispringen kann, ohne sich auf abstrakte Pflichten besinnen zu müssen. Diese anthropologische — und ethische — Selbstverständlichkeit wird in einer triebrepressiven Gesellschaft nur immer wieder verdeckt durch jene besonders ungebärdigen Temperamente, die schon etwas rücksichtslosen »Draufgänger«, die sich über sittliche Entrüstung hinwegsetzen. Solange die alten triebbeschränkenden Tabus gelten, kann auch körperliche Nacktheit aggressiv als Mittel des Protests eingesetzt werden. Die Teilnehmer am »Nackt-Happening« beim Ersten Internationalen Hausbesetzerfestival in Nürnberg Ende Juni 1981 und die Splitternackten an der Spitze eines Protestmarsches der Tuwat-Leute in Berlin Anfang

---

* Die Nicht-Erklärung solcher Aggression durch ein in allen Menschen vorausgesetztes »Aggressionspotential« möchte ich hier beiseite lassen.

September desselben Jahres[15] zeigten so aber augenfällig, von welchem vitalen Antrieb ihr politisches Engagement im Grunde bewegt ist.

Wenn Hausbesetzer, danach befragt, im Fernsehen beteuern, in ihrer Wohngemeinschaft gebe es keine sexuellen Beziehungen[16], so brauchen wir daran nicht allzusehr zu zweifeln. Entweder war die Kommune von den Reportern unter »sittlichen« Gesichtspunkten ausgewählt, oder ihre Mitglieder gehörten zu denen, die wohl in der Ausnahmesituation eines Protestmarsches wie eines Faschingsballs sich nackt zeigen können, ohne sonst einem Hang zu freieren Sitten nachzugeben.

Exhibitionismus war noch immer die Lust der Lustlosen. Die Verhaltenszwänge einer lustfeindlichen Moral wirken immer noch nach — selbst bei denen, die sich scheinbar entschieden dagegen auflehnen. Noch die Formen der Auflehnung sind von der überkommenen Moral präformiert. Der sexuell Gehemmte, weil sittlich verschüchterte Mensch befreit seine gequetschte Vitalität eher sogar in Akten wilder Aggression als in zärtlicher Zuwendung zu einem leibhaften Du. Der zur Prüderie, zur »Zurückhaltung« erzogene Mensch, dem spontane sexuelle Regungen als so schmutzig erscheinen, daß nur eine »große Liebe« sie ihm zu rechtfertigen vermag, der so moralisch verschüchterte Mensch sieht sexuelle Befriedigung wie destruktive Gewalt auf derselben Seite des Verbotenen. Wenn er dorthin auch nur an einer Stelle durchbricht, fühlt er sich befreit und schuldig zugleich, aber weniger schuldig, wenn es wenigstens gewaltsam geschieht. Da die uns vertraute christliche Moral sexuelle »Verfehlungen« sogar mit dem stärksten Schuldakzent versieht, kann für das Gewissen des so Erzogenen gar nichts Belastenderes mehr nachkommen. Im Gegenteil: Das Töten von Menschen erscheint dem auf die Geschlechtlichkeit fixierten Gewissen längst nicht so gravierend wie eine tabuierte Form sexueller Befriedigung. So empfanden offenbar auch jene SS-Leute in Auschwitz, die es nicht glaubten verantworten zu können, daß Kinder beiderlei Geschlechts in einer Baracke bei erwachsenen Männern schlafen. Das hätte zu sexuellen Kontakten führen können. Deshalb wurden die Kinder getötet[17].

Wer meint, die Lockerung der sexuellen Sitten für die Jugendunruhen und den Terrorismus mit verantwortlich machen zu können, der sei daran erinnert, daß einer der größten sittlichen Saubermänner dieses Jahrhunderts zugleich als der Initiator eines Völkermords in die Geschichte eingegangen ist. Adolf Hitler sah es als eine erstrangige politische Aufgabe an, »Theater, Kunst, Literatur, Kino, Presse, Plakat und Auslagen ... von den Erscheinungen einer verfaulenden Welt zu säubern und in den Dienst einer sittlichen Staats- und Kulturidee zu stellen« (*Mein Kampf*, S. 279). Solches »Reinemachen unserer Kultur« sollte dem Zweck dienen, der Prostitution, die er von Juden gesteuert sah, zu Leibe zu rücken[18]. Ähnlich wie Hitler, der das katholische Zölibat zu loben wußte[19] und die Prostitution als »eine Schmach der Menschheit«[20] empfand, war auch Peter Suttcliffe, der berüchtigte Yorkshire Ripper, von sittlicher Empörung erfüllt. Er ging nur, die Prostitution zu bekämpfen, den Weg einer direkten Aktion. 1981 vor Gericht, sagte er, er sei von Gott dazu berufen, Prostituierte umzubringen[21]. Sittlicher Eifer, wahnhaft geworden, geht hemmungslos in Mordlust über.

Man sage nicht, sexuelle Liberalisierung habe den Hang zur Gewalt mit hervorgebracht. Wir müssen umgekehrt fragen, welchem Maß an terroristischer Gewalt wir erst konfrontiert wären, wenn nicht wenigstens eine leichte Lockerung der sexuellen Sitten seit Mitte der sechziger Jahre sich durchgesetzt hätte. Gewiß schreitet sexuelle Befreiung nicht konfliktlos voran, gewiß hat das Leistungsprinzip auch die sexuellen Beziehungen vergiftet, und es läßt sich nicht leugnen, daß vielfach sadistische Regungen das sinnliche Vergnügen durchmischen oder gar vereiteln. Aber das ist kein Wunder nach einer Kindheit, die durch Mangel an Zärtlichkeit, durch Prügel und Drohungen gekennzeichnet ist. Der Mensch ist unfähig, sich unbefangen einem Sexualpartner zu nähern, wenn jahrelang ihm jede spontane zärtliche Regung ausgetrieben worden ist. Die erst zage Befreiung der Sexualität in unserer Gesellschaft hat auch die Verkrümmungen mit befreit, die der vielfach geschlagene Trieb in den Individuen erlitten hat. So fehlt es nicht an sexuell freizügig Lebenden, die einer lieblosen »Sammelleidenschaft« frönen oder zu voller Lust nur gelangen, wenn sie den Partner ein we-

nig leiden machen. Doch es ist für uns alle von Vorteil, daß diese Sadisten ihre aggressiven Neigungen nicht einfach unero-
tisch ausleben, sondern gebunden an ein Begehren, das, solange es auch nur halbwegs gesund bleibt, dem Leben verpflichtet
ist.

Ein Kausalverhältnis zwischen wirklicher sexueller Befreiung
und Zunahme der Gewalt kann nur über den Umweg eines
pessimistischen Menschenbildes konstruiert werden, wonach
der Mensch in jeder Hinsicht als »von Natur böse« einzuschät-
zen wäre, als grausam, ausschweifend und egoistisch, so daß
ein einigermaßen erträgliches Miteinander nur von seinem guten Willen zu erwarten wäre, seine bösen oder sogenannten bösen Triebe zu hemmen. Aber selbst wenn es sich — gemäß der
Kantischen oder Lorenzschen Anthropologie — so verhielte[22],
wäre doch der Appell an die »Hemmungsfunktionen« der
schlechteste Rat, der zu geben wäre: weil lange mühsam Ange-
stautes sich nur um so vernichtender entlädt. Eben dies erklärt
die Wucht der Brutalität, die in Ausnahmesituationen aus
Menschen hervorbricht, die bis dahin ein diszipliniertes, wohl-
geordnetes Leben geführt haben. Die gutbürgerliche Kultur der
Selbstbeherrschung, des An-sich-Haltens ist der Verteilungsrah-
men für individuell angesammelte Wut. Diese Kultur sorgt dafür, daß einer das, was er aus gegebenem Anlaß aus sich her-
ausschreien müßte, in die feindorientierte Front einer radikalen
Partei, einer terroristischen Gruppe oder gar eines fanatisierten
Kollektivs einzubringen versteht, dabei gehorsam auf den
»Führerbefehl« wartend. Wenn also »Hitler in uns selbst« (Picard[23]) immer noch nicht völlig überwunden sein sollte, dann
wäre die Bedingung seines möglichen Wiederauferstehens in
eben der bürgerlichen Moral der Hemmung und Lähmung unserer harmlos spontanen Lebensregungen zu beseitigen.

c) Politisierung privater Nöte

Die aus der Studentenrevolte von 1968 hervorgegangenen Jugendunruhen, erst recht der aus der Studentenbewegung abge-
splitterte politische Terrorismus haben vergessen lassen, daß
wir in den großen Städten schon seit den fünfziger Jahren mit

gewalttätiger Jugend zu leben haben. Damals war die Rede von »sinnlosen« Gewaltakten, von »Halbstarken«-Exzessen, die jeder vernünftigen Beurteilung sich entzögen: Zerschlagen von Mobiliar in Tanz- und Konzertsälen, Bedrohung und Niederschlagen von wildfremden Passanten, Raub von Handtaschen, die danach zumeist gleich wieder weggeworfen wurden. Der Kriminologe Günther Kaiser bemerkte hinter der Ziellosigkeit und Sinnlosigkeit der von »Halbstarken« geübten Gewalt, »daß vornehmlich ›Autoritäts- oder Respektspersonen‹ wie Polizeibeamte, Erzieher, Bademeister, Gastwirte, Busschaffner oder ›schulmeisterliche‹ Erwachsene Ziel der Angriffe bilden«[24]. Wenn wir hinzunehmen, daß sie ihre Umwelt durch das damals noch höchst verpönte und strafbare Nacktbaden provozierten, gar — in Berlin — im Adamskostüm ein Restaurant besuchten[25], dann gewinnt das sinnlose Randalieren und gewinnlose Provozieren doch den Stellenwert des Protests gegen eine sittliche Ordnung, die die Sinnlichkeit junger Menschen einzuengen und niederzuhalten sucht. Das brauchte so von den Halbstarken selbst gar nicht reflektiert zu werden; es drückte sich unmittelbar augenfällig aus. Das Anpöbeln von Respektspersonen kultivierten die linken Studenten später zur »Aufmüpfigkeit« gegen ihre Professoren, wobei sie die Parole ausgaben: »Traue keinem über dreißig.« Es muß heute, da der Aufruhr der Jugend sich weitgehend politisiert hat, auch in Erinnerung gerufen werden, daß die Mai-Revolte der Pariser Studenten von 1968 dort Anfang April ein Vorspiel oder einen Auftakt hatte in Protestversammlungen gegen das Verbot von Damenbesuch in den Studenten-Wohnheimen. Der Korrespondent der *Süddeutschen Zeitung* meinte damals: »Für Rudi Dutschke hätte Frankreich derzeit wenig Verwendung. Die Forderung nach Rede- und Versammlungsfreiheit in den Studentenheimen stellte sich jedenfalls als weitaus weniger zugkräftig heraus als das Verlangen nach dem Recht auf Damenbesuch zu jeder Tages- und Nachtzeit.«[26] Einen Monat später war auch in Paris der Prozeß der Politisierung jugendlichen Unmuts schon weiter fortgeschritten.

Was die aufbegehrenden Studenten des Jahres 1968 von den USA über Paris bis nach West-Berlin zu einer internationalen

Bewegung verband, das war der ihnen gemeinsame Protest gegen die amerikanische Kriegsführung in Vietnam, ein Protest, der in Deutschland vor dem Hintergrund der Nürnberger Kriegsverbrecherprozesse eine besondere Bedeutung gewann: Die jungen Deutschen ergriffen eine Gelegenheit, die als schulmeisterlich empfundene moralische Führungsmacht des Westens eben solcher Verbrechen zu beschuldigen, für die in Nürnberg deutsche Militärs haben hängen müssen. Auch dies ein Politikum allerersten Ranges, das nicht auf jugendlichen Übermut und auf die schiere Lust am Protestieren zurückgeführt werden kann.

Die Parallele mit »Nürnberg« zog am deutlichsten der frühere amerikanische »Hauptankläger für Kriegsverbrechen« Telford Taylor in seinem Buch *Nürnberg und Vietnam*[27]. War es jungen Deutschen, die bewußt oder halbbewußt unter einem nationalen Trauma litten, da zu verdenken, daß sie hieran ihre Protestgesinnung festmachten? Wer aber zur Zeit der Präsidentschaft Richard Nixons erlebte, daß das amerikanische Engagement in Vietnam beendet wurde, der sah sich als junger protestsinniger Deutscher verlegen nach einem neuen weltpolitischen Anlaß um, der bedeutend genug war, um starke aggressive Neigungen rational zu begründen. Dem Bombenleger der Stadtguerillas, Michael Baumann, erschien es naheliegend, daß man, da der Vietnam-Krieg vorüber war, »jetzt einsteigt auf die Palästinaproblematik«[28]. Latenter Antisemitismus, womöglich ein nie recht eingestandenes Leiden an der nationalen Schande des Massenmords an den Juden, mochte dafür mit ausschlaggebend sein. Wenn »linke« Dialektik es fertigbrachte, die Juden im Staate Israel als die »Faschisten von heute« darzustellen, die den Palästinensern übel mitspielten, dann war noch die Bombe, die man in eine Berliner Synagoge legte, von vertretbaren Motiven unterlegt. Daß jene Bombe, noch nicht losgegangen, ausgerechnet am Jahrestag der »Reichskristallnacht« gefunden wurde, erscheint »Bommi« Baumann nur als dummer »Fehler«, sich dazu ebenso amoralisch stellend wie Talleyrand zu der von Napoleon befohlenen Ermordung des Herzogs von Enghien.

An der von Michael Baumann nachgezeichneten Ablösung der Vietnam-Proteste durch das Eintreten für die Palästinenser wird deutlich, wie aggressiv gestimmte junge Gemüter sich situationsgerecht die guten Gründe besorgen, um sich öffentlich auszutoben. Wir müssen natürlich immer die Möglichkeit einräumen, daß vitale Antriebe verschiedener Art (Sexualität, Lebensangst, nervöse Gereiztheit durch Bewegungsmangel, Schlafentzug und Genußgifte usw.) mit politisch vorgefundenen Protestmotiven und -formen sich vermischen. Das Unbehagen an der seit Harrisburg offenkundig unberechenbaren Atomkraft hat Menschen aller Generationen im Protest zusammengeführt und ist daher nicht allein auf überschäumende jugendliche Kraft zurückzuführen. Aber die Aggressivität, mit der jugendliche Schlägerbanden sich in solche Demonstrationen eindrängen, desgleichen die über die »Verhältnismäßigkeit der Mittel« hinausschlagende Kraft junger »einsatzfreudiger« Polizeibeamter und die Auswechselbarkeit der politischen Motive bei den Protesttätern sind nicht mehr nur politisch zu erklären. Hier kommen unausgelebte vitale Energien zum Zuge. Die Politisierung individueller Triebbedürfnisse im aggressiven Protest und in der demonstrativen Gewalttat ist dennoch nicht einfach die widersinnige Übertragung privatester Nöte auf das öffentliche Leben; sie zeigt auch die im Ganzen der Gesellschaft sich auswirkende Spannung zwischen einer Moral, die für alle gilt — und dem vitalen Unmut junger Menschen, die sich gegängelt fühlen. Die Krawalle von Rockerbanden und Fußballfans sind, so gesehen, schon ein Politikum; der Terrorismus aber ist, von seinen Antrieben her betrachtet, immer noch etwas höchst Privates. »Bommi« Baumann sprach es unbefangen aus: »Die Revolution machst du auch für dich selber..., daß du dich darin entfalten kannst«[29]. *Sich darin entfalten,* das ist schon eine beschönigende Umschreibung des Dranges und der Lust, sich aggressiv auszutoben.

Wenn wir privateste Triebkonflikte, die in kollektiver Aggression sich auswirken, politisch ernst nehmen, dann bedeutet dies keine Zurückführung des politisch Brisanten auf etwas individualpsychologisch Alltägliches und Belangloses. Vielmehr stellt sich uns so die Frage: Was besagt das über die anthropologische Weisheit unserer Kultur, daß sie wesentliche Antriebe jugendlicher Lebhaftigkeit nicht in sich integrieren kann; daß

sie gerade für den triebstarken jungen Menschen keine frie-
densichernden Ventile bietet, sondern auf ungebärdige Triebhaftigkeit nur immer mit »sozialer Kontrolle«, mit Strafen und
moralischen Vorwürfen, wenn nicht gar mit medizinischer Stigmatisierung zu antworten weiß?

Wir beschreiben nicht mehr als die Oberfläche der sozialen
Wirklichkeit, wenn wir diese oder jene Erscheinung, diese oder
jene sozial auffällige Aktivität als ein mehr oder weniger politisches Phänomen bezeichnen. Was wir als Politikum empfinden,
bringt nur durch einen besonderen Anspruch auf gesamtgesellschaftliche Lösungen und Veränderungen sich in uns selber zur
Geltung. Die Unfalltoten auf unseren Straßen sind — leider —
nicht im selben Maße ein Politikum wie die Opfer des Terrorismus. Saubere Atemluft, 1961 von Willy Brandt zu früh zum
Politikum erklärt, ist heute ein politisches Ziel der »grünen«
Parteien. Seit Jahrhunderten verstand man »Pressefreiheit« als
eine ernste politische Forderung; unter Hitler war davon nicht
mehr die Rede. Heute ist sie bei uns wieder zum »Grundrecht«
erhoben, aber durch Pressekonzentration weithin zur bloßen
Verlegerfreiheit verkümmert. Auch dies ist ein Politikum ersten
Ranges, dem die Studentenbewegung von 1968 ihre volle Empörung zugewandt hatte. Seit aber alternativ Gesinnte in kleinen Druckereien ihre eigenen Blätter herauszubringen verstehen, ist auch dieser neue Aspekt der Pressefreiheit wieder weitgehend entpolitisiert, zumindest vom Standpunkt der hier beteiligten Randgruppen. Sie sehen in der Pressefreiheit kein Thema mehr, mit dem das ganze Volk befaßt werden müßte.

Es gibt ebensowohl eine Politisierung privater Nöte wie eine
Entpolitisierung öffentlicher Interessen. Neben dem, was politisch und durch Gesetze zu erreichen ist, wie dem gleichen
Lohn für gleiche Arbeit und den gleichen Aufstiegsmöglichkei-
ten für Männer und Frauen, ist die neue Bewegung des Femi-
nismus eine Politisierung privater Nöte: des Leidens unter
Hausarbeit, für die der Mann, nicht dazu erzogen, sich nicht
einspannen läßt; des Leidens unter sexuellen Forderungen des
Mannes, für die sich Frauen, nicht dazu geweckt, nicht herge-
ben wollen; schließlich des Leidens unter männlicher Aggressivität und Brutalität, deren Ursprung in vitaler Frustration ent-

schieden verkennen muß, wer daraus ein Politikum machen will. Wo das Individuum die Hilfe des Staates anruft, will es frei werden von einer es bedrängenden oder unterdrückenden privaten Gewalt. Aber wo alles zum Politikum wird, gibt es auch keine individuelle Freiheit mehr.

Wenn bei rebellischen Jugendlichen das Wohnungsproblem im Vordergrund steht, ist das eigentlich schon eine Entpolitisierung des Protestpotentials. Hausbesetzer wollen in den von ihnen bewohnten Häusern in Ruhe gelassen werden; zu Zusammenstößen mit der Polizei kommt es im allgemeinen erst bei Räumungsaktionen. Eine Berliner Hausbesetzerin sagte im Deutschen Fernsehen[30]: »Wir leben hier nach dem Grundsatz: Zusammen lieben, lachen, kämpfen.« Der Akzent liegt auf dem Zusammen, dem Miteinander. Noch im Protest, ja gerade in Massendemonstrationen wird ein Gruppenerlebnis gesucht, in dem der libidinös und emotional auf sich selber zurückgeworfene junge Mensch endlich ein Gefühl der Verbundenheit mit anderen erfährt. Ein junger Zürcher sagte: »Wir gewinnen ein großes Gefühl der Zusammengehörigkeit, wenn wir demonstrieren; da haben wir zum ersten Mal erlebt, daß was los ist, daß mal die Welt wieder schön ist, auch in dieser Lust an der Zerstörung.«[31] Diese Lust an der Zerstörung, von der Bakunin meinte, sie sei eine »schaffende Lust«, ist aber die Lust der lustlos Erzogenen, die ihnen verbliebene Möglichkeit, sich lebendig zu fühlen. Ob in politisch progressiver Aufbruchstimmung oder wie einst in Kriegsbereitschaft, jedesmal drängen sittlich disziplinierte Gemüter aus alltäglicher Langeweile in ein volleres Leben. Der wegen Kriegsverbrechen in My Lai angeklagte US-Leutnant Calley bekannte, daß er in Vietnam — trotz aller Lebensgefahr — *lebendiger* sein werde als zu Hause: *more alive*[32]. Hitlers Lob »fanatischer, ja hysterischer Leidenschaften«, die er als Triebkraft des Chauvinismus wirken sah, war gleichfalls weggestemmt, buchstäblich ab-gestoßen von den »bürgerlichen Tugenden der Ruhe und Ordnung« (*Mein Kampf*, S. 475). Nicht erst seit heute bietet eine triebunterdrückende Kultur jugendlichem Lebenswillen nur den Ausweg in die Gewalt. Solange Krieg als eine normale Erscheinung des »völkischen Lebens« galt, setzte die staatliche Führung sogar bewußt auf jene

Begeisterungsfähigkeit junger Menschen, die aus alltäglichem Trott und der Anpassung an beengende Normen herauswollten. Kritiklos übernommene patriotische Motive haben den jungen Gymnasiasten, die sich 1914 bis 1918 als Kriegsfreiwillige meldeten, diese triebhafte Motivation bei sich selber zumeist verdeckt. Wer, »idealistisch« gesinnt, sich die Kriegshelden zum Vorbild nahm, brauchte, um ihnen nachzueifern, das destruktive Moment in allem Heldentum gar nicht zu reflektieren; das hätte seiner Begeisterung nur Abbruch getan.

Der Wohlstandsbürger, der gedankenlos die Meinung nachspricht, die heutigen Jugendunruhen kämen von daher, daß die jungen Leute keine wahren Vorbilder mehr hätten, übersieht den Anreiz zur Aggression, der von den Helden der Vergangenheit ausging. Der Geschichtsunterricht, der von Issos bis Sedan in erster Linie auf Kriege und Schlachten ausgerichtet war, bot entsprechende Vorbilder die Fülle. Wo die Schule und die staatliche Führung schon darauf verzichten, aggressiv gestimmten jungen Menschen strahlende Helden vorzusetzen, die mannigfache Sehnsucht nach befreiender Gewalt auf sich ziehen, suchen unzufriedene, weil unbefriedigte junge Menschen verworren und unklar nach Idolen, die äußerste Lebendigkeit, ja Hemmungslosigkeit verkörpern. Wem der einsatzfreudige Fußballstar oder der hemmungslos sich darstellende Rocksänger nicht mehr genügt, der mag sogar auf Hitler und Stalin zurückgreifen. Selbst Massenmörder auf eigene Faust, die nicht den Schein eines für sie geltenden Rechts in Anspruch nehmen, ziehen jugendliche Bewunderung auf sich. Nach einer Umfrage von *Ladies' Home Journal* bei 500 Jugendlichen unter 17 Jahren haben diese den Massenmörder Charles Manson und den Porno-Star Linda Lovelace (»Deep Throat«) Mitte der siebziger Jahre zu ihren Idolen erwählt[33]: Figuren, auf die sich eine schon moralisch bedenkenlose Sehnsucht nach Befreiung aus bürgerlichen Zwängen konzentriert hat. Tabufreier Sex und brutales Verbrechen liegen hier auf derselben Seite triebhaft bewunderten Lebens. Auch dies ist kein grundsätzlich neues Phänomen unserer Kultur. Daß Mörder und Mörderinnen mit Liebesbriefen von ihnen völlig unbekannten Menschen oft geradezu überschwemmt werden, ist für den Kriminologen eine altbe-

kannte Tatsache[34]. Was hierin zum Ausdruck kommt, ist ein
weithin ambivalentes Verhältnis zum Verbrechen: Der Kriminelle, vor allem der gewalttätig vorgehende, zieht Haß, Abscheu und Bewunderung gleichermaßen auf sich, jedenfalls von
seiten der Verklemmten, für die ein sexuelles Tabu dieselbe ver-
pflichtende Kraft hat wie das Gewaltverbot der Rechtsordnung.
Ihnen muß noch der Mörder als ein bloß kühner Tabuverletzer
erscheinen, wenn sie selber unter der Last von Tabus sich be-
drückt fühlen. Der unterschwellige Neid auf den Rechtsbrecher, der offensichtlich zu tun wagt, wozu man selbst aus vitalem Unmut geneigt ist, motiviert aber zugleich die Forderung
harter Strafen »zur Eindämmung des Verbrechens«.

Die Art und Weise, in der der Einzelne auf ein spektakulär pu-
bliziertes Verbrechen reagiert, ist wohl seine eigene, höchst private Reaktion, die mit seiner so und nicht anders geprägten
Triebstruktur zu tun hat. Aber die aus Millionen vergleichbarer
emotionaler Antworten auf das Verbrechen sich bildende
Kammlinie allgemeiner Entrüstung und Abwehr ist ein Politikum, das geschickte Demagogen noch weiter politisieren, indem sie das, was als bloßer Abscheu bereitliegt, in »Strafaktionen« überleiten. Sie können sich dann darauf berufen, daß sie
nur dem wahren »Volkswillen« Geltung verschafften. Wenn sie
in einer normtragenden Mehrheit der Bevölkerung eine aggressive Bereitschaft vorfinden, andere Menschen zu bestrafen und
sich — für eigene geheime Nöte — an ihnen zu »rächen«, dann
ist es gar nicht notwendig, daß wirklich Schuldige als hassenswerte Objekte bezeichnet werden. Das triebhafte Verlangen
nach Menschen, die man guten Gewissens bekämpfen darf,
schafft schon eine »idealistische« Gesinnung, die ein angebote-
nes Feindbild dankbar ergreift. Wer kulturkritisch dabei nur auf
die Bewußtseinsform der Motivation blickt, der kann von geistigen Ursachen der Gewalt sprechen, so als brächten die Ausrichtung auf ein Feindbild und das Überzeugtsein davon die aggressiven Neigungen erst hervor, die eine bewußte Feindhaltung immer schon gebündelt in sich vorfindet. Was für das
Selbstverständnis des Feindorientierten dabei immer noch rationaler Begründung sich sperrt, überdeckt eine »Begeisterung«, die nichts mehr mit Geist im Sinne von Vernunft zu tun

hat, sondern aus der ruhelos geisternden Triebhaftigkeit selber stammt. In diesem Sinne sagte nach einer Versammlung antisemitischer Studenten im Jahre 1881 einer ihrer Anführer, er und seine Genossen seien »so *begeistert*, daß wohl jeder fähig gewesen wäre, den alten Juden-Tempel anzustecken«[35]. In solcher Begeisterung ist verdeckt und beschönigt zugleich, was destruktiv aus verquälten Gemütern hervorwill. Im vollen Rausch ihrer »Begeisterung« bleibt ihnen wohltuend verborgen, daß sie von nichts anderem angetrieben sind als von einem Willen zum Zerstören und Niederbrennen, der bar jeder idealistischen Verbrämung als gemeiner verbrecherischer Wille erschiene.

d) Der Glaube an geistige Ursachen der Gewalt

Der Glaube an geistige Ursachen der Gewalt ist die Lieblingsidee von Intellektuellen, die im Luftreich der Ideologien zu Hause sind und wähnen, durch die Bekämpfung »falschen Bewußtseins«, durch den »Abbau von Feindbildern« und die Entzauberung von »menschenverachtenden Ideologien« auch gleich die triebhaften Ursachen destruktiver Gewalt beseitigen zu können. Wer möchte nicht zuständig sein, wenn es um Leben oder Tod geht! Tatsächlich aber wird im intellektuellen Kampf gegen »aggressive Ideologien« eine Überbau-Diskussion geführt, unter deren vernünftigen Darlegungen »rohe Kräfte sinnlos walten« (Schiller). Militante Ideologien sind nicht Ursache von Gewalt, sie dienen nur zu ihrer Rechtfertigung und zur kollektiven Ausrichtung längst aggressiv gestimmter Menschen auf einen jeweils genau bezeichneten Feind. Die Erfahrung lehrt, daß überall dort, wo ein Feindbild nur rein geistig überwunden wurde, jedesmal sofort ein neues entsteht oder hervorgezogen wird. Auch für vernichtete Feinde finden jene, die einen Feind brauchen, allemal rasch Ersatz. Kaum war im europäischen Westen nach dem Zweiten Weltkrieg der »faschistische« Feind besiegt, da bot sich für rechtschaffen freiheitliche Aggressivität das Feindbild des Kommunismus an; umgekehrt dort, wo dessen Gralshüter herrschten, war wieder der Kapitalismus und Imperialismus der Westmächte der alle Sozialisten solidarisierende Feind. Beide Feindhaltungen steigerten sich gegenseitig — auf der Basis einer gemeinsamen traditionell Unmut fördernden abendländischen Kultur. Selbst diejenigen bei uns zulande, die allen Feindbildern abzuschwören versprachen, fanden doch bald die ihnen zusagenden widerlichen Objekte, gegen die sie tiefersitzende Wut selbstgerecht richten konnten. Wenn das nicht grob nur die Polizisten als die zu bekämpfenden »Bullen« waren, dann hatten es alle jene zu sein, an denen man mit einigem dialektischen Scharfsinn »faschistoide« Züge zu erkennen meinte: Gegner der »multikulturellen Gesellschaft« und eines ungehinderten Zustroms von Wirtschaftsflüchtlingen. In einer insgesamt aggressiv formierten Gesellschaft brauchen am Ende alle für ihr psychisches Gleichgewicht einen Feind oder ein Feindbild. Die einen brauchen den Ausländer als Feind, die anderen den Ausländerfeind als Feindbild, um guten Gewissens ihre dumpfe Wut ausleben zu können.

Ein höchst beklagenswertes Lehrstück für politisch ausformbare oder auch nur interpretierbare rohe Gewalt waren die von wechselnden Parolen begleiteten Krawalle von Hoyerswerda im September 1991. Waren das eine Mal, am Sonntag, dem 22. 9., Metallkugeln und Molotow-Cocktails auf ein Ausländerheim niedergegangen, so artete die mit Transparenten »Gegen Faschismus und Rassismus« vorgetragene Gegendemonstration acht Tage später nicht minder in Gewalt aus. Die jungen »Autonomen«, die da auf die Straße gingen, haben wohl auch ihren Unmut über die gutbürgerliche Autogesellschaft ausgetobt, sonst hätten sie nicht nebenbei rund 60 Kraftfahrzeuge demoliert und einen Reporter des ZDF blutig geschlagen[36]. Dergleichen läßt sich nicht bündig politisch einordnen; es wird zum Politikum erst durch die Reaktionen der Politiker darauf, durch ihre Deutungen und Fehldeutungen des Geschehenen. Es gibt einen Bodensatz politisch undifferenzierter Gewalt, der eher privaten Nöten als politisch enttäuschten Hoffnungen entstammt.

Wer behauptet, Arbeitslosigkeit sei die Hauptursache jugendlichen Vandalismus, der hat sich noch nicht erkundigt, wie viele junge Berufstätige ihre Sonntagsneurose in wilden Aktivitäten zu bannen suchen: in Motorradgangs oder Protestgruppen, die

Gelegenheiten zum Demonstrieren buchstäblich aufsuchen.
Wer Arbeit für das soziale Allheilmittel hält, weiß auch noch
nichts davon, daß Arbeitsdisziplin nur ein Sedativ ist für ruhelos Umgetriebene; sie hat nur eine hemmende Funktion, keine
wirklich erlösende bei triebhafter Unruhe. Der Kriminologe
Hans von Hentig sprach von der »präventiven Rolle« von
Schulbesuch und Arbeitszeit[37]. An den Sittlichkeits- und Gewaltverbrechen des Sonntags werde das erkennbar. Die politisierbaren Sonntagskrawalle unserer Tage bestätigen das erneut.
Wohl gibt es unter den rechts- und linksradikalen Aktivisten
junge Heißsporne und gestandene Männer, die sich selber als
Vollstrecker einer Weltanschauung sehen. Aber es gibt auch
den selbstreflektiert Aggressiven, der sich als ein politisch Radikaler engagiert, um sich Feinde zu machen — aus Freude an
der Konfrontation mit wem auch immer. Keinen anderen Sinn
hat es, wenn ein wegen Zeigens der Hakenkreuzfahne (nach
§§ 86 und 86a StGB) angeklagter Neonazi dem Gericht erklärt: »Das ist ein bunter Fetzen, der nur provozieren soll.«[38]
Selbst wenn er das als Schutzbehauptung sagte, um den Vorwurf nazistischer Gesinnung zu entkräften, konnte ihm das
doch in solch drastischer Formulierung (»bunter Fetzen«) nur
eingefallen sein, wenn er auch unter der Decke des zuvor gezeigten Engagements so empfunden hatte. Das ist der Zyniker,
der weiß, wovon er im Grunde bewegt ist, oder es zumindest
ahnt, und der sich doch denen, die das idealistisch verdrängt
haben, anschließt. Hitlers SA-Führer Röhm meinte trocken:
»Da ich ein unreifer und schlechter Mensch bin, sagte mir der
Krieg und die Unruhe eben mehr zu als die brave bürgerliche
Ordnung.«[39]
Wenn jugendlicher Unmut unter NS-Parolen und Emblemen
heute die größere Chance wittert, die Öffentlichkeit herauszu-
fordern, so schlägt dieses Motiv des Provozieren-Wollens sich
in den Deutungen der ideengeschichtlich gebildeten Politiker
und Kommentatoren noch lange nicht nieder. Denn wenn sie
dies wahrnähmen, müßten sie sich auf Triebmotive einlassen;
und das widerspräche den moralischen Werten, die auch der
Fortschrittlichste unter ihnen nicht zu bezweifeln wagt. Politische und weltanschauliche Ideen, die über die hergebrachte

sittliche Ordnung sich wölben, geben dafür einfachere Erklä-
rungsmuster ab, die im politischen Tageskampf sich verwenden
lassen. Solch »geistige« Tradition reicht bis in die Sozialwissen-
schaften hinein und erhält sich hier eben dadurch, daß Soziologen und Politologen von Erkenntnissen der Entwicklungspsy-
chologie und der Psychoanalyse kaum je Notiz nehmen. Selbst
Kriminologen sprechen lieber von »sinnlosen« oder »motiv-
losen« Gewaltakten, ehe sie anfangen, destruktive Spätfolgen
erziehungsbedingter »Triebschicksale« (Freud[40]) zu erwägen.
Nach routinemäßiger Exploration eines Gewalttätigen kann indessen nur abgeschätzt werden, welcher Triebstau sich in ihm
entladen hat, als er zuschlug, einen Menschen schwer verletzte
oder gar tötete. Ein Rasender, der Dutzende Male auf sein Opfer einsticht, der »will« nicht nur töten; in ihm löst bereits un-
willentlich sich eine seit langem verdichtete Spannung[41]. Was
so explosionsartig aus einem Menschen herausbricht, ist weder durch Strafandrohung zu verhüten, noch, subjektiv, durch
»Willensstärke« zu unterbinden. Die ins Leere greifende Forderung, zumindest politisch wirkende Gewalt durch härtere Strafen zu »bekämpfen«, kommt von Politikern, die kundtun wollen, daß sie nicht »tatenlos zusehen«.
Warum ist über all der geistigen und künstlerischen Vergangenheitsbewältigung nie die Frage aufgeworfen worden, warum es
seinerzeit vorwiegend stramme junge Männer waren, die Hitler
emporgetragen haben, und warum es heute wieder junge Menschen sind, die sich in neonazistischen Gruppen organisieren?
In politischer Auseinandersetzung, die den Nazismus lediglich
als gefährliche Ideologie nimmt, fällt das vitale Moment, das
darin seinen Ausdruck findet, völlig aus der Betrachtung heraus.
Die besorgten Hüter der Demokratie, die immer nur von geistigen oder ideengeschichtlichen Ursachen reden, sind da so unaufgeklärt über die vitalen Antriebe jedes Radikalismus wie
diejenigen, die sie als geistig fehlgeleitet oder ideologisch verblendet bezeichnen. *Geistig fehlgeleitet zu einer die Mitmenschen bedrohenden Gesinnung kann aber nur sein, wer zuvor
schon fehlgeprägt ist in seiner Triebstruktur.*
Nur eine Erziehung, die den Menschen von klein auf in seinen
vitalen Bedürfnissen ernst nimmt und fördert, kann die Grund-

lage schaffen für ein Leben, das keinen Feind mehr nötig hat. Die mit wenig Zärtlichkeit aufgewachsenen »Schlüsselkinder« berufstätiger Mütter sind emotional nicht allzugut darauf eingestellt, am allerwenigsten aber jene zu Opfer und Verzicht Erzogenen, unter deren willentlich aufgesetzter edler Gesinnung ein vitaler Unmut sich anstaut. Dies sind die möglichen Folgen sittenstreng idealistischer oder religiöser Erziehung: bei schwächeren Naturen ein Duckmäusertum, eine gegen die eigene Person drückende Verdrossenheit; bei den von Natur aus lebhafteren eine immer stärker nach außen dringende Wut, aber mit der Gesinnung, dem Drang zur Gewalt nur im Dienst für ein hohes Ideal nachzugeben. Bei den streng christlich erzogenen Idealisten, die zu Terroristen wurden (s. o. S. 209), führt eine gerade Linie von der betulichen Atmosphäre im Elternhaus über leidenschaftliches soziales Engagement bis hin zu der Überzeugung, eine hartherzige Gesellschaft müsse auf den rechten Weg gebombt werden. Die Gewalt der Fanatiker kommt aber nicht von den Ideen, denen sie sich verschrieben haben, sondern von dem vitalen Unmut, der sich wie eigens dafür in ihnen aufgestaut hat. Jede hohe Idee kann so durch »Kampffanatiker« (Göppinger[42]) korrumpiert werden.

Dem abendländischen Glauben an die »Macht des Geistes«[43] entspricht die Gewohnheit, radikale politische Ideen als Ursachen der absichtlich zu ihrer Durchsetzung angewandten Gewalt anzusehen. Wer aber weiß und bedenkt, daß Schläge auf die Köpfe der Menschen ein untaugliches Mittel sind, sie für sich zu gewinnen, der kann an die Spiritualität der Ursachen von Gewalt nicht mehr glauben: Der vermeintlich geistigen Ursache eines Gewaltaktes folgt keine ihr gemäße geistige Wirkung. Die angeblich ideologischen Ursachen roher Gewalt sind allenfalls *Motive ihrer Rechtfertigung* vor der Gesellschaft und vor dem eigenen Gewissen, soweit es von der Lust am Zuschlagen noch nicht völlig betäubt ist. Ursächlich apolitische Gewalt wird an den Menschengruppen, gegen die sie sich wirft, lediglich zu einer politisch bewertbaren, auch zum Politikum einer Friedensstörung oder gar einer »nationalen Schande«[44]. Die politischen Einstufungen unterliegen einer nicht völlig unwandelbaren Konvention: Wer gegen Ausländer randaliert, muß ein

Rechtsradikaler sein, und wer Molotow-Cocktails gegen die Polizei schleudert, galt bis vor kurzem noch stets als ein »Linker«, als Kämpfer gegen *law and order.* Wenn kraftstrotzende junge Burschen, die »tätlich werden, weil sie nicht tätig werden können« (Thierse[45]), mal gegen ein Ausländerheim, mal für ihren Fußballverein, ein anderes Mal gegen deutschstämmige Aussiedler oder gegen die Polizei randalieren und losschlagen, dann hätten wir sie nacheinander als Neonazis, als Fußballrowdies und als Linksradikale einzuordnen. Wir finden, abgesehen von reinen »Krawall-Touristen«[46], zwar nicht allemal dieselben Jugendlichen bei Krawallen unterschiedlicher Stoßrichtung. Aber habituell Gewalttätige ändern schneller ihre Motivation, gewalttätig zu werden, als ihre grundlegende Bereitschaft zur Gewalt. Da braucht es uns nicht zu verwundern, daß ein ehedem »charismatischer FDJ-Sekretär« (ND, 22. 9. 1992) nach der »Wende« im Osten als rechtsradikaler Ideologe auftritt[47].

Bei den bürgerkriegsartigen Unruhen von Rostock Ende August 1992 waren es überwiegend 13- bis 18jährige Jungen[48], die mit brutaler Gewalt gegen Zigeuner begonnen hatten, aber nach einigen Tagen nur noch auf die Polizisten losgingen (nachdem alle Ausländer fortgebracht worden waren). Wer diese Buben in den Massenmedien als »Rechtsradikale« bezeichnet hat, war nicht nur weit vom Tatort, sondern auch von den Ursachen jugendlicher Gewalt entfernt. Von »Frust ablassen« sprach ein sechzehnjähriger Schüler, der da mitgemacht hatte[49]. Das zeugt nicht von politischer Motivation. Junge Menschen toben sich ja nicht aus, damit abgeklärte Erwachsene über Ideologien streiten oder wieder einmal den braunen Teufel an die Wand malen können.

Wer junge, teilweise noch nicht einmal strafmündige Gewalttäter als die »neuen Nazis« bezeichnet, trägt das Seine dazu bei, den Neonazismus herbeizureden. Er schiebt ihnen eine politische Bedeutung zu, die sie von sich aus noch gar nicht haben. Rechtsradikale Ideologen können sich freuen, wenn ihnen so ein »Jungvolk« zugetrieben wird, Scharen junger Burschen und Mädchen, die den zunächst nur zum Provozieren gemimten »Faschismus« trotzig immer mehr durch Überzeugung erfüllen

werden. Durch Stigmatisierung (*labelling*) übernehmen auch
sonst erstmalig straffällig Gewordene die ihnen zugewiesene
soziale Rolle, diejenige des Kriminellen: »Die Person wird das,
als was sie beschrieben wird.« (F. Tannenbaum[50]). Ideologisierung brutaler Gewalt, wie sie nach den Vorfällen von Rostock
betrieben wurde, verfestigt nicht nur die Täter in der ihnen zugeschriebenen Rolle, sie reizt auch latent Gewalttätige zur
Nachahmung: Menschen, die das Böse, zu dem es sie drängt,
nur in Akten von politischer Bedeutung verüben wollen. Mit
bloßen Worten vollzogene ideologische »Bekämpfung« gemein-
gefährlicher Gewalt vernebelt nur die Verantwortung für die
Bedingungen, unter denen sie entsteht.

»Rostock« war im übrigen ein Lehrstück vorschneller ideologischer Deutungen gruppenweise geübter Gewalt. Diejenigen, die
hinter den von ihnen gesehenen »Neonazis« auch rechtsradikale Anstifter ausmachen wollten, wurden bald belehrt, daß alte
Stasi-Leute die eigentlichen Drahtzieher waren, Männer, die
nichts anderes im Sinn haben, als das wiedervereinigte
Deutschland zu diskreditieren und zu destabilisieren. Wie aber
soll man eine Zusammenrottung politisch einordnen, bei der
man fand, daß »Neonazis« von »roten« Agenten gesteuert wurden? Könnte solch eine ideologische Mischung — es war die
Rede von einem »Stasi-Nazi-Komplott«[51] — überhaupt noch
eine einheitliche Motivation für alle Beteiligten schaffen? Haben
sich da nicht eher nur zwei destruktiv gestimmte Gruppen miteinander verbunden?

> Von den Jugendlichen, die an einem Sonntagmorgen die Polizei-Haupt-
> wache im brandenburgischen Senftenberg angegriffen haben (mit Pfla-
> stersteinen, brennenden Autos und Müllcontainern), hieß es: Sie »werden
> der rechtsradikalen und der linksautonomen Szene zugerechnet«[52]. Ohne
> ideologische Etikettierungen kommen solche Nachrichten selbst dann
> nicht aus, wenn offensichtlich aufsässige Gewalt um der Gewalt willen
> geübt wird.

Die Überzeugung, daß alles nur eine Frage von Gesinnungen
sei, wird auch gestützt von einer Demoskopie, die anders als
Kinsey[53] sich weniger nach faktischem Verhalten bei den Menschen erkundigt als vielmehr nach ihren »Meinungen«, und die
gar ihre verstohlenen Hoffnungen und Befürchtungen auszufor-

schen sucht. Der Anwendungszweck ist ein doppelter: An der Gesinnungslage der Nation können Wahlkampfstrategen sich ausrichten; andererseits wollen Volkserzieher wissen, worauf sie einwirken.

Es kann nicht die Aufgabe eines Politikers sein, den jungen Menschen ins Gewissen zu reden, sie sollten Gesinnungen pflegen, die jeden Radikalismus von sich abweisen und Neigungen zur Gewalt (in der eigenen Person) unterbänden. Das kann nicht die Aufgabe der Politik sein, schon weil es wirkungslos ist: Echte Toleranz, die im Grunde immer Frustrationstoleranz[54] ist, kann nicht verordnet werden. Auf bloß willentlich aufgesetzte Toleranz ist kein Verlaß. Gesetzgebung und Verwaltung haben vielmehr die Rahmenbedingungen zu schaffen oder zu fördern, unter denen das (demoskopisch schwer abschätzbare) Gewaltpotential in der Gesellschaft sich verringern läßt. Soweit das nicht gelingt, kann nur versucht werden, aggressive Strömungen so zu kanalisieren, daß sie einen möglichst unschädlichen Auslauf gewinnen: bei sportlicher Betätigung[55] und durch gemeinnützige Arbeit, die auch körperliche Kräfte beansprucht. Der Aberglaube an geistige Ursachen der Gewalt hat entsprechende Bestrebungen nie recht aufkommen lassen. Wer heute einen auch nur freiwilligen Arbeitsdienst für junge Männer fordert, kommt überdies in Verruf, ein »faschistisches« Ziel zu verfolgen. In Deutschland: unter Hitlers langem Schatten, können gerade Vorschläge zur Eindämmung von Gewalt nicht so unbefangen diskutiert werden wie in »unbelasteten« Ländern.

e) Folgerungen für die Kriminalpolitik

Die Einsicht, daß es keine geistigen (ideologischen) Ursachen brutaler Gewalt gibt, hat kriminalpolitische Konsequenzen und verlangt, daß auch das Strafrecht und die Strafjustiz sich darauf einstellen:

1. Brutale Gewalt ist nicht nur ein menschenfeindlicher Akt, sondern auch eine schwere Störung des sozialen Friedens, aber nur insofern ein Politikum.

2. Es gibt keine »linken« oder »rechten« Gewaltakte, sondern — abgesehen von Fällen der Notwehr — nur solche, die als kriminelle Handlungen zu bewerten sind.

3. Politische Motive krimineller Handlungen sind nicht deren Ursache: sie sind Selbsttäuschungen der Täter oder von ihnen vorgeschobene Begründungen.

4. Kriminelle Akte von politischen Extremisten und ideologisch Verhetzten müssen allein nach Kriterien des Strafrechts beurteilt und geahndet werden.

5. Der Begriff des Gesinnungs- oder Überzeugungstäters [56] ist eine rechtsfremde Kategorie, die vom Unrechtsgehalt entsprechender Straftaten nur ablenkt.

6. Die politische Bewertung und Einstufung brutaler Gewalt unterliegt opportunistischen und zeitgebundenen Tendenzen der Beurteilung: der dramatisierenden Panikmache oder auch der beschwichtigenden Verharmlosung.

7. Wenn Politiker und Journalisten die von pubertierenden Jünglingen an Ausländerheimen verübten Brandstiftungen zum bundesweiten Politikum aufblähen, dann wirken sie kontraproduktiv: sie stimulieren potentiell Gewalttätige zu Anschlußverbrechen.

8. Die Rede von politischen Straftaten, von »linkem Terror« oder »rechter Gewalt« vergiftet das politische Klima: sie verleitet Demagogen dazu, die — so oder so — politisch einsortierten Straftaten politischen Gegnern in die Schuhe zu schieben.

9. Wenn bei einer Straftat, die in den politischen Raum hineinwirkt, der Akzent auf die scheinbar sie verursachende politische Gesinnung gelegt wird anstatt auf das Unrecht der Tat selber, dann fehlt nicht mehr viel zu einer Kriminalisierung bloßer Gesinnungen.

10. Wenn dumme Jungen, die von den Nazis kaum mehr wissen als Hitlers Geburtstag, als die neuen Nazis vorgeführt werden, dann drängt man sie in diese Rolle, motiviert sie dazu, sie trotzig mit Gesinnung auszufüllen. Sofern sie Straftaten verübt haben, ist für sie der Jugendrichter zuständig, nicht irgendein politisch erst noch Aufsehen erregendes »Sondergericht« [57].

11. Wer jugendliche Gewalttäter, die mit »Heil Hitler« provozieren wollen, als politisch motivierte Täter ernst nimmt, der kommt dem Geltungsbedürfnis dieser Frustrierten entgegen und vermindert damit die Chancen ihrer Resozialisierung.

12. Wer jugendliche Brandstifter und Messerstecher zur politischen Bedrohung der Gesellschaft hochredet, der schafft damit eine Gesinnungsfront, zu der noch alle diejenigen anrücken, die als potentiell Gewalttätige nur auf einen ideologischen Vorwand gewartet haben.

Wie verfehlt es ist, junge Burschen, die die neuen Nazis mimen, in dieser Rolle zu bestätigen, zeigt sich gerade dann, wenn sich herausstellt, daß bloß Erlebnishungrige nichts anderes wollten als in irgendeiner Weise öffentlich »aktiv« werden. Von einem Jugendlichen, der vor einem Ausländerheim randalierte, wurde gemeldet, er habe sich auch schon an einer »Schutz-Aktion« für ein solches Heim beteiligt[58]. Das eine wie das andere hatte für ihn wohl nur den Erlebniswert eines Happenings. Sein gleichfalls gefaßter Mittäter, hieß es, »hat rechtsradikale Tätowierungen auf den Armen und einen Rot-Front-Stern auf dem Handrücken« (RNZ). Als Neonazi aufzutreten war ihm offenbar noch nicht provozierend genug — sofern er überhaupt weiß, was all die Symbole bedeuten.

Der Provokation der jungen Randalierer und Gewalttäter antwortet ein sie politisch dramatisierendes Protestpotential. Die »Dramatisierung des Bösen« (Tannenbaum[59]) ist allerdings der Kardinalfehler gegenüber dem Verbrechen überhaupt, wo die Menschen ebenso hilflos wie sensationslüstern davorstehen. Die leidenschaftliche Bekämpfung des Übels macht es nur noch schlimmer. Was aus der jugendlichen Kraft von Verwahrlosten und Schlechtangepaßten hervorgeht, bekommt »im Namen des Volkes« das Stigma des Kriminellen, des Feindes aller rechtlich Denkenden. Vom Gros der »Ersttäter«, die ihre Verurteilung sich nicht »zur Warnung dienen lassen« (§ 56 I StGB), wird diese Rollenzuweisung schon aus Trotz übernommen[60]. Wer oder was drängt sie in eine kriminelle Laufbahn? Ein namhafter Strafrechtslehrer behauptet, »daß die Gesellschaft das Verbre-

chen (und den Verbrecher) *braucht,* um in der Auseinandersetzung mit ihnen die soziale Norm und sich selbst zu bestätigen«
(Stratenwerth[61]). Wir brauchen hoffentlich nicht auch die Neonazis, um uns als überzeugte Demokraten zu erweisen.

Zu fragen ist, ob in einer insgesamt aggressiv gespannten Gesellschaft, die sonst alltäglich im Straßenverkehr sich austobt,
nicht ein unbewußtes Verlangen nach einem respektablen Feind
die politische Aufwertung roher Gewalt begünstigt. Ihre Dramatisierung zum Politikum und ihre Verharmlosung zum
»Volkszorn« oder zur »Selbsthilfe« sind aber nur zwei Seiten
der Verkennung ihres Unrechts und der Steigerung ihrer Gefährlichkeit.

Wir haben es erlebt, wie in den siebziger Jahren und noch darüber hinaus sogenannte Linksintellektuelle dafür geworben haben, die sozialen Motive und die idealen Ziele der RAF-Täter
zu verstehen und anzuerkennen. Als es damals (1968) — ebenso wie 1992 bei den »rechten« Gewalttätern — mit Brandstiftung losging, da beklagte sich eine »linke« Rechtsanwältin darüber, daß den Angeklagten vom Landgericht Frankfurt am
Main der Status des »politischen Überzeugungstäters« abge-
sprochen wurde[62]. Diejenigen unter den Kriminologen, die sich
um Triebmotive erkundigen, sind sich seit langem darüber im
klaren, daß Brandstiftung eine sexuelle Ersatzhandlung ist[63].
Und sie ist es auch dann, wenn ganz andere Motive von den
Tätern vorgeschoben werden. Der Sexualpsychologe Ernest
Borneman aber schrieb über die deutschen Terroristen jener
Jahre, das seien Menschen, die »willens sind, die untilgbare
Schuld des Tötens auf sich zu laden, damit andere besser leben
können«[64]. Noch haben extrem rechts eingereihte Gewalttäter
keine so feinsinnigen Würdigungen erfahren. Aber wenn wir
nicht grundsätzlich davon abgehen, kriminelle Gewalt nach politischen Motiven zu sortieren, könnten um so leichter aus den
»rechten« Gewalttätern von heute die »Helden« von morgen
werden.

VII. KAPITEL

Hitlers »Sozialismus«
und die Pseudoprogressiven

a) War Hitler Sozialist?

Die von Hitler zum innenpolitischen Sieg und zur militärischen Niederlage geführte »Bewegung« galt nach 1945 lange Zeit sosehr als das Paradebeispiel einer rechtsradikalen Strömung, daß, wer immer den Geruch des Nazismus vermeiden wollte, sich bloß auf der Seite der »Linken«, der Sozialisten und Liberal-Progressiven, zu engagieren brauchte. Franz Josef Strauß hat, dem entgegenwirkend, (1980) die These aufgestellt, Hitlers »Nationalsozialismus« sei nur eine »Variante des Sozialismus« gewesen[1]. Edmund Stoiber, der damalige CSU-Generalsekretär, schwächte das nur ein wenig ab: Es sei »wissenschaftlich überhaupt nicht zu bestreiten, daß Nationalsozialisten Sozialisten waren.«[2] Einige von ihnen, gewiß, waren es. Hitler selbst hat vom »nationalen Sozialismus« seiner NSDAP kaum mehr als das Wort übernommen, den Begriff des Sozialismus auch sogleich umdeutend in Antisemitismus. Was kämpferischen Sozialisten der »Klassenfeind« war, verdrehte er zum »Todfeind der arischen Menschheit«[3], und damit des deutschen Volkes, das für ihn zu den »Habenichtsen« dieser Erde gehörte[4]. »Für uns gibt es nicht Klassenkampf, sondern Rassenkampf«, lautete Hitlers Parole[5]. Andere »Ausbeuter« als solche jüdischer Herkunft vermochte er sich nicht vorzustellen. In einer Rede seiner frühen »Kampfzeit« (1920) fragte er:

> »Wie kannst du als Sozialist *nicht* Antisemit sein! Es kommt die Zeit, in der es selbstverständlich sein wird, daß Sozialismus nur durchzuführen ist in Begleitung des Nationalen und des Antisemitismus.«[6]

Und da forderte er auch schon »die Entfernung der Juden aus unserem Volke«[6]. Wie das vor sich gehen sollte, hat Hitler auch bei der »Machtergreifung« 1933 noch nicht einmal seinen engsten Mitstreitern verraten[7]. »Sozialismus« war für das, was später »Endlösung« hieß, der erste Tarnname.

Natürlich hat auch Hitler wie jeder, der die Arbeiterschaft für sich gewinnen will, zumindest verbal die Nähe zu sozialistischen Gedanken und Programmpunkten gesucht. Schon in *Mein Kampf* hat er in dem »roten Grundtuch« der Hakenkreuzfahne »den sozialen Gedanken der Bewegung« symbolisiert gesehen[8]. In einem erst posthum veröffentlichten Buch aus dem Jahre 1928 bekannte er sogar: »Ich bin Sozialist.«[9] Sein Sozialismus war freilich ein solcher der Selbstverblendung, denn er beschrieb ihn folgendermaßen:

> »Ich sehe vor mir keine Klasse und keinen Stand, sondern jene Gemeinschaft von Menschen, die blutsmäßig verbunden, durch eine Sprache geeint, einem allgemeinen gleichen Schicksal unterworfen sind.«[10]

Wer sich »seherisch« weigert, vorhandene Klassen- und Standesunterschiede überhaupt wahrzunehmen, der kann auch über diese hinweg eine »Volksgemeinschaft« propagieren, die nur in Massenveranstaltungen und durch Rundfunkreden jeweils kurzzeitig sich aktualisiert. Hitlers Sozialismus war kaum mehr als ein Lippenbekenntnis, aber eines, an das er selber bis zu einem gewissen Grade geglaubt hat, indem er die soziale Wirklichkeit ignorierte. Er war »sozialistisch« gesinnt, nicht in der Absicht, systemverändernde soziale Reformen durchzuführen, sondern als ein Volksredner, der den Leuten ins Gewissen redete, keinen, der sich auf »ehrliche Weise« sein Brot verdiene, zu verachten. Als »Mann aus dem Arbeiterstande«, wie ihn sogar der sozialdemokratische *Vorwärts*[11] sah, fühlte er sich dazu berufen. Der Maler, Bohemien und hauptberufliche Parteiredner gab die Parole aus: »Arbeit schändet nicht.« Das »geflügelte Wort« (Büchmann), das auf Hesiod zurückgeht, wird in *Mein Kampf* (S. 25) zur sozialpolitischen Maxime. Wenn Hitler als »Trommler« für seine Partei verkündete: »Es gibt für uns keine Unterschiede zwischen Millionär und Straßenkehrer«[12], so wurden damit Unterschiede der sozialen Reputation weggewischt; aber das hieß auch, daß es weiter Millionäre geben sollte: »Jeder an seinem Platz für des Vaterlandes Wohl!« Die Forderung seines Parteifreundes Hermann Esser, 1000 Mark als »Höchstgehalt« festzusetzen[13], hat Hitler selbst nie vertreten.

Was er später mit seinen »Wehrwirtschaftsführern« im Kriege verwirklicht hat, war wohl eine Art »staatlich gelenkter Kapitalismus« (Jäckel[14]).

Das Parteiprogramm der Nationalsozialistischen Deutschen Arbeiterpartei (NSDAP) enthielt wohl einige durchaus sozialistische Momente, so in Punkt 11 neben Gottfried Feders Parole von der *Brechung der Zinsknechtschaft* die geradezu marxistisch klingende von der »Abschaffung des arbeits- und mühelosen Einkommens«. In Punkt 13 war die Rede von einer »Verstaatlichung« aller damals schon vergesellschafteten Betriebe, der sogenannten Trusts. Punkt 14 verlangte für die Arbeiter die »Gewinnbeteiligung an Großbetrieben«, eine Forderung, die manche Arbeiterstimme eingebracht haben mag, ohne jemals von dem zur Macht gekommenen »Führer« auch nur erwogen zu werden.

Hitler hatte keine besondere Bindung an das Programm seiner Partei, das er nicht mitgestaltet hatte, sondern 1919 bei seinem Eintritt in den damals noch »Deutsche Arbeiterpartei« genannten Verein schon vorgefunden hatte. Was er dazu noch beitrug, war rein negativer Art; er beschränkte sich darauf, das Parteiprogramm zu straffen und zusammenzustreichen und — umzudeuten. Sein vielleicht bedeutendster Beitrag bestand in der nachträglichen Abschwächung des Programmpunktes 17, der eine Bodenreform mit der Möglichkeit »unentgeltlicher Enteignung von Boden« vorgesehen hatte. Dazu veröffentlichte Hitler am 13. April 1928 eine Erklärung, in der es hieß, dies richte sich »in erster Linie gegen die jüdischen Grundspekulationsgesellschaften«[15]. Auch Sozialpolitik war in Hitlers Augen zuallererst Rassenpolitik; er sah sie in engstem Zusammenhang mit der »Erhaltung der Volksgesundheit«[16], so wie er sie verstand. Im übrigen war ihm ein Parteiprogramm nur Köder für die Massen, es mußte, wie er schrieb, »in der Formulierung ... Rücksicht auf psychologische Momente nehmen« (*Mein Kampf*, S. 511).

Die Brüder Gregor und Otto Strasser, die in der NSDAP das sozialistische Engagement verkörperten, hat Hitler ausgeschaltet, den einen, Gregor, im Zuge des sogenannten »Röhmputsches« (1934) ermorden lassen, den anderen ins Exil getrieben.

Gregor Strassers Sekretär, Joseph Goebbels, vermochte er zu sich herüberzuziehen. Die von Otto Strasser herausgegebene Zeitung *Der Nationale Sozialist* erschien am 4. Juli 1930 mit der Schlagzeile: »Die Sozialisten verlassen die NSDAP«[17].

Daß Hitler selber jemals mehr als verschwommene Vorstellungen von seinem nationalen Sozialismus hatte, ist zweifelhaft. Eine soziale Revolution mußte ihm überflüssig erscheinen für ein Volk, das er insgesamt zum Herrenvolk der Erde auserkoren sah und dem er zur entsprechenden Macht verhelfen wollte. Wenn es — nach seinen Plänen — erst einmal genug »Lebensraum« im Osten zu verteilen gab, brauchte kein deutscher Landarbeiter oder Kleinbauer mehr auf eine Bodenreform zu hoffen. Hitlers Sozialismus ging völlig in seinen Großmachtträumen unter. Wenn er »Grund und Boden als Ziel unserer Außenpolitik«[18] propagierte, so war damit Außenpolitik zugleich als Ersatz für sozialreformerische Innenpolitik gesetzt. Unter Innenpolitik verstand er »die Kunst«, einem Volke den für solche Außenpolitik »notwendigen Machteinsatz in Form seines Rassenwertes und seiner Zahl zu erhalten«. Innenpolitik war demnach nichts anderes als Bevölkerungspolitik und praktizierter Rassismus.

b) Was ist heute »links«?

Wir sind uns natürlich darüber im klaren, daß »rechts« und »links« als politische Gesinnungsmarken sich schon in den siebziger Jahren relativiert haben und nicht mehr rein gegeneinander abzuheben sind. Nationalismus und Konservativismus sind nicht mehr eindeutig rechte Gesinnungen, seitdem es einen linken Nationalismus gibt (schon seit Kurt Schumacher[19], und nicht erst seit Rudi Dutschke) und seit es Linke waren, die noch vor den politisch Rechtsstehenden entdeckt haben, daß wir immer noch einiges zu bewahren, zu konservieren haben: an historischer Bausubstanz wie an unberührter Natur. Was die Linken unter Fortschritt verstehen, ist nur etwas anderes als das, was den politisch »rechts« Stehenden als fortschrittlich gilt. Der Fortschritt dieser »Fortschrittlichen«, die *up to date* sind, heißt technischer Fortschritt und Wirtschaftswachstum; der Fortschritt der klassisch Progressiven aber meint Humanisierung unserer Arbeits- und Lebenswelt und zunehmende Bewahrung des Bewährten in Architektur und Lebensweise. Hier finden wir den Fortschritt der »Linken« mit Konservativismus verschränkt, oder besser: auf einen »Wertkonservativismus« (Eppler) hin angelegt, während der Konservativismus der klassisch Konservativen die überkommenen sozialen Strukturen zu erhalten sucht. Diese aber schließen eine Wirtschaftsordnung mit ein, die auf industrielles Wachstum, Zerstörung der Umwelt und ständigen Abriß und Neubau von Gebäuden ausgerichtet ist. Der CDU-Politiker Heiner Geißler meinte sogar, der Gegensatz rechts—links sei heute überholt: »Wer für die Sicherheit der Renten eintritt, ist darum noch nicht links. Und wer sein Vaterland liebt, ist noch nicht rechts.«[20]

Nun sehen sich heute aber diejenigen, die wie Heiner Geißler entgegen der nationalen und kulturellen Identität der Deutschen für Masseneinwanderung werben[21], als die wahren Linken und als progressiv. Sollte es sein, daß ihnen die radikalste Gegenposition zum »Wohl des deutschen Volkes« (Grundgesetz, Art. 56) zugleich als die sicherste Gewähr einer nicht-nationalistischen Gesinnung gilt? Nicht mehr die Sorge um jene Deutschen, die als Arbeitslose, als Sozialhilfeempfänger und als Obdachlose zu den »Fußkranken« der freien Marktwirtschaft gehören, gilt diesen »Linken« als vorrangige sozialistische Aufgabe, sondern die Sicherung eines »Bleiberechts für alle«, die kommen. Daß die Lasten der Übervölkerung unseres Landes vornehmlich von seinen ärmsten Bürgern getragen werden, kommt diesen Pseudoprogressiven nicht in den Sinn. Zumeist weitab von den sozialen Konfliktherden wohnend, in Diskussionskreisen ihre verbale Humanität pflegend, haben sie den Kontakt mit dem eigenen Volk und seinen Nöten verloren. Ihre Berührungsangst gegenüber der Stimmung im Volk drückt sich in Worten wie »Stammtischmeinung« und »Populismus« aus[22]. Besonders geschulte Funktionäre setzen noch eins drauf, indem sie das, was die Mehrheit des Volkes denkt und leidet, als faschistoides »gesundes Volksempfinden« von sich abtun. Brauchen sie für ihre Demokratie ein anderes Volk? Einer, der bei solchen »linken Freunden« nicht mehr mittun wollte, schrieb: »Für sie ist die Bundesrepublik Feindesland.« (Udo Knapp[23]).

Rechts und links: Der alte Gegensatz, der von der Sitzordnung in der französischen Deputiertenkammer (nach 1814) herkommt, ist heute jedenfalls so relativiert, auch pervertiert, daß damit nicht mehr bündig bezeichnet werden kann, wo einer »politisch steht«, das heißt, was er in Staat und Gesellschaft erhalten, verändern oder durchsetzen will. Durch die häufige Rede vom »Rechtsextremismus« und vom »linken Terror« hat auch die *Linke* als politische Gemeinschaftsbezeichnung an Wohlklang verloren. Die Untaten des »real existierenden Sozialismus« haben ein übriges getan, alles, was links der bürgerlichen Mitte sich sozialistisch nennt, abzuwerten. Da hilft es auch nichts, wenn ein führender Sozialdemokrat heute (1992) erklärt, wer Gewalt übe, könne »kein Linker sein«[24].

Was als linker Terror gilt, ist bei uns zulande aus der Studentenbewegung Ende der sechziger Jahre hervorgegangen. Diese jungen Intellektuellen, meist Soziologiestudenten, Sprößlinge gutbürgerlicher Häuser, waren niemals »links« oder sozialistisch, wenn damit gemeint ist, daß sie von Solidarität mit den Arbeitern bewegt gewesen wären. Nicht den Arbeiter, den Maurer auf dem Gerüst, die Frau am Fließband meinten sie, sondern »die Arbeiterklasse«, die sie bei der Lektüre von Marx und Engels, Lenin und Stalin sich angelesen hatten. Einen papierenen, ideologischen und weltfremden Sozialismus meinten sie, einen Seminar-Marxismus, der die von klein auf geübten intellektuellen Fähigkeiten in Funktionärstüchtigkeit überleiten sollte und zugleich geeignet schien, die eigenen Eltern zu schockieren.

Die Unfähigkeit der lieblos aufgezogenen höheren Töchter und Söhne, ehrlichen Vaterhaß zu entwickeln, artikulierte sich politisch und tobte sich an Ersatzvätern aus, an den akademischen Lehrern und an nicht nur bürgerlichen Politikern. Ihnen wurde mit Farbbeuteln und zotigen Schimpfworten ein Unmut entgegengeschleudert, der sich gerade in wohlbehütet betulicher Atmosphäre angestaut hatte: ein scheinbares Argument für jene rechtgläubigen Kulturkritiker, die es immer schon wußten, daß es den Menschen nicht zu gut gehen dürfe. Im Schlagwort vom *Wohlstandsüberdruß* war bald eine »Erklärung« gefunden, die nach drei Seiten hin sich verwenden ließ. Sie sollte den Eltern »Mut zum Erziehen« (Meves[25]) vermitteln, die jungen Leute auf härtere Zeiten vorbereiten und zugleich den Neid all derer abweisen, die in den Bungalows und Villen der Arrivierten ein ungerechtes Glück vermuten. Hier, in den Villenvierteln, weitab von den sozialen Konfliktherden, die durch Masseneinwanderung entstanden sind, liegt immer noch die moralische Bastion des in jeder Hinsicht »besseren Deutschen«, der heute das niedere Volk dazu aufruft, Toleranz zu üben, fremde Wesensart zu verstehen und als »Bereicherung« zu erfahren. Hier herrscht noch die Ruhe, die man braucht, um hohe humanitäre Ideale zu pflegen. Kein Ausländer stört diese Stille, in der Ausländerfreundlichkeit gedeiht, und auch kein »linker« Autonomer kommt, hier zu randalieren. Diese neuen »Linken« kennen — wie Hitler — nicht Klassenkampf, sondern nur den Kampf gegen die bestehende Ordnung.

c) Das Scheitern des Sozialismus

Es ist eine Paradoxie der Geschichte, daß der sowjetische Sozialismus nicht an seiner Unmenschlichkeit gescheitert ist, sondern daran, daß er sich auf einen »Wettstreit der Systeme« eingelassen hatte, dem er ökonomisch nicht gewachsen war. Wenn auch wohl stimmt, was der letzte sowjetische Außenminister Schewardnadse sagte, daß *beide* Supermächte »das Wettrüsten verloren« haben[26], dann ist die Sowjetunion doch ein wenig früher damit gescheitert und im Unterschied zu den USA völlig daran zerbrochen. Zweifellos vorhandene wirtschaftliche Kraft wurde in ein zum Drohpotential aufgerüstetes Militär verpulvert — eine Verschwendung, die den Anschein erweckt, es müsse eine Planwirtschaft den mit freien Märkten ausgestatteten Ländern zwangsläufig unterlegen sein. Schlecht geplante Wirtschaft ist es wohl, eine, die an den Bedürfnissen der Menschen vorbeiplant. Wenn Versorgungsschwierigkeiten vorwiegend von einem vernachlässigten Transportsystem rühren, dann liegt das weniger an fehlendem Wettbewerb als an einer Geringschätzung des Transports durch die staatlichen Planer. Auch im

...arktwirtschaftlichen Deutschland schafft die Verkehrswege (Straße, Schiene, Kanalnetz) und die wichtigsten Kommunikationssysteme allemal noch der Staat. Für marktwirtschaftlich denkende Sozialisten gilt hier der von Karl Schiller geprägte Grundsatz: »Wettbewerb so viel wie möglich, Planung so viel wie nötig.«[27]

Inzwischen hat das auch von ehemaligen DDR-Funktionären eingestandene Scheitern des »realexistierenden Sozialismus«[28] den Begriff *Sozialismus* in Westeuropa so in Mißkredit gebracht, daß kaum ein sozial Gesinnter es noch wagt, sich als »Sozialist« zu bekennen. Die Umbenennung (oder Rückbenennung) der Sozialistischen Partei Österreichs (SPÖ) in eine sozialdemokratische Partei war, im Juni 1991, nur das augenfälligste Signal für solch neue Tabuierung. Die Frage, ob das denn überhaupt ein Sozialismus war, was da im Ostblock bestand und zusammenkrachte, ist verstummt. Diejenigen, die darauf drängen, SED-Funktionäre wegen persönlicher Bereicherung anzuklagen (nach DDR-Recht, wohlgemerkt), verkennen, daß die Verfassungswirklichkeit dort eine andere als eine sozialistische war: Es war die neofeudalistische einer Bonzokratie. »Wendehälse« allerorten bestätigen neuerdings ihre Fähigkeit zur Anpassung ans gerade Geltende, indem sie mitsamt dem vermeintlichen Sozialismus auch die historische Leistung von Karl Marx »auf den Müllhaufen der Geschichte« werfen. Nur ein Liberaler wie seinerzeit Alexander Rüstow[29] oder der Vordenker der katholischen Soziallehre Oswald von Nell-Breuning hat noch die volle geistige Freiheit, zu bekennen, daß er von Marx etwas gelernt hat[30].

Was im europäischen Osten gescheitert ist, war ein sozialistisch eingekleideter Feudalismus, der in Rumänien geradezu dynastische Formen angenommen hatte. Was aber in Europas Westen abgedankt hat, das war ein Seminar-Sozialismus, der sich in sterilen Kategorien übte und in wortreichen Utopien schwelgte. Die so Engagierten hatten zumeist wenig Berührung mit denen, die im Konkurrenzgetriebe unter die Räder kamen. Das ignorante Wort eines »Sozialexperten« klingt mir noch im Ohr: »Die Armut, die bei uns herrscht, ist vorwiegend geistige Armut« — und das bei damals (Mitte der achtziger Jahre) schon

Millionen Westdeutschen, deren Einkommen unter dem Existenzminimum lag[31]. Der Schwelgerei in bloß begrifflichen Utopien müde geworden, haben bei uns zulande wie in Japan junge Intellektuelle, wenn sie erst ins Berufsleben eingetreten sind, jedem zukunftsvollen Gedanken abgeschworen. »Links« zu sein erscheint ihnen rückblickend wie eine Jugendsünde, eine Narretei, die sich ein gestandener Mann einfach nicht mehr leisten könne. An ihnen, die vor kurzem noch demonstrierten, erfüllt sich bereits ihre eigene Mahnung: »Traue keinem über Dreißig!« Ein Satz, der sich auch umwenden läßt in ein Mißtrauen gegenüber dem progressiven Eifer junger Leute. Es könnte bloßer Triebüberschuß sein, der sich bei »den Linken« aggressiv auslebt: im Kampf für die gute Sache.

Je aggressiver ein junger Kämpfer sich gebärdet, desto irrationaler wird er motiviert sein: von vitalen Antrieben, die für sein moralisches Bewußtsein gar nicht einsichtig und überschaubar sind. Je aggressiver, desto irrationaler in der Motivation, aber auch desto anfälliger für Ermüdungserscheinungen. Sobald der erste jugendliche Schwung erlahmt, fällt allzuleicht das linke Engagement in sich zusammen. Oder es liegt bereit, gegen ein anderes, weniger stürmisches, ausgewechselt zu werden. Solange aber triebhafte Neigungen immer noch idealistischer Ventile bedürfen, um überhaupt sich ausleben zu können, ist die politische Richtung, auf die es hinausläuft, eine Frage der Mode oder der Opportunität. Zur politischen Mode junger Menschen kann in einer triebunterdrückenden Gesellschaft alles werden, was die inzwischen älter Gewordenen hinreichend provoziert. Das könnte auch wieder brauner Korpsgeist sein. Die Wiederentdeckung Gregor Strassers durch ostdeutsche Neonazis ist dafür ein Symptom[32]. Da hätten sie wieder einen Sozialisten, nunmehr einen nationalen.

VIII. KAPITEL

Hitlers Ungeist heute

a) Was erweist die Demoskopie?

Wann immer heute von einem Wiederaufleben von Hitlers Ungeist die Rede ist, da wird das vorweg mit den Begriffen *Ausländerfeindlichkeit, Rassismus* und *Antisemitismus* umrissen. Wie selbstverständlich gehen besorgten Kommentatoren diese drei Begriffe auseinander hervor. Ausländerfeindlichen Krawallen junger Gewalttäter wird ein rassistisches Motiv unterstellt, und in solchen Übergriffen werden bereits Vorboten eines neuen Antisemitismus gesehen[1]. Den mit Nazi-Symbolen kostümierten Schlägerbanden wird eine politische Bedeutung beigelegt, die ihren mangelhaften historischen Kenntnissen widerspricht. Nur dies haben sie gelernt: womit besorgte Bürger und bürgerliche Politiker sich am leichtesten provozieren lassen.

Wer sich von jungen Radaubrüdern provozieren läßt, ist schon nicht mehr gelassen in seinem Urteil; er sieht rot oder vielmehr »braun«; die apolitischen, nur politisierbaren triebhaften Neigungen zur Gewalt sieht er nicht. Er will sie vielleicht gar nicht sehen, wenn ihm daran gelegen ist, den ehedem von den allermeisten versäumten Widerstand gegen die Nazis noch an dafür untauglichen Objekten nachzuholen. Dann wird das, was Ergebnis einer Politisierung ist, selber zur Ursache geübter Gewalt stilisiert: die ideologische Verbrämung gruppenweise geübten Vandalismus. Solche Umkehrung der Motivationspyramide stützt mit Vorliebe sich auf Meinungsumfragen, die mit bunt zusammengestellten Mustersätzen feindselige Haltungen in arglose Menschen eher hineinfragen als bei ihnen erkunden. Es werden mitunter sogar Meinungen als Symptome von Antisemitismus gewertet, die auch ein Mitbürger jüdischer Abkunft durchaus zu teilen vermag. In der *Spiegel*-Umfrage vom 13. Januar 1992 war als Fangeisen der Satz ausgelegt, nur »ganz wenige« Deutsche hätten »im Dritten Reich von der Massenver-

nichtung der Juden gewußt«. Die Deutschen, die da zustimmten, wurden schon mit eingerechnet ins Potential eines latenten Antisemitismus. Sollte es ein Zeichen jüdischen Selbsthasses sein, wenn auch ein Historiker, dessen Mutter Jüdin war, nichts anderes meinte? Golo Mann schreibt in seiner *Deutschen Geschichte 1919—1945* (S. 271), der Massenmord an den Juden sei »damals nur einer kleinen Zahl von Mordbeamten bekannt gewesen« (vgl. Anm. IV/95).
Recht sorglos wurden in der *Spiegel*-Umfrage Probesätze von höchst unterschiedlicher Bedeutung aneinandergereiht. Da steht die Behauptung »Die Juden haben auf der Welt zu viel Einfluß« gleichrangig neben der alten christlichen Mär, »die Juden« trügen »die Schuld am Tode Jesu«. Alphons Silbermann hatte in seiner Antisemitismus-Studie von 1982 immerhin noch zwischen religiösem und rassistischem Antisemitismus unterschieden[2]. Aber auch Silbermanns Fragebogen war nicht ohne Fallstricke. Eine höchst verfängliche Testfrage lautete:

> »Im Alten Testament steht, daß Gott die Juden zu seinem auserwählten Volk erklärt hat. Nun meinen einige Leute, daß die Juden sich deshalb für etwas Besonderes halten. Stimmen Sie dem eher zu, oder lehnen Sie das eher ab?« (A. a. O., S. 51)

Wie hätte Sigmund Freud diese Frage beantwortet? Er schrieb, man habe »jeden Grund, sie (die Juden) für überlegen zu halten«[3]. Und nach einer *Gallup*-Umfrage bejahen immer noch 45 Prozent der Israelis eine Sonderstellung der Juden als »auserwähltes Volk« im Sinne der Bibel[4]. Lauter Antisemiten?
Silbermann (S. 52) hat neben dem rassistisch und dem religiös motivierten Antisemitismus noch einen kulturellen, einen wirtschaftlichen und einen politischen Judenhaß ausgemacht. »Den Antisemitismus«, der alle diese Motive gleichermaßen in sich faßte, gibt es wohl nur auf dem Papier sozialkritischer Texte. Aber daß ein Rassist, der Neger nicht mag, auch die Juden irrtümlich als Rasse bezeichnen und ablehnen wird, ist zu erwarten. Ebenso wird ein streitbarer Atheist neben dem christlichen auch den mosaischen Glauben verwerfen. Aber ist er deshalb schon Antisemit?
Die zum Teil recht brüchigen Kriterien für neuen Antisemitismus in Deutschland lassen die Frage aufkommen, ob sie von

den Demoskopen eigens erfunden wurden, um ein möglichst hohes antisemitisches Potential errechnen zu können. Haben wir nicht genug Antisemiten, um — reichlich verspätet — Widerstand gegen Hitlers Ungeist an ihnen zu erproben?

Es gebe einen neuen, einen »sekundären Antisemitismus«, werden wir belehrt, einen, der sich aus der »Vergangenheitsbewältigung« herleite, aus dem von vielen Deutschen gehegten »Wunsch, eine besondere historische Schuld und Verantwortung abzuschütteln« (W. Bergmann[5]). Zugepitzt heißt das: »Die Deutschen werden den Juden Auschwitz nie verzeihen« (Henryk M. Broder[6]). Der irreale Begriff deutscher Kollektivschuld wird da vorausgesetzt und verwendet, um die Realität antisemitischer Tendenzen zu erkunden. Ein widersinniges, irreführendes Verfahren, das gerade bei den durch den Wahnbegriff kollektiver Schuld Sensibilisierten Ansätze zu einem neuen Antisemitismus zu erkennen meint. Wenn hier doch etwas geahnt wird: der Zusammenhang von Beschämung und Trotzreaktionen, dann sollte daraus die Lehre gezogen werden, Vergangenheitsbewältigung nicht noch als die Demoralisierung jener Deutschen zu betreiben, die unter Hitler erst Kinder waren oder noch gar nicht geboren.

Demoskopische Umfragen haben, wenn sie die richtigen Fragen stellen, ihren guten Sinn, weil bei Parlamentswahlen aus den Stimmen von Protestwählern, die ganz »rechts« oder extrem »links« ihr Kreuz machen, noch nicht auf ihre tiefere Gesinnung geschlossen werden kann. Die Sinus-Studie[7] von 1981 hatte die Neigung zur Gewalt und die Abneigung gegen klärende Gespräche und Kompromisse als etwas typisch Rechtsextremes erkundet. Keine rechtsradikale Partei stellt das, was Hitler als »Kompromißlosigkeit« rühmte, noch als vorbildlich heraus. Doch es ist gewiß eine Eigenart bilderbuchartiger Rechtsextremisten, politische Konflikte statt durch Diskussion und Verständigung mit Gewaltakten »lösen« zu wollen. Aus der Erfahrung mit »linkem« oder pseudolinkem Terrorismus ist indessen die Einsicht zu gewinnen, daß die Neigung zur Gewalt sich nicht eindeutig bestimmten politischen Ideen, Zielen und Richtungen zuordnen läßt. Und es gibt schließlich auch die durchaus gruppendynamisch sich äußernde apolitische Gewalt der

Motorradgangs und Fußballrowdies, die darauf verweist, daß
der Hang zur Gewalt in den damit hervortretenden Menschen
tiefer sitzt als die ideologischen und politischen Überzeugungen, die einige von ihnen demonstrativ vorschieben: zur Rechtfertigung ihres Tuns und, subjektiv, wohl auch zur Gewissensentlastung. Politisch bedenklich ist dagegen ein verbaler Radikalismus, der Andersdenkende nicht dulden will und mit Verdächtigung und Rufmord verfolgt, sogar mit dem immer häufiger hervorgeholten Schlag-Wort »faschistisch«. Es ist ein Kenn-
zeichen solch gesinnungswütig Radikaler, daß sie je nach der
augenblicklichen politischen Konjunktur das Vokabular ihrer
Verdächtigungen auch umstellen. Hatten sie eben noch jeden,
der die »Einmaligkeit« der NS-Verbrechen nicht bejahen wollte,
geheimer Sympathie mit den Nazis verdächtigt, so bringen sie
es fertig, alle, die den neuen Berlin-Enthusiasmus nicht mitmachen, mangelnder nationaler Gesinnung zu zeihen[7a]. Gerade
die Fähigkeit, fanatisch verfolgte Ziele zu wechseln, charakterisiert den habituell Radikalen, den auf Konfrontation statt auf
Dialog, auf Anschwärzung statt auf Verständigung Ausgerichteten. Wer von Ausgleich und Kompromiß wenig hält, ist gewiß eine Gefahr für die Demokratie, aber er ist es nicht erst,
wenn er eine ganz bestimmte Fahne schwenkt.

Die Demoskopie hat sich, seit es sie gibt, unentbehrlich gemacht. Doch die menschlichen Leidenschaften werden von ihr
nicht angemessen erfaßt, eben weil die vitalen Antriebe und
Sehnsüchte sich nur unzulänglich und in meist nur gebrochener
Weise sprachlich artikulieren. Im Verhältnis zu frustrationsbedingter Aggressivität und Orientierungslosigkeit ist selbst das
Verlangen nach einem starken Führer, der Feindbilder vorgibt,
nur ein hilfloser Versuch, mit sich selber zu Rande zu kommen.
Die Vorstellung, daß politische Ideen, Zielsetzungen und Pro-
gramme aus sich heraus kraft einer geistigen Suggestivwirkung
die Menschen zu aggressiven Taten anstacheln könnten, wird
durch das Zeugnis prominenter Nationalsozialisten selber in
Frage gestellt. Goebbels hat bekannt, daß ihm ein Satz aus
Wolfgang Goetz' Gneisenau-Drama »auf immer unvergessen«
geblieben sei: »Gott gebe euch Ziele — gleichgültig, welche!«[8]
Er hat diesen merkwürdig frommen Wunsch in abgewandelter

Form auch in seinen 1929 erschienenen Roman *Michael* übernommen. Und von Hermann Göring ist überliefert der Aus-
spruch: »Ich habe kein Gewissen! Mein Gewissen heißt Adolf
Hitler.«[9] Selbst Hitlers Entwicklung zum Antisemiten, die er
in *Mein Kampf* (S. 64) als »langen inneren Seelenkampf« beschreibt, war eher die zähe Aneignung einer Ideologie, die ver-
worrenem Unbehagen und diffuser Aggressivität eine unverwechselbare Richtung und ein klares Feindbild vorzugeben versprach. Der moralische Sinn solcher Zielsetzung beim Führer
wie der Identifizierung mit ihm bei seinen Getreuen ist die Entlastung des Gewissens, das aggressive Regungen und Handlungen bis dahin mit Schuldgefühlen begleitet hat.

Demoskopie, die mit ihren Mustersätzen politische Überzeugungen abfragt, vermag wohl einige Indizien für gefährliche soziale Strömungen zu geben, aber sie nährt zugleich das Vorurteil, daß es nur darauf ankomme, die Leute das Richtige denken zu lassen, um sie an einem alle Welt bedrohenden Zusammenschluß zu hindern. Wer dies glaubt, vergißt, daß jede noch
so löbliche Idee, jeder noch so edle Gedanke vom Feuer irrationaler Leidenschaften derart durchglüht werden kann, daß alle
diejenigen, die anders denken, in die Gefahr kommen, verbrannt zu werden. Selbst das Engagement für die »freiheitliche
demokratische Grundordnung« und für den liberalen Rechtsstaat ist gegen Radikalisierung nicht gefeit, wenn politisierbare
Leidenschaften kein anderes Ziel finden, auf das eine größtmögliche Menge sich einschwören ließe. »Freiheit« wird dann
zum Schlag-Wort gegen »Feinde der Freiheit«, die als Feinde
schon gelten, wenn im Kampf für die Freiheit das Moment des
Kampfes seinen Zweck überwiegt.

Wahre Liberalität zeigt sich nicht in einem beständigen Kreuz-
zug gegen Rechts- und Linksextreme, sondern in einer nur zur
Abwehr begrenzten Duldsamkeit gegenüber einer aus dem demokratischen Rahmen fallenden Gesinnung. »Es muß eine Demokratie einen bestimmten Prozentsatz Rechtsradikalismus
verkraften können. Dann ist sie gesund.« (Hildegard Hamm-
Brücher[10]) Freiheit, die nicht durch Kampf für ihr Prinzip zur
Unfreiheit werden will, meint immer auch Narrenfreiheit für
die politischen Sektierer, jedenfalls so lange, als diese nicht —

wie Hitler — die brachiale Gewalt selbst zum Programm erheben. Wer in ihnen von vornherein potentiell Gewalttätige sieht, auch, wer Gewaltakte psychotischer Einzeltäter ihnen anlastet, um desto besser vor ihnen warnen zu können, der treibt sie nur dahin, die Rolle der Politkriminellen mit Emphase zu übernehmen. Dabei liegt es auf der Hand, daß eine politische Formation, vor der am beschwörendsten gewarnt wird, alle diejenigen anziehen muß, die am heftigsten provozieren wollen, gleichgültig womit.

Wir haben uns gewiß vor einer Verharmlosung rechtsextremer Bestrebungen zu hüten. Aber gerade weil wir wissen, welche Tyrannei eine einmal zu politischem Einfluß gekommene rechte Gruppierung errichten kann, haben wir uns auch davor zu hüten, durch Warnungen, an denen nichts ernst ist außer der eigenen Aufregung, die Gefahr mit herbeizureden. Der politische, publizistische, auch demoskopische Kampf gegen die verschwommene Gesinnungsfront des Rechtsradikalismus hat die Nebenwirkung, daß er ihm erst die klare Kontur verschafft, die er braucht, um breiteren Anhang zu gewinnen. Dem Strafrechtstheoretiker vertraut ist die von Heinrich Popitz aufgezeigte »Präventivwirkung des Nichtwissens« [11]. Wenn die Ergebnisse der kriminologischen Dunkelfeld-Forschung ähnlich publizistisch ausgeschlachtet würden wie diejenigen der Extremismus-Demoskopie, müßte dies wohl die allgemeine Bereitschaft, Verbrechen zu begehen, steigern. Sind sich die Demoskopen und ihre Auftraggeber über diesen Rückkopplungseffekt im klaren? Sicherlich aber darüber, daß nicht jeder, der radikale politische Ideen vertritt, darum schon einen »neuen Hitler« haben will. Schließlich ist auch die Vorstellung einer herrschaftsfreien Gesellschaft eine radikale Idee.

Es kann nicht darum gehen, Forschung zu unterbinden und vor wirklichen Gefahren und ihren Anzeichen die Augen zu verschließen. Aber eine Demoskopie, die nicht auf den vitalen Grund des Aggressionspotentials hinableuchtet, weil sie sich an Nazi-Symbolen und an »antifaschistischen« Klischees orientiert, sollte nicht störend in das politische Leben eingreifen. Es ist eine Naivität zu glauben, daß neue Katastrophen, die von Menschen ausgelöst werden könnten, neues Massensterben

und neues Elend sich mit den Schlagworten und Parolen von
einst ankündigen würden. So leicht macht es uns die Geschichte nicht.

Man sollte im Blick auf rechtsextrem Gesinnte zu unterscheiden lernen, ob es sich dabei um nostalgisch bewegte Gemüter
handelt, die sich, schon älter geworden, ihrer »großen Zeit«,
der erlebnisreichen Jahre ihrer Jugend, erinnern, oder ob es sich
unter den Älteren um so Verbohrte oder unter den Jüngeren um
so aggressiv Gestimmte handelt, die tatsächlich »auf den Führer warten«, der ihre innere Unrast in einem neuen »Aufbruch«
zu lösen verspricht. Weder zu der einen noch zu der anderen
Kategorie gehören jene nach rechts driftenden Protestwähler,
die in einer Phase der Handlungsunfähigkeit der großen Volks-
parteien nichts anderes wollen, als diesen einen Anstoß geben
zu wieder entscheidungsfähiger Politik. Das galt im Frühjahr
1992 vor allem im Blick auf jene Masseninvasion von Asylbewerbern, die aus allen Ländern kommen, in denen es sich herumgesprochen hat, wie großzügig jeder Neuankömmling in
Deutschland finanziell gestellt wird. Man wird sogar fragen
müssen, ob populistische Politiker, die ein verbreitetes Unbehagen an dieser Ausländerpolitik polemisch aufgreifen, darum
schon als Rechtsextreme zu bezeichnen sind, wenn sie sonst
nichts vertreten, was an Hitlers Unrechtsstaat erinnert. »Für die
Unterbringung von Asylbewerbern zahlen wir horrende Beträ-
ge. ... Unsere Bürger, vor allem unsere Arbeitnehmer, verstehen nicht mehr, mit welcher Großzügigkeit wir uns mißbrauchen lassen.« Das sagte kein Rechtsradikaler, sondern der sozialdemokratische Oberbürgermeister von München, Georg
Kronawitter[11a]. Mit Etikettierungen wie »rechtsradikal« oder
»faschistoid« wird da zur bloßen Gesinnungsfrage verkürzt,
was realpolitischer Lösungen bedarf.

In fast allen westlichen Ländern, vor allem in England und in
den USA, gibt es heute politische Vereinigungen, in denen sich
vornehmlich junge Menschen unter dem Hakenkreuz und zur
Hitler-Verehrung zusammengefunden haben. Soweit sie wie die
Skinheads in England aufrührerische Aktivität entfalten, haben
sie natürlich mit dem Eingreifen der Polizei zu rechnen. Sonst
aber ist man in den westlichen Demokratien gelassen gegen-

über sektiererischen politischen Überzeugungen, verfolgt sie nicht als potentielle Gefahr für den Staat, vermeidet damit aber auch, einen Angstgegner für die Demokratie gefährlich aufzubauen. Und dies, obwohl in diesen Ländern die empirische Sozialforschung ein ähnlich starkes rechtsextremes Potential ermittelt hat, wie die Demoskopen aus Allensbach oder von Sinus es bei uns festgestellt haben. Das stete Bewußtsein unserer »braunen« Vergangenheit erhöht in Deutschland wohl die Wachsamkeit gegenüber allen Anzeichen eines sich neuerdings regenden Rechtsextremismus; es verstärkt aber auch die Gefahr seiner Wiederkehr: durch eben die Besorgnis, die ihn zu einer steten Bedrohung stilisiert. Die Deutschen sind, verglichen mit anderen Völkern, nicht in besonderem Maße faschistoid; aber sie sind die vom Faschismus Gezeichneten.

b) Staatsverdrossenheit

Hitlers Ungeist vermag am kräftigsten nachzuleben in jener Unzufriedenheit mit Entscheidungen »von oben«, die von den Repräsentanten der bestehenden Ordnung als »Staatsverdrossenheit« beklagt wird. Angesichts der Langwierigkeit demokratischer Entscheidungsprozesse, der Schwerfälligkeit unserer rechtsstaatlichen Ordnung, wenn es darum geht, sich auf neue Situationen einzustellen, wagt hie und da immer noch sich die Hoffnung hervor, ein »Hitler« (der natürlich nicht Krieg führen dürfte) würde in mancher Hinsicht »kurzen Prozeß« machen oder rücksichtslos »durchgreifen«. Anarchistisch Gesinnte meinen sogar, das Beste wäre es, verschiedene Dinge ohne staatliche Gängelung und auch gegen den Willen der »Herrschenden« einfach in die eigene Hand zu nehmen.

Wie der Hitler der »Kampfzeit«, der die »hündische Verehrung der *Staatsautorität*«[12] verspottet hat, so wenden sich heute die »aufmüpfigen« jungen Leute gegen die Staatsgewalt als die repressive Kraft, die sie gegen ihre Lebensinteressen gerichtet sehen. Sie würden wohl nicht zögern, Hitler auch zuzustimmen, wenn er sagt, »daß der Staat keinen Zweck, sondern ein Mittel

darstellt« (*Mein Kampf,* S. 431), ein Mittel zur Erhaltung und
Förderung der in ihm vereinigten Menschen. Erst wenn in Hitlers Sinne näher erläutert würde, daß solche Vereinigung nicht
nur kulturelle, sondern vor allem rassische Gleichartigkeit
(S. 433) verlange, würden wohl nur noch Neonazis unter den
»Staatsverdrossenen« sich mit Hitlers Auffassung vom Staat befreunden. Die einfache Wahrheit, daß der Staat für den Bürger
dazusein hat und nicht umgekehrt der Bürger für den Staat,
war für Hitler nur gültig, weil er sich selber als einen Führer
verstand, der in seiner Person den wahren Volkswillen verkörpert — eine wahnhafte Gleichsetzung, die, bei Strafe, nicht zuließ, von einer Diktatur zu sprechen, und statt dessen die
Sprachregelung »Führerstaat« schuf. Propagandistisch geför-
dertes Vertrauen in den guten Willen des »Führers«, der zugleich oberster Gerichtsherr sein wollte, hatte das Vertrauen in
das überkommene Recht zu ersetzen, so gründlich, daß selbst
das Schlimme, das ruchbar wurde, nicht auf den Mann an der
Spitze zurückweisen sollte. »Wenn das der Führer wüßte!« sagten die unbeirrt an Hitler Glaubenden [12a].

Es sind allemal die menschenverachtenden Diktatoren selbst,
von denen Befehle ausgehen, die Folter und Mord als Akte
vermeintlicher »Staatsnotwehr« einzusetzen verlangen*. Wer
scheinbar so sich zur Wehr setzt, im Namen der »Staatsraison«,
ist aber gar nicht der Staat, sondern ein drakonisch Herrschen-
der, der insgeheim nur zu gut weiß, daß sein die Menschen
gängelndes Regiment geradezu zwangsläufig unzufriedene, un-
zuverlässige, wenn nicht gar aufsässige Bürger hervorbringt.
Staatlicher Terror ist dann schon der Präventivschlag gegen den
aufkeimenden Unmut des Volkes, gegen eine vielleicht auch
nur ängstlich erwartete allgemeine Mißstimmung. Gegen das
eigene Volk eingesetzte Spione, Gestapo- oder Stasi-Leute, haben herauszufinden, wie die Menschen wirklich denken. Solch
geheime Demoskopie ist für einen Diktator fast noch wichtiger
als die Verfolgung leicht erkennbarer Regimegegner. Kein demokratischer Rechtsstaat kann Zwangsmittel zu seinem Schut-

---

* Auf David Irvings Behauptung, der Massenmord an den Juden sei nicht auf Befehl
Hitlers geschehen, komme ich zu Beginn des IX. Kapitels zurück.

ze einsetzen wie eine Diktatur, die um ihr Überleben bangt. Wer heute von der Polizei verlangt, daß sie ohne allzuviel rechtliche Bedenken gegen Randalierer »schonungslos durchgreift«, der hegt wohl stille Sehnsucht nach einem autoritären Staat. Es muß kein neofaschistischer sein. Wenn heute gefordert wird, zur Bekämpfung rechtsradikaler Gewalttäter »Schnellgerichte« zu schaffen (Anm. VI/57), dann hat man jedenfalls nicht bedacht, daß ein Rechtsstaat sich nicht so verteidigen kann wie eine Diktatur. Er darf sich gar nicht so verteidigen, will er sich nicht selber aufgeben.

Von der Erfahrung her, daß in einem intakten Rechtsstaat weder ein tyrannischer Wille noch eine revolutionäre Bewegung zum Zuge kommt, ist nicht zu folgern, daß solch ein Staat Willkür und Aufruhr, Umsturz und Neubeginn jederzeit auch verhindern könnte. Der friedlich und reibungslos funktionierende Rechtsstaat regelt nur die sozialen Kräfte, die sich ihm bereitwillig fügen. Aber er ist verletzbar durch eine »Bewegung«, die ihn nicht nur geistig oder ideologisch, sondern auf brachiale Weise in Frage stellt. Der Rechtsstaat ist verletzbar, ja zerstörbar in seinem Wesen, gleich ob er sich als Machtgefüge behauptet oder unterliegt. Denn er muß, um sich zu verteidigen, schon etwas von der Willkür und Härte in sich aufnehmen, vor der er sich zu schützen sucht. Solch reale Dialektik von aufbegehrender Gewalt und staatlicher Gegengewalt macht sogenannte rechtsstaatliche Sicherungen, die vor Tyrannei zu bewahren hätten, zur bloßen Beschwichtigung der Sorge, solange die Bedrohung noch nicht akut ist. Ein allzu starres System rechtsstaatlicher Ordnung, das sozialem Wandel sich immer nur sperrt, kommt sogar um so eher in Gefahr, von einer revolutionären Kraft beseitigt zu werden, sofern es nicht schon unter sozialen Spannungen als Institution zerreißt.

Wenn junge Menschen die Erfahrung machen, daß die Polizei als »Auge des Gesetzes« wohl gegen diejenigen einschreitet, die sich in leerstehenden Häusern einnisten, nicht aber gegen jene, die die Häuser spekulativ verrotten lassen, dann kann das ihr Verhältnis zur geltenden Rechtsordnung auf eine vielleicht unumkehrbare Weise prägen: so, daß sie sich in ihr nie mehr ganz aufgehoben fühlen. Nicht nur Staatsverdrossenheit, sondern durchaus Rechtsfeindschaft geht dann aus solchen Erfahrungen als bewußte Gesinnung — und als Verhaltensdisposition — hervor. Lehrhafte Aufklärung über die »Sozialpflichtigkeit« allen Eigentums (nach Artikel 14, Abs. 2 Grundgesetz) kann solcher Rechtsfeindschaft nur noch das Gefühl der Ohnmacht gegenüber einer ganz anders gestalteten Verfassungswirklichkeit beigeben.

Staatsverdrossenheit ist nicht einfach ein bösartiges Gefühl der Verweigerung, das in jungen Menschen ohne jeden Anstoß von außen, das heißt von »oben«, sich heranbildet. Wenn allzulange Zeit die Ministerpräsidenten der westdeutschen Bundesländer die von der ökologischen Bewegung vorgebrachten Erwartungen breiter Bevölkerungskreise stereotyp mit »Verantwortung für den Rechtsstaat« abwehrten, dann gaben sie damit jungen Staatsbürgern einen so demoralisierenden Anschauungsunterricht von rechtsstaatlicher Praxis, daß sie sich über ein Schwinden des Rechtsbewußtseins und eine Schwächung der Staatsautorität nicht zu wundern brauchten. Vor lauter Angst vor einem neuen Hitler ist nach 1945 das plebiszitäre Moment in unserer Demokratie so knapp gehalten worden, daß heute die Gefahr der Radikalisierung von einer ganz anderen Seite droht: von einer politisch enttäuschten Bevölkerung, die zu den sogenannten staatstragenden Parteien kein Vertrauen mehr hat. Da diese Parteien nicht nur die Bundesregierung und die Länderregierungen bilden, sondern auch das Bundesverfassungsgericht und die Staatsgerichtshöfe der Länder — streng nach Proporz — mit »ihren Leuten« beschicken, überträgt das den Parteien entgegengebrachte Mißtrauen sich auf den Rechtsstaat überhaupt.

Latentes Mißtrauen wird zur Empörung, wenn Fälle der Korruption und der Bereicherung an der Staatskrippe bekannt werden. Dabei sind die Bürger längst nicht mehr so naiv zu meinen, daß dergleichen bei der Führungselite eines demokratischen Staates niemals vorkommen dürfe. Das Vertrauen in den freiheitlichen Rechtsstaat wird erst eigentlich erschüttert, wenn auf offenkundige Verfehlungen bei den Spitzenpolitikern von seiten der Justiz keine angemessene Reaktion erfolgt: wenn Verfahren überraschend eingestellt werden oder wenn milde

Geldstrafen verhängt werden für Steuerhinterziehung in Millionenhöhe. Es ist auch nicht jeder im Volk so verblendet zu glauben, daß Steuerhinterziehung zugunsten einer politischen Partei weniger streng zu beurteilen sei als eine, die der persönlichen Bereicherung dient. »Ich habe mich nicht persönlich bereichert«, war ja des Grafen Lambsdorff ständige Rede. Das wird ihm gar nicht bestritten; und dennoch: Ein Politiker, der seiner Parteikasse widerrechtlich Gelder verschafft, handelt damit immer auch zu seinem eigenen Vorteil. Er sorgt ja dafür, daß diejenige politische Kraft, der er angehört, im Gemeinwesen einflußreich bleibt. Solange sie im Parlament sitzt oder gar in der Regierung vertreten ist, gewährleistet sie auch ihm seinen privilegierten Status. Die kleinen Steuersünder, die kürzere und zugleich schmalere Wege zu ihrem Vorteil beschreiten, können sich nicht angespornt fühlen, sich zu bessern, wenn dasselbe Delikt, im großen Maßstab verübt, kaum Strafen nach sich zieht. Daß man die Kleinen hänge und die Großen laufen lasse, geht da wieder von Mund zu Mund. In dieser resignierenden Einsicht finden sich verbitterte Jugendliche mit schon ergrauten gebrannten Kindern, junge Aussteiger und ältere Arbeitslose vereint.

Immerhin 50,8 Prozent der — 1991 — befragten Jugendlichen in einem westdeutschen Bundesland[13] trauen den Politikern nicht zu, die Probleme lösen zu können, die aus den großen Gefährdungen unserer Zeit sich ergeben: Kriegsgefahr, Umweltzerstörung, Bevölkerungsexplosion, Massenwanderungen und globale Gesundheitsrisiken (Aids!). Es hat sich bei den jungen Leuten gewiß herumgesprochen, daß Kräfte der Wirtschaft zuweilen stärker unser Leben bestimmen als der gute Wille der Gewählten[14]. Zu viele spüren wohl auch, daß die im Reden geübten Politiker, hochgesinnt und vielsagend formulierend, es fertigbringen, heikle Probleme auf die reine Gesinnungsebene zu schieben, so als lösten sie sich schon, wenn man sie nur mit der redlichsten inneren Einstellung betrachtet: frei von Vorurteilen, ohne Feindbilder, konsensfähig, und sei es für den Konsens der träge Beharrenden.

Es ist eine leicht nachsprechbare Übung, von Spitzenpolitikern »geistige Führung« zu erwarten, gerade weil eine orientierungslos aufwachsende Jugend nach Zielen, Zukunftperspektiven und ethischer Wegweisung verlange. So sagen es selber ratlose Publizisten, und sie feiern als Erfüllung dieses Anspruches schon einmal einen Emporgestiegenen, der in dem Drang, bei möglichst vielen Bürgern und Interessengruppen »anzukommen«, eine deutliche Sprache vermissen läßt. Mit einem gewählten Sowohl-als-Auch, einem hohltönenden Beschwören demokratischer Werte lassen sich Menschen aber nicht wirklich erreichen. Am allerwenigsten jene, die — als Arbeitslose, Wohnungsuchende, Verbrechensopfer, Abgas- oder Lärmgeschädigte — auf konkrete Hilfe warten oder auf eine Entscheidung in einer lange anstehenden Sache.

Die vielberedeten Jugendunruhen lenken einseitig den Vorwurf der Staatsverdrossenheit auf eine Jugend, deren Unruhe noch ganz andere Beweggründe hat, als in politischen Parolen zum Ausdruck kommt. Wie hochpolitisch ist der als »rechtsradikal« eingestufte Vandalismus deutscher Skinheads, wenn bei der Verhaftung eines ganzen Trupps von ihnen sich herausstellt, daß die meisten von ihnen Engländer sind[15], die eigens angereist waren, um da zu randalieren, wo gerade am meisten Krawall ist. Es gibt keine Statistik darüber, wie hoch bei Zusammenrottungen mit politischer Stoßrichtung der Anteil derer ist, die sich nur austoben wollen. Aber es kann vermutet werden, daß noch bei denen, die es ernst meinen mit der jeweils verfochtenen Sache, die dafür angewandte Gewalt tief apolitischen Impulsen entspringt.

Der sozial nicht integrierte Triebüberschuß junger Menschen erscheint im Spiegel politologischer Gesellschaftskritik als reines Unbehagen am Staat. Junge Menschen, die solche Deutung ihres Aufbegehrens akzeptieren, um sich eine soziale Bedeutung zu geben, helfen damit den Verdrängern unter ihren Kritikern, von der Staatsverdrossenheit unter den Älteren abzulenken. Aber was sonst spricht aus dem in verschiedenen Städten immer wieder unternommenen Versuch, eine Bürgerwehr zu gründen, um den Schutz des Rechts und der geltenden Ordnung in die eigene Hand zu nehmen! Es nützt uns wenig, daß verantwortliche Minister von Zeit zu Zeit vor solchen verfassungsfeindlichen Tendenzen warnen. Solange die Regierungen die Polizei mit Problemen belasten, die eine umsichtige Innenpolitik gar nicht erst entstehen ließe, ziehen sie doch Sicherungskräfte von der Front der Verbrechensbekämpfung ab. So haben die Staatsverdrossenheit der unruhigen Jungen und der resignierenden Alten zu einem gewissen Teil durchaus dieselbe Ursache: in Defiziten der Politik und in einer Verprellung ganzer Bevölkerungsgruppen, die sich nicht einmal mehr von ihren Abgeordneten vertreten fühlen. Da sieht der nachdenkliche Steuerzahler in einer Zeit friedlicher Ost-West-Beziehungen das Geld der Staatskasse für horrende Rüstungsobjekte verpulvert, während es an Kindergärten fehlt und in kulturellen und medizinischen Einrichtungen gespart wird. Und es versteht der ökologisch Aufgeweckte gerade die *Grünen*-Politiker nicht mehr, die nach der Losung »Ausländer rein!«[16] in einem übervölkerten Land für weitere Zersiedlung der knapp gewordenen grünen Flächen sorgen wollen.

Der Politiker, der im Volk eine Stimmung der Politik- und Staatsverdrossenheit bemerkt, registriert damit auf eine ihn selber entlastende Weise, daß der Abstand zwischen ihm und dem Bürger sich vergrößert hat. Aber das kann nicht nur an der Wirkung außerparlamentarischer Aktivisten liegen. In einer Welt, in der nicht einfach mit hohen Ideen aufgeladene Geister sich begegnen, sondern wo noch zählt, wie wir buchstäblich Gehör finden, da müssen diejenigen, die uns parlamentarisch vertreten und administrativ beherrschen, auch für uns erreichbar und zugänglich sein. Die gewählten Spitzenkandidaten einer Landesliste, die in keinem Wahlkreis Sprechstunden abhalten, sind es für uns nicht. Der Landrat in der allzufernen Kreisstadt ist es kaum mehr. Allzulange haben die Länderchefs, Strauß und Börner ausgenommen, nicht bedacht, daß durch eine Gebietsreform, die immer größere Verwaltungseinheiten schafft, der Bürger von oben her in einem durchaus räumlichen Sinne immer noch mehr auf Distanz gehalten wird: Er wird immer mehr in die Rolle des Bittstellers gedrängt, der erst einmal anreisen muß und dann endlos lange Zeit in Vorzimmern verbringt oder vor ihm anonymen Instanzen resigniert. Die Möglichkeiten, Demokratie in einem überschaubaren Lebensumkreis einzuüben, schwinden.

Staatsverdrossenheit kommt nicht von ungefähr. Sie ist freilich auch eine Folge der Überschätzung staatlicher Macht gegenüber den — heute — autonomen Kräften der freien Wirtschaft. So wird von fast allen Seiten in erster Linie »dem Staat« und da vor allem der Bundesregierung die Hauptschuld am Ansteigen der Arbeitslosenzahlen zugeschrieben. Die in einer Marktwirtschaft dem Staate vorbehaltenen Mittel einer »Globalsteuerung« greifen nicht hinein in jede Branche, jeden Betrieb, und sie greifen vor allem höchst selten sofort, sondern nach unvermeidlicher Phasenverschiebung. Inzwischen kann verbreitet Unmut über die scheinbar wirkungslosen Maßnahmen der Regierung aufkommen, ein Mißmut, der das von ihr Angestoßene noch zu bremsen droht.

Staatsverdrossenheit: Der Vorwurf ergeht an die Adresse des Wählervolkes, so als ob es seiner Repräsentanten nicht würdig sei. Diese bedenken nicht, was sie selber dazu beitragen, um weidlich Überdruß an unserem Staatswesen zu nähren: durch die Ideologisierung konkreter Probleme und die Verschleppung notwendiger Maßnahmen zur Überwindung einer Misere. Entscheidungsschwäche der politischen Führung wird dann nur zu gerne durch moralische Appelle an das Volk kompensiert — und vernebelt. So geschah es allzu lange und allzu oft vor dem Faktum des massenhaft mißbrauchten Asylrechts (nach Artikel 16, Absatz 2 des Grundgesetzes). Der »Unwille der Bürger« (R. Wassermann[17]) über diesen Mißbrauch eines Grundrechts wurde volkspädagogisch in »Ausländerfeindlichkeit« umgemünzt. Tenor: »46 Jahre nach Adolf Hitler gehen wir auf sehr dünnem Eis« (Cornelia Schmalz-Jacobsen[18]). Anders gewendet: Jahrzehnte nach seinem Untergang beeinflußt Hitler, das deutsche Trauma, noch immer die deutsche Tagespolitik; motiviert zum Immobilismus, zu einer von Schuldgefühl und Selbstgerechtigkeit unterlegten Untätigkeit, zu Beschwörungen, die als politische Taten genommen sein wollen. Kurzschlüssig und gesinnungsstark wird alles Destruktive und Beklagenswerte auf »Faschismus« zurückgeführt, werden noch jugendliche Rabauken, die — in der DDR — nichts anderes als »sozialistische Erziehung« genossen haben, als Neonazis oder Rechtsradikale bezeichnet[19]. Mit wachsendem Abstand vom Tatort bekommen ihre Gewaltakte politisch und ideologisch Gestalt und Kontur.

Mit räumlicher Distanz von den Ausländerheimen gewinnt auch die Ausländerfreundlichkeit wieder an Boden; bei nicht minder aggressiv Gestimmten kann sie sogar umschlagen in Inländerfeindlichkeit. Die medienkonforme Verunglimpfung »der Deutschen« als zumindest potentiell ausländerfeindlich ist dafür nur die verbale Variante; der Vandalismus der antifaschistisch drapierten »Autonomen« füllt handgreiflich schon aus, was intellektueller Haß auf alles Deutsche als Stoßrichtung vorgibt. Ihnen geht es vorweg um den Nachweis, daß deutsche Polizei, zur Konfrontation gebracht, rücksichtslos zuschlagen kann. »Den Staat vorführen« lautet die Losung, das heißt: ihn als faschistoid und mit Neonazis im Bunde zur Erscheinung bringen.

Es ist ein Musterbeispiel der Ideologisierung sozialer Probleme und Konfliktsituationen, daß angesichts um sich greifender Gewalt gegen Ausländer von einem Wiederaufleben des »Faschismus« gesprochen wird. Als (1991) Kriminalisten eine Steuerung solcher Übergriffe durch »rechtsextremistische Organisationen« noch nicht wahrzunehmen vermochten und zumeist Jugendliche aus der jeweiligen Nachbarschaft der Ausländerheime da sich austoben sahen[20], schoben nahezu alle demokratischen Politiker solche Vorfälle auf die ideologische Ebene, um sie mit eben dem »bekämpfen« zu können, was ihnen am mühelosesten zu Gebote steht: die Macht des Wortes. Ein phrasenlos deutliches Wort gegen jedwede brachiale Gewalt kann verwirrten Köpfen den Star stechen. Aber alle noch so wohlklingenden Politikerreden verlieren an Überzeugungskraft, wenn es beim Reden bleibt; wenn nichts geschieht, um die Anlässe für überschießende Unmutsäußerungen aus der Welt zu schaffen. Wenn die Politiker gar nicht mehr aufhören, offenkundig kriminelle Akte »schärfstens zu verurteilen«, dann erweckt dies auch den Eindruck, als müßten moralische Appelle ersetzen, was Polizei und Justiz, Gesetzgebung und Verwaltung nicht mehr zu leisten vermögen: Ordnung zu schaffen, den inneren Frieden zu sichern,

Die mitunter recht zornigen Reden über »ausländerfeindliche

Gewalt« nach den ersten schweren Ausschreitungen, denen von Hoyerswerda[21], haben nicht den Verdacht erregt, daß da eine bloße Pflichtübung geleistet wurde. Die Bundestagsdebatte vom 25. September 1991 vermittelte vielmehr den Eindruck, daß es die vornehmste Pflicht eines Abgeordneten sei, den eigenen Wählern die Leviten zu lesen: weil sie nicht spontan protestiert hätten gegen den tätlich gewordenen Haß auf die Fremden. Da habe »die Scham« gefehlt und der »Aufschrei« des Volkes, monierte der PDS-Abgeordnete Gregor Gysi[22]. So berechtigt Enttäuschung über kollektives Fehlverhalten auch sein mag — aus dem Munde eines Volksvertreters kommt sie wie eine Verkehrung des demokratischen Prinzips: so als hätten die Wähler von den Gewählten Anweisungen zu politischem Wohlverhalten entgegenzunehmen und nicht umgekehrt die Gewählten dem Wählerauftrag gerecht zu werden. Es mag eine Schwäche der Demokratie sein, daß in ihr mitunter sogar Nonsense zum Zuge kommt, wenn er nur mehrheitsfähig ist; aber gegenüber der hybriden Willkür eines Tyrannen hat das immer noch den Vorzug, daß so nicht *gegen* das Volk regiert werden kann. Wo freie Wahlen stattfinden, sind die Politiker nie mehr ganz frei zu tun, was sie wollen. Ihre stets wache Befürchtung, die nächsten Wahlen zu verlieren, dämpft auch ein wenig den Eifer, das Polk zu *erziehen* oder *wachzurütteln*[23]: zum toleranten, gar opferwilligen Ertragen sich vermindernder Lebensqualität. Nur jene Parlamentarier, die immer auf sicheren Listenplätzen kandidieren, können sorgloser den Wählern ins Gewissen reden. Wenn sie gleichzeitig sich selber wieder einmal eine kräftige Erhöhung ihrer Diäten bewilligen, müssen notleidende Mitbürger sich regelrecht verhöhnt fühlen. Wer in einer Demokratie als Politiker sich in der Rolle eines Lehr- und Zuchtmeisters der Nation sieht, braucht sich über Staatsverdrossenheit nicht zu wundern. Seine Lehrhaftigkeit mag noch sosehr von Verantwortung zeugen — wahlmündige Bürger wollen nicht ein Leben lang geschulmeistert werden. Das können sie auch in einer Diktatur haben. (S. o. S. 64 ff.!)
Staatsverdrossenheit, die nicht einfach in Resignation verfällt, macht sich Luft in mehr oder weniger militanten Demonstrationen oder im Einsatz für neue, radikale, von Proporz und

»Filz« (Ämterpatronage und Korruption) noch unbelastete Parteien. Diese ziehen, indem sie sich »systemverändernd« geben, gerade vom Leben Enttäuschte, mit »der Gesellschaft« oder dem Staat zerfallene Menschen an. Gegen das mögliche Aufkommen lästiger neuer Parteien haben die längst etablierten gleich zweifach Dämme errichtet:

— die regelmäßige Überprüfung bedenklich radikaler Parteien auf ihre Verfassungsmäßigkeit, dabei drohend, sie bei schlechtem Befund durch das Bundesverfassungsgericht nach Artikel 21, Absatz 2 des Grundgesetzes verbieten zu lassen;
— bei Parlamentswahlen die Sperrklausel von 5 Prozent der abgegebenen gültigen Stimmen.

Der erste Damm hat nicht gehalten. Auf das Verbot der neonazistischen SRP (1952) und das der KPD (1956) folgten die gleichartigen Neugründungen NPD und DKP. Rechts- und Linksradikale, die nicht in die Illegalität abtauchen wollen, haben gelernt, die Tabus der »freiheitlichen demokratischen Grundordnung« (Art. 21, Abs. 2 GG) zu beachten und gelegentliche Lippenbekenntnisse dazu abzulegen. So halten sie sich verfassungsrechtlich schwer faßbar. Absichtsvoll genug wird von der Gefährlichkeit einer rechtsradikalen Partei zumeist immer erst dann gesprochen, wenn sie bei einer demokratischen Wahl Mandate errungen hat. Nur einen Tag nach der Wahl zur Bremer Bürgerschaft vom 29. 9. 1991 befand der Präsident des Bundesamtes für Verfassungsschutz Eckart Werthebach, die da erfolgreiche DVU sei verfassungswidrig und sollte verboten werden[24] — eine kontraproduktive und unnütze Feststellung! Sie ist kontraproduktiv, weil sie einer solchen Partei neue Protestwähler zutreibt; und sie ist unnütz, weil erfahrungsgemäß nach dem Verbot einer radikalen Partei nur eine andere gleichgerichtete ihr Wählerpotential übernimmt. Und selbst wenn es nicht dahin kommt, ist eine ins Subversive abgedrängte politische Gruppierung allemal gefährlicher für Staat und Gesellschaft als eine zwar radikale, die aber doch den demokratischen Spielregeln sich unterwirft und in dem, was sie öffentlich kundtut, einschätzbar bleibt. Daß in einer noch geduldeten radikalen Partei gründlich Unzufriedene sich artikulieren können, macht es immerhin möglich, daß so etwas Dampf abgelassen wird.

Es hält, nur selten überspült, der zweite Damm: die relativ hohe Sperrklausel von 5 Prozent der jeweils gültigen Wählerstimmen. Geschaffen gegen »Parlamentszersplitterung«, erweist sie sich als Besitzstandsgarantie der wohleingeführten Parteien, aber auch als Hemmschwelle für den Aufstieg neuer politischer Ideen in das weithin beachtete Hohe Haus. Denn grundlegend neue Konzepte, vom Konsens der Etablierten abweichende Vorstellungen von der Zukunft, finden sich allemal bei einer Minderheit, womöglich bei sozial Gescheiterten, die es verschmähen, die vorgezeichneten Pflichtübungen der Anpassung nachzuvollziehen. Das stark schwankende »Glück« der *Grünen*-Partei bei Landtags- und Bundestagswahlen ist ebensowohl eine Ausnahme von der Regel, daß in Deutschland politisch nichts Neues aufkommen kann, wie eine Bestätigung dafür, daß es nicht verläßlich Fuß zu fassen vermag. Die Erklärung, daß inzwischen die alten Parteien schon genügend ökologisches Gedankengut in sich aufgenommen hätten, klingt zwar beruhigend, findet aber in deren (das Auto fördernder) Verkehrspolitik schon eine partielle Widerlegung.

Eine mit 5 Prozent beachtlich hoch festgesetzte Sperrklausel hat aber auch zur Folge, daß gerade diejenigen unter den unzufriedenen Bürgern, die dennoch ihrer Wahlpflicht nachkommen, sich danach oftmals parlamentarisch nicht vertreten finden. Das waren bei der Bundestagswahl am 2. Dezember 1990 weit über dreieinhalb Millionen Wählerstimmen (genau 8 Prozent der abgegebenen gültigen Zweitstimmen), die so unter den Tisch gefallen sind[25]. Ich habe errechnet, daß sogar die bayerische CSU in Zukunft in einem einheitlichen deutschen Wahlgebiet — unter der Voraussetzung gleicher Wahlbeteiligung wie 1990 — in Bayern nicht unter 36,5 Prozent Stimmenanteil fallen dürfte, wenn sie gesamtdeutsch keine »Splitterpartei« werden will, die unter der Fünf-Prozent-Marke bleibt[26]. Das routinemäßig nach jeder Wahl anhebende Lamento über die hohe Zahl der Nichtwähler ist unglaubwürdig, solange an der demokratisch bedenklich hohen Sperrklausel festgehalten wird. Die es tun, fördern ein außerparlamentarisches Protest- und Gewaltpotential, das Problemlösungen erschwert, weil es selbst zum Problem wird. Kaum hatte am Abend nach der Wahl zum 12. Deutschen Bundestag sich abgezeichnet, daß die »Grünen« diesmal draußen bleiben, da gab eine ihrer Wortführerinnen, Jutta von Ditfurth, an ihren Anhang gewandt, die Parole aus: »Zurück zu den Wurzeln, raus auf die Straße!«[27] So hatte einst auch Hitler begonnen: mit der »Eroberung der Straße« (*Mein Kampf*, S. 608).

c) Konsens statt »Gleichschaltung«

Der rhetorisch immer wieder bekämpfte »faschistische Ungeist« braucht nicht im Zeichen des Hakenkreuzes wiederzukehren. Bisweilen wechseln nur die Worte für gleiche oder ähnliche Erscheinungen. Niemand verlangt heute noch wie ehedem Hitler und Goebbels eine »Gleichschaltung« der Menschen. Die neue, alles Kontroverse überlagernde Losung heißt: *Konsens*. Das ist eine Aufforderung zur Geschlossenheit, keine Feststellung tatsächlich gegebener Übereinstimmung im Denken, Fühlen und Bestreben der Menschen. Vielmehr wird alles, was von »konsensfähigen« Vorgaben abweicht, von Hütern des Zeitgeistes als »Stammtischmeinung« oder »Populismus« abgetan, allenfalls als eine Herausforderung für die »Verantwortlichen« halbwegs ernst genommen. Dabei ist es kein Trost, daß mitunter auch ein arrivierter Politiker wie der saarländische Ministerpräsident Lafontaine das Etikett des »Populisten« angeklebt bekommt[28]. Der von Schönrednern an der Spitze des Staates und ihnen dienstbaren Journalisten verordnete »Konsens der Demokraten« verfälscht geradezu das Wesen der Demokratie, die eine Kultur geregelten Streitens ist, in der auch unbequeme Gedanken geäußert werden können, ohne einen Bannfluch nach sich zu ziehen. Philipp Jenningers resignierende Feststellung nach seinem erzwungenen Rücktritt als Parlamentspräsident, daß man in Deutschland nicht alle Dinge beim rechten Namen nennen dürfe[29], wurde ihm von Konsensführern vollends übelgenommen. Man darf nicht alles sagen; aber daß man nicht alles sagen darf, das darf man erst recht nicht sagen. Nur unter den Juden waren einige so unbefangen, sich dem konsensuellen Druck zu beflissener Entrüstung entgegenzustellen. »Ich wehre mich dagegen, daß man mich als Juden dahin drängen will, durch Jenninger verletzt zu sein«, sagte der israelische Journalist Shlomo Shamgar [30].

Der Sturz Philipp Jenningers (über einige unbedachte Formulierungen in seiner Gedenkrede am 9. November 1988) riß schon einen Spalt in jenen Konsens, der die deutsche Politik seit einigen Jahren immer dichter überlagert. Da wurde sichtbar, wovon er sich herleitet, worauf er sich gründet mit seinen Tabus. Die Motivationsbasis dieses Konsenses ist das mit Schuldgefühlen verinnerlichte Bild des »häßlichen Deutschen« [31], das vorwiegend von nachgeborenen Siegern über »Hitler-Deutschland« genüßlich frischgehalten wird. (Die Generation ihrer Väter teilte mit den Besiegten eher das Lebensgefühl »Wir sind noch einmal davongekommen« [32].) Folgerichtig ist heute in Deutschland, wie von außen her bewertet, alles »konsensfähig«, was der Selbststigmatisierung der Deutschen dient und dazu beiträgt, »vom Ausland« [33] oder von Ausländern her drängenden Erwartungen vor eigenen Bedürfnissen *grundsätzlich* den Vorrang zu geben. Da dies nicht generell richtig sein kann, staut unter solch unwahrem Konsens sich im Volk ein Unbehagen an, das als Staatsverdrossenheit zum Politikum der Nichtwähler und der Extremisten wird. Man muß schon ein wenig arriviert sein, herausgehoben aus der Masse des deutschen Volkes, um dieses als ein »Volk der Täter« (Anm. IV/80) anschwärzen zu können, ohne sich selber dabei verunglimpft zu fühlen.

Konsens, der Konflikte nicht löst, sondern unterdrückt, ist von seinem Ansatz her antidemokratisch. Als vorgegebenes Gesinnungs- und Verhaltensmuster ist »Konsens« es auch dann, wenn er volkspädagogisch dem Niederhalten nationaler Emotionen dient. Von der bloß strukturellen Ähnlichkeit mit autoritär verordneter Gleichschaltung zu nationaler Expansion kann aber noch nicht auf eine fortbestehende »Volksgemeinschaft« geschlossen werden. Der »antigermanisch« eifernde Spanier Heleno Saña, der dies tut [34], übersieht, daß zum Kernbestand des heute »die Deutschen« verpflichtenden Konsenses gehört, sich zur »Einmaligkeit« deutscher Verbrechen zu bekennen und von den gegen Deutsche verübten Grausamkeiten zu schweigen, deren Opfer jedenfalls nicht öffentlich zu betrauern. Der dies abwehrende Tabu-Begriff heißt »Aufrechnung«. Die ihn verwenden, um andere damit zum Schweigen zu bringen, können immer nur in Fronten denken, sich nicht vorstellen, daß es — neben Unbelehrbaren — auch Menschen gibt, die fähig sind, aller Opfer einer aus den Fugen geratenen Zeit gleichermaßen in ohnmächtiger Erschütterung zu gedenken — ohne die einen Opfer gegen die anderen auszuspielen, ohne sie zu mißbrauchen zu tagespolitischen Zwecken (vgl. Anm. IV/65). Nur ein zynischer Sophist könnte sagen, das verwehrte Gedenken der deutschen Opfer des Bombenkrieges und der Erschlagenen bei Flucht und Vertreibung hätten dem deutschen Volk auch erspart, sich seiner schwersten Verwundungen vollends innezuwerden. Aber sind nicht die verdrängten Traumen die eigentlich quälenden, die zu Fehlhandlungen verleitenden? Wenn der Grundkonsens einer Gesellschaft in kollektiver Verdrängung besteht, ist zwar noch kein »Faschismus« verwirklicht, aber ein Nährboden für ihn bereitet.

Konsensfähig im Sinne statusbewußter deutscher Demokraten ist vor allem das, was — zu Recht oder Unrecht — mit dem Gütesiegel »antifaschistisch« versehen werden kann. Lebensfragen der Nation werden so auf die glatte Gesinnungsebene geschoben und bekenntnishaft abgetan:

— die Zwangslage der Übervölkerung des eigenen Landes durch »Bekämpfung der Ausländerfeindlichkeit« und den stolzen Hinweis: »Wir sind ein reiches Land«;

— das Ärgernis der Ausländerfeindlichkeit durch Ermahnung zur Toleranz und zu einer »Veränderung des Bewußtseins« (unter dessen dünner Decke triebhaftes Unbehagen weitergären kann);

— das Problem der Integrierung von Ausländern durch ein freudiges Ja zur »multikulturellen Gesellschaft«;

— die Pflege der Beziehungen zu den jüdischen Mitbürgern und zum Staate Israel durch ein Bekenntnis zur »Einmalig-

keit« der von »den Deutschen« begangenen Verbrechen und
durch die Beteuerung, selbst als ein damals noch Ungebore-
ner Schuld und Verantwortung dafür zu tragen;
— die Bedrohung durch rechtsradikale Gewalt durch »macht-
  volle« Demonstrationen (die ungewollt die verhetzten
  Mordbuben politisch weiter aufwerten);
— die Gefährdung der natürlichen Umwelt durch das bloße
  Wecken von »Umweltbewußtsein« (statt die heilige Kuh der
  Industriegesellschaft, das Auto, zu schlachten und die Pro-
  duktion von Waren zu unterbinden, deren vorzeitiger Ver-
  schleiß einprogrammiert ist).

Wen wundert's, daß solch mediengerechte Parolen, die hohe
Gesinnungs-Tüchtigkeit bekunden, eine Stimmung der Staatsverdrossenheit verstärken bei all denen, die problembezogen
denken und darum angewidert sind von jener Moralisierung
politischer Fragen, die nur Handlungsunfähigkeit verbirgt und
mit aufrüttelnden Appellen an das Volk politische Verantwortung auf dieses zurückschiebt. Die von einigen Politikern und
Publizisten dabei eingenommene Pose moralischer Überlegenheit macht die Strategie, Gesinnungen an die Stelle von Taten
zu setzen, dem »mündigen Bürger« vollends unerträglich. Wer
über die Massenmedien vermittelt bekommt, wie doch alles
Wünschenswerte nur an der richtigen Gesinnung liege, der hat
es eines Tages satt, sich Ermahnungen zu konsensfähigem Fühlen und Denken anzuhören. Ihn verärgert gewiß die Tendenz
zur Beschämung, die darin liegt. Er wird vielleicht aber auch
der Fruchtlosigkeit reiner Gesinnungs- und Bekundungsübun-
gen inne, der Unwirksamkeit bloßer »Trauerarbeit«[35], Gefühlskontrolle und einer ganz auf die Vergangenheit zurückgeknick-
ten Verantwortung. Bei denen aber, die noch auf den Gesin-
nungsschwindel hereinfallen, kommt es zu einem schizoiden
Verhältnis zur Wirklichkeit — wie bei jenem Popsänger, der
sagte: »Wir essen zwar Tiere, aber im Herzen sind wir Vegetarier.« So kennen wir auch »alternativ« Gesinnte, die zum Besten der Natur nichts weiter als ein esoterisches Umweltbewußtsein pflegen, das sie larmoyant mitzuteilen verstehen.
Aber ihre Zeitungen landen noch immer im Müll statt im Pa-

piercontainer. Da halten wir's lieber mit Erich Kästner: »Es gibt nichts Gutes, außer man tut es.«

Die bei uns verbreitete Neigung, politische und ökologische Probleme auf die Gesinnungsebene abzuschieben, kommt nicht zuletzt von jener Erziehung zur Bewältigung einer Vergangenheit, an der in der Tat nichts anderes mehr zu ändern ist als die Weise, wie wir über sie denken. Eine gefährliche Entwertung von *Verantwortung* bahnt sich da an: Wenn junge Menschen dazu erzogen werden, bekenntnishaft Verantwortung zu tragen für etwas, was lange vor ihrer Zeit geschehen ist, dann können sie die Gewohnheit annehmen, Verantwortung überhaupt, auch Verantwortung für alles Bedrohliche, nur mit wirkungslosen Gesinnungs- und Bekenntnisakten abzuleisten.

In der konsensuellen Demokratie sind wohl die Repräsentanten des Volkes von diesem gewählt, aber der Volkswille findet hier oft gerade in entscheidenden Fragen keine parlamentarische Repräsentanz. Ein Musterbeispiel dafür ist jene in Maastricht (Anfang Dezember 1991) eingeleitete Europapolitik, die im Deutschen Bundestag keine Opposition hat, obwohl sie vom Wahlvolk kaum Rückhalt erfährt. Die vorweg von den Regierungen in Paris und Bonn geplante Auflösung der D-Mark ist in Deutschland nicht populär, wird hier auch von Bankern und Wirtschaftsfachleuten nicht befürwortet[35a]. Das von Feinden der Demokratie beklagte »Parteiengezänk« weicht gerade da einem begütigenden Konsens der Parteien, wo kaum ein Bürger etwas dagegen hätte, wenn die fragliche Sache im Streit noch etwas durchsichtiger würde. Wie in allen den Fällen, in denen ein Zwang zum Konsens das Denken der Verantwortlichen eintrübt, lastet auch hier ein Gewissensdruck auf ihnen, den Parteidisziplin oder idealistische Selbstverpflichtung erzeugt: Man will als deutscher Parlamentarier nicht verwechselt werden mit denen, die noch im Banne der Nation rechtschaffene europäische *Gesinnung* vermissen lassen — und wenn sie die Mehrheit des Volkes wären. Wenn gerade im heutigen demokratischen Deutschland die politische Klasse vom »niederen Volk« sich entfernt, dann liegt das viel weniger an jener »Arroganz der Macht«, die sich überall einstellt, als an einem moralischen Ehrgeiz der Gewählten, der sie ängstlich auf Reaktionen »des

Auslands« horchen läßt in der Hoffnung, vor ihm bestehen zu können. »Schon kleinere Kunstfehler«, weiß Peter Glotz, »lösen in Rom, London und Paris die Alarmglocken aus« (*Spiegel*-Essay, 30. 9. 1991)[35b]. Was als lähmender Konsens die Tabus der deutschen Politik schafft, ist wie von außen her gepreßt, aber von Gesinnungs-Tüchtigen im eigenen Land überwacht. Die konsensuelle Demokratie in Deutschland ist so ein Symptom dafür, daß das Land aus Hitlers langem Schatten noch immer nicht herausgetreten ist.

Die parlamentarische Demokratie als eine Kultur der Konflikte, die hier mit Argumenten statt mit Waffen und Intrigen auszutragen sind, braucht nicht viel mehr als den Grundkonsens des Gewaltverzichts und der Anerkennung eines jeden Gegenspielers als einer Person, deren Erwägungen und Überzeugungen so lange ein Recht haben, geäußert zu werden, solange sie nicht auf die Schädigung oder Verletzung anderer abzielen. Hierüber und über die Grundrechte unserer Verfassung hinaus braucht der »Konsens der Demokraten« nicht zu reichen. Sowie er Pflichtübungen und Tabus der sozial Arrivierten in sich aufnimmt, pervertiert er den Sinn von Demokratie, von Volksherrschaft. Wenn zuletzt alles, was uns als Staatsbürger angeht, von einem Konsens der Parteien abhinge, würden freie Wahlen zur Farce.

d) Gibt es noch »entartete Kunst«?

Der zum Schlagwort gewordene Begriff der »entarteten Kunst« geht auf Hitler selbst zurück. In *Mein Kampf* (S. 283) sprach er von der »geistigen Entartung« und den »krankhaften Auswüchsen« einer Kunst, wie er sie namentlich im Kubismus und im Dadaismus anzutreffen meinte. Ohne Verständnis für spielerisch erprobte neue Ausdrucksmöglichkeiten der bildenden Kunst sah er in dem, was dabei herauskam und zur Diskussion gestellt wurde, nur »Schmutz« und »Kitsch«, einen Ausdruck von »Haß gegen das überlegene Gute der Vergangenheit« (S. 285), an dem sich sein Kunstgeschmack orientierte. So kamen auf sein Geheiß 1937 in eine Ausstellung unter dem Titel »Entartete Kunst« in München auch Werke von Cézanne, van

Gogh und Gauguin neben kühneren Gestaltungen von Ernst Klee, Oskar Kokoschka und Pablo Picasso. Ein Teil der wegen ihrer »Entartung« beschlagnahmten Werke wurde 1938 in Luzern versteigert, ein anderer 1939 in Berlin öffentlich verbrannt[36]. Nachdem der Führer so die deutschen Museen von aller »Entartung« glaubte gereinigt zu haben, mußte er 1942 resignierend feststellen, daß auch in seinem Staat »für gemalten Dreck Staatspreise« vergeben werden[37]. Doch wie sehr die in Stein gehauenen Muskelprotze in seinem Münchener »Haus der Deutschen Kunst« selber Kitsch waren, ist ihm vermutlich nie aufgegangen.

Zu allen Zeiten hat es große und mäßige Kunst gegeben, echte Kunst und Pseudokunst, Kunst und Kitsch. Seitdem jedoch der bildenden Kunst in der Photographie eine Konkurrentin erwachsen ist, von der sie an Genauigkeit übertroffen wird, sind Maler und Bildhauer auf den Reiz des Ungenauen, auf eigenwillige Farbgebung (Franz Marc) oder übertriebene Formgestaltung (Henry Moore) ausgewichen. Wo gar in rein abstrakten Formen nicht mehr erkennbar ist, wovon sie abstrahiert, das heißt abgezogen sind, da finden auch Scharlatane, gestaltungsschwache oder geschäftstüchtige Künstler eine Chance, für bedeutend gehalten zu werden. Je abstrakter ein Kunstwerk ist, desto schwerer fällt es zu beurteilen, aus welchen Gründen es geworden ist.

Wer aus dem Eifer, um jeden Preis für modern zu gelten, alle abstrakte Kunst um ihrer Abstraktheit willen feiert, der verfällt in denselben Fehler wie derjenige, der sie in Bausch und Bogen verwirft. Keiner der beiden vermag anzuerkennen, daß es auch hier sowohl ernstzunehmende Werke wie bloßen Kitsch gibt, gekonnt Verspieltes und hilflos Mißglücktes.

Wenn aber in früheren Zeiten mißglückte Kunst als das bezeichnet werden konnte, was sie ist, so sind die Kritiker durch die Kunstpolitik des »Dritten Reiches« vorsichtig und zurückhaltend geworden. Beim offenkundig Nichtssagenden wittern manche Rezensenten wohl auch eine Gelegenheit, sich mit ihren Interpretationen in Szene zu setzen. Das gehaltvolle Werk läßt ihnen nicht soviel Spielraum für ihre begleitende Produktivität.

Keiner, der nicht vom Zeitgeist (oder denen, die ihn machen) abgehängt werden möchte, wagt noch, etwas gegen die Pseudokunst der Scharlatane und Nichtskönner zu sagen. Da Hitler gegen »entartete Kunst« zu Felde zog, erntet jeder, der bloße Gags nicht für Kunst halten will und sich vom Ekelerregenden abwendet, den Vorwurf, ein verkappter Nazi zu sein. Wer so argumentiert, bleibt indessen selber dem Ungeist des Dritten Reiches verhaftet: in eben der Politisierung von Geschmacks- und Stilfragen. Es war ja nicht das Übelste an Adolf Hitler, daß er auf seine kleinbürgerliche Art kunstsinnig war und als Förderer und Schutzherr von ihm genehmer Kunst aufgetreten ist. Jedem Mäzen, sei es ein fürstlicher, ein industrieller oder ein parteipolitischer, steht es frei, *die* Kunst zu fördern, die nach seinem Geschmack ist. Was aber den »Führer« auch für die Kunstgeschichte zur Negativfigur hat werden lassen, das war das Verbot von Kunst, die er und seine Gesinnungsfreunde als entartet empfanden, und das Berufsverbot für Künstler, die so eingestuft wurden. Öffentliche Bücher- und Bilderverbrennung und die Konfiszierung von Werken der bildenden Kunst waren Gewaltakte eines Unrechtsstaates, der in seinen Repräsentanten zu wissen glaubte, was Kunst sei und was nicht, und was dem Publikum zugemutet werden kann. Diese rechtswidrige Form der »Kunstpolitik« fand ihre dramatische Zuspitzung in der Inhaftierung und Vertreibung unbequemer Schriftsteller und Maler.

Man wird heute keinem Politiker verwehren dürfen, seine private Meinung zur zeitgenössischen Kunst zu sagen und, wenn er von ihr angegriffen wird, seinen Unwillen zu bekunden. Die Narrenfreiheit kann nicht so weit gehen, daß die von ihr Getroffenen sich nicht auch betroffen zeigen dürften. Wenn es politisch engagierter Kunst mit ihren Angriffen ernst ist, wird sie Verärgerung, Unmut als Reaktion durchaus erzielen wollen. Es kann ihr, wenn sie doch wirken will, nicht gleichgültig sein, ob die von ihr Angegriffenen »Wirkung zeigen«. Was in einem demokratischen Rechtsstaat aber nicht angeht, das ist der Einsatz staatlicher Machtmittel zur Unterdrückung unbequemer oder ärgerlicher Kunst. Wo in Form von Kunst oder auch Pseudokunst Beleidigungen ausgedrückt werden, können die ordentlichen Gerichte bemüht werden, dem Gekränkten beizuspringen.

Kunst braucht nicht unpolitisch zu sein, und der Politiker braucht nicht wehrlos wie am Marterpfahl beleidigende Angriffe, die als Kunst aufgemacht sind, zu dulden. Aber es dürfen ihm, Lästiges abzuwehren, keine anderen Mittel zu Gebote stehen als jedem anderen Staatsbürger auch, eben die gerichtlichen. Er wird als Persönlichkeit des öffentlichen Lebens nur still für sich selber abwägen, ob ein Prozeß den Abschreckungseffekt wert ist, oder ob dadurch die abzuwehrende Beleidigung erst richtig publik wird. Daß er sich durch schlechten Geschmack beleidigt fühle, wird er ohnehin nicht geltend machen können.

In einer Demokratie kann jeder Künstler so geschmacklos sein, wie er will, und jeder Kunstsammler so naiv-snobistisch, wie die Auguren ihn haben wollen. Wer eine verbeulte Nähmaschine für große plastische Kunst hält, braucht von diesem Wahn nicht geheilt zu werden, solange er nicht sonst destruktive Neigungen zeigt, die sich sozialschädlich auswirken. Wer einen Klumpen Fett für ein plastisches Kunstwerk ausgibt, braucht nicht als entarteter Künstler observiert zu werden, solange die Eulenspiegelei offenbar ist. Solange er gutgläubige Käufer findet, die angesichts ihres Reichtums und ihrer snobistischen Lebenseinstellung gar nicht wirklich geschädigt werden können, sollte jeder, der dabei zusieht, die Sache mit Humor nehmen. Doch wer sich, unversehens illusionslos geworden, selber als Opfer eines betrügerischen Kunsthandels sieht, sollte nicht zögern, ein Gericht zu bemühen. Daß die Scharlatanerie, die sich unter die moderne Kunst gemengt hat, noch nicht zu einem Problem der Rechtswissenschaft geworden ist, hat sicher auch Gründe, die mit der Kunstpolitik des Dritten Reiches zusammenhängen. Auf die uns von Hitler hinterlassene Hypothek »entartete Kunst« ziehen gewiefte Kunstproduzenten ihre von Qualität nicht gedeckten Wechsel.

Der Übergang von Kunst zu Pseudokunst ist fließend, weil immer etwas Illusionäres in aller Kunst liegt. Solche Einsicht begründet schon einige Vorsicht. Und wenn unter Hitler wirklich große Kunst (Barlach!) zur »entarteten« herabgestuft werden konnte, dann ist die Angst vor faschistischem Ungeist in der Kunstbetrachtung durchaus begreiflich. Ich meine auch: Lieber ein paar Gaukler und Hochstapler mehr als wieder staatlichen Ästhetisierungszwang. Aber reine Scharlatane sollten nicht so ernst genommen und hochgejubelt werden, daß darüber das Verständnis für Kunst überhaupt brüchig wird. Auch in diesem Sinne wäre Hitler noch zu besiegen.

Wir zeigen uns gerade abhängig von der NS-Kunstpolitik, wenn wir uns gedrängt fühlen, das genaue Gegenteil von dem zu preisen, was seinerzeit als schön galt. Die staatlich geförderte Kunst des Dritten Reiches war weithin Kitsch, weniger der Kitsch der Blut-und-Boden-Romantik als der Monumental-Kitsch des Heroischen. Josef Thoraks und Arno Brekers Muskel-Helden haben das aufdringlich vorgestellt. Aber Kunst im Unterschied zu solchem Kitsch ist nicht das forciert Häßliche oder das Unappetitliche, sondern in konkreter wie abstrakter bildender Kunst eben das, was aus Erfahrung und tieferer Ahnung kommt und darum den Betrachter einlädt, verstehend mitzuschaffen an einem wacheren, engeren, sinnlicheren Verhältnis zum Dasein. Das echte Kunstwerk ist vollendet erst im Verständnis des Betrachters. Wer als Künstler glaubt, es genüge, gefeiert zu werden, ohne verstanden worden zu sein, der versteht selber nicht, was Kunst ihrem dialogischen Wesen nach ist: eine höchst eindringliche Weise, in der Menschen zueinander sprechen. Der Gaukler, der bewußt auf Rätselhaftigkeit oder auf schockierende Effekte hinarbeitet, hat kein Recht, einen jeden »Faschist« zu nennen, der nur verstehen möchte, was in Formen der Kunst sich ihm zeigt.

e) Propaganda, einst und jetzt

Hitlers einzigartige Wirkung auf breite Volksmassen, seine ebenso eindringliche wie modulationsfähige Stimme, seine quasi dämonische, im Grunde neurotische Ausstrahlung erklären seinen Weg zur Macht nicht allein, auch wenn Schirach behauptet, der Führer habe sich »im Alleingang, ohne Konkur-

renz« die Macht *erredet*[38]. Er hatte auch innerparteiliche Konkurrenz, die stärkste in Gregor Strasser, der ihm Ende 1932 die
Führung der NSDAP aus der Hand zu nehmen drohte. Gregor
Strasser, der idealistisch gesinnte Führer des linken Parteiflü-
gels, der die sozialistischen Punkte des Parteiprogramms ernst
nahm[39], war hierin der natürliche Antipode Hitlers, dem das
Programm nichts weiter galt als ein Mittel, die Massen zu gewinnen und so an die Macht zu kommen. Das 25 Punkte um-
fassende Parteiprogramm, in dem die »Brechung der Zinsknechtschaft« eine entscheidende Rolle spielte, ging im wesent-
lichen auf Gottfried Feder zurück. Dessen programmatische
Arbeit wurde von Hitler gerade deswegen gerühmt, weil es
zweifelhaft schien, sie in die politische Wirklichkeit umsetzen
zu können: »Allein, was so in den Augen anderer eine Schwäche der Federschen Darlegungen war, bildete in den meinen ihre Stärke.« (*Mein Kampf,* S. 229). Ein zwar ideologisch hoch-
gespanntes, aber kaum durchführbares Programm bot den doppelten Vorteil, begeisterungsfähige Menschen zu ködern und
der »Bewegung« zuzuführen — und hinterher doch freie Hand
zu behalten. Seinen engeren Gefolgsleuten sagte der Führer:
»Der Nationalsozialismus ist eine Weltanschauung und kein
Programm. Jetzt kommt es nur darauf an, die Macht zu erobern — dann werden wir weitersehen.«[40]
Für den Wahlkampf des Jahres 1930 verkürzte Hitler das ohnehin schon dürftige Parteiprogramm auf wenige Schlagworte:

> »Der Weltkrieg 1914/18 wurde von den Westmächten angezettelt, um
> das aufstrebende Deutschland zu vernichten.«
>
> »Die Juden sind unser Unglück.«
>
> »Das parlamentarische System ist unfähig.«
>
> »Gemeinnutz geht vor Eigennutz.«[41]

Das war die Hitler gemäße Art, ein Parteiprogramm zu »verwirklichen«: seine Umsetzung in Propaganda. Das bedeutete,
sich »auf nur sehr wenige Punkte zu beschränken und diese
schlagwortartig so lange zu verwerten, bis auch bestimmt der
Letzte unter einem solchen Worte das Gewollte sich vorzustellen vermag« (*Mein Kampf,* S. 198). Solche Beschränkung auf
Schlagworte sei der »Aufnahmefähigkeit der großen Masse«

gemäß; bei ihr sei »das Verständnis klein, dafür jedoch die Vergeßlichkeit groß«. Deshalb müsse die Propaganda das Volk geradezu »bearbeiten« (S. 653), ihm — nach dem Vorbild marxistischer Volksredner — die eigenen Prinzipien »einhämmern« (S. 529). Dabei sei um so erfolgreicher, wer sich »volkstümlich« (S. 197) auszudrücken verstehe, ja mit einer gewissen »Urwüchsigkeit« (S. 376) spreche und es verschmähe, den Professoren und der »Intelligenz«[42] zu gefallen. Indem sie sich an die breite Masse wende, diese lediglich »auf bestimmte Tatsachen, Vorgänge, Notwendigkeiten« aufmerksam mache, müsse Propaganda in ihrem »Wirken auch immer mehr auf das Gefühl gerichtet sein und nur sehr bedingt auf den sogenannten Verstand« (S. 197). Der tiefere Grund dafür ist nicht nur das von Hitler gering eingeschätzte »geistige Niveau« der Masse, sondern auch der störrische Charakter des Intellekts, der auf Vernunftgründe mit Gegengründen antwortet oder zumindest mit Fragen reagiert, die ein Argument *entkräften,* das heißt: ihm Überzeugungskraft rauben. Propaganda aber darf nach Hitler keine »Halbheit« (S. 200) dulden:

> »Sie hat nicht objektiv auch die Wahrheit, soweit sie den anderen günstig ist, zu erforschen, um sie dann der Masse in doktrinärer Aufrichtigkeit vorzusetzen, sondern ununterbrochen der eigenen zu dienen.« (*Mein Kampf,* S. 200)

Mit anderen Worten: Propaganda hat »Halbheiten« des politischen Wollens und Wirkens mit Hilfe von Halbwahrheiten zu vermeiden. Gerechtfertigt wird solcher Zynismus durch das ins Auge gefaßte Ziel, die Macht im Staate zu erringen und das parlamentarische System zu überwinden. Dieses Ziel der noch jungen nationalsozialistischen Bewegung war auch das Ziel ihrer Propaganda. Ihr ging es — nach Hitler — nur vorläufig darum, »Menschen für die spätere Organisation« zu gewinnen; ihr breites, eigentliches Ziel war »die Zersetzung des bestehenden Zustandes und die Durchsetzung dieses Zustandes mit der neuen Lehre« (*Mein Kampf,* S. 654).

Das ist, mit knappen Strichen nachgezeichnet, was Hitler unter Propaganda verstand: Beschränkung auf wenige Punkte, die sich zu Schlagworten eignen; volkstümliche Sprache, die sich weniger an den Verstand als vielmehr ans Gefühl richtet; ausreichende Wiederholung, um die eigene Lehre — auch auf Kosten der Wahrheit — durchzusetzen. Wir brauchen gar nicht zu rätseln, ob und wieweit es in diesem Sinne auch heute noch politische Propaganda gibt. Es gibt sie. Was es aber bei uns zulande nicht mehr gibt, das ist ein Volk, das mit Halbwahrheiten leicht abzuspeisen wäre. Hier hat, trotz Pressekonzentration, doch eine gewisse Meinungsvielfalt sich segensreich ausgewirkt. Der deutsche Wähler ist auch nicht mehr durch Politiker zu beeindrucken, die den politischen Gegner verunglimpfen, wie es Hitler zwar nicht empfohlen, aber selbst ausgiebig praktiziert hat.

Was weithin auf Ablehnung stößt oder als Manipulation durchschaut wird, ist als Propaganda auch schon entwertet. In einem Lande, in dem Informationsfreiheit herrscht, oder auch dort, wo immerhin über mehrere »Kanäle« sehr Verschiedenes empfangen werden kann, da ist nicht zu besorgen, daß die Bürger leichthin auf die Propaganda irgendeiner Seite hereinfallen. Das bedeutet noch nicht, daß wir uns im großen und ganzen zutreffend informiert fühlen dürften. Aber schon wenn wir skeptisch »von allem nur die Hälfte glauben«, stehen wir doch in relativ sicherer Distanz zu jedem propagandistischen Versuch, uns als blindlings Glaubende für eine Parole oder »Idee« zu vereinnahmen oder gegen öffentlich bezeichnete Feinde aufzuhetzen. Wer hier noch offen zu etwas verhetzt werden kann, der ist unbewußt dazu bereit: weil er, durch eine triebunterdrückende Erziehung verschüchtert, sich nur zu gern einem starken Willen unterwirft, oder weil er — vielleicht zugleich — durch Entbehrungen oder Verzichte hinreichend »Wut im Bauch« hat, um sich im Verein mit anderen auf Feinde ausrichten zu lassen. Die Gefahr einer möglichen Verhetzung durch politische Propaganda ist unter der Bedingung der Presse- und Informationsfreiheit weniger eine Frage der Zuverlässigkeit der verbreiteten Nachrichten als des Maßes, in dem die Menschen über sich selber aufgeklärt sind und sich, so wie sie sind, zu akzeptieren vermögen.

Daß die Menschen über sich selber Bescheid wissen, über ihre vitalen Antriebe und ihre frustrationsbedingte Aggressivität, das ist auch eine Bedingung dafür, daß sie nicht einer versteckteren Propaganda erliegen, die bei ihren verquälten Neigungen ansetzt, etwa bei dem Bedürfnis, auf der Seite einer ebenso harten wie überlegenen Gewalt zu stehen. Bei ihnen verfängt dann jene kriminalpolitische Propaganda, die dem Wähler einzureden versucht, nur durch harte Strafen sei das Verbrechen einzudämmen und der Terrorismus erfolgreich zu bekämpfen. Ein über triebhafte Zwänge unaufgeklärter Mensch kann immer noch meinen, daß rücksichtslos destruktive Charaktere durch die Androhung von Strafen sich von Gewaltakten abhalten ließen. Der durch frühe Versagungen und eine »harte Hand« gründlich destruktiv gewordene Mensch ist aber so mißmutig, ja lebensüberdrüssig, daß er auch sich selber haßt und vielleicht nicht einmal nur unbewußt sein eigenes Leben zu zerstören sucht.

Es ist nichts anderes als Propaganda, wenn zur »Bekämpfung« von Gewaltverbrechen Vorschläge für härtere Strafen diskutiert werden. Dem beunruhigten, verunsicherten Volk wird so bedeutet, daß von seiten des Staates schon das Richtige und Wirksame geschehe. Es sollte aber zu denken geben, daß es rechtsradikale Politiker sind, die nach spektakulären Straftaten immer gleich nach der Todesstrafe rufen [43]. Dabei ist die Verschärfung von Strafen ein abstraktes Spiel, solange die bereits geltenden Gesetze zögernd und halbherzig angewandt werden und Fahndungserfolge ausbleiben. »Die Nürnberger hängen keinen, es sei denn, sie hätten ihn« (altes Sprichwort). Wenn die Volksvertreter zur Bewältigung einer inneren Krise auf das Strafrecht setzen, dann ist das schon ein Symptom ihrer Ohnmacht gegenüber störenden Kräften oder konfliktträchtigen Zuständen. Das liegt im Wesen des Strafrechts, das immer erst eingreift, wenn ein Konfliktstoff bereits gezündet hat. Was not täte, ist Verbrechensverhütung, aber eine, die nicht bloß mit harten Strafen ungebärdige Charaktere abzuschrecken meint und allenfalls für eine Weile mit ausgestreuter Angst vor Strafe den Deckel niederdrückt auf das, was triebhaft brodelt und kocht. Zumindest sollte alles unterbleiben, was ein Aufschäumen roher Gewalt noch zu fördern vermag. Wer Jugendheime schließt, weil sie nicht rentabel seien, und wer so viele Ausländer hereinläßt, daß man den Sportlern ihre Hallen nehmen muß, der sollte sich nicht berufen fühlen, härtere Strafen für junge Gewalttäter zu fordern.

Solange eine politische Partei die Macht im Staat noch nicht errungen hat, kann sie sich darauf beschränken, ihren Anhang mit bloßen Worten abzuspeisen, weil sie in diesem Stadium nur Hoffnungen zu wecken braucht. Einmal mit den Regierungsgeschäften betraut, muß ihre Propaganda sich ändern. Nicht allzu lange kann sie dann sich damit begnügen, fortdauernde Mißstände als »Erblast« der von ihr abgelösten politischen Kräfte auszugeben. Jetzt muß gehandelt werden. Wenn aber entweder nicht klar ist, wo der Hebel angesetzt werden soll, oder wenn die wahren Ursachen eines Übels tabuiert sind, dann bieten sich verschiedene Auswege an:

1. Man kann auf andere Probleme ablenken.
2. Man kann die einen Mißstand ausweisenden Statistiken manipulieren.
3. Man kann an den Symptomen herumkurieren.

Alle diese Wege hat Hitler nach der Machtübernahme beschritten, um das Übel, dessentwegen er gerufen worden war, so rasch wie möglich vergessen zu machen und zum Verschwinden zu bringen: die Massenarbeitslosigkeit. Abgelenkt wurde auf ein hochstilisiertes Ideal der Mutterschaft; es war dazu geeignet, ein Verbot des »Doppelverdienertums« zu begründen. Frauen räumten ihren Arbeitsplatz für Familienväter. So konnte die Flut der Arbeitslosen sinken, noch ehe — durch die Rüstung — neue Arbeitsplätze geschaffen waren. Von Anfang an aber drehte man an der Statistik. Unregelmäßig Beschäftigte wurden seit 1933 nicht mehr als Arbeitslose geführt. Auch jugendliche Landhelfer und Teilnehmer an Arbeitsdienstlagern »verschwanden jetzt aus der offiziellen Arbeitslosenstatistik«[44], Notstandsarbeiten und Reichsarbeitsdienst (RAD) nahmen die Arbeitslosen zwar von der Straße, aber das bedeutete für die dazu Verpflichteten noch keine berufliche Existenz, auf die sie einen Lebensplan hätten gründen können.

Dies ist der offensichtliche Mangel aller »Arbeitsbeschaffungsprogramme«, die kurzfristig Arbeit um der Arbeit willen schaffen: daß sie dem dadurch Beschäftigten keine Lebensstellung

bieten, die ihm die Angst vor der Zukunft wirklich nehmen
könnte. Wenn dennoch die »Beschäftigungspolitik«, wie es verräterisch heißt, einen hohen Rang in der Innenpolitik beansprucht, so hat das — damals wie heute — vermutlich nicht
Gründe, die sich auf Sorge um das harte Los der Arbeitslosen
zurückführen ließen. Hinter dem politischen Willen, einen möglichst hohen Beschäftigungsstand zu erreichen, steckt die bisweilen auch zugegebene Sorge um den inneren Frieden. Man
sieht in den Arbeitslosen ein politisches »Konfliktpotential«,
befürchtet von den Jüngeren unter ihnen einen besonderen
Hang zu krimineller Entgleisung. Und das ist auf dem Boden
einer Kultur, die den stärksten vitalen Antrieb nur zu unterdrücken und zu reglementieren gelehrt hat, eine durchaus be-
rechtigte Sorge. Die sonst in »geregelter Arbeit« gebundenen
und ermüdeten triebhaften Kräfte finden in unbegrenzter Frei-
zeit reichlicher Gelegenheit, auch auf verbotenen Wegen sich zu
ergehen. Dies ist, wie schon Nietzsche gefunden hat, das entscheidende Motiv der »Lobredner der Arbeit«: sie wollen für
das Volk »Arbeit als die beste Polizei«[45]. Eine von Sorge um
Ruhe und Ordnung diktierte Arbeitsbeschaffung kann aber
volkswirtschaftlich nicht fehlerlos aufgehen.

Hitler, der Reichskanzler, hatte mit seiner Arbeitsbeschaffung
und dem Frisieren der Arbeitslosenstatistik einen immerhin be-
achtlichen propagandistischen Erfolg. Diese nur auf Beifall angelegte Politik hat im Verein mit der beginnenden Wiederaufrü-
stung wohl auf die Volkswirtschaft im ganzen stimulierend ge-
wirkt. Der Preis, der zuletzt dafür bezahlt wurde, war der
Zweite Weltkrieg mit seinen Zerstörungen, Millionen Toten
auch auf deutscher Seite und die Zerschlagung des Deutschen
Reiches unter Verlust aller Gebiete östlich von Oder und westlicher Neiße. Wer politische Probleme mit nur propagandistischen Maßnahmen zu »lösen« ausgeht, gleichgültig, ob er es
besser weiß oder nicht, der wird in irgendeiner Weise immer
dafür die Quittung bekommen. Wenn die politische Führung
heute immer noch nicht begreift, daß in einer Welt schwindender Ressourcen und fortschreitender Automation geleistete Arbeit nicht mehr der orientierende Schlüssel für die Gütervertei-
lung sein kann, dann muß sie notwendig darauf hinwirken, daß

wir unsere Lebensgrundlagen einfach weg-arbeiten: sie zubetonieren, vergiften, absterben lassen. Vollbeschäftigung ist die Formel für kollektiven Untergang auch ohne neuen Krieg.

Unterdessen sind »Hitler« und »Hitler-Faschismus«, bei denen Propaganda in höchster Blüte stand, selber weltweit zu propagandistischen Schlagworten geworden: zur Verunglimpfung politischer Gegner. Selbst die Umweltpartei »Die Grünen« wurde in ihrer Anfangszeit verdächtigt, mit ihrer damals noch uneingeschränkten Sorge um Wälder und Grünland einer nazistischen »Blut-und-Boden-Romantik« zu frönen, einer Verklärung der »Scholle« wie zu Hitlers Zeiten[46]. Ähnlich erging es zunächst allen denen, die ein Ende der Masseneinwanderung fordern. Sie ermutigten die jungen Neonazis zu ihren Ausschreitungen, befanden ganz an der Nazizeit orientierte Kritiker des heutigen Deutschland[47]. Dazu angehalten, Gespenster der Vergangenheit zu bekämpfen, werden wir blind gemacht für die Gefahren der Gegenwart.

f) Bevölkerungspolitik

Ein gesundes Volk im Sinne Hitlers, das hatte auch ein junges, ein wachsendes Volk zu sein — im Gegensatz zum überalterten oder sterbenden Volk. Wer Soldaten brauchte für den geplanten Krieg und junge Menschen zur Besiedlung des europäischen Ostens, der hatte Grund genug, den »Kindersegen« zu preisen und die »kinderreiche Familie« (*Mein Kampf,* S. 447) zu fördern und jegliche Empfängnisverhütung zu verdammen[48]. Wie einst Napoleon verlangte er »Weiber, die wieder Männer zur Welt zu bringen vermögen« (*Mein Kampf,* S. 455). Ein »Überschuß an Kindern« war ihm gerade recht: »Denn das schafft Not. Und die Not zwingt, sich zu regen.« (*Tischgespräche*[49]) Die wünschenswerte Regsamkeit sah er im technischen Fortschritt und im Gewinnen und Besiedeln von »Ostraum«.

Der expansive Charakter des Dritten Reiches ergab sich schon aus dem Widerspruch zwischen der staatlichen Förderung des »Kindersegens« und dem Lamento um ein »Volk ohne Raum«

(Hans Grimm[50]), zu dem die Deutschen geworden seien. Wenn heute, Jahrzehnte nach dem Scheitern dieser Politik, von konservativen Politikern schon wieder über »Geburtenrückgang« geklagt wird[51], dann nicht, weil Deutschland unterdessen ein »Raum ohne Volk« geworden wäre — die Vorstellung wäre nach Flucht und Vertreibung von Millionen Deutschen aus dem Osten absurd genug —, sondern weil man sich anders als durch starken Nachwuchs die Sicherung der Renten von morgen nicht vorzustellen vermag. Dabei wird stillschweigend angenommen, daß Menschen im Alter der Arbeitsfähigen allein schon dank ihrer Jugend eine Stütze für die Alten seien. Daß aber gerade geburtenstarke Jahrgänge nur das Heer der Arbeitslosen verstärken, wird dabei nicht bedacht. Denn das machte den Ruf nach mehr Geburten illusorisch, zumindest im Blick auf die zu sichernden Renten. Wenn immer stärkere Jahrgänge nachrückten, gleichzeitig weiter fortschreitende Automation Arbeitsplätze wegrationalisierte, dann hätten die noch in Arbeit Stehenden nicht nur Kinder und Rentner mitzuerhalten, sondern auch Millionen Arbeitslose. Vor einer solchen sich schon abzeichnenden Entwicklung nimmt der Eifer der Bevölkerungspolitiker, die auch ihr Wachstum haben wollen, sich nicht zurück. Vielmehr wird von ihnen als Mittel, die jungen Menschen in Arbeit und Brot zu setzen, eine Verkürzung der Lebensarbeitszeit empfohlen.

Man wird des neuen Widerspruchs nicht gewahr: Die wiederaufgelegte Warnung vor einer »Überalterung« des Volkes läßt sich gar nicht beirren durch die Forderung nach weiterer Herabsetzung des Rentenalters, die doch nur besagen kann, daß wir anscheinend immer noch nicht überaltert genug sind, also daß es immer noch zu wenige Rentner gibt. Oder sollte der Widerspruch eben darin seine Auflösung finden, daß niemand mehr auf den ärztlichen Rat hört, sich möglichst lange gesund und leistungsfähig zu erhalten?

Wenn aber dies nicht die Konsequenz sein soll, dann kann das Nebeneinander von Geburtenförderung und steigender Arbeitslosigkeit, von Rationalisierung und Herabsetzung des Rentenalters zusammen mit weiterer Zerstörung unserer Lebensgrundlagen durch Wirtschaftswachstum nur darauf hinauslaufen, daß eines Tages wieder einer sagt, wir seien ein Volk ohne Raum. Wenn wir nach der schon begonnenen Industrialisierung der Dritten Welt für unsere technischen Produkte kaum noch etwas bekommen, wäre es soweit. Und wir dürften uns dann, hungernd, gar nicht zu sehr über ein ungerechtes Schicksal beklagen, da wir heute auch Lebens- und Futtermittel beziehen von Völkern, die selber Hunger leiden. Volk ohne Raum: Selbst für kriegerisch Gestimmte wäre im Zeitalter der Atombombe eine solche Parole so sinnvoll wie das Anbellen des Mondes. Wenn Krieg als Mittel, »den Boden in Einklang zu bringen mit der Volkszahl« (Hitler[52]), aber ein für allemal ausscheidet, dann müßten eines Tages auch die Letzten, die Gott Mars verehren, einsehen, daß ein der Zahl nach »schrumpfendes Volk« das kleinere Übel gewesen wäre: das kleinere im Verhältnis zum Massensterben aus Nahrungsmangel, wenn nicht zum kollektiven Tod im Atomkrieg.

Könnte es nicht sein, daß ein nicht mehr so fortpflanzungsfreudiges Volk instinktiv den richtigen Weg schon beschritten und daß nur Politiker, die ihre kulturkritischen Maßstäbe aus der Vergangenheit holen, sich da noch nicht durchfinden? Eine Bevölkerungspolitik die nicht vorgefaßten ideologischen Linien folgt, müßte sich immer fragen, ob sie mit den von ihr ins Auge gefaßten Maßnahmen nicht im Volk bereits wirksame Tendenzen der Selbstregulierung nur beeinträchtigt oder stört. Solche Tendenzen der Selbstregulierung gilt es vorweg zu analysieren; denn in ihnen kommen womöglich Komponenten zum Zuge, die noch gar nicht reflektiert sind und von monokausal denkenden Politikern nicht miteinander in Zusammenhang gebracht werden.

Hitlers Un-Geist ist lebendig in der Abneigung, gesellschaftspolitische Probleme in ihrer wechselseitigen Verzahnung zu erkennen, und in dem Trick, sie durch Schlag-Worte voneinander abzuspalten: Geburtendefizit — Überalterung — sterbendes Volk — Sicherung der Renten — Geburtenförderung — Wachstum — Fortschritt — Technisierung — Rationalisierung — Arbeitsbeschaffung — Wertezerfall — Sinnkrise — Selbstverantwortung. Der Politiker, der in die Familien hineinzuregieren versucht, verweist am Ende doch wieder einen jeden auf seine individuelle Verantwortung. Wenn politische Führer ratlos sind, bleibt ihnen gar nichts anderes übrig. Aber dann sind sie schon dabei, das Feld zu räumen: denen, die es verstehen, eine Volks-Bewegung auszulösen.

g) »Ausländer raus!«

Es ist die ewige Rede volkspädagogisch auftretender Politiker, »Ewiggestrige« (übrigens ein Nazi-Wort!) hätten »aus der Geschichte nichts gelernt«. Was wir aber alle aus ihr hätten lernen sollen, das ist die Tatsache, daß erst die Massenarbeitslosigkeit zu Beginn der dreißiger Jahre Hitler die Wähler zutrieb, die er brauchte, um die Macht zu ergreifen. Und das heißt: Soziale Mißstände, Not und Unzufriedenheit bei breiten Schichten der Bevölkerung sind der beste Nährboden für rechtsradikale Kräfte. Die Geschichte wiederholt sich zwar nie in genau derselben Weise. Aber wenn heute rund um Ausländerheime Problemfelder sozialer Unsicherheit entstehen, wenn überfallartig für Asylbewerber Turnhallen, Clubräume und gar private Wohnungen beschlagnahmt werden[53], und wenn allerorten immer mehr Grünflächen mit Wohncontainern für Ausländer bedeckt werden, dann ist das zumindest für die deutschen Anwohner eine Verminderung ihrer Lebensqualität, die verbreitet zu Unmut, zu einem »Rechtsruck« und schließlich zu Unruhen führen muß.
An Warnungen hat es nicht gefehlt. Heinz Kühn, der frühere Ausländerbeauftragte der Bundesregierung, sagte schon im Jahre 1980, wenn der »Ausländeranteil« 12 bis 15 Prozent überstiege, »würde das Ablehnungs- und Unlustgefühl in ein Feindschaftsgefühl umschlagen«[54]. Heute, über ein Dutzend Jahre später, sieht Münchens Oberbürgermeister Georg Kronawitter einen »Volksaufstand« voraus, wenn es nicht zu einer Beschränkung der Masseneinwanderung kommt[55]. Brandfackeln wurden schon geworfen, Ausländer brutal zusammengeschlagen, einige sogar ermordet. Das ist durch nichts zu verharmlosen, aber durch Bekundungen von »Betroffenheit« und Empö-

rung für die Zukunft auch nicht zu verhindern. Wo der politische Wille zur Beseitigung von Gewaltursachen fehlt, da ist moralische Verurteilung der Gewalt eine leere Pflichtübung. Fehlte es allzulange am politischen Willen, die über Deutschland hereinbrechende Masseneinwanderung zu stoppen, oder waren sich die Politiker nur nicht darüber einig, ab wann mit Recht gesagt werden kann: »Das Boot ist voll«? Schon 1980 sagte der damals regierende Kanzler Helmut Schmidt: »Wir haben vier Millionen Ausländer, und wir wollen nicht sechs haben.«[56] Diese Zahl ist aber nun — 1993 — erreicht, und schon wird eine neue Grenze der Belastbarkeit diskutiert. Mit immer noch verkraftbaren zehn Millionen Ausländern rechnet Heiner Geißler[57].

Statt wirksame Maßnahmen einzuleiten, die bereits abgelehnte Asylbewerber außer Landes brächten, stritten die Bundestagsparteien allzu lange um die Asylrechtsbestimmung im Artikel 16 des Grundgesetzes, der im übrigen von der deutschen Staatsbürgerschaft handelt. Alte Fassung, Absatz 2:

> »Kein Deutscher darf an das Ausland ausgeliefert werden. Politisch Verfolgte genießen Asylrecht.«

Von der Hauptursache der ausländerfeindlichen Stimmung, dem massenhaften Mißbrauch des Asylrechts, wurde tüchtig abgelenkt durch projektive Ideologisierung der zumeist ganz jungen Gewalttäter. Soweit die Chaoten an ihrer Gewandung als Neonazis nicht klar erkennbar waren, wurde dem gewünschten Feind-Bild schon mal nachgeholfen: durch entsprechend gestellte Szenen für Film- und Fotoaufnahmen[57a].

Sowenig wie den linken Terroristen bewußt wird, daß sie durch ihre Gewaltakte nur den Sozialismus in Verruf bringen, sowenig werden sich die rechten Bombenleger eingestehen, daß sie eine rationale Lösung der Ausländerfrage nur erschweren. Wenn sie auch die Mauern des Rechtsstaates nicht zum Einsturz bringen, so malen ihre Brandanschläge doch den Schatten jenes Führers an die Wand, der auch damit begonnen hatte zu fordern: »Deutschland den Deutschen!«[58] Diejenigen, die das heute wieder rufen, während sie auf Ausländer einschlagen, sind junge Leute, die vom Nazismus nicht mehr wissen als das, was sie in einem »antifaschistischen« Geschichtsunterricht davon erfahren haben. Gar wenn sie als *skinheads* auftreten, tragen sie ihr Hauptmotiv, die guten Bürger zu schrecken, augenfällig zur Schau. Sie kurzum »Neonazis« nennen heißt dumpfe Wut und wilde Provokation zum geschichtsträchtigen Politikum erheben, auch übersehen, wie gerade in den Ländern der ehemaligen DDR bei den brachialen Ausländerfeinden »nazistische Vorurteile ... sich mit den antikapitalistischen und antibürgerlichen Stereotypien (mischen), die den Menschen jahrzehntelang eingetrichtert wurden« (Karin Adelmann[59]). Öffentlich Gewalttätige nehmen die Ideale, die ihr Gewissen beschwichtigen sollen, von jeder sich bietenden Seite. Die wenigsten von ihnen begnügen sich mit einem einfachen »Nieder mit ...« oder »Ausländer raus!«

Diejenigen, die dem CDU-Politiker Heiner Geißler den provozierenden Wider-Sinn nachsprechen: »Ausländer rein!«[60], argumentieren mit ihm, Deutschland brauche jetzt Ausländer, weil die Deutschen ein »sterbendes Volk« seien. Die Geburtenrate sinkt, aber wohl nicht nur aus reiner Wohlstandsgesinnung nach dem Beispiel: »Lieber noch ein Auto als ein zweites Kind.« Ein über die fortschreitende Zerstörung unserer Lebensgrundlagen aufgeklärtes Volk ist nicht mehr so unbefangen bereit, Kinder in die Welt zu setzen. In einem übervölkerten Land — in Westdeutschland — leben 250 Menschen auf dem Quadratkilometer — wirkt auch ein biologisches Steuerungssystem sich aus, das namentlich dort, wo Menschen dicht zusammenleben, in den großen Städten, den Fortpflanzungswillen schwächt. Auch männliche und weibliche Homosexualität muß, wo sie sich ausbreitet, unter diesem überindividuellen Gesichtspunkt gesehen werden: als eine der Weisen, auf die eine dichtgedrängte Population ihren Nachwuchs beschränkt[61]. Solcher und anderer Wirkung drangvoller Enge werden die Eingewanderten spätestens in der zweiten Generation ebenso erliegen wie die in Deutschland längst Ansässigen.

Niemand kann von einem traditionsbewußten Volk gleichsam aus dem Stand heraus ein kosmopolitisches Lebensgefühl erwarten und eine alle Völker und Rassen übergreifende Weltbürgerlichkeit. Solche Einstellung kann nur im Rahmen eines Staatenbundes wie der Europäischen Gemeinschaft (EG) allmählich heranreifen. Und selbst da ist Bedingung, daß die geographische Erweiterung des Bundes nicht zu rasch voranschreitet. Hinzukommen muß eine entkrampfte Moral- und Lebensauffassung; denn hinter fanatischem Fremdenhaß steckt immer auch ein sexuelles Angst-Motiv. Der als besonders verführerisch empfundene erotische Reiz fremdrassiger Menschen fördert zwar den Sextourismus und ist auch ein Motiv leidenschaftlicher Sehnsucht nach einer »multikulturellen Gesellschaft« daheim; er wird als Bedrohung der eigenen Familie aber prüde abgewehrt. Selbst Frauen und Männer, die jeden Rassismus verurteilen, suchen doch eine Verbindung ihrer Töchter mit Männern »südlicher Rassen« zu verhindern. Unter den noch Jüngeren und Junggebliebenen wird aber auch die erotische Attraktivität fremdrassiger Menschen als Gefahr für die »Treue« des eigenen Partners empfunden. Ein starkes Selbstwertgefühl läßt solche Befürchtung nicht voll zu Bewußtsein kommen; es verwandelt sie in eine die exotischen Rivalen abwehrende Aggressivität. »Die Türken nehmen uns die Mädchen weg«, hörten wir junge Deutsche schon klagen.

Auf solche Triebmotive kann gewiß nicht jedweder Ausländerhaß zurückgeführt werden, aber wohl am ehesten der scheinbar grund- und motivlose, dessen wahre Beweggründe ebenso verdrängt sind wie der Trieb, auf den sie sich beziehen. Weniger tabuiert sind die Motive des Nahrungs- und des Selbsterhaltungstriebes. Hierüber kann offener, also auch politisch gesprochen werden. Wer mit ansehen muß, wie fremdländische, ja fremdrassige Menschen ihm Arbeit und Brot oder »gar« Aufstiegschancen wegnehmen, der findet in seiner Wut darüber auch Politiker, die deutlich sagen, was ihn bewegt. Sie sagen es, wenn sie zu den etablierten Parteien gehören, in vorsichtiger, in argumentativer Form, oder — als Rechtsradikale — in demagogischer Weise, also so, daß die treibenden Motive noch hervorscheinen.

Wenn es denn stimmt, daß Ausländerfeindlichkeit von Ängsten motiviert ist, dann kann es nicht sinnvoll sein, sie frontal zu bekämpfen: weil das nur die zugrundeliegende Angst verstärkt. An tiefersitzende triebhafte Ängste reicht die Politik nicht her-

an. Aber als Regierung kann sie etwas tun gegen die Rahmenbedingungen, unter denen solche Ängste auftauchen: Arbeitslosigkeit, Wohnungsnot und das enge Aufeinandersitzen
(*crowding*) in einem übervölkerten Land.

Es ist kein Zufall, daß 1991, im ersten Jahr eines verstärkten
Zustroms von Asylbewerbern, 50 Prozent der Bürger im übervölkerten Westen Deutschlands das Asyl- und Ausländerpro-
blem als die vordringlichste politische Frage bezeichneten,
während in den weit dünner besiedelten neuen Bundesländern
nur 11 Prozent dieser Ansicht waren[61a]. Nur problemblinde
Ideologen können einen solchen Zusammenhang übersehen; er
bringt in eine Auseinandersetzung, bei der viel Triebhaftes mitschwingt, das rational Zugängliche einer demographischen Relation. Auch das demoskopische Ergebnis, daß im zersiedelten
Westdeutschland die Rußlanddeutschen ebenso unbeliebt sind
wie die Türken[61b], zeigt eher eine Reaktion auf Übervölkerung
an als rassistische Emotionen. Aber selbst Rassenkonflikte unterliegen, wie Raymond Cartier im Blick auf Amerika sagt,
»immer und überall einer brutalen Zahlengesetzlichkeit«[62].
Von vereinzelt einwandernden Fremdrassigen kann eher erwartet werden, daß sie sich sozial integrieren oder vielmehr: daß
sie dem Anpassungsdruck der längst Ansässigen erliegen. Sowie
aus fremden Kulturen Menschen in hellen Scharen kommen,
werden sie zum Konfliktpotential.

Solange eine neu hereingekommene Bevölkerungsgruppe noch
nicht sozial integriert ist, wird jeder Anspruch, jedes Recht, das
sie erwirbt, ihr von den Alteingesessenen als unrechtmäßig er-
worbener Vorteil angekreidet. Das war auch so mit den Flüchtlingen, die nach dem Zweiten Weltkrieg in Westdeutschland
wieder Fuß gefaßt haben. Niemand ist seinerzeit auf den Gedanken gekommen, den schwelenden und mitunter auch offen
hervorgekommenen Haß der Einheimischen auf die Neubürger
als neofaschistisch einzustufen. Es fällt auch niemandem ein,
die Diskriminierung der Vorbestraften als etwas Neofaschisti-
sches anzusehen. Dies nicht etwa deshalb nicht, weil es die Abwertung der Gestrauchelten schon vor dem Dritten Reich gegeben hat. Auch der Antisemitismus datiert nicht erst seit Hitler.
Damit ein aggressives Verhalten als neofaschistisch empfunden

werden kann, muß es wohl gegen Völker, Volksgruppen und Minderheiten gerichtet sein, zu denen man sich das deutsche Volk in seiner Gesamtheit wie in Frontstellung vorstellen kann. Dieser Idealvorstellung Hitlers, zu der er das deutsche Volk durch »nationale Erziehung« (*Mein Kampf,* S. 473) zu bringen gedachte, entsprach später die Rede von der »Kollektivschuld« der Deutschen. Die immer noch hieran angelehnte Verwendung des Begriffes »neofaschistisch« hält sich eng an das Selbstverständnis der Nazis, das sich an »Todfeinden« herangebildet hat, und bleibt damit blind dafür, daß im Nazismus oder Faschismus sich nur eine Erscheinungsform der viel breiter und tiefer angelegten Menschenfeindlichkeit unserer Kultur herausgearbeitet hat. Wo aber die Abwehr alles Fremdrassigen und Fremdartigen nicht nur der Bewahrung der eigenen Lebensart dient, sondern durch neurotische Ängste überdeterminiert ist, da können auch Politiker und Sozialkritiker, die es jetzt andersherum haben wollen, durch gutes Zureden wenig ausrichten. Solange bei uns nicht innerlich freie Menschen heranwachsen; solange aber auch der Zustrom aus sittlich noch stärker gefesselten Nationen anhält, können wir politisch nur hoffen, mit unserer Fähigkeit zur Duldung fremder Eigenart nicht allzusehr auf die Probe gestellt zu werden.

Es ist die besondere Naivität der neuen Volkserzieher, daß sie gegen Ausländerfeindlichkeit nichts anderes als moralische Appelle zu setzen wissen, Ermahnungen zu Toleranz, Verständnis für das Anderssein der anderen, Besinnung auf eine »unselige Vergangenheit«, die uns schrecken müsse. Kein Gedanke daran, daß Toleranz und Verständnis auch ihre vitalpsychischen Bedingungen haben und als moralische Haltungen sich niemand willentlich aufsetzen kann. Wer es, aggressiv gestimmt, scheinbar dennoch tut, ist dabei noch von jener Aggressivität geleitet, die er im Verhältnis zu den Ausländern blockiert; aber er wendet sie gegen jene, die ihren vitalen Unmut und ihr Leiden an beruflichem Mißerfolg in Fremdenhaß politisieren. Der aggressiv Tolerante hat wohl seine privatesten Gründe, sich von den sozialkonform Aggressiven abzustoßen: ein Vater, der die »Kanaken« haßt; ein Werkmeister, der auf die Türken schimpft, doch zugleich ein gespanntes Verhältnis zu dem »Toleranten« hat, mögen unbewußt dazu motivieren, sich auf die andere Seite zu schlagen. Bei Protestwütigen, die ihr Feindbild am Faschismus ausrichten, kommt jeder in den Pechregen vorentschiedenen Hasses, wer auch nur die Folgen von Übervölkerung aufzeigt: Überlastung der Umwelt[63], zunehmende Kriminalität und Ausländerfeindlichkeit. Da wird aus der »Vergangenheit« nur die eine Lehre gezogen, daß man sich gegen Faschisten und Intolerante zu wehren habe, nicht aber die andere, daß man ein nachhaltig demoralisiertes Volk nicht in Versuchung führen soll: dadurch, daß man es mit ihm fremden Völkern zusammenspannt.

Es ist richtig und notwendig, ausländerfeindliche Motive psychologisch zu durchleuchten; aber bevölkerungspolitische Probleme lassen sich auf diese Weise nicht wegerklären. Daß vornehmlich pubertierende Jünglinge, die zum anderen Geschlecht keinen Zugang finden, sich an ausländerfeindlichen Aktionen beteiligen[64], erklärt nichts weiter, als daß sie ihre triebgebundenen Nöte im gerade aktuellen Konfliktfeld unterbringen. Wenn da etwas anderes sich vordrängte als die Immigrationsflut, dann würden sie auch gruppenweise sich anders ausrichten, um »Dampf abzulassen« und ihrer Abreaktion eine politische Bedeutung zu geben. Hat nicht gestern noch derselbe Typus von Frustrierten bei Demonstrationen gegen Atomanlagen höchst aggressiv sich hervorgetan! Aber sowenig »Gewalt gegen Sachen« und gegen die »Bullen« von den Gefahren der Atomtechnik ablenken durfte, sowenig ist die gegen Ausländerheime verübte Gewalt geeignet, die Übervölkerung unseres Landes vergessen zu machen. Der politische Unterschied liegt darin, daß ausländerfeindliche Aktionen an Hitlers Rassismus erinnern. Aber weder die institutionalisierte Vergangenheitsbewältigung noch die Psychologie der unbewußten Motive sind noch zuständig für Konflikte und Mißstände, die in Ballungsräumen entstehen und hier auch diejenigen nicht aussparen, die keineswegs frustrationsbedingt aggressiv sind.

Wer in einem übervölkerten Land gegen den weiteren Zustrom von Asylbewerbern spricht, ist darum nicht schon fremdenfeindlich. Es ist ein Mißbrauch der Psychologie, von den aggressiven Motiven der neonazistisch Verkleideten auf eine da-

mit vergleichbare Stimmung bei all denen zu schließen, die an-
steigender Übervölkerung *ein Ende setzen* wollen. Und das
heißt noch lange nicht: Ausländer raus! Wer grundsätzlich
scheinbar unzeitgemäße Überzeugungen psychologisch verdächtigt, unsauber zu sein, der muß sich seinerseits fragen lassen, welch unsteter Purismus ihn dazu treibt. Das verbissene
Streben, sich als konsensfähig und förderungswürdig zu erweisen, oder das dringende Bedürfnis, aus moralisch überlegener
Position die Geißel des verletzenden Worts gegen niedrig Gesinnte zu schwingen?
Die hausgemachte Psychologie gesinnungstüchtiger Politiker
und Publizisten erfährt eine Abstützung durch jene Sozialpsychologen, die das ein für allemal fertige Geflecht ihrer Kategorien über jede neue soziale Konstellation breiten, so auch psychologisch nicht mehr faßbare Fakten eher verdeckend als er-
klärend. Da wird kurzschlüssig allen, die gegen Masseneinwanderung sind, bescheinigt, sie *projizierten* eigene »Versagensäng-
ste« *aggressiv* auf den Ausländer als ihren Sündenbock, und sie
fürchteten *irrational* um den hierzulande schon errungenen
Wohlstand. Da werden in Ferndiagnose verbreitet »Neidkom-
plexe« festgestellt: Reaktionen des Neides auf die nicht durch
Arbeit erworbenen finanziellen Ansprüche der Zuwanderer.
(Nach den Wahlen zu den Landtagen in Stuttgart und Kiel am
5. April 1992 traten in den Sendern reihenweise Psychologen
und »Wahlforscher« auf, die so oder ähnlich formulierten, um
die Gewinne extrem rechter Parteien zu erklären.) Dabei bedarf
es keiner aus frühen Traumen und Frustrationen kommenden
Lebensangst, um einen durch Übervölkerung des Landes schon
sich abzeichnenden Schwund an *Lebensqualität* wahrzunehmen:

— wenn deutsche Eltern um die Ausbildung ihrer Kinder ban-
gen, wo diese in ihrer Schule bereits nationale Minderheit
sind;
— wenn immer häufiger gemeldet wird: »Flüchtlinge wieder
in Turnhallen untergebracht« (*Der Tagesspiegel*, 2. 11. 1992,
Seite 7);
— wenn Kommunalpolitiker aus lauter Verlegenheit konflikt-

trächtige Standorte für Ausländerheime wählen und schon
damit begonnen haben, privaten Wohnraum zu beschlag-
nahmen (Anm. VIII/53);

— wenn, angeheizt von »Krawalltouristen«, im Umfeld von
Ausländerheimen für alle dort Wohnenden, für die Fremden
wie für die Ortsansässigen, lebensgefährliche Situationen
entstehen.

Solchen Fakten zum Trotz fahren »multikulturell« Gesinnte
darin fort, dem Volk ins störrische Gewissen zu reden. Als man
in Hamburg daranging, einen Wohncontainer für Ausländer
mitten in einen Schulhof zu stellen, wurde ein um den »Kinder-
schutzbund« verdienter Professor dazu befragt. Der sagte, er
sehe darin »eine pädagogische Chance«[65]. Und als — 1992 —
bereits die sechs Millionen Ausländer im Lande waren, die
Bundeskanzler Schmidt (Anm. VIII/56) nicht hatte haben wollen, da erklärte die Ausländerbeauftragte Schmalz-Jacobsen,
diese sechs Millionen bedeuteten für Deutschland »eine Chance und Bereicherung«[66]. Solch betuliches Gerede wäre in jedem
anderen Land der Lächerlichkeit preisgegeben. In Deutschland
aber, unter Hitlers langem Schatten, gewinnt es immer noch
den Anschein entschlossener Überwindung faschistischen
Fremdenhasses — jedenfalls für den, der das Forcierte, krampf-
haft Bemühte nicht herauszuhören vermag. Die moralische Hypothek des »Dritten Reiches« verhindert Problemlösungen, die
andernorts, zum Beispiel in der Schweiz, ohne Ideologiever-
dacht gefunden und praktiziert werden: so die Erlaubnis, nur
für eine Saison im Gastland zu arbeiten, und dies ohne die Möglichkeit, Familie mitzubringen.
Nicht zufällig kommen die eindringlichsten Ermahnungen zu
Toleranz und Verständnis für fremde Wesensart von jenen Privilegierten, die weitab von den Gegenden wohnen, in denen die
Masseneinwanderung schon Konflikte geschaffen hat. Räumlich davon abgesetzt, gelingt es ihnen, sich die Idee »des Aus-
länders« in abstrakter Allgemeinheit zu bewahren. Der Sprecher einer Stuttgarter Bürgerinitiative, die »ihr« Villenviertel
frei von Asylbewerbern halten wollte, brachte es fertig, noch
solche Weigerung ausländerfreundlich zu begründen. Man

könne, sagte er, den Flüchtlingen doch nicht zumuten, »auf Villen zu schauen, während sie selber in Containern leben«[67].
Es ist leicht, in Büchern, Talkshows und Festvorträgen Toleranz gegenüber fremden Völkern zu fordern; und es ist leicht, solche Toleranz zu bekunden, solange diese Völker noch fern sind oder wenigstens nicht Tür an Tür mit uns wohnen. Es ist aber niemand im Widerspruch zu seiner Alltagserfahrung erziehbar zu verordneter Toleranz, gar zu dem Lebensgefühl, durch die Berührung mit fremder Lebensart »bereichert« zu sein. Wir werden von den Volkserziehern, die vor neonazistischer »Ausländerfeindlichkeit« warnen, zu einer geradezu bedingungslosen Toleranz angehalten, zu einer Duldung fremder Lebensart, die gar nicht mehr zu fragen hat, *was* denn da geduldet, *wozu* Verständnis und Toleranz aufgebracht werden soll. Da wird nicht unterschieden, ob wir liberal und freizügig lebenden Hippies oder streng in eine Eifersuchtsmoral verschlossenen Mohammedanern unsere Toleranz zuwenden sollen. Da hätten wir mit Verständnis für fremde Wesensart auch noch duldsam zu schweigen, wenn von Koranschulen auf deutschem Boden unduldsamer Glaubenseifer sich ausbreitet und harte Prügelpädagogik die Lust am Zuschlagen tradiert. Nur eine christlich-abendländische Moral, die alle Toleranz als eine Leistung des motivlos leeren, aber guten Willens behauptet und fordert, kann uns zumuten, noch willentlich Toleranz gegenüber Intoleranz zu üben, nur weil sie exotischen Ursprungs ist. Wenn wir aber einsehen, daß alle lebendige und nicht bloß formalethische Toleranz ihre triebhaften und sozialen Bedingungen hat, dann werden wir auch zugeben, daß wir überfordert sind mit Toleranz gegenüber fremder Wesensart, die im alltäglichen Umgang mit ihr verhärtend auf uns zurückwirkt.
Wenn wir nicht in der beständigen Konfrontation mit uns hemmenden und störenden kulturellen Kräften leben möchten, dann bleibt als Konsequenz nur die freundliche Aufforderung an alle, die bei uns leben wollen, sich in unsere staatliche und moralische Ordnung zu finden. Das gilt vor allem in bezug auf Artikel 3, Abs. 2 und 3, des Grundgesetzes, der die Gleichberechtigung der Geschlechter gebietet, aber auch im Blick auf unser Strafgesetzbuch, das den Rechtfertigungsgrund der ver-

letzten Ehre nicht kennt. Unsere Toleranz gegenüber fremder Lebensart kann nicht so weit gehen, daß wir Verstöße gegen unsere Rechtsordnung tolerieren. Die mohammedanische Unterwerfung der Frau unter den Willen des Mannes könnte, massenhaft vorgelebt, auf deutsche Familien zurückwirken. Deutsche Männer, die sich nie recht mit der Gleichberechtigung der Frauen abgefunden haben, könnten sich zu einer Reaktivierung patriarchalischer Neigungen ermutigt fühlen. Am Ende hätten wir mehr »Türken«, als aus der Türkei gekommen sind und hier von türkischen Frauen geboren wurden.

Wer anerkennt, daß Toleranz, die mehr ist als pflichtgemäße oder gleichgültige Duldung, ihre vitalen und sozialen Bedingungen hat, der muß auch zugestehen, daß moralische Evolution in Richtung auf mehr Toleranz nicht durch Konfrontation mit Menschen zu fördern ist, die — noch — einer unerbittlichen Welt- und Lebensauffassung anhängen. Wenn sie dauernd hier mit uns leben wollen, werden sie sich dazu entschließen müssen, Deutsche zu werden. So hat es unmißverständlich Richard von Weizsäcker noch 1981 in einer Regierungserklärung als Berliner Bürgermeister ausgedrückt[68]. Ein solcher Entschluß kann von den Ausländern aber nur erwartet werden, solange sie noch nicht Masse genug sind, die normbildende Mehrheit der alteingesessenen Mitteleuropäer zu brechen. Gerade im Blick auf die Zuwanderer aus den islamischen Ländern hat Willy Brandt (1992) warnend gesagt, daß nicht nur finanzielle Kosten, sondern »daß die kulturellen Kosten und Risiken ebenfalls noch nicht kalkulierbar sind«[68a].

Wenn verantwortungsbewußte Politiker von einer Sättigungsgrenze der Assimilierbarkeit von Ausländern sprechen, dann hat das nichts mit Hitlers Ungeist zu tun. Denn Hitler wandte sich (in *Mein Kampf*, S. 428) gerade gegen jede sprachliche und kulturelle Assimilierung der Fremden in deutschen Landen, weil das vom Standpunkt der Rasse gar keine »Germanisierung« sei, »sondern eine Vernichtung germanischen Elementes«. Aus diesem Grunde hat er während des Krieges die Pläne Himmlers und Forsters[69], wenigstens Teile der polnischen Bevölkerung »einzudeutschen«, zurückgewiesen. Wenn heute ein Verhaltensforscher, Eibl-Eibesfeldt, im Zustrom der Ausländer

eine »massive biologische Unterwanderung« erblickt[70], so liegt
das noch in der Tradition solcher Zurückweisung. Die dabei
leitende Vorstellung kann nur die einer Reinheit der Rassen
sein: ein für das Mischvolk im Herzen Europas utopischer Begriff. Hierüber war sich auch Hitler illusionslos im klaren. Einen rassisch »einheitlichen Volkskörper« vermochte er in
Deutschland trotz »großer, unvermischt gebliebener Bestände
an nordisch-germanischen Menschen«[71] nicht zu sehen. Eben
darum forderte er, die Deutschen »aufzunorden«.
So wie Hitler für seinen »völkischen Staat« ein anderes Volk
haben wollte, ebenso sind heute die Vorkämpfer einer »multikulturellen Gesellschaft« mit dem Volk, das sie vorfinden, nicht
mehr zufrieden. Gar wer die Vermischung aller Rassen propagiert, drängt ebenso wie einer, der »Rassenreinheit« herbeiführen will, über die jeweilige ethnische Wirklichkeit hinaus. Destruktiv gegenüber vorhandenen Rassen verhalten sich beide:
der eine, indem er mit seiner Hochschätzung einer bestimmten
Rasse alle anderen Rassen entwertet; der andere aber will kurzerhand das Ende aller Rassen, ihr Aufgehen in einer einzigen
Mischrasse. In diesem Sinne spricht Pierre-André Taguieff davon, jeder Antirassismus enthalte in sich noch einen Rassismus,
und umgekehrt[72].
Von Natur aus »reine Menschenrassen« sind eine Fiktion derjenigen, die verkennen, daß nach den Völkerwanderungen der
Menschheitsgeschichte in fast allen Ländern Mischrassen leben. Wo doch in abgelegenen Gebieten oder auf kleinen Inseln
etwas wie eine reinrassige Bevölkerung sich herausgezüchtet
hat, ist sie mit den biologischen Risiken der Inzucht behaftet.
Überschlagen wir das biologisch Fragwürdige des Begriffes
»Rassenreinheit« (s. o. S. 54)! Angesichts der schon in Gang
gekommenen Masseneinwanderung nach Deutschland[73] ist jede rassistische Perspektive wirklichkeitsfremd geworden. In ihr
kann gar nicht mehr zur Geltung kommen, daß, zusammenge-
drängt im amputierten Deutschland, hier schon viel zu viele
Deutsche leben: in Westdeutschland sogar nahezu 250 auf dem
Quadratkilometer. (Zum Vergleich: In Polen wohnen 121, in
Frankreich 101 Menschen auf 1 qkm, in den USA gar nur 26,
in Rußland nicht mehr als 8.) Es gibt, unabhängig von den de-

mographischen Zahlen, untrügliche Symptome eines übervölkerten Landes: Müllexport und Trinkwasserimport. Symptomatisch für die Bevölkerungsdichte und die Zersiedlung der westdeutschen Länder ist auch, daß die alte Bundesrepublik im Jahre 1990 die höchsten Agrarimporte aller Staaten der Erde hatte[74]. Vor solchen Fakten greifen ideologische Argumente buchstäblich ins Leere.

h) Herrschende Moral und autoritäre Herrschaft

Jede gefährlich sich ausbreitende aggressive Gesinnung oder Lebensgewohnheit ist insofern ein Politikum: nicht nur, weil von daher das politische Wollen der Gesellschaft sich radikalisiert, sondern auch, weil solchem Wollen und der sie zuspitzenden Lebenseinstellung nur noch gesamtgesellschaftlich, also politisch beizukommen ist. Wer im Familienleben herrisch und brutal ist oder kleinlich und quälend eifersüchtig, der wird nicht so leicht davon abzubringen sein, wenn er im Verhalten oder in der Zustimmung von Nachbarn und Kollegen sich abstützen kann, erst recht, wenn die Wortführer der öffentlichen Meinung ihn bestätigen. Haustyrannen und Eltern, die ihre Kinder mißhandeln, erfahren bei uns zulande wohl keine Ermutigung durch die Massenmedien, doch schon die engstirnige Eifersuchtsmoral findet bei betulichen Volkspädagogen moralische Unterstützung, etwa in der kritiklos weitergegebenen Behauptung, ein Mensch — zwischen zwei Partnern — müsse sich entscheiden können und »wissen, wo er hingehört«.

Es bedarf nicht einmal des Zustroms autoritär denkender und lebender Menschen in unsere Kulturgemeinschaft, um ein erst zage entfaltetes Klima der Duldsamkeit, der Kompromißbereitschaft und der Freizügigkeit wieder einzutrüben. Es brauchen gar nicht Einbrüche von der politischen Großwetterlage her zu erfolgen, es bedarf keiner neuen Weltwirtschaftskrise mit Massenarbeitslosigkeit auch bei uns, damit wieder ein Zug der Unerbittlichkeit in unser alltägliches, in unser politisierbares wie in unser öffentliches Leben kommt. Die moralischen Bedingungen eines jederzeit wieder sich verhärtenden Zusammenlebens sind noch lange nicht so weit abgebaut, daß wir nicht auf der Hut sein müßten. Der sogenannte technische Fortschritt trägt das Seine dazu bei, jede Tendenz zu mehr Mitmenschlichkeit zu durchkreuzen, jedenfalls so lange, als eine Moral, die mit unseren vitalen Antrieben in Einklang steht, sich noch nicht wirklich durchgesetzt hat. Technisches Denken, das ebenso die schnellsten Wege zur Ausbreitung von Meinungen gefunden hat wie zur reibungslosen Massentötung, dieses Denken hat sich zuletzt auch der Versorgung der Kleinkinder bemächtigt, sie wie am Fließband abzufertigen. In steriler Klinikorganisation werden sie um die ihnen naturgemäßen ersten leibhaften Erfahrungen gebracht: von den Müttern getrennt, ohne Hautkontakt und mit der Flasche ernährt. Wenn, wie Freud entdeckt hat, die Beziehung des Säuglings zur stillenden Mutter die Grundlage jeder späteren Liebesbeziehung ist[75], dann erklärt sich daraus zwanglos so manches Scheitern im sogenannten Intimbereich, wenn jene erste Einübung kontaktschaffender Sinnlichkeit gefehlt hat.

Selbst eine noch so großzügige Befreiung der Erwachsenen-Sexualität kann bei dem in frühen Jahren frustrierten Menschen immer nur den dadurch schon fehlgeprägten Trieb befreien. Dann kommt in aggressiver, wenn nicht gar sadistischer Weise hervor, was zärtlich sich äußern müßte. Aber nicht nur das schon beim Kinde niedergehaltene Verlangen nach Hautkontakt treibt aggressive Neigungen hervor; frühe vitale Demütigungen überhaupt — und dazu gehört vor allem die bei uns immer noch verbreitete Prügelstrafe — schaffen ein Bedürfnis, gegen die Umwelt zurückzuschlagen. »Umwelt« darf dabei im weitesten, auch ökologischen Sinne verstanden werden. So manches von scheinbar nüchternen Amtspersonen verfügte Fällen von Bäumen gehört zu jenen lebensfeindlichen Handlungen, an denen nur ein tieffrustrierter und zurechtgeprügelter Charakter seine helle Freude haben kann.

Nun wäre es freilich ebenso einseitig, alle Destruktivität auf Einflüsse in der frühesten Kindheit zurückzuführen, wie es einseitig wäre, alle Hoffnung auf eine Lockerung der sexuellen Sitten zu setzen. Beides steht miteinander in Zusammenhang. Das vital verunsicherte Kind wird, erwachsen geworden, seine nie beschwichtigten Ängste zur Stützung einer Moral verwenden, die den Lebenspartner wie eine Sache zu ausschließlichem Besitz beansprucht. Aus einer von Eifersucht gepreßten Lebensgemeinschaft ergeben sich aber neue Zwänge, die wiederum aggressive Neigungen fördern, die bewußt oder unbewußt darauf abzielen, die Enge stickiger Häuslichkeit zu durchbrechen. Das gelang bisher am sichersten in der Ausnahmesituation eines Krieges, der nicht nur die frustrationsbedingte Aggressivität in Richtung Feind abgeleitet hat, sondern auch die unkontrollierbare Vergewaltigung von Frauen in Feindesland ermöglicht hat[76]. Die Erfahrung oder die Ahnung, daß der Krieg die Regeln einer zwanghaften sittlichen Ordnung außer Kraft setzt, war wohl immer eine starke Komponente »unerklärlicher« Kriegsbereitschaft. Sie ist unter der Drohung der Atombombe aber noch wirksam in einer auf harte Konfrontation ausgerichteten Außenpolitik. Es ist triebpsychologisch kein Zufall, daß während der Zeit des Kalten Krieges die außenpolitisch auf »Stärke« setzenden Regierungen des Westens sich aus dem moral-konservativen Lager rekrutierten. Es ist auch kein Zufall, daß autoritäre Herrschaft von Cromwell über Hitler bis zu Khomeini und von den griechischen Obristen der Jahre 1967/73 bis zur türkischen Junta von 1982 den Kampf gegen das »Laster« aufgenommen hat. Das ist kein Zufall, denn alle Unterdrückung leibhafter Menschen ist im Grunde Triebunterdrückung[77].

Triebunterdrückung als Vorbedingung autoritärer Herrschaft kommt für die Faschismus-Forschung, soweit ich sehe[78], nicht in Betracht. Auch der wissenschaftlich formierte Antifaschismus ersetzt weitgehend Analyse durch Anklage. Soweit er sich auf massenpsychologische Überlegungen einläßt, reflektiert er allenfalls die Angst der Kleinbürger, die es danach verlangt, sich zu einer Volksgemeinschaft zusammenzuschließen, um sich stärker zu fühlen. Soviel war aber auch Hitler schon bewußt. Das war ein offen erklärter Zweck seiner Massenversammlungen: den Ängstlichen und Vereinsamten den Rücken zu stärken.

> »Die Massenversammlung ist auch schon deshalb notwendig, weil in ihr der einzelne, der sich zunächst als werdender Anhänger einer jungen Be-

wegung vereinsamt fühlt und leicht der Angst verfällt, allein zu sein, zum erstenmal das Bild einer größeren Gemeinschaft erhält, was bei den meisten Menschen kräftigend und ermutigend wirkt.« (Hitler[79])

»Angst« erscheint hier als ein psychologisches Grundphänomen, dessen vielfältige Ursachen, Erscheinungsformen und sittliche Bedingungen den Demagogen sowenig bekümmern, wie die intellektuellen Streiter gegen Hitlers Ungeist das heute interessiert. Wäre es der Fall, dann schwächten sie auch schon ihren Impetus, sich warnend und kämpferisch gegen neofaschistischen Ungeist zu wenden. Dann käme — mit den Triebschicksalen der vielen Ängstlichen — auch zum Vorschein, daß ehrgeizige Anpassung an den jeweils herrschenden Zeitgeist eine Form der Angstbeschwichtigung ist, die der beflissene Antifaschist von heute mit den Mitläufern von damals gemein hat.

Nicht die paar Tausend ideologisch Verirrten verkörpern die wahre Gefahr der Wiederkehr einer totalitären Herrschaft, sondern die vielen brennend Ehrgeizigen, weil vital Frustrierten, die unter jedem Regime nur eine einzige Wahrheit kennen: diejenige, die sie ergreifen müssen, um sozial aufzusteigen. Diese jederzeit Wohlangepaßten, die sich an den gerade geltenden Werten orientieren, machen eine sektiererische politische Bestrebung erst zu einer Massenbewegung und sichern ihren Bestand, sobald sie einmal zur Macht gekommen ist. Die Überschlauen unter den bis dahin Erfolglosen suchen sich einer politischen Partei bereits anzuschließen, noch ehe diese den »Durchbruch« erzielt hat. Das macht den Aufstieg danach um so gewisser. Ohne das breite Spektrum der karrieresüchtigen Mitläufer hätte der NS-Staat sich niemals so fest etablieren können, wie es nötig war, um ein ganzes Volk zum Krieg und ins Verderben zu führen. Nicht die Masse der Arbeitslosen, die wohl froh waren, durch die angekurbelte Rüstungswirtschaft wieder zu Arbeit und Brot zu kommen, nicht die Armee, die sich gestärkt und vergrößert fand, waren die eigentlichen Stützen des NS-Staates, sondern die Funktionäre und Beamten, die Lehrer und Juristen und auch die Ärzte, jene, die bereit waren, das alltägliche Leben nach dem Willen des Führers und »obersten Gesetzgebers« auszurichten. Nicht jeder gläubige oder verblendete Neonazi von heute wäre auch der Funktionär von

morgen, vor dem wir wieder zu kuschen hätten; das wäre vielmehr der ehrgeizig nach Position und Einfluß Strebende, der
sich rechtzeitig in den Dienst der »großen Sache« stellte. Die
ernstlich an sie glaubten, würden vermutlich wieder so enden
wie Gregor Strasser, in der Versenkung verschwinden wie Gottfried Feder, Hermann Esser, oder emigrieren wie Otto Strasser
und Hermann Rauschning[80]. Aber die rücksichtslos Aufstre-
benden kämen in ihrer Masse gerade aus den Reihen der Unerbittlichen, die heute immer noch denunziatorisch die Vergangenheit »bewältigen«, die sie zumeist nur vom Hörensagen
kennen. Sonst wüßten sie, daß die Denunziation das eigentliche Herrschaftsmittel der Nazis war. Da es deren »Führer« nie
gelingen wollte, das ganze Volk von sich zu überzeugen, fanden
er und seine Vertrauten kein besseres Mittel, nationalen Konsens herzustellen.

i) Aggressive oder defensive Nation

In jenen sogenannten Hochkulturen, die gemäß einem asketi-
schen Ideal der Lebensführung einen elementaren Lebenstrieb
hart beschneiden, entsteht zwangsläufig frustrationsbedingte
Aggressivität[81]. Wenn da im alltäglichen Lebensumkreis nicht
permanent Mord und Totschlag herrschen soll, muß angestaute
Wut in irgendeiner Weise *nach außen* abgeleitet werden. Die in
der bisherigen Geschichte größtmögliche Gemeinschaft, die für
solche Ableitung sorgt, ist die Nation: ein Zusammenschluß
von Menschen, die vorweg auf der Grundlage gemeinsamer
Sprache sich zu solidarisieren verstehen, sich darum auch am
besten *gegenseitig* verstehen. Nationale Embleme, Fahnen und
Hymnen sind da, wie Friedrich Hacker einmal sagte[82], in erster
Linie »Symbole der Konfrontation«. Nicht die erste Strophe des
Deutschlandliedes, die nur ausdrücken soll, daß uns Deutschland »über alles« *geht* auf dieser Welt, ist das schlagendste Beispiel dafür; wir haben rundum Auswahl an Texten wie dem der
Marseillaise, wo »unreines Blut die Erde tränkt«, um die Phan-
tasie anzuregen; um triebhafte Unruhe auszurichten auf äußere
Feinde. Kriege, von den Herrschern beschlossene Feldzüge er-

wiesen sich jahrhundertelang als notwendig, um den »Volksleidenschaften« (H. von Moltke[83]) Rahmen und Richtung zu geben, und das heißt: damit sie nicht umschlagen gegen die eigene Herrschaft. Die politische Führung einer Nation findet sich
aber auch gedrängt, eine expansive, mithin aggressive Politik
zu betreiben, wenn und solange die Bevölkerung ihres Landes
bedrohlich anwächst. Eben hierauf gründet sich Hitlers Ideologie von der Notwendigkeit des deutschen Dranges nach Osten
zur Erweiterung des nationalen »Lebensraumes«[84]. In dem
Ausweg »Geburtenbeschränkung« sah Hitler, grob quantitativ
denkend, eine »Senkung des gesamten Volkswertes«[85]. Der entscheidende Vorwand für einen Eroberungskrieg wäre danach
entfallen. Aggressive Politik gibt sich alle Mühe, den »Sach-
zwang« der Bevölkerungsexplosion in ihrem Land zu fördern,
sei es durch Prämien für Mutterschaft oder das Anlocken von
Immigranten. Eine expansive Siedlungspolitik, diejenige Sharons
im Westjordanland, konnte so verständnisvoll erklärt werden:
»Die Bevölkerung Israels nimmt enorm zu.« (D. JORDAN[86])
Ein Volk, das deutsche, in dem die Geburtenrate sinkt oder
doch stagniert; ein Volk auch, in dem eben das um sich greift,
was Moralkonservative den »Verfall der Sitten« nennen, kann
keine aggressiv formierte Nation mehr sein. Wohl aber hat es,
will es sich nicht selber aufgeben, in einer Welt immer noch vi-
rulenter Nationalismen sich zu behaupten, auch gegen die vordergründig nur friedliche Invasion[87] von alljährlich nun Hun-
derttausenden, die in seinen beengten Siedlungsraum hinein-
drängen. Die Nation als eine »Überlebenseinheit« (O. Lafontaine[88]) hat auch ihre demographischen, ökologischen und kli-
matischen Bedingungen[89], was neben den ökonomischen und
kulturellen in Europa nur zu gern übersehen wird. Ein Volk mit
rechtschaffen defensivem Nationalismus darf, nein muß darauf
achten, daß sein Land nicht durch Masseneinwanderung restt-
los zersiedelt wird oder zur Betonwüste verkommt. Wo es not-
tut, in räumlicher Enge, schon die eigene Population zumindest
konstant zu halten (obschon sie eigentlich schrumpfen sollte),
da kann die Abwehr von Armutsflüchtlingen nicht mehr als
Herzlosigkeit ausgelegt werden. Es ist eine neue, verquere Form
des Nationalismus, die aus der Genugtuung »Wir sind ein rei-

ches Land« sich noch zutraut, Millionen Verelendete hier aufnehmen zu können. Solcher Nationalstolz mit fürsorglicher
Ausrichtung, solch verkappter Nationalismus könnte einen offen aggressiven hervorgehen lassen: weil in einer dichtgedräng-
ten Masse ein Expansionsdruck entsteht. Mit dieser Gefahr
müßten wir leben, wenn erst noch Millionen Deutschstämmige
hereingeholt würden. Denn ihnen gegenüber eröffnete sich
nicht mehr der Ausweg der Abschiebung.

Heiner Geißler (CDU) schreibt unter der Überschrift »Deutschland ist ein Einwanderungsland«:

> »Von 1985 bis 1990 sind im Durchschnitt jährlich ca. 100 000 Asylbe-
> werber in die Bundesrepublik Deutschland gekommen, und nur die we-
> nigsten sind wieder zurückgegangen. Diese Zahl entspricht in der Rela-
> tion zur Gesamtbevölkerung ungefähr der Zahl der Einwanderer, die das
> klassische Einwanderungsland USA pro Jahr legal einreisen läßt.«[90]

Statt dieses Zahlentricks hätte Geißler besser die Bevölkerungsdichte in den beiden Staaten miteinander verglichen: Während
in der alten Bundesrepublik 250 Einwohner auf den Quadratkilometer kamen — im heutigen Gesamtdeutschland sind es
immerhin noch 220 —, leben in den USA 26 Menschen auf
derselben Flächeneinheit.

Wenn einem verdienstvollen deutschen Politiker nicht zu unter-
stellen ist, daß er bewußt gegen die Lebensinteressen des deutschen Volkes redet, dann kann als Motiv für Geißlers »Ausländer rein!«-Agitation nur vermutet werden, daß er elitär von
Einsichten sich abheben möchte, die er für »Stammtischmeinung« hält. Diejenigen, die wie Geißler moralisierend uns ins
Gewissen reden, wir sollten uns innerlich aufschließen für mas-
senhafte Zuwanderung, die sind auch unfähig zu erkennen,
daß wir um so weniger imstande sein werden, Notleidenden in
ihrer Heimat zu helfen, je stärker unser Sozialsystem mit arbeitslosen Asylbewerbern belastet wird und je mehr unsere
Agrarimporte steigen. Es mag mildtätigen Naturen größere Befriedigung bereiten, wenn sie hilfesuchende Menschen gleich
nebenan betreuen können, als wenn sie nur spenden dürfen für
Hilfe in fernen Landen. Aber wem es um wirksame Hilfe zu
tun ist, der fragt nicht danach, ob die Art seines Helfens für ihn
selbst einen hohen Gefühlswert hat.

Wir sind ein reiches Land: Wie alle Nationalismen hat auch
diese Art D-Mark-Nationalismus ihr begrenztes Weltbild und
ihre Feindbilder. Wer als deutscher Steuerzahler sich stolz in
der Rolle eines Krösus fühlt, der noch Millionen Neuankömm-
linge zu Tisch bitten könnte, der übersieht schon die Millionen
Verarmten unter den eigenen Staatsbürgern[91], die Million Ob-
dachlosen unter den Deutschen[92]. Wer in Deutschland in einem
reichen Land zu sein glaubt, hier, wo bisweilen die Atemluft
knapp wird (im Smog) und wo auch Futter für das Vieh zum
Teil importiert werden muß und im Rheinland sogar Trinkwas-
ser (die Tonne zu 5 Mark) — wer da uns für »reich« hält, ver-
schließt sich der einfachen Wahrheit, »daß man Geld nicht essen kann«[93]. Er ist vielleicht noch für die Einsicht zu gewinnen,
daß wir hier in Europa auf Kosten der Dritten Welt leben; aber
fordernd, daß wir immer noch mehr Menschen von dort bei
uns aufnehmen, übersieht solch ein Pseudoprogressiver, daß
damit der Schädiger der Dritten Welt hier nur noch mehr würden. Unfähig, dies zu begreifen, richtet sich die Wut eines derart Hochgesinnten gegen jeden, der auf demographische Fakten verweist und auf Zusammenhänge, die seinen monomani-
schen Idealismus durchkreuzen. In denen, die ihm nicht
dümmlich nachsprechen: »Wir brauchen Ausländer«[94] hat der
ostentative Ausländerfreund seine Feinde, jene, deren auch er
für sein psychisches Gleichgewicht bedarf.
Es ist nach dem Zweiten Weltkrieg in Deutschland eine ganz
neue Erscheinung, daß nicht Nationalismus von Internationa-
lismus bekämpft wird oder von anarchistischen Vorstellungen
aus, sondern daß verschiedene Formen des Nationalismus einander widerstreiten:

— der D-Mark-Nationalismus dem emotional-feiertäglichen,
— der Fußball- und Tennis-Nationalismus dem sprachbewuß-
  ten der Adepten einer Kulturnation,
— Reste eines revanchistischen Nationalismus einem moralisch ehrgeizigen.

Der moralisch ehrgeizige Nationalismus bringt es fertig, aus
der demütigen Verinnerlichung »deutscher Kollektivschuld« einen geläuterten Nationalcharakter sich herzuleiten, einen, der

noch anderen Völkern Vorbild sein möchte. Dazu kommt ein
betulich an Nachbarvölkern mitvollzogener Nationalismus. Erkennbar gering aber ist, zumal unter jungen Deutschen, heute
die Neigung, in nationalistisch motivierte Kriege andernorts
militärisch einzugreifen, und sei es auch nur durch die Entsen-
dung einer Friedenstruppe. Die während des zweiten Golfkrieges (1991) häufiger gewordene Wehrdienstverweigerung ist dafür ein Indiz[95]. Eine »Teilnahme der Bundeswehr an UN-Aktio-
nen« wird — laut Allensbach[96] — auch nur von 35 Prozent aller Deutschen befürwortet.

Im Kriege wie im Freiheitskampf formieren sich vorweg jene
aggressiven Temperamente, die anders als Gewalttäter auf eigene Faust sich sozial isolierten, weil sie als Kriminelle abgestempelt würden. In Kriegs- und Revolutionszeiten bietet sich ihnen
die Möglichkeit, ihre Vernichtungswut im Namen einer hohen
Idee einzusetzen, und das heißt auch: für eine größere Gemeinschaft. Kein aggressiver Mensch ist gern nur auf sich gestellt.
Wie wir alle bedarf er sozialer Anerkennung, um sich als
Mensch unter Menschen bestätigt zu fühlen. Wenn die Sozietät
den hart Zuschlagenden verlangt, ist er zur Stelle und bereit,
persönliche Interessen zurückzuschrauben. Das gelingt um so
eher, je mehr es sich dabei nur um Vorwände für aggressives
Verhalten handelt und nicht um dessen Motive. So wird verständlich, warum in Kriegszeiten die Gewaltverbrechen zurück-
gehen[97], aber auch, warum gerade vorbildlich tapfere, ja hoch-
dekorierte Soldaten, von der Front heimgekehrt, zu Gewaltver-
brechern werden konnten. Der Massenmörder Haarmann ist
dafür ein schon klassisches Beispiel[98]. Vereinfachend kann man
sagen: »Der Kriminelle ist ein Patriot.« So sah es ein britischer
Richter[99].

Kriminalität und Patriotismus sind, als innere Neigungen genommen, zueinander hin offene Phänomene. Der sozial kon-
forme Mensch wartet nur geduldig auf die Stunde der nationalen Erhebung, einstweilen seine destruktiven Neigungen in Engagement für eine »Politik der Stärke« verstauend. Immer aber
braucht er, um so »sublimieren« zu können, einen naheliegen-
den Zankapfel, der seine aggressive Stimmung gleichmäßig auf
mögliche Konfrontation hin ausgerichtet hält. *Ein* Zankapfel

jeweils genügt. Danzig und der polnische Korridor reichten aus, um »die Waffen sprechen zu lassen«. Heute reicht das Ringen um die alte Hauptstadt Berlin eine Zeitlang wohl dafür aus, nationale Leidenschaften zu beschäftigen und zu binden: Rein defensiver Nationalismus ist zugleich gebunden in der Abwehr jenes Vorwurfs einer Kollektivschuld, der das ganze deutsche Volk — ohne Unterschied der Generationen — mit einem Kainsmal gezeichnet haben will.

Diejenigen im In- und Ausland, die nach der Vereinigung der beiden deutschen Teilstaaten (am 3. Oktober 1990) von der Gefahr eines neuen deutschen Nationalismus sprechen[100], müssen allerdings darauf aufmerksam gemacht werden:

— daß ein Jahr zuvor die revolutionären Kräfte in der DDR nicht vorweg von nationalen Motiven bewegt waren, sondern von dem Wunsch, ein drakonisches Überwachungssystem abzuschütteln;
— daß danach der von Bonn durch finanzielle Anreize geförderte Übersiedlerstrom aus volkswirtschaftlichen und bevölkerungspolitischen Gründen die staatliche Einheit unausweichlich machte.

Auch den Siegern des Zweiten Weltkrieges leuchtete ein, daß die Wiedervereinigung aller Deutschen nicht auf westdeutschem Boden stattfinden konnte. Die nationale Idee war aber nicht das primär treibende oder leitende Motiv, jedenfalls nicht für die Scharen der Übersiedler. »Deutschland, einig Vaterland« wurde dem, was da in Gang gekommen war, erst nach einigen Wochen übergestülpt: zur Krönung des Strebens nach Freiheit, zur Verkleidung materieller Interessen und zur geschichtsträchtigen Überhöhung westlicher Politik, die endlich in die Lage kam, das einst (1956) von John Foster Dulles geforderte *roll back* des Kommunismus zu vollbringen. Wir könnten auch sagen, daß deutscher Nationalismus, sofern er in Spuren noch vorhanden war, als Ferment jenes Prozesses diente, der zur deutschem Einheit geführt hat.

Eine einzige Spielart des deutschen Nationalismus hat als politische Idee den Zweiten Weltkrieg überlebt: die Vorstellung, daß möglichst alle Deutschsprechenden und Deutschstämmi-

gen unter einem einzigen staatlichen Dach leben sollten[101].
Dieser Wunsch war motivierend für die Außenpolitik der ersten
und zweiten Regierung Kohl (1982—1987), die auch noch den
letzten Deutschen aus Osteuropa zur »Familienzusammenfüh-
rung« nach Westdeutschland holen wollte, nötigenfalls durch
»Kopfgelder« für die Einreisewilligen. Erst spät hat auch in der
liberal-christlichen Koalition sich die Einsicht durchgesetzt, daß
es für alle Deutschen besser ist, für die Rechte der deutschen
Minderheiten in Europas Osten einzutreten.

Der Nationalismus des »einen staatlichen Daches« ist im Gefolge der deutschen Wiedervereinigung in Österreich bereits
wieder so lebendig geworden, daß dort nicht mehr nur von den
»Liberalen« um Jörg Haider, sondern auch von einem profilier-
ten Sozialisten, von Günter Nenning, die lange Jahre gepflegte
österreichische Nationalität in Frage gestellt wird: »Ich glaube,
es ist falsch, wenn einer sagt, die Österreicher sind alles, nur
keine Deutschen.« So Nenning, der allerdings hinzufügt, sie
seien auch mehr als »nur Deutsche«[102]. Eine stolze Abschwächung!

Man braucht das Bestreben derer, die als Deutsche enger miteinander verbunden sein wollen, nicht schon als aggressiven
Nationalismus zu werten. Wo zwei sich umarmen, ist dies noch
kein Akt der Aggression gegen Dritte. Es kann aber aggressive
Gefühle bei ihnen hervorrufen. Zum Glück besteht keine Notwendigkeit, die Österreicher zu einem neuen »Anschluß« an
Deutschland zu überreden; weder ist die Demokratie in ihrer
Republik gefährdet, noch sind deutsche Sprache und Kultur dort bedroht. Echte Altbayern wären gewiß lieber mit
ihren Stammesbrüdern in Salzburg, Tirol und Oberösterreich
»wiedervereinigt« als mit den Sachsen und Brandenburgern.
Aber könnten sie es verantworten, ihren bajuwarischen Gefühlen zuliebe rundum einen erst noch sich steigernden Antigermanismus zu provozieren? Noch immer geht ja das
Schreckgespenst des dämonisch bösen Deutschen nicht nur
über die Bildschirme und Kinoleinwände unserer Nachbarn, es
geistert dort auch durch die Alpträume hochrangiger Politiker.
Margaret Thatcher, die langjährige britische Premierministerin,
sieht das wiedervereinigte Deutschland allein wegen seiner

Größe als die kommende Vormacht Europas, wenn die Staaten dieses Erdteils sich noch enger zusammenschließen. Schon um die Deutschen »im Zaum zu halten« (*to keep them in check*), muß nach ihrer Vorstellung der Prozeß der europäischen Vereinigung gebremst werden[103]. Vor einer »deutschen Übermacht im Europa von morgen« warnte auch die französische Regierungschefin Edith Cresson[104]. Rein defensiver deutscher Nationalismus darf darauf antworten, daß es den deutschen Menschen in der Mitte Europas um nicht mehr, aber auch um nicht weniger als ihre Existenz geht: um ihr Leben als Volk in gesicherten Grenzen und durch Wirtschaftsbeziehungen mit anderen Staaten, die Rohstoffe und Agrarprodukte für technische Fertigwaren liefern. Ein übervölkertes Land, dessen Landwirtschaft nicht ausreicht, die eigene Bevölkerung und seine heute (1993) sechs Millionen Ausländer zu ernähren, ist auf solchen Außenhandel angewiesen. Daraus die Gefahr einer deutschen Vorherrschaft in Europa abzuleiten heißt blind sein für die Lebensbedürfnisse eines großen Volkes. »Wir können nichts dafür, daß der liebe Gott 80 Millionen Deutsche da aufwachsen ließ, wo sie nun einmal sind.« So Willy Brandt in einem Interview[105] am Tag der wiedererlangten deutschen Einheit, am 3. 10. 1990, damit ausdrückend, worauf ein defensiv gewordener Nationalismus sich besinnen muß: auf die demographischen Tatsachen.

Am schlichtesten, aber auch am offensten hat die ringsum schwelende Angst vor den Deutschen der polnische Arbeiterführer Lech Walesa ausgedrückt:

> »Wenn die Deutschen wieder einmal Europa destabilisieren sollten, in welcher Form auch immer, dann braucht es keine Teilung ihres Landes mehr zu geben, dann sollte Deutschland von der europäischen Landkarte gefegt werden (... *zal Duitsland van de kaart van Europa worden gevaagd*). Die vereinigten Kräfte des Ostens und des Westens haben schon die Technologie, um ein solches Urteil zu vollstrecken.«[106]

So ein Wutausbruch — später sagte der Pole, er sei übermüdet gewesen — muß nicht schon als ein verbaler Akt ursprünglicher Aggression gesehen werden. Er ist zunächst einmal eine Reaktion auf die eigene Angst vor »den Deutschen«. Deutsche Realpolitik tut gut daran, tiefsitzende Ängste bei ehemaligen

Kriegsgegnern gelassen zu nehmen als etwas, was es abzutragen gilt. Wir brauchen nicht zu sagen: »Es regnet«, wenn man uns ins Gesicht spuckt. Es sollte die Verlegenheit aber auch nicht so weit gehen, daß dergleichen von unseren Medien einfach totgeschwiegen wird[107]. Jede demokratisch verfaßte »Informationsgesellschaft« hat ein Recht darauf zu erfahren, wie es um sie steht; mit welchen Ressentiments sie in der Welt zu rechnen hat. Der Einwand, die Rechtsradikalen zögen nur daraus ihren Nutzen, kommt schon zu spät. Denn die schlachten alles Deutschfeindliche ohnehin aus und haben es in ihren abseitigen Blättern jedesmal längst schon gebracht. Es ist besser, die Wahrheit tropft nicht aus dunklen Kanälen, und es kann offen darüber gesprochen werden.

Postscriptum zu Lech Walesa 1992:

Es waren höchst versöhnliche, friedenstiftende Worte, die Polens Staatspräsident Lech Walesa während seines Staatsbesuches in Deutschland Anfang April 1992 gesprochen hat. Er hat den entscheidenden Satz aus der Botschaft der polnischen Bischöfe an ihre deutschen Amtsbrüder aus dem Jahre 1965 wieder aufgegriffen: »Wir verzeihen, und wir bitten um Verzeihung.«[107a] Bei der Eintragung ins Goldene Buch der deutschen Hauptstadt hat Walesa — gleich Kennedy — sich als »ein Berliner« bekannt und dort auch erklärt: »Ich träume davon, daß im Jahr 2000 niemand mehr die Grenze sieht zwischen Polen und Deutschland.« (Zitat nach der *taz* vom 3. 4. 1992, S. 2.)

Aber etwas anderes ist es wohl, bei Staatsbesuchen wohlvorbereitete Erklärungen abzugeben, als in Interviews auf unvermutete Fragen in unbedachten Antworten tiefere Neigungen und Abneigungen auszudrücken. In einem *Spiegel*-Gespräch (20. 1. 1992, S. 138) antwortete Walesa auf die Frage, was er gegen die zu erwartende Völkerwanderung aus dem Osten zu tun gedenke: »Wir werden diese Menschen nicht aufhalten ... Wir werden ihnen ein Ehrenspalier aufstellen und sie zu Ihnen schicken.« Und nur wenige Tage vor dem erquicklichen Staatsbesuch sagte Walesa zur Tageszeitung *Die Welt* (23. März 1992, S. 6), er sehe »eine Gefahr« darin, daß Rußlanddeutsche sich im Raum Königsberg niederlassen wollen. Abgesehen davon, daß es sich hier um eine innere Angelegenheit Rußlands und seiner zum Teil deutschstämmigen Bürger handelt: Welche Gefahr für den Frieden in Europa sollte es darstellen, wenn Kaliningrad, Königsberg oder »Kantstadt« zur Drehscheibe deutsch-russischer Wirtschafts- und Kulturbeziehungen würde?

j) Die eigene Nation als Feindbild

Diejenigen unserer Nachbarn in Europa, die vom Feindbild des häßlichen Deutschen nicht lassen wollen, erwarten zugleich von uns, daß wir ohne Widerspruch die ärgsten Kränkungen kollektiv demütig hinnehmen. Von ihnen umerzogen zur Demokratie, hätten wir darauf zu vertrauen, daß unsere Lehrmeister schon recht haben mit allem, was sie uns an den Kopf werfen. Wenn es auch so nicht ausdrücklich gesagt wird, so haben solche Logik und solche Erwartung doch alle die unter uns verinnerlicht, die Konformitätszwängen, welchen auch immer, nur zu bereitwillig folgen: aus Sorge ums eigene Fortkommen. Ein gedankenloseres Mißverständnis dessen, was »Demokratie« bedeutet, ist kaum denkbar. Eine primär mit sozialen Prämien (Aufstiegschancen, Publikationsmöglichkeiten) lockende »Umerziehung« hat aber auch darauf gedrängt, soziales Engagement und progressive Gesinnung auf dem Weg zu einer »multikulturellen Gesellschaft« zu suchen und in chronischem Mißtrauen gegenüber dem eigenen Volk.

Jene Pseudoprogressiven unter den Deutschen, die sich als tolerant, weltoffen oder als »Linksintellektuelle« verstehen, weil sie negative Urteile über das deutsche Volk kritiklos übernehmen oder selbst laufend produzieren, die halten das aber nur aus, weil sie sich selbst gar nicht mehr so recht zugehörig fühlen zu diesem Volk. »Ich fühle mich nicht betroffen«, pflegen sie zu sagen, wenn wieder einmal schlimm Verunglimpfendes über »die Deutschen« verbreitet wird. Was im Blick auf den einstigen jüdischen Selbsthaß gesagt werden konnte, das gilt heute speziell für die provozierend auftretende deutsche Selbstdemütigung: »daß die Kollektivität der Selbstverachtung... sich wohl auf die eigenen Gruppenmitglieder des Verächters, aber nie auf ihn selbst bezieht; er wird sich immer für vorbildlich halten« (Fritz Bernstein[108]). Er hält sich zumindest für vorbildlich in seiner Schonungslosigkeit gegenüber der eigenen Gruppe, dem eigenen Volk. Dazu befähigt ihn insgeheime Identifizierung mit dessen Verächtern. Jene erstaunlich vielen Deutschen (nach einer Meinungsumfrage: 58 Prozent[109]), die sich während des Zweiten Golfkrieges 1991 mitschuldig fühlten an

dessen Ausbruch, haben aber wohl ohne einen Anflug von
Überheblichkeit darunter gelitten. (Zumal die Berichte nach
den Luftangriffen waren allzu niederdrückend.) Selbstgerechte
Distanzierung vom eigenen Volk findet sich eher bei den uns
lehrhaft kommenden Vertretern der veröffentlichten Meinung.
Sie halten Abstand zu den Stimmungen und Nöten der breiten
Masse — zur Abwehr von Bedrohungen ihres elitären Selbst-
wertgefühls. Die Pose des Anklägers gegenüber dem eigenen
Volk tarnt und verrät zugleich das Bedürfnis, selber frei zu blei-
ben von kollektiver Stigmatisierung.

Die »schweigende Mehrheit« der Verschüchterten reagiert ach-
selzuckend. Wann immer von »den Deutschen« als einem »Volk
der Täter« (Ch. Meier[110]), gar einem »Herrenvolk der Vergaser« (W. Biermann[111]) gesprochen wird, einem Volk mit »Kil-
lerinstinkten« (G. Wallraff[112]), da folgt auf solche Kollektiv-
urteile ein Abwehrreflex, musterhaft mit der Bemerkung, den
so formulierenden Professor, Liedermacher oder Schriftsteller
könne man »doch nicht ernst nehmen«. Wir hören das nun
schon so häufig, daß es wie eine um sich greifende Verdrängung sich ausnimmt. Was verdrängt wird, ist die Tatsache der
nicht enden wollenden Verunglimpfungen des ganzen deutschen Volkes — und dies nicht etwa von irgendwoher auf der
Welt, sondern in den deutschen Massenmedien. In keinem anderen Land wäre es möglich, daß ein Buch erscheint und hoch-
gelobt wird wie *Das Vierte Reich* (1990) des in Deutschland lebenden Spaniers Heleno Saña, das man an irgendeiner Stelle
nur aufzuschlagen braucht, um die wildesten Verhöhnungen
des Gastlandes und seiner Bewohner zu finden. Da heißt es von
Deutschland, es verkörpere »das Prinzip des Bösen wie kein anderes Land«[113]. Die »hochzivilisierte Nation« habe sich im
Dritten Reich als eine »barbarische, brutale und fanatisierte
Horde von Bestien und Sadisten« erwiesen (S. 87). Heute aber
(um 1990) habe »die Deutschen« wieder ein »Macht- und
Herrschaftsrausch« gepackt (S. 237). Wenn auch eine Minderheit da nicht mitmache: »Das Sagen haben die ewigen Nationalisten und Deutschtümler.« (S. 225)
Ein deutscher Rezensent feierte Sañas Buch als einen *überzeu-
genden* »Beitrag zur Sozialpsychologie«, der »mit einer erstaun-

lichen Tiefenschärfe«, wie sie nur dem fremden Blick eigen sei, die »deutsche Seele« durchdringe, »die atavistischen, barbarischen Relikte dieser Seele«[114]. In diesem Pamphlet eines »in der Fremde publizistisch operierenden Guerilleros« (Saña im Vorwort) werden nicht nur im angeblich schon entstehenden »Vierten Reich« starke revanchistische, rassistische und neonazistische Kräfte ausgemacht; da wird unterschiedslos davon gesprochen, das Land werde »von mittelmäßigen und provinziellen Epigonen bestimmt …, die nichts anderes im Kopf haben als die Wiederherstellung des alten deutschen Größenwahns« (S. 243). Selbst der Friedensnobelpreisträger Willy Brandt kommt in den Pechregen kollektiver Verunglimpfung: Er habe im Dezember 1989 in Berlin eine »chauvinistische Rede« gehalten[115]. Und der sozialdemokratischen Friedrich-Ebert-Stiftung wird bescheinigt, ihr gehe es »so ganz nebenbei« darum, »teutonisches Gedankengut und teutonische Werte« in der Welt zu verbreiten (S. 65). Es scheint nichts Deutsches zu geben, das vor solch einem Kritiker noch Gnade fände. Beifällig zitiert er einzig deutsche Autoren wie Erich Kuby, die vom eigenen Volk keine hohe Meinung haben.

Eine nicht ganz so trübe, aber »erbärmliche Gefühlslage« der Nation zeichnet der deutsche Staatsbürger Chaim Noll in seinen *Nachtgedanken über Deutschland* (1992)[116]. Auch er hält »das Gros der Nation« trotz aller Volksbildung immer noch für »latent gewalttätig«, in »Dämmergefühlen« dahinlebend (S. 85). Zu der von Noll in vielen Pauschalurteilen geschilderten Gefühlslage »der Deutschen« gehört allerdings auch der von ihm wahrgenommene »nationale Haß gegen sich selbst« (S. 151), den durchaus nicht wenige unter uns verspüren lassen. Daß es sich dabei um ein reaktives, durch einen »Hagel von Schuldigerklärungen« (Jaspers[117]) verursachtes Phänomen handelt, kommt für Noll aber nicht in Betracht. Das Buch beschließend, schreibt er:

> »Möge Euch nie das Geld ausgehen, Deutsche, damit niemand erfahre, wie verdorben Ihr seid. Ich lege meine Feder hin … und danke dem, der mir diese Gedanken eingab wie alle.«[118]

Wenn Publizisten, die so über ein Volk den Stab brechen, schon nicht ernst zu nehmen seien, dann liegt der volle Ernst der Verantwortung bei jenen deutschen Verlegern und Redakteuren, die ihnen zu müheloser Verbreitung ihres Antigermanismus verhelfen. Ist diesen Deutschen das eigene Volk zum Feindbild geworden, erwarten sie weltweite Anerkennung für ihre Willfährigkeit, oder haben sie kaufmännisch richtig damit gerechnet, daß mit publizistischer Verunglimpfung der Deutschen an diesen selbst noch etwas zu verdienen ist? — So fragen heißt nicht nach Zensur rufen. Wenn in Frankreich oder England kein Ausländer — so wie jener Spanier — vor ein Millionenpublikum tritt, es zu verhöhnen, dann nicht, weil dort etwa Strafgesetze oder eine Zensur dies verwehrten, sondern weil in selbstbewußten Nationen jeder Gast weiß, wieviel er seinen Gastgebern zumuten darf. Deutscher Selbsthaß dagegen ermutigt erst noch zum Antigermanismus und fördert ihn.

IX. KAPITEL

Adolf Hitlers Fortleben

a) Der Führer als Faszinosum

Nach der totalen Niederlage des Dritten Reiches gingen die Siegermächte daran, das deutsche Volk vom Ungeist des Nazismus oder Faschismus zu kurieren. Namentlich die amerikanischen »Umerzieher« standen dabei unter dem Eindruck der Kollektivschuld-These Henry Morgenthaus und legten es darauf an, möglichst breite Kreise der Bevölkerung erzieherisch zu erfassen. Soweit kleine Funktionäre der Partei und des NS-Staates nicht in Lager kamen, in denen sie — unter lauter Gleichgesinnten — sich zur Demokratie bekehren sollten, wurde ihnen durch sogenannte Spruchkammern wenigstens ein Denkzettel verpaßt, der sie und das ganze deutsche Volk vor einem Rückfall in den Ungeist des besiegten Regimes bewahren sollte. Die Verbreitung von nationalsozialistischem Gedankengut und das öffentliche Vorzeigen von Emblemen, Fahnen und Abzeichen des NS-Staates sowie die Verwendung seiner Parolen und Grußformen (»Heil Hitler«) wurden verboten und sind noch heute nach den Paragraphen 86 und 86a des westdeutschen Strafgesetzbuches unter Strafe gestellt. Nationalsozialistisches Schrifttum wurde in den öffentlichen Bibliotheken in besondere »Giftschränke« verbracht und konnte bis vor wenigen Jahren nur mit einer Sondergenehmigung zu wissenschaftlichen Zwecken eingesehen werden.

Die vornehmlich mit Sanktionen, Verboten und Reglementierungen ausgerüstete »Entnazifizierung« ist nicht ohne Wirkung geblieben. Sie hat die unbelehrbaren Anhänger des »Führers« veranlaßt, sich mit politischen Äußerungen zurückzuhalten: Eine geistige Auseinandersetzung mit ihnen war darum nicht möglich. Verbote, die einer Tabuierung gleichkamen, haben vieles von dem, was im Dritten Reich gedacht und geschrieben wurde, mit einem Schleier des Geheimnisses umgeben, der auch den Verdacht auf sich zog, an Hitler und seinem Regime müsse doch auch etwas (Positives) dransein. Das wurde so naiv, so offenkundig widerlegbar nicht gesagt, war unterschwellig aber die Bedingung dafür, daß 1972 einige Oppositionspolitiker einer verbreiteten Stimmung Ausdruck geben konnten, die besagt, nicht Adolf Hitler mit seiner ruinösen Kriegs- und Expansionspolitik habe die deutschen Ostgebiete verspielt, sondern erst Willy Brandt mit seiner Verständigungspolitik. Hieran konnte der Neonazismus der siebziger Jahre konsequent anknüpfen. Ein ängstlich von nationalsozialistischem Gedankengut ferngehaltenes Volk ist bis auf den heutigen Tag auch davor bewahrt geblieben, in Adolf Hitlers *Mein Kampf* nachzulesen, daß er die Judenverfolgung und den Eroberungsfeldzug gegen den Osten von Anfang an vorgesehen hatte. Die Kriminalisierung nationalsozialistischer Gesinnung hat auch bewirkt, daß zum kriminellen Protest geneigte junge Menschen sich unter nazistischen Emblemen sammeln konnten. Die jahrzehntelang tabuierte Frage, »wie es wirklich war«, wird nun von einer seit 1977 auf uns zurückrollenden »Hitlerwelle« weniger beantwortet als zugedeckt. Hitler in allen Illustrierten, Hitler-Bücher, Hitler-Filme, die auch das Berauschende der Massenaufmärsche vermitteln, werden uns zur »Vergangenheitsbewältigung« angedient; sie befriedigen aber unversehens noch ganz andere Bedürfnisse als das Verlangen nach Wahrheit über die Hitler-Jahre. Der zeitliche Abstand vom Dritten Reich, oder besser gesagt: von der Zeit der Entnazifizierung, hat eine Unbefangenheit heranwachsen lassen, die imstande ist, »Hitler« auch als Unterhaltungsstoff zu genießen. Wo zum zeitlichen Abstand noch der räumliche hinzukommt, braucht das gar nicht mehr mit einem ernsten Anliegen verbrämt zu werden: *Hitler Superstar* lautet der Titel einer Rock-Oper, die 1977 in London und Paris uraufgeführt wurde. »Die Menschheit lacht sich kaputt ..., wenn es recht grausig hergeht«, hatte Wolfgang Borchert (in *Draußen vor der Tür*) kurz nach dem Kriege prophezeit.

Man mache sich da nichts vor: Die Faszination, die von einem Manne wie Hitler ausgeht, ist die Faszination des Bösen, genauer: die verzaubernde Erfüllung der geheimen Sehnsucht, den angestauten Unmut über erlittene Verzichte in kollektiven, quasi legalen Akten der Vernichtung auszuleben. Das kann, wo solche Faszination rein ästhetisch genossen wird, auch nur in Akten der Phantasie geschehen. Ein Führer, der in seiner Politik sich immer wieder für den Weg der Gewalt entscheidet, gibt jedem aggressiv Verstimmten die Gewähr, auch mit seinen destruktiven Neigungen noch so zum Zuge zu kommen, daß er sich persönlich in einem strafrechtlichen Sinne dafür nicht schuldig zu fühlen braucht. Führt solche Politik ins Verderben, in millionenfaches Leid und in die nationale Niederlage, dann rückt auch noch der engere Anhang voll Verachtung von eben jener Führung ab, die er zuvor bejubelt hatte. Bewundert wird auf die Dauer aber nicht nur der Erfolgreiche.

Je länger die Schrecken des Krieges zurückliegen, je seltener uns daran leidende Opfer begegnen, desto leichter kann ein Mann, der die kollektive Gewalt entfesselt hat, wieder in den Rang einer Symbolfigur aufsteigen, die den Traum von einer »großen Zeit«, von einem stürmischen und gewaltigen Leben hat Wirklichkeit werden lassen. Das Faszinierende an den großen Volksverführern kommt von den verdrängten Neigungen, die sie entbinden, von der Verheißung des Abenteuers und der Befriedigung uneingestandener Triebe: verdrängter Sexualität und — im Maße ihrer Verdrängung — auch legal nicht zu befriedigender Lust am Töten. Der Grund für das, was die Völker an einem Napoleon, einem Hitler fasziniert, wenn auch nicht überall mit einer sich identifizierenden Bewunderung, liegt in den abgründigen Neigungen der von ihnen Beeindruckten selber. Wenn diese, vermittelt durch gleichfalls hingerissene Biographen, einfache menschliche Schwächen an der historisch großen Figur erblicken, dann ist vollends die Brücke zur eigenen Motivation geschlagen. Wer im Grunde so ist wie wir alle, der kann um so überzeugender uns in einen Zustand versetzen, der die Fesseln humaner Rücksichtnahme sprengt. Was wirklich den Grund und Boden menschlichen Zusammenlebens auf dieser Erde ausmacht, die Achtung vor dem Leben des Mitmenschen — eben das kann ein Führer als »Sentimentalität« entwerten, der selber allerlei läppischen Sentimentalitäten sich hingibt. Grausamkeit und Sentimentalität charakterisieren den

Tyrannen, der auf eine kräftig herzliche Weise nicht mehr Mitmensch sein kann. Das gilt für den kleinen Haustyrannen wie für den Machtmenschen an der Spitze eines Staates. Daß der kleine Tyrann sich im großen wiedererkennt, leiht diesem aber erst die Macht, die er, wenn alle ihn pathologisch sähen, niemals gewänne.

Hitler als normaler Mensch betrachtet, der mit Hunden spielt, mit Frauen scherzt, der charmant sein kann und auch einmal zuhören und herzhaft lachen — ein solches (durchaus wahres) Hitlerbild läßt so manchen Haustyrannen neben ihm erst als wahren Unmenschen erscheinen. Am Ende fragt man sich, ob ihm all die Übeltaten vom Mord am SA-Führer Röhm bis zum Vergasen der Millionen Juden nicht einfach nur böse angedichtet wurden, ob sie, wenn sie schon geschehen sind, nicht gleichsam hinter seinem Rücken und gegen seinen Willen verübt worden sind. Der britische Hitler-Biograph David Irving hat diesen Gedanken immerhin nahegelegt, dann abgeschwächt in der Form: »Dokumente, die Hitler faktisch mit der Behandlung der Juden in Verbindung bringen, haben stets die Form eines Unterlassungsbefehls.«[1] Rolf Hochhuth hält es demgegenüber nach dem Studium von Goebbels' *Tagebüchern* für möglich, daß der Propagandaminister wiederholt zumindest »einen zaghaften Vorstoß gegen die radikalste Lösung« bei Hitler unternommen habe[2]. In seinem Tagebuch vom März und April 1942 habe Goebbels in der »Judenfrage« seinen »Führer« nach wie vor »unerbittlich« gefunden und sich selber auf diese Linie eingestellt:

> »Aus dem Generalgouvernement werden jetzt, bei Lublin beginnend, die Juden nach dem Osten abgeschoben. Es wird hier ein ziemlich barbarisches und nicht näher zu beschreibendes Verfahren angewandt, und von den Juden selbst bleibt nicht mehr viel übrig. Im großen kann man wohl feststellen, daß 60 Prozent davon liquidiert werden müssen, während nur noch 40 Prozent zur Arbeit eingesetzt werden können.«   GOEBBELS[3]

Nach Irving aber gibt es »eindeutige Beweise dafür, daß Hitlers Wünsche häufig nicht mit der rüden und sinnlosen Brutalität seiner Kumpane in Einklang standen«[4], und das beziehe sich auch auf die »Lösung der Judenfrage«, die er, Hitler, »bis nach dem Kriege zurückgestellt wissen« wollte[5]. — Dem britischen

Hitler-Apologeten David Irving ist von Sebastian Haffner entgegengehalten worden, Hitlers Vernichtungswille gegenüber den Juden gehe doch aus seiner Reichstagsrede vom 8. November 1942 hervor und aus einer Rundfunkansprache des Jahres 1945. Ein anderer Kritiker, der Historiker Eberhard Jäckel, stellte die Frage, ob es denn überhaupt eines schriftlichen Befehls des Führers bedurft habe, um geschehen zu lassen, was er wollte. Irving erwiderte: »Geheime Reichssache oder Sportpalastrede? Beides zusammen geht nicht.«[6]
Der von Irving formallogisch aufgezeigte Widerspruch findet seine Auflösung in der die Tatsachen verhüllenden Sprache der NS-Führer, die von »Endlösung« sprachen, wenn sie Massenvernichtung meinten, und in der Gewöhnung an starke Worte in Kriegszeiten, die kaum jemanden im Volk an die systematische Ausrottung eines ganzen Volkes denken ließ, wenn Hitler den Juden ihre »Vernichtung« androhte. Schließlich sollte ja auch der Feind *vernichtet* werden, das heißt als politische und militärische Macht überwunden.
Daß Hitler die physische Vernichtung der Juden gar nicht gewollt habe, das paßt zu gut ins Bild eines Mannes, der Aquarelle malte, sich für Architektur begeisterte, Richard Wagner liebte und in Bayreuth den Damen die Hand küßte. Hat nicht vielleicht Heinrich Himmler zusammen mit seinen Komplizen auf eigene Faust die Juden getötet? Wie aber, wenn ein wohlwollender Biograph auch am Reichsführer SS »menschliche Züge« entdecken sollte, die verbrecherisches Handeln als »persönlichkeitsfremd« erscheinen ließen? Fraenkel und Manvell kommen schon zu dem Ergebnis, die »Vernichtung menschlicher Wesen« sei Himmler von Hitler »buchstäblich aufgezwungen« worden[7]. Der Reichsführer SS habe schwer darunter gelitten, und die von Kersten, seinem Masseur, berichteten Magenkrämpfe werden in diesen — psychosomatischen — Zusammenhang gebracht[8]. Da darf auch nicht fehlen, daß Himmler gegen Ende des Krieges mit einem Vertreter des Jüdischen Weltkongresses eine Freilassung von noch in Deutschland lebenden Juden vereinbart hat[9]. Ließe sich nicht sogar sein Lob der SS-Männer, sie hätten angesichts von Hunderten von Leichen »dies durchgehalten« und seien »dabei — abgesehen von Ausnahmen

menschlicher Schwäche — anständig geblieben«[10], entschlossen so auslegen, als habe er nur widerwillig getan und angeord-
net, was ein für allemal mit seinem Namen verbunden ist?
Hans-Jürgen Syberberg[11] hat schon beklagt, diese »ungeheure
Anstrengung der falschen Moral« sei noch gar nie bewundert
worden.

Es kann weder darum gehen, Hitler und Himmler und Goebbels als Inkarnationen des Bösen darzustellen, noch darum,
durch das Herausarbeiten »menschlicher Züge« das Ungeheuerliche, das ihnen vorgeworfen wird, als unmöglich erscheinen
zu lassen. Wer die Führer des »Dritten Reiches« zu reinen Teufeln stilisiert, kann nur den Reiz des Faszinierenden an ihnen
erhöhen. Wenn Biographen wie Irving aber allzusehr das
menschlich Ansprechende, ja Freundliche an ihren »Helden«
herausstellen, dann müssen psychologisch nicht vorgewarnte
Leser zweifeln an dem, was ihre geschichtliche Schuld ist. Je
mehr der Leser sich in den sympathischen Zügen der Geschilderten wiedererkennt, desto stärker wird er zweifeln. Hier hat
eine bis jetzt versäumte Aufklärung einzusetzen, die den Zusammenhang zwischen den in unserer Kultur hochgehaltenen
Tugenden und den Abgründen erweist, die gerade unter dem
sittlich genormten und reglementierten Charakter heraufgäh-
nen. Wer Heinrich Himmler als Schüler und Studenten kannte,
dem »fiel sogar etwas angenehm auf, nämlich dessen betonte
Zurückhaltung gegenüber Mädels«[12]. Der streng katholisch erzogene Sohn eines Gymnasiallehrers verkörperte wohl in ideal-
typischer Weise den jungen Mann aus gutem Hause, der sich
zu beherrschen weiß, weil seine Eltern ihre Aufsichtspflicht ihm
gegenüber offenbar sehr ernstgenommen haben. Wer davon
überzeugt ist, daß alles Übel in der Welt nur von nachlässiger
Erziehung und ungenügender Selbstbeherrschung komme, der
wird es für unwahrscheinlich halten, daß solch ein »diszipli-
nierter« Mensch in radikal vernichtender Weise noch aus sich
herausgehen sollte. Die tradierte Moral, das bürgerliche Weltbild wären nicht in Ordnung, wenn zwischen strenger, triebunterdrückender Erziehung, die entsprechende Hemmungen
setzt, und hemmungslosem Vernichtungswillen ein kausaler
Zusammenhang bestünde. Aber es ist kein Zufall, wenn der

sittlich Verklemmte sein Vernichtungswerk auf eine ordentliche, »disziplinierte«, ja pedantische Weise organisiert. Den vitalen Motor seines Vernichtungswillens können wir nur ahnen, wenn wir hören, daß er, Heinrich Himmler, wiederholt nach Auschwitz gefahren sei, »um sich den Vollzug der Prügelstrafe an weiblichen Häftlingen anzusehen«[13]. Nur für ein tiefenpsychologisches Verständnis schließt sich beides, die sittliche Hemmung und der hemmungslose Sadismus, zu einem einheitlichen Charakterbild zusammen. Wer von solcher Psychologie nichts wissen will, der kann nur zu leicht für Lüge halten, was man den Größen des NS-Staates zum Vorwurf macht.

Die Biographen, die Hitler »wertfrei«, »vorurteilslos« und womöglich »rein ästhetisch« betrachten, leisten einer solchen Überzeugung nur Vorschub. Da sie eine moralische Ordnung nicht in Frage stellen, die Sentimentalität und Grausamkeit, Gehorsam und Gewissenlosigkeit, Triebverzicht und Menschenhaß, Hemmungsfähigkeit und ungehemmten Ausbruch gleichermaßen entwickelt, müssen sie als Widersprüche im Charakter ihres »Helden« ausgeben, was in Wahrheit nur Konsequenzen einer die Natur des Menschen zerreißenden Moral sind. Was im epochalen Verbrecher groß und faszinierend herauskommt, die Verbindung von Brutalität mit Charme, ist in der Nettigkeitsheuchelei des sadistischen Familienvaters oder Firmenchefs alltägliche Gegenwart. Niemand glaubt den von ihm Getretenen, daß der Mann so schikanös sein kann, weil er nach außen, am Stammtisch, unter mit ihm Gleichgestellten und gegenüber Besuchern sich so gewinnend zu geben vermag. Wenige von den Brutalen sind so ehrlich, auch zu sagen, wie sie wirklich sind. Solch ehrliche Tyrannen bringen es nicht weit im Leben, auf keinen Fall bis an die Spitze der Nation.

Gewiß kann auch die Artikulierung kollektiven Hasses einem brutalen Charakter Gefolgschaft zuführen, aber ohne Sympathiewerbung bleibt er bald auf der Strecke, weil er schon seinen eigenen Anhang gegen sich aufbringt. Ist es so schwer zu begreifen, daß ein Hitler nicht einfach die Unduldsamkeit und Humorlosigkeit des kleinen Bösewichts haben konnte, wenn er ein ganzes Volk mitsamt den meinungsbildenden Intellektuellen und den einflußreichen Unternehmern verführen wollte?

Wenn Hitler eine Ausnahmeerscheinung war, dann war er es in dem Sinne, daß er, anders als der kleine Haustyrann, es nicht nötig hatte, in alltäglichen Schikanen gegenüber seiner Umwelt sich abzureagieren. Besessen von wesentlich zwei großen destruktiven Zielen, der Vernichtung des Judentums und der Eroberung von Lebensraum im Osten, konnte er sich's leisten, in weniger entscheidenden Fragen tolerant, ja ausgesprochen liberal zu denken. So wandte er sich in einer seiner ersten Kabinettssitzungen, am 8. Juni 1933, gegen die Todesstrafe bei Wirtschaftssabotage; und so hielt er es für überflüssig, Straftäter über Art und Umstände eines Geschlechtsverkehrs auszuforschen, der lediglich als Faktum festzustellen sei[14].

Wer daran arbeitet, Hitler als bösen Dämon darzustellen, ja als Inkarnation des Bösen selber, der hilft einerseits mit, ihn als Faszinosum zu erhalten; zum andern lenkt er eine psychologische Entlastungsstrategie, die alle Verantwortung für das, was geschehen konnte, diesem einen Manne zuschreibt, ohne die Wechselbeziehung zu beachten, die allemal zwischen einem Führer und den von ihm Geführten besteht. Diese Wechselbeziehung feststellen heißt nicht die Kollektivschuld-These bejahen. Aber es ist eine einfache psychologische Gleichung, daß zu irgend etwas verführt nur werden kann, wer schon etwas mitbringt, woran Verführung ansetzen kann: als die vielleicht nur emotional verstehbare Verheißung von Triebbefriedigung. In einem Volk mit hoher frustrationsbedingter Aggressivität bedarf es keiner besonderen Dämonie, um zu einem Gefälle größtmöglicher politischer Destruktivität zu »verführen«. Hierin, in dem Bedürfnis, eigene aggressive Neigungen mit einer Symbolfigur der Aggression mitschwingen zu lassen, liegt auch deren ästhetischer Reiz. Es ist ein fesselnder Reiz aber nur für den aggressiv Gestimmten. Mit Menschen, denen ganz ebenso zumute ist, ist er schnell solidarisiert, sobald ein »Führer« den Ton anschlägt, auf den sie einschwingen. Gemeinsame Begeisterung ist dann nicht das zufällige Übereinstimmen von jeweils einsam vollzogener Besinnung; vielmehr läßt auf triebhaft aggressive »Begeisterung« sich nahezu jede Überzeugung auftragen, die ohne ein Feindbild nicht denkbar ist. Rein ästhetisch vermag den fanatisch redenden, von tosendem Beifall umbrandeten und von mitreißender Marschmusik begleiteten Führer nur zu genießen, wer zwar rational dessen Feindbild nicht annimmt, aber die zu einem Feind überhaupt hindrängenden Triebregungen in sich anreizen läßt. Wer immer auf der Schönheit, dem ästhetischen Reiz schwingender Fahnen und stampfender Marschkolonnen besteht, der meint den ihn leibhaft ansprechenden Reiz der Aggression. Es gibt keine Schönheit losgelöst von irgendeinem Triebinteresse. Es gibt die Schönheit der Frucht, die uns mundet; es gibt die erotische Schönheit, die das Begehren weckt; und es gibt die Schönheit der Aggression, aber eben nur für den aggressiv Gestimmten.

Das umreißt die Gefährlichkeit der Faszination, die vom Hitler der Hitlerfilme ausgeht: Sie gibt aggressiven Neigungen ein scheinbares, scheinhaftes ästhetisches Recht zu sein, gibt aggressiv Begeisterten die Verbindung mit Gleichgestimmten, kann solche Neigung aber nicht erst schaffen, setzt Aggressivität immer schon voraus. Insoweit ist sie bloßes Indiz. In einer Gesellschaft lieblos aufgezogener, vital frustrierter und darüber mißmutig gewordener Menschen können Demagogen immer auf einen hohen Pegel angestauter Wut und Aggressivität vertrauen. Sie brauchen nur einen allgemein »verständlichen« Feind zu bezeichnen, seien das die Juden, die Linken, die Kapitalisten, die Sozialisten, die Ausländer oder die Vorbestraften, dann bildet sich eine negative Solidarität des Hasses.

b) Wie gefährlich ist *Mein Kampf*?

Die Unbekümmertheit, mit der heute gerade in Filmen das Grauen der NS-Zeit neuerdings zum Leben erweckt wird, kontrastiert einer Ängstlichkeit, mit der Hitlers programmatisches Buch *Mein Kampf* unter Verschluß gehalten wird. Der Freistaat Bayern, auf den 1945 das Verlagsrecht an dem Buch übergegangen ist, kann jedermann daran hindern, es neu aufzulegen, und er hat das bisher auch getan. In der eigentlichen Nachkriegszeit, in der die Deutschen, die das Dritte Reich noch mit Bewußtsein erlebt hatten, nichts mehr davon wissen wollten, wurde dieses faktische Verbot von Hitlers wichtigster Schrift

allgemein unbefragt hingenommen. Seitdem aber die Nachgeborenen ihre Eltern und Großeltern nach Hitler fragen, seitdem
regelrechte Hitler-Wellen die Massenmedien überschwemmen,
fällt doch auf, daß wir zwar sehr viel über Hitler erfahren, auch
viel von denen, die bei ihm waren (Schirach, Dönitz, Speer), zu
lesen bekommen, daß aber gerade das Buch, in dem der »Führer« selber sich politisch festgelegt hatte, uns unzugänglich ist.
»Vergangenheitsbewältigung« spart gerade jenes grundlegende
Dokument aus, in dem Hitler seinen Willen zum Eroberungskrieg längst bekundet hatte und in dem sein Judenhaß in immer neuen Beschuldigungen und Beschimpfungen dieser vermeintlichen Rasse sich ausdrückt, einmal sogar in der Behauptung, sie sei der »böse Feind der Menschheit« (S. 725). Dieses
Buch, schon zu Hitlers Lebzeiten der »ungelesenste Bestseller
der Weltliteratur« (Jäckel[15]) wohl nicht zuletzt wegen seines er-
müdend auftrumpfenden Sprechstils, ist im Zuge freiwilliger
»Entnazifizierung« der privaten Bücherschränke und der öffentlichen Bibliotheken 1945 gewiß millionenfach vernichtet
worden. Inzwischen wird es von Antiquariaten mit Preisen zwischen 200 und 400 D-Mark gehandelt. In einigen Ländern, die
das deutsche Urheber- und Verlagsrecht nicht respektieren,
wird es fremdsprachig nachgedruckt: zur Erbauung dortiger
Neonazis, aber auch zur Aufklärung über jenen deutsch-öster-
reichischen Politiker, der den Namen Deutschlands in der Welt
so sehr mit Schande bedeckt hat. Das deutsche Volk aber wird
nach dem Willen der Bayerischen Staatsregierung offenbar für
so unmündig gehalten, daß es mit jenem »gefährlichen Gedankengut« nicht in Berührung gebracht werden darf.
Hinter solcher Bevormundung steckt auch das für unsere Kultur bezeichnende Vorurteil, daß es so etwas wie »geistige Ursachen« der Gewalt gibt. Wer im Einklang mit einem dualistischen Weltbild daran glaubt, daß »der Geist« die träge Masse
bewegt (*mens agitat molem*), der muß folgerichtig denken, daß
auch durch »Ungeist« in Büchern viel Unheil im Leben hervor-
gerufen werde. Solcher Glaube an die Macht des Wortes kann
sich scheinbar sogar auf Hitlers Weg zur Macht berufen, die er
sich, wie Schirach sagt, »im Alleingang« *erredet* hat[16]. Was
aber Hitlers verführerische Wirkung in Massenversammlungen

ausgemacht hatte, das war gerade nicht »geistig« in dem engeren Sinne des Argumentativen, sondern es war triebhaft-sinnli-
cher Natur, und zwar nicht erst im bewußten Aufwühlen von
Haß- und Neidgefühlen bei der »breiten Masse«, sondern
schon im Herstellen einer quasi-erotischen Vereinigung mit der
»wogenden Masse« (*Mein Kampf,* S. 324). Solche Wirkung zu
erzielen, stand Hitler eine so kräftige, an Obertönen reiche und
resonanzstarke Stimme zu Gebote, von der Hanfstaengl sagt, er
habe auf ihr spielen können »wie auf einem Instrument«:

> »War es eben noch ein Vibrato, mit dem er das unverdiente Schicksal ei-
> nes gequälten und vielfach verratenen Volkes beklagte, so kündigte sich
> in der nächsten Periode schon das Heraufkommen eines reinigenden Ge-
> witters an, um dann aufbrandend zu Darlegungen von vulkanisch-unge-
> stümer Kraft die Zuhörer unwiderstehlich in eine Massenekstase zu rei-
> ßen. Und wie einmalig war der Klangeffekt, wenn seine Stimme aus ei-
> nem volltönenden, männlichen Forte an der richtigen Stelle mit einem
> glucksenden und wie verzweifelt klagenden Laut in ein Schluchzen über-
> kippte.« [17]

Von solch leibhafter Wirkung ist bei der Lektüre von Hitlers
Buch nur noch für den etwas zu spüren, der dabei die Stimme
des Autors aus vielfacher Hörerfahrung noch zu imaginieren
vermag. Für jeden anderen wirkt es sich eher quälend aus, daß
Hitler sein Buch wie auch seine Reden nicht mit der Hand geschrieben, sondern diktiert hat. Da sind — trotz mancher Strei-
chungen von befreundeter Seite [18] — doch alle die starken Wen-
dungen, die Reiz- und Lieblingsworte des Redners Hitler wieder da, bisweilen in einer den Leser übersättigenden Häufung:
blitzschnell — eiskalt — Siedehitze — infam — infernalisch —
katastrophal — planmäßig — Dummheit — Todfeind — Parasiten — vernichten — heroisch — felsenfest — unverrückbar —
unerschütterlich — und, auch in positiver Wertung: *rücksichtslos, brutal, fanatisch.* Solch affektiv besetzte Worte lassen sich
akustisch wohl so formen, modulieren und mit Spannung auf-
laden, daß sie eine Menschenmasse elektrisieren und zu einem
Ausbruch lange angestauter Leidenschaften treiben. Aber der
Leser bleibt befremdet, wenn nicht angewidert damit allein.
Selbst wenn er sich akustisch zu vergegenwärtigen vermag, wie
der Autor gesprochen hat, als er so und nicht anders formulier-

te, wird er sich von der Massierung solcher Wörter wie bombardiert fühlen und sich doch nicht davon angesprochen finden. Adressat von Hitlers Wortkaskaden ist nie der stille Leser unter der Lampe, sondern die brodelnde Menge im Saal. — Die dem Forscher auffallenden »literarischen Mängel« (Jäckel[19]) sind nur Unzulänglichkeiten, weil wir nicht die Notenschrift haben, nach der der Redner seine Sätze intoniert hat.

Dies muß man sich sprachpsychologisch klarmachen, um die behauptete Gefährlichkeit von Hitlers *Mein Kampf* richtig einschätzen zu lernen. Das Buch kann nur dem »gefährlich« werden, der längst von Schallplatten her sich affektiv in Hitler, den Redner, eingelebt hat. Doch wer solchen Führer-Kult treibt, ist auch schon nicht mehr rational zu konfrontieren mit dem, was Hitler schriftlich niedergelegt hat. Für jeden anderen aber ist die Lektüre von *Mein Kampf* die beste Kur, um von dem gutherzigen Glauben zu heilen, all das Schlimme, das später geschah, habe »der Führer« selber gar nicht gewollt. Da wird — im 14. Kapitel — nicht nur die Eroberung von »Lebensraum« im europäischen Osten propagiert, sondern auch schon »die Eroberung der Welt durch die Deutschen« (S. 315) als etwas durchaus Erstrebenswertes und Sinnvolles vorgestellt: um den Weltfrieden herbeizuführen. Gegen Ende des Zweiten Bandes (S. 772) wird auch schon ausgemalt, wie es wäre, wenn im Falle eines Krieges mehrere Tausend Juden »unter Giftgas gehalten« würden.

Wer in Adolf Hitlers *Mein Kampf* sich vertieft, erfährt eine Aufklärung über die Motive und Absichten des Führers der nationalsozialistischen Bewegung, die durch keine neonazistische Beschönigung des NS-Staates mehr zu verwischen ist. Der Wert solcher Aufklärung ist auch nicht durch jene wissenschaftlichen Editionen zu ersetzen, die schon seit Beginn der sechziger Jahre Führerreden[20] und Hitlers Tischgespräche[21] den zeitgeschichtlich Interessierten nahebringen. In den frühen Parteireden äußert sich Hitler noch sprunghafter als in seinem Bekenntnisbuch zu den von ihm schon öffentlich bekundeten politischen Zielen. Hier und auch in den späteren Reden des Reichskanzlers und Oberbefehlshabers der Wehrmacht ist der Stil alles andere als argumentativ, vielmehr auf unmittelbare Wirkung, ja

Stimmung angelegt. In *Mein Kampf* (S. 531) dagegen wird sogar über die Bedingungen reflektiert, unter denen sich bei den Zuhörern Stimmungen erzeugen lassen. Was aber nun Hitlers Monologe bei Tische betrifft, so verfolgten sie gar nicht den Zweck, sein politisches Denken für eine breitere Öffentlichkeit darzulegen oder auch nur locker auszubreiten; sie dienten dem Manne, dessen Existenzform das Reden war, der geistigen Lockerung und Ablenkung von den Tagesgeschäften, die im Kriege immer bedrückender wurden [22]. So sehr suchte er da Abstand zu gewinnen von dem, was er sich als Führer der Nation aufgeladen hatte, daß er laut denkend sich schon in die Rolle des Staatspensionärs versetzte, der sich nur noch seinen Liebhabereien, der Kunst, der Musik und der Architektur, widmen würde: »Das soll der schönste Tag meines Lebens werden, wenn ich aus dem politischen Leben ausscheide und alle die Kümmernisse, die Plage und den Ärger hinter mir lasse.« [23]
Gewiß wird der Führer es genossen haben, sich vor seiner Tafelrunde und seiner Teegesellschaft als vielseitig belesener und vieles miteinander verknüpfender Kopf darzustellen. Aber zu den früh schon festgelegten politischen Zielsetzungen bringen die Tischgespräche kaum mehr als Arabesken, gelegentlich eine anekdotische Illustration. Modifiziert wurde die frühere Ablehnung jeder »Germanisierung« von Slawen [24] durch Ausbreitung der deutschen Sprache. In beschränktem Umfang und höchst differenziert nach rassischen Gesichtspunkten hält der Hitler des Jahres 1942 »Eindeutschungsmaßnahmen« im europäischen Osten immerhin für erwägenswert [25]. Doch schon im Blick auf die Juden äußert er sich unverändert: Man dürfe sie niemals »eindeutschen«, selbst wenn sie blond und blauäugig seien. Im übrigen erging sich Hitler im Kreise seiner Tischgenossen wie ehedem in bloßen Drohungen gegenüber den Juden, wie wenn deren Ausrottung nicht schon längst beschlossene Sache gewesen wäre. So sagte er, als ob noch alles offen wäre, wenige Tage nach der »Wannseekonferenz« vom 20. Januar 1942: »Ich sehe nur eines: die absolute Ausrottung, wenn sie nicht freiwillig gehen.« [26] Hitler, der wohl wußte, daß seine Tischreden aufgezeichnet wurden, gab über das, was er mündlich längst Himmler, Heydrich und Eichmann aufgetragen hat-

te, keinen Aufschluß. Wirklich neu in den nachgelassenen Monologen ist nur die vage bekundete Absicht, nach siegreich beendetem Krieg »das Kirchenproblem noch zu klären«[27]. Das widersprach jedenfalls der in Mein Kampf (S. 127) gegebenen Richtschnur, dem politischen Führer hätten »religiöse Lehren und Einrichtungen seines Volkes immer unantastbar zu sein«. Aber es entsprach durchaus der schon in den letzten Friedensjahren eingeleiteten Kirchenpolitik.

Was an Gesprächen und Tischreden aufgezeichnet wurde und so heute von uns nachgelesen werden kann, hat zweifellos die Frische größerer Unmittelbarkeit als das von Hitler selbst veröffentlichte oder gar noch redigierte Buch. Dafür aber ist es in geringerem Grade authentisch, ja auch Diskussionen um verschiedene Lesarten oder Aufzeichnungen aus dem Gedächtnis nicht entrückt[28]. Für alle diejenigen, die an Hitlers destruktiven und menschenfeindlichen Absichten gerne zweifeln möchten, kann es gar nichts Desillusionierenderes geben als die Lektüre von Mein Kampf. Einzig das 1961 unter dem Titel Hitlers Zweites Buch[29] herausgegebene schmale Manuskript aus dem Jahre 1928 bietet eine Möglichkeit, wenigstens einige Linien von Hitlers politischem Denken unmittelbar nachzuvollziehen. Der fragmentarische und skizzenhafte Charakter dieses Zweiten Buches, das auf weitere Ausarbeitung angelegt war, kann eine Auseinandersetzung mit Mein Kampf aber nicht ersetzen. Wenn »Vergangenheitsbewältigung« nicht eine Phrase bleiben soll, nicht bloß ein Schlagwort im Meinungskampf, dann müßte dieses monströse, aber auch zynisch aufrichtige Buch allgemein zugänglich werden.

Die Sache hat indessen eine juristische Seite. Der Historiker Eberhard Jäckel[30] spricht im Blick auf das vom Freistaat Bayern lahmgelegte Verlagsrecht an Mein Kampf unumwunden von »Zensur«. In einem formalrechtlichen Sinne ist es das wohl nicht. Denn vom Freistaat Bayern wird hier keine verfassungsrechtlich verbotene Vorzensur ausgeübt[31], weil Hitlers Mein Kampf ja kein erstmalig zu publizierendes Werk ist. Gegen solch formaljuristische Logik wäre immerhin geltend zu machen, daß bei einem schon vergriffenen Buch jedes staatliche Handeln, das seinen unveränderten Nachdruck verhindert, den

Charakter einer *Vorzensur* annimmt: eben im Verhältnis zur möglichen, von verschiedener Seite gewünschten *Neu*auflage. Wenn wir es juristisch so werten dürfen, dann kommt auch nicht mehr in Anschlag, daß der bayerische Staat hier als Fiskus auftritt, das heißt quasi als Privatperson, die ein Verlagsrecht innehat. Für die Frage, ob ein Akt verbotener Zensur gegeben ist, ist es wohl unerheblich, daß die öffentliche Hand dabei nicht als Hoheitsträger, sondern als Fiskus handelt[32].

Formalrechtliches Denken könnte Jäckels Vorwurf der »Zensur« jedoch mit strafrechtlichen Bedenken abwehren. Ein Verleger, der Schriften verbreitet, in denen brutale Gewalt verherrlicht wird und zum Rassenhaß aufgehetzt wird, macht sich nach § 131 unseres Strafgesetzbuches strafbar. Nun aber ist der bayerische Staat als Inhaber des Verlagsrechts an *Mein Kampf* in der Rolle eines Verlegers, der sich, wenn er einen Nachdruck in Erwägung zöge, auch überlegen müßte, ob er es auf sich nehmen kann, gegen das geltende Strafrecht zu verstoßen. Um sich selbst davon abzuhalten, dazu bedarf es gar nicht der Ausübung einer »Zensur«, auch nicht der ausdrücklichen Verfügung eines Verbots. Es genügt, § 131 StGB auch auf ein Buch anzuwenden, dessen Autor nur noch aus geschichtlicher Distanz zu uns spricht. Adolf Hitler richtet seine Rassenhetze ja nicht an den Bundesbürger der neunziger Jahre, der sich einer Invasion von Türken gegenübersieht, sondern an die Reichsdeutschen der Zeit nach dem Ersten Weltkrieg, denen er (S. 772) einzureden versucht, daß die Juden, deren viele an der Front gekämpft haben, der kämpfenden Truppe in den Rücken gefallen seien. Er wendet sich an ein Volk, über das noch keine »Sexwellen« hinweggegangen sind, mit der Beschuldigung der Juden, für »moralische Verheerungen«, für die »Prostituierung der Liebe«, kurzum für eine »Verjudung unseres Seelenlebens« (S. 270) verantwortlich zu sein. Solche Auslassungen lesen sich wohl selbst mit den Augen eines immer noch »völkisch« Gesinnten eher als eine zeitgebundene Kuriosität denn als eine »Aufstachelung« zum Antisemitismus.

Auch wenn in einem formaljuristischen Sinne die Verhinderung einer Neuauflage von Hitlers *Mein Kampf* nicht als Verstoß gegen die Verfassung zu werten ist, die nach Artikel 5, Abs. 1,

eine (Vor-)Zensur aus politischen, weltanschaulichen, moralischen oder religiösen Gründen verbietet, so wird durch die
Weigerung der Bayerischen Staatsregierung, einen Nachdruck
zu erlauben, doch die *Wirkung* einer Zensur oder eines Verbotes erzielt.

Was die plausible, in sich schlüssige juristische Argumentation
ermöglicht, das ist die stillschweigende Voraussetzung, daß
durch die geschickte Wahl und Aufeinanderfolge von Worten in
einer die Gewalt verherrlichenden Schrift bei den Lesern eine
gefährliche Neigung zur Gewalt geschaffen werden könne und
daß Bücher und Broschüren genügten, um zum Rassenhaß
»aufzustacheln« (wie es in § 131 StGB heißt). Beide Befürchtungen setzen, ohne es zu reflektieren, den aus vitalem Unmut
schon aggressiv gestimmten Menschen voraus, der nur darauf
wartet, ein ihn sittlich beschwichtigendes Feindbild vorgesetzt
zu bekommen. Anders würde die unbewußt schwelende Aggressivität der vielen Verdrossenen in weniger kollektiver Weise, auf jeden Fall unpolitisch hervorkommen. Nur wer von unbewußten Antrieben nichts hören will, kann glauben, daß
Schriften, die der Brutalität das Wort reden, damit ihre Leser
auch schon auf brutale Gewalt einzustimmen vermöchten.
Selbst wer rassistischer Hetze erliegt, ergreift damit doch nur
eine Möglichkeit, ohne schlechtes Gewissen zumindest in starken Worten jenen lange angestauten Unmut und Menschenhaß
auszuleben, der schweren Demütigungen des eigenen Lebenswillens sich verdankt. Wenn in einigen Ländern weite Kreise
der Bevölkerung sich so verhetzen lassen, daß sie »wie ein
Mann« sich gegen andersgläubige oder andersartige Menschen
stellen, dann ist das aber nicht einfach eine Wirkung entsprechender Hetze. Die so in kollektivem Haß Verbundenen entstammen gerade denjenigen Gruppen, Schichten oder Glaubensgemeinschaften, die das triebfeindliche Ethos unserer Kultur am reinsten vertreten. Das gilt für den rassistischen Ku-
Klux-Klan wie für die Hitler und Himmler, die entweder einem
strengen oder einem beklemmend biederen Elternhaus entstammen. Da die hier gepflegte Verschüchterung vitaler Neigungen der eigentlich moralkonforme Erziehungsstil ist, ist es
auch nicht verwunderlich, daß sich vieltausendfach Menschen

formieren — mit derselben sittlichen Unerbittlichkeit, mit demselben Verlangen nach affektiver Entlastung von den verinnerlichten Zwängen, aber auch mit demselben Bedürfnis, sich an Feinden abzureagieren. Sie finden den für sie passenden Feind am ehesten in einem Volk, das den von ihnen gepflegten Lebensstil durch sein bloßes Anderssein in Frage stellt. Rassenhetze braucht denen, die schon nach einem Feinde dürsten, nur noch die tatsächlichen oder vermeintlichen Wesensunterschiede der »fremdrassigen Leute« (Hitler[33]) herauszustreichen, um die schon sprungbereite, aber ziellos schweifende Aggressivität auf sie hin auszurichten.

Wo der zum Rassenhaß Aufgehetzte bereits andersorientierte Feindhaltungen vorfindet, wie einst Hitler im Preußenhaß der Bayern[34], da braucht er nicht einmal mehr eine Kollektivierung zu leisten; es genügt, den schon gebündelten Menschenhaß so umzulenken, daß eine noch größere Haßgemeinschaft entsteht. Jeder ängstlich Hassende macht eine solche Schwenkung nur allzugerne mit. Doch Vorbedingung ist allemal, daß der lustfeindlich erzogene, lebensfeindlich gewordene Mensch noch häufig genug zu finden ist: häufig genug, um ein ganzes Land mit einem Netz von Gleichgesinnten zu überziehen. Zum Rassenhaß aufhetzende Bücher vermögen einen solchen Zusammenhalt nicht zu schaffen, kaum zu erhalten, weil eine von unterdrückten Trieben genährte Solidarisierung der leibhaft vermittelten Bestätigung bedarf, zumindest durch das in Erregung gesprochene Wort eines ebenso Gestimmten. Vereint im wechselseitig bestätigten Haß auf ihnen gemäße Feinde, werden aus aggressiv Gleichgestimmten erst Gleichgesinnte. Ihre destruktiven Affekte rationalisierend, können sie gleichwohl selber die Überzeugung gewinnen, sie seien durch nichts als Vernunftgründe zu ihrem Haß auf die andersartigen Menschen gekommen. So hat Hitler den Judenhaß, den er im Wien des Antisemiten Lueger entwickelt hatte, rückblickend eigenem Nachdenken und entsprechender Lektüre zugeschrieben[35]. Und so fürchten heute immer noch ideengläubige Antifaschisten, es könnten aus Lesern Hitlers auch Neonazis und Antisemiten werden.

Es ist indessen weniger die Sorge um den inneren Frieden unse-

rer demokratischen Ordnung, die die bayerische Staatsregierung im Bunde mit dem Bonner Auswärtigen Amt dazu bestimmt, eine Neuauflage von Hitlers aufschlußreichem Buch zu
verhindern. Es ist zugegebenermaßen die Sorge um das deutsche Ansehen im Ausland[36]. Solche Sorge, als entscheidendes
Motiv vorgestellt, macht deutlich, wie wenig wir mit Hitler
und dem, was er auf Deutschland abgeladen hat, noch fertigge-
worden sind. Wir haben Hitler noch nicht überwunden, solange wir meinen, wir müßten bei allem, was wir sagen und tun,
eine geradezu kämpferische Gegenposition zu ihm beziehen.
Wir haben ihn auch immer noch im eigenen Nacken, solange
uns der Eindruck, den wir im Ausland hinterlassen, sogar wichtiger ist als eine kritische Auseinandersetzung mit Hitlers Gedankengut. Denn dann denken wir in der Kategorie der Propaganda, der bei Hitler durchgängigen politischen Motivation.
Und wir denken selber autoritär, wenn wir meinen, die Unterdrückung autoritärer und antidemokratischer Gedanken sei das
beste Mittel, sich ihrer zu erwehren. Das ähnelt der Empfehlung des Religionslehrers, der uns einst Keuschheit gepredigt
hat: »Nichts Sündhaftes denken!«
Hitler, »das deutsche Trauma« (Kalow[37]), wird nicht überwunden durch Filme, die ihn als faszinierenden Unhold oder als
tragischen Helden der Geschichte darstellen; sein Ungeist wird
aber auch nicht bewältigt durch Verdrängung, durch ein Ignorieren des Buches, in dem er sich am konsequentesten mitgeteilt hat. Für eine unverkrampfte Bewältigung des Phänomens
Hitler reicht es nicht aus, daß *Mein Kampf* nur in einigen wissenschaftlichen Bibliotheken an Ort und Stelle eingesehen werden kann. In einer freiheitlichen Ordnung sollte niemand in
Versuchung kommen zu denken, daß ihm durch das Verbot bestimmter Schriften die Wahrheit vorenthalten werde. Zumal
das Verbot von Büchern umkleidet diese mit einer Aura des Geheimnisses. Die Macht verbotener und darum ungelesener Bücher kann größer sein als die der überall angepriesenen.

c) Das neue Delikt »Auschwitz-Lüge«

Was für Hitlers Buch verlangt werden muß, daß es gedruckt
werden darf, das gilt auch für neonazistische Schriften, die entweder die Tatsache der Judenvernichtung durch die NS-Führung bezweifeln oder deren bekanntgewordenes Ausmaß zu bestreiten suchen. Die Vorstellung, durch Verbote und Strafandrohung eine Bewußtseinsänderung bei politisch Verbohrten
herbeiführen zu können, ist wirklichkeitsfremd. Was einem
Verbot, einem Schweigegebot, einem Tabu unterliegt, ist auch
jeder argumentativen Klärung entzogen. Wer in allerbester Absicht Zweifel an einer Wahrheit mit Zwangsmitteln niederzuhalten sucht, der erweist ihr nur einen Bärendienst. Denn gerade in der Widerlegung von Einwänden und Zweifeln bleibt das
Bewußtsein des wahren Sachverhalts lebendig. Die Kriminalisierung irriger Meinungen ist schon darum kontraproduktiv.
Sie widerspricht auch der Tradition abendländischer Toleranz.
Es kann, mit John Locke gesprochen, nicht die Aufgabe der
Gesetze sein, »für die Wahrheit von Meinungen zu sorgen«[38].
Nur der Versuch, das Irrige gewaltsam durchzusetzen und auszubreiten, sollte im Recht eine Schranke finden.
Ergänzungen des Strafrechts (aus dem Jahre 1985), die die sogenannte *Auschwitz-Lüge* unter Strafe stellen[39], haben lange
Zeit zu keiner Verurteilung geführt. Weil diese Ergänzungen
(im Paragraphen 194 StGB) zu verschwommen sind, meinten
die einen[40]; weil mit juristischen Mitteln historische Fragen
nicht zu klären seien, sagten andere[41]. Noch in der 24. Auflage
des Strafgesetzbuch-Kommentars »Schönke-Schröder« von
1991 schrieb Professor Theodor Lenckner zu § 194 (Rdnr. 1),
»daß die Gerichte hier mit den erforderlichen (auch historischen) Tatsachenfeststellungen überfordert sein können«[42].
Zum »politisch und moralisch gebotenen« Ansatz, den Vorwurf einer Auschwitz-Lüge mit Hilfe des § 185 StGB als Bele-
digung der Opfer des Gewaltregimes abzustützen, merkt er an,
dies sei »eine juristisch höchst anfechtbare Verlegenheitslösung,
die zudem bereits versagt, wenn der Täter von der Richtigkeit
seines Bestreitens überzeugt ist«; dann fehle der »Beleidigungs-
vorsatz« (Rdnr. 3 zu § 185). — Im Dezember 1991 wurde nun

aber ein Deutsch-Kanadier, der als Verleger Anstößiges zu
Auschwitz verbreitet hatte, vom Amtsgericht München zu einer
hohen Geldstrafe verurteilt: wegen Volksverhetzung (§ 130
StGB), Aufstachelung zum Rassenhaß (§ 131 StGB), Beleidigung (§ 185 StGB) und Verunglimpfung des Andenkens Verstorbener (§ 189 StGB)[43]. Der Mann, der die KZ-Massenmor-
de nicht nur verharmlost, sondern »als eine Erfindung der
Gegner Deutschlands im Zweiten Weltkrieg darstellt« (AP,
23. 3. 1991), gehört wohl zu jenen »Überzeugungstätern« (Radbruch[44]), die weder durch Strafandrohung noch durch ihnen
zudiktierte Strafen sich von ihrem rechtswidrigen Verhalten abbringen lassen. Wegen Leugnung des Holocaust war er bereits
im Mai 1988 in Kanada strafrechtlich verurteilt worden[45]; in
München wurde ihm nun auch vorgeworfen, jenen *Leuchter-
Report*[46] vertrieben zu haben, der auf Grund technischer Überlegungen und chemischer Analysen von Mauerproben aus drei
Vernichtungslagern behauptet, daß die heute dort als Gaskammern gezeigten Räume niemals zur Tötung von Menschen hätten dienen können. Die von dem amerikanischen Ingenieur
Fred A. Leuchter in Auschwitz, Birkenau und Majdanek aus
diesen Kammern entnommenen Partikel von Mörtel und Zie-
gelsteinen hätten eine Einwirkung von Zyangas (Zyklon B)
entweder zumeist gar nicht, geringfügig oder nur noch als
Folge von Entlausungen aufgewiesen[47]. Die Kriminalisierung
solcher Analysen und der daraus gezogenen Schlußfolgerun-
gen läßt schon nicht mehr die Frage aufkommen, ob chemi-
sche Untersuchungen in Gaskammern nach so vielen Jahren
noch aufschlußreich sind. Das ist aber keine aus redlicher
Gesinnung beantwortbare Frage, sondern eine an die Adresse
der Chemie.
Die einzige — leider nicht ins Deutsche übersetzte — sachkun-
dige Auseinandersetzung mit dem *Leuchter-Report* stammt von
einem französischen Pharmazeuten, Jean-Claude Pressac[48]. In
der streckenweise polemisch gehaltenen Studie (1989) wird
vermutet, daß in den mehr als vierzig Jahren seit dem Massenmord durch Witterungseinflüsse (Sonnenlicht, Regen etc.) Zy-
angasverbindungen aus den Ruinen der Gaskammern ausge-
bleicht bzw. ausgeschwemmt wurden. Von eigenhändigen Un-

tersuchungen oder Experimenten mit Zyangas, Mörtel und Mauersteinen weiß Pressac nichts zu berichten. So ist ihm selber rätselhaft geblieben, weshalb Blaufärbung bei den Mauern der Gaskammern sich erst in den Jahren nach 1945 ausgeprägt (»manifestiert«) hat. Wenn aber Leuchter vermerkt, daß er immerhin in einem Raum in Birkenau, in dem Kleider desinfiziert wurden, deutliche Spuren von Zyangas feststellen konnte[49], dann paßt darauf wie eine Erklärung die von Pressac[50] gegebene Information, daß zur Vernichtung von Läusen eine vielfach höhere Zyangas-Konzentration erforderlich ist als zur Tötung eines Menschen ($5 g/m^3$ HCN statt $0,3 g/m^3$), desgleichen eine weitaus längere Einwirkungszeit: 2 bis 6 Stunden statt nur 5 Minuten. Es ist leicht zu denken, daß ein in ungleich höheren Dosen immer stundenlang eingesetztes Giftgas sich an den Wänden auch vergleichsweise länger gut nachweisbar erhalten konnte. Wer Zweifel hatte an den Berichten über systematische Menschenvergasung, darf nun zweifeln an der sie bestreitenden Schlußfolgerung von Leuchter.

Wo Fachleute streiten, kann ein Laie nur aufzeigen, was kontrovers ist, allenfalls sagen, was ihm plausibel erscheint. Die letzten Zweifel behebend eingreifen kann er nicht. Das Schweigen der Chemiker zu einer alle Welt bewegenden Frage können wir nur beklagen, zu verantworten haben wir es nicht. Mir geht es vorweg aber darum, der Anwendung des Strafrechts auf nicht konsensfähige Hypothesen entgegenzutreten. Sie ist ein Schritt zurück hinter jene Aufklärung, aus deren Geist Voltaire einem Gegner im Meinungsstreit sagen konnte: »Ich mißbillige, was Sie sagen; aber ich werde bis zum letzten Atemzug dafür eintreten, daß Sie das Recht haben, es zu sagen.«[51] Aus solcher Haltung wandte sich auch Martin Broszat, der langjährige Leiter des *Instituts für Zeitgeschichte,* schon gegen den »bloßen Anschein einer strafrechtlichen Einengung der öffentlichen, kritischen und ggf. auch provozierend-polemischen Diskussion über die NS-Zeit«[52]. Broszat sah in solcher Gesetzgebung eine Geringschätzung der »freien wissenschaftlichen, publizistischen und gesellschaftlichen Kräfte« in unserem Land, und er sagte, vergeblich warnend, voraus, daß künftig den »rechtsextremen Autoren in den Gerichtssälen in noch verstärktem Maße eine

Tribüne eingeräumt« werde. Dazu ist es bereits gekommen, auch dazu, daß jene Propagandisten von ihren Anhängern vor Gericht lautstark, gar durch ein im Chor einsetzendes Gelächter, Unterstützung erfahren[53].

Diejenigen, die blindlings alles aufgreifen, was ihnen geeignet erscheint, Hitlers Massenmorde einfach wegzuerklären, sind wohl nicht vom Streben nach historischer Wahrheit motiviert. Vielleicht denken sie, so den Makel der Kollektivschuld vom deutschen Volk nehmen zu müssen. Die Allereifrigsten unter ihnen stehen aber im Verdacht, einem gereinigten »Führerbild« das Fortleben sichern zu wollen. *Freispruch für Hitler?* fragt suggestiv denn auch schon der Buchtitel eines radikalen Revisionisten[54]. Die eigentliche »Zielgruppe« der Strafbarkeit einer »Auschwitz-Lüge« sind indessen nicht solch politisch Verbohrte, die kaum jemand ernst nimmt, sondern die beamteten deutschen Historiker, die unter Bekenntniszwang (»Einmaligkeit«![55]) und Strafandrohung sich klüglich Zurückhaltung auferlegen: gerade vor entscheidenden Fragen. So überließen sie es vorurteilsfreien polnischen Kollegen, das wahre Ausmaß des Massenmords von Auschwitz festzustellen[56].

Wo immer ernsthaft geforscht wird, beanspruchen die so Bestrebten den Schutz ihrer Arbeit durch das Grundrecht der Freiheit von »Forschung und Lehre« (Art. 5 GG). Da jedes Forschungsergebnis und erst recht jede wissenschaftliche Hypothese sich der Fachwelt zur Diskussion stellt, ja sich anbietet zur Widerlegung[57], umfaßt Forschungsfreiheit auch das Recht auf Irrtum. Es wäre daher nicht nur rechtlich bedenklich, sondern auch wissenschaftlich absurd, einen Forscher zu bestrafen, weil er sich forschend geirrt hat oder aus erforschten Fakten falsche Schlüsse gezogen hat. Nichts anderes ist dem britischen Historiker David Irving widerfahren: weil er — wohl im Vertrauen auf das von Fred Leuchter Dargelegte[58] — die heute in Auschwitz vorgezeigten Gaskammern als »Attrappen« bezeichnet hat und daraus noch folgerte, es habe überhaupt »niemals Gaskammern in Auschwitz gegeben«[59]. Wegen dieser öffentlich in Deutschland vorgetragenen Behauptung wurde der Brite am 5. Mai 1992 vom Amtsgericht München zu einer Geldstrafe von 10 000 Mark verurteilt. Denn er habe sich dadurch einer

Beleidigung (»der Juden«) und einer »Verunglimpfung des Andenkens Verstorbener« schuldig gemacht[60].

Als Zuhörer beim Frankfurter Auschwitz-Prozeß 1964/65 kann ich mich nur wundern, daß Irving zu der (auch vor Gericht festgehaltenen) Behauptung kommt, in Auschwitz seien niemals Menschen den Gastod gestorben. Könnte es aber nicht sein, daß er in bezug auf das heute dort Vorgezeigte durchaus recht hat und sich dennoch historisch gründlich irrt? Sind nicht eine Reihe von Anlagen in Auschwitz noch von der SS (im Januar 1945) gesprengt worden[60a] oder lange Zeit durch Witterungseinflüsse (vgl. bei Pressac S. 5) so verrottet, daß der ursprüngliche Zustand verschwand? Bei Pressac ist denn auch die Rede von »Ruinen« und »wiederhergestellten Mauern« (*murs restaurés*); ein »wiederaufgebautes Krematorium« (*a rebuilt crematory*) beschreibt der *Leuchter-Report* (S. 14). Ist es denkbar, daß bei nachträglicher Rekonstruktion — zur Veranschaulichung des Geschehenen — Fehler unterlaufen sind, die dem Gaskammer-Experten Fred Leuchter auffallen mußten? Hierauf, auf die *technische* Seite des *Leuchter-Reports,* geht Jean-Claude Pressac denn auch nicht ein; er zitiert sie nur einleitend. Pressacs Kritik an Leuchters »Report« ist eine rein *chemisch* begründete. Hat Irving, als er las, Fred Leuchter habe — 1988 — in Auschwitz keine funktionsfähigen Gaskammern angetroffen[61], davon einfach auf einen gleichen Zustand vor 1945 zurückgeschlossen? Die durch Strafprozesse eingefrorene Forschungslage läßt es aber wohl nicht mehr zu, solche Fragen zu diskutieren.

Der Strafrechts-Kommentator Lenckner verwirft (1991) unverändert die Auffassung, »daß schon das bloße Leugnen des millionenfachen Massenmords an Juden auch eine Beleidigung i. S. des § 185 ist«[62]. Verwundert bin ich deshalb auch über ein Gericht, das die Straftatbestände der Beleidigung (§ 185 StGB) und der »Verunglimpfung des Andenkens Verstorbener« (§ 189 StGB) sogar schon durch das Bestreiten einer bestimmten *Todesart*/Mordmethode erfüllt sieht. Denn darüber, daß in Auschwitz eine »Maschinerie des Todes« (Irving[63]) in Gang gekommen war, ist sich auch der verurteilte britische Historiker längst im klaren. Die nachgeborenen Juristen, die geradezu einen Straftatbestand »Vergasungslüge« herausgearbeitet haben, sind wohl beeinflußt von jener vereinfachenden Geschichtsschreibung, die kurzerhand sagt, in Lagern wie Auschwitz und Treblinka seien »6 Millionen Juden vergast worden«[64]. Wer die KZ-Prozesse aufmerksam verfolgt hat, der weiß, daß in den Vernichtungslagern die Häftlinge auf mannigfache Weise ermordet, aber auch hinweggerafft wurden. Der ehemalige »Lagerälteste« von Auschwitz Hermann Diamanski, der wie viele andere Zeugen die Menschenvergasung bestätigt hat, sagte im Frankfurter Auschwitz-Prozeß aber auch, bei einer Flecktyphus-Epidemie seien die Häftlinge hinweggestorben »wie die Fliegen«[65]. Man kann sich vorstellen, daß die zur »Endlösung« der Judenfrage abkommandierten SS-Ärzte und -Sanitäter wenig mehr taten, als die Seuche einzudämmen. Nur wer nicht genug informiert ist über die Hölle von Auschwitz, dem kann ein Gespür dafür fehlen, wie wenig ein vor Gericht getragener Streit über die vorherrschende Tötungsmethode den vielfältigen Leiden der Opfer angemessen ist.

Die grundlegende Frage bleibt: Sind von Historikern aufgestellte Hypothesen überhaupt strafrechtlich prüf- und bewertbar? Wenn ja, müßte dies nicht auch für jene These gelten, die auf den polnischen Historiker Franciszek Piper zurückgeht: In Auschwitz seien nicht 4 Millionen Menschen, sondern »nur« etwa 1 bis 1,5 Millionen umgebracht worden[66]. Ist diese »Revision« nachzusprechen nur deshalb nicht strafbar, weil sie inzwischen allgemeine Anerkennung gefunden hat?[67] Kann aber fehlender Konsens schon Strafbarkeit begründen? Oder kommt es primär darauf an, vor welchem Forum eine Historiker-These zur Sprache kommt? Irvings Thesen und Irrtümer auf einem Historiker-Kongreß ausgebreitet — blieben sie da juristisch ungeschoren? In einer »offenen Gesellschaft« (K. Popper[68]) sollte dies keine Rolle spielen. Hier müßte es sogar möglich sein, an scheinbar Unbelehrbaren noch Überzeugungsarbeit zu leisten. Durch Strafen, die jede Diskussion abschneiden, wird niemand überzeugt.

Sanktionen, die einen Menschen empfindlich, gar existenzvernichtend treffen, müssen nicht notwendig auf einem Strafverfahren beruhen. Beachtlich war ein Urteil des Bundesverwaltungsgerichts (vom 28. 9. 1990), das einen Offizier aus der Bundeswehr ausgestoßen hat, weil er die NS-Rassenmorde leugnet, und dies sogar lauthals vor Untergebenen — während einer Grillparty! Er habe damit, hieß es in dem Urteil, gegen die »Pflicht zur Loyalität gegenüber dem Staat, seinen Organen und seiner Rechtsordnung« verstoßen und versäumt, »sich zu der Idee des Staates, dem er dient, zu bekennen«. Wenn er die Verfolgung und Tötung der Juden bestreite, stelle er sich gegen die »freiheitliche demokratische Grundordnung im Sinne des Grundgesetzes«[69]. Ein überraschendes Urteil, das der Erkenntnis einer gewiß unbestreitbaren historischen Tatsache Verfassungsrang zuweist und die Idee des eigenen Staates rein negativ bestimmt: als Ablehnung und Verurteilung der mörderischen Hitler-Diktatur. Ein wenig mehr, auch ein wenig mehr an Toleranz, als in diesem Urteil herauskommt, sollten wir vom *freiheitlichen* demokratischen Rechtsstaat schon erwarten und ihm zugestehen: mehr als die rein negative Fixierung auf das, was er *nicht* sein soll. Wenn Christian Meier sagt, »daß unsere Demokratie auf das Erfahren und die Ablehnung des Nazismus gegründet ist«[70], so ist das ebenso richtig, wie es nicht ausreicht. Das Grundgesetz der Bundesrepublik Deutschland knüpft — im Artikel 140 (Kirchenrecht) sogar ausdrücklich — an die Weimarer Reichsverfassung an, und es steht in der Tradition der freiheitlichen westlichen Demokratien, die nur gegen ihre militanten Gegner einzuschreiten verlangen. Allein der Aberglaube, daß die Neigung zur Gewalt »geistige Ursachen« habe[71], läßt fordern, bereits nicht konsensfähige Meinungen zu kriminalisieren. Die rechtsförmige Anwendung immer neuer Aspekte, unter denen sich das Grundrecht der freien Meinungsäußerung einschränken ließe, könnte am Ende nicht mehr viel davon übriglassen. Der sogenannte »Kernbereich« dieses Grundrechts würde dann nur noch in Sonntagsreden zelebriert.

Eine Justiz, die schon gegen irrige Meinungen einschreitet, die nicht von einer Beleidigungsabsicht getragen sind, bleibt nicht einfach wirkungslos. Sie festigt den ohnehin verbreiteten Hang, zu brennenden Fragen einfach zu schweigen; sie fördert die Bereitschaft, bloße Lippenbekenntnisse des Erwünschten zu lei-

sten, und sie entfacht noch Zweifel am unwiderleglich Fakti-
schen bei allen denen, die gelernt haben: »Die Wahrheit setzt
sich immer durch«, und zwar von alleine. (Das stimmt zwar
nicht; aber muß staatlicher Zwang sein beim Dienst an der
Wahrheit?) Schließlich stimuliert solche Justiz auch zum De-
nunzieren. An jedem Stammtisch, bei jeder Grillparty kann einer dabeisitzen, der aus häufig rechtsfremden Motiven einen
unbedacht Daherredenden anzeigen wird. Mit anderen Worten: Es sind freiheitswidrige Neigungen, die so gefördert werden. Wie sagte man unter Hitler? »Halt doch den Mund, dann
passiert dir nichts!«
Die vornehmste Waffe im Meinungsstreit ist nach den Grundsätzen eines liberalen Gemeinwesens nicht Verbot oder Strafe,
sondern das Argument, die »Waffe Wort«, wie Lew Kopelew
sagt[72]. Wenn wir nicht den Glauben verlieren sollen, daß die
Demokratie eine lebenskräftige Form der Gesellschaft ist, dann
können wir nicht hinnehmen, daß sie einer Verharmlosung Hitlers sich mit eben den Zwangsmitteln erwehrt, deren sich der
Diktator selber nur zu selbstverständlich bedient hat, um ihm
widerstrebende Gesinnungen zu unterdrücken. Wie oft wird
Hitler noch besiegt? Wie oft muß er noch besiegt werden? Mir
scheint, sein Ungeist, seine Abwehr von bloßen Zweifeln, seine
Neigung, einfach zu verbieten, was nicht ins herrschende System paßt, muß auch noch in seinen Überwindern überwunden
werden.

d) Fixierung auf »Faschismus«

Hitlers Aufstieg zur Macht, seine Herrschaft über Deutschland,
der von ihm ausgelöste Zweite Weltkrieg und der von ihm befohlene Völkermord haben bis auf den heutigen Tag in Europa
so nachgewirkt, daß es nur zu selbstverständlich ist, daß Historiker, Politiker und Politologen sich immer noch — und von
Jahr zu Jahr intensiver — mit dem »Führer« befassen und auseinandersetzen. Wie aber jede systematische Auseinandersetzung mit einer Sache, die auf einen überprüfbaren Begrün-
dungszusammenhang hinauswill, sich zu einer regelrechten

Disziplin entwickelt, so wird auch die Erforschung Hitlers und
seiner »Bewegung« zu einem eigenen Fach, in dem zuletzt nicht
mehr nur Fakten geklärt und gedeutet werden, sondern Deu-
tungsmodelle miteinander in Konkurrenz treten. »Faschismus-
forschung« gerät so in Gefahr, zum bloßen Selbstzweck zu werden, zu einer Wissenschaft, die Aufstiegschancen eröffnet,
Lehrstühle errichtet und Forschungsaufgaben vergibt, die nur
mit immer feineren Differenzierungen zu lösen sind. Was uns
allen drohend im Nacken sitzt, der Ungeist Adolf Hitlers, wird
zum Übungsfeld wissenschaftlicher Akribie und damit zum
Objekt des Scharfsinns und der geistigen Routine verharmlost.
In den schon gegeneinander aufgefahrenen »Faschismustheorien« haben wir das Gegenstück zur affektiven Dämonisierung
Hitlers, und zwar nicht nur, weil es in ihnen ums Soziologische
und Ideologische geht, statt um die Ausstrahlung einer Person
und die Sehnsüchte der Massen, sondern weil vom Faschismus-
Forscher nur noch ein rationales Engagement gefordert ist,
oder vielmehr: ein gut rationalisiertes. Wer sich innerlich stärker beteiligt, hat es sich selbst zuzuschreiben, wenn er darüber
nicht mehr ruhig schlafen kann. Wer dagegen den »Faschismus« als typische Mittelstandsbewegung deutet oder aus einer
bestimmten historischen Konstellation hervorgehen sieht, wer
ihn als eine Spielart des Totalitarismus darstellt oder auf einen
unverwechselbaren (»deutschen«) Nationalcharakter zurückführt[73], der erhebt sich damit in die Dimension rational erklär-
barer und formulierbarer Motive, desinteressiert an den unbewußten Antrieben, die massenhaft Menschen zur Diskrimini-
rung von Minderheiten und zum Haß auf »Todfeinde« verleiten, sie dahin drängen, in »blindem Gehorsam« einem Führer
ihr Gewissen abzutreten. Selbst wer als Faschismus-Forscher
psychologisch noch eben dies nachzuvollziehen vermag, wird
doch von den kulturspezifischen Bedingungen solcher Radikalisierung und Kollektivierung nichts mehr wissen wollen. Psychische Ursachen diskutierend, erfaßt er nur, was von den in sittlichen Zwängen Getriebenen selber reflektiert werden kann,
nicht aber, was sie zu kollektiver Aggression tatsächlich treibt
und zusammenführt.
Zur Verteidigung des engen Faschismus-Begriffes ließe sich an-

führen, daß wir schließlich an die historische Wirklichkeit des Faschismus, oder eigentlich des Hitlerschen Nationalsozialismus, gebunden seien, sowie wir davon sprechen. Es bewahrheitet sich zwar die Bemerkung de Gaulles, daß man dem Antifaschismus vieles aufpacken könne[74]. Aber wir sollten nicht einfach mit dem Verdikt »faschistisch« belegen, was immer unseren aufgeklärten Wertvorstellungen widerspricht. Wir wollen nicht, daß die Inhumanität des Faschismus oder Nazismus wiederkehrt, und darum sind wir besonders hellhörig für alle Töne, die nach Mussolini, nach Hitler oder Goebbels klingen. Überhaupt alles, was uns an jene Zeit erinnert oder sie heraufzubeschwören scheint, weckt unsere Abwehrbereitschaft. Das ist gut so und ist auch ohne Einschränkung zu bejahen, solange daraus im Kampf gegen das Menschenunwürdige nicht nur eine einseitige Fixierung auf den Faschismus wird. Andere, vielleicht noch größere Gefahren für unser Überleben könnten unterdessen sich vorbereiten.

Viele, die sich selber als »Linksintellektuelle« verstehen, kennzeichnet eine feinfühlige Allergie gegen alles Faschistoide, gegen alles, was auch nur vage an den Führer oder den Duce erinnert. Solche Witterung ist wertvoll einem jeden, der sich daranmacht, Gefahren für den inneren und äußeren Frieden aufzuspüren. Die Fixierung aufs Faschistische oder Faschistoide aber ist nahezu wertlos, sofern es darum geht, die tieferen Gründe inhumaner Politik bloßzulegen. Das Aufzeigen faschistischer Erscheinungen und das Wettern gegen »neuen Naziungeist« hält sich an Epiphänomene tieferer Störungen des Zusammenlebens, die nur in der Politik *auch* als faschistische Züge sichtbar werden. Elementares Leiden an schon früh erworbenen Hemmungen, an lebenslanger Unterdrückung und Selbstunterdrückung spontaner Regungen, an der Überforderung durch eine Prestigemoral und am Beiseite-geschoben-Werden in einem immer perfekter automatisierten Arbeitsleben, dazu die Hilflosigkeit gegenüber einer Invasion von »Asylanten«: das sind wesentliche Quellen einer Angst und eines Unmuts, die, kollektiv verbreitet und politisiert, ein faschistoides Klima mit aufbauen helfen. Wer auf die sittlichen, die individualpsychologischen wie die sozialen Bedingungen faschistischer Ansätze sich nicht

einlassen will und statt dessen sich damit begnügt, entsprechende Parolen und Meinungen anzuprangern, der ist nur immer in
Überbaudiskussionen verwickelt, und dies sowohl im vertrauten
marxistischen wie in einem triebpsychologischen Sinne. An den
Jugendunruhen wie an der Ausländerfeindlichkeit hat sich aufzeigen lassen, wie Triebmotive sich politisieren. Vitale Sehnsüchte, die nicht die ihnen gemäße Erfüllung finden, sind nicht
durch Ermahnungen zu staatsbürgerlicher Verantwortung zu
beschwichtigen. Gefühle der Rivalität, Lebensängste, die teils
von den Fremden ausgelöst, provoziert oder verdichtet werden,
teils als Haß an ihnen sich projektiv festsetzen, können nicht
durch Warnungen vor einer Wiederholung faschistischer Exzes-
se beseitigt werden.

Was nur in politischen Aktionen reuelos sich hervorwagt, frustrationsbedingte Aggressivität, kann doch mit politischen Argumenten nicht in Schach gehalten werden. Politischer Kampf
gegen politisch herausgeputzte Affekte hebt diese nur auf jene
Stufe der Auseinandersetzung, derentwegen sie sich politisiert
haben: damit man ihren triebhaften Ursprung vergesse. Solche
Verdrängung wird von staatlichen Zwangsmaßnahmen wie von
moralischen Appellen an die politische Vernunft gleichermaßen
gefördert. Wer gegen kollektiv sich formierende Erregung mit
staatlichen Machtmitteln einschreitet, der bringt nur zu leicht
eine Wechselwirkung von Haß und Gegenhaß in Gang, die auf
der Seite der aufsässigen Gewalt Märtyrer schafft und noch die
Position des Rechts durch aggressiven Eifer zersetzt. Wer aber
rein rhetorisch »faschistischem Ungeist« entgegentritt, der muß
achtgeben, daß seine Worte nicht bei militanten Antifaschisten
zünden. Doch wenn er, konsequent um den inneren Frieden besorgt, eben dies zu vermeiden sucht, dann feiert er mit Gleichgesinnten kraftlos nur seine eigene bessere Überzeugung.

Warnungen, Ermahnungen, Beteuerungen sind fruchtlos, wenn
es bei ihnen bleibt. Wenn sonst im Zusammenleben, in Pädagogik, Moral und Arbeitswelt sich nichts ändern soll, dann hat es
gar keinen Sinn, auf die Gefahren eines »neuen Faschismus«
aufmerksam zu machen. Jedes Wort der Ermahnung ist dann
zuviel, weil es auf frustrierte Gemüter eher noch wie ein Anreiz
zum politischen und psychischen Abenteuer wirkt. Solch uner-

wünschte Wirkung erzielt, wie aufgezeigt, gerade eine antifaschistische Erziehung, die das Unmenschliche, vor dem sie warnt, zuerst einmal so nahebringt, daß etwas davon in den kindlichen Gemütern haftenbleibt. Solche Abschreckung durch Einführung in das Abzulehnende kann freilich auch bisher unpolitisch bereitliegenden vitalen Unmut, der aus Frustrationen erwächst, für sich mobilisieren.

Wenn die Sitten sich nicht lockern dürfen, wenn Erziehung zu Fleiß, Selbstbeherrschung, Pünktlichkeit, äußerlicher Ordnung und Disziplin immer noch wichtiger ist als das Wecken und Fördern von Zärtlichkeit und spontaner Mitmenschlichkeit, dann ist die Mahnung, »den Anfängen zu wehren«, sowie sich faschistische Auswüchse zeigen, nicht wertvoller als eine Sonntagspredigt, die die Gläubigen erschreckt, erbaut und moralisch aufrichtet, um sie tags darauf nur um so träger in den alten Stil zurückfallen zu lassen: weil keine Quellen der Lebenslust erschlossen wurden.

Alle Ermahnungen, das Böse zu meiden, beruhen auf dem stillschweigenden Einverständnis, daß an den bestehenden Verhältnissen selbst sich nichts grundlegend ändern dürfe. Das Böse, das wir auch im Politischen zu meiden hätten, erscheint da immer nur als »Auswuchs« einer sonst sinnvollen Ordnung, als »Maßlosigkeit« und »Radikalisierung« dessen, was durchaus richtig verfaßt sei: mit seinen Tabus, seinen Sanktionen und Reglementierungen. Daß die großen, von Menschen selber entfesselten Katastrophen von einem millionenfach falsch angelegten Leben rühren, bleibt dabei unbedacht. Es zu denken brächte Unruhe ins Haus, nötigte zur Preisgabe vertrauter Wertvorstellungen. Wenn aber mehr Bedingungen für ein friedliches, lustvolles und gelassenes Miteinandersein geschaffen würden, könnten Ermahnungen entbehrlich werden, die von uns Selbstbeherrschung und moralkonforme Verzichte verlangen, aber auch Verzicht auf Fanatisierung und Ideologisierung aggressiver Neigungen.

Wenn der geschichtlich gescheiterte Faschismus immer nur als Folge einer politischen Fehlentwicklung verstanden wird, oder gar nur als Konsequenz einer »verderblichen Ideologie«, dann erfassen die Warnungen vor seiner Wiederkehr nur das Moment der Koordination destruktiver Neigungen unter den Emblemen und Parolen von einst. Daß auch ohne alle Ideologie im Klima unserer Moral vitaler Unmut sich anstaut, daß unsere soziale Ordnung auch ohne politische Ausrichtung auf einen Klassen- oder Rassenfeind millionenfach böse Neidgefühle hervortreibt und mit scheinbar unumgänglichen »Sachzwängen« weidlich Lebensüberdruß nährt, das kommt für die Warner vor einem neuen Faschismus nicht in Betracht. Sie haben aus der Geschichte gelernt, daß es auf keinen Fall falsch sein kann, vor Gefahren zu warnen, die schon einmal aufgebrochen sind. Aufs Geistige, aufs Ideologische fixiert, das jenen Abgrund gesäumt hat, halten sie es für ausreichend, in Schulen und Massenmedien für die rechte politische Gesinnung zu werben. Da wir aber unter den politischen Gesinnungen, die sich noch nicht als verderblich erwiesen haben, eine allzureiche Auswahl von immer noch empfehlenswerten besitzen, bietet sich als gemeinsamer Nenner politischer Rechtgläubigkeit eben jene Ablehnung des Faschismus an, die auch die »Anti-Hitler-Koalition« im Kriege verbunden hatte. Hitler, mit negativem Vorzeichen versehen, wird so zum Leitstern der Demokratie. Unser Begriff von Volksherrschaft höhlt darunter sich aus, sofern er jemals erfüllt war von positiven Leitbildern demokratischer Gesinnung. Auch hierin ist Hitler noch zu besiegen.

e) Das Gerede vom »neuen Hitler«

Wer an Seelenwanderung glaubt, hat es leicht, sich ein Fortleben Adolf Hitlers vorzustellen. Es genügt aber auch ein Schuß Antigermanismus oder deutscher Selbsthaß, um von Zeit zu Zeit einen »neuen Hitler« aus dem deutschen Volk hervorgehen zu sehen. In der auf Jahrzehnte ausgedehnten Nachkriegszeit war — nicht ganz ohne eigenes Zutun — diese Rolle Franz Josef Strauß zugewachsen. Schon 1961 hatte die spätere Terroristin Ulrike Marie Meinhof vor ihm gewarnt mit den Worten: »Wie wir unsere Eltern nach Hitler gefragt haben, werden wir eines Tages nach Herrn Strauß gefragt werden.«[75] Inzwischen sind sie beide tot, die selber gemeingefährlich gewordene War-

nerin und der in den Sielen gestorbene vermeintlich »starke
Mann« der — zumal als Kanzlerkandidat 1979 — Ordnung zu
schaffen versprach.

Die einen sehnen sich nach einem neuen Führer, weil sie insgeheim schwer an der Niederlage von 1945 leiden, die anderen,
weil sie die Schande loswerden möchten, mit der Hitler den
Namen Deutschlands befleckt hat. Was damals versäumt wurde, weil man zuviel Angst hatte, weil man im Exil war, noch zu
jung oder gar nicht geboren, das konnte am besten nachgeholt
werden im ungefährlichen Kampf gegen einen Politiker, dessen
auftrumpfendes Wesen in eine demokratische Partei doch immer noch beruhigend eingebunden war.

Der tief eingewurzelte Glaube, daß die Geschichte sich ständig
wiederhole, so daß man aus ihr etwas lernen könne, läßt um so
bereitwilliger nach Gelegenheiten Ausschau halten, das einst
Versäumte oder Gescheiterte nachzuholen, diesmal mit Erfolg
und, wenn es sein muß, an einem anderen Objekt. Die Psychoanalyse nennt einen solchen Objektwechsel *Übertragung.*
Freud meint mit Übertragung die auf den Therapeuten ge-
häuften Wünsche, Erwartungen, Hoffnungen und Befürchtungen, Sympathie- und Haßgefühle, die an den Bezugspersonen
der frühesten Kindheit sich herangebildet haben[76]. Was auf den
Analytiker, näher besehen, dabei übertragen wird, sind die seinerzeit nicht erfüllten vitalen Wünsche und Erwartungen, die
unerfüllt gebliebene Liebe sowie der nicht ausgelebte, sondern
in sich verstaute Haß. Die Aufgabe des Therapeuten ist es, diese verdrängten Gefühlsregungen im Patienten wiederzubeleben,
dabei bewußtwerden zu lassen und im Bewußtsein aufzulösen.

Als der einstmals umjubelte Führer in seinen eigenen Untergang auch das Deutsche Reich mit hineingerissen hatte und als
dann seine und Himmlers Massenmorde bekannt wurden, war
es eine fast natürliche, wenn auch neurotische Reaktion, alles
dies zu verdrängen: die Begeisterung von einst, die Schmach
der Niederlage wie die Kenntnis der NS-Verbrechen, die das
deutsche Volk als Ganzes belastet haben. Die Psychoanalytiker
Alexander und Margarete Mitscherlich haben in diesem Sinne
von einer deutschen »Unfähigkeit zu trauern«[77] gesprochen,
von einer kollektiven psychischen Verstocktheit mithin, die be-

handlungsbedürftig erscheint. Wenn es den Mitscherlichs aber nicht gelungen ist, die Deutschen auf die »Volkscouch« (Lübbe[78]) zu legen, dann lag das gerade an ihren guten Absichten. Die verdrängte Wut über die von Hitler befohlenen und im Namen Deutschlands verübten Verbrechen läßt sich nicht auf wohlmeinende Psychoanalytiker übertragen. Dazu mußte einer kommen, der in der Pose eines neuen Retters der Nation bei den einen alte Liebe, bei den anderen alten Haß zu wecken verstand. Franz Josef Strauß bot sich für diese Rolle an, weil er öffentlich aussprach, was viele insgeheim denken, aber es in einer Form sagte, die auch nicht wenige erbost. Manche, angepaßt an das, was heute gilt, schämten sich vielleicht auch nur, ihm zuzustimmen, wenn er sagte, die Deutschen dürften nicht »die Dauerbüßer der Geschichte« sein[79]. Unter Hitlers langem Schatten klang dies ebenso befreiend wie beschämend. So mögen diejenigen, die wie Strauß denken, und jene anderen, die über solche Äußerungen sich entrüsteten, nicht nur in voneinander verschiedenen Menschen verkörpert sein. Gerade die durch Strauß wieder ins öffentliche Bewußtsein gehobenen »legitimen nationalen Interessen«[80] qualifizierten ihn zum unfreiwilligen Therapeuten der Nation, auf den sich auch alte Hitler-Feindschaft übertragen ließ.

Strauß war kein wirklich starker Mann. Auf ihn traf zwar zu, was Baldur von Schirach vom frühen Adolf Hitler gesagt hat, in seine Versammlungen seien die Menschen gegangen wie zu einer Varieté-Vorstellung[81]; aber solcher Zulauf macht noch keine Gefolgschaft. Strauß bot sich als Projektionsphänomen für antifaschistische Proteste weniger deswegen an, weil er besonders radikale Ideen verfochten hätte — das tun andere auch —, sondern vor allem deswegen, weil Tonfall, Drastik der gewählten Vergleiche und Stil seiner Rede die Zuhörer nicht einfach nur rational angesprochen haben. Wenn er gleich Helmut Kohl oder Helmut Schmidt in einem Wahlkampf starke Worte gebrauchte, dann wirkten sie aus seinem Munde noch stärker. Wenn er aber milde Töne anschlug, dann hieß es, der Wolf habe Kreide gefressen.

Er habe wieder einmal Kreide gegessen, das hört und liest man jetzt auch[82] in bezug auf einen Mann, der nach dem Tode von

Franz Josef Strauß sich von Bayern aus aufgemacht hat, deutschnationale Stimmungen zu wecken: Franz Schönhuber. Wie bedauernd klingt es, das Wort von der Kreide in seiner Kehle; man sieht sich enttäuscht, daß der längst zum Neonazi Stilisierte die ihm projektiv zugeschobene Rolle nicht recht erfüllt. Eigenes Bedürfnis nach einem klar erkennbaren Feindbild greift da unversehens ins Leere, wenn der längst Abgestempelte oder in die »braune Ecke« Geschobene Dinge sagt, wie sie jeder rechtschaffene Demokrat kaum anders ausdrücken würde. Da gibt es nur die Alternative: ihm nicht Glauben zu schenken oder ihm überhaupt das Recht zu bestreiten, schon von anderen besetzte Wahrheiten auszusprechen. Er scheint dieses Recht verwirkt zu haben durch das Buch seiner Kriegserinnerungen (*Ich war dabei*[83]), von dem diejenigen, die es nicht gelesen haben, sagen, es verherrliche die Waffen-SS[84].

Demagogische Fähigkeiten wird man Franz Schönhuber ebensowenig absprechen können, wie man sie bei Franz Josef Strauß vermißte. Er hat gewiß die Geschicklichkeit und die Neigung, sich eher ans Gefühl als an den Intellekt seiner Zuhörer zu wenden. Wie halsbrecherisch herausgestoßene Kraftworte und Beleidigungen politischer Gegner sichern ihm den Beifall derber Naturen, die feines Drum-herum-Reden verschmähen und das Deftige für die Wahrheit halten. Entgleisungen ins Ungehobelte überhöht ein Sendungsbewußtsein, das ihn künden läßt: »Ich bin der Erneuerer Deutschlands.«[85] Dabei ist das, was er an rhetorischem Nationalismus aufbietet, von den Losungen einiger CDU-Politiker kaum unterschieden. Mit dem Schlesier Herbert Czaja teilt er die Meinung, daß die deutsche Frage auch über die Oder-Neiße-Grenze hinweg offengehalten werden müsse; und dem langjährigen CDU/CSU-Fraktionsvorsitzenden Alfred Dregger hat er die Forderung nachgesprochen, die deutsche Geschichte nicht auf die zwölf Jahre der Hitler-Diktatur zu verkürzen[86]. Im Blick auf das Asylanten-Problem behauptet Heiner Geißler sogar, was der Sozialdemokrat Kronawitter dazu sage, sei weit schlimmer als das von Schönhuber Vorgebrachte[87].

Wenn Schönhuber ein Rechtsradikaler ist, dann ist er ein höchst untypischer: einer, der die Todesstrafe ablehnt[88], gegen

Rassismus wettert[89], ohne Feindbild über die Türken schreibt[90] und die jungen Leute versteht, die den Krieg überhaupt für ein Verbrechen halten und dabei »nicht einmal mehr zwischen ungerechten und gerechten (Kriegen) unterscheiden«[91]. Je mehr er sich aber abmüht, die auf seine Person zugeschnittene Partei »Die Republikaner« von neonazistisch vorbelasteten Funktionären zu befreien, desto sicherer fällt deren übler Ruf auf ihn zurück. Mit jedem von ihm hinausgeworfenen Rechtsradikalen liefert er gleichsam selbst den Beweis, daß seine Partei auf Unbelehrbare und Chauvinisten höchst anziehend wirkt. Das ist Schönhubers Dilemma — zum Vorteil all derer, die, auf »Antifaschismus« eingeschworen, insgeheim froh sind, wieder einen markanten innenpolitischen Feind zu haben. Es charakterisiert aber das allgemein aggressive Klima einer Gesellschaft, wenn in ihr auch die gegen Intoleranz Angetretenen und auf den »Abbau von Feindbildern« Drängenden selber einen Feind brauchen, gegen den sie sich trotzig stemmen können.

Wenn so auch die militanten Antifaschisten zumindest unbewußt nach einem »neuen Hitler« verlangen, damit ihr Widerstand ein Objekt finde, dann kann es nicht ausbleiben, daß vom rechten Rand des politischen Spektrums immer wieder einzelne Gestalten diesem negativen Leitbild entgegenkommen: aus purem Übermut, größtmögliche Ablehnung und Beachtung zu provozieren. Der Provokationszusammenhang ist ein wechselseitiger: Wer autoritäre Neigungen auszuleben beginnt und sich dafür einen Anhang schafft, weckt bei verspäteten Widerstandskämpfern angelesene »Erinnerungen« an den Führer von einst, die, als Vorwurf gegen einen Rechtsradikalen geschleudert, ihn zur Erfüllung dieses personalen Schemas stimulieren. Schon wird über Schönhuber kolportiert, er habe in Weinlaune zu Parteifreunden gesagt: »Ich bin der neue Hitler.«[92] Wenn es nicht wahr sein sollte, dann ist es doch gut erfunden, nämlich von einem Gegner Schönhubers, und dann ein Zeichen dafür, daß der zum mythischen Archetypus gewordene Hitler in vielerlei Gehirnen spukt, wenn nicht als Vorbild, so doch als Kinderschreck.

f) Der neue Hitler — doch kein Deutscher?

Die neo-rassistische These von der Kollektivschuld der Deutschen und der Einmaligkeit der von »den Deutschen« verübten Massenmorde hat die Möglichkeit, daß ein neuer Hitler auftreten und ein Inferno entfachen könnte, streng auf das deutsche Volk beschränkt. Die Tatsache, daß Hitler Österreicher war, hat dabei sogar jene nicht gestört, die mit Selbstverständlichkeit von einer österreichischen Nation sprechen. Noch diejenigen, die mit Hans Magnus Enzensberger[93] während des zweiten Golfkrieges 1990/91 den Araber Saddam Hussein als den »zweiten Hitler« bezeichneten, verrieten damit nur, daß sie jahrzehntelang dem Denkverbot erlegen waren, das jeden Vergleich Adolf Hitlers mit anderen Menschenschlächtern verwehrt. »Das darf nicht sein, Treblinka ist nicht gleich Gulag«, dekretierte noch im Jahre 1990 die Publizistin Lea Rosh[94]. Und das hieß: Hitler ist nicht Stalin; Hitler ist nicht Pol Pot[95]. Wenn das nur ausdrücken sollte, daß in jedem Vergleich ein Rest Unvergleichbares steckt, dann wäre dagegen nichts einzuwenden. Vergleichbares ist nicht schon Gleiches, nicht einmal Gleichgesetztes. Wenn Hitler ihm unliebsame Volksgruppen, »Rassen«, wie er meinte, hat vergasen lassen, dann ist das nicht das gleiche wie der Hungertod, dem Stalin Millionen Menschen seines Landes ausgesetzt hat[96]. Wer sagt, Hitlers Methode, massenhaft Menschen zu töten, sei *einmalig* und *unvergleichbar,* der drückt damit ein Werturteil aus, das nicht sosehr denken als fühlen lassen soll, daß alle anderen Massenmorde weniger kalt geplant, weniger inhuman, weniger quälend und grausam gewesen seien: eine höchst subjektive Wertung, die den Leiden derer, die nicht unter dem anerkannt einzigartigen Bösewicht litten und starben, nicht mehr gerecht wird. Das selber Bedenkliche solcher Wertung kann sich noch steigern zu der Behauptung, Gewalt sei nicht gleich Gewalt, wenn sie von einer hohen sozialen Zielsetzung befeuert ist. Der Begriff einer »progressiven Gewalt« (Sven Papcke[97]) verharmlost dann alle Schikanen und Sadismen, alle Massenmorde und Terrorakte, die hilflosen Menschen im Namen einer menschheitsbeglückenden Idee zugefügt werden.

Wer vom Feindbild des »häßlichen Deutschen« nicht los-
kommt, der konnte auch »den Deutschen« die Hauptschuld zuweisen, als ein neuer Gewaltherrscher, Saddam Hussein, bin-
nen eines Jahrzehnts zum zweiten Mal ein Nachbarland über-
fiel (nach dem Iran: Kuwait) und ein drittes Land (Israel) mit
Raketen belegte und mit Giftgas bedrohte. »Ausgerechnet von
den Deutschen hat er bekommen, was er braucht, um Israel zu
vernichten«, sagte am 24. Januar 1991 Israels Außenminister
David Levy seinem deutschen Amtskollegen[98]. Dabei waren es,
wie das Stockholmer Friedensforschungsinstitut SIPRI feststell-
te, zu 80 Prozent Frankreich, die Sowjetunion und China, die
durch die Lieferung »schwerer Waffen« (*heavy weapons*) den
Irak und seinen Diktator militärisch so stark gemacht haben[99].
»Auschwitz« als Stigma haftet dem deutschen Volk in seiner
Gesamtheit immer noch so sehr an, daß verbrecherisch handelnde deutsche Waffenhändler und Giftgasproduzenten jedesmal sofort mit der »Schuld der Deutschen« in Zusammenhang
gebracht werden. Wenn ihre französischen, auch britischen und
amerikanischen »Kollegen« oder Komplizen ein Gleiches tun,
dann sind das eben Täter auf eigene Faust oder skrupellose
Vertreter ihrer Firmen, allenfalls Erfüllungsgehilfen einer be-
denkenlosen Außenhandelspolitik. Aber an den deutschen Waf-
fenhändlern wiederholt sich seitenverkehrt jene Kollektivver-
dächtigung, die ehedem von Antisemiten gegen einzelne jüdische Kreditgeber gerichtet wurde: »Typisch jüdisch«, hieß es
da, wenn einer der Ihren seine Außenstände allzu hart eintrieb.
Es ist, wie die von den Nazis verfolgte französische Schriftstel-
lerin Nathalie Sarraute gesagt hat, das eigentlich Schlimme an
der »furchtbaren Krankheit des Rassismus«, daß auch seine
Opfer davon noch angesteckt werden[100]. Neben dem gesin-
nungsethischen Aspekt ist das schlimm, weil dadurch die Ver-
kettung von Haß und Gegenhaß nicht abreißt.
Die mit rassistischem Denken und Fühlen infizierten Opfer des
Rassismus zeigen das indessen nicht erst, wenn sie den destruktiven Wahn gegen das Volk ihrer Peiniger zurückwenden, sondern lange vorher, wenn sie deren diskriminierende Urteile mit
Schuldgefühl nachvollziehen. In moralisch herabgesetzten,
weithin verunglimpften Völkern ist der Anteil der wahnhaft

schuldbewußt Zerknirschten allemal groß. Wer nicht psychisch an Kollektivschuld ersticken will, lebt seine verstohlene Wut darüber aus in einem Haß — entweder auf die ihn Beschämenden oder auf das eigene Volk. So gab es ehedem den typisch »jüdischen Selbsthaß« (Th. Lessing[101]), und so gibt es heute in Deutschland neben den noch nicht gruppenweise Neurotisierten

— den chronisch schuldbewußten Deutschen,
— den »Europäer«, der von seiner eigenen Nation nichts mehr wissen will,
— den unverbesserlichen Antisemiten und den neu motivierten Antizionisten,
— jenen (zumal nach Reisen in deutschfeindliche Länder[102]) in seinem Nationalgefühl verunsicherten Deutschen, gleich ob er mit Trotz oder Zerknirschung reagiert.

Immerhin aber haben — laut Meinungsumfrage[103] — 58 Prozent der Deutschen sich mitschuldig gefühlt am Ausbruch des Golfkrieges. Telefonseelsorger wurden angerufen von Sensibilisierten, die solch wahnhafte Schuld nicht mehr schlafen ließ[104]. Doch der Vergleich Saddam Husseins mit Hitler, den die Massenmedien anboten, ging den schuldbewußten Deutschen nicht so leicht von den Lippen: eben weil sie sich für Hitler immer noch schuldig fühlen. Lieber demonstrierten sie gegen die Amerikaner; das war auch ungefährlich.

Das Gerede vom neuen Hitler weckt peinliche Erinnerung an den alten, wirft auf diesen auch ein beschämendes Licht zurück. Das mag der verschwiegene Grund gewesen sein, aus dem die rechtsradikale *National-Zeitung* während des ganzen Golfkrieges die Sache Saddam Husseins vertrat. Damit verpaßte dieses Blatt die Gelegenheit, unangefochten jenes Denkverbot zu durchbrechen, das immer noch verwehrt, Adolf Hitler mit irgendeinem anderen Despoten oder Massenmörder zu vergleichen. Allzu augenfällig zeigten sich Parallelen zwischen dem »Führerstaat« Hitlers und der Diktatur Saddam Husseins:

1. die brutale Ausschaltung jeder innerstaatlichen Opposition;
2. eine noch das Denken und Fühlen des eigenen Staatsvolks

benebelnde pausenlose Propaganda, verbunden mit einem ins Monströse gesteigerten Personenkult;
3. ein propagandistisch hochgetriebener Nationalismus, der alle Deutschen bzw. alle Araber unter jeweils dasselbe staatliche Dach bringen sollte;
4. ein völkerrechtswidriger Eroberungskrieg: 1939 gegen Polen, 1990 gegen Kuwait;
5. vor der sich abzeichnenden Niederlage eine Strategie der verbrannten Erde: Hitler wollte das besiegte Deutschland ebenso verwüstet hinterlassen wie Saddam Hussein das brennende Kuwait[105];
6. Giftgaseinsatz gegen Teile der eigenen Bevölkerung, bei Hitler gegen die deutschen Staatsbürger jüdischer Abkunft, bei Saddam Hussein gegen die Kurden im Irak;
7. ein mörderischer Antisemitismus, der — beide Male — um Beifall bei den moslemischen Palästinensern warb;
8. die militante Aufbereitung einer kulturell bereits vorgegebenen Ideologie zum Ansporn für hemmungslose Aggression, bei Hitler die Zuspitzung der völkischen Idee zum todbringenden Rassismus, bei Saddam Hussein die Ausbeutung des islamischen Glaubens für einen vorgeblich »heiligen Krieg«.

Zu dem zuletzt genannten Punkt wurde allerdings einschränkend bemerkt, daß Saddam Hussein in seinem Außenminister Tarik Asis einen Christen als Mitstreiter an seiner Seite hatte. Aber war nicht auch Robert Ley, der »Reichsorganisationsleiter« von Hitlers NSDAP, ein Jude und der Organisator der Judenvernichtung, Reinhard Heydrich, selber jüdischer Abstammung![106]
Die Übereinstimmungen in Verhalten und Motivation der beiden Diktatoren sind verblüffend; aber sie könnten doch nur zufällig oder äußerlich sein, tiefer angelegte Gründe einer hier wie dort staatstragend gewordenen Brutalität verdeckend. Hans Magnus Enzensberger, der deutlich, ja allzu plakativ die Gleichung Saddam = Hitler aufgestellt hat, sieht beinahe mystisch in beiden säkularen Gestalten einen »Feind der Menschheit« in die Welt getreten. Aber er verkennt nicht die entscheidende Bedingung für das Mächtigwerden eines solchen Unholds: »eine

lang andauernde kollektive Kränkung, die das Selbstwertgefühl von Millionen bis auf den Grund zersetzt«[107]. Wir dürfen da für Deutschland an den demütigenden Versailler Friedensvertrag von 1919 denken, für die arabischen Länder an die bedrückende Zeit ihrer Beherrschung durch Kolonialmächte. Solche Belastungen abzuschütteln gelang zeitweilig einer ideologischen Gegensteuerung, die aber von Hitler wie von Saddam Hussein nicht konsequent auf immer dieselben Feindbilder ausgerichtet war. Die ideologischen Ziele, sagt Enzensberger, seien für die beiden Diktatoren »austauschbar und beliebig« gewesen. Soviel kann dafür angeführt werden: Hitler hat sich mit dem von ihm bekämpften Bolschewismus vorübergehend ebenso verbunden wie Saddam Hussein in seinem zweiten Golfkrieg mit dem islamischen Fundamentalismus. Aber stärker motivierende Zielsetzungen blieben von solcher Taktik unberührt: Hitlers Wunschtraum von einer die Welt beherrschenden »nordischen Rasse« und die von dem Iraker aufgegriffene Idee eines panarabischen Reiches.

Problematisch ist auch die von Enzensberger behauptete *Sonderstellung* Adolf Hitlers und Saddam Husseins unter allen anderen Gewaltherrschern der Geschichte und in der Gegenwart. Es sind allemal sozial fehlgeleitete, ja verprellte triebhafte Neigungen, die dort, wo die Unterdrückung aller als Triebunterdrückung des Einzelnen exerziert wird, als allgemeines Unbehagen sich niederschlagen und zu kollektiver Aggression sich umformen lassen. Ein prototypisch so gestimmter Führer hat da nicht mehr viel Mühe, die brodelnde Unruhe auf leicht verständliche Feindbilder auszurichten und — angesichts der sich abzeichnenden Gefahr des Scheiterns — durch ein Ethos der Selbstaufopferung zu verklären. Er braucht dazu gar keinen »unfehlbaren Spürsinn für die unbewußten Regungen seiner Anhänger« (Enzensberger), wenn er so empfindet wie sie. Auf dem kulturellen Boden einer Verzichts- und Erlösungsreligion ist solche Übereinstimmung von Führung und Verführten beinahe die Regel, so selbstverständlich, daß man fragen kann, ob nicht der Anführer zumindest von seinem Anhang (nicht vom ganzen Volk) geschoben wird, aggressiv zu führen. Daß es da zu einer gefährlichen Formierung kommt, dazu gehört gewiß eine »starke Persönlichkeit«, eine kraftvolle Natur mit starker neurotischer Ausstrahlung, die auf alle, die das eigene Volk »vom Ausland« ungerecht behandelt finden, höchst anziehend wirkt. Die im eigenen Leben Gescheiterten lehnen sich ohnehin gerne bei starken Männern an. Propaganda, die solche Menschen anspricht, muß das Kunststück fertigbringen, das aufzurüttelnde Volk als die »Habenichtse« der Welt (Hitler[108]) darzustellen und zugleich als eine unbezwingbare Nation, die sich das nicht länger bieten läßt. Wer sich solcher Parolen bedient, darf nur die alte Feindorientierung seiner Kultur nicht aufgeben oder er muß, wie Saddam Hussein, nach eigenwilliger Abweichung davon schleunigst wieder dahin zurückkehren. So beliebig waren die kulturspezifischen Vorgaben nicht, daß Hitler in seinem Machtrausch auf den traditionell christlichen Antisemitismus hätte verzichten können und Saddam Hussein in seinem Kampf um Kuwait die Losung des »Heiligen Krieges« gegen die Ungläubigen nicht hätte auszugeben brauchen. Vor den tradierten Feindbildern ist es nebensächlich, daß Adolf Hitler tatsächlich glaubte, einer »jüdisch-internationalen Weltverschwörung«[109] konfrontiert zu sein, und daß Saddam Hussein vermutlich nur in rhetorischer Aufwallung vom »Satan Bush« gesprochen hat[110].

Eine durch Tradition gestützte Ideologie ist geeignet, dem Verbrechen des Angriffskrieges genügend Kämpfer mit »guter Moral«, das heißt mit betäubtem Gewissen, bereitzustellen. Aber nur, wer von der Gefährlichkeit lange andauernder Triebfrustration nichts wissen will, kann die von einer losgelassenen Soldateska verübten Grausamkeiten, Folterungen und Vergewaltigungen auf eine »aggressive Ideologie« zurückführen, wenn nicht rassistisch sogar auf die Schlechtigkeit von »Untermenschen«. Wir stehen erst bei dem durch strenge Moral und harte Disziplin verursachten vitalen Unmut der Menschen vor dem tieferen Grund der Kriegsbereitschaft bestimmter Völker. Sie läßt sich unter wechselnden Feldzeichen nur immer wieder anders ideologisch überformen.

Kriegsbereitschaft als eine irrational aus dem Unbewußten aufgestiegene Motivation wird auch am zuverlässigsten durch irrationale Bewußtseinsbildung in einem Volk stabilisiert. Nichts ist dafür geeigneter als eine noch tief im Mythischen steckende Religiosität. Es war irritierend für Moslems wie für Christen, daß Saddam Hussein und US-Präsident Bush zum Beginn der Kampfhandlungen in Appellen an ihr Volk gleichermaßen sich auf Gott beriefen, der ihrer gerechten Sache zum Siege verhelfen sollte[111]. Wo aber Gott beschworen wird, um Leidensbereitschaft und Kampfgeist zu stärken, da ist die Dämonisierung des Feindes nicht weit. Und da kann es nicht ausbleiben, daß versucht wird, den zum Unhold (oder zum neuen Hitler) Verteufelten mit Beelzebub auszutreiben. Wie einst im Zweiten Weltkrieg wurden im Irak Wohngebiete mit Bombenteppichen belegt. So weit geht die Parallele zwischen Hitler und Saddam Hussein auch auf der Opferseite, daß ein von ihnen heraufbeschworener Krieg keinerlei »Humanitätsduselei« (Nazi-Jargon[112]) mehr zuließ. Die in einer Art Blitzkrieg vorrückenden amerikanischen Panzerverbände haben, unterstützt von Planierraupen, irakische Soldaten bei lebendigem Leibe begraben[113]. Die im September 1991 nachgeschobene Behauptung des Pentagon, solche Art Kriegführung sei durch die Genfer Konvention nicht verboten, öffnet das Tor für ähnliche Grausamkeit in der Zukunft. Wie oft wird Hitler noch besiegt?

NACHWORT ZUR NATIONALEN FRAGE

Jenen Lesern, die wissen wollen, wie der Autor heute zur »nationalen Frage« sich verhält, möchte ich sagen, daß ich keinen Widerspruch darin sehe, sich einer Nation zugehörig zu fühlen und *jeglichen* Nationalismus abzulehnen. Das Bewußtsein des Eingebundenseins in eine Nation, das Betroffensein von ihrem Wohl und Wehe muß nicht von eifernder Hingabe ans nationale Ganze unterlegt und befeuert sein, aber auch nicht negativ von einem zerknirschten Leiden an der eigenen Nation. Positiver wie negativer Nationalismus kommen eben darin überein, daß »die Nation« im Gefühlshaushalt der so oder anders gestimmten Menschen eine überwertige Rolle spielt. Wer sagt: »Mir geht Deutschland über alles«, oder: »Ich schäme mich, ein Deutscher zu sein«, beweist damit nur, daß ihm nicht recht wohl ist in seiner Haut, oder daß er nicht recht beheimatet ist bei den Menschen, mit denen er lebt. Aus allerprivatestem Unbehagen wird leicht nach größerer Solidarität ausgegriffen, aber auch versucht, diffuses Leiden an sich selber in »kollektiver Schuld« unterzubringen, wenn nicht gar in »der Menschheit ganzem Jammer« (Goethe, *Faust*) aufgehen zu lassen. Entlastung von dem Druck privater Nöte gewähren beide Formen des Nationalismus aber nicht ohne Ausrichtung auf ein Feindbild. Im einen Falle sind es Nachbarvölker, nationale Minderheiten, ehemalige Kriegsgegner oder sonstwo »böse Menschen« auf dieser Welt; im anderen Fall ist es einfach die eigene Nation, aus der man sich durch Begeisterung für alles Fremdländische, Exotische, ja durch Identifizierung damit herauszulösen sucht. Frankophile, Anglophile und betuliche Freunde der Ausländer leben uns das vor.
Mit alledem will ich nicht bestreiten, daß auch ein ruhiges Nationalbewußtsein von Gefühlen begleitet und motiviert ist. Jede

Bindung ist Gefühlsbindung, auch die Bindung an die eigene
Nation. Und wie jedes Gebundensein an andere Menschen
kann es umschlagen in Ablehnung und Haß. »Nationaler
Selbsthaß« ist unter den Pseudoprogressiven unseres Landes jenes eigentümliche Phänomen, bei dem offenbleibt, wieweit der
so emotional Aufgewühlte dabei auch sich selber mithaßt oder
wieweit er sich vom eigenen Volk distanziert, um es wie aus si-
cherem Abstand heraus besser hassen zu können, verachten zu
lernen. »Aber das Deutsche ist mir suspekt bis ins Mittelalter«,
verkündete ein deutscher Schriftsteller im Fernsehen[1].

»Das Deutsche«, was ist das bei einem Volk, das, als Rasse betrachtet, ein Mischvolk ist, in Sitten und Gebräuchen von Nord
nach Süd beachtliche Vielfalt aufweist und als Sprachgemein-
schaft durch eine Hochsprache zusammengehalten wird, die
ein Luther ihm geschaffen hat? Das Deutsche, das ist aber auch
das seit Jahrhunderten wache Gefühl, als Lebensgemeinschaft
in einer Mittellage des Kontinents nach allen Seiten hin sich behaupten zu müssen, ein Zwang, der erst in der jüngsten Vergangenheit zu einer übel ausgehenden »Flucht nach vorn« verführt hat, zu Hitlers Krieg. Das Deutsche, das ist unter kollektiver Beschämung und Dämonisierung heute zudem ein Gefühl
der Gemeinsamkeit mit allen, die so belastet werden, wie berechtigt, irreal oder ungerecht entsprechende Beschuldigungen
auch sein mögen. Gar mancher junge Internationalist von 1968
hat, konfrontiert mit Vorwürfen, die auch ihn nicht ausneh-
men, sondern zum »Volk der Täter« (Anm. IV/80) rechnen,
seine Nation wieder entdeckt: in den nun einmal gezogenen
Grenzen und Beschränkungen der Zusammengehörigkeit.

Wir brauchen nicht so weit zu gehen wie jene Gefühlsseligen,
die in der eigenen Nation eine einzige große Familie sehen, wo
nach jedem Tor der Fußball-Nationalmannschaft jeder mit jedem sich verbrüdert fühlen soll. Doch mit Familie hat Nation
etwas gemein: Man darf sie in der Regel sich nicht aussuchen;
man wird in sie hineingeboren. Nicht zufällig finden sich aufgebrachte Verächter der Nation unter jungen Intellektuellen,
die auch gegen ihr Elternhaus rebellieren: Ein vitaler Drang, gegen Gängelung aufzubegehren, vergeistigt sich zu der Weigerung, die Bedingungen des eigenen Daseins, sein *Herkommen,*

zu akzeptieren. Befreiung von der »Schuld der Väter« empfindet dabei aber nur der, dem diese Schuld zuvor als eine auch ihn drückende Last hat eingeredet werden können. Der Glaube an Kollektivschuld motiviert dazu, die eigene Nation zu verleugnen.

Widersprüchlich genug können Deutsche, die mit bebender Stimme sagen: »Die Nation ist mir gleichgültig«, bei den Spielen der Fußball-Nationalmannschaft beachtlich mitfiebern. Können sie nur ein Spiel wirklich ernst nehmen? Oder wollen sie eine Nation, die sich als siegreich erweist? Dann verbärge sich hinter ihrer beteuerten nationalen Reserve eine tiefsitzende Enttäuschung über die im letzten Krieg geschlagene und — unter Hitlers langem Schatten — zum »Volk der Mörder«[2] stigmatisierte Nation. So wie aus jedem Haß ein quälendes Trauma hervorsticht — »enttäuschte Liebe« heißt es zumeist —, so drückt in nationalem Selbsthaß ein verletztes Nationalgefühl sich noch aus.

Mit dem Nationalgefühl ist es wie mit dem religiösen Glauben. Es kann wie dieser bewußt und willentlich abgestreift sein und doch unvermutet emotional wieder durchbrechen. Und so wie Gläubigkeit bei fanatischen Atheisten ins Pseudoreligiöse umschlägt (mit unumstößlichen Dogmen, Jugend- und Fahnenweihe), so stülpen sich radikale Leugner jeglicher nationalen Bindung die Idee einer viel größeren und mächtigeren staatlichen Einheit über: die Hoffnung auf die »Nation Europa« (Carlo Schmid[3]) als erkennbaren Ersatz-Nationalismus. Oder sie stellen sich auf den Standpunkt eines fremden Nationalismus — gegen die Interessen des eigenen Volkes. Ein kaum verdrängtes Motiv dafür mag es sein, sich selber vorzumachen, man stehe immerhin moralisch auf der Seite der Sieger des Zweiten Weltkrieges. Ein doppelter Irrtum! Der neurotische Wunsch, um alles in der Welt und jederzeit zu den Siegern zu gehören, steckt ebenso hinter nationaler Hybris wie hinter der Verleugnung der eigenen Nation, wenn diese eine geschichtliche Erblast zu tragen hat. Gut rationalisiert aber gibt der Verzicht auf nationale Identität sich als eine progressive Haltung aus, die eine antiquierte Idee hinter sich zu lassen meint.

Solange rund um Deutschland nationales Selbstbewußtsein

noch als Tugend gilt, hat deutscher Eifer, in »Europa« aufzugehen, nur den realpolitischen Effekt, daß deutsche Interessen
vernachlässigt werden. Nicht nur durch herrisches Auftrump-
fen, auch durch Nachgiebigkeit gegenüber den Partnern wird
das Gleichgewicht in einer Gemeinschaft gestört. Es ist schwer
vorstellbar, daß es zu einem vereinigten Europa kommt, solange die dafür bereitstehenden Staaten Minderheitenrechte
höchst unterschiedlich respektieren und anwenden. Einige
Nachbarn der Deutschen haben schon erkannt, daß die Annek-
tion deutscher Gebiete zumindest die Duldung der nationalen
Eigenart der von dort nicht restlos Vertriebenen ihnen auferlegt
hat. Daß sie deutsche Sprache und Kultur sogar *fördern* wollten, wagt niemand zu erhoffen. Bei den Deutschen aber hat
längst sich die Einsicht ausgebreitet, daß das Recht auf Rück-
gewinnung völkerrechtswidrig verlorener Gebiete verwirkt sein
kann, wenn seine Durchsetzung zu neuer Vertreibung führen
würde. Ich sehe nur das wiedervereinigte Deutschland mit einem Geburtsfehler behaftet: Die Anerkennung der Oder-Neiße-Linie als Westgrenze Polens ist nicht freiwillig erfolgt, sondern als Bedingung der Wiedervereinigung von den Sieger-
mächten des Zweiten Weltkrieges erzwungen worden. Das
Bundesverfassungsgericht hat das sinngemäß bestätigt[4], und
Rechtsradikale hacken bereits darauf herum[5], Nationalisten,
die von »deutschem Boden« reden, ohne an die Menschen zu
denken, die ihn nun einmal bewohnen.
Nachdenklich stimmt allerdings, was Mieczyslaw Rakowski, Polens letzter kommunistischer Ministerpräsident, reflektiert hat:
Ein Grenzvertrag »gilt nicht für alle Ewigkeit. Solche Verpflich-
tungen haben nur einen begrenzten Wert. Über die Dauerhaf-
tigkeit unterschriebener Verträge entscheidet nun einmal nicht
der Wille der Politiker, sondern das Kräfteverhältnis im Augenblick des Vertragsabschlusses.« Aber das könne sich ändern. Es
gebe »Situationen, die sich überhaupt nicht voraussehen lassen«[6]. Er, Rakowski, habe jedenfalls die Perestroika nicht vor-
ausgesehen.
Der ehemalige polnische Ministerpräsident hat Zweifel artiku-
liert, die viele seiner Landsleute, nur vielleicht weniger deutlich,
empfinden. Nach einer Meinungsumfrage[7] halten 42 Prozent

der Polen die Oder-Neiße-Grenze für »ziemlich unsicher«, 9 Prozent sogar für »sehr unsicher«. Dagegen erscheint sie 53 Prozent der Westdeutschen als »ziemlich sicher«, 28 Prozent schon als »sehr sicher«; nur 12 Prozent meinen, sie sei »ziemlich unsicher«. Die Zahlen für die in der DDR zu »Völkerfreundschaft« erzogenen Deutschen addieren sich immerhin zu höherer Vermutung von »Sicherheit«: 69 Prozent meinen »ziemlich sicher«, 17 Prozent »sehr sicher«, und nur 1 Prozent der neuen Ostdeutschen hält die »Oder-Neiße-Friedensgrenze« (DDR-Wort) für »sehr unsicher«, während in Westdeutschland noch 5 Prozent so denken. — Diese Zahlen, in Worte übersetzt, besagen: Revanchismus muß man heute in Deutschland mit der Laterne suchen. Aber viele Polen, rund 20 Millionen, können sich aus ihrer eigenen nationalen Gesinnung heraus nicht vorstellen, daß eine Nation auf ein von ihr seit Jahrhunderten bewohntes und entwickeltes Land für immer verzichtet. Dazu gehört auch, daß das Thema »Vertreibung« in Polen heute schon »unter dem Gesichtspunkt der ostpolnischen Gebiete« (Karl Lehmann[8]) diskutiert wird. Wenn nicht zuletzt dies einen ungebrochenen polnischen Nationalismus erkennen läßt, dann ist zu bedenken, daß die Polen, die Völker des ehemaligen Ostblocks überhaupt, eines geradezu störrischen Nationalismus bedurften, um das Joch des sowjetischen Imperialismus abzuschütteln. »Ihr hattet es leichter«, sagte Lech Walesa in Bonn, »ihr hattet einen zweiten Staat.«[9]
Wer davon überzeugt ist, daß die geschichtliche Entwicklung Europas über die Nationalstaaten hinausgehen wird, der mag darauf vertrauen, daß die nach dem Zweiten Weltkrieg hier gezogenen Grenzen eines Tages nicht trennender sein werden als die Staatsgrenzen innerhalb der USA. Deutscher Eifer, dahin voranzukommen, wird bei unseren Nachbarn aber bisweilen schon als verdeckter Expansionsdrang gewertet. Wenn es wirklich bei uns schon wieder einen Drang nach außen: nach dem Osten hin, geben sollte, dann wird er durch die immer mächtiger von dort nach Deutschland drängenden Menschenmassen konterkariert. Sollen wir erwarten, gar hoffen, daß Deutsche und Polen über die Oder-Neiße-Grenze hinweg rochieren? Selbst das, was heute »Rechtsradikalismus« heißt in Deutsch-

land, ist defensiv auf die Abwehr von Zuwanderern ausgerichtet, jede Hoffnung auf eine stärkere europäische Gemeinschaft verschmähend.

Vielleicht kommen wir noch in ein »europäisches Haus« (Gorbatschow[10]), in dem es buchstäblich viele Wohnungen gäbe für die durch Handel und Tourismus immer »mobiler« werdenden Menschen. Vielleicht flaut sogar im Osten Europas der Nationalismus wieder ab, nachdem er als Vehikel der Freiheitsbewegungen seine guten Dienste getan hat. Und es könnten diejenigen recht behalten, die meinen, daß einem mitunter grenzüberschreitenden Regionalismus die Zukunft gehöre, so in der Region des »Dreecklandes« zwischen Basel, Freiburg im Breisgau und Straßburg. Sollten aber Millionenschwärme von Menschen noch in Deutschland einfallen — allein ein Drittel aller Polen will »in den Westen«[11] —, dann wäre es nicht überraschend, wenn von hier aus gefragt würde, warum sie in ein übervölkertes Land nur Gepäck, aber nicht auch Boden mitbringen. Eine solche Völkerwanderung schüfe für ganz Europa eine Instabilität, wie sie bisher nur von Kriegen hinterlassen wurde. Und es ließe sich nicht voraussagen, wer davon am meisten Schaden nähme. Deutsche Politiker, die aus mißverstandener Humanität und ad absurdum geführter Freizügigkeit für unbegrenzte Einwanderung werben, müssen sich fragen lassen, ob sie — zumal als *Grüne*[12] — durch immer noch mehr Menschen auf begrenztem Raum die Umwandlung von Grünflächen in Bauland vorantreiben wollen. Glauben sie ernstlich, die sozialen Konflikte, die bei einer Zusammenballung von Völkern entstehen, durch gutes Zureden lösen zu können? Schon gar nicht mehr in ihren Problemhorizont rückt die Gefahr, daß in hoffnungslos übervölkerten Ländern langfristig ein Expansionsdruck (s. o. S. 276) erwächst: er kann gerade ansteigen, wenn die Eingewanderten sich schließlich doch integrieren. Nach innen nicht mehr motivierte Aggressivität wendet sich dann kollektiv nach außen.

Wirtschaftliche Verflechtung der benachbarten Staaten und getreue Beachtung der Rechte nationaler Minderheiten könnten unberechenbaren Entwicklungen vorbeugen. Daß ethnischen wie auch religiösen Minderheiten überall auf der Welt die Be-

wahrung ihrer Eigenart gewährleistet werden muß, halte ich für
eine Selbstverständlichkeit, die eigentlich keiner vertraglichen
Vereinbarung mehr bedürfte. Vorbildlich auch für Schlesien
und Elsaß-Lothringen erscheint mir die staatlich geförderte und
für Beamte obligatorische Zweisprachigkeit in Südtirol. Wer
die Sprache seiner Nachbarn erlernt, baut eine Brücke zwischen
den Völkern, baut hier bei uns an Europa. In seiner faszinierenden Vielfalt müßte Europa selbst in der Gestalt Vereinigter
Staaten immer noch ein »Ensemble unzerstörbarer Nationen«
(de Gaulle[13]) sein, keine multikulturelle Gesellschaft, die die
gewachsenen Kulturen nivellierte und wo am Ende alle nur
Englisch sprächen. (Heiner Geißler nennt Englisch bereits die
»multikulturelle Sprache« für Europa[14].)
Es ist eine noch gar nicht erörterte Schwäche des deutschen
Nationalismus, daß er ziemlich gleichgültig ist gegenüber dem
Schicksal der deutschen Sprache in einer von den Briten und
Nordamerikanern sprachlich dominierten westlichen Welt: Wie
anders werden in Frankreich Anglizismen abgewehrt! Das ist
dort keine Privatangelegenheit, sondern eine politische Aufgabe für den Kulturminister, der mit einschlägigen Verordnungen
operiert, so mit dem Verbot, beim Fußball oder beim Tennis
sich der englischen Sportsprache zu bedienen[15]. Zuwiderhan-
delnde sind mit Geldstrafe bedroht. Ich will nicht prüfen, ob
solcher Sprach-Purismus nicht etwas zu weit geht, nur festhalten, daß bei unserem westlichen Nachbarn die Pflege der Mut-
tersprache als Dienst an der Nation erkannt worden ist. Für
den politischen Rang der Sprachkultur in Großbritannien war
wiederum bezeichnend, daß Premierministerin Margaret Thatcher Ende 1988 mit unverhohlener Wut auf einen Schul-Report
reagierte, in dem zu lesen stand, daß die Lehrer im Unterricht
das »traditionelle Englisch« vernachlässigten[16]. Wann hat man
jemals von einem deutschen Regierungschef Vergleichbares gehört! Das schlechte Deutsch der »guten Deutschen« hat schon
Karl Kraus beklagt[17].
Der deutsche Nationalismus war immer auf »völkische« Fragen
fixiert und auf Grenzprobleme, was zweifellos aus der Mittellage
des Landes in Europa sich ergibt. Die Sprache als ein zu bewah-
rendes nationales Gut war auch für die Nazis kein Thema. Das

führte zu der paradoxen Situation, daß deutsche Schriftsteller jüdischer Abstammung ins Exil die deutsche Sprache wie ein Stück Heimat mitgenommen haben, während zu Hause im Reich offizielle Sprachbarbarei wütete. Wenn es damals die martialisch aufgeprotzte Rede Adolf Hitlers war, von der die deutsche Sprache mißhandelt wurde, so verkümmert sie heute unter einer Flut von Abkürzungen, Kunstwörtern wie »Azubi«, Anglizismen und verbalen Marotten der Feministinnen. Kaum eine Nachrichtensendung läuft ab ohne schwere grammatische Fehler. Der Konjunktiv stirbt aus — die Sprache verliert an Geschmeidigkeit. Ist das politisch bedeutungslos? Ich meine, Deutschland wird als Kulturnation nicht den von ihm erwarteten Beitrag für Europa leisten können, wenn es seine Sprache verkommen läßt. Sprachverfall ist immer zugleich ein Niedergang des Denkens.

Die Sprache der Musik, sagt man, ist international. Es ist die Sprache des Gefühls. Im Unterschied zu ihr und auch zu augenfällig einleuchtender Malerei ist jedes sprachliche Kunstwerk eine Schöpfung nationaler Kultur. Nur dank der entsagungsvollen Arbeit ausländischer Übersetzer leistet die Literatur eines Volkes einen (immer begrenzten) Beitrag zur Weltkultur. Ein Volk, dessen breite Masse kein Verhältnis zu seinen Dichtern mehr hat, ist schon verblaßt in seiner nationalen Identität, aber auch abgeschnitten von jener Weltliteratur, die durch herausragende Werke der eigenen Sprache mitgetragen wird. Es wäre blanker Zynismus zu sagen, daß die Nichtleser die wahren Kosmopoliten seien. Wo gar Analphabetismus sich ausbreitet, hier in Europa[18], da sind die konzentrischen Kreise nationaler und übernationaler Kultur gleichermaßen gestört.

Ohne Emphase auf ein mehrsprachiges Europa ausgerichtet, habe ich in den Jubel über die Wiedervereinigung Deutschlands nicht grölend eingestimmt. Aber gefreut hat's mich doch. Ich hatte mir nur ein organisches Zusammenwachsen beider deutschen Staaten gewünscht und schon vor Jahren den Gedanken einer Konföderation vertreten[19]. Die »historische Stunde« der Wiedervereinigung wäre auch dann nicht verpaßt worden, wenn die ganze DDR, die ja nicht volkreicher war als Nordrhein-Westfalen, fürs erste als zwölftes Bundesland dem deutschen Westen sich angeschlossen hätte. Der kostspielige und zeitraubende Aufbau neuer (Mini-)Bundesländer wäre sogar vermieden worden. Mir ist aber klar, daß ein in den deutschen Landschaften verwurzeltes Heimatgefühl hochfliegenden nationalen Träumen entgegenwirkt. Ich habe wenig Sinn für den Feuerwerks-Nationalismus und kann dem Fußball-Nationalismus allenfalls den Wert eines Ventils für privat angestaute Affekte abgewinnen. Den an den Vorbildern London, Paris und Rom ausgerichteten Hauptstadt-Nationalismus verstehe ich am allerwenigsten bei denen, die die Fahnen des Föderalismus — es sind diejenigen aller Bundesländer — hochhalten. In Parolen wie »Das Herz Deutschlands schlägt in Berlin« (*Bild*-Zeitung[20]) verspüre ich einen Appell ans Gefühl, der dem deutschen Volk in seiner sozialen Wirklichkeit aber nichts einträgt, im Gegenteil. Eine wohl bald zur Megastadt anschwellende Metropole nahe der neuen polnischen Westgrenze wird zumindest zu Lasten der neuen Bundesländer gehen[21], aber auch Immigrationsschübe aus dem Osten geradezu ansaugen. Gewundert hat mich, daß Polens Präsident Walesa nicht gegen Berlin als neuen deutschen Regierungssitz protestiert hat, da doch diese Stadt, die einmal in der Mitte des Reiches lag, heute nur noch gute 50 km von der neuen deutsch-polnischen Grenze entfernt ist. Diese exzentrische Lage macht auch noch denen, die sich mit der Oder-Neiße-Grenze längst abgefunden haben, die im Osten vollzogene »Amputation Deutschlands«[22] wieder bewußt. Sollte dies ein verschwiegenes Motiv derer gewesen sein, die sich besonders stark für Berlin als Hauptstadt eingesetzt hatten? Können wir im Blick auf die randständige Hauptstadt Berlin mit Lech Walesa wirklich unbesorgt sagen, daß Polen und Deutschland noch niemals zuvor in der Geschichte der beiden Länder »so nah beieinander gelegen« hatten[23]? Davon abweichende Sorge ist heute nicht mehr bestimmt vom Gedanken an Krieg; es gibt friedlichere Formen der Invasion — unter Ausbeutung humanitärer Gefühle bei den zu Unterwandernden.

Vorerst scheint die von den Deutschen selbst noch nicht ganz zurückgewonnene Hauptstadt Berlin die überströmenden nationalen Gefühle jener Deutschen zu binden, die Repräsentation mit politischem Gewicht verwechseln und nationale Symbole mit der »Lage der Nation«. Ich halte es mit denen, die beeindruckende, gar einschüchternde nationale Kulissen nicht brauchen, um sich als Deutsche zu empfinden. Aber sowenig mich der hybride Nationalismus in seinen Bann zieht, ebenso krankhaft erscheint mir jener negative Nationalismus der deutschen Selbstzerknirschung und der Bereitschaft, für die von Hitlers Schergen verübten Verbrechen sich einem Verbrechervolk zuzurechnen. Die von Deutschenhassern erfundene und von deutschen Opportunisten der Nachkriegszeit behauptete Kollektivschuld des deutschen Volkes sehe ich als umgedrehten Rassismus (s. o. S. 66). Ich bin mir bewußt, daß es widersinnig ist, jegliche Bindung an die eigene Nation zu verleugnen und zugleich von der Schuld dieser ganzen Nation zu sprechen. Nicht einmal Verantwortung für das, was *in ihrem Namen*[24] geschehen ist, läßt sich noch einfordern, wenn Nation ein leeres Wort ist, ein »Abstraktum«, wie eine Bonner Volksvertreterin[25] sagte. Entweder die deutsche Nation ist für uns die lebendige Gemeinschaft von Menschen, mit denen uns ein gemeinsam zu tragendes Schicksal verbindet, oder es geht uns nichts an, wenn von Deutschland Krieg und Verderben ausgegangen sind.

Diejenigen, die von »Nation« nichts mehr wissen oder hören wollen, haben nicht dieselbe soziale Basis ihrer scheinbar gleichsinnigen Aversion. Den Internationalisten und den überzeugten »Europäern« ist *Nation* eine zu kleine Einheit zur Solidarisierung mit anderen Menschen, den Regionalisten ist sie schon eine zu große. Diesen ist sie — mit Günter Grass[26] — ein auf Heimat »aufgesetzter Begriff«. Nur als Linksintellektuelle auftretende Deutsche bringen es fertig, die beiden unvereinbaren Aspekte so miteinander zu verknüpfen, daß die Nation dabei ausgespart wird: die *deutsche* Nation als der seit Hitler schwer belastete »Volkskörper«. Dabei ist es in den Augen erregter Ausländerfreunde schon gar nicht mehr zeitgemäß, die Heimat gegen die Nation auszuspielen. Als Österreichs rechtsliberaler Jörg Haider ein »Menschenrecht auf Heimat« verkündete, da nannte dies ein »progressives« Wiener Magazin einen »Appell an die niederen Instinkte der Eingeborenen«[27].

Wo es weder Heimat noch Nation geben soll, da kennt der davon Angewiderte keine Bürger mehr und keine Landsleute, nur noch »Eingeborene«, aber »ausländische Mitbürger«: Einwanderer, die es zumeist verschmähen, ihre mitgebrachte Staatsbürgerschaft gegen die des Gastlandes auszutauschen. Bei allem Verständnis für ihre Bindungen an die angestammte Heimat haben wir darin den Willen zu spüren, hierzulande eher eine Kolonie zu bilden, als im deutschen Volk aufzugehen. Mangelnder Integrationswilligkeit der uns Zugewanderten kommt der Vorschlag entgegen, ihnen eine doppelte Staatsbürgerschaft zu erlauben[28]. Als Fortschritt auf dem Weg zu einer »multikulturellen Gesellschaft« kann dies gutheißen, wer als Deutscher den Vorwurf, einem Verbrechervolk anzugehören, tief verinnerlicht hat*. In einer Umwandlung der Bevölkerung mag er — insgeheim noch rassistisch denkend — eine Chance wittern, aus kollektiver Verurteilung herauszukommen. Der Slogan »Mein Freund ist Ausländer« soll (neben Ausländerfreundlichkeit) auch bekunden: Ich werde wieder akzeptiert, von einem Ausländer! Die bevölkerungspolitisch radikalste Konsequenz aus der Dämonisierung »der Deutschen« aber lautet: »Das deutsche Volk hat die moralische Verpflichtung auszusterben« (W. Droste[29]). Wie ernst oder satirisch das gemeint sein mochte: es lag in der Logik der Stigmatisierung eines ganzen Volkes mit untilgbarer Schuld. Karl Jaspers vermerkte im Rückblick auf die ersten Nachkriegsjahre: »Der Hagel von Schuldigerklärungen ging täglich auf uns Deutsche nieder.«[30] Jaspers konnte nicht ahnen, daß uns Jahrzehnte später da erst noch eine Steigerung widerfährt: in der massiven Wiederauflage der längst überwunden geglaubten Kollektivschuld-These (s. o. S. 131). Demoralisierte unter den kollektiv Verteufelten können sich so mit ihren Beschuldigern identifizieren, daß sie deren Rede vom »Volk der Mörder« (Anm. 2) mit Haß auf dieses Volk nachvollziehen, so als gehörten sie gar nicht zu ihm.
In keinem anderen Land Europas finden wir eine Klasse von

---

* Der hier zu erwartende Einwand, einige unserer Nachbarstaaten duldeten eine zweite Staatsbürgerschaft, übergeht, daß kein anderes Land in Europa — kraft finanzieller Anreize — so sehr fremde Völker anlockt wie die Bundesrepublik Deutschland.

Intellektuellen, Journalisten und Politikern, die sich zur eigenen Nation so distanziert verhielte, wie deutsche Meinungspfleger es bekunden. Das hat nicht nur mit »Auschwitz« zu tun, mit einem durch »Kollektivschuld« provozierten Widerwillen, einem Volk anzugehören, in dem Publizisten mit klarem Feindbild prototypisch »das Böse« verkörpert sehen (s. o. S. 284 ff.). Wer heute als Deutscher seine eigene Nation verleugnet, »Nation« überhaupt für ein Hirngespinst erklärt, der zeigt damit auch, daß er die nationale Niederlage von 1945 nicht akzeptiert hat. Das ist Realitätsverlust, ein doppelter sogar bei denen, die wie mit patriotischen Gefühlen sich schon in einem Europa beheimatet wähnen, »das noch auf keiner Landkarte eingezeichnet ist« (B. Seebacher-Brandt[31]).

Pseudoprogressiver nationaler Selbsthaß hat es dahin gebracht, daß Wörter wie *Vaterland, Nation, Patriotismus* und erst recht *Vaterlandsliebe* für junge deutsche Intellektuelle, die konsensfähig sein wollen, geradezu tabu sind, allenfalls geeignet, kabarettistisch verulkt zu werden. Als ärgste Sprach- und Gedankensünde gilt es in sogenannten linken Kreisen, wenn einer sagt: »Ich bin stolz, ein Deutscher zu sein.« 20 Prozent der westdeutschen Bevölkerung waren, als sich im Herbst 1990 die deutsche Einheit vollzog, dazu bereit, diesen Satz sogar mit »sehr stolz« nachzusprechen; in den neuen Bundesländern registrierten die Demoskopen 25 Prozent solch betonter Zustimmung[32]. Ein Jahr danach (1991) waren es nicht mehr als 22 Prozent der Westdeutschen und 25 Prozent der Deutschen im Osten des wiedervereinigten Landes, die sich »sehr stolz« als Deutsche wußten. Hinzu kamen 45 bzw. 41 von Hundert, die mit »ziemlich stolz« geantwortet haben[33]. Müssen wir schon ein Indiz für gefährlichen Nationalismus darin sehen? Zu beschwichtigen braucht es uns nicht, daß in Großbritannien immerhin 55 Prozent der demoskopisch Erfaßten »sehr stolze« Briten sind; daß ebenso stolz 79 von hundert US-Bürgern sich »Amerikaner« nennen, und daß 53 Prozent der Polen »sehr stolz« sind auf ihre Nationalität und 35 Prozent immer noch »ziemlich stolz« darauf[34]. Grundsätzlicher ist die Erwägung, ob wirklich jeder der Befragten unter »Stolzsein« dasselbe versteht. Es ist, wie der Schweizer Friedrich Dürrenmatt im Blick

auf sein eigenes Vaterland sagte[35], ein gewaltiger Unterschied,
ob wir von einem Kannibalen oder von einem Vegetarier den
Satz hören: »Ich habe Hunger.« Und es war jedesmal etwas anderes, wenn — vor 1990 — ein westdeutscher Schriftsteller die
»deutsche Kulturnation« beschwor, oder wenn ein deutschna-
tional gesinnter Österreicher[36] es tat. Dem ging es darum, auf
die Schiene der deutschsprachigen Kultur eine vom Heiligen
Römischen Reich deutscher Nation (bis 1806) her begründbare
Zusammengehörigkeit zu schieben. Diejenigen Westdeutschen
aber, die sich auf ihre Kulturnation besannen, meinten eher:
Was brauchen wir noch die staatliche Einheit, wenn wir ohnehin schon eine Nation sind: in kultureller Hinsicht. So jedenfalls war es zu verstehen, wenn — 1981 — Günter Grass die
deutsche Kulturnation die »fortbestehende Nation« nannte[37].
Als schließlich die Wiedervereinigung nördlich der Donau nicht
mehr abzuwenden war, bekannte Grass in einer französischen
Zeitung, wenn er den Prozeß der deutschen Wiedervereinigung
überblicke, so wecke er in ihm »alle Befürchtungen«[38]. Besonders die Polen hätten Gründe genug, die Deutschen zu fürchten.
Kein Realpolitiker kann heute noch glauben, daß von Deutschland jemals wieder militärische Bedrohung ausgehen wird.
Aber Befürchtungen, daß deutsche Hegemonie in Europa mit-
tels wirtschaftlicher Stärke erlangt werden könnte, reißen nicht
ab. Am klarsten hat diese Furcht jener britische Minister Ridley
ausgesprochen, der auch vor einem Vergleich mit Hitler nicht
zurückschreckte, als er meinte, die Deutschen wollten Europa
übernehmen[39]. Ein böses Wort geht um, das Wort vom
D-Mark-Nationalismus, angewandt auf alle, die deutsche
Geldwertstabilität in ein sich enger zusammenschließendes
Europa hinüberretten wollen. Aus Karl Schillers Warnung vor
leichtfertiger Preisgabe der D-Mark wurden noch in New York
»nationalistisch klingende Argumente« herausgehört[40], so als
sei nationalökonomischer Sachverstand bei einem Deutschen
von nationalen Gefühlen durchwirkt. Etwas Richtiges und keineswegs Tadelnswertes aber ist dran an der Rede vom D-Mark-
Nationalismus: das nüchterne Bewußtsein, daß eine Nation als
»Überlebensgemeinschaft«[41] das gute Recht hat, für ihr Fortbe-

stehen und für das Wohlergehen ihrer Bürger zu sorgen. Das »Streben nach Glück« (*pursuit of happiness*) aus der amerikanischen Unabhängigkeitserklärung von 1776 gilt unangefochten bis heute als ein Staatsziel der USA. Es ist hier nicht der Ort zu untersuchen, wieweit die soziale Wirklichkeit in Amerika hinter diesem Programmsatz zurückgeblieben ist. Es kann aber wohl nichts Schändliches darin liegen, daß ein Staat primär für die soziale Sicherheit und die Versorgung des eigenen Staatsvolks sich einsetzt und erst in zweiter Linie humanitäre Aufgaben für andere Völker übernimmt. So schwört denn auch jeder neuernannte deutsche Bundesminister, daß er seine »Kraft dem Wohle des deutschen Volkes widmen, seinen Nutzen mehren, Schaden von ihm wenden« werde (Art. 64 GG). Nur verkrampft »Fortschrittliche« können fordern: Die Ausländer zuerst! Sie verkennen, daß in allen Lebensbereichen die sich restlos Verausgabenden zuletzt mit leeren Händen dastehen, unfähig, sich selbst und anderen zu helfen.

In forcierter Umkehrung der natürlichen »Interessenperspektive« (Scheler[42]) der Solidarisierung gilt heute in Deutschland als progressiv und politisch linksstehend, wer die Interessen von Ausländern und »des Auslandes« grundsätzlich denen des eigenen Volkes überordnet. Kritik an solcher Xenophilie kann anscheinend nur noch aus einer »rechten Ecke« kommen — oder von Leuten, die man verunglimpfend da hineinschiebt. Vergessen sind die fünfziger Jahre, in denen die deutschen Sozialdemokraten weit nationaler gesinnt waren als die CDU/CSU. Aus Sorge um leicht verspielbare Chancen der deutschen Wiedervereinigung wandten sie sich damals gegen eine allzu starke (militärische) Westbindung der Bundesrepublik. Wie vertauscht sind die Rollen seit Mitte der achtziger Jahre. Während den Deutschen wohlgesinnte Politiker und Militärs in der Sowjetunion[43] und in den USA schon die Weichen für die Wiedervereinigung stellten, beharrten führende deutsche Sozialdemokraten und Ökosozialisten auf dem Standpunkt: »Die deutsche Frage ist nicht mehr offen.«[44] Da wurde zum unabänderlichen Faktum erklärt, was eigener Einstellung entsprach: einem bundesdeutschen Verfassungspatriotismus. Weil der verjüngten Führungsriege der SPD der Wille zur Wiedervereinigung fehlte[45], konnte sie auf dem Weg dahin zuletzt nichts mehr beibringen als Warnungen vor den Folgen. Als schließlich Bismarcks »kleindeutsches Reich«, verkleinert um mehr als ein Drittel seines Gebietes[46], am 3. Oktober 1990 ein zweites Mal zustande kam, da faselten einige geschichtsblinde Deutsche[47] etwas von der Gefahr eines neuen »Großdeutschland«. Es war dem amerikanischen Botschafter in Bonn, Vernon A. Walters, vorbehalten zu konstatieren: »Dies ist das kleinste Deutschland seit tausend Jahren ...«[48]

Weltweit vorzeigbare Ängste des »guten Deutschen« sind die vor deutschem »Revanchismus und Imperialismus«, wie die stalinistische Propaganda es nannte, und die Befürchtung, ein »neuer Hitler« (s. IX. Kapitel) könne »die Deutschen« noch einmal zu Antisemitismus, Rassenhaß und Massenmord verleiten — so als müsse das abgründig Böse in dieser Welt immer nur aus dem einen Volk in Mitteleuropa kommen. Das Teutonische, das »typisch Deutsche« ist aber nicht nur eine Folie für deutschen Selbsthaß; es wird als klar umrissenes Feindbild auch in einigen westlichen Demokratien immer noch gepflegt. Unter einer demokratisch gewordenen Oberfläche wird »alte deutsche Aggressivität« (Scott Sullivan[49]) vermutet. Wenn dann irgendwo in Asien ein neuer Diktator sich starkmacht und ein Nachbarland überfällt, dann kann es nicht ausbleiben, daß vorweg »den Deutschen« die Schuld daran gegeben wird, daß er (Saddam Hussein) militärisch so stark geworden ist. »Ihr Deutschen tragt die Verantwortung«, sagte lapidar der türkische Staatspräsident Özal während des zweiten Golfkrieges[50], ungeachtet der Tatsache, daß es fast ausschließlich Frankreich, China und die Sowjetunion waren, die den Irak aufgerüstet haben[51]. Skrupellose Waffenhändler finden sich zwar in fast allen hochtechnisierten Ländern; aber soweit es sich dabei um Deutschland handelt, fällt immer gleich ein Schatten auf das ganze deutsche Volk. Sogar am Bürgerkrieg in Jugoslawien soll es (1991) schuld gewesen sein, sagten nicht nur führende Politiker der Serben[52]. Ein amerikanischer Journalist verlangte im deutschen Fernsehen, Bundeskanzler Kohl und Hans-Dietrich Genscher auf eine »Liste der Kriegsverbrecher« zu setzen[53]. Gibt es irgend etwas Grauenvolles unter den Völkern, wofür

»die Deutschen« oder ihre Regierung nicht verantwortlich gemacht werden könnten? Das durch die NS-Verbrechen stigmatisierte Volk eignet sich noch als Sündenbock für eigenes Versagen. Deutsche Selbststigmatisierung, die das Wort »deutsch«
nur noch in negative Bezüge setzt, kommt dem entgegen.
Mustersatz: »Sechs Millionen Juden, von *deutscher* Hand umgebracht, mit *deutscher* Gründlichkeit in einer Zeit *deutschen*
Ungeistes.«[54] Kein Deutscher, dem Gründlichkeit nachgesagt
werden kann, soll sich da ausgenommen fühlen.
Ein unter jüngeren deutschen Intellektuellen verbreiteter negativer Nationalismus leitet die nationale Identität der Deutschen
von dem Inferno-Begriff »Auschwitz« ab. Die eigene Nation
wird ihnen darüber zur »Schuldgemeinschaft« (Steinbach[55]).
Als Schrittmacher der öffentlichen Meinung geben sie sich re-
serviert gegenüber allem, was deutsch heißt, und verkennen die
Gefahr eines wieder trotzig darauf antwortenden Nationalismus, auch Antisemitismus. Mit mediengerechten Standardsät-
zen wie: »*Die Deutschen* haben die Juden umgebracht« (s. o.
S. 66), wird mit einem alle einbeziehenden Urteil im Volk ein
Unmut erweckt, der an alte Ressentiments anknüpfen könnte.
Solchem im Ansatz reaktivem Antisemitismus haben wir vorzu-
beugen nicht einfach nur dadurch, daß wir wahrheitsgemäß
aufzeigen, zu welchen Massakern rassistischer Wahn in unserem Land schon geführt hat (s. o. S. 144). Wir müssen auch jene Juden stärker zu Wort kommen lassen, die den umgedrehten
Rassismus, den Antigermanismus, ablehnen und wie Henry
Kissinger sagen: »Ich akzeptiere nicht den Gedanken, daß die
Deutschen genetisch anders sind als andere Völker Europas.«[56]
Den gewiß auch bei uns zulande nie völlig aussterbenden Rassisten ist ja nichts willkommener als ein Jude, der darauf beharrt, den Deutschen müsse ein besonderer Hang zur Grau-
samkeit eignen. Alle Fanatiker brauchen einen fanatischen
Widerpart, um sich selber im Recht zu fühlen. Daß sich aber
in Deutschland wie anderswo unter bestimmten politischen
Bedingungen genügend Charaktergestörte finden, die willig
sind, ein Terrorregime zu stützen, das hat die Geschichte der
Deutschen Demokratischen Republik gezeigt.
Die schon vernommene Befürchtung, die Aufarbeitung der Sta-

si-Akten aus der DDR werde die Bewältigung der NS-Vergangenheit in den Hintergrund treten lassen, geht für mein Zeit- und Lebensverständnis an unaufhebbaren Tatsachen vorbei. Empörung über vergangenes Unrecht weicht allemal dem Zorn über gegenwärtig schmerzlich Empfundenes oder noch nicht lange vernarbte Wunden. Die Hauptschuldigen an den NS-Verbrechen können nicht mehr belangt werden, und sie können auch niemandem mehr schaden. Sie sind tot oder längst kränkliche, haftunfähige Greise. Nach dem Zweiten Weltkrieg waren viele von ihnen ungeschoren geblieben oder gar in höchste Staatsstellungen und Militärränge aufgestiegen. Dafür hält verspäteter Widerstand sich jetzt an die kleinen Leutnante von damals. Opportunistisch nachgeholter Antifaschismus schreckt selbst vor der Fälschung von Belastungsdokumenten nicht zurück. So in der Rufmord-Kampagne gegen Waldheim[57]. Und noch Bundeskanzler Helmut Schmidt kam in den Pechregen der Verdächtigungen, weil er 1944 als Oberleutnant zum Besuch des Volksgerichtshof-Prozesses gegen die Verschwörer des 20. Juli abkommandiert war[58].

Man kann nicht sagen, daß die Aufarbeitung der moralischen und juridischen Erblast der DDR jene andere »Vergangenheitsbewältigung« verdränge. In dem, worin Unterdrückungssysteme sich entsprechen, in ihrem Sadismus, sind sie eine Wiederkehr des Gleichen, der gleichen Deformierung des Menschen, jeweils anders nur bei Tätern, Mittätern, Opfern und zu Werkzeugen der Macht umgebogenen Opfern. Nur ideologisch Verblendete können ein Interesse daran haben, die Untaten von Verbrechensregimen gegeneinander aufzurechnen. Aus der Sicht der Opfer ist es fast belanglos, wer sie quält. Wichtiger ist für sie, daß verspürte Qualen ein Ende nehmen und daß danach nicht neue Bedrohung aufkommt.

Bei der Auseinandersetzung mit den Stasi-Kadern handelt es sich denn auch gar nicht um Vergangenheitsbewältigung, sondern um die Bewältigung der Gegenwart und einer immer noch bedrohten Zukunft. »Ein Geheimdienst ist erst dann zerschlagen, wenn seine Täter und seine Opfer bekannt sind«, sagt die DDR-Bürgerrechtlerin Bärbel Bohley[59]. Es ist ein offenes Geheimnis, daß der vormals sowjetische KGB Teile der DDR-Geheimdienste übernommen hat[60]. Wir konnten von einem selbstsicheren »ehemaligen« Stasi-Offizier sogar hören, daß er seine Aktionen, wenn auch gebremst, fortzusetzen gedenkt. Ein namentlich genannter Stasi-Oberst sagte in einem Fernseh-Interview noch im September 1990: »Ich zum Beispiel kann meine Untermänner noch zusammenhalten. Die habe ich noch am Faden.« Es gelte, auf der Stelle zu treten und abzuwarten, »wie die Sache sich in Deutschland entwickelt«[61]. Im Nachklang einer solchen Bekundung war es keine rhetorische Verzierung, wenn Rita Süssmuth in ihrer Antrittsrede als Präsidentin des ersten gesamtdeutschen Bundestages sagte: »Stasi darf nicht Macht über uns bekommen.«[62]

Wir wissen heute, daß über die Menschen im einstigen SED- und Stasi-Staat nur kompetent urteilen kann, wer deren Zwänge und Ängste miterlebt hat. Doch an die Deutschen, die unter Hitler gegängelt und verschüchtert waren, wird ein strenger, ja unerbittlicher Maßstab angelegt. Wer heute jungen Leuten sagt, daß im sogenannten Dritten Reich Menschen hingerichtet wurden, weil sie ausländische Sender hörten, der erntet ungläubige Gesichter oder ein Staunen wie über ein Schauermärchen. Aus solcher Skepsis und solcher Unkenntnis fragen junge Wohlangepaßte heute vorwurfsvoll die ältere Generation, warum sie damals nicht Widerstand geleistet habe. Die von demokratischer Toleranz Verwöhnten stellen sich dabei wohl Formen des Protestes vor, wie sie heute straflos gegen Baulöwen, industrielle Umweltsünder und die Atom-Lobby organisiert werden können. Daß damals, einem 14jährigen Jungen (wie dem Verfasser dieses Buches) wegen monatelangen Fernbleibens vom HJ-Dienst eine Gefängnisstrafe angedroht werden konnte, erscheint den erst jüngst zu »Antifaschismus« Erzogenen so unwirklich wie eine Verwarnung wegen versäumtem Kirchgang. Dem in der veröffentlichten Meinung einiger Länder konsensfähig gewordenen Antigermanismus gelten aber nicht nur alle seinerzeit lebenden Deutschen, sondern noch die nachgeborenen als Exemplare einer gefährlichen Sorte Mensch[63]. In solch rassistischem Denken lebt Hitlers Wahnidee, daß es von Natur aus minderwertige Völker gebe, ungebrochen fort.

Wer sagt, Grausamkeit sei ein typisch deutscher Charakterzug[64], der schließt nicht nur von notorisch grausamen Menschen unter den Deutschen auf einen ebenso gearteten Volkscharakter, auf eine »unheimliche deutsche Seele« (H. Saña[65]) oder ein entsprechendes rassisches Merkmal des deutschen Menschen. Dabei verkennt er auch, was gerade Hitler (*Mein Kampf*, S. 438) beklagt hat: daß diese Deutschen rassisch ein Mischvolk sind, aus mannigfachem Zustrom von allen Seiten zusammengebracht. Deutsche, die Lafontaine, Brentano oder Wischnewski heißen, lassen noch ahnen, woher ihre Vorfahren stammen. Wer von den Deutschen als dem »Volk der Täter«, von Deutschland als dem »Land der Mörder«[66] spricht, übersieht auch die starken Unterschiede im Erziehungs- und Lebensstil, die sich bei den deutschen Stämmen herausgebildet haben. Ebensowenig wie »den Juden«, der eine »antisemitische Erfindung« (Abosch[67]) ist, gibt es »die Deutschen« als homogene Masse. Dem trägt schließlich der föderale Aufbau der (alten wie der neuen) Bundesrepublik Rechnung. Es waren die Zeiten der Diktatur (unter Hitler wie unter Ulbricht und Honecker), in denen der Zentralismus sich durchgesetzt hatte: mit der allgegenwärtigen Beschattung und Belauschung aller Bürger. Das war ein Rassismus, der sich gegen das eigene Volk richtete: er hielt »Abweichler« und »Linientreue« gleichermaßen für beobachtungs- und erziehungsbedürftig. Niemandem war zu trauen.

Im Blick auf die in ihrer Eigenart unverwechselbaren deutschen Stämme erscheint es mir nicht vordringlich, daß die wiedervereinigten Deutschen eine »Bewußtseins- und Empfindungsunion« entwickeln, wie sie Bundespräsident Richard von Weizsäcker für wünschenswert hält[68]. Deutsch sein heißt, sich der Verschiedenheit der deutschen Stämme bewußt zu sein und Bayer, Sachse oder Hamburger sein zu können, ohne darüber die Sprach- und Schicksalsgemeinschaft mit allen anderen Deutschen in Mitteleuropa zu vergessen oder zu verleugnen. Je mehr die Lebensverhältnisse im Osten unseres Landes sich denen des Westens angleichen, desto weniger »Besser-Wessis« dürften noch auftreten, von den neuen Bundesbürgern mißtrauisch beäugt. Notwendig erscheint mir indessen, daß die ehemaligen DDR-Bürger jede Scheu vor freier Meinungsäußerung verlieren, und daß die Westdeutschen jenen negativen Nationalismus aufgeben, der bei ihnen zum Erziehungsziel und zur Medien-Moral geworden ist und der davon geprägte junge Leute sagen läßt: »Ich schäme mich, ein Deutscher zu sein«, oder: »Ich fühle mich schuldig für Auschwitz.«[69] Das ist nicht nur die einfache Umkehr vormals aufgeheizter nationaler Hybris; das ist auch der masochistische Nachvollzug eines gegen die Deutschen als »Tätervolk« gerichteten Rassismus — ein psychisches Phänomen gleicher Art wie jener historische jüdische Selbsthaß[70], den Karl Marx in extremer Weise verkörpert hatte (s. o. S. 158 ff.).

Hitlers Ungeist, Hitlers Rassismus, wird nicht dadurch überwunden, daß er auf das Volk zurückschlägt, in dem der Besessene aus Braunau sich zu seiner Macht aufgeschwungen hatte. Aus dieser Einsicht fand das Internationale Russell-Tribunal (gegründet von Lord Bertrand Russell) schon 1978 genügend Anlaß, »jede antideutsche Propaganda zurückzuweisen«[71]. Dankenswert deutlich gegen den neuen Antigermanismus sagte der tschechoslowakische Staatspräsident Václav Havel anläßlich der deutschen Wiedervereinigung, das neue Deutschland sei ein »demokratischer Staat«; davor brauchten die Tschechen »keine Angst zu haben«[72]. Damit war auch die Überzeugung ausgedrückt, daß das deutsche Volk mehrheitlich nie einer militanten Politik seine Zustimmung geben würde. Es darf daran erinnert werden, daß Hitler mit seiner NSDAP auch niemals in freien Wahlen eine absolute Mehrheit errungen hat. Die letzte freie Wahl vor seiner »Machtergreifung«, die Reichstagswahl vom 6. November 1932, brachte seiner Partei 196 von 584 Mandaten. Nach dem von ihm als »nationale Erhebung« betriebenen Umsturz gab es keine freien Wahlen und Abstimmungen mehr.

Es war seit dem Zweiten Weltkrieg eine stereotype Klage unserer »Linksintellektuellen«, daß den Deutschen noch niemals eine Revolution gelungen sei, jedenfalls keine »bürgerliche Revolution« als Vorbedingung eines gesicherten sozialen Fortschritts[73]. Wir hörten solche Klage schon in der Form der Anklage, solches Versagen passe recht gut zu einem Volk, das Kadavergehorsam und Untertanengeist pflege und die Beachtung von Vorschriften bis zur unmenschlichen Perfektion getrieben habe. Es klang so, als sage das Scheitern einer revolutionären Erhebung (etwa der von 1848) etwas Mißliches über den Charakter der Revolutionäre aus und als müßten geschichtlich gegebene Hindernisse gar nicht mitbedacht werden. Einstweilen aber darf auch unter dem Gesichtspunkt des Erfolgs respektvoller über deutschen Freiheitswillen gesprochen werden. Den Deutschen im nunmehr östlichen Teil des wiedervereinigten Landes ist überhaupt die erste friedliche Revolution von weltgeschichtlicher Bedeutung gelungen: Sie war der Mauerdurchbruch zur Überwindung der Spaltung Europas. Daß diese Revolution vom November 1989 friedlich zu ihrem Ziel führen konnte, ist auch ein (schwer bewertbares) Verdienst derer, die davor zurückwichen, sei es aus Hilflosigkeit (weil der große Bruder in Moskau sie im Stich ließ), sei es aus Abneigung gegen Blutvergießen oder aus unbewußtem Patriotismus: »Deutschland, einig Vaterland«, dieser Vers, den die Revolutionäre von Leipzig und Dresden skandierten, war eine Zeile aus der Hymne der Deutschen Demokratischen Republik.

Man hat es als ein Zeichen bloßer Anpassung an einen ins Rollen gekommenen Prozeß gewertet, daß der letzte SED-Ministerpräsident der DDR, Heinz Modrow, Ende 1989 schon von einer möglichen Konföderation der beiden deutschen Staaten sprach[74] und am 1. Februar 1990 vor der Presse erklärte: »Deutschland soll wieder einig Vaterland werden.« War das nichts als Taktik, um selbst noch weiter mitreden zu können?[75] Wer aber kann wissen, was tief an Hoffnung in einem Menschen schlummert, Hoffnung, die erst aufgeweckt wird, wenn eine ihr günstige Situation sich eingestellt hat! Da käme dann zu Bewußtsein, was in Resignation erstickt oder aus Fügung ins Faktische allzulange verdrängt war. Das opportunistische Moment läge dann gerade *vor* der Wende eines »Wendehalses«, nicht nach seiner Umkehr: Wer kann es wissen! Ich erinnere mich aber zu gut an den Eifer, mit dem Radio-Kommentatoren der DDR noch Mitte der fünfziger Jahre sich für die Wiedervereinigung starkmachten. »Den Tag möchte ich noch erleben«, sagte Gerhard Eisler. Gewiß wollten die Herren in Ost-Berlin die deutsche Einheit zu ihren Bedingungen, aber ganz frei von nationalen Gefühlen war selbst ein Karl Eduard von Schnitzler nicht, wenn er ein um das andere Mal darauf hinwies, daß »Deutschland nach jedem Krieg ein Stück kleiner geworden ist«.

Ohne Zweifel war es Resignation, die Altkanzler Willy Brandt noch im Jahre 1988 sagen ließ, die »Hoffnung auf *Wieder*vereinigung« sei zur »Lebenslüge der zweiten deutschen Republik« geworden[76]. Er hatte doch bis dahin über die Jahrzehnte hinweg sich zum Ziel der deutschen Einheit bekannt, nie etwas anderes darunter verstanden als eben dies: daß die voneinander getrennten Teile Deutschlands unter *einem* staatlichen Dach *wieder* zueinander finden. Menschen, die lange Zeit vergeblich auf etwas Ersehntes gewartet haben, können unvermittelt trotzig einstimmen in die Vergeblichkeit. Es war aber Willy Brandt, der im Herbst 1989 die für alle Deutschen orientierende Losung ausgab: »Jetzt wächst zusammen, was zusammengehört.«[77]

Hartnäckige Gegner der Wiedervereinigung fanden sich nicht unter den Politikern der großen deutschen Parteien der beiden Teilstaaten, sondern unter jenen deutschen Intellektuellen und Publizisten, die mit Walter Jens meinten, durch »Auschwitz« sei der nationale Anspruch darauf verwirkt: »Die Juden ermordend, hat Deutschland sich selbst getötet.«[78] Während aber weltweit die durch eine friedliche Revolution (»Wir sind das Volk«) herbeigeführte neue deutsche Einheit begrüßt oder doch klaglos hingenommen wurde, kamen in zwei Regionen Stimmen der Trauer und der Enttäuschung auf: in Jerusalem und in Oberschlesien. Der israelische Parlamentspräsident Dov Schilanski rief zum Tag der deutschen Wiedervereinigung, zum 3. Oktober 1990, das jüdische Volk auf, »sich in Sackkleider zu hüllen, Asche auf die Häupter zu streuen ... und das besondere Trauergebet zu sprechen«[79]. Zumindest »eine Trauerbinde am Arm« wollte am selben Tag aus ganz entgegengesetzten Gründen der Oberschlesier Johann Kroll anlegen, der Sprecher der noch in Polen lebenden Deutschen. »Was gibt es denn da zu feiern!« sagte er zum deutschen Botschafter in Warschau. Für die deutsche Minderheit sei das kein Grund zur Freude; sie sei vergessen worden[80].

Unter widersprüchlichen Erwartungen und Beschuldigungen zergehen die Reste von dem, was ein wohlwollender Kritiker der Deutschen, Daniel Dagan, als ihnen fehlend erkannt hat: »nationale Identität«[81]. Allein durch Rückbesinnung auf »deutsche Schuld« aus finsterer Vergangenheit ist sie nicht zu gewährleisten. Eine lebendige, nicht neurotisierte Nation muß wie jeder Einzelne in ihr nach vorn leben. Aber wie soll sie als *Entscheidungsgemeinschaft* sich ausprägen und entwickeln, wenn — unter Hitlers langem Schatten — nicht nur das Sprachrohr des Volksentscheids ihr versagt ist, sondern auch die Volksvertreter weitreichende Beschlüsse fassen, die dem Willen des Volkes nicht mehr entsprechen (s. o. S. 243). Die Europapolitik von Regierung *und* Opposition (mit dem Ziel der Abschaffung der D-Mark) untergräbt in gleich doppelter Weise den Boden nationaler Identität:

1. Sie hindert das Volk daran, sich solidaritätstiftend in der Politik der Gewählten wiederzuerkennen.

2. Sie drängt dahin, die deutsche Nation, kaum daß sie nach Jahrzehnten der Spaltung neu zusammenwächst, gleich wieder aufzulösen.

Nicht auf den Volkssouverän hören im wiedervereinigten Deutschland die Volksvertreter, sondern auf kritische Stimmen aus dem Ausland. Aus Angst, für »faschistisch« und ausländerfeindlich zu gelten, wird ein Zustrom von Asylsuchenden geduldet, der bereits den Unwillen der EG-Partner erregt, weil die Zuwanderer schon nicht mehr nur nach Deutschland, sondern über Deutschland nach Europa gekommen sind. Zumal in den Staaten der westeuropäischen Gemeinschaft vermischt sich Befremden über die großzügige deutsche Ausländerpolitik mit Besorgnis vor den neuen Bildern des »häßlichen Deutschen«, der gegen Ausländer randaliert, sie attackiert oder gar tötet. Dabei wird aus Frankreich gemeldet, daß es solche Vorfälle auch dort gebe. Aber die Randalierer und Attentäter »verwenden dort keine politischen Symbole«[82]. Weltweit Empörung über diese ideologische Draufgabe der deutschen Chaoten wurde noch gesteigert durch jene britischen und französischen Reporter, die in

Rostock-Langenhagen (1992) Zwölf- bis Achtzehnjährige —
gegen Bezahlung — dazu angestiftet haben, den Hitlergruß zu
zeigen[83].

Der häßliche Deutsche — ein Medienspektakel? Gewiß. Aber
auch ein ernstes deutsches Problem, das weder psychologisch
gelöst noch ideologisch weg-erklärt werden kann (vgl. S. 264),
auch nicht durch Bekundungen guten Willens sich zudecken
läßt. Allzu erfindungsreich haben deutsche Sozialpsychologen
tausend Gründe für ausländerfeindliche Tumulte genannt: Frustrationen aller Art, »Sozialneid«, Unverständnis für fremde
Wesensart, soziale Deklassierung, ein Verlangen nach Sünden-
böcken, Angst vor der Zukunft, unbewältigte Vergangenheit
usw. So viele Ursachen und Motive wurden entdeckt und — jeweils monokausal — als das eigentlich Treibende ausgegeben,
nur um von der sich vorschiebenden Immigrationswelle und
den Symptomen der Übervölkerung Restdeutschlands abzulenken[84]. Am leichtesten machen es sich jene Politiker, die mit fi-
nanziellem Anreiz Wirtschaftsflüchtlinge anlocken, ein »Bleibe-
recht« für abgelehnte Asylbewerber durchdrücken und den
dann unausbleiblichen Unmut deutscher Bürger mit »mangelnder Toleranz« erklären und geißeln. Der Einzelne in seinem
Zorn mag von mehr oder weniger »sauberen« Motiven bewegt
sein — soziale Strömungen aber, in die seine Beweggründe ein-
gehen, sind überindividuell drängend und mitreißend und nicht
zuletzt von kollektiven Bedrohungen und Herausforderungen
her provoziert. Wer aus negativem Nationalismus erleichternde
Bedingungen für Masseneinwanderung schafft oder sie, wenn
vorgegeben, aufrechterhält, braucht sich über zunehmende Ausländerfeindlichkeit nicht zu wundern. Der Ausländer ist, nebenbei gesagt, nur der falsche Adressat solchen Zorns.

Es sind längst nicht mehr nur Rechtsradikale, die darauf ver-
weisen, welche Kosten die Asylbewerber in Deutschland alljährlich verursachen. Hamburgs Erster Bürgermeister Henning
Voscherau (SPD) sprach von »25 bis 30 Milliarden DM« (im
Bundesrat am 28. Mai 1993)[84a]. Zum Vergleich: Das Volumen
der Gesundheitsreform beträgt 11 Milliarden Mark; darüber
durfte ohne Gesinnungskontrolle gestritten werden. Den Gegnern unbegrenzter Einwanderung aber schallt von grimmigen

Ausländerfreunden der Vorwurf der Fremdenfeindlichkeit entgegen. Dabei haben jene, die nur an die finanzielle Belastung denken, die von Willy Brandt geahnten »kulturellen Kosten und Risiken« (Anm. VIII/68 a) noch gar nicht mitgedacht.

Ist es eine böse Verdächtigung rechtsradikaler Leute zu behaupten, die deutschen Vorkämpfer für unbegrenzte Immigration wollten nichts anderes als ihr eigenes Land destabilisieren, sein *Wertesystem* zerstören? Auch hierauf hat Günter Grass eine aufschlußreiche Antwort gegeben. Seine Forderung, es sollten »eine halbe Million und mehr Roma und Sinti unter uns sein; wir haben sie bitter nötig«, begründete er mit ihrer von uns abweichenden unsteten Lebensweise: Überall in Europa zu Hause, seien sie »die geborenen Europäer«, Europäer freilich, die nirgendwo in Europa wohlgelitten sind. Aber warum?

> »Weil sie anders sind, schlimmer noch: anders als anders. Weil sie klauen, unruhig hin und her zigeunern, den bösen Blick haben und überdies von jener befremdlichen Schönheit sind, die uns häßlich aussehen läßt. Weil sie unser Wertesystem durch bloße Existenz in Frage stellen ...« Eben darum sollten sie zu uns kommen: »Sie könnten uns behilflich sein, indem sie unsere festgefügte Ordnung ein wenig irritieren. Etwas von ihrer Lebensweise dürfte getrost auf uns abfärben.« GÜNTER GRASS [85]

An diesem Text wird nachvollziehbar, wie der Zauber des Fremdartigen vertraute Wertvorstellungen aufweicht, wie gar die Sehnsucht, einem anderen Volk anzugehören, ohne auswandern zu müssen, zur politischen Überzeugung wird. Die Sehnsucht nach einem anderen Volk, das ist für einen Deutschen nach dem Zweiten Weltkrieg nichts anderes als der Wunsch, nicht mehr zu diesem gründlich geschlagenen und mit kollektiver Schande behafteten Volk zu gehören. Ein anderer rühriger Ausländerfreund begründete denn auch das von ihm behauptete »Recht« eines jeden Fremden, »auf deutschem Boden zu leben«, mit der »deutschen Vergangenheit« [86]. Er verstieg sich sogar zu der Vermutung, »jeder Pole, Russe, Jude, Franzose, Schwarzafrikaner« habe deshalb dazu noch mehr Recht als »irgendein Deutscher«. Selbst Ralph Giordano, obschon Protagonist der Kollektivschuld-These, befand, hier sei die Grenze des tolerant Hinzunehmenden überschritten. Dies sei eine »Politik, den Holocaust erpresserisch zu instrumentalisieren«. So zu argumentieren, sei »eine ganz besondere Niedertracht«[87]. Ein nicht als NS-Opfer legitimierter Deutscher, der so spräche, würde unweigerlich zum Rechtsradikalen abgestempelt, zu einem Unbelehrbaren, der von »deutscher Schuld« nichts wissen wolle. Es sieht immer noch so aus, als hätten Deutsche, die nicht von den Nazis verfolgt wurden, kein Recht mehr auf unbequeme Wahrheit.

Unter Hitlers langem Schatten kann nichts Schlimmes in Deutschland geschehen, ohne daß entweder an den Diktator erinnert würde oder das ganze deutsche Volk sich in Mitschuld gezogen fände. Die Terroristen der »Roten Armee-Fraktion« wurden als »Hitlers Kinder« bezeichnet (vgl. S. 183); die heute gegen Ausländer randalierenden und brutale Gewalt übenden Halbwüchsigen werden mediengerecht als »Neonazis« vorgestellt und als lebendige Beweise dafür, daß die »alten deutschen Dämonen«[88] wieder erwacht seien. Jene wohlmeinenden Deutschen, die nach den mörderischen Gewaltakten gegen Ausländer (1992) verspürten, daß dagegen protestiert werden müsse, taten dies dann gewiß auch aus einer nationalen Motivation, aus dem Willen, den deutschen Namen von einem neuen Schandfleck zu reinigen. Daß nicht alle Deutschen so verbrecherisch seien — dies vor allem sollte der Weltöffentlichkeit demonstriert werden. Dabei wurde ungewollt in Kauf genommen, daß die so erst noch gesteigerte Politisierung gemeiner Verbrechen potentiell Gewalttätige zu politisch beachtbaren Anschlußverbrechen stimuliert (s. o. S. 206) und Geltungssüchtige zu vorgetäuschten Straftaten. Da gab es höchst läppische, aber erfolgreiche Versuche, als »Opfer« von Skinheads oder Neonazis in die Schlagzeilen zu kommen[89]. Etwas weniger Sorge um das Deutschlandbild im Ausland hätte vermutlich auch weniger Anlaß zur Empörung über »rechte Gewalt« und neue »deutsche Verbrechen« geschaffen.

In einer affektiv aufgeheizten Atmosphäre überspringt Aggressivität alle von Feindbildern vorgezeichneten Markierungen. So gab es nach dem mörderischen Brandanschlag von Mölln (26. 11. 1992), dem drei Türkinnen zum Opfer fielen, auch Ausländer, die selber ihr Heim in Brand gesteckt haben[90]; und ein

junger Deutsch-Amerikaner, der ein Ausländerheim in Filder-
stadt angezündet hatte, erklärte bei der Vernehmung, er habe
mit seiner Tat »die Stimmung der Öffentlichkeit gegen Rechtsradikale verstärken wollen« (St. Ztg.[91]). So können destruktiv
gestimmte Menschen noch unter Auswechslung der Motive in
einer Situation allgemeiner Erregung das Schwungrad der Gewalt eine Umdrehung weitertreiben.

Eine löbliche Sache ist es, gegen Ausländerfeindlichkeit zu protestieren; aber etwas anderes ist es, gute Nachbarschaft mit allen, die kommen, zu pflegen, auch ihr mitunter recht unbeküm-
mertes Auftreten zu ertragen. Wolf Biermann, der erwartungs-
gemäß seine Lieder gegen Fremdenhaß beisteuerte, hat öffentlich gestanden: »Ich möchte auch keine Zigeuner in meinem
Haus aufnehmen oder fünf Container in meinen Garten stellen
lassen.«[92] Nicht jeder, dem es selbst nicht recht wohl ist bei der
Duldung der Masseneinwanderung, spricht das so offen aus.
Pflichteifrig Protestsinnige verstehen es, ihr eigenes Unbehagen
angesichts der bei uns nicht mehr integrierbaren Fremden als
wahnhafte »Angst vor Überfremdung« in Ausländerfeinde hin-
einzuprojizieren. Im Gruppenerlebnis der Protestmärsche gegen
diese häßlichen Deutschen wird auch die eigene Angst be-
schwichtigt. Die mit »Lichterketten«[93] immer mehr ins Stim-
mungsvolle, Vorweihnachtliche entgleitenden Demonstrationen
boten Verunsicherten und Erlebnishungrigen die Chance, sich
selber zu feiern: ihre humanitäre Gesinnung, ihre Toleranz und
Ausländerfreundlichkeit, ihren Abscheu vor brutaler Gewalt,
der allerdings nur geweckt wird, wenn die Gewalttäter ein klares
Feindbild erfüllen: den als »Neonazi« einzuordnenden Täter.
Wo waren die Lichterketten, als die »linke« RAF ihr 32. Opfer,
den Treuhand-Chef Rohwedder (1991), getötet hatte?[94] Wo blieben die Demonstranten, nachdem eine ganze deutsche Familie
(fünf Menschen) von einem Türken überfallen und erschossen
worden war?[95] Ließ *Inländerfeindlichkeit* dazu schweigen, oder
war man allseits bereit, hier wieder von einem ganz normalen
Kriminalfall zu sprechen? Demonstrationen gegen »Ausländerkriminalität«[96] wären kriminalpolitisch freilich ebenso schädlich wie jene gegen ausländerfeindliche Verbrechen. Es zeigt
sich nur immer wieder die Halbseitenblindheit just bei jenen

Deutschen, die motiviert sind, gegen Gewalt und Krieg auf die Straße zu gehen. Gegen die Amerikaner in Kuwait (1991) skandierten deutsche Friedensmarschierer: »Kein Blut für Öl!« Aber gegen die Greueltaten im ehemaligen Jugoslawien erhob sich kein Sturm der Entrüstung. Ließ die Erinnerung an Hitlers Balkanfeldzug die deutschen Friedensfreunde verstummen? Immer noch — ein halbes Jahrhundert nach Hitler — selektieren gerade die sogenannten guten Deutschen die Opfer brutaler Gewalt zu mehr oder minder beklagenswerten. Meinen sie ernstlich, durch solche Unterscheidung »das Ausland« oder vielmehr bestimmte Meinungsführer dort von üblen Pauschalurteilen über »die Deutschen« abbringen zu können?

Diejenigen in allen Himmelsrichtungen, die vom Feindbild des »häßlichen Deutschen« nicht lassen wollen, sind weder durch demonstrative Beteuerungen noch durch betuliche Anbiederung, noch gar durch pflichteifrige Schuldbekenntnisse zu versöhnen; dergleichen stimmt sie eher mißtrauisch, zumal wenn sie des Irrealen einer kollektiven Schuld sich insgeheim durchaus bewußt sind. Ein klares, unverrückbares Feindbild verschafft ja auch wider besseres Wissen eine Entlastung von mancherlei Unbehagen, und es nährt die Hoffnung, daß das Übel in der Welt, weil lokalisierbar, leicht überwunden werden könne. Wer ehedem dazu erzogen wurde, in den Juden die Verkörperung des satanisch Bösen zu sehen (weil sie Christus ermordet hätten), der konnte seinen antisemitischen Eifer selbstgerecht immer noch als »heiligen Zorn« mißverstehen; die erziehungsbedingte Pervertierung seiner vitalen Antriebe kam ihm gar nicht zu Bewußtsein. Er wurde auch blind vor Gefahren, die von einer ganz anderen Seite her drohten. Wer ähnlich heute das *dämonisch*[97] oder »einmalig« Böse bei »den Deutschen« vermutet, der verleiht noch eindeutig menschenrechtsverletzenden Regimen einen Hauch von Harmlosigkeit. Das Böse, ein für allemal am deutschen Volk festgemacht, findet für alle, die daran glauben, anderswo gar nicht mehr statt. Wenn aber Hitler und sein Rassismus nicht »typisch deutsch« sind, dann haben wir Hitlers Ungeist weltweit noch zu besiegen.

ANHANG

Anmerkungen

ZUM VORWORT

1 Hermann Rauschning: *Gespräche mit Hitler.* Wien (Europaverlag) 1973, S. 220: »Dem Großteil der nationalsozialistischen Führerclique ist die ganze Rassenlehre ein ›Hirngespinst von Adolf‹.« Wenn auch Zweifel geäußert wurden, ob Rauschning Hitler-Worte verläßlich wiedergibt (vgl. Anm. I/98), so hat er doch als Senatspräsident von Danzig (1933/34) mit NS-Führern in enger Verbindung gestanden.

2 Gregor Strasser: *Kampf um Deutschland.* Reden und Aufsätze eines Nationalsozialisten. München (Eher) 1932, S. 384: »Wir wollen keine Judenverfolgung, aber wir fordern eine deutsche Führung ohne jüdischen und fremden Geist, ohne jüdische Hintermänner, denen heute nahezu die gesamte Parteiwelt erlegen ist.«

3 *Volk der Täter:* Zu dieser stehenden Wendung siehe die Anmerkung 80 des IV. Kapitels!

ZUR EINLEITUNG

1 *Faschismus:* Die von kommunistischen Ideologen und marxistisch geschulten Intellektuellen des Westens eingeführte und weitgehend durchgesetzte Bezeichnung für Hitlers »National-Sozialismus« vermeidet zumindest dessen Verwechslung mit echtem Sozialismus, schafft aber eine Gleichsetzung von Hitlers Gewaltregime mit der wesentlich moderateren und keineswegs antisemitschen Herrschaft Mussolinis über Italien. — Vgl. Anm. II/16!

2 Der Zeichner Tomi Ungerer hat solch reale Widersprüchlichkeit aus Selbstbeobachtung reflektiert: »Faschismus ist für mich das Schlimmste, was es gibt, aber ironischerweise empfange ich Stärke aus diesem Konzept.« Deshalb singe er, um sich Mut zu machen, in trüber Stimmung »ein Nazi-Lied«. (Interview »Meine Religion ist der Tod« mit Michaela Haas in der *Süddeutschen Zeitung* vom 28. 11. 1991, Seite 49).

ZUM I. KAPITEL (S. 17—63)

1   Konrad Adenauer: _Erinnerungen 1945—1953_. Stuttgart (DVA) 1965, S. 26. — Die Deutschen nannte Adenauer (S. 32) »unser verführtes und gelähmtes Volk«.

2   Vgl. _Duden_. Band 7, _Etymologie_, Herkunftswörterbuch der deutschen Sprache. Mannheim 1963, S. 190.

3   Nach Ernst Hanfstaengl: _15 Jahre mit Hitler_. Zwischen Weißem und Braunem Haus. 2. Auflage. München (Piper) 1980, S. 37.

4   Adolf Hitler: _Mein Kampf_. 815. Auflage. München (Eher) 1943, S. 324. — Die in unseren Ausführungen weiter in Klammern eingeschalteten Seitenzahlen beziehen sich ebenfalls auf diese Auflage.

5   Begeisterung als Rausch: das findet sich sogar wiederholt in _Mein Kampf_; vgl. S. 183, auch 536 und 541.

6   Dr. Hans Frank (ehemaliger Reichsminister und Generalgouverneur): _Im Angesicht des Galgens_. Deutung Hitlers und seiner Zeit auf Grund eigener Erlebnisse und Erkenntnisse. München-Gräfelfing (Alfred Beck) 1953, S. 40.

7   Der Passus ist entnommen aus Hitlers nächtlicher Rede auf der Zeppelinwiese am 11. September 1936, zitiert nach Hans-Jochen Gamm: _Der braune Kult_. Das Dritte Reich und seine Ersatzreligionen. Hamburg (Rütten & Loening) 1962, S. 196.

8   Baldur von Schirach: _Ich glaubte an Hitler_. Hamburg (Mosaik) 1967, S. 110.

9   John Toland: _Adolf Hitler_. Biographie. Band I. Bergisch-Gladbach (Bastei-Lübbe) 1976, S. 319.

10 Speer berichtet in seinen _Spandauer Tagebüchern_ (1975 bei Ullstein, S. 327), Hitler habe einmal zu ihm gesagt: »Wissen Sie, Speer, eigentlich habe ich nie richtig gelebt wie andere Menschen.« Auf Hanfstaengls und Rauschnings eindeutigere Aussagen komme ich noch zurück.

11 Hans Frank: _Im Angesicht des Galgens_. München 1953, S. 45.

12 Eberhard Jäckel: _Hitlers Weltanschauung_. Entwurf einer Herrschaft. Erweiterte und überarbeitete Neuausgabe. Stuttgart (DVA) 1981, S. 138.

13 Adolf Hitler: _Monologe im Führerhauptquartier 1941—1944_. Die Aufzeichnungen Heinrich Heims, hrsg. von Werner Jochmann. Hamburg (Knaus) 1980, S. 239.

14 Siehe hierzu Adolf Hitler: _Mein Kampf_, S. 561 und 558.

15 Albert Speer: _Erinnerungen_. Bei Ullstein 1969, S. 114.

16 So Adolf Hitler in einer Rede am 10. April 1923. Auf den auch für Hitlers Metaphorik (»Opferlamm oder Sieger!«) charakteristischen Satz hat Joachim C. Fest hingewiesen: als Beispiel für Hitlers »Neigung zu mythologisch verdüsterten Zusammenhängen« (Fest: _Hitler_. Berlin [Propyläen] 1973, S. 219).

17 Aus einer Rede vor SA-Männern am 16. Dezember 1922, zitiert nach Hitler. _Sämtliche Aufzeichnungen 1905—1924_. Hrsg. von Eberhard Jäckel. Stuttgart (DVA) 1980, S. 767.

18 Adolf Hitler: _Mein Kampf_, S. 273. Die Stelle ist auch im Original drucktechnisch hervorgehoben.

19 So Hitler zu den in Berlin anwesenden Reichstagsabgeordneten kurz vor Ausbruch des Zweiten Weltkrieges, nach David Irving: _Hitlers Weg zum Krieg_. München (Heyne) 1978, S. 457.

20 Nach Irving a. a. O., S. 457.

21 Nach Andreas Hillgruber (Hrsg.): _Staatsmänner und Diplomaten bei Hitler_. Vertrauliche Aufzeichnungen über Unterredungen mit Vertretern des Auslandes 1939—1941. Frankfurt am Main (Bernard & Graefe) 1967, S. 661.

22 Vgl. Albert Speer: *Erinnerungen*, S. 442. Hitlers Zerstörungsbefehl vom 20. März 1945 ist auszugsweise abgedruckt in: Reinhard Kühnl: *Der deutsche Faschismus in Quellen und Dokumenten.* 2. Auflage, Köln (Pahl-Rugenstein) 1977, Dokument Nr. 244, S. 356.

23 Konrad Heiden: *Der Führer.* Boston 1944.

24 Theodor W. Adorno: *Minima Moralia.* Reflexionen aus dem beschädigten Leben. Frankfurt am Main (Suhrkamp) 1951, S. 94.

25 *Hitlers zweites Buch.* Stuttgart (DVA) 1961, S. 118.

26 Sportpalastrede vom 3. Oktober 1941, zitiert nach Max Domarus (Hrsg.): Hitler. *Reden und Proklamationen 1932—1945.* Band 4 (= II,2), Wiesbaden (Löwit) 1973, S. 1766.

27 Reichstagsrede vom 4. Mai 1941, zitiert nach Domarus, Band 4 (= II,2), S. 1708.

28 William Carr: *Adolf Hitler.* Persönlichkeit und politisches Handeln. Stuttgart (Kohlhammer) 1980, S. 195.

29 Vgl. Arno Plack: Kriminalitätstheorien und die Psychologie des Strafrechts. In: *Strafe und Verbrechen,* Hrsg. von Eduard Naegeli. Aarau und Frankfurt am Main (Sauerländer) 1976, S. 72 f.

30 Erich Fromm: *Anatomie der menschlichen Destruktivität.* In: Gesamtausgabe, Band VII, Stuttgart (DVA) 1980, S. 335.

31 Vgl. Erich Fromm a. a. O., S. 342, 369 und 391.

32 Vgl. G. W. F. Hegel: *Phänomenologie des Geistes.* Philosophische Bibliothek, Band 114. Hamburg (Meiner) 1952 (6. Auflage), S. 236.

33 »Es gibt kein ›Sein‹ hinter dem Tun, Wirken, Werden; ›der Täter‹ ist zum Tun bloß hinzugedichtet — das Tun ist alles.« (Nietzsche: *Zur Genealogie der Moral.* KTA Band 76, S. 272).

34 Edmund Mezger: *Persönlichkeit und strafrechtliche Zurechnung.* München 1926, S. 13, 18 und 38 ff.

35 Vgl. Albert Speer: *Erinnerungen.* Ullstein-TB 1969, S. 312. — Dazu Erich Fromm a. a. O., S. 370 f.

36 Nach Albert Zoller: *Hitler privat.* Erlebnisbericht seiner Geheimsekretärin. Düsseldorf (Droste) 1949, S. 196.

37 Erich Fromm, a. a. O. S. 348, Anmerkung 3.

38 W. C. Langers psychoanalytische Studie über Hitler wurde 1943 für das *Office of Strategie Service* geschrieben und erst 1972 in New York unter dem Titel *The Mind of Adolf Hitler* veröffentlicht. Deutsch bei Molden (Wien 1973) unter dem Titel *Das Adolf-Hitler-Psychogramm.*

39 Margaret Mead: *Leben in der Südsee.* Jugend und Sexualität in primitiven Gesellschaften. München (Szczesny) 1965, S. 135.

40 Sexuelle Frustration braucht dabei nicht total zu sein; sie kann auch, worauf Pilgrim abstellt, die streng monogame Ehe als ein von der Gesellschaft errichtetes Hindernis meinen, polygame oder bisexuelle Neigungen auszuleben. Vgl. Volker Elis Pilgrim: *Dressur des Bösen.* Zur Kultur der Gewalt. München (Desch) 1975, S. 156.

41 Vgl. Sebastian Haffner: *Anmerkungen zu Hitler.* München (Kindler) 1979, S. 67 f.

42 Hermann Rauschning: *Gespräche mit Hitler.* Zürich 1940, S. 255.

43 Nach John Toland: *Adolf Hitler* II, S. 1080, mit Bezug auf die unveröffentlichten *Erinnerungen* von Gertraud Junge. Es besteht kein Grund, an der Mitteilung von Hitlers Sekretärin zu zweifeln, da Hitler schon mitten im Kriege, am 27. 1. 1941, sich ähnlich geäußert hatte: »Ich bin auch hier eiskalt: Wenn das deutsche Volk nicht bereit ist, sich für seine Selbstbehauptung einzusetzen, gut:

dann soll es verschwinden.« (Adolf Hitler. _Monologe im Führerhauptquartier 1941—1944_. Hrsg. von W. Jochmann. Hamburg [Knaus] 1980. S. 239.)

44 _Völkischer Beobachter_ vom 17. April 1945, zitiert nach Domarus, Band 4 (= II,2), S. 2224. — Schon zu dem 1936 emigrierten NS-Politiker Hermann Rauschning hatte Hitler gesagt: »Der Begriff der Nation ist leer geworden.« Darum gelte es, ihn »durch den politisch noch nicht verbrauchten der Rasse (zu) ersetzen«. Siehe Rauschning: _Gespräche mit Hitler_. Zürich 1940, S. 218. — Die Übereinstimmung mit dem Appell in letzter Stunde ist ein Indiz für die Verläßlichkeit der Aufzeichnungen Rauschnings.

45 Neujahrsaufruf vom 1. Januar 1943, zitiert nach Max Domarus (Hrsg.): Hitler. _Reden und Proklamationen 1932—1945_. Band 4 (= II,2), Wiesbaden (Löwit) 1973, S. 1968.

46 So »der Führer« im »Aufruf zum Kriegs- und Winterhilfswerk des deutschen Volkes 1941/42«, veröffentlicht im _Völkischen Beobachter_ vom 13. 9. 1941, und in der Sportpalastrede vor Offiziersanwärtern am 30. Mai 1942. Siehe bei Domarus Band 4 (= II,2) S. 1751f. und S. 1887.

47 Proklamation des Führers der NSDAP zur Parteigründungsfeier am 24. Februar 1943 in München, zitiert nach Domarus, Band 4 (= II,2), S. 1993.

48 Proklamation des Führers, verlesen von Reichsminister Dr. Goebbels im Berliner Sportpalast am 30. Januar 1943, zitiert nach Domarus, Band 4 (= II,2), S. 1977.

49 Zitiert nach Domarus, Band 4 (= II,2), S. 1821.

50 Die Absicht, durch einen Eroberungskrieg im europäischen Osten den »Lebensraum« des deutschen Volkes zu erweitern, wird in dem 1927 erschienenen zweiten Band von _Mein Kampf_ unverblümt bekundet. Man vergleiche das 14. Kapitel aller Ausgaben!

51 So bei Hermann Rauschning: _Gespräche mit Hitler_. Zürich 1940, S. 115.

52 Reichtagsrede vom 1. September 1939, zitiert nach Domarus, Band 3 (= II,1), S. 1316.

52a Nach Ernst von Weizsäcker: _Erinnerungen_. München — Leipzig — Freiburg (List) 1950, S. 258.

53 Man vergleiche hierzu Eberhard Jäckel: _Hitlers Weltanschauung!_ Neuausgabe Stuttgart (DVA) 1981, S. 93.

54 Vgl. Heinz Guderian: _Erinnerungen eines Soldaten_. Heidelberg (Vowinkel) 1951, S. 392. — Auch: Erich von Manstein: _Verlorene Siege_. Bonn (Athenäum) 1955, S. 307f.

55 Franz Halder: _Hitler als Feldherr_. München (Dom) 1949, S. 50.

56 Zu »Gröfaz« verkürzt hatten die Landser des Zweiten Weltkrieges Goebbels' Lobspruch auf Hitler: »Größter Feldherr aller Zeiten«. (Vgl. Hans Frank: _Im Angesicht des Galgens_. München—Gräfelfing 1953, S. 333.)

57 Vgl. bei David Irving: _Hitler und seine Feldherrn_. Frankfurt am Main/Berlin (Ullstein) 1974, S. 429f. und S. 441.

58 Irving a. a. O., S. 630.

59 Vgl. Percy Ernst Schramm: _Hitler als militärischer Führer_. Erkenntnisse und Erfahrungen aus dem Kriegstagebuch des Oberkommandos der Wehrmacht. Bonn (Athenäum) 1962, S. 62f.

60 So Hitler selbst in einer Rede vor Rüstungsarbeitern in Berlin am 10. Dezember 1940, zitiert nach Max Domarus (Hrsg.): Hitler. _Reden und Proklamationen 1932—1945_. Band 3 (= II,1), Wiesbaden 1973, S. 1630.

61 Axel Eggebrecht: Karl Kraus. _Nordwestdeutsche Hefte_, Nr. 7, 1947, S. 42. — Vgl. Walter Görlitz: _Kleine Geschichte des deutschen Generalstabes_. Berlin [Haude & Spener] 1967, S. 186.

62 Hermann Rauschning: *Gespräche mit Hitler.* Zürich 1940, S. 16 und S. 200.

63 Hitler nannte die Kriegsreden von Lloyd George »psychologische Meisterstük- ke seelischer Massenbeeinflussung« (*Mein Kampf,* S. 533).

64 Ernst Hanfstaengl: *15 Jahre mit Hitler. Zwischen Weißem und Braunem Haus.* 2. Auflage München (Piper), 1980, S. 84.

65 Konrad Heiden: *Adolf Hitler. Das Zeitalter der Verantwortungslosigkeit.* Neu- auflage: Zürich (Europa Verlag) 1946, S. 118. — Ähnlich charakterisiert Bal- dur von Schirach (*Ich glaubte an Hitler.* 67, S. 49) Hitlers Rede-Strategie: »ru- higer Beginn« — eine »langatmige erste halbe Stunde« — nach dem »ersten Drittel der Rede ... der erste Beifallssturm«: »Der gleiche Anstieg vom Pianis- simo zum Fortissimo und Furioso wiederholte sich im Laufe der Rede.« — Man vergleiche das Hanfstaengl-Zitat auf Seite 297 (Anm. IX/17)!

66 Adolf Hitler: *Mein Kampf,* 181./182. Auflage, München (Eher) 1936, S. 419. — Ich zitiere hier ausnahmsweise eine ältere Auflage, weil sich, soweit ich se- he, in alle Auflagen nach 1938 ein sinnstörender Druckfehler eingeschlichen hat. Da heißt es: »Zum Erforschen der Wahrheit hat sich der Kenner der Volkspsychose zu gesellen ...« — Übereinstimmend aber heißt es in allen mir vorliegenden Auflagen auf Seite 184: »Ich kannte die Psyche der breiten Masse nur zu genau ...«

67 Vgl. bei Albert Speer: *Erinnerungen,* S. 106.

68 Vgl. bei John Toland: *Adolf Hitler.* I. Band. Bergisch Gladbach (Lübbe) 1977, S. 140.

69 Zitiert nach Baldur von Schirach: *Ich glaubte an Hitler.* Hamburg (Mosaik) 1967, S. 92.

70 Vgl. Helm Stierlin: *Adolf Hitler. Familienperspektiven.* Frankfurt am Main (Suhrkamp) 1975, S. 23. — Nach Speer (*Erinnerungen,* S. 138) hat Hitler sel- ber in vertrautem Kreis bekannt, daß er von seinem Vater »oft schwere Schlä- ge« bekommen habe.

71 Von Freuds Psychoanalyse als einer »jüdischen Psychologie« sprach C. G. Jung im *Zentralblatt für Psychotherapie,* Dezember 1933. — Vgl. Vincent Brome: *Sigmund Freud und sein Kreis.* Wege und Irrwege der Psychoanalyse. München (List) 1969, S. 141—152.

72 Siehe Max Domarus (Hrsg.): Hitler. *Reden und Proklamationen 1932—1945.* Band 4 (= II,2), Wiesbaden (Löwit) 1973, S. 1659.

73 Vgl. Hans Frank: *Im Angesicht des Galgens.* München—Gräfelfing 1953, S. 95. — Albert Speer: *Spandauer Tagebücher.* Bei Ullstein 1975, S. 199. — Ernst Hanfstaengl: *Zwischen Weißem und Braunem Haus.* 2. Auflage München (Pi- per) 1980, S. 80f.

74 Albert Speer: *Erinnerungen.* Ullstein-TB 1969, S. 114f.

75 Adolf Hitler in einer NSDAP-Versammlung am 12. September 1923 in Mün- chen, zitiert nach: Hitler. *Sämtliche Aufzeichnungen 1905—1924.* Hrsg. von E. Jäckel, Stuttgart (DVA) 1980, S. 1009.

76 Adolf Hitler: *Mein Kampf,* S. 629.

77 Gerhart Hauptmann, zitiert nach Hermann Rauschning: *Gespräche mit Hitler.* Erweiterte Neuauflage: Wien (Europa Verlag) 1973, S. 274.

78 Hermann Rauschning: *Gespräche mit Hitler.* Zürich (Europa Verlag) 1940, S. 19.

79 Albert Speer: *Erinnerungen,* S. 34.

80 Albert Speer: *Erinnerungen,* S. 348.

81 Baldur von Schirach: *Ich glaubte an Hitler.* S. 160.

82 So Heinrich Himmler nach dem Zeugnis des finnischen Medizinalrats Felix Kersten, von dem sich der Reichsführer SS während des Krieges behandeln

ließ. Vgl. Felix Kersten: *Totenkopf und Treue.* Heinrich Himmler ohne Uniform. Hamburg (Mölich) 1952, S. 128.

83   Günther Deschner: *Reinhard Heydrich.* München (Heyne-TB) 1980. — Zur Frage, ob Heydrich »ganz oder teilweise ›nichtarischer‹ Abstammung war«, siehe auch Bernt Engelmann: *Deutschland ohne Juden.* München (Goldmann-TB) 1979, S. 215.

84   Vgl. Günter Böddeker / Rüdiger Winter: *Die Kapsel.* Das Geheimnis um Görings Tod. Düsseldorf — Wien (Econ) 1979, S. 91.

85   Vgl. hierzu Victor Klemperer: *LTI. Notizbuch eines Philologen.* Frankfurt am Main (Röderberg) 1975, S. 197 ff. — »LTI« bedeutet: Lingua Tertii Imperii, Sprache des Dritten Reiches (S. 17).

86   Von einer »ekelhaften Erpressergeschichte« soll Hitler gegenüber Frank gesprochen haben. Siehe Hans Frank: *Im Angesicht des Galgens:* München—Gräfelfing 1953, S. 330. — Näheres aus der Sicht der Londoner Verwandten Adolf Hitlers bei John Toland: *Adolf Hitler.* Bergisch-Gladbach (Lübbe) 1977, Band I, S. 330 ff. — Zu der uns psychologisch nicht interessierenden Frage, ob Hitler wirklich Vierteljude war, Werner Maser: *Adolf Hitler.* 6. Auflage, München und Eßlingen (Bechtle) 1974, S. 16 ff.

86a Nach Hannah Arendt. Siehe Anmerkung IX/106!

87   Man vergleiche hierzu Hitlers *Mein Kampf,* die Seiten 104, 106 und 133.

88   Hans Frank: *Im Angesicht des Galgens.* 1953, S. 331.

89   So ein Arzt namens Schuh, der Hitler seit 1917 kannte. Nach Toland: *Adolf Hitler,* Band I (1977), S. 333.

90   Hermann Rauschning: *Gespräche mit Hitler.* Zürich 1940, S. 223.

91   Friedrich Heer: *Der Glaube des Adolf Hitler.* Anatomie einer politischen Religiosität. München und Eßlingen (Bechtle) 1988, S. 301.

92   Dr. Robert Ley soll zuletzt im Lager Mondorf (Luxemburg) vor anderen gefangengehaltenen NS-Führern gesagt haben: »Wir haben uns geirrt, meine Herren. Die Juden sind zur Weltherrschaft berufen ...« (Nach Baldur von Schirach: *Ich glaubte an Hitler.* Hamburg 1967, S. 321/322.

93   Vgl. Heinrich Fraenkel / Roger Manvell: *Himmler. Kleinbürger und Massenmörder.* Herrsching (Pawlak) 1981, S. 238, Anm. 3. — Wenn wirklich das, was für Himmler und Hitler eine Tatsache war, Heydrichs jüdische Abstammung, von seiner Witwe heute bestritten werden kann (Fraenkel a. a. O., S. 233, Anm. 3), so zählt psychologisch — wie bei Hitler — doch nur, wovon er selbst überzeugt war. Nach Himmlers Einschätzung soll Heydrich wegen seines »jüdischen Blutanteils« unter »ständigen Minderwertigkeitskomplexen« gelitten haben. (Vgl. Felix Kersten: *Totenkopf und Treue.* Hamburg [Mölich] 1952, S. 129 f.)

94   So im Beispiel Hannah Arendt: *Die verborgene Tradition.* Frankfurt am Main (Suhrkamp-TB) 1976, S. 46.

95   Gerard Mendel: *Die Revolte gegen den Vater.* Eine Einführung in die Soziopsychoanalyse. Frankfurt am Main (S. Fischer) 1972, S. 203—241.

96   Hermann Rauschning: *Gespräche mit Hitler.* Zürich 1940, S. 241.

97   Rauschning, a. a. O., S. 223.

98   Eberhard Jäckel: *Hitlers Weltanschauung.* Neuausgabe, Stuttgart (DVA) 1981, S. 162 f., Anm. 21. — Zur Verläßlichkeit der Aufzeichnungen Rauschnings vergleiche man auch oben Anmerkung 44!

99   Alan Bullock: *Hitler. Eine Studie über Tyrannei.* Neuauflage Düsseldorf (Droste) 1967, S. 794. — Joachim Fest spricht in ähnlichem Sinne von den Ideen, die Hitler »stets nur als Instrument benutzt hatte« (*Hitler. Eine Biographie.* Berlin [Propyläen] 1973, S. 1041). Für Hans-Jürgen Eitner dagegen war Hitler

ein »krimineller Ideenfanatiker« (*Der Führer*. Hitlers Persönlichkeit und Charakter. München – Wien [Langen/Müller] 1981, S. 270).

100 Vgl. Sigmund Freud: Zur Geschichte der psychoanalytischen Bewegung. In: Band X (S. 50) der *Gesammelten Werke*, London 1983 ff.; die Stelle ist auch abgedruckt im Fischer-TB 6096, Sigmund Freud: »*Selbstdarstellung*«, S. 149 und S. 150.

101 Helm Stierlin: *Adolf Hitler. Familienperspektiven*. Frankfurt am Main (Suhrkamp) 1975, S. 102.

102 So mitgeteilt von Baldur von Schirach: *Ich glaubte an Hitler*. Hamburg (Mosaik) 1967, S. 55 f.

103 Hans Bernd Gisevius: *Adolf Hitler. Versuch einer Deutung*. München (Rütten & Loening) 1963, S. 440.

104 Man vergleiche in *Mein Kampf* vor allem S. 86, S. 412 und S. 526. Auf S. 685 ist die Rede von der »großen stupiden Hammelherde unseres schafsgeduldigen Volkes«, auf S. 608 von der »Schwatzhaftigkeit des deutschen Volkes«.

105 Vgl. *Mein Kampf*, S. 577.

106 Vgl. bei Nietzsche: *Zur Genealogie der Moral*. Kröners Taschenausgaben (KTA) Band 76, S. 272.

107 Friedrich Nietzsche: *Also sprach Zarathustra*. Von der Selbstüberwindung. KTA Band 75, S. 124.

108 F. Nietzsche: *Die Unschuld des Werdens*. Der Nachlaß II. KTA Band 83, S. 411.

109 *Mein Kampf*, S. 201, ähnlich auch auf S. 376.

110 Hitler. *Sämtliche Aufzeichnungen 1905–1924*. Hrsg. von Eberhard Jäckel, Stuttgart (DVA) 1980, S. 201.

111 Kurt Schumacher am 23. Februar 1932 im Deutschen Reichstag, zitiert nach Friedrich Heine: *Kurt Schumacher. Ein demokratischer Sozialist europäischer Prägung*. Göttingen (Musterschmidt) 1969, S. 40.

112 Siehe oben Anmerkung 67!

113 Diese von Hitler später vielgebrauchte beschwörende Formel findet sich bereits in frühen Aufzeichnungen (vgl. David Irving: *Hitlers Weg zum Krieg*. Heyne-TB 1981, S. 69) und in den ersten Parteireden (vgl. Hitler: *Sämtliche Aufzeichnungen 1905–1924*. Hrsg. von Eberhard Jäckel, Stuttgart (DVA) 1980, S. 913.

114 Hitler. *Sämtliche Aufzeichnungen 1905–1924*. Hrsg. von Eberhard Jäckel. Stuttgart (DVA) 1980, S. 675. — In *Mein Kampf* (S. 773) ist ebenso bildhaft von den »Nattern« die Rede, »die an unserem Volkskörper fraßen«.

115 Das »Gesetz zur Verhütung erbkranken Nachwuchses«, kurz »Erbgesundheitsgesetz« genannt, vom 14. Juli 1933 erfaßte Personen, die unter Erbkrankheiten litten wie: erbliche Psychopathien, erbliche Blindheit und Taubheit, schwere erbliche körperliche Mißbildungen.

116 Vgl. H. Ehrhardt: *Euthanasie — Vernichtung »lebensunwerten« Lebens*. Stuttgart 1965. — Hans Frank spricht von 300 000 ermordeten deutschen Geisteskranken. Siehe Hans Frank: *Im Angesicht des Galgens*. München – Gräfelfing 1953, S. 394.

117 Der Begriff geht zurück auf Karl Binding und Alfred Hoche: *Die Freigabe der Vernichtung lebensunwerten Lebens*. Leipzig 1920.

118 Konrad Lorenz: Durch Domestikation verursachte Störungen arteigenen Verhaltens. In: *Zeitschrift für angewandte Psychologie und Charakterkunde*. Hrsg. von Philipp Lersch, 59. Band, Leipzig 1940, S. 75.

119 Konrad Lorenz a. a. O., S. 71.

120 Vgl. Hitler: *Sämtliche Aufzeichnungen 1905–1924*. Hrsg. von Eberhard Jäckel, Stuttgart (DVA) 1980, S. 414.

121 Vgl. Hitler: *Mein Kampf*, S. 460.

122 Cesare Lombroso: *Der Verbrecher in anthrophologischer, ärztlicher und juristischer Beziehung (Homo delinquens* deutsch), Hamburg 1894, S. 253 ff.

123 Vgl. bei Arno Plack: *Plädoyer für die Abschaffung des Strafrechts.* München (List) 1974, S. 133 und 136.

124 Dr. H. Frank: Strafrechts- und Strafvollzugsprobleme. In: *niskunde.* Band 68 (1937/38), S. 265 und 268.

125 Von solchem Konsens im Vorurteil macht, soweit ich sehe, nur Armand Mergen eine Ausnahme. Vgl. sein Buch *Die Wissenschaft vom Verbrechen.* Eine Einführung in die Kriminologie. Hamburg 1961, S. 201. — Man vergleiche hierzu auch Plack: *Die Gesellschaft und das Böse.* München (List) 1967, S. 119.

126 Vgl. Arno Plack: *Die Gesellschaft und das Böse*, S. 221—225; und Plack: *Plädoyer für die Abschaffung des Strafrechts.* S. 76 f.

127 Vgl. Gertrud Scholtz-Klink: *Die Frau im Dritten Reich.* Tübingen (Grabert) 1974, S. 198.

128 Die formaljuristische Frage nach der »rechtlichen Grundlage« soll Reichsjustizminister Dr. Franz Gürtner im Blick auf die seit 1940 schon praktizierte »Vernichtung lebensunwerten Lebens« gestellt und wieder beiseitegestellt haben. Vgl. Gerhard Baader: Die »Euthanasie« im Dritten Reich. In: *Medizin und Nationalsozialismus.* Hrsg. von G. Baader und U. Schultz. Berlin-West (Verlagsgesellschaft Gesundheit) 1980, S. 99.

129 Friedrich Nietzsche: *Der Wille zur Macht.* Kröners Taschenausgaben (KTA), Band 78, S. 643 (Aphorismus 964).

130 Vgl. Baldur von Schirach: *Ich glaubte an Hitler.* Hamburg (Mosaik) 1967, S. 164.

131 Friedrich Nietzsche: *Die Unschuld des Werdens.* Der Nachlaß II. Kröners Taschenausgaben, Band 83, S. 255.

132 Vgl. Ulrich Schultz: Soziale und biographische Bedingungen medizinischen Verbrechens. In: *Medizin und Nationalsozialismus.* 1980, S. 193 ff.

133 Siehe bei Walter Wuttke-Groneberg: Von Heidelberg nach Dachau. In: *Medizin und Nationalsozialismus.* 1980, S. 115.

134 Siehe Gerhard Baader a. a. O. (Anm. 128), S. 98.

135 Friedrich Nietzsche: *Ecce Homo.* Sämtliche Werke. Kröners Taschenausgaben Band 77, S. 351.

136 Friedrich Nietzsche: *Die Unschuld des Werdens.* Der, Nachlaß II. Kröners Taschenausgaben, Band 83, S. 370.

137 Vgl. Friedrich Nietzsche: »*Der Wille zur Macht«.* Kröners Taschenausgaben (KTA) Band 78, S. 272.

138 Nietzsche: »*Der Wille zur Macht«,* KTA Band 78, S. 324.

139 Nietzsche: *Die Unschuld des Werdens.* KTA Band 83, S. 443.

140 Friedrich Nietzsche: *Umwertung aller Werte.* Erstes Buch: »Der Antichrist«, KTA Band 77, S. 216.

141 »Das jüdische Volkstum sei eben zäher«, soll Hitler — nach Picker — gesagt haben; er meinte damit genetische Dominanz bei der Vermischung mit anderen Rassen. Siehe Henry Picker: *Hitlers Tischgespräche im Führerhauptquartier 1941/42.* Bonn (Athenäum) 1951, S. 313 (1. VII. 1942 mittags). Schon in *Mein Kampf* (S. 329) war geradezu bewundernd davon die Rede, »welch ein unendlich zäher Wille zum Leben, zur Erhaltung der Art« aus der Geschichte der Juden spreche.

142 Vgl. Henry Picker: *Hitlers Tischgespräche im Führerhauptquartier 1941—42.* Bonn (Athenäum) 1951, S. 310 (15. V. 1942 mittags).

143 Nietzsche: *Die Unschuld des Werdens.* Der Nachlaß I. KTA, Band 82, S. 259.

144 Vgl. Adolf Hitler: *Monologe im Führerhauptquartier 1941—1944*. Hrsg. von Werner Jochmann. Hamburg (Knaus) 1980, S. 107 und S. 411.

145 Nietzsche: *Umwertung aller Werte*. Der Antichrist. KTA, Band 77, S. 266.

146 Friedrich Nietzsche: *Die Unschuld des Werdens*. Der Nachlaß II. KTA, Band 83, S. 433.

147 So Hitler in einer frühen Rede (in München am 8. November 1923, dem Vorabend des Hitler-Putsches). Siehe Hitler. *Sämtliche Aufzeichnungen 1905— 1924*. Hrsg. von Eberhard Jäckel. Stuttgart (DVA) 1980, S. 1054.

148 Siehe Adolf Hitler: *Mein Kampf*, S. 275 und S. 278.

149 Vgl. Friedrich Nietzsche: *Die Unschuld des Werdens*, Der Nachlaß I. KTA, Band 82, S. 316.

150 In einer NSDAP-Versammlung in München am 24. April 1923 sagte Hitler: »Da schlummert die Energie und wartet nur auf den, der sie aufrafft aus ihrem bisherigen Schlummer und sie hineinwirft in den Schicksalskampf der deutschen Rasse.« (Hitler: *Sämtliche Aufzeichnungen 1905—1924*. Hrsg. von Eberhard Jäckel, Stuttgart [DVA] 1980, S. 912.)

151 Nach Joseph Goebbels: *Tagebücher 1942/43*. Hrsg. von Louis P. Lochner, Zürich 1948, S. 96 und S. 101. — Vgl. bei Domarus, Band 4 (= II,2) S. 1843.

152 Vgl. Friedrich Nietzsche: *Götzen-Dämmerung* oder *Wie man mit dem Hammer philosophiert*. KTA, Band 77, I, S. 145 f.

153 Friedrich Nietzsche: *Die Unschuld des Werdens*. Der Nachlaß I. KTA, Band 82, S. 285.

154 Siehe den Prozeß-Bericht von Dieter Lau in der *Süddeutschen Zeitung* vom 5. Juni 1964: »Kinder ›wegen der Moral‹ abgespritzt / Die SS begründete die Morde in Auschwitz mit sittlichen Erwägungen, sagte ein Zeuge.«

155 Vgl. Adolf Hitler: *Mein Kampf*, S. 63 f.

156 Theodor W. Adorno: Sexualtabus und Recht heute. In: *Sexualität und Verbrechen*. Hrsg. von Fritz Bauer, Hans Bürger-Prinz u. a. Frankfurt am Main (Fischer-TB) 1963, S. 305.

ZUM II. KAPITEL (S. 64—89)

1 Vgl. Adolf Hitler: *Mein Kampf,* 815.—820. Auflage, München (Eher) 1943, S. 356 und 596.

2 »Gesetz zum Schutze des deutschen Blutes und der deutschen Ehre« vom 15. September 1935, vom Deutschen Reichstag anläßlich des Nürnberger Reichsparteitages der NSDAP einstimmig verabschiedet.

3 Nach Hans Bernd Gisevius: *Adolf Hitler. Versuch einer Deutung.* München (Rütten & Loening) 1963, S. 436.

4 Heinrich Himmler vor SS-Führern am 4. Oktober 1943. Dokument des Internationalen Militärgerichtshofes (IMT), Nürnberg 1947/49, Band 29, S. 145.

5 Nach Jean-Michel Charlier — Jacques de Launey: *Eva Hitler, geb. Braun. Die führenden Frauen des Dritten Reiches.* Stuttgart (Seewald) 1979, S. 110.

6 Nach Gisevius: *Adolf Hitler.* München 1963, S. 438.

7 Für Geheimhaltung hatte Hitler wohldurchdachte Grundsätze: »Niemand ist zu beteiligen, der es nicht wissen muß. Niemand darf mehr erfahren, als er wissen muß ... Niemand darf früher etwas wissen, als er es wissen muß.« So der »Führer« zu hohen Militärs am 23. Mai 1939 in der Reichskanzlei, zitiert nach Werner Maser: *Adolf Hitler. Das Ende der Führer-Legende.* Düsseldorf—Wien (Econ) 1980, S. 82/83, Anmerkung.

8 Chaim Noll: *Nachtgedanken über Deutschland.* Hamburg (rororo) 1992, S. 115.

9 Lea Fleischmann: *Dies ist nicht mein Land.* Eine Jüdin verläßt die Bundesrepublik. Hamburg (Hoffmann und Campe) 1980, S. 165.

10 Henryk M. Broder im *Club 2* des ORF am 12. Januar 1980.

11 Adolf Hitler: *Mein Kampf,* S. 370.

12 Die Forderung der »Erziehung zum Ungehorsam« führt Peter R. Hofstätter auf Carlo Schmid zurück und erinnert zugleich an Ulrich Sonnemanns Streitschrift *Die Einübung des Ungehorsams in Deutschland* (Reinbek 1965). Vgl. Hofstätter: Gerade wir Deutsche ... In: *Die Deutsche Neurose.* Hrsg. von Anton Peisl und Armin Mohler in der Siemensstiftung, Band 3. Bei Ullstein o. J. (1980?), S. 42.

13 Adolf Hitler: *Mein Kampf,* S. 200.

14 Paul Stöcklein: *Literatur als Vergnügen und Erkenntnis.* Heidelberg (Quelle & Meyer) 1974, S. 125. — Die hier literarisch dargebotene Geschichte wurde mir nach Rückfrage beim Autor als auf Tatsachen beruhend bestätigt.

15 Siehe: *Deutsche National-Zeitung,* Nr. 50 vom 4. Dezember 1981, S. 10: »Durch Freisler zu mehr Recht?«.

16 Adolf Hitler hegte »tiefste Bewunderung für den großen Mann südlich der Alpen« (*Mein Kampf,* S. 774) und sah im »faschistischen Italien« sogar einen Verbündeten im Kampf gegen die »überstaatliche Macht« des Judentums (*Mein Kampf,* S. 721).

17 Karl Dietrich Bracher: Die Gleichschaltung der deutschen Universität. In: *Nationalsozialismus und die deutsche Universität. Universitätstage 1966.* Veröffentlichung der Freien Universität Berlin. Berlin (de Gruyter) 1966, S. 127.

18 Hans Rothfels: Die Geschichtswissenschaft in den dreißiger Jahren. In: *Deutsches Geistesleben und Nationalsozialismus.* Eine Vortragsreihe der Universität Tübingen, hrsg. von Andreas Flitner. Tübingen (Wunderlich) 1965, S. 106.

19 Reinhard Kühnl: *Faschismustheorien.* Texte zur Faschismusdiskussion 2. Rowohlt-TB 1979, S. 286.

20 Georg Melchers: Biologie und Nationalsozialismus. In: *Deutsches Geistesleben*

und Nationalsozialismus. Eine Vortragsreihe der Universität Tübingen. Hrsg. von Andreas Flitner. Tübingen (Wunderlich) 1965, S. 68.

21 W. F. Haug: *Der hilflose Antifaschismus.* Köln (Pahl-Rugenstein) 1977, S. 7 und S. 29 ff.

22 Werner Bergmann: Der Antisemitismus in der Bundesrepublik Deutschland. In: H. A. Strauss, W. Bergmann, Chr. Hoffmann (Hrsg.): *Der Antisemitismus der Gegenwart.* Frankfurt, New York (Campus) 1990, S. 165.

23 Fundort: Außenmauer der St. Anna-Kirche in Heidelberg, Nadlerstraße. Der Graffito wurde im September 1992 übertüncht.

24 Wie *Der Spiegel* vom 31. August 1992 (S. 32) berichtete, halten es »überforderte Pädagogen und Sozialarbeiter vielerorts immer noch für guten Antifaschismus, wenn sie ... Jugendheime für ›nazifrei‹ erklären«.

24a Nach einem Bericht von Axel Vornbäumen (Rostock) über eine antifaschistische Demonstration am 30. August 1992, an der sich nach Schätzung der Polizei etwa 14 000 zum Teil aus Berlin und Westdeutschland angereiste »zur Gewalt bereite Autonome« beteiligt haben. In der *Frankfurter Rundschau* vom 31. 8. 1992, Seite 3.

25 Albert Speer: *Erinnerungen.* Ullstein-TB 1969, S. 138.

26 Aus: *Wider das Vergessen.* Antifaschistische Erziehung in der Schule. Erfahrungen, Projekte, Anregungen. Hrsg. von der GEW Berlin, Fischer-TB 1981, S. 200.

27 So der Text zu einem zweiseitigen Bild im Magazin *stern* vom 29. Oktober 1981.

28 Aus: *Wider das Vergessen.* A. a. O., S. 221.

29 So Rudolf Heß in seinem Schlußwort vor dem Nürnberger Militärtribunal am 31. August 1946, zitiert nach Werner Maser. *Nürnberg. Tribunal der Sieger.* Düsseldorf — Wien (Econ) 1977, S. 472.

30 Albert Speer: *Erinnerungen.* Ullstein-TB 1969, S. 385.

31 So der frühere SS-Obergruppenführer und General der Waffen-SS Karl Wolff in einem Film von Karl Karelus im Zweiten Deutschen Fernsehen am 16. August 1981.

32 Gertrud Scholtz-Klink: *Die Frau im Dritten Reich.* Tübingen (Grabert) 1978, S. 28.

33 Vgl. Hildegard Springer: *Es sprach Hans Fritzsche.* Stuttgart (Thiele) 1949.

34 Baldur von Schirach: *Ich glaubte an Hitler.* Hamburg (Mosaik) 1967, S. 345 f.

35 Albert Speer: *Spandauer Tagebücher.* Berlin (Ullstein) 1975, S. 335.

36 I. F. C. Fuller: *Der Zweite Weltkrieg.* Deutsch bei Humboldt, S. 21/22; zitiert nach Dönitz: *10 Jahre und 20 Tage.* Erinnerungen. München (Bernhard & Graefe) 8. Auflage 1981, S. 300.

37 Karl Dönitz: a. a. O., S. 300.

38 Nach Albert Speer: *Spandauer Tagebücher,* S. 92.

39 Gustave M. Gilbert: *Nürnberger Tagebuch.* Frankfurt am Main (Fischer-TB) 1967, S. 51 und 54.

40 Baldur von Schirach: *Ich glaubte an Hitler,* S. 331.

41 Vgl. Werner Maser: *Nürnberg. Tribunal der Sieger.* Düsseldorf (Econ) 1977, S. 468.

42 Albert Speer: *Erinnerungen,* S. 33.

43 Baldur von Schirach: *Ich glaubte an Hitler,* S. 307.

44 Dr. Hans Frank: *Im Angesicht des Galgens.* Deutung Hitlers und seiner Zeit auf Grund eigener Erlebnisse und Erkenntnisse. München-Gräfelfing (Alfred Beck) 1953, S. 167.

45 Speer: *Erinnerungen,* S. 33.

46 Vgl. Schirach: *Ich glaubte an Hitler,* S. 273, S. 64 und S. 199.

47 Schirach a. a. O., S. 71.

48 Die Überzeugung, daß »Churchill gewisse Ähnlichkeiten mit Hitler« hatte,

dürfte es Speer erleichtert haben, nun den siegreichen anstelle des geschlagenen Volksführers zu verehren. Siehe Albert Speer: *Technik und Macht*. Hrsg.
von Adelbert Reif. Ullstein-TB 1981, S. 116 ff.

49 Hans Frank: *Im Angesicht des Galgens*, S. 381.
50 Albert Speer: *Erinnerungen*, S. 385.
51 Baldur von Schirach: *Ich glaubte an Hitler*. Hamburg 1967, S. 297.
52 So Albert Speer in einem Interview mit Gitta Sereny, veröffentlicht im *Zeit-
    magazin* Nr. 45/1978, S. 65.
53 Albert Speer: *Der Sklavenstaat*. Meine Auseinandersetzung mit der SS. Stutt-
    gart (DVA) 1981, S. 400.

ZUM III. KAPITEL (S. 90—116)

1 *Der Prozeß gegen die Hauptkriegsverbrecher vor dem Internationalen Militärge-richtshof* (IMT). Band II. Nürnberg 1947, S. 41 ff.

2 Vgl. David Irving: *Der Untergang Dresdens.* Gütersloh (Mohn) 1964.

3 Bei der Denkmalsenthüllung durch die Königinmutter am 31. Mai 1992 in London protestierten aber auch etwa 300 Briten gegen diese Ehrung des Sir Arthur »Bomber« Harris. Sie riefen: »No statues for murderers«, »Harris was a mass murderer« und zeigten handgeschriebene Tafeln mit Losungen wie: »Dresden forgive us« und »Harris is Eichmann«. (Die Zitate nach *The Guar-dian, The Independent* und *Die Welt,* alle vom 1. Juni 1992.)

4 Hierzu A. Everett, K. Johnson, H. F. Rosenthal: *Calley.* New York 1971. — Ferner: Arno Plack: *Die Gesellschaft und das Böse.* 1. Auflage: München 1967. Frankfurt a. M. (S. Fischer-TB) 1991, S. 297.

5 Telford Taylor: *Nürnberg und Vietnam.* Eine amerikanische Tragödie. München (Praeger) 1971.

6 »The final lesson of Vietnam is that no great nation can long afford to be sun-dered by a memory.« (US-Präsident George Bush in seiner *inaugural address* am 20. Januar 1989, Wortlaut nach AP/ *International Herald Tribune* vom 21./ 22. Januar 1989.)

7 Ernst Tugendhat: Der Golfkrieg, Deutschland und Israel. *Die Zeit* vom 22. Fe-bruar 1991, S. 62.

8 Vgl. Ariane Barth, Titiano Terzani: *Holocaust in Kambodscha.* Hamburg (Spie-gel-Buch Nr. 3) 1981.

9 Werner Maser: *Nürnberg. Tribunal der Sieger.* Düsseldorf (Econ) 1977.

10 Nach Gustave M. Gilbert: *Nürnberger Tagebuch.* Frankfurt am Main (Fischer-TB) 1967, S. 205.

11 Vgl. Paul Sérant: *Die politischen Säuberungen in Westeuropa am Ende des Zweiten Weltkrieges.* Oldenburg und Hamburg (Stalling) o. J., S. 155.

12 Nach Paul Sérant a. a. O., S. 237.

13 Zahlenangaben hierüber in meinem Buch *Die Gesellschaft und das Böse* (Mün-chen 1967), S. 391 (Anm. 93), S. 392 (Anm. 103), S. 394 (Anm. 147 und 148), S. 397 (Anm. 7 und 8). — Man vergleiche Hans von Hentig: Über den Rückgang des Verbrechens im Kriege. In: *Schweizerische Zeitschrift für Straf-recht.* Band 59 (1945), S. 145 ff.
Man beachte auch die Anmerkungen 98 und 99 des VIII. Kapitels!

14 Adolf Hitler: *Mein Kampf.* 815. Auflage. München (Eher) 1943, S. 510.

15 Wilhelm Reich: *Die Massenpsychologie des Faschismus.* Neuausgabe als Fi-scher-TB 1974, S. 15.

16 Äußerung Hitlers, mitgeteilt von Hans Frank: *Im Angesicht des Galgens.* Mün-chen-Gräfelfing 1953, S. 239. — Der Kriminologe Hans von Hentig sprach von »organischen Gründen« für sexuelle Enthemmung im Kriege, »die viel-leicht bis zur Kriegsbereitschaft der Völker selbst zurückgeht« (*Das Verbrechen.* II. Band, 1962, S. 103).

17 Wilhelm Reich: *Die Massenpsychologie des Faschismus.* (S. Fischer-TB) 1974, S. 134.

18 Unter aggressiv gespannten Menschen erscheint es »fast so, als nehme die Ge-sellschaft dem Asozialen, der einen Mord begeht, nicht übel, daß er tötet, son-dern daß er es auf eigene Faust tut« (Arno Plack: *Die Gesellschaft und das Böse.* München 1967, S. 308).

19 Gernd Kröncke: Besuch bei Lord Shawcross ... Der Gefürchtete plädiert gegen späte Vergeltung. *Süddeutsche Zeitung* Nr. 288, 15./16. Dezember 1990, S. 3.

20 Deshalb sei für ihn »der Prozeß wichtiger als das Urteil«, sagt Simon Wiesenthal im Gespräch mit Nina Steinhäuser. © ZDF/3sat 1990, ausgestrahlt von *3sat* am 7. März 1990 unter dem Titel: »Recht, nicht Rache«.

21 Henryk M. Broder: »Jude kann man nur sein, nicht werden.« Vortrag vor den Studenten der Hochschule für Jüdische Studien in Heidelberg, zitiert nach der *Rhein-Neckar-Zeitung* vom 31. Juli 1991, S. 11. — Klärend demgegenüber der Historiker und Zeitzeuge Golo Mann, zitiert in Anmerkung IV/95.

22 Simon Wiesenthal in dem in Anmerkung III/20 zitierten *ZDF/3sat*-Gespräch. — Zu Wiesenthals Ablehnung der Kollektivschuld auch Peter Michael Lingens in: Simon Wiesenthal: *Recht, nicht Rache*. Ullstein-TB 1991, S. 18.

23a Mit diesen Worten hat Simon Wiesenthal die von Elie Wiesel an ihm geübte Kritik wiedergegeben in einem Interview der *Allgemeinen Jüdischen Wochenzeitung* vom 23. Januar 1992, S. 5.

23 Das ist der Tenor aller öffentlichen Reden von Lea Rosh. Sie fragte bei der Verleihung des Schiller-Preises an sie durch die Stadt Mannheim am 21. April 1991: »Warum ließ sich Mannheim ... seine Juden wegnehmen? Warum ließ Mannheim sie in den Tod gehen?« (Nach RNZ vom 22. 4. 1991) So sei es überall gewesen, — Warum? Mit einem Zeitzeugen, einem damals rassisch Verfolgten, kann darauf geantwortet werden: »Es war wohl die Angst, die die Leute schweigen ließ.« (Valentin Senger in einem Film von Norbert Westenrieder über die »Verfolgung der Juden in Hessen«, ausgestrahlt von *Hessen 3* am 10. 11. 1988.)

24 Nach einem Gespräch mit Bundeskanzler Helmut Schmidt am 17. März 1982 sagte der Vorsitzende des Zentralrates der Sinti und Roma, Romani Rose, im Deutschen Fernsehen, es gehe ihnen nicht um einen Schuldvorwurf gegen die Deutschen, sondern nur um die Anerkennung als Verfolgte des NS-Regimes.

25 Nach einem Bericht von Otto Jörg Weis in der *Frankfurter Rundschau* vom 4. Juni 1981, S. 3, unter der Überschrift »Die schlagfertige Polizei von West-Berlin«.

26 Nach einem Bericht in der *Frankfurter Allgemeinen Zeitung* vom 29. Juli 1981 unter der Überschrift »Dokumente zur ›Massenverhaftung‹«.

27 Es sei hier vor allem an den sogenannten Klingelpütz-Prozeß des Jahres 1967 erinnert.

28 Vgl. bei John Toland: Adolf Hitler. Band II. Bergisch-Gladbach (Bastei-Lübbe-TB) 1977, S. 893.

29 Rudolf Höss: *Kommandant in Auschwitz*. Autobiographische Aufzeichnungen. Hrsg. von Martin Broszat. 8. Auflage, München (dtv) 1981, S. 25.

30 Vgl. Hannah Arendt: *Eichmann in Jerusalem. Ein Bericht von der Banalität des Bösen*. München (Piper) 1964, S. 174 f.

31 Immanuel Kant: *Die Metaphysik der Sitten*. Akademie-Ausgabe der Werke, Band VI, S. 386.

32 Wir werden daran erinnert durch Heinz Otto Burgers »Geschichte der unvergnügten Seele« in: *Dasein heißt eine Rolle spielen. Studien zur deutschen Literaturgeschichte*. München 1963, S. 143.

33 Immanuel Kant: *Grundlegung zur Metaphysik der Sitten*. Akademie-Ausgabe der Werke, Band IV, S. 398.

34 Salomon Gessner: *Der Tod Abels*. Prosaepos aus dem Jahre 1758.

35 Vgl. Hermann Langbein: *Menschen in Auschwitz*. Ullstein-TB 1980, S. 315.

36 Vgl. Rolf R. Bigler: *Der einsame Soldat*. Frauenfeld 1963, S. 53.

37 So wörtlich Dr. Hans Lamm, der Leiter der Israelitischen Kultusgemeinde München, in der Sendung »Jüdische Kultur in München« im Rahmen der »Abendschau« des *Bayerischen Fernsehens* am 11. Februar 1982. Dr. Lamm

sagte im Blick auf die Zeit vor Hitlers Machtergreifung auch: »Die Juden fühlten sich in München sauwohl.« — Es gab nach meiner eigenen Erinnerung noch unter Hitler in Bayern eher Preußenhaß als eine Ablehnung der Juden, die, mit bajuwarischer Dialektfärbung sprechend, »dazugehörten«.

38 Zur Maschine als dem Vorbild für einen Leib, dessen Triebregungen sich moralkonform an- und abstellen ließen, siehe Arno Plack: *Ohne Lüge leben.* Zur Situation des Einzelnen in der Gesellschaft. Stuttgart (DVA) 1976, S. 86, 310f., 325.

39 Adolf Hitler: *Mein Kampf.* 815. Auflage. München (Eher) 1943, S. 69/70.

40 Der von Sigmund Freud (Das Ich und das Es. *Ges. Werke* Band XIII, S. 277) eingeführte Begriff einer »Schwäche des Ichs« hat allerdings schon bei ihm, stärker noch in der Ich-Psychologie Heinz Hartmanns, einen Akzent negativer moralischer Beurteilung: Ich-Schwäche = Nachgiebigkeit gegenüber unerwünschten Triebregungen. Vgl. Freud: *Ges. Werke* XVI, S. 71.

41 Vgl. Arno Plack: *Die Gesellschaft und das Böse.* München (List) 1967, S. 300. Zu Himmler ferner: Heinrich Fraenkel und Roger Manvell: *Himmler. Kleinbürger und Massenmörder.* Herrsching (Pawlak) 1981, S. 13-28: »Keusche Jugend«.

42 Man vergleiche hierzu den *Spiegel* vom 18. Dezember 1963, S. 47.

43 Rudolf Höss: *Kommandant in Auschwitz.* Autobiographische Aufzeichnungen. Stuttgart (DVA) 1958.

44 Friedrich Nietzsche: *Die Unschuld des Werdens I,* Körners Taschenbuchausgaben, Band 82, S. 285.

45 Adolf Hitler: *Monologe im Führerhauptquartier 1941—1944.* Hrsg. von Werner Jochmann. Hamburg (Knaus) 1980, S. 395 (6. September 1942, abends).

46 Werner Maser: *Adolf Hitler. Legende — Mythos — Wirklichkeit.* 7. Auflage, München (Heyne-TB) 1980, S. 253.

47 Wilhelm Bölsche: *Vom Bazillus zum Affenmenschen.* 2. Auflage, Jena 1921.

48 Adolf Hitler: *Mein Kampf,* a.a.O. S. 59

49 Heinrich Fraenkel/Roger Manvell: *Himmler. Kleinbürger und Massenmörder.* Herrsching (Pawlak) 1981, S. 172.

50 Heinrich Himmler, zitiert nach Heinrich Fraenkel und Roger Manvell: *Himmler. Kleinbürger und Massenmörder.* Herrsching (Pawlak) 1981, S. 21.

51 Adolf Hitler: *Mein Kampf,* a.a.O., S. 292.

ZUM IV. KAPITEL (S. 117—147)

1 Schon in einer Rede seiner »Kampfzeit«, auf einer NSDAP-Versammlung in München am 28. Juli 1922, beschwor Hitler seine bayerischen Zuhörer: »Schimpft nicht über die Preußen und kriecht nicht vor den Juden«! (Zitiert nach: Hitler. *Sämtliche Aufzeichnungen 1905—1924*. Hrsg. von Eberhard Jäkkel, Stuttgart [DVA] 1980, S. 669.)

2 So Adolf Hitler in einer NSDAP-Versammlung in Landshut am 5. Mai 1922, zitiert nach: Hitler. *Sämtliche Aufzeichnungen 1905—1924*. Stuttgart 1980, S. 638.

3 Siehe Baldur von Schirach: *Ich glaubte an Hitler*. Hamburg (Mosaik) 1967, S. 301, und Albert Speer: *Erinnerungen*. Ullstein-TB 1969, S. 385.

4 Vgl. Hans Frank: *Im Angesicht des Galgens*. München-Gräfelfing 1953, S. 403 f.

5 Hans Frank zum amerikanischen Gerichtspsychologen Gilbert. Siehe Gustave M. Gilbert: *Nürnberger Tagebuch*. Frankfurt am Main (Fischer-TB) 1962, S. 66.

6 Jean-François Steiner: *Treblinka*. Die Revolte eines Vernichtungslagers. Oldenburg, Hamburg (Stalling) 1966, S. 270/271.

7 Walter Laqueur: *Was niemand wissen wollte: Die Unterdrückung der Nachrichten über Hitlers »Endlösung«*. Berlin (Ullstein) 1981, S. 32 ff.

8 Vgl. Ernest Skalski: »Ich empfinde Verlegenheit«. *Der Spiegel*, 44. Jg. Nr. 30, 23. Juli 1990, S. 111.

9 *Süddeutsche Zeitung* Nr. 164 vom 19. Juli 1990, S. 8: »Historiker: Zahl der Auschwitz-Opfer zu hoch. Polnische Wissenschaftler sprechen jetzt von 1,5 Millionen Toten«.

10 Friedrich Heer in: *Auschwitz als Herausforderung für Juden und Christen*. Hrsg. von G. B. Ginzel. Heidelberg (Lambert Schneider) 1980, S. 182.

11 Zitiert nach Helmut Heiber: *Reichsführer! Briefe an und von Himmler*. München (dtv) 1970, S. 270.

12 Sebastian Haffner: *Anmerkungen zu Hitler*. München (Kindler) 1978, S. 176.

13 H. D. Leuner: *Gerettet vor dem Holocaust*. Wiesbaden (Limes) 1979. Der Titel der Originalausgabe »When Compassion was a Crime« (Als Mitleid ein Verbrechen war) charakterisiert bündig die Situation im Terrorstaat.

14 »Ich fühle mich schuldig für Auschwitz«, sagte mir wörtlich eine 1940 geborene Buchhändlerin; ähnlich ein von der »Aktion Sühnezeichen« aus Israel zurückgekehrter deutscher Gymnasiast (vgl. Anm. 44 des V. Kapitels). Die jungen Leute bekommen aber auch vorgesagt, wie sie sich als Deutsche zu fühlen haben: »Ich bin nicht stolz, ein Deutscher zu sein. Ich empfinde große Scham, ein Deutscher zu sein«, sagte in der Jugendsendung »Schlachthof« des *Bayerischen Fernsehens* am 8. 1. 1990 der Schauspieler Heinz Bennent. — Vgl. Anm. 69 unseres Nachworts!

15 Sigmund Freud: Einige Charaktertypen aus der psychoanalytischen Arbeit (1915). III. Der Verbrecher aus Schuldbewußtsein. *Ges. Werke* bei S. Fischer, Frankfurt a. M., Band X, S. 389—391.

16 Marta Reich-Dörr: *Zur Psychologie der falschen Anschuldigung und falschen Selbstbezichtigung*. Hamburg (Kriminalistik) 1962.

17 Der strafrechtsdogmatisch noch nicht geklärte Begriff einer »kollektiven Tatverantwortung« (vgl. BGH NJW 1975, S. 985) hat schon seinen Niederschlag gefunden in dem neu geschaffenen Paragraphen 129 a StGB (Bildung terroristischer Vereinigungen), der sogar bewirkt, daß die »mitgliedschaftliche Beteiligung« an bloßen Vergehen der Vereinigung als Verbrechen einzustufen ist. Vgl.

Kristian Kühl in NJW 1987, S. 746; Schönke-Schröder: *Strafgesetzbuch. Kommentar.* 23. Auflage, München (C. H. Beck) 1988, Rdnr. 1 zu § 129 a.

18 Hans Zulliger: *Umgang mit dem kindlichen Gewissen.* Stuttgart (Klett) 1954, S. 116.

19 In dieser Formulierung aus der Feder von Alphons Silbermann *(Sind wir Antisemiten?* Köln, 1982, S. 111) klingt die zitierte Bibelstelle (2 Mose 20, 5) allerdings unversöhnlicher als in einer katholischen Bibelübersetzung, wo sie lautet: »... ich, der Herr, bin ein eifersüchtiger Gott, der die Schuld der Väter an den Kindern, am dritten und vierten Geschlecht, nachprüft bei denen, die mich hassen.« (Übersetzung von Vinzenz Hamp und Meinrad Stenzel: *Die Heilige Schrift.* Aschaffenburg [Pattloch] 1977, S. 82.)

19a Peter Sichrovsky: *Schuldig geboren.* Kinder aus Nazifamilien. Köln (Kiepenheuer & Witsch) 1987. Vom »schuldig geborenenen« Kind eines NS-Täters ist auch die Rede in dem Roman *Gebürtig* des Wiener Schriftstellers Robert Schindel (bei Suhrkamp 1992). Wenn in Gedenkreden gesagt wird, daß man für das unter Hitler Geschehene »Verantwortung trage, auch wenn man später geboren wurde« (OB Beate Weber, Heidelberg, laut RNZ vom 13. April 1991, S. 3), so kann das doch nicht bedeuten, daß junge Deutsche heute zu einer Schuldübernahme verpflichtet seien, sondern dies: daß sie aus Kenntnis der Geschichte neuen Rassenhaß nicht mehr aufkommen lassen, schon gar nicht in der eigenen Person.

20 Bundeskanzler Helmut Kohl sagte am 25. Januar 1984 in der Knesseth, dem israelischen Parlament, daß er »in der Nazizeit nicht in Schuld geraten konnte, weil er die Gnade der späten Geburt und das Glück eines besonderen Elternhauses gehabt« habe. (Zitiert nach dem *Bulletin* der Bundesregierung vom 2. Februar 1984.)

21 »Jeder Mensch sucht sich ja seine Eltern aus, bevor er geboren wird. Man hat eine Klarsicht.« So wörtlich der Maler und Bildhauer Anselm Kiefer in einem Film von Walter Smerling: »60 Millionen Erbsen: Anselm Kiefer und die Volkszählung«. © *West drei,* ausgestrahlt auch von *Hessen 3* am 18. November 1989.

22 Victor Gollancz: *Stimme aus dem Chaos.* Nürnberg (Nest-Verlag) 1948, S. 282. — So sieht es auch der jüdische Theologe Pinchas Lapide: »Ich würde den jungen Leuten sagen, daß Kollektivschuld ein faschistischer Begriff ist.« (Im »heute-journal« des ZDF am 3. März 1986.)

23 Simon Wiesenthal im Gespräch mit Nina Steinhauser: »Recht, nicht Rache«. © ZDF/3sat 1990, ausgestrahlt von *3sat* am 7. März 1990. — Wiesenthal hat mit demselben Argument seine Ablehnung der Kollektivschuld bekräftigt in einem Interview der *Allgemeinen Jüdischen Wochenzeitung* vom 23. Januar 1992, S. 5.

24 »Ewig zahlen für Israel?« *(National-Zeitung* vom 29. März 1991, S. 1) — so oder ähnlich sind entsprechend ausgerichtete Artikel überschrieben. Hans-Jürgen Syberberg sieht ebenfalls die dem ganzen Deutschland zugeteilte Schuld »an den Hitlertaten« dazu bestimmt, daß es »von Zeit zu Zeit zur Kasse gebeten wird und zahlt« (H.-J. Syberberg: *Vom Unglück und Glück der Kunst in Deutschland nach dem letzten Kriege.* München: Matthes & Seitz 1990, S. 137).

25 Vgl. Viktor Achter: *Geburt der Strafe.* Frankfurt a. M. (Klostermann) 1951, S. 15. — Arno Plack: *Plädoyer für die Abschaffung des Strafrechts.* München (List) 1974, S. 198 f.

26 So die israelische Tageszeitung *Maariv,* zitiert nach der *Allgemeinen Jüdischen Wochenzeitung,* 46. Jg. Nr. 5 vom 31. Januar 1991, S. 3, in einem Bericht von Hans-Peter Föhrding: »Mit Schecks und Sprüchen die Skepsis nicht beseitigt«.

27 *Scheinbar* durch deutsche Technik perfektioniert: »Die rund 35 vom Irak auf Israel abgeschossenen Scud-B-Raketen sind offenbar nicht mit Hilfe von deutschen Firmen aufgerüstet worden. Dies geht nach zuverlässigen Informationen des EXPRESS aus einem ›streng vertraulichen‹ ersten Erfahrungsbericht von israelischen Geheimdienststellen hervor ...« (Gil Hassel im Kölner *Express* vom 18. Februar 1991, S. 2). — Später ging wieder das Gegenteil durch die Presse: »Germans Sent Parts For Scuds Report Says« (*International Herald Tribune*, 9. Dezember 1991). Siehe auch den *Spiegel* vom 18. November 1991, S. 41 und 47!

28 Beispiele für solche Ablehnung bei Bernt Engelmann: *Deutschland ohne Juden.* Eine Bilanz. Köln (Pahl-Rugenstein) 1988, S. 408 ff.

29 Reiner Bernstein erinnert daran, daß Konrad Adenauer am Vorabend seines 90. Geburtstages bekannt hat, »er habe die Versöhnung mit den Juden nicht nur wegen des ihnen zugefügten Unrechts gesucht, sondern weil das ›Weltjudentum‹ eine Macht darstelle« (Reiner Bernstein: Mein Name regt die Phantasie meiner Umwelt an. In: *Fremd im eigenen Land.* Hrsg. von Henryk M. Broder und Michel R. Lang. Frankfurt am Main [S. Fischer-TB] 1979, S. 40).

30 Auf die Frage »Haben wir Deutsche eine Mitschuld am Golfkrieg?« antworteten nach dem ZDF-Politbarometer vom 18. Februar 1991 aus einem repräsentativen Querschnitt der deutschen Bevölkerung 58 Prozent mit Ja, 39 Prozent mit Nein.

30a So meinte der Moderator Jürgen Engert in »Nachgefragt« zur ARD-Sendung *Kontraste,* für »viel schlimmer« als die verübte Gewalt der Rechtsradikalen halte er die »schweigende Menge, die durch ihre Anwesenheit zeigt, daß sie das billigt« (ausgestrahlt von *1 plus* am 12. 10. 1992). — Man vergleiche auch die Ausländerbeauftragte Cornelia Schmalz-Jacobsen: »Die Schamgrenze ist zerstört, das ist viel schlimmer als die ausgeübte Gewalt.« (In den ARD-*tagesthemen* am 25. 9. 1992.) — Auch hinter dem Diktum »Wer schweigt, trägt Mitschuld« (B. Grill, *Die Zeit,* 21. 8. 1992, S. 1) steckt immer noch die Denkform der Kollektivschuld.

30b In einer Rezension von *All or Nothing* von Jonathan Steinberg (London, New York 1990) schrieb Heinz Abosch, Hitler sei nur das Produkt des »historischen Erbes« Deutschlands gewesen: »Im Widerspruch zu hartnäckigen Legenden war der Völkermord insofern nicht die Tat Einzelner noch der SS, sondern das Werk der deutschen Gesellschaft schlechthin.« (*Neue Zürcher Zeitung,* 19./20. Mai 1991.)

30c Vgl. Arthur Kaufmann: *Das Schuldprinzip.* Eine strafrechtlich-rechtsphilosophische Untersuchung. Heidelberg (C. Winter) 1961, S. 178 f.

31 Michael Wolffsohn: *Keine Angst vor Deutschland!* Erlangen (Straube) 1990, S. 110, — Arie Goral schrieb: »Selten fühle ich mich verlorener als unter dem Anhauch des Brüderlichkeits-Philosemitismus.« In: *Fremd im eigenen Land.* A.a.O. (s. Anm. IV/29), S. 206. — Leon Brandt (im selben Sammelband, S. 74): »Der Philosemitismus als Ausdruck deutscher Schuldgefühle ist mir zuwider, weil er mir den Status des ›Besonderen‹ aufzwingt ...«. — Man vergleiche auch Ilse Rewald ebenso a.a.O., S. 324.

32 Hannah Arendt: *Eichmann in Jerusalem.* Ein Bericht von der Banalität des Bösen. München (Piper) 1964, S. 298.

33 »Was wir erleben, ist eine Bundesrepublik der Kollektivschuldverdrängung«, erklärte Ralph Giordano im ZDF am 24. 9. 1987. — Man vergleiche dazu sein Buch: *Die zweite Schuld. Oder Von der Last, Deutscher zu sein.* Hamburg 20 (Rasch und Röhring), 2. Auflage 1985. — Der Haupttitel »zweite Schuld« meint die Verdrängung der Kollektivschuld.

34 Menachém Begin, zitiert nach der *Süddeutschen Zeitung* vom 21. April 1981, S. 13.

35 Vgl. Sebastian Haffner: *Anmerkungen zu Hitler.* München (Kindler) 1978, S. 178 ff.

36 Romano Guardini: Verantwortung. Gedanken zur jüdischen Frage. Eine Universitätsrede. In: *Hochland,* 44. Jg. 1951/52, S. 490.

37 Viktor E. Frankl: »Kollektivschuld gibt es nicht!« Gastkommentar im *Kurier.* Unabhängige Zeitung für Österreich. 12. März 1988, S. 3.

38 Hannah Arendt: *Eichmann in Jerusalem.* München (Piper) 1964, S. 25.

39 Chaim Herzog in einem *Spiegel*-Gespräch: *Der Spiegel* vom 11. 2. 1985.

39a Günter Freudenberg: »Die Redlichkeit muß es uns verbieten, Opfer von Opfer zu scheiden.« *Frankfurter Rundschau,* 11. April 1991, S. 25.

40 Mit der »ganzen Sache«, die das deutsche Volk mitgemacht habe, ist die Sache mit den Todeslagern gemeint. (Die Philosophie und ihre verlorene Reinheit. Gespräch mit dem Religionsphilosophen Hans Jonas. *Der Tagesspiegel,* 11. April 1991, S. 25.)

41 Victor Gollancz: *Stimme aus dem Chaos.* Nürnberg (Nest) 1948, S. 114. — Zur vielsagenden Wendung »Volk der Täter« sehe man die Anmerkung IV/80.

42 Bernard-Henri Lévy (Paris): »... ich wiederhole, daß ich im Pazifismus die alten Dämonen der deutschen Vergangenheit wiederkehren sehe.« (*Der Spiegel,* 1. April 1991, S. 216.)

43 Henryk M. Broder: Unser Kampf. Über die Ressentiments der deutschen Friedensbewegung. *Der Spiegel,* 29. April 1991. S. 267.

44 Yitzak Schamir, Israels Ministerpräsident, zitiert nach dem Bericht von Olaf Ihlau: »Kohl über Ministerpräsident Schamir empört«. *Süddeutsche Zeitung* vom 31. Januar 1990.

45 Cesare Lombroso: Der Verbrecher in anthropologischer, ärztlicher und juristischer Beziehung (*Homo delinquens* deutsch). Hamburg 1894, S. 253 ff.

46 In der regierungsamtlichen Moskauer Zeitung *Iswestia,* Beilage »Nedelya«, teilte der sowjetische Professor Igor Bestuzhev-Lada am 9. April 1988 mit, daß in der Stalin-Ära rund 50 Millionen Menschen entweder getötet worden seien oder in Arbeitslager verbracht, aus denen sie nie wieder auftauchten. (So nach einem Bericht »Soviets admit Stalin killed 50 million« von Angus Roxburgh in der *Sunday Times* vom 17. April 1988.) — Näheres in Anmerkung IV/67.

47 So Alfred Grosser in der Sendereihe »Lesezeichen« des *Bayerischen Fernsehens* am 3. 12. 1990 bei der Vorstellung seines Buches *Die Ermordung der Menschheit.* Der Genozid im Gedächtnis der Völker. München (Hanser) 1990. Man vergleiche hier S. 198—207.

48 Michael Wolffsohn: *Ewige Schuld?* 40 Jahre deutsch-jüdisch-israelische Beziehungen. München (Piper) 1988, S. 13. — Auch auf der Täterseite ist, jedenfalls ideologisch, nichts einzigartig Neues aufgekommen: »Die Nazis haben nichts erfunden. Sie haben alles übernommen: von der Kirche und der Inquisition. Sogar die Parolen waren dieselben.« (Simon Wiesenthal in der Sendereihe »Wechselrede« des *Hessischen Fernsehens* — h 3 — am 23. Februar 1992.)

49 Der amerikanische Ankläger Robert H. Jackson sagte im Nürnberger Kriegsverbrecherprozeß am 22. 11. 1945, niemals zuvor in der Geschichte sei ein Verbrechen gegen so viele Opfer (*against so many victims*) verübt worden. (Zitiert nach Alex Bein: *Die Judenfrage II.* Stuttgart: DVA 1980, S. 309.) — Noch zur Zeit des Eichmann-Prozesses konnte der Massenmord an den Juden allein wegen der in die Millionen gehenden Zahl seiner Opfer als etwas »Noch-nie-Dagewesenes« (H. Arendt a.a.O. S. 323) bezeichnet werden, mithin als »einmalig«. Inzwischen, da sich das Ausmaß der von Stalin bewirkten Massenmor-

de abzeichnet (vgl. Anm. IV/46), dürfte das unbegreiflich Einmalige von »Auschwitz« eher in der mit technischer Perfektion »durchgeführten« Menschenvernichtung zu suchen sein — obwohl ein Streit um Worte ein Hohn auf millionenfaches Leiden und Sterben ist.

50 Alfred de Zayas: Was ist denn einzigartig in der Geschichte der Völker? *Die Welt*, 13. 12. 1986, S. II.

51 Yoram Kaniuk: Dreieinhalb Stunden und fünfzig Jahre mit Günter Grass. *Die Zeit*, 21. Juni 1991, S. 54

52 Günter Freudenberg in einem Beitrag für das Dokumentations- und Kulturzentrum Deutscher Sinti und Roma in Heidelberg, abgedruckt in der *Frankfurter Rundschau* vom 11. April 1991, S. 25, unter der Überschrift: »Die Redlichkeit muß es uns verbieten, Opfer von Opfer zu scheiden«.

53 Simon Wiesenthal in einem Interview, geführt von Eva Stern, in der *Allgemeinen Jüdischen Wochenzeitung* vom 23. Januar 1992, S. 5: »Aber ich will schon die ganze Wahrheit«.

54 Christian Meier: *Vierzig Jahre nach Auschwitz*. Deutsche Geschichtserinnerung heute. München (C. H. Beck), 2. erweiterte Auflage 1990, S. 38.

55 Richard von Weizsäcker: »Auschwitz remains unique.« So zitiert in der *New York Times* vom 30. 9. 1990 von Serge Schmemann in der Artikel-Serie »One Germany«, 8. Folge.

56 Helmut Kohl in der Sendung des ZDF »Journalisten fragen — Politiker antworten« am 13. Februar 1986.

57 Heinz Galinski: »Das Vermächtnis der Opfer zwingt uns zur Tat«. *Süddeutsche Zeitung*, 10. 1. 1988, S. 10. ·

58 Jürgen Habermas: Eine Art Schadensabwicklung. *Die Zeit*, 11. Juli 1986. — Auch in: *»Historikerstreit«*. München (Piper) 1987, S. 71. — Im selben Sinne mahnte eine Bundestagsabgeordnete 1988, »Auschwitz nicht der Einmaligkeit zu berauben«.

59 Reinhard Löw: Symbole. *Die Welt*, 3. November 1990, S. 2.

60 Elfie Siegl (Moskau): Mit Hakenkreuzbinden durch Kaliningrad. (*Frankfurter Rundschau*, 15. 10. 1987, S. 28.) — Bericht: Hitlergruß bei Krawallen in Brooklyn. (*Die Welt*, 22. 8. 1991, S. 18.) — Schraga Har-Gil: Die letzten Mohikaner der Juden. Warum die religiösen Ultras in Israel ihre Mitbürger provozieren. *Rheinischer Merkur/Christ und Welt*, 28. Juni 1986, S. 21.

61 Das von Bernard-Henry Levy und Henryik M. Broder (s. o. Anm. 42 und 43) lancierte Wort von den »alten (deutschen) Dämonen« hat schließlich Bundeskanzler Helmut Kohl aufgegriffen, dabei allerdings rational faßbar gemacht mit den Begriffen »Nationalismus, Fremdenfeindlichkeit oder Antisemitismus«, so in seiner Rede auf dem Diözesan-Katholikentag in Speyer am 23. Juni 1991(AP/SZ vom 24. 6. 1991). — Vgl. Anm. 88 zum Nachwort!

62 Als einer der ersten hatte Bundesinnenminister Wolfgang Schäuble sich für eine Amnestie der Stasi-Leute ausgesprochen; allerdings sollte nach ihm nur straffrei ausgehen, wer sich einer »nachrichtendienstlichen Tätigkeit« schuldig gemacht habe. (Zitiert nach der *taz*, »die tageszeitung«, vom 20. Juli 1990, S. 1.)

62a Daß »das schon zeremonielle Beharren auf der Einzigartigkeit und Unvergleichbarkeit der NS-Verbrechen« dazu angeregt hat, »die Barbarei des SED-Staates zu bagatellisieren und seine Funktionäre entschulden zu wollen«, wird — mit diesen Worten — jetzt auch von Henryk M. Broder gesehen: »Geschlossene Vorstellung«. *taz* vom 16. April 1992, S. 18.

63 Joachim Fest: Die geschuldete Erinnerung. FAZ vom 29. 8. 1986, aufgenommen in: *»Historikerstreit«*. Die Dokumentation der Kontroverse um die Einzig-

artigkeit der nationalsozialistischen Judenvernichtung. München (Piper) 1987, S. 107.

64 Ausdrücklich gegen eine »Gleichsetzung« der Opfer (von »Faschismus« und Bolschewismus) wandte sich Eberhard Jäckel: Die doppelte Vergangenheit. *Der Spiegel.* 23. 12. 1991, S. 43. — Lea Rosh hat aus der *Denkschrift* der Bundesregierung zum Einigungsvertrag, die an die »NS-Gewaltherrschaft« und an das »kommunistische Unrechtsregime der DDR« erinnert, sogar eine Gleichsetzung von Tätern mit Opfern herausgelesen: »Braun gleich Rot«, lautete ihre Deutung (in der *Süddeutschen Zeitung* vom 26. 11. 1990, S. 10).

65 Walter Jens: Mit dem Blick auf morgen. Ein Plädoyer gegen das Schwarzweißdenken in der Golfkrieg-Diskussion. *Die Zeit,* 22. Februar 1991, S. 48.

66 Ernst Nolte: *Das Vergehen der Vergangenheit.* Antwort auf meine Kritiker des sogenannten Historikerstreits. Berlin (Ullstein) 1987, S. 177.

67 Nach Igor Bestuzhev-Lada (*Iswestia, 9.* April 1988) verteilen sich die von ihm errechneten 50 Millionen Stalin-Opfer je zur Hälfte auf die dezimierten Großbauern, »Kulaken«, und zur anderen Hälfte auf die in den Lagern Umgekommenen. — Vgl. Anm. 46 dieses IV. Kapitels!

68 Adolf Hitler schrieb schon in *Mein Kampf* (S. 743) von einer »Judenherrschaft in Rußland«.

69 Adolf Hitler: *Monologe im Führerhauptquartier 1941—1944.* Hrsg. von Werner Jochmann. Hamburg (Knaus) 1980, S. 336. — Hitler nannte (a. a. O. S. 366) Stalin bewundernd auch eine »ungeheure Persönlichkeit«.

70 Angriffe auf Ernst Nolte: Man sehe hierzu in dem Sammelband »*Historikerstreit*« (bei Piper 1987) vor allem die Beiträge von Jürgen Habermas, Eberhard Jäckel und Heinrich August Winkler, der (S. 259) allerdings treffend Noltes anfechtbarste These so formuliert: »Die Judenvernichtung also eine Art Putativnotwehr?«

71 Ernst Nolte: Die unvollständige Revolution. *Frankfurter Allgemeine Zeitung,* 24. Januar 1991, S. 27.

72 Vgl. Reinhart Maurach: *Deutsches Strafrecht.* Allgemeiner Teil. 3. Auflage: C. F. Müller, Karlsruhe 1965, S. 180, mit Bezug auf J. M. F. Birnbaum im *Archiv des Criminalrechts,* 1832.

73 Jutta Scherrer (Paris) zitiert einen russischen Bürgerrechtler, Stepan Sulakschin: »Die Verbrechen der NSDAP sind bescheiden im Vergleich zu denen der KPdSU.« (in: *Die Zeit,* 31. August 1990, Seite 52.) — Opferzahlen in den Anmerkungen IV/46 und 67.

74 Heinz Abosch in seiner Rezension der 1. Auflage von *Wie oft wird Hitler noch besiegt?* (*Neue Zürcher Zeitung,* 5. April 1983). Der Rezensent fand damals (vgl. Anm. IV/30b) den Begriff »Kollektivschuld« immerhin noch »unpassend«, er unterstellte mir aber, ich hätte den Gedanken an eine »kollektive Unschuld« nahegelegt. Das steht außerhalb jeden Satzes dieses Buches und entspricht auch nicht meiner Überzeugung.

74a Diese Auskunft Stalins fand sich in bisher unveröffentlichten Erinnerungen des langjährigen sowjetischen Außenministers Andrej Gromiko, jetzt in: Vladimir F. Nekrassow (Hrsg.): *Berija. Henker in Stalins Diensten.* Deutsch von Vesna Jovanoska. Berlin (edition q) 1992, S. 274.

75 Man vergleiche hierzu in dem Sammelband »*Historikerstreit*« (München: Piper 1987) die entsprechenden Ausführungen von Karl Dietrich Bracher (S. 114), Hans Mommsen (S. 179) und Christian Meier (S. 266). — Joachim Fest (S. 105) nennt das Argument, bei einem »alten Kulturvolk« wögen Massenmorde einzigartig schwer, eine »Herrenvolkgesinnung unter einer Demutsgeste«.

76 Andrej Sacharow: Wie ich mir die Zukunft vorstelle. *Die Zeit.* 9. 8. 1968, Sonderseiten. In diesem Aufsatz bezeichnet Sacharow auch die stalinistischen Lager als »die Prototypen der faschistischen Todeslager«.

77 Alan Bullock in einem Interview von Burkhard Müller-Ulrich. *Frankfurter Allgemeine Magazin.* Heft 614 vom 6. 12. 1991, S. 101. — Siehe Alan Bullock: *Hitler und Stalin.* Parallele Leben. Berlin (Siedler) 1991.

78 Richard von Weizsäcker: Rede anläßlich der Verleihung des Heinrich-Heine-Preises in Düsseldorf, gekürzt abgedruckt in der Tageszeitung *Die Welt* vom 14. 12. 1991, S. 17.

79 Benjamin Navon, Botschafter Israels in Bonn, im *Mitteldeutschen Rundfunk* am 19. Januar 1992, zitiert im *Deutschlandfunk,* Köln, am 20. 1. 1992, morgens.

80 Christian Meier: *Vierzig Jahre nach Auschwitz.* Deutsche Geschichtserinnerung heute. 2. Auflage, München (C. H. Beck) 1990, S. 17. — Wenn ein so hochreflektierter Historiker wie Christian Meier von den Deutschen als dem »Volk der Täter« spricht, meint er gewiß nicht ein Volk von lauter Tätern, sondern, den semantischen Spielraum des Genitivs nutzend, wohl nur das Volk, aus dem die NS-Massenmörder hervorgegangen sind, vielleicht: hervorgehen mußten? Unmißverständlich formuliert Henryk M. Broder: »Volksgemeinschaft der Täter« (Nachweis in Anm. III/21). Überdeutlich Wolf Biermann: »Herrenvolk der Vergaser« (im *Spiegel* vom 13. 1. 1992, S. 166).

81 Wolfgang Benz in der Einleitung zu dem von ihm herausgegebenen Sammelband *Dimension des Völkermords.* Die Zahl der jüdischen Opfer des Nationalsozialismus. München (R. Oldenbourg) 1991, S. 8.

82 Christian Meier: Eröffnungsrede zur 36. Versammlung deutscher Historiker in Trier. 8. Oktober 1986. In: »*Historikerstreit*«. München (Piper) 1987, S. 205.

83 So der Vorsitzende des Zentralrates der Juden in Deutschland, Heinz Galinski, am 19. Juni 1991 in Berlin bei der Vorstellung des Buches *Die Dimension des Völkermords,* hrsg. von Wolfgang Benz: München 1991 (nach dpa/*Rhein-Nekkar-Zeitung* vom 20. 6. 1991, S. 2).

84 Siehe Anmerkung 9 dieses IV. Kapitels!

85 Gerald Reitlinger: *Die Endlösung.* Hitlers Versuch der Ausrottung der Juden Europas 1939—1945. 4. Auflage: Berlin (Colloquium) 1961, S. 522.

86 Gerald Reitlinger a.a.O. S. 557. — Daß Familienmitglieder in verschiedenen Städten sich guten Glaubens gegenseitig als »vermißt« gemeldet haben, vermutet Paul Rassinier: *Was ist Wahrheit?* Leoni (Druffel) 1963, S. 104, Anm. 39. — Wenn aber nur auf diese Weise die Gesamtzahl der vermißten Juden sich gebildet hätte, dann wären völlig ausgerottete Familien in ihr nicht mehr enthalten gewesen. — Von der Notwendigkeit, »Doppelzählungen (zu) vermeiden«, sprach auch Eberhard Jäckel in einer Rezension des Buches *Dimension des Völkermords* (siehe Anm. IV/81) in der Wochenzeitung *Die Zeit* vom 28. Juni 1991, S. 47.

87 Der Prozeß gegen die Hauptkriegsverbrecher vor dem Internationalen Militärgerichtshof (IMT). Nürnberg 1948, Band II, S. 47.

88 Richter Robert H. Jackson, zitiert nach IMT Band II, S. 140.

89 Victor Gollancz: *Stimme aus dem Chaos.* Nürnberg (Nest) 1948, S. 76.

90 Alan M. Kraut and Richard Breitman: Who was the »Mysterious Messenger«? In: *Commentary* Magazine. New York (Ed.: American Jewish Committee), Vol. 76, Number 4. October 1983, p. 44.

91 Der von Kraut und Breitman ausfindig gemachte deutsche Warner vor Hitlers »Endlösung« heißt Eduard Reinhold Karl Schulte und hat in Breslau bis 1943 eine Bergbaugesellschaft geleitet. (*Commentary.* Band 76, Nr. 4, S. 44—47).

92 Ferdinand Otto Miksche: *Das Ende der Gegenwart.* Europa ohne Blöcke. München (Herbig) 1990, S. 108: »Die Zahl der jüdischen Opfer kann sich zwischen einer und 1,5 Millionen bewegen, weil gar nicht mehr für Hitler und Himmler ›greifbar‹ waren.« — Es ist aber nicht ersichtlich, wieweit die von Miksche herangezogenen Volkszählungen aus der Vorkriegszeit nur mosaisch gläubige Juden umfaßten, während für Hitlers rassistisches Denken darüber hinaus alle Menschen als Juden oder doch »Halbjuden« galten, die von gläubigen Juden abstammen.

93 Für die »Verluste der ostdeutschen Bevölkerung durch Kriegseinwirkungen und infolge Vertreibung (1939—1950)« wird die Zahl 2.167.000 genannt, in: Frank Grube/Gerhard Richter: *Flucht und Vertreibung.* Deutschland zwischen 1944 und 1947. Hamburg (Hoffmann und Campe) 1980, S. 233.

94 Eberhard Jäckel in einer Rezension des Buches *Dimension des Völkermords* (siehe Anm. IV/81) in der Wochenzeitung *Die Zeit* vom 28. Juni 1991, S. 47.

95 So sieht Horst-Eberhard Richter den NS-Massenmord nicht nur von »Massen von Helfershelfern« begangen, sondern mitverschuldet auch von »willfährig Mitwissenden« und »verantwortungslos Wegsehenden« (Rede zur Eröffnung der Gedenkstätte im Haus der Wannsee-Konferenz am 19. Januar 1992, auszugsweise abgedruckt in der *Allgemeinen Jüdischen Wochenzeitung* vom 6. Februar 1992, S. 5). — Ähnlich Margarete Mitscherlich-Nielsen (s. Anm. V/23). — Demgegenüber schreibt der Historiker Golo Mann, der Massenmord an den Juden sei »damals nur einer kleinen Zahl von Mordbeamten bekannt gewesen« (Golo Mann: *Deutsche Geschichte 1919—1945.* Frankfurt am Main [S. Fischer] 1976, S. 271).

96 Henryk M. Broder: siehe Anmerkung III/21!

97 Wolf Biermann in einem »Offenen Brief« an Lew Kopelew im Magazin *Der Spiegel* vom 13. Januar 1992, S. 166.

98 So erwähnt die von Dr. Gerhard Frey herausgegebene *Deutsche Wochen-Zeitung* vom 17. März 1991 auf Seite 4 die »tatsächlich in Auschwitz geschehenen furchtbaren Unrechtstaten«. Man mag das ein Lippenbekenntnis nennen; aber anders spricht keiner, der sich harten Tatsachen beugt.

99 Vgl.: *Neonazistische Militanz und Rechtsextremismus unter Jugendlichen.* Schriftenreihe des Bundesministeriums des Innern, Band 15. Stuttgart u.a. (Kohlhammer) 1982, S. 29. — Nicht mehr so eindeutig, aber vielleicht gewollt mißverständlich die Schlagzeilen der *Deutschen National-Zeitung:* »6 Millionen Judenmorde?« (10. 8. 1990); »Millionen Morde frei erfunden?« (5. 4. 1991).

100 Simon Wiesenthal in dem schon in Anmerkung IV/53 genannten Interview.

101 Heleno Saña: *Das Vierte Reich.* Deutschlands später Sieg. Hamburg (Rasch und Röhring) 1990, S. 215.

102 Von einer Protestaktion gegen eine »unaufgeklärte Attentatswelle in Stockholm, deren Opfer willkürlich ausgewählte dunkelhäutige Mitbürger sind«, berichtete Hannes Gamillscheg in der *Basler Zeitung* vom 22. Februar 1992, S. 5.

ZUM V. KAPITEL (S. 148—182)

1 Heinz Galinski während einer Feierstunde der Jüdischen Gemeinde zu Berlin am 1. April 1981, zitiert in der *Frankfurter Allgemeinen Zeitung* vom 2. April 1981, S. 10.

2 So Hitler bereits in einer Rede aus dem Jahr 1921 unter dem Titel »Das deutsche Weib und der Jude«, siehe Hitler. *Sämtliche Aufzeichnungen 1905—1924.* Hrsg. von Eberhard Jäckel. Stuttgart (DVA) 1980, S. 531.

3 Alfred Rosenberg: *Der Mythus des 20. Jahrhunderts.* Eine Wertung der seelisch-geistigen Gestaltenkämpfe unserer Zeit. 59.—60. Auflage, München (Hoheneichen) 1935, S. 364 und S. 12.

4 Alfred Rosenberg: *Der Mythus des 20. Jahrhunderts,* S. 363.

5 Vgl. Leo Baeck: »Das Reich Gottes bedeutet hier nichts Überschwengliches, nichts Jenseitiges und Überweltliches nur; es bezeichnet nichts anderes als das Dasein des Menschen, der sich in bereitem, freiem Gehorsam zu Gott und seinem Dienst hingewandt hat, so daß er darin sein Leben gestaltet, in der Welt lebt, in welcher ... Jenseits und Diesseits wie zu einem werden.« (*Das Wesen des Judentums.* 6. Auflage, Wiesbaden [Fourier] o.J., S. 137.)

6 Karl Löwith: *Weltgeschichte und Heilsgeschehen.* Stuttgart (Urban) 1953, S. 48.

7 Herbert Marcuse (*Eros und Kultur.* Stuttgart 1957, S. 210) hat dem Begriff »Entsublimierung« freilich sogleich eine negative Wendung gegeben, indem er ihn als »repressive Entsublimierung« auf eine sich ebenso liberalisierende wie kommerzialisierende Gesellschaft bezogen hat.

8 Shulamith Firestone spricht vom »Wunderglauben an die größere Potenz des schwarzen Mannes« (*Frauenbewegung und sexuelle Revolution.* Frankfurt am Main [Fischer-TB] 1975, S. 102).

9 Vgl. Arno Plack: *Die Gesellschaft und das Böse.* Eine Kritik der herrschenden Moral. München (List) 1967, S. 309 f.

10 Max Scheler: *Die Ursachen des Deutschenhasses.* Leipzig 1917, S. 66.

11 Helmuth Plessner: *Die verspätete Nation.* Über die politische Verführbarkeit bürgerlichen Geistes. Stuttgart (Kohlhammer) 1959.

12 Das volle Marx-Zitat später bei Anmerkung 24.

13 Adolf Hitler: *Mein Kampf.* 815.—820. Auflage, München 1943, S. 449.

14 Gustav Janouch: *Gespräche mit Kafka.* Erinnerungen und Aufzeichnungen nach 1920. Frankfurt am Main (S. Fischer) 1951, S. 73/74.

15 Josef Zürndorfer zitiert nach einem Bericht von Karl Feldmeyer in der *Frankfurter Allgemeinen Zeitung* vom 24. April 1981 über die Ausstellung »Deutsche jüdische Soldaten 1914—1945« in Rastatt.

16 Martin Luther: *Tischreden oder Colloquia.* Nr. 74. Tischreden vor Juden, § 3. 1566.

17 »Und es mag am deutschen Wesen/Einmal noch die Welt genesen.« (Emanuel Geibel, *Heroldsrufe.* Deutschlands Beruf. Schlußwort. 1861.)

18 Hermann Rauschning: *Gespräche mit Hitler.* Neuausgabe: Wiesbaden (Europa-Verlag), S. 227.

19 Adolf Hitler: *Mein Kampf,* S. 439.

20 Man vergleiche hierzu auch *Hitlers Zweites Buch.* Ein Dokument aus dem Jahre 1928. Herausgegeben vom Institut für Zeitgeschichte, Stuttgart (DVA) 1961, S. 120. — Ebenso in: *Mein Kampf,* S. 146 ff. und S. 741.

21 Gustave Le Bon: *Psychologie der Massen.* Kröners Taschenausgaben, Band 99, S. 51.

22 Jakob Wassermann: *Mein Weg als Deutscher und Jude.* Berlin 1921, S. 54.

23 Margarete Mitscherlich-Nielsen im ZDF am 13. April 1981.

24 Karl Marx: Zur Judenfrage. In: Karl Marx/Friedrich Engels, *Gesamtausgabe.* Hrsg. *von D. Rjazanov, Band I, 1. Frankfurt am Main 1927,* S. 576.

25 Man vergleiche Albert Massiczek: *Der menschliche Mensch.* Karl Marx' jüdischer Humanismus. Wien (Europa-Verlag) 1968, S. 534.

26 Ferdinand Lassalle an Sophie Sontzeff im Oktober 1860, zitiert nach der Übersetzung aus dem Französischen bei Edmund Silberner: *Sozialisten zur Judenfrage.* (Deutsch von Arthur Mandel) Berlin (Colloquium) 1962, S. 175 und 176.

27 Friedrich Nietzsche: *Unzeitgemäße Betrachtungen II.* Vom Nutzen und Nachteil der Historie für das Leben. Kröners Taschenausgaben Band 71, S. 189.

28 Nietzsche: *Jenseits von Gut und Böse.* Kröners Taschenausgaben Band 77, S. 183.

29 Nietzsche: *Der Wille zur Macht.* Kröners Taschenausgaben Band 78, S. 584.

30 Nietzsche: *Die Unschuld des Werdens.* Der Nachlaß II. Kröners Taschenausgaben Band 83, S. 411/412.

31 Nietzsche: *Die Unschuld des Werdens.* Der Nachlaß II. Kröners Taschenausgaben Band 83, S. 418.

32 Nietzsche: *Die Unschuld des Werdens II,* S. 410.

33 So Goethe nach einer Aufzeichnung von Heinrich Luden vom 13. 12. 1813, zitiert nach: *Goethe im Gespräch,* Auswahl von G. Grumach, Frankfurt am Main (Fischer-TB) 1960, S. 126.

34 Goethe zu Eckermann am 12. März 1828.

35 Terence Prittie in: *Sind die Deutschen wirklich so?* Schriftenreihe des Instituts für Auslandsbeziehungen. Stuttgart o. J. Reihe: deutsch-ausländische Beziehungen, Band VII, S. 290.

36 Martin Buber: *Drei Reden über das Judentum.* Frankfurt am Main 1911, S. 71 f.

37 Max Scheler: *Vom Ewigen im Menschen.* 5. Auflage. Gesammelte Werke, Band 5. Bern (Francke) 1954, S. 229.

38 Immanuel Kant: *Idee zu einer allgemeinen Geschichte in weltbürgerlicher Absicht.* Akademie-Ausgabe Band VIII, S. 27.

39 Man vergleiche hierzu Wolfgang Trillhaas: *Ethik.* 3. Auflage Berlin (de Gruyter) 1970, S. 56 f. Man beachte hier besonders den Hinweis auf Lukas 6,40: »Wenn du vollkommen sein willst, so gehe hin, verkaufe was du hast ...«

40 Man vergleiche hierzu Albert Massiczek: *Der menschliche Mensch.* Wien 1968, S. 162 f.

41 Wilhelm Raabe: *Der Hungerpastor.* Sämtliche Werke (Vandenhoeck & Ruprecht), 6. Band, Göttingen 1966, S. 128. — Nur unter dem Eindruck von Hitlers »Endlösung der Judenfrage« kann Raabe rückblickend eine antisemitische Tendenz unterstellt werden, so von Wanda Kampmann: *Deutsche und Juden.* Fischer-TB 1969, S. 294. — Man beachte demgegenüber, was Raabe von seinem Anti-Helden, Moses Freudenstein, sagt: »Er hatte in seinem Leben so viele Demütigungen hinunterschlucken müssen, daß es ihm auf eine mehr oder weniger nicht ankam.« (a. a. O., S. 49)

42 Ludwig Börne: *Gesammelte Schriften 1862/63.* Erzählungen, Reisen, vermischte Aufsätze, Nr. 35: Der Narr im weißen Schwan.

43 Lea Fleischmann: *Dies ist nicht mein Land.* Eine Jüdin verläßt die Bundesrepublik. Hamburg (Hoffmann und Campe) 1980, S. 229.

44 So ein Schüler aus Darmstadt in das Mikrofon des Deutschen Fernsehens (ARD), gesendet am 29. Juni 1981.

45 Vgl. Arno Plack: *Plädoyer für die Abschaffung des Strafrechts.* München (List) 1974, S. 214.

46 Heinrich Himmler vor SS-Führern am 14. Oktober 1943, zitiert nach: *Internationaler Militärgerichtshof.* Deutsche Ausgabe, Band 39, Nürnberg 1948, S. 145.

47 Adolf Hitler: *Mein Kampf,* S. 70.

48 Joseph Arthur Graf von Gobineau: *Versuch über die Ungleichheit der Menschenrassen.* 4 Bände, deutsch 1898—1901.

49 »Volkskörper« ist ein Schlüsselbegriff in Hitlers ideologischem Gebäude. Man vergleiche in *Mein Kampf* die Seiten 253 f., 269, 380, 438 f., 500, 580 ff., 629, 703 und 773. — Bedenkenswert, daß die jüdische Philosophin Hannah Arendt (*Die verborgene Tradition.* Suhrkamp-TB 1976, S. 46) von einem »in Wahrheit einheitlichen jüdischen Volkskörper« spricht, der sich in viele Nationalitäten aufgespalten habe.

50 So Adolf Hitler zu Henriette Hoffmann, der Tochter seines Fotografen Heinrich Hoffmann, zitiert nach David Irving: *Hitlers Weg zum Krieg.* München (Heyne) 1981, S. 214.

51 Siehe Anmerkung 10 des I. Kapitels: »Hitler als Ärgernis«. — Vgl. John Toland: *Adolf Hitler.* Band 1. Bergisch-Gladbach (Lübbe) 1977, S. 319.

52 Ernst Hanfstaengl: *Zwischen Weißem und Braunem Haus.* München 1970, S. 237.

53 Adolf Hitler: *Mein Kampf,* S. 279.

54 Immanuel Kant: *Die Metaphysik der Sitten.* Akademie-Ausgabe Band VI, S. 424.

55 Gérard Mandel: *La Révolte contre le Père.* Paris (Payot) 1980. — Man vergleiche in der deutschen Ausgabe (*Die Revolte gegen den Vater. Eine Einführung in die Soziopsychoanalyse.* Frankfurt am Main [S. Fischer] 1972) die Seiten 213, 215 und 222.

56 Erich Fromm: *Anatomie der menschlichen Destruktivität.* Gesamtausgabe Band VII. Stuttgart (dva) 1980, S. 360 und S. 359.

57 Erich Fromm, a. a. O., S. 366 und S. 374 f.

58 Nach P. C. Kuiper: Perversionen. In: *Psyche. Eine Zeitschrift für psychologische und medizinische Menschenkunde.* Band XVI (1962/63), S. 510.

59 Adolf Hitler: *Mein Kampf,* S. 628.

60 Adolf Hitler: *Mein Kampf,* S. 68 und S. 59.

61 Man vergleiche in *Mein Kampf* besonders S. 370 und 475, aber auch S. 507.

62 Vom »Juden als krassem Materialisten« war żum Beispiel die Rede in der NS-Zeitschrift *Jugend und Recht* vom 10. September 1936, zitiert nach Wolfgang Scheffler: *Judenverfolgung im Dritten Reich 1933 bis 1945.* Frankfurt am Main (Büchergilde Gutenberg) o. J., S. 117.

63 Man vergleiche Ernst E. Boesch: Psychologische Überlegungen zum Rassenvorurteil. In: *Vorurteile, Ängste, Aggressionen.* Hrsg. von K. D. Hartmann. Frankfurt am Main, Köln (EVA) 1975, besonders S. 35 f., hier unter Berufung auf Oskar Pfister: *Das Christentum und die Angst.* Zürich (Artemis) 1944.

64 So hat Chaim Noll eine neue Judenverfolgung in Deutschland vorausgesagt, in seinen Anfang 1992 erschienenen *Nachtgedanken über Deutschland,* S. 85, ausführlich zitiert in Anm. VIII/1.

65 Zwei Jungen im Alter von 13 und 14 Jahren, die 90 Gräber auf einem jüdischen Friedhof in Wuppertal verwüstet haben, sagten den sie verhörenden Polizeibeamten, sie hätten »was anstellen« wollen (nach AP/*Rhein-Neckar-Zeitung* vom 7./8. November 1992).

66 Rafael Seligmann: Die Juden leben. Essay in: *Der Spiegel* vom 16. November 1992, S. 78: »Das Schänden eines jüdischen Friedhofs ist, bislang, gefahrloser als ein Anschlag auf einen lebenden Juden.«

67 Das Wort vom »Antisemitismus ohne Juden« geht zurück auf Léon Poliakov:

Geschichte des Antisemitismus. II. Das Zeitalter der Verteufelung und des Ghettos. Worms (Heintz) 1978, S. 75.

68 Heinz Galinski, der weiland Vorsitzende des Zentralrates der Juden in Deutschland, in einem Gespräch mit Adelbert Reif: »Ein Antisemitismus ohne Juden«. *Rheinischer Merkur,* 28. Oktober 1988, S. 8.

69 Vgl. Ralph Giordano: *Die zweite Schuld.* Oder *Von der Last, Deutscher zu sein.* Hamburg (Rasch und Röhring), 2. Auflage 1985. — Vgl. Anm. IV/33!

70 Zu Victor Gollancz, Pinchas Lapide und Viktor E. Frankl siehe die Anmerkungen IV/22 und 37!

71 Heinz Galinski in dem schon in Anm. V/68 angeführten Interview des *Rheinischen Merkur* 1988.

ZUM VI. KAPITEL (S. 183-210)

1 Heleno Saña: *Das Vierte Reich.* Deutschlands später Sieg. Hamburg (Rasch und Röhring) 1990, S. 212.

2 Jillian Becker: *Hitler's Children.* The Story of the Baader-Meinhof-Gang, London (Panther) 1978.

3 Pastor Heinrich Albertz in einem Interview in Berlin, ausgestrahlt von der ARD in den »Tagesthemen« am 22. 9. 1981.

4 Vgl. bei Plack: *Die Gesellschaft und das Böse,* 3. (ff.) Auflage, München (List) 1968, S. 307.

5 Ich beziehe mich hier auf eine Mitteilung des britischen Journalisten Richard O'Rourke im *Club 2* des Zweiten Österreichischen Fernsehprogrammes (FS 2) am 23. Juli 1981.

6 Hans-Otto Wölber: Die Haftung der Kirche. EKD und Terrorismus. In: *Deutsche Zeitung. Christ und Welt* vom 14. Oktober 1977, S. 21.

7 Lothar von Balluseck: Produkte einer permissiven Gesellschaft. In der *Frankfurter Allgemeinen Zeitung* vom 4. Juli 1976, S. 17 (Briefe an die Herausgeber).

8 Gerhard Boeden (Leiter der Abteilung Terrorismus beim Bundeskriminalamt): Entwicklung und Erscheinungsformen des Terrorismus — national und international. In: *Der Weg in die Gewalt.* Hrsg. von Heiner Geißler. München, Wien (Olzog) 1978, S. 36.

9 Man vergleiche hierzu Hans von Eckardt: *Die Macht der Frau.* Stuttgart 1949, S. 324; und: *Die Pariser Kommune vom 18. März 1871 in Augenzeugenberichten.* Herausgegeben und eingeleitet von Helmut Swoboda. München (dtv) 1971, S. 331, S. 337 und S. 344.

10 Vgl. Wolf Middendorff: Die Persönlichkeit des Terroristen in historischer und kriminologischer Sicht. In: *Der Weg in die Gewalt.* Hrsg. von Heiner Geißler 1978, S. 181.

11 Nach dem Bericht von Dietrich Strothmann über den Majdanek-Prozeß in der Wochenzeitung *Die Zeit* vom 6. März 1981, S. 5.

12 Wolf Middendorff in: *Der Wege in die Gewalt.* A. a. O., S. 188. Unmißverständlicher hat sich Goethe gegenüber Friedrich Riemer geäußert (im August 1807): »Wenn ein Weib einmal vom rechten Wege ab ist, dann geht es auch blindlings und rücksichtslos auf dem bösen fort.«

13 Friedrich Nietzsche: *Götzendämmerung.* Kröners Taschenausgaben, Band 77, S. 344.

14 Kate Millett: *Sexus und Herrschaft.* Die Tyrannei des Mannes in unserer Gesellschaft. München (dtv) 1974, S. 473.

15 Man vergleiche zu diesen beiden Nackt-Demonstrationen den Bericht in der *Frankfurter Rundschau* vom 30. Juni 1981 und das AP-Bild in der *Süddeutschen Zeitung* vom 7. September 1981, S. 7.

16 So in der ZDF-Sendung »direkt-kontrovers« vom 24. März 1981.

17 Zeugenaussage von Emil de Martini im Auschwitz-Prozeß (nach der *Süddeutschen Zeitung* vom 9. Juni 1964).

18 Vgl. Adolf Hitler: *Mein Kampf,* S. 278, S. 63 und S. 275.

19 Hitler: *Mein Kampf,* S. 481.

20 Hitler: *Mein Kampf,* S. 275.

21 Nach dem Prozeß-Bericht »Folgen die Geschworen den Gutachtern?« in der *Frankfurter Allgemeinen Zeitung* vom 22. Mai 1981.

22 Zu Konrad Lorenz' Verhältnis zu Immanuel Kant vergleiche man meinen Auf-

satz über »Lorenz' Lehre von der Aggression« in: Arno Plack (Hrsg.): *Der Mythos vom Aggressionstrieb.* München (List), 2. Auflage 1974, S. 106.

23 Max Picard: *Hitler in uns selbst.* Erlenbach-Zürich (Rentsch) 1946.

24 Günther Kaiser: *Randalierende Jugend.* Eine soziologische und kriminologische Studie über die sogenannten »Halbstarken«. Heidelberg (Quelle & Meyer) 1959, S. 37.

25 Vgl. Günther Kaiser a. a. O., S. 41 f.

26 Klaus Arnsperger: Frankreichs Studiker stürmen die Sex-Barriere. *Süddeutsche Zeitung* vom 6./7. April 1968, S. 10.

27 Telford Taylor: *Nuremberg and Vietnam.* An American Tragedy. New York 1970.

28 Michael Baumann: *Wie alles anfing.* Frankfurt am Main 1977, S. 69.

29 Michael Baumann: *Wie alles anfing.* Frankfurt am Main 1977, S. 32.

30 Sendung vom 19. Juni 1981.

31 Wiedergegeben von Dieter E. Zimmer in der Wochenzeitung *Die Zeit* vom 9. Oktober 1981, S. 61.

32 A. Everett, K. Johnson, H. F. Rosenthal: *Calley.* New York 1971, p. 234.

33 Die Umfrage des *Ladies' Home Journal* mitgeteilt in der Wochenzeitung *Die Zeit* Nr. 33 vom August 1976, S. 2.

34 Vgl. Hans von Hentig: *Das Verbrechen. I. Der kriminelle Mensch im Kräftespiel von Zeit und Raum.* Berlin—Göttingen—Heidelberg 1961, S. 55 und S. 57.

35 Bericht von Ferdinand Tönnies. In: Ferdinand Tönnies und Friedrich Paulsen: *Briefwechsel 1876—1908.* Kiel 1961, S. 116.

36 Noch am Abend des 29. September 1991 zeigten die deutschen Fernsehsender den blutüberströmten ZDF-Reporter. In den von Nachrichten-Agenturen verbreiteten Texten verbarg sich der folgenreiche Gewaltakt hinter Sätzen wie: Bei dem »Marsch gegen Rassismus ... kam es mehrmals zu Auseinandersetzungen mit der Polizei.« — »Gegen zwei Personen sei Haftbefehl wegen Körperverletzung und Landfriedensbruch ergangen.« (*Süddeutsche Zeitung* vom 1. 10. 1991, S. 2.)

37 Hans von Hentig: *Das Verbrechen II. Der Delinquent im Griff der Umweltkräfte.* Berlin, Göttingen, Heidelberg (Springer) 1962, S. 398.

38 Äußerung eines angeklagten Rechtsradikalen vor dem Landgericht Frankfurt am Main. Nach einem Bericht von Hans Bilger in der *Frankfurter Rundschau* vom 6. Juli 1981.

39 Ernst Röhm: *Die Geschichte eines Hochverräters.* 8. Auflage, München (Eher) 1934, S. 363.

40 Sigmund Freud: Triebe und Triebschicksale (1915). *Gesammelte Werke* bei S. Fischer, Frankfurt a. M., Band X, S. 389—391.

41 Vgl. Hans von Hentig: *Zur Psychologie der Einzeldelikte. II. Band: Der Mord.* Tübingen (Mohr) 1956, S. 125 f. — Ferner: Arno Plack: Der Einfluß der Psychologie auf die Strafrechtsdogmatik. In: *Die Psychologie des 20. Jahrhunderts.* Band XIV: *Auswirkungen auf die Kriminologie.* Zürich (Kindler) 1981, S. 873.

42 Hans Göppinger: *Kriminologie.* Eine Einführung. München (C. H. Beck) 1971, S. 140.

43 Der Glaube an die Macht des Geistes ist ein kulturgeschichtliches Erbe des Platonismus, wurde am bündigsten aber ausgedrückt von Vergil: *Mens agitat molem.* (Äneis VI, 727).

44 So hat Bundeskanzler Helmut Kohl wiederholt die gegen Ausländer gerichteten Anschläge gewertet: als »Schande für unser Land« (am 10. 10. 1991 vor dem Bundeskongreß der DAG); als »Schande für Deutschland« (am 15. 9. 1992 auf dem 59. Deutschen Juristentag in Hannover); als eine Schande, die

dem »Ansehen Deutschlands in der Welt« schade (am 27. 9. 1992 in Wittenberg).

45 Der SPD-Politiker Wolfgang Thierse in einer Diskussionsrunde des ZDF am 25. 8. 1992 unter dem Titel: »Deutschland nur den Deutschen?«

46 Neben reinen, d. h. unpolitisch motivierten Krawalltouristen gibt es freilich auch neonazistisch oder linksradikal indoktrinierte. Da sie nach Feststellung ihrer Personalien von der Polizei zumeist gleich wieder auf freien Fuß gesetzt werden, können sie weiterreisen und andernorts den Eindruck erwecken, daß »auch hier« friedenstörende Gewalt einen Nährboden hat.

47 Nach einem Bericht von Markus Wallenberg: (Thomas) Dienel, der neue »Führer« aus dem Osten. *Neues Deutschland,* 22. 9. 1992, S. 3.

48 Von »Fällen, in denen Journalisten nachweisbar Jugendlichen Geld für das Postieren mit ›Hitler-Gruß‹ gezahlt haben«, spricht Rainer Erb: Machen die Medien den Extremismus erst »salonfähig«? *Das Parlament* vom 11. Dezember 1992, S. 13. — Vgl. Anm. VIII/57a!

49 Der sechzehnjährige Schüler, ein »Skinhead«, sagte Reportern des Magazins *stern* (Nr. 33/92 vom 3. 9. 1992, S. 24): »Außerdem haben wir Bock, uns zu schlagen. Irgendwo mußt du ja deinen Frust ablassen.«

50 Frank Tannenbaum: *Crime and Community.* Boston/Mass. (Gwinn) 1938, p. 19 (dt. Wortlaut nach G. F. Kirchhoff in: *Die Psychologie des 20. Jahrhunderts.* Band XIV. Bei Kindler 1981, S. 148). — Man vergleiche auch Howard S. Becker: *Außenseiter.* Zur Soziologie abweichenden Verhaltens. Frankfurt a. M. (S. Fischer) 1973, S. 29.

51 »Stasi-Nazi-Komplott«: So ein nicht namentlich genannter Verfassungsschutz-Experte zur *Bild*-Zeitung (3. 9. 1992). Als »Stasi-Neonazi-Connection« bezeichnete das Zusammenwirken der beiden aggressiven Gruppen der innenpolitische Sprecher der CDU/CSU-Bundestagsfraktion Erwin Marschewski (*Mannheimer Morgen,* 4. 9. 1992, S. 1). In der zweiten Rostocker Krawallnacht vom 23. August 1992 seien drei »ehemalige Stasi-Angehörige« festgenommen worden, stehe in einem vertraulichen Bericht von Bundesinnenminister Rudolf Seiters.

52 Mit diesen Worten wurde in den *heute*-Nachrichten des ZDF am 28. 9. 1992 wohl eine Einschätzung der Polizei wiedergegeben. Die überregionale Presse, die tags darauf von dem Sturm auf die Senftenberger Polizeiwache berichtete, sprach allerdings von etwa oder rund »80 Rechtsradikalen«, die daran beteiligt gewesen seien (siehe FAZ vom 29. 9. 1992, S. 2; FR vom 29. 9. 1992, S. 4). Hier hatte sich die Vorstellung einer eindeutigen ideologischen Gewaltursache wieder durchgesetzt.

53 Die von Alfred C. Kinsey und seinen Mitarbeitern durchgeführten Umfragen bezogen sich zwar lediglich auf das »sexuelle Verhalten« von Männern und Frauen (deutsch bei S. Fischer 1964 und 1967), waren indirekt und unausgesprochen aber doch politisch bedeutsam: Man kann nicht von Menschen, die einer intoleranten Sexualmoral unterliegen, Toleranz in öffentlichen Angelegenheiten erwarten.

54 *Frustrationstoleranz:* Der in die Psychologie und auch in die Kriminologie eingegangene Begriff stammt von Saul Rosenzweig: The experimental measurement of types of reactions to frustration. In: H. A. Murray (Ed.): *Explorations in Personality.* New York, Oxford 1939. — Frustrationstoleranz meint die (angeborene und/oder erlernte) Fähigkeit, Schmerz, Versagungen und Belastungen längere Zeit ohne besonderen Leidensdruck zu ertragen, und ohne daß nervöse Störungen dabei sich einstellen.

55 Zweifelhaft oder eingeschränkt ist allerdings die aggressionableitende Funk-

tion der Kampfsportarten (Fußball, Boxen etc.) schon wegen ihrer Verletzungs-
gefahren. Man vergleiche hierzu Arno Plack: Vermeintlich harmlose Formen
der Aggression. In: A. Plack (Hrsg.): *Der Mythos vom Aggressionstrieb.* München (List) 2. Auflage 1974, S. 218 ff.

56 Der *Überzeugungstäter* ist nach Radbruch, auf den dieser Begriff zurückgeht
    (ZStW Bd. 44, 1924, S. 34 ff.), »der Rechtsbrecher mit dem guten Gewissen«
    (Gustav Radbruch: *Der Mensch im Recht.* Göttingen (Vandenhoeck & Ru-
    precht) 1957, S. 52.

57 *Sondergerichte* oder vielmehr »Schnellgerichte« für rechtsradikale Gewalttäter
    hat als erster der weiland Vorsitzende des Zentralrates der Juden in Deutsch-
    land Heinz Galinski gefordert (*Süddeutsche Zeitung* vom 23. 8. 1991, S. 2).
    Diese Forderung wurde aufgegriffen von den beiden CDU-Bundestagsabgeord-
    neten Peter-Kurt Würzbach und Hartmut Perschau (AP/*Frankfurter Rundschau*
    vom 31. 8. 1992, S. 4).

58 Ort beider Handlungen: Eppelheim bei Heidelberg. Die beiden Zitate nach ei-
    nem Bericht der *Rhein-Neckar-Zeitung* vom 23. 12. 1992, S. 7, über die Ver-
    handlung vor dem Heidelberger Jugendschöffengericht.

59 Frank Tannenbaum: *Crime and the Community.* New York: Columbia Univer-
    sity Press 1951, p. 20: »The dramatization of the evil therefore tends to preci-
    pitate the conflict situation which was first created through some innocent
    maladjustment.«

60 Zu der durch die Anwendung des Strafrechts selbst geförderten Rückfälligkeit
    der Ersttäter vergleiche man: Arno Plack: *Plädoyer für die Abschaffung des
    Strafrechts.* München (List) 1974, S. 89 und S. 113.

61 Günter Stratenwerth: *Strafrecht, Allgemeiner Teil* I. Die Straftat. 2. Auflage,
    Köln u. a. (Heymanns) 1976, S. 28. (Die Hervorhebung vom zitierten Autor.)

62 Rechtsanwältin Barbara Hamm: Die Demonstrationsfreiheit im Spiegel der
    deutschen Justiz. In: *Wie frei ist unsere Justiz?* Hrsg. von Ulrich Sonnemann.
    München (Kindler) 1969, S. 141. — Kritisch hierzu bereits Arno Plack in der
    Wochenzeitung *Die Zeit* vom 22. Mai 1970.

63 Man vergleiche u. a. Rudolf Michel: Psychologie und Psychopathologie der
    Brandleger. *Monatsschrift für Kriminalpsychologie und Strafrechtsreform.* 25. Jg.
    1934, S. 472—519. — Hans von Hentig sprach von »Fällen unzweideutigen
    Zusammenhangs vom Drang zum Feuerlegen und sexueller Spannung« (Der
    Pyropath. *Zeitschrift für die gesamte Strafrechtswissenschaft.* 76. Band 1964,
    S. 239).

64 Ernest Borneman: Der Staat, die Herrscher, der Terror. Semantische Notizen
    eines alten Sozialisten. *Frankfurter Hefte,* 30. Jg., Heft 10 (Oktober 1975),
    S. 29.

ZUM VII. KAPITEL (S. 211—219)

1   Franz Josef Strauß auf dem CSU-Parteitag Ende September 1979. Strauß wiederholte seine These in einem Interview des *Bayerischen Rundfunks* am 29. September 1979 mit der Behauptung:»Hitler und Goebbels waren im Grunde ihres Herzens Marxisten.«

2   Edmund Stoiber in einem Interview des *Süddeutschen Rundfunks* am 29. 9. 1979, 18.05 Uhr, zitiert nach Hans Apel: *Die Bundesrepublik Deutschland: 7 Monate vor der Wahl. Eine Dokumentation.* 1980, S. 11.

3   Adolf Hitler: *Mein Kampf.* 815. Auflage. München (Eher) 1943, S. 629.

4   Hitler, der von sich selber sagte, er sei »zeitlebens der Habenichts gewesen« (vor Rüstungsarbeitern am 10. 12. 1940), verstand sich auch als Wortführer und Vorkämpfer der »Völker der Habenichtse« (Reichstagsrede vom 11. 12. 1941, zitiert nach Hitler. *Reden und Proklamationen 1932—1945.* Band 4 = II, 2. Hrsg. von Max Domarus. Wiesbaden: Löwit 1973, S. 1810. — Vgl. hier auch S. 1830 u. S. 1869!).

5   Adolf Hitler: *Mein Kampf,* S. 372. Es tut nichts zur Sache, daß Hitler hierin nicht eigenständig war. Von Ludwig Gumplowicz stammt der Gedanke, daß die Geschichte ein fortwährender »Rassenkampf« (1883) sei. Die Wendung vom »Schlüssel zur Weltgeschichte« geht sogar auf Benjamin Disraeli zurück; dieser verwandte sie 1870 im Wortwort zur Ausgabe seiner gesammelten Romane. Nach Robert Blake: *Disraeli.* Frankfurt am Main (Societät) 1980, S. 186. Man vergleiche auch Hans Frank: *Im Angesicht des Galgens.* München-Gräfelfing 1953, S. 313.

6   Adolf Hitler auf einer NSDAP-Versammlung in München am 13. August 1920, zitiert nach Hitler: *Sämtliche Aufzeichnungen 1905—1924.* Hrsg. von Eberhard Jäckel. Stuttgart (DVA) 1980, S. 201.

7   Auf die Frage seines »Reichsjugendführers« Baldur von Schirach im Januar 1933, was denn nun mit den Juden geschehen solle, antwortete Hitler ausweichend: »Wir werden sehen.« (Nach Baldur von Schirach: *Ich glaubte an Hitler.* Hamburg: Mosaik 1967, S. 164.)

8   Adolf Hitler: *Mein Kampf.* München (Eher) 1943; S. 556/557.

9   *Hitlers Zweites Buch.* Ein Dokument aus dem Jahr 1928. Eingeleitet und kommentiert von Gerhard L. Weinberg, Stuttgart (DVA) 1961, S. 78.

10   *Hitlers Zweites Buch* a. a. O., S. 78

11   Vgl. den Artikel »Fort mit euch! unsere Antwort an Hitler und Papen« im *Vorwärts* vom 2. Februar 1933. Zitiert nach *Leitartikel bewegen die Welt.* Hrsg. von Will Schaber und Walter Fabian, Stuttgart (Cotta) 1964, S. 115.

12   Rede auf einer NSDAP-Versammlung in München am 10. April 1923, zitiert nach Hitler, *Sämtliche Aufzeichnungen 1905—1924.* Hrsg. von Eberhard Jäckel, Stuttgart (DVA) 1980, S. 874.

13   »1000-Mark-Höchstgehalt«: Man vergleiche hierzu Hans Frank: *Im Angesicht des Galgens.* München-Gräfelfing 1953, S. 299.

14   Eberhard Jäckel: *Hitlers Weltanschauung.* Neuausgabe: Stuttgart (DVA) 1981, S. 90.

15   Zitiert nach Reinhard Kühnl: *Der deutsche Faschismus in Quellen und Dokumenten.* 2. Auflage, Köln (Pahl-Rugenstein) 1977, S. 106 f.

16   Adolf Hitler: *Mein Kampf,* S. 353.

17   Zitiert nach Kühnl a. a. O., S. 122.

18   Adolf Hitler: *Mein Kampf,* S. 735.

19   In einem Interview vom August 1965 sagte Konrad Adenauer über Kurt Schumacher: »Er war ein Nationalist, und das war ich nicht.« Das ZDF strahlte das

wieder aus in der Sendereihe »damals« am 23. 8. 1992, zusammen mit einer dies zurechtrückenden Feststellung der SPD-Politikerin Annemarie Renger: »In dem Sinne, daß man unzumutbare Ansprüche, die von außen kommen, abweist, war Schumacher national gesinnt.«

20 Heiner Geißler, damals CDU-Generalsekretär, in der Wahlnacht vom 5. Oktober 1980 im Deutschen Fernsehen.

21 Heiner Geißler, einer der eifrigsten Protagonisten für eine »multikulturelle Gesellschaft« (s. sein Buch *Zugluft* bei Bertelsmann 1990, S. 177—218), hält sogar ein Zusammenleben der Deutschen mit »zehn Millionen Ausländern« für problemlos und für eine »Chance«. So Geißler im *Spiegel* vom 7. 10. 1992, S. 23 (ausführlich zitiert in Anm. VIII/57).

22 Das Schimpfwort »Populismus« richtet sich vorweg gegen jedes Ausscheren aus dem von oben her verordneten volksfernen »Konsens der Demokraten«. Hierzu Näheres im VIII. Kapitel, Abschnitt c, auch in Anm. VIII/28.

23 Udo Knapp: »Nur der nützliche Idiot« (Auszüge aus dem Schreiben, mit dem der Politiker seinen Austritt aus der Partei *Die Grünen* begründet hat). In: *Der Spiegel* vom 23. 11. 1992, S. 90.

24 Dies sagte der Stellvertretende SPD-Vorsitzende Wolfgang Thierse am Abend des 8. November 1992 in eines der ihm hingehaltenen Mikrofone, nachdem etwa 300 sogenannte linke »Autonome« in Berlin die Kundgebung gegen Ausländerfeindlichkeit mit Brachialgewalt gestört hatten.

25 Christa Meves: *Mut zum Erziehen*. Hamburg (Furche) 1970.

26 Eduard Schewardnadse: *Die Zukunft gehört der Freiheit*. Reinbek bei Hamburg (Rowohlt) 1991, S. 156. — »Allein die beiden letzten Jahrzehnte der ideologischen Konfrontation erhöhten nach einigen Einschätzungen die Kosten der militärischen Konfrontation um 700 Milliarden Rubel.« (A. a. O., S. 177)

27 Karl Schiller: *Der Ökonom und die Gesellschaft*. Stuttgart (Gustav Fischer) 1964, S. 140—141.

28 Günter Mittag, der für Wirtschaft verantwortliche Mann im Politbüro der SED, sagt heute: »Das sozialistische System war falsch«, denn es habe die »Wirtschaft als Instrument der Sozialpolitik« nicht mit Gewinn arbeiten lassen. (*Spiegel*-Gespräch, veröffentlicht am 9. September 1991, Heft 37, S. 93).

29 Alexander Rüstow, ein Mitbegründer der sozialen Marktwirtschaft, hält sogar den Satz des kommunistischen *Manifests* (1848), daß alle bisherige Geschichte der Menschheit eine Geschichte von Klassenkämpfen sei, »für eine der genialsten Erkenntnisse von Marx« (*Ortsbestimmung der Gegenwart*, 3. Band: *Herrschaft oder Freiheit?* Erlenbach-Zürich: Rentsch 1957, S. 331).

30 Oswald von Nell-Breuning, S. J.: »Wir alle stehen auf den Schultern von Karl Marx«. *Stimmen der Zeit*, 1976, S. 616—622. — Als Buchkapitel auch in: *Den Kapitalismus umbiegen*. Düsseldorf (Patmos) 1990, S. 188—196.

31 Rund 4,2 Millionen Sozialhilfe-Empfänger lebten nach Auskunft des DGB im Jahre 1991 in Deutschland. (Siehe *Aktuell '93*. Dortmund: Harenberg 1992, S. 386.) 1983 waren es in der alten Bundesrepublik schon »mindestens 3,5 Mio.« (*Aktuell '89*, S. 29). — Vgl. Anm. VIII/91 und 92!

32 *Der Spiegel* vom 23. 11. 1992 (S. 45) berichtete über einen in den neuen Bundesländern agitierenden 32jährigen Rechtsradikalen, der sich auf Gregor Strasser berufe, weil dieser »das Sozialistische auf nationaler Basis« gewollt habe. Auch die vom Bundesinnenminister am 27. 11. 1992 verbotene Nationalistische Front (NF) wollte nach dem Vorbild von Gregor und Otto Strasser die »Errichtung eines Nationalstaates auf der Basis einer sozialistischen Volksgemeinschaft« (zitiert nach AP/*Rhein-Neckar-Zeitung* vom 28./29. November 1992, S. 2).

ZUM VIII. KAPITEL (S. 220—286)

1 Nach Chaim Noll ist das »Gros der (deutschen) Nation ... latent gewalttätig, jeden Tag zur Jagd auf Ausländer, Asylanten, vielleicht bald wieder auf Juden und Intellektuelle bereit« (*Nachtgedanken über Deutschland.* Hamburg: Rowohlt 1992, S. 85).

2 Alphons Silbermann: *Sind wir Antisemiten?* Ausmaß und Wirkung eines sozialen Vorurteils in der Bundesrepublik Deutschland. Köln (Wissenschaft und Politik) 1982.

3 So Freud gegenüber Joseph Wortis. Vgl. J. Wortis: *Fragments of an Analysis with Freud.* New York 1954, S. 145. — Vgl. auch Vincent Brome: *Sigmund Freud und sein Kreis.* München (List) 1969, S. 151.

4 Nach einer Umfrage des Gallup-Instituts in Tel Aviv, mitgeteilt im *Spiegel* vom 13. 1. 1992, S. 61, bejahen immer noch 45 Prozent der Israelis eine Sonderstellung der Juden als »auserwähltes Volk« im Sinne der Bibel.

5 Werner Bergmann: Der Antisemitismus in der Bundesrepublik Deutschland. In: Herbert A. Strauss, Werner Bergmann, Christhard Hoffmann (Hrsg.): *Der Antisemitismus der Gegenwart.* Frankfurt a. M., New York (Campus) 1990, S. 155 und 159.

6 Henryk M. Broder: *Der ewige Antisemit.* Über Sinn und Funktion eines beständigen Gefühls. Frankfurt a. M. (S. Fischer-TB) 1986, S. 125 und 164. — Nach einer realen Dialektik fragt Ernst Tugendhat: »Könnte es nicht sein, daß irrationales Schuldbewußtsein und fortdauernder unterschwelliger Antisemitismus sich wechselseitig am Leben erhalten?« (Der Golfkrieg, Deutschland und Israel. *Die Zeit* vom 22. 2. 1991, S. 62.)

7 *5 Millionen Deutsche: »Wir sollten wieder einen Führer haben ...«* Die SINUS-Studie über rechtsextremistische Einstellung bei den Deutschen. Mit einem Vorwort von Martin Greiffenhagen. Reinbek bei Hamburg (Rowohlt) 1981, S. 78.

7a Wolfgang Herles hat sich im Blick auf den neuen Hauptstadt-Nationalismus beklagt: »Moralische Diffamierung ist auch eine Form der Zensur. Alles, was als national gilt, wird blind begrüßt.« (Die Einheits-Meinung. Gastkommentar in der Münchner *Abendzeitung,* 20./21. Juli 1991.)

8 Goebbels zitiert nach Rolf Hochhuths Einführung in: Joseph Goebbels: *Tagebücher 1945.* Hamburg (Hoffmann und Campe) 1977, S. 45.

9 Hermann Göring nach Hermann Rauschning: *Gespräche mit Hitler.* Zürich 1940, S. 77.

10 Die FDP-Politikerin Hildegard Hamm-Brücher in einer Diskussion mit Jean Ziegler und Monika Maron im Fernseh-Sender *1 plus* am 11. Mai 1991.

11 Heinrich Popitz: *Über die Präventivwirkung des Nichtwissens. Dunkelziffer, Norm und Strafe.* In der Reihe »Recht und Staat in Geschichte und Gegenwart«, Heft 350, Tübingen 1968.

11a Georg Kronawitter in einem Interview des Magazins *Der Spiegel* vom 2. März 1992, S. 65.

12 Adolf Hitler: *Mein Kampf,* S. 426. Die Hervorhebung bereits dort.

12a Man vergleiche hierzu Eberhard Jäckel: *Hitlers Weltanschauung.* Entwurf einer Herrschaft. Erweiterte und überarbeitete Neuausgabe. Stuttgart (DVA) 1981, S. 139.

13 Es hanelt sich um »das Ergebnis einer für das Bundesland Nordrhein-Westfalen repräsentativen Umfrage unter etwa 1000 Schülerinnen und Schülern aller Schulstufen, die ein Team des Zentrums für Kindheits- und Jugendforschung der Universität Bielefeld« im Herbst und Winter 1989/90 veranstaltet hat. (Be-

richt im Berliner *Tagesspiegel* vom 10. März 1991, S. VIII, unter der Überschrift: »Vertrauen in die Politik erschüttert«.)

14 Bezeichnend für die sonst nicht immer so klar zutage tretende Entscheidungsmacht deutscher Wirtschaftsführer war der am 30. Mai 1989 vom Chef des VEBA-Konzerns, Rudolf von Benningsen-Foerder, verfügte Baustop für die Wiederaufbereitungsanlage für Kernelemente in Wackersdorf, eine Maßnahme, der Bundesregierung und Bayerische Staatsregierung wenige Tage später, am 6. Juni 1989, nur noch zustimmen konnten.

15 In der Diskussionsrunde »Club 2« des Senders *3 sat* am 8. Oktober 1991 teilte der langjährige SPD-Politiker Klaus von Dohnanyi mit, daß nach der Verhaftung von Skinheads in einer sächsischen Stadt festgestellt wurde, daß »drei Viertel« von ihnen Engländer waren. Von Dohnanyi sprach von »Lößnitz oder Chemnitz«. Tatsächlich wurden in Lößnitz, Bezirk Chemnitz, am 18. 8. 1991 einem kargen Pressebericht zufolge 20 Skinheads »vorübergehend festgenommen« (*taz* vom 19. 8. 1991, S. 2). — Nach Auskunft des Bundesamtes für Verfassungsschutz vom 22. 4. 1992 weist der geschilderte Vorfall eher auf eine »tätliche Auseinandersetzung« am 30. 9. 1991 in Cottbus (Brandenburg) hin.

16 Den Wahlkampf fürs Europa-Parlament im Frühjahr 1989 haben die deutschen GRÜNEN sogar fast ausschließlich mit der Propagierung einer »multikulturellen Gesellschaft« bestritten. — Auf ihrem Bundesparteitag im Mai 1992 faßten die GRÜNEN noch den Beschluß, es müsse eine »legale Möglichkeit der Zuwanderung und Niederlassung eröffnet werden« (zitiert nach einem Bericht im Berliner *Tagesspiegel* vom 18. Mai 1992: Grüne lehnen Einwanderungsquoten strikt ab).

17 Rudolf Wassermann, Oberlandesgerichtspräsident a. D.: »Unser Volk ist nicht ausländerfeindlich; es ist der Mißbrauch eines Rechts [des Asylrechts], der den Unwillen der Bürger erregt.« (Artikel in der *Bild*-Zeitung vom 27. 9. 1991, S. 2.)

18 Die FDP-Abgeordnete Cornelia Schmalz-Jacobsen, designierte Ausländerbeauftragte der Bundesregierung, sprach so in der Aktuellen Stunde des Deutschen Bundestages am 25. September 1991 zu dem Angriff auf ein Ausländerwohnheim, den Jugendliche im sächsischen Hoyerswerda am 22. 9. 1991 mit Steinen und Molotow-Cocktails verübt hatten. — Von der mit humanitären Parolen eingeleiteten Gegendemonstration vom 29. September 1991, die gleichfalls in Vandalismus ausartete, war schon an anderer Stelle (s. o. S. 201) die Rede.

19 Wolf Biermann vertrat in einer Sendung der ARD am 3. Oktober 1991 sogar die Auffassung, daß jene »Faschos«, wie sie jetzt heißen, »diese gelernten Untertanen« aus der ehemaligen DDR, sich nur »für Faschisten halten und es nicht sind. Sie rekrutieren sich zum Teil aus Stasi-Familien.« — Ähnlich bereits *Der Spiegel* vom 27. Mai 1991, S. 82.

20 Von einer »diffusen Ausländerfeindlichkeit« vor allem bei Jugendlichen aus der jeweiligen Nachbarschaft sprach namens des Bundeskriminalamtes Hans-Georg Fuchs, und: »Eine Steuerung durch rechtsextremistische Organisationen ist nicht erkennbar.« (Zitiert nach AP/*Rhein-Neckar-Zeitung* vom 5./6. Oktober 1991, S. 2.)

21 Obwohl es schon seit Jahren in Westdeutschland ebenso wie in Frankreich von Zeit zu Zeit zu Ausschreitungen gegen Ausländer kam, datiert doch von jenem Sonntag in Hoyerswerda, vom 22. September 1991, eine Kette zum Teil blutiger Anschläge auf Asylbewerber und deren Unterkünfte. Kriminologen nennen dergleichen »Anschlußverbrechen«.

22 Gregor Gysi (PDS/Linke Liste) in der Aktuellen Stunde des Deutschen Bundes-

tages am 25. 9. 1991 zum Thema »Ausländerfeindlichkeit«: »Es fehlt eigentlich die Scham, es fehlt der Aufschrei.«

23 Daß das deutsche Volk zu Toleranz gegenüber den Ausländern erst noch zu *erziehen* sei, befand der SPD-Abgeordnete Dietmar Materne in der Aktuellen Stunde des Deutschen Bundestages am 25. 9. 1991; daß in diesem Sinne die Deutschen sich »wachrütteln« lassen müßten, sagte einige Tage später Bundespräsident Richard von Weizsäcker (Quelle: *Die Welt* vom 5./6. Oktober 1991, S. 1: »Fremdenhaß ist nicht gesteuert«).

24 Diese Meinung des Verfassungsschutzpräsidenten über die DVU wurde von den deutschen Sendern am Abend des 30. September 1990 ausgestrahlt. Die *Deutsche Presse-Agentur* (dpa) gab am selben Tag als Nachricht heraus: »Das Bayerische Innenministerium hält die DVU für eindeutig verfassungsfeindlich.« (Zitiert nach der *Rhein-Neckar-Zeitung* vom 1. 10. 1991, S. 2.)

25 Nach dem vorläufigen amtlichen Endergebnis vom 3. Dezember 1990 fanden insgesamt 3.739.936 abgegebene gültige Zweitstimmen keine Vertretung im Deutschen Bundestag, weil sie für Parteien zählten, u. a. für die GRÜNEN (West) und die »Republikaner«, die an der 5-Prozent-Hürde gescheitert waren.

26 Mit mindestens drei Direktmandaten käme nach dem Bundeswahlgesetz (§ 6, Abs. 6 der Fassung von 1990) die CSU dann noch immer in den Bundestag, nur mit dem Stigma einer weit abgeschlagenen Partei: ohne *bundes*politisches Gewicht.

27 So Jutta von Ditfurth am Abend des 3. Dezember 1990 in die Mikrofone der ARD.

28 Vgl. Gunter Hofmann: Die Zicken und Zacken des Oskar Lafontaine. Kann aus dem provokativen Populisten ein produktiver Politiker werden? In: *Die Zeit* vom 4. 11. 1988, S. 3.
Bedenkenswert, was der Zeitgeschichtsforscher Arnulf Baring sagt: »Ich glaube, daß das Wort ›Populismus‹ von den Politikern als Abwehr gegen die Stimmung im Volk verwendet wird.« (Im »Presseclub« der ARD am 13. September 1992.)

29 Wörtlich — und schon wieder sprachlich ungelenk — sagte Philipp Jenninger: »Man darf nicht alles mit Namen nennen in Deutschland.« (Jenninger im »Wochenspiegel« der ARD am 13. November 1988.) — *Der Spiegel* vom 14. 11. 1988 zitierte sprachlich verbessert: »Nicht alles darf man beim Namen nennen — in Deutschland.«

30 Shlomo Shamgar im »Presseclub« der ARD am 13. November 1988.

31 Vgl. Ralph Giordano: Das Problem — der häßliche Deutsche. In: Henryk M. Broder/Michel R. Lang: *Fremd im eigenen Land.* Juden in der Bundesrepublik. Frankfurt a. M. (S. Fischer), 2. Auflage 1987, S. 168—189.

32 Der Titel von Thornton Wilders Drama »Wir sind noch einmal davongekommen« (1942) wurde in Europa zum geflügelten Wort der ersten Nachkriegszeit. — Ein dem Gastod entronnener Jude, Fritz Teppich, beklagt heute, »wie trefflich doch ein Nachgeborener [gemeint ist Henryk M. Broder] unsere Ängste und Blutopfer für sich auszuschlachten versteht« (Leserbrief im Magazin *Der Spiegel* vom 13. Mai 1991, S. 10).

33 Hannah Arendt hat schon darauf aufmerksam gemacht, daß im Deutschen vom »Ausland« wie von einem einzigen fremden Land gesprochen wird. (So nur in der Originalausgabe ihres Eichmann-Buches: *Eichmann in Jerusalem. A report on the banality of evil.* New York: The Viking Press 1963, p. 14.) — *Ausland* war unter Hitler gleichbedeutend mit dem Begriff einer feindlichen Welt, ist nun aber aus der Perspektive eines »Landes der Täter« (Lea Rosh, SZ/26. 11. 1990, S. 10) umgeschlagen in die Vorstellung einer anderen, nicht

durchwegs besseren Welt, einer durch die »Auslandspresse« repräsentierten Weltöffentlichkeit, vor der die Deutschen zu bestehen hätten.

34 Heleno Saña: *Das Vierte Reich.* Hamburg (Rasch u. Röhring) 1990, S. 153, unter Berufung auf Detlev Claussen: Vergangenheit mit Zukunft. In: *Die neue deutsche Ideologie.* Darmstadt (Luchterhand) 1988, S. 13. — Den Vorhalt des »Antigermanismus« kann Saña nicht als kränkend empfinden, da er das vorletzte Kapitel seines Buches überschreibt: »Die Alternative: die Entgermanisierung Deutschlands«.

35 *Trauerarbeit:* Der auf Sigmund Freud (*Ges. Werke,* Band X, S. 430) zurückgehende Begriff meint die Ablösung von einem »geliebten Objekt« und die allmähliche Zuwendung zu neuen Liebesobjekten. Alexander und Margarete Mitscherlich (*Die Unfähigkeit zu trauern.* München: Piper 1967, S. 78 f.) verstehen in diesem Sinne mit der »Unfähigkeit zu trauern«, die sie den Deutschen attestieren, deren »kalte Abwendung« vom einstmals narzißtisch geliebten Führer. Sie meinen aber auch (a. a. O. S. 65), daß Trauerarbeit nach dem Zweiten Weltkrieg »auf der Basis eines Schuldeingeständnisses« hätte erfolgen müssen.

35a Volkes Stimme und gelehrter Sachverstand gehen hier Hand in Hand: Nach einer *Wickert*-Umfrage sind 82 Prozent der Deutschen »generell gegen die Abschaffung der Mark zugunsten einer Euro-Währung« (RNZ vom 5. Juni 1992, S. 1). — Ex-Wirtschafts- und Finanzminister Professor Karl Schiller sieht voraus: In einer europäischen Währung würde die D-Mark »sich auflösen wie ein Stück Zucker in einem Glas Tee« (Deutschland ohne DM? *Der Spiegel.* 9. Dezember 1991, S. 131, Sp. 2). — Karl Schillers Protest gegen die »Maastrichter Verträge« haben sich 60 deutsche Wirtschafts- und Finanzwissenschaftler angeschlossen. Die FAZ vom 11. Juni 1992, S. 15—16, brachte den vollen Wortlaut ihres *Manifests.*

35b Peter Glotz: Neue deutsche Ideologie. *Der Spiegel.* 30. September 1991, S. 65: »Schon kleinere Kunstfehler, schon verzeihbare Wallungen lösen in Rom, London und Paris die Alarmglocken aus.«

36 Vgl. Franz Roh: *Entartete Kunst.* Kunstbarbarei im Dritten Reich. Hannover (Fackelträger) 1962.

37 Dr. Henry Picker: *Hitlers Tischgespräche im Führerhauptquartier 1941—42.* (Bonn [Athenäum] 1951, S. 388.)

38 Baldur von Schirach: *Ich glaubte an Hitler.* Hamburg (Mosaik) 1967, S. 49.

39 Vgl. Alan Bullock: *Hitler. Eine Studie über Tyrannei.* Düsseldorf (Droste) 1967, S. 218.

40 Nach Baldur von Schirach: *Ich glaubte an Hitler.* Hamburg (Mosaik) 1967, S. 87.

41 Zitiert nach Schirach a. a. O., S. 88.

42 Vgl. *Mein Kampf,* S. 196, 200, 376 und 526!

43 Schlagzeile der *National-Zeitung* vom 27. 11. 1992: »Todesstrafe für Mörder! Die Konsequenzen von Mölln«.

44 Timothy W. Mason: *Sozialpolitik im Dritten Reich.* Arbeiterklasse und Volksgemeinschaft. Westdeutscher Verlag, Opladen 1977, S. 126.

45 Friedrich Nietzsche: *Morgenröte.* Kröners Taschenausgaben Band 73, S. 147. Der Kriminologe Hans von Hentig spricht ernstlich von der »präventiven Rolle« von Schulbesuch und Arbeitszeit. (H. von Hentig: *Das Verbrechen II. Der Delinquent im Griff der Umweltkräfte.* Berlin—Göttingen—Heidelberg [Springer] 1962, S. 398.)

46 Vgl. Wolfgang Pohrt: Das braune Grün der Alternativen (Rezension von Joseph Hubers Buch *Wer soll das alles ändern?*). Im *Spiegel* vom 22. Dezember 1980,

S. 173 ff. — Die Münchner *Abendzeitung* brachte am 26. Juli 1982 (S. 2) einen Bericht: »Stoiber vergleicht Grüne mit Nazis«.

Das Schlagwort »Blut und Boden« geht vermutlich auf Hitlers »Reichsbauern-führer« Richard Walther Darré zurück, auf dessen Buch: *Neuadel aus Blut und Boden.* München 1930.

47 Diese Kritik einiger SPD- und Grünen-Politiker an der Asylrechts-Debatte hat der neugewählte Vorsitzende des Zentralrates der Juden in Deutschland Ignatz Bubis wiederaufgegriffen: »Diese Diskussion ermuntere jene ›Vandalen‹, die Flüchtlinge und andere Fremde angriffen, sagte Bubis« (*Neues Deutschland,* 22. 9. 1992, S. 1).

48 Das ist wohl gemeint, wenn Hitler in *Mein Kampf* (S. 445) von »Hilfsmitteln zur Verhinderung der Geburten« spricht, die »in jeder Drogerie und sogar bei Straßenhändlern ... feilgeboten werden«.

49 Dr. Henry Picker: *Hitlers Tischgespräche im Führerhauptquartier 1941—42.* Bonn (Athenäum) 1951, S. 323 (28. 1. 1942 abends).

50 *Volk ohne Raum:* Dieses Schlagwort geht auf den gleichnamigen Roman (in zwei Bänden erschienen 1928 und 1930) von Hans Grimm zurück.

51 So Heiner Geißler: *Zugluft.* Politik in stürmischer Zeit. München (Bertelsmann) 1990, S. 185.

52 Adolf Hitler: *Mein Kampf,* S. 735.

53 Die Beschlagnahme von Quartieren für Asylbewerber wurde erstmalig aus der baden-württembergischen Stadt Renningen gemeldet. Siehe: *Der Spiegel* vom 31. August 1992, S. 28.

54 Heinz Kühn, der langjährige NRW-Ministerpräsident und damalige Beauftragte der Bundesregierung für Ausländerfragen in einem Interview der *Deutschen Welle* am 30. September 1980.

55 Georg Kronawitter im Nachrichtenmagazin *Der Spiegel* vom 7. September 1992, S. 27.

56 So Bundeskanzler Helmut Schmidt in der ZDF-Veranstaltung »Bürger fragen — Politiker antworten« am 11. September 1980.

57 Heiner Geißler: »Die Deutschen werden ... in Zukunft mit sieben, acht, vielleicht sogar zehn Millionen Ausländern zusammenleben. Dies ist kein Grund zur Angst, sondern für ein Volk der Mitte und für unsere ökonomische Entwicklung eine Selbstverständlichkeit und eine Chance.« (Kein Grund zur Angst. In: *Der Spiegel* vom 7. Oktober 1991, S. 23.)

57a Nach den schweren Krawallen des 23. und 24. August 1992 in Rostock teilte ein Polizeisprecher mit, mehrere ausländische Fernsehteams hätten »Rostocker Jugendliche im Alter von 13 bis 18 Jahren Geld dafür geboten, (daß sie) den Hitlergruß zeigen« (AFP/*Frankfurter Rundschau* vom 1. 9. 1992, S. 4). — Nach *Reuter* (FR vom 31. 8. 1992, S. 4) haben »amerikanische und französische Fernsehteams« Geld dafür gegeben. — Vgl. Anm. VI/48!

58 So wörtlich Adolf Hitler in der NSDAP-Versammlung in Landshut am 21. März 1921. Zitiert nach: Hitler. *Sämtliche Aufzeichnungen 1905—1924.* Hrsg. von Eberhard Jäckel, Stuttgart (DVA) 1980, S. 355.

59 Karin Adelmann: Neonazis finden starken Zuspruch. *Allgemeine Jüdische Wochenzeitung.* 46. Jg. Nr. 18, 2. Mai 1991, S. 1.

60 Heiner Geißler: *Zugluft.* Politik in stürmischer Zeit. München (Bertelsmann) 1990, S. 187 f.

61 Vgl. Jonathan L. Freedman: *Crowding and Behavior.* New York: The Viking Press 1975, p. 17.

Nur wer eine »Sonderstellung des Menschen im Reiche des Lebendigen« (Theodor Litt, Wiesbaden 1948) annimmt, kann auf der Basis dieser irrealen

Annahme bestreiten, daß bei Menschen ähnlich wie bei anderen Primaten und Säugern sich Dichteeffekte einstellen.

61a Die zitierten Prozentsätze nach dem ZDF-Politbarometer der Forschungsgruppe Wahlen e. V. Mannheim, resümiert in der *Süddeutschen Zeitung* vom 15./16. Dezember 1991, S. 10.

61b Nach einer Umfrage des Bielefelder Emnid-Instituts, mitgeteilt im Magazin *Der Spiegel* vom 25. November 1991, S. 61, haben die Rußlanddeutschen bei den Westdeutschen denselben »Sympathie-Grad« (− 0,3) wie »Türken und andere Gastarbeiter«.

62 Raymond Cartier: *50mal Amerika.* Zürich (Piper) 1974, S. 161.

63 Der Hinweis, daß man nicht für Einwanderung und »gleichzeitig für ökologische Entlastung der Natur« werben könne, ist — seit Hitler — nicht mehr gefeit gegen Mißdeutungen. Als der bayerische Umweltminister Peter Gauweiler zu solchem Widersinn sagte, die Frage, wie viele Menschen ein Land vertrage, werde letztlich weder von linker noch von rechter Politik beantwortet, sondern durch die »Gesetze der Physik, der Biologie und der Ökologie«, da wurde ihm dies von der VVN (Vereinigung der Verfolgten des Naziregimes) als ein Zeichen für »offen rassistische Positionen« ausgelegt. (Die Zitate nach der *Süddeutschen Zeitung* vom 28. 10. 1991, S. 22 und vom 31. 10. 1991, S. 28.) — Der Minister hatte nicht bedacht, daß »Biologie« in den Ohren antifaschistisch Sensibilisierter längst zu einem Tabu-Begriff geworden ist.

64 Eine keineswegs überraschende Feststellung des Bremer Sozialpsychologen Gerhard Vinnai, mitgeteilt vom Magazin *Der Spiegel,* 46. Jg. Nr. 1, vom 30. 12. 1991, S. 60.

65 So der langjährige Vorsitzende des Deutschen Kinderschutzbundes Professor (für Erziehungswissenschaft) Walter Bärsch, zitiert in einem Bericht von Andrea Hösch: »Nicht nach Blankenese«. *Die Zeit* vom 18. 9. 1992, S. 22.

66 Die Ausländerbeauftragte der Bundesregierung, die FDP-Politikerin Cornelia Schmalz-Jacobsen, zitiert nach der Münchner *Abendzeitung* vom 26./27. September 1992, S. 2.

67 Als Sprecher der erwähnten Bürgerinitiative war der ehemalige Stuttgarter Regierungspräsident Manfred Bulling aufgetreten. Das Zitat nach AP/*Rhein-Nekkar-Zeitung* vom 19./20. September 1992, S. 13.

68 Berlins Regierender Bürgermeister Richard von Weizsäcker sprach dabei am 2. Juli 1981 allerdings nur für Berlin und verlangte von den Ausländern, die hierbleiben wollten, *Berliner* zu werden.
Willy Brandt sagte es noch drängender: »Wer hierbleiben will, muß ein bißchen rascher Deutscher werden wollen.« (Auf einer SPD-Versammlung in Landshut am 19. April 1982).

68a Willy Brandt im »Bergedorfer Gesprächskreis« (in Paris am 25. und 26. Januar 1992) mit dem Thema: *Welche Antworten gibt Europa auf die neuen Einwanderungswellen?* Hamburg-Bergedorf 1992, Protokoll Nr. 95, S. 92.

69 Von Himmlers Germanisierungs-Plänen berichtet Felix Kersten: *Totenkopf und Treue.* Heinrich Himmler ohne Uniform. Hamburg (Mölich) 1952, S. 396 f.
Was Hitler dem Danziger Gauleiter Albert Forster zu dessen Eindeutschungsplänen sagte, ist wiedergegeben in: Henry Picker: *Hitlers Tischgespräche im Führerhauptquartier 1941—1942.* Bonn (Athenaum) 1952, S. 307 (12. Mai 1942, abends).

70 Irenäus Eibl-Eibesfeldt: Gefahren der Masseneinwanderung. In: *Lutherische Monatshefte.* 20. Jg. 1981, Heft 1, S. 35. — Hier wird zwar nicht mehr nur für die Reinheit der nordischen Rasse plädiert, sondern die Erhaltung »kultureller

und rassischer Vielfalt« gefordert, mithin Rassenreinheit für alle Völker dieser Erde. Gegner dieser Forderung werden als »Amalgamisten« bezeichnet.

71   Adolf Hitler: *Mein Kampf,* S. 438.

72   Pierre-André Taguieff: *La force du préjugé.* Essai sur le racisme et ses doubles. Paris (Éditions la Découverte) 1988.

73   Auf die Gefahr einer Masseneinwanderung nach Deutschland haben als erste aufmerksam gemacht: Josef Riedmiller (Eine neue Völkerwanderung? Leitartikel der *Süddeutschen Zeitung* vom 29. 11. 1990) und Bayerns Ministerpräsident Max Streibl (CSU), dieser in einem Gespräch mit der *Welt am Sonntag* vom 30. 12. 1990: »Streibl warnt vor Völkerwanderung aus Osten nach Deutschland«.

74   Nach einem Bericht (K.B.) der *Frankfurter Allgemeinen Zeitung* vom 16. 8. 1991, S. 11: »Die Bundesrepublik, bezogen auf die alten Länder, war 1990 mit einem Anteil von 9,4 Prozent der größte Agrarimporteur der Welt ...«

75   Vgl. Sigmund Freud: *Abriß der Psychoanalyse.* Fischer-TB Nr. 47, S. 63.

76   Vgl. Magnus Hirschfeld: *Sittengeschichte des Ersten Weltkrieges.* Neuausgabe: Hanau (Schustek) o. J., S. 509 ff.

77   Ich habe das näher ausgeführt in: *Die Gesellschaft und das Böse.* München 1967, S. 88, 92, 106 f., 110, 121 f., 202, 344.

78   Die orthodox psychoanalytische Untersuchung von Wilhelm Reich aus dem Jahre 1933 (*Massenpsychologie des Faschismus*) hat keine Fortsetzer gefunden. Sie leidet aber auch an ihrer marxistischen Schlagseite.

79   Adolf Hitler: *Mein Kampf,* S. 535 f. — Die Stelle ist im Original gesperrt gedruckt.

80   Zu Gregor Strasser und Hermann Rauschning siehe die beiden Anmerkungen des Vorworts!

81   Vgl. Arno Plack: *Die Gesellschaft und das Böse.* München 1967. S. Fischer-TB 1991, S. 263 ff.: Die Kultur der Kriege und Verbrechen.

82   Friedrich Hacker (*Aggression.* Die Brutalisierung unserer Welt, 1971) im Gespräch mit dem Autor, Wien, September 1969.

83   Generaloberst Helmuth von Moltke warnte im Deutschen Reichstag am 14. Mai 1890 vor den »Volksleidenschaften«, die ohne, ja durchaus *gegen* den Willen der Regierenden einen Krieg herbeiführen könnten. Vgl. Max Horst (Hrsg.): *Moltke.* Leben und Werk in Selbstzeugnissen. Birsfelden bei Basel o. J., S. 422.

84   Man sehe hierzu v. a. Adolf Hitler: *Mein Kampf,* das 14. Kapitel. — Eberhard Jäckel (*Hitlers Weltanschauung.* Tübingen: Leins 1969, bes. S. 120 ff.) hat Hitlers expansives Streben nach erweitertem Lebensraum für das deutsche Volk in den Gesamtzusammenhang seiner in zwei Büchern und in unzähligen Reden entwickelten »Weltanschauung« gerückt.

85   *Hitlers Zweites Buch.* Ein Dokument aus dem Jahr 1928. Hrsg. von Gerhard L. Weinberg, Stuttgart (DVA) 1961, S. 48.

86   Der amerikanische Journalist Don F. Jordan im Gespräch mit Susanne Holst (SAT 1, 30. Oktober 1991): »Die Siedlungspolitik Israels ist geradezu eine Notwendigkeit. Schauen Sie auf die Landkarte! Und außerdem: Die Bevölkerung Israels nimmt enorm zu.«

87   *Invasion:* »widerrechtlicher Einbruch in fremdes Staatsgebiet« (*Wahrig.* Deutsches Wörterbuch). Da, wo Schlepper-Organisationen ganze Scharen von »Asylbewerbern« nach Deutschland einschleusen, kann nicht mehr nur von friedlicher Immigration gesprochen werden. Solche Aktivitäten sind kriminell. Am 21. Oktober 1991 ist erstmalig gegen einige »mutmaßliche Asylantenschlepper« ein Verfahren eröffnet worden: vor der 23. Strafkammer des Landgerichts Frankfurt am Main (nach dpa).

Zum invasorischen Charakter der Masseneinwanderung nach Deutschland heute gehört auch, daß die allerwenigsten von denen, die kommen und hierbleiben wollen, ihre bisherige Staatsbürgerschaft zugunsten der deutschen aufgeben möchten.

88 Oskar Lafontaine, abhold nationalistischem Denken und Fühlen, hat doch realitätsbezogen *Nation* begriffen als eine »Überlebenseinheit«, die in Europa allerdings aufgehen solle in einer supranationalen Gemeinschaft. Siehe Oskar Lafontaine: *Die nationale und die soziale Frage*. Hamburg (Hoffmann und Campe) 1990, S. 139. — Vgl. Anm. 41 unseres Nachworts!

89 Siehe schon die Anmerkungen 16 und 63 dieses VIII. Kapitels!

90 Heiner Geißler: *Zugluft*. Politik in stürmischer Zeit. München (Bertelsmann) 1990, S. 182. — Inzwischen wurde die von Geißler genannte Durchschnittszahl (100 000) alljährlicher Zuwanderer durch die kräftigen Immigrationsschübe der Jahre 1990 (allein 193 063 Asylbewerber in Deutschland) und 1991 (256 112 Asylbewerber) noch weit übertroffen. Im ersten Halbjahr 1992 kamen sogar schon 187 455 Asylsuchende nach Deutschland. (Quelle: Bundesanstalt für Arbeit — Statistik — Referat II b 5 — 4600, dem Autor übermittelt vom Statistischen Bundesamt mit Schreiben vom 28. 7. 1992.)

91 »Nach Berechnungen des Deutschen Paritätischen Wohlfahrtsverbandes (DPWV, Frankfurt a.M.) lebten in der BRD etwa 6 Mio. Menschen — jeder zehnte Bundesbürger — unterhalb der Armuts-Grenze.« (*Aktuell '91. Das Lexikon der Gegenwart*. Dortmund: Harenberg 1990, S. 34.)

92 »Nach Schätzungen des Deutschen Mieterbundes sind in Deutschland 800 000 bis eine Million Menschen obdachlos.« (*Süddeutsche Zeitung* vom 20. Dezember 1991, S. 48, nach dpa/AFP.)

93 So heißt ein Weisheitsspruch des nordamerikanischen Stammes der Cree, der von Umweltschützern als Poster verbreitet wird: »Erst wenn der letzte Baum gefällt, der letzte Fluß vergiftet, der letzt Fisch gefangen, werdet ihr merken, daß man Geld nicht essen kann.«

94 Heiner Geißler: Kein Grund zur Angst. Ein Plädoyer für eine multikulturelle Gesellschaft. *Der Spiegel* Nr. 41/1991 vom 7. Oktober 1991, S. 23: »Die deutsche wie die europäische Wirtschaft brauchen Ausländer als Arbeitnehmer, als Konsumenten, als Steuerzahler.« — Die Asylbewerber, die keine Arbeit finden, leben in Deutschland allerdings nur als Konsumenten.

95 Während jahrelang das Ausmaß der Wehrdienstverweigerung in der alten Bundesrepublik ziemlich konstant geblieben war — 1988 wurden 77 044 »KdV-Anträge« gestellt, 1989 wenig mehr: 77 432, 1990 sogar wieder weniger: 74 569 —, schnellte die Zahl der Anträge auf Wehrdienstverweigerung »während der akuten Phase des Golfkrieges« so empor, daß 1991 allein für den westlichen Teil Deutschlands 132 079 Anträge gezählt wurden — bei wieder sinkender Tendenz gegen Ende des Jahres. (Nach einer Aufstellung [VR I 7 — Az. 24-11-00] aus der Kanzlei des Bundesministers der Verteidigung, dem Autor übersandt am 31. März 1992.)

96 Aus dem »Allensbacher Archiv« mitgeteilt in der *Frankfurter Allgemeinen Zeitung* vom 4. 12. 1991, S. 5 (in einem Beitrag von Dr. Renate Köcher).

97 Dies (den Rückgang der Gewaltverbrechen im Kriege) nachweisende Literatur wurde schon in Anmerkung 13 des III. Kapitels genannt.

98 Nach Hans von Hentig: *Das Verbrechen II*. Berlin—Göttingen—Heidelberg: Springer 1962, S. 143; und: *Das Verbrechen III*. Springer 1963, S. 63.

99 So erklärte ein Londoner Richter den Rückgang der Gewaltverbrechen im Kriege. Nach Hans von Hentig: *Das Verbrechen II*. 1962, S. 115. — Ähnlich äußerte sich General Mustafa el Scheich, Chef der ägyptischen Nationalpolizei

während des Jom-Kippur-Krieges 1973; nach der *Süddeutschen Zeitung* vom 27./28. Oktober 1973, S. 12, unter der Überschrift: »Aus Dieben wurden Patrioten«.

100 Belege für die Angst vor neuem deutschem Nationalismus in den Anmerkungen IV/61, VIII/1, 103, 106, 114, 115, und Nachwort/38, 39, 40, 49, 88

101 Der Gedanke einer »konsequenten Rücksiedlung« aller Deutschstämmigen aus dem Osten nach Deutschland wurde nachdrücklich von Klaus von Dohnanyi (SPD) verfochten (im »Club 2« der Sender *ORF FS 1* und *3sat* am 8. Oktober 1991). Das sei notwendig, meinte er, zur Befriedung Europas. Das Gegenteil könnte stimmen: weil Übervölkerung eines Landes in ihm einen Expansionsdruck erzeugt.

102 Dr. Günther Nenning in einem Interview mit der *Neuen Freien Zeitung* (NFZ, Wien), Folge 17/1990 vom 26. April 1990: »Tote Ismen, nationale Wiedergeburt«. — Siehe auch Günther Nenning: *Die Nation kommt wieder*. Würde, Schrecken und Geltung eines europäischen Begriffs. Zürich (Edition Interfrom) 1990, S. 127.

103 Margaret Thatcher, zitiert nach einem Bericht (U.G.) der *Frankfurter Allgemeinen Zeitung* vom 11. März 1991 unter der Überschrift: Major wünscht »Solidarität mit dem geeinten Deutschland«/Frau Thatcher warnt vor »Vormachtstellung«.

104 Edith Cresson, Premierministerin Frankreichs und ehemalige Europaministerin des Pariser Kabinetts, zitiert nach dem Magazin *Der Spiegel*, 45. Jg. Nr. 21 vom 20. Mai 1991, S. 169.

105 Willy Brandt in einem Interview des *Südwestfunks*, Hörfunkprogramm 1, am 3. Oktober 1990. Der SPD-Ehrenvorsitzende und Präsident der Sozialistischen Internationale sagte da auch: »Nicht das Reich als solches war die Gefahr, sondern daß dieses Reich in die Hände von verbrecherischen Freiheitsfeinden geraten war.« Und zur neuen Immigrationswelle: »Da ist zu prüfen: Wieviel kann ein Staat verkraften, und wieviel kann er nicht.« Goldene Worte!

106 Lech Walesa, Vorsitzender der antikommunistischen Gewerkschaft Solidarnośč, Friedensnobelpreisträger 1983 und nachmaliger Staatspräsident Polens, in einem Interview des Magazins *Elsevier* (Amsterdam) vom 7. April 1990, S. 45. Das Interview führte René de Bok »met een geagiteerde Lech Walesa« (redaktioneller Vorspann).

107 Lech Walesas provozierendes *Elsevier*-Interview war der überregionalen deutschen Presse keine Nachricht wert. Einzig die *Frankfurter Allgemeine Zeitung* brachte in ihrer Ausgabe vom 27. April 1990 (S. 14) einen darauf bezogenen Leserbrief des Pariser Militärhistorikers Ferdinand Otto Miksche, unterzeichnet mit »Officier de la Légion d'Honneur«.

107a Mit dieser Formulierung wurde Lech Walesas Erinnerung an die Botschaft der polnischen Bischöfe auch in dem Interview wiedergegeben, das der polnische Staatspräsident mit dem *Welt*-Redakteur Ulrich Schmidla geführt hat (*Die Welt* vom 23. März 1992, S. 6). In dem von der Pressestelle der Deutschen Bischofskonferenz herausgegebenen Text lautet die entsprechende Stelle der Botschaft vom 18. 11. 1965: »Wir ... gewähren Vergebung und bitten um Vergebung.«

108 Fritz Bernstein: *Der Antisemitismus als Gruppenerscheinung*. Versuch einer Soziologie des Judenhasses. Königstein/Ts.: Jüdischer Verlag 1980 (Nachdruck der 1. Auflage von 1926), S. 214.

109 Eine Meinungsumfrage der Forschungsgruppe Wahlen e. V. Mannheim ergab: 85 Prozent der Deutschen fühlten sich mitschuldig am Ausbruch des Golfkrieges. (ZDF-Politbarometer am 18. Februar 1991.)

110 Siehe Anmerkung 80 des IV. Kapitels, ferner Anm. IV/30b.

111 So Wolf Biermann in einem Offenen Brief an Lew Kopelew im Magazin *Der Spiegel* vom 13. Januar 1992, S. 166.

112 Günter Wallraff in einem Interview der »Zeitschrift für Zeitgeist« *Wiener* Nr. 11/1986, S. 32, unter der Überschrift: »Deutsche haben Killerinstinkt«. Gesprächspartner: Wolfgang Michal.

113 Heleno Saña: *Das Vierte Reich.* Deutschlands später Sieg. Hamburg (Rasch und Röhring) 1990, S. 271.

114 Hans-Martin Lohmann: Die deutsche Seele rüstet wieder auf. Rezension von Heleno Sañas Buch *Das Vierte Reich. Frankfurter Rundschau* vom 4. 10. 1990.

115 Heleno Saña: *Das Vierte Reich,* S. 235. — Gemeint war wohl jene Rede Willy Brandts vor dem Schöneberger Rathaus am 10. November 1991, in der der Altbundeskanzler sagte: »Jetzt wächst zusammen, was zusammengehört.«

116 Chaim Noll: *Nachtgedanken über Deutschland.* Reinbek bei Hamburg (Rowohlt-TB) 1992, S. 114. — Vgl. schon Anm. VIII/1.

117 Karl Jaspers: *Die Schuldfrage.* Von der politischen Haftung Deutschlands. Neuausgabe: München (Piper) 1987, S. 84. — Jaspers sah als reaktive Haltung auf permanente Schuldvorwürfe den »sich trotzig abschließenden Stolz«, aber auch schon jene »fatale Neigung, durch Schuldbekenntnis sich besser zu dünken als andere« (a. a. O. S. 73), und er sprach von »billigen Selbstanklagen«, denen ein »Zug von Aggressivität« innewohnt: gegenüber denen, die da nicht mitmachen.

118 Chaim Noll: *Nachtgedanken über Deutschland.* 1992, S. 154.

ZUM IX. KAPITEL (S. 287—328)

1 David Irving: *Hitlers Weg zum Krieg. 1933—1939.* Heyne-TB 1978, S. 19.
2 Rolf Hochhuth: Goebbels in seinen Tagebüchern. Einführung in: Joseph Goebbels. *Tagebücher 1945.* Die letzten Aufzeichnungen. Hamburg (Hoffmann + Campe) 1977, S. 39.
3 Joseph Goebbels, zitiert nach Hochhuth a. a. O., S. 39.
4 David Irving: *Hitlers Weg zum Krieg.* S. 18.
5 So lautete nach Irving eine Aktennotiz aus dem Reichsjustizministerium vom Frühjahr 1942, adressiert an den Chef der Reichskanzlei Lammers.
6 David Irving: *Hitler heute.* Aschaffenburger Gespräche 1978, hrsg. von Guido Knopp. Aschaffenburg (Pattloch) 1979. S. 109. — Die Stellungnahmen von Haffner und Jäckel ebenfalls in diesem Band: S. 100 und S. 102.
7 Heinrich Fraenkel/Roger Manvell: *Himmler. Kleinbürger und Massenmörder.* Herrsching (Pawlak) 1981, S. 173.
8 Fraenkel und Manvell a. a. O., S. 177. — Siehe hierzu Felix Kersten: *Totenkopf und Treue.* Heinrich Himmler ohne Uniform. Hamburg (Mölich) 1952, S. 406.
9 Fraenkel und Manvell a. a. O., S. 210 und 212. — Über die Verhandlungen Himmlers mit Norbert Masur vom Jüdischen Weltkongreß berichtet als Augen- und Ohrenzeuge Felix Kersten: *Totenkopf und Treue.* 1952, S. 375—380.
10 Zitat aus einer Rede Heinrich Himmlers vor SS-Gruppenführern am 4. Oktober 1943 in Posen. *Internationaler Militär-Gerichtshof* (IMT), Band XXIX, Nürnberg 1948, S. 122 f.
11 Hans-Jürgen Syberberg: *Die freudlose Gesellschaft.* München (Hanser) 1981, S. 68.
12 Leserbrief von Marie Hermann, Tuntenhausen (Bayern), im *Spiegel* vom 14. November 1966.
13 Zeugenaussage im Frankfurter Auschwitz-Prozeß am 25. Juni 1964. Vgl. *Frankfurter Allgemeine Zeitung* vom 26. Juni 1964.
14 Nach David Irving: *Hitlers Weg zum Krieg.* S. 210 und S. 211.
15 Eberhard Jäckel: *Hitlers Weltanschauung.* Neuausg. Stuttgart (DVA) 1981, S. 13.
16 Baldur von Schirach: *Ich glaubte an Hitler.* Hamburg 1967, S. 49.
17 Ernst Hanfstaengl: *15 Jahre mit Hitler. Zwischen Weißem und Braunem Haus.* 2. Auflage, München (Piper) 1980, S. 84.
18 Vgl. Hanfstaengl: *15 Jahre mit Hitler.* S. 173.
19 Eberhard Jäckel: *Hitlers Weltanschauung.* 2. Auflage 1981, S. 26.
20 Vgl. Max Domarus (Hrsg.): Hitler. *Reden und Proklamationen 1932—1945.* 4 Bände, Würzburg 1962 u. München 1963/1965. — Eberhard Jäckel und Axel Kuhn (Hrsg.): Hitler. *Sämtliche Aufzeichnungen 1905—1924.* Stuttgart (DVA) 1980.
21 Werner Jochmann (Hrsg.): Adolf Hitler. *Monologe im Führerhauptquartier 1941—1944.* Die Aufzeichnungen Heinrich Heims. Hamburg (Knaus) 1980.
22 Vgl. Henry Picker: *Hitlers Tischgespräche im Führerhauptquartier 1941—1942.* 3. Auflage, Stuttgart (Seewald) 1976, S. 24 (Einleitung).
23 Adolf Hitler. *Monologe im Führerhauptquartier 1941—1944.* Hrsg. von Werner Jochmann. Hamburg 1980, S. 234.
24 Vgl. *Mein Kampf,* S. 428 f.
25 Vgl. Henry Picker: *Hitlers Tischgespräche im Führerhauptquartier 1941—1942.* 1. Auflage, Bonn 1951, S. 307.
26 Hitler in der »Wolfsschanze« am 25. Januar 1942, mittags; zitiert nach Adolf

Hitler. *Monologe im Führerhauptquartier 1941—1944.* Hrsg. von Werner Jochmann 1980, S. 229.

27 Vgl. Werner Jochmann (Hrsg.): Adolf Hitler. *Monologe im Führerhauptquartier 1941—1944,* S. 17 (Einführung) und S. 150.

28 Man vergleiche hierzu Werner Jochmann in seiner Einführung in die *Monologe im Führerhauptquartier,* a. a. O., S. 13 ff., insbes. S. 17.

29 *Hitlers Zweites Buch.* Eingeleitet und kommentiert von Gerhard L. Weinberg, Stuttgart (DVA) 1961.

30 Eberhard Jäckel: *Hitlers Weltanschauung.* Entwurf einer Herrschaft. Neuausgabe: Stuttgart (DVA) 1981, S. 25.

31 Das Zensurverbot in Artikel 5, Abs. 1 Grundgesetz wird von den Kommentatoren dieser Verfassung allgemein so verstanden, daß nur eine *Vorzensur* bisher noch nicht erschienener Schriften verboten ist.

32 Vgl. Model/Müller: *Grundgesetz für die Bundesrepublik Deutschland. Taschenkommentar.* 5. Auflage bei Carl Heymanns, Köln usw. 1971, S. 74.

33 Hitler. *Sämtliche Aufzeichnungen 1905—1924.* Hrsg. von Eberhard Jäckel, Stuttgart (DVA) 1980, S. 105.

34 Vgl. *Mein Kampf,* S. 627 f.

35 So Hitler im 2. Kapitel des Ersten Bandes von *Mein Kampf:* »Wiener Lehr- und Leidensjahre«, S. 54—70.

36 Vgl. Eberhard Jäckel: *Hitlers Weltanschauung.* Neuausgabe 1981, S. 25 und S. 164, Anmerkung 47.

37 Gert Kalow: *Hitler — das deutsche Trauma.* München (Piper) 1974.

38 John Locke: *A Letter concerning Toleration.* London 1689. Englisch und lateinisch neu erschienen bei Martinus Nijoff: Den Haag 1963, S. 79: »... the business of laws is not to provide for the truth of opinions, but for the safety and security of the commonwealth, and of every particular man's goods and person.«

39 Nach dem 21. Strafrechtsänderungsgesetz vom 13. 6. 1985 kann die »Verunglimpfung des Andenkens eines Verstorbenen« (§ 189 StGB) auch ohne den Antrag eines Hinterbliebenen strafrechtlich verfolgt und geahndet werden, wenn die Tat öffentlich begangen wurde und »wenn der Verstorbene sein Leben als Opfer der nationalsozialistischen Gewalt- und Willkürherrschaft verloren hat und die Verunglimpfung damit zusammenhängt« (so neu in § 194, Abs. 2 StGB). Von dieser Verfahrensregelung her formt die Strafjustiz mit Bezug auf § 189 und im Rückgriff auf § 185 (Beleidigung [»der Juden«]) einen diese drei Paragraphen übergreifenden Straftatbestand »Auschwitz-Lüge«. Die §§ 185 und 189 stehen dabei zueinander in »Idealkonkurrenz«.

40 Vgl. Christian Meier: *Vierzig Jahre nach Auschwitz.* 2. Auflage: München (C. H. Beck) 1991, S. 100. — Theodor Lenckner schreibt in der 24. Auflage des Strafrechts-Kommentars »Schönke-Schröder« (München 1991, Rdnr. 1 zu § 194), »daß das Leugnen des Verfolgungsschicksals ganzer Bevölkerungsgruppen eine Kollektivbeleidigung aller ihrer Mitglieder sein soll, kommt dort (im neugefaßten § 194) an keiner Stelle zum Ausdruck«.

41 Die so sprechen, können sich auf den langjährigen Leiter des Instituts für Zeitgeschichte Martin Broszat berufen, der noch vor der Änderung des § 194 StGB im Pressedienst seines Instituts (am 4. Juni 1982) geschrieben hatte, es könnte der »fatale Eindruck« erweckt werden, »als gebe es eine staatliche judikative Kompetenz auf dem Gebiet historischer Tatsachenfeststellung«. (Abgedruckt auch in: *Nach Hitler.* Der schwierige Umgang mit unserer Geschichte. Beiträge von Martin Broszat. München: R. Oldenbourg 1987, S. 293.)

42 Eine *Tatsachenfeststellung* ist für eine Verurteilung »wegen Beleidigung«

(§ 185 ff. StGB) nicht erforderlich, »wenn das Vorhandensein einer Beleidigung aus den Umständen, unter welchen sie geschah, hervorgeht« (§ 192 StGB). Denn dann kann trotz erwiesener Wahrheit des Behaupteten bestraft werden. Eine Tatsachenfeststellung ist aber erforderlich, wenn die Tendenz zu beleidigen sich nicht schon so äußerlich vorschiebt; dann läßt sich im Blick auf die Fakten klären, ob der Täter von der Richtigkeit seiner Behauptung (oder seines Bestreitens) selbst überzeugt sein konnte. Schon die Schwierigkeit, eine Tatsache festzustellen, könnte ein Indiz für solche Überzeugung sein, die — nach Lenckner, Rdnr. 3 zu § 185 StGB — ausschließt, daß der Täter *vorsätzlich* ehrverletzend gehandelt hat, hier: daß er mit einer nicht konsensfähigen Meinungsäußerung den »öffentlichen Frieden« (BT-Drs. 10/1286) bewußt stören wollte.

43   Es handelt sich um den in Kanada lebenden gebürtigen Deutschen Ernst Zündel, der auch den sogenannten *Leuchter-Report* (vgl. Anm. IX/46) vertreibt, »in dem behauptet wird, in den Konzentrationslagern Auschwitz-Birkenau und Treblinka habe es keine Gaskammern gegeben« (AP/25. März 1991). — Ich stütze mich auf die Prozeß-Berichte von Erwin Tochtermann in der *Süddeutschen Zeitung* vom 6. 11. 1991, S. 18 (Holocaust für ihn ein Schwindel), und vom 17. 12. 1991, S. 14 (Den Holocaust in Abrede gestellt).

44   Gustav Radbruch: Der Erziehungsgedanke im Strafwesen (1932). In: *Der Mensch im Recht.* Göttingen (Vandenhoeck & Ruprecht) 1957, S. 52: »Der Rechtsbrecher mit gutem Gewissen — das ist der Überzeugungstäter.«

45   Vgl. FAZ vom 26. März 1991, S. 5: »Rechtsextremist Zündel in München festgenommen«.

46   *The Leuchter Report.* The First Forensic Examination of Auschwitz. With a Foreword by David Irving. London (Focal Point) June 1989. — Im Impressum dieser Publikation findet sich der Hinweis, daß Verkauf und Verbreitung (*sale and distribution*) in der Bundesrepublik Deutschland verboten sind. — Ich konnte das Buch von der Universitätsbibliothek Mannheim entleihen.

47   *The Leuchter Report.* London 1989, S. 15 und S. 17 f.

48   Jean-Claude Pressac: Les carences et incohérences du »Rapport Leuchter«. Une démarche scientifique contre les négateurs des chambres à gaz. *Jour J,* 12. 12. 1988.

49   Die Mauerprobe aus einer Entlausungskammer in Birkenau habe eine sehr hohe Zyanid-Konzentration aufgewiesen: 1,050 mg/kg (*The Leuchter Report.* London 1989, S. 15).

50   Jean-Claude Pressac: Les carences ... *Jour J,* 12. 12. 1988, S. III, Spalte 3.

51   Voltaire soll so zu Claude Adrien Helvétius Stellung genommen haben, als dessen Buch *De l'esprit* öffentlich verbrannt worden war. Nach S. G. Tallentyre: *The Friends of Voltaire.* London 1906, S. 199.

52   Martin Broszat op. cit. (Anm. IX/41), S. 293.

53   Siehe hierzu die in Anmerkung IX/43 genannten Prozeßberichte der SZ.

54   Die *Allgemeine Jüdische Wochenzeitung* vom 14. Mai 1992, S. 16, nennt in einem Prozeßbericht aus Wien »den österreichischen Rechtsextremisten Gerd Honsik (50)« als Autor des Buches *Freispruch für Hitler?* Honsik wurde von einem Wiener Geschworenengericht der »nationalsozialistischen Wiederbetätigung schuldig befunden und zu 18 Monaten und 10 Tagen Freiheitsstrafe ohne Bewährung verurteilt« (Gerd-Eckard Zehm in AJW).

55   *Die »Einmaligkeit« deutscher Verbrechen* wurde bereits im IV. Kapitel analysiert.
Im »Historikerstreit« (siehe das gleichnamige Buch bei Piper 1987) betonen Hagen Schulze (S. 146) und Andreas Hillgruber (S. 236) zwar ausdrücklich,

daß Singularität und Vergleichbarkeit sich nicht ausschlössen. Gewiß schält aus einem ersten vagen Vergleich einander ähnlicher Fakten mitunter etwas schier Unvergleichliches sich heraus. Sowie aber dann das Nomen Einmaligkeit, Einzigartigkeit oder Singularität zum Dogma erhoben ist, soll jeder weitere Vergleich sich verbieten. So meinen es ja auch alle diejenigen, die auf ein Bekenntnis zur Einmaligkeit »deutscher Verbrechen« pochen.

56 Siehe die Anmerkungen 8 und 9 des IV. Kapitels!

57 Dies meint Karl R. Poppers Begriff der Falsifizierbarkeit wissenschaftlicher Theorien. Vgl. *Logik der Forschung*. 8. Auflage: Tübingen (Mohr) 1984, S. 47 ff.

58 Der Einfluß Leuchters auf Irving ist erkennbar aus David Irvings Vorwort zur britischen Ausgabe des *Leuchter-Reports*. London 1989. Siehe Anm. IX/46!

59 David Irving in einem Vortrag beim Deutschen Jugendbildungswerk in München am 21. April 1990: »Wir wissen jetzt inzwischen, das brauche ich nur als Fußnote zu erwähnen, daß es nie Gaskammern in Auschwitz gegeben hat.« In diesem Vortrag fiel auch das Wort »Attrappe«. (Wortlaut und Datum nach dem *Strafbefehl* des Amtsgerichts München vom 17. 7. 1991 — Az: 432 Cs 113 Js 3619/90.)

60 Irvings »Mangel an Einsicht und die Tatsache, daß er mit der Verbreitung seiner revisionistischen Geschichtsdarstellung Geld verdiene, hätten sich strafverschärfend ausgewirkt, begründete Richter Thomas Stelzer das Urteil« (Reuter/ *Frankfurter Rundschau* vom 7. Mai 1992, S. 4).

Die Information, daß die Anwendung des § 185 StGB sich auf eine Beleidigung »der Juden« bezieht, verdanke ich David Irvings Münchener Rechtsanwalt, Herrn Dr. Klaus Göbel (briefliche Mitteilung vom 25. 5. 1992). Die Justizpressestelle des Oberlandesgerichts München hatte mich wissen lassen, sie dürfe »auf Grund des Pressegesetzes nur an ausgewiesene Journalisten Auskünfte erteilen« (Schreiben vom 9. 4. 1992).

60a Hieran erinnert auch Heiner Lichtenstein in einem anschaulichen Bericht (mit Bildern) über den zum Teil fortschreitenden Verfall der Anlagen von Auschwitz: »der unterirdischen Auskleidekäfige, der Gaskammern und der sich anschließenden Krematorien« (*Allgemeine Jüdische Wochenzeitung,* 28. Mai 1992, S. 3).

61 *The Leuchter Report.* London 1989, p. 19: Conclusion.

62 Theodor Lenckner im *Strafgesetzbuch-Kommentar* »Schönke-Schröder«. München (C. H. Beck), 24. Auflage 1991, § 185, Rdnr. 3.

63 David Irving: *Hitlers Krieg.* II. Band: *Götterdämmerung 1942—1945.* München (Herbig) 1986, S. 252.

64 Demgegenüber schreibt Wolfgang Benz (*Die Dimension des Völkermords.* München 1991, S. 17): »In den Vernichtungslagern auf polnischen Territorium sind fast drei Millionen Juden durch Giftgas gestorben.« Bei seiner »Gesamtbilanz« (Benz), die zwischen »5,29 Millionen« und »knapp über sechs Millionen« liegt, ergibt das, daß jeder zweite der dorthin verschleppten Juden auf andere Weise als durch Gas gestorben ist.

65 Siehe auch den Prozeß-Bericht von Günther von Lojewski in der *Frankfurter Allgemeinen Zeitung* vom 20. März 1964, S. 6.

66 Franciszek Piper ist der »Leiter der historischen Abteilung des Auschwitz-Museums« (so vorgestellt von Michael Wolffsohn in der FAZ vom 9. 1. 1991, S. 10). — Siehe auch die Anmerkungen 8 und 9 des IV. Kapitels!

67 Die revidierte Zahl (1—1,5 Millionen) haben u. a. bereits übernommen: Jean-Claude Pressac: *Auschwitz. Technique and operation of the gas chambers.* New York (Beate Klarsfeld Foundation) 1989, p. 545; Wolfgang Benz 1991 (s. Anm. IV/81), S. 17.

68   Karl R. Popper: *Die offene Gesellschaft und ihre Feinde*. 2 Bände. München (Francke), 6. Auflage 1980.

69   Bundesverwaltungsgerichts-Urteil vom 28. 9. 1990 — 2 WD 27/89 (Truppendienstgericht). Die Zitate aus dem Urteil nach der NJW 1991, S. 997 ff. — Schon 1983 wurde in Niedersachsen ein Oberlehrer der Seefahrtschule Grünendeich v. a. wegen Leugnung der KZ-Verbrechen aus dem Dienst entfernt. Die Disziplinarkammer des Verwaltungsgerichts Stade in ihrer Begründung: Er habe damit einen »schuldhaften Verstoß gegen das niedersächsische Beamtengesetz« verübt (zitiert nach dpa/*Passauer Neue Presse*, 4. 11. 1983).

70   Christian Meier: Eröffnungsrede zur 36. Versammlung deutscher Historiker in Trier am 8. Oktober 1986. Abgedruckt in: *»Historikerstreit«*. München (Piper) 1987, S. 211.

71   Siehe im VI. Kapitel den Abschnitt d: Der Glaube an geistige Ursachen der Gewalt.

72   Lew Kopelew: *Waffe Wort*. Göttingen (Steidl) 1991.

73   Einen guten Überblick über diese und weitere »Faschismustheorien« gibt Reinhard Kühnl in dem gleichnamigen Rowohlt-Taschenbuch 1979.

74   Vgl. André Malraux: *Eichen, die man fällt ...* (*Les chênes qu'on abat ...*, deutsch von Carlo Schmid). Frankfurt am Main (S. Fischer) 1972, S. 182.

75   Ulrike Marie Meinhof in *konkret* 1961, zitiert nach Jillian Becker: *Hitlers Kinder? Der Baader-Meinhof-Terrorismus*. Fischer-TB 1978, S. 120.

76   Vgl. Sigmund Freud: *Gesammelte Werke*. London 1946—1952. Band I, S. 307—309 und Band XIV, S. 68 ff.

77   Alexander und Margarete Mitscherlich: *Die Unfähigkeit zu trauern*. München (Piper) 1967.

78   Hermann Lübbe: Wider die Verdrängungstheoretiker. In: *Der Monat*, Heft 2, Juni/Juli 1979, S. 60.

79   Franz Josef Strauß, zitiert nach der Wochenzeitung *Die Zeit* vom 6. Juli 1979.

80   Franz Josef Strauß auf dem CDU-Parteitag am 24. Mai 1976, zitiert nach Klaus Staeck: *Einschlägige Worte des Kandidaten Strauß*. Göttingen (Steidl) 1979, S. 59.

81   Baldur von Schirach: *Ich glaubte an Hitler*. Hamburg (Mosaik) 1967, S. 113.

82   Hannes Burger: Kreide für Schönhuber. *Die Welt*. 9. Juli 1990, S. 2. — In einem Kommentar der *Allgemeinen Jüdischen Wochenzeitung* vom 18. Juni 1992, S. 2, meint Hermann Baumann sogar, Schönhuber habe neuerdings »dosenweise Kreide gefressen«.

83   Franz Schönhuber: *Ich war dabei*. München (Langen-Müller) 1981.

84   Bundestagspräsidentin Rita Süssmuth hat die Parole ausgegeben: »Der Parteiführer Schönhuber muß bekämpft werden ... Jemand, der die Waffen-SS verherrlicht, muß bekämpft werden.« In der sonntäglichen Sendereihe »Bonn direkt« des ZDF am 5. März 1989.

85   Franz Schönhuber in einer Wahlversammlung, aufgenommen von »Kanal 4«, ausgestrahlt von SAT 1 am 6. 2. 1991: »Ich bin nicht der Zerstörer, ich bin der Erneuerer Deutschlands.« — Schlagzeile der *Bild*-Zeitung vom 1. März 1990: »Schönhuber: ›Ich bin der Erneuerer‹. Da lacht Deutschland«.

86   Alfred Dregger sprach gegenüber der Tageszeitung *Die Welt* (20. 9. 1988, S. 7) von der »Verkürzung der deutschen Geschichte auf die zwölf braunen Jahre«, die einer der Gründe sei, weswegen die Deutschen das »geringste Selbstbewußtsein als Nation« hätten (*Welt*-Gespräch mit Manfred Schell). — Im Blick auf die alte (1871—1945) und wieder neue deutsche Hauptstadt Berlin sagte ähnlich der FDP-Bundestags-Abgeordnete Burkhard Hirsch: »Man soll die historische Bedeutung Berlins nicht auf zwölf Jahre nationalsozialistischer Herr-

schaft beschränken.« (Zitiert nach der *Rhein-Neckar-Zeitung* vom 15./16. Juni 1991, S. 13.)

87 Heiner Geißler sagte wörtlich: »Der Kronawitter redet wie Schönhuber hoch drei.« In einer Diskussion mit Arnulf Baring, Hans-Ulrich Klose und Joschka Fischer in »Drei vor Mitternacht« (© WDR, West 3), ausgestrahlt von *1 plus* am 17. Juni 1992.

88 Jürgen Leinemann: Biedermann und Brandstifter. Über den Chef der Republikaner Franz Schönhuber. *Der Spiegel* Nr. 22/1989, S. 50.

89 In einer Reportage von Ralph Lorenz (*Die Welt*, 11. 9. 1989) wird Franz Schönhuber zitiert: »Wer Rassist ist, der wird rausgeworfen. Mit Rassismus fing die größte Katastrophe an.«

90 Franz Schönhuber: *Die Türken*. Geschichte und Gegenwart. München (Langen-Müller) 1989.

91 Franz Schönhuber: *Freunde in der Not*. München (Langen-Müller) 1983, S. 117.

92 *Bild*-Zeitung vom 24. Juli 1990, S. 1: »Schönhuber soll zu Parteifreunden gesagt haben: ›Ich bin der neue Hitler‹.«

93 Hans Magnus Enzensberger: Hitlers Wiedergänger. Über Saddam Hussein im Spiegel der deutschen Geschichte. *Der Spiegel*. 45. Jg. Nr. 6/4. Februar 1991, S. 26 ff. — Die *Süddeutsche Zeitung* vom 25./26. August 1990, S. 6, überschrieb einen Bericht (nach dpa/AP): »Saddam erinnert die Briten an Hitler«.

94 Lea Rosh: »Ihr hättet das tun können, was andere taten« (Rede bei der Entgegennahme des Geschwister-Scholl-Preises). *Süddeutsche Zeitung* Nr. 271 vom 26. November 1990, S. 10.

95 Zu Pol Pot: Ariane Barth/Titiano Terzani: *Holocaust in Kambodscha*. Hamburg (Spiegel-Buch Nr. 3) 1981. — Wer der Sprachregelung »Einzigartigkeit der deutschen Verbrechen« konsequent folgte, dürfte den für Hitlers Genozid eingeführten Begriff *Holocaust* auf andere Massenmorde gar nicht anwenden.

96 Zum Schicksal der »Kulaken« genannten Großbauern Robert Conquest: *The Harvest of Sorrow*. Oxford University Press 1986, S. 117—143: The Fate of the ›Kulaks‹. — Jüngste Schätzung der dabei Umgekommenen: 25 Millionen. Nach Igor Bestuzhew-Lada (Moskau). Siehe Anm. IV/67.

97 Sven Papcke: *Progressive Gewalt*. Studien zum sozialen Widerstand. Frankfurt a. M. (Fischer-TB) 1973.

98 Was so der israelische Außenminister David Levy in Gegenwart Hans-Dietrich Genschers in die Mikrophone sagte, wurde vom ZDF im »heute journal« am 24. Januar 1991 ausgestrahlt.

99 SIPRI (Stockholm International Peace Research Institute) hat in einer Pressemitteilung vom 8. 8. 1990, neu herausgegeben am 29. 1. 1991, auf Blatt 7 die Lieferanten schwerer Waffen an den Irak mit folgenden Anteilen aufgelistet: UdSSR 53 %, Frankreich 20 %, China 7 %, Brasilien und Ägypten je 4 %, Tschechoslowakei 2 %, nicht genannte übrige Länder insgesamt 10 %.

100 Nathalie Sarraute in einem Film von Vera Botterbusch: »Das Gefühl der vagen Empfindung«. © *Bayerischer Rundfunk* 1985, ausgestrahlt von *1 plus* am 18. 3. 1991.

101 Theodor Lessing: *Der jüdische Selbsthaß*. München (Matthes & Seitz) 1986.

102 »Wir haben gar nicht mehr gewagt, deutsch miteinander zu sprechen«, pflegen die von solchen Reisen Zurückgekehrten zu erzählen.

103 So mitgeteilt im ZDF-Politbarometer vom 18. Februar 1991, just an dem Tag, an dem der Kölner *Express* die »streng vertrauliche« Erkenntnis des israelischen Geheimdienstes verbreitete, daß deutsche Firmen zumindest am Bau der irakischen Scud-Raketen nicht beteiligt waren. — Vgl. Anm. IV/27.

104 Klaus Kappe von der Evangelischen Telefonseelsorge Mainz im *Südwestfunk,* Landesstudio Mainz, am 2. Februar 1991: Mitbürger hätten angerufen wegen dem Golfkrieg, einige auch, weil sie »Schuldgefühle haben« wegen der »deutschen Waffenlieferungen« an den Irak.

105 Zu Hitlers »Zerstörungsbefehl« vom 19./20. März 1945 (IMT, Band XLI, S. 430 f.) vergleiche man Albert Speer: *Erinnerungen.* Bei Ullstein 1969, S. 443 und S. 460 ff.

106 Auch Hans Frank, Hitlers »Reichsjustizkommissar« und Generalgouverneur von Polen, soll jüdischer Abstammung gewesen sein. Im Nürnberger Kriegsverbrecher-Prozeß (1945/46) hätten nur er und Robert Ley ihre Untaten im Solde Hitlers bereut, schreibt Hannah Arendt, und zwar wohl »nicht so sehr das Morden als solches als den Verrat am eigenen [jüdischen] Volk« (Hannah Arendt: *Eichmann in Jerusalem.* München: Piper 1964, S. 171). Etwas abweichend davon nennt Gideon Hausner die in Nürnberg Verurteilten Hans Frank und Albert Speer, »die offen ihrer Reue und Zerknirschung Ausdruck gaben« (Gideon Hausner: *Die Vernichtung der Juden.* Das größte Verbrechen der Geschichte. München: Kindler 1979, S. 102). — Man vergleiche die Anmerkungen I/92 und 93!

107 Hans Magnus Enzensberger im Spiegel Nr. 6/1991, S. 28.

108 Hitler als Vertreter der »Habenichtse«: Zitate dafür in Anmerkung 4 des VII. Kapitels.

109 Von einer »jüdisch-internationalen Weltverschwörung«, die dem deutschen Volk gegenüberstehe, sprach Hitler noch in seiner letzten Rundfunkrede am 1. Januar 1945. Siehe bei Max Domarus (Hrsg.): *Hitler. Reden und Proklamationen 1932—1945.* 4. Band (= II,2). München (Süddeutscher Verlag) 1965, S. 2185.

110 Saddam Husseins Aufruf: »Die Mutter aller Schlachten« vom 17. Januar 1991. Nach AFP in der *FAZ* vom 18. 1. 1991, S. 2.

111 Saddam Hussein in seinem Aufruf vom 17. Januar 1991; George Bush in einer Erklärung vom 24. Februar 1991, nach dpa in der *FAZ* vom 25. 2. 1991, S. 2.

112 Im SS-Kampfblatt *Das schwarze Korps* vom 18. März 1937 wurde die im Volk verbreitete Ablehnung des sogenannten »Gnadentods« für Geisteskranke als »Humanitätsduselei« abgetan (nach Ernst Klee: *»Euthanasie« im NS-Staat.* Frankfurt a. M.: S. Fischer 1983, S. 63). — Von den »lächerlichen Fesseln einer sogenannten Humanität« sprach Hitler in *Mein Kampf,* S. 145.

113 Nach einem Bericht in der *Neuen Zürcher Zeitung* vom 15./16. September 1991, S. 2: »Angaben des Pentagons zur Bodenoffensive in Kuwait« (nach AFP).

ZUM NACHWORT (S. 329—356)

1 Herbert Achternbusch in einem Film von Nathan Jariv: »Lachen über Hitler«. Ein Streit um Kunst und Moral. Gesendet vom ZDF am 25. Mai 1988.

2 *Volk der Mörder:* Diesen im Vergleich zu »Volk der Täter« (s. Anm. IV/80) drastischeren Begriff hat der israelische Abgeordnete Dow Schilanski am 30. November 1992 in der Knesset gebraucht, als er zu den ausländerfeindlichen Gewaltakten junger Deutscher im Herbst 1992 Stellung nahm. Und er machte deutlich: »Es gibt kein anderes Deutschland. Es ist dasselbe Deutschland, das Deutschland von Rassismus, Demütigungen und Mord.« Zitiert nach der *Allgemeinen Jüdischen Wochenzeitung* vom 10. 12. 1992, Seite 15.

3 Carlo Schmid, weiland Bundestagsvizepräsident (SPD) im Deutschen Bundestag am 25. Februar 1972, zitiert nach Oskar Lafontaine: *Deutsche Wahrheiten.* Die nationale und die soziale Frage. Hamburg (Hoffmann und Campe) 1990, S. 147.

4 Acht Bundestagsabgeordnete der CDU/CSU um den Vertriebenenpolitiker Herbert Czaja hatten in Karlsruhe gegen den Einigungsvertrag zwischen der Bundesrepublik Deutschland und der Deutschen Demokratischen Republik geklagt, weil er die Oder-Neiße-Linie als Ostgrenze Gesamtdeutschlands festschreibe. Der Zweite Senat des Bundesverfassungsgerichts wies diese Klage zurück mit der Begründung, es handle sich in dem genannten Vertrag um »beitrittsbedingte Änderungen des Grundgesetzes« (= Aufhebung des Artikels 23 GG) »zur Wahrnehmung der historischen Chance der Herstellung der Einheit Deutschlands« (Az: 2 BvE 2/90).

5 So hieß es in einem von der *National-Zeitung* vom 19. 10. 1990 nachgedruckten Artikel aus *Mensch und Maß* (Pähl): »Erpreßte Verträge sind zwar auch Verträge, aber sie gelten unbedingt auch nur so lange wie die Wirksamkeit der Erpressung.«

6 Mieczyslaw Rakowski: Geht es nur um die Grenze? *Der Spiegel,* 44. Jg. Nr. 18, 30. April 1991, S. 169.

7 »Umfrage in Polen und Deutschland über die Einstellung der beiden Völker zueinander«, durchgeführt vom Warschauer Pentor-Institut und dem Bielefelder Emnid-Institut im Auftrag des Nachrichtenmagazins *Der Spiegel:* Nr. 36 vom 2. September 1991, S. 48—57.

8 Erzbischof Karl Lehmann sagte dies — unter beifälligem Nicken des polnischen Kardinals Jozef Glemp — in einem Gespräch mit Gernot Facius von der Tageszeitung *Die Welt,* 2. April 1992, Seite 6.

9 Der intakte *zweite deutsche Staat,* die Bundesrepublik Deutschland, hat es nach Walesa ermöglicht, die Berliner Mauer »mit einem Schwung zu stürzen«, während Polen einen langen »evolutionären Weg« der Ablösung kommunistischer Funktionäre zu beschreiten hatte und habe. So argumentierte Staatspräsident Lech Walesa in einem Gespräch mit Ulrich Schmidla, das die Tageszeitung *Die Welt* am 23. März 1992 ganzseitig (S. 6) abgedruckt hat unter der Überschrift: »Ihr Deutschen habt es besser — Ihr hattet einen zweiten Staat«.

10 Michail Gorbatschow: *Perestroika.* Die zweite russische Revolution. München (Knaur-TB) 1989, S. 252: »Europa ist unser gemeinsames Haus.«

11 »Ein Drittel aller Polen ist bereit, in den kommenden fünf Jahren in den Westen auszuwandern. Zu diesem von der Nachrichtenagentur PAP veröffentlichten Ergebnis kam die Umfrage eines polnischen Meinungsforschungsinstituts.« (*Süddeutsche Zeitung* nach AFP, 26. März 1992, S. 9.)

12 Ökologisch kontraproduktiv hat die Partei DIE GRÜNEN mit der Mehrheit ihrer Delegierten auf dem Parteitag in Berlin am 17. Mai 1992 beschlossen, für

ungehinderte Zuwanderung von Ausländern einzutreten. *Der Tagesspiegel* (Berlin) vom 18. Mai 1992, S. 4: »Grüne lehnen Einwanderungsquoten strikt ab.«

13   Charles de Gaulle, zitiert nach Reinhard Kapferer: *Charles de Gaulle. Umrisse einer politischen Biographie.* Stuttgart (DVA) 1985, S. 286. — Von der ihm wiederholt fälschlich zugeschriebenen Wendung »Europa der Vaterländer« hat Staatspräsident de Gaulle sich in einer Pressekonferenz am 15. Mai 1962 distanziert. »Vaterland« sei ein »menschlicher und gefühlsmäßiger Begriff«; doch Europa müsse sich auf Staaten gründen. Vgl. Charles de Gaulle: *Memoiren der Hoffnung. Die Wiedergeburt 1958—1962.* Wien (Molden) 1971, S. 440 f.

14   Heiner Geißler in einer Diskussions-Runde des *Schweizer Fernsehens* mit dem Soziologen Hans-Joachim Hoffmann-Nowotny und der Ethnologin Verena Tobler-Müller, ausgestrahlt vom Sender *3sat* am 5. Mai 1992.

15   Zum Beispiel beim Tennis soll es statt engl. *tie break* in Frankreich von nun an *jeu décisif* (dt. Entscheidungsspiel) heißen, statt *passing shot* (dt. Passierball) *tir passant.* (Nach einem Bericht in der Tageszeitung *Die Welt* vom 25. 2. 1991, S. 20, mit Bezug auf das *Journal Officiel,* das französische Gesetzblatt.)

16   Liz Lightfoot: English report fails the test. *The Mail on Sunday,* November 13, 1988.

17   Vgl. Karl Kraus: *Unsterblicher Witz.* München (Kösel) 1961, S. 300 f. (Anm. des Hrsg.)

18   Über die — vielleicht durch die visuellen Medien begünstigte — Ausbreitung des Analphabetismus in Europa bekommen wir nur vage, aber alarmierende Zahlen: In der alten Bundesrepublik Deutschland »gab es 1989/90 nach Schätzungen der UNESCO ca. 3 Mio. Analphabeten« (*Aktuell '91. Das Lexikon der Gegenwart.* Dortmund: Harenberg 1990, S. 24).

19   Arno Plack: Zweierlei Konföderation. Leitartikel in der *Passauer Neuen Presse* vom 24. März 1959.

20   *Bild*-Kommentar: Berlin-Umzug. Heuchelei. Von Lothar Loewe. *Bild,* 13. März 1993, S. 2. — Ähnlich drängend schon Rupert Scholz: Die Nation blickt in ihren Spiegel Berlin. *Die Welt,* 19. Januar 1991, S. 17.

21   Die Sogwirkung einer Megastadt auf ihr Umland erklärt sich aus ihrem »überdurchschnittlich hohen Geburtendefizit«: »Um unter dieser Bedingung die Bevölkerungszahl auch nur konstant zu halten, sind ständig große Zuwanderungen erforderlich.« (Prof. Dr. Meinhard Miegel und Mitarbeiter: *Memorandum zum Parlaments- und Regierungssitz Berlin.* Institut für Wirtschaft und Gesellschaft Bonn e.V., 6. Mai 1991, S. 2.)

22   Rudolf Augstein nannte in einem Aufsatz »über Deutschland und die Deutschen« die Abtrennung aller deutschen Gebiete östlich der Oder-Neiße-Linie eine »Amputation« *Preußens.* Im Nachrichtenmagazin *Der Spiegel* vom 2. Juli 1990, S. 30.

23   Die *Frankfurter Rundschau* vom 1. April 1992 (S. 3) zitierte Lech Walesa mit den Worten: »Noch nie hat es eine Zeit in der … Geschichte der beiden Völker gegeben, zu der Polen und Deutschland ›so nah beieinander gelegen‹ hatten.«

24   Heinz Abosch rügte schon vor Jahren die kollektiver Beschuldigung ausweichende Wendung von den »im Namen Deutschlands« begangenen Verbrechen. Man erspare sich damit, von »Verbrechen der Deutschen« zu sprechen (Abosch in: *Fremd im eigenen Land.* Hrsg. von Henryk M. Broder und Michel R. Lang. Frankfurt a. M.: S. Fischer-TB 1980, S. 34).

25   Verena Krieger in einem Interview zum Thema »Multikulturelle Gesellschaft?« im *mtv-Ärzte-Magazin* Nr. 24/1989, S. 26: »Ich identifiziere mich mit Menschen …, politischen Ideen …, aber nicht mit einem Abstraktum namens Nation.«

26 Günter Grass im Gespräch mit Ulrich Wickert in den »tagesthemen« der ARD vom 4. Mai 1992.

27 Das österreichische Nachrichtenmagazin *profil* Nr. 5 vom 1. Februar 1993, S. 15. Auf Seite 18 wird Haiders Forderung, das »Recht auf Heimat für die Österreicher dauerhaft (zu) sichern«, zitiert. — Vgl. auch den *Spiegel* vom 1. 2. 1993, S. 137!

28 Unterstützt von beliebten Schauspielern, die ihre Popularität einbrachten, fordert seit dem 10. Februar 1993 eine Initiative deutscher Politiker und Publizisten die »doppelte Staatsbürgerschaft« für Ausländer in Deutschland. Erstunterzeichner eines entsprechenden Aufrufs waren u. a. Ignatz Bubis, Jürgen Habermas, Lea Rosh, Wolfgang Thierse. Ausführlich dazu: *die tageszeitung* (taz) vom 9. 2. 1993, S. 1 und S. 3.

29 Wiglaf Droste: Papa, Adolf hat gesagt ... Fa & Antifa & Türken & Deutsche & notorisch gute Menschen. *Titanic.* Das endgültige Satiremagazin. 13. Jg. Heft 145, November 1991, S. 42.

   »Daß die Deutschen aussterben, so wie sie bisher waren, ... kann man eigentlich nicht bedauern«, sagte die Psychoanalytikerin Margarete Mitscherlich-Nielsen in der Sendung »Keine Lust auf Kinder« im ZDF am 14. Dezember 1987. Die *Bild*-Zeitung zitierte dies am 17. 12. 1987.

30 Karl Jaspers: *Die Schuldfrage.* Zur politischen Haftung Deutschlands. München (Piper) 1965, Neuausgabe 1987, S. 84.

31 Brigitte Seebacher-Brandt: *Die Linke und die Einheit.* Berlin (Corso bei Siedler) 1991, S. 79.

32 Elisabeth Noelle-Neumann: In der historischen Woche ... Keine Anzeichen für wachsenden Nationalismus. *Frankfurter Allgemeine Zeitung,* 17. Oktober 1990, S. 5.

33 Nach der im Nachrichtenmagazin *Der Spiegel* vom 2. 9. 1991 (S. 57) veröffentlichten Emnid-Umfrage in Deutschland. Vgl. Anm. 7!

34 Die Prozentzahlen für Großbritannien und die USA wurden von Noelle-Neumann in der *FAZ* vom 17. 10. 1990 genannt (s. Anm. 32); die Zahlen für Polen sind der im *Spiegel* vom 2. 9. 1991 (S. 57) veröffentlichten Umfrage des Pentor-Instituts entnommen (s. Anm. 7).

35 Friedrich Dürrenmatt im *Saarländischen Rundfunk* am 10. September 1987: »Wenn ein Kannibale sagt: ›Ich habe Hunger‹, ist das etwas anderes, als wenn ein Vegetarier das sagt.«

36 Andreas Mölzer (Hrsg.): *Österreich und die deutsche Nation.* Graz (Aula) 1985. — Andreas Mölzer: *Und wo bleibt Österreich?* Berg am See (Verlagsgemeinschaft Berg) 1991.

37 Günter Grass in der Sendung »5 nach 10« des *Zweiten Deutschen Fernsehens* am 8. September 1981.

38 Günter Grass: Signaux d'alerte, *Liberation.* 25. Septembre 1990: »Mais, dès que je tire le bilan du processus d'unification germano-allemand, toutes mes appréhensions se réveillent.« — Die *New York Times* zitierte das am 30. 9. 1990: »But when I weigh up the process of German unification, it rearouses all my fears.« So gehen deutsche Warnungen vor Deutschland schnell rund um die Welt.

39 Der britische Minister für Handel und Energie Nicholas Ridley sagte in einem Interview der Wochenzeitung *Spectator* vom 8. Juli 1990, die Deutschen wollten Europa übernehmen, und das müsse verhindert werden. (Nach einem Bericht von Gerd Kröncke in der *Süddeutschen Zeitung* vom 13. Juli 1990, S. 2.) — Man vergleiche auch Anmerkung VIII/103.

40 *Nationalistic-sounding arguments* las Joseph Fitchett von der *International*

Herald Tribune (9. 12. 1991, S. 1) in dem Artikel, den Karl Schiller im *Spiegel* am 9. 12. 1991 veröffentlicht hat: »Deutschland ohne DM?« = Siehe Anm. VIII/35a!

41   Die Auffassung der Nation als einer *Überlebensgemeinschaft* geht zurück auf Arno Plack: *Wie oft wird Hitler noch besiegt?* Düsseldorf (Erb) 1982, S. 324. — So sieht es jetzt (1990) auch Oskar Lafontaine (s. Anm. VIII/88).

42   Max Scheler: *Wesen und Formen der Sympathie, 5.* Auflage: Frankfurt a. M. (Schulte-Bulmke) 1948, S. 202—206.

43   Ein unmißverständliches Signal für die deutsche Wiedervereinigung hatte der Kommandeur der sowjetischen Landstreitkräfte Valentin Warennikow ausgesandt. In einem BBC-Interview Ende Juni 1989 sagte er, sein Land werde sich einer Wiedervereinigung Deutschlands »nicht widersetzen«. (Quelle: AP/*Süddeutsche Zeitung* vom 30. 6. 1989.)

44   Schlagzeile in der Tageszeitung *Die Welt* vom 13. August 1984: Apel erklärt: Deutsche Frage »nicht mehr offen«. — Egon Bahr sprach noch Ende 1988 von der »Last der Wiedervereinigungsillusion«. Egon Bahr: Nachdenken über das eigene Land, Teil II. *Frankfurter Rundschau,* 14. Dezember 1988, S. 14. — Ähnlich Jürgen Schmude: »Die deutsche Frage steht nicht mehr auf der Tagesordnung der Weltpolitik.« (Quelle: *Die Welt,* 23. Februar 1989, S. 9.)

45   Vgl. Brigitte Seebacher-Brandt: *Die Linke und die Einheit.* Berlin (Corso bei Siedler) 1991, besonders S. 22: Im Jahr 1990 habe der SPD und ihrem Kanzlerkandidaten Lafontaine »die positive Grundentscheidung für die Einheit« gefehlt.

46   Das im Unterschied zum Heiligen Römischen Reich deutscher Nation 1871 gegründete »kleindeutsche Reich« umfaßte immerhin noch eine Fläche von 540 772 Quadratkilometern, während das 1990 wiedervereinigte Deutschland nur noch 357 031 Quadratkilometer groß ist. Die Relation ist rund 54 : 36 = 3 : 2.

47   Am Abend der Europa-Wahl, am 18. Juni 1989, sagte die deutsche Spitzenkandidatin der GRÜNEN, Dr. Dorothee Piermont, in die Mikrophone: »Eine Wiedervereinigung darf es für uns gar nicht geben, weil es nicht wieder ein Großdeutsches Reich geben soll, von dem zweimal in der Geschichte ein Krieg ausgegangen ist.« — Auch im *Spiegel* war wiederholt, so in Nr. 27/1990 (S. 29), vom wiedervereinigten Deutschland als von »Großdeutschland« die Rede.

48   Vernon A. Walters: »This is the smallest Germany in 1.000 years, and the richest and the furthest West.« (So zitiert von Serge Schmemann in: *The New York Times,* 30. September 1990.)

49   Scott Sullivan: A German-Slav Affinity? *Newsweek,* November 13, 1989, p. 19: »Beneath the serene surface of constitutional West Germany, the signs of the old German aggressiveness and irredentism are not far to seek.«

50   Turgut Özal, der türkische Staatspräsident, in einem Interview des *Bayerischen Rundfunks,* ausgestrahlt von *1 plus* am 13. Februar 1991.

51   Cathrin Kahlweit in der *Süddeutschen Zeitung* vom 8. 2. 1991: »80 Prozent aller Lieferungen stammen von dreien der fünf festen Mitglieder des Sicherheitsrates, von der UdSSR, China und Frankreich.« — Man vergleiche hierzu die Zahlen von SIPRI in Anmerkung IX/99.

52   Über »die serbische Kampagne gegen die Jugoslawien-Politik der Deutschen« berichtete *Der Spiegel* vom 9. Dezember 1991, S. 26; ebenso zuvor schon in der *Süddeutschen Zeitung* vom 30. 11. 1991 (S. 3) Carl E. Buchalla: »Auferweckung des alten Feindes«.

53   David Binder, Bonner Korrespondent der *New York Times,* im »Presseclub« der ARD am 31. Januar 1993. Zur Begründung seiner Forderung sagte Binder:

»Sie [Kohl und Genscher] haben Entscheidungen getroffen, die den Krieg erweitert und vertieft haben.« Das bezog sich vorwiegend auf die diplomatische Anerkennung Sloweniens und Kroatiens.

54 »Wir leben in Israel«: Filmbericht von Hansjürgen Hilgert über Araber und Juden. WDR, 17. Juli 1988.

55 Peter Steinbach: Zur deutsch-jüdischen Beziehungsgeschichte im 19. und 20. Jahrhundert. In: *Aus Politik und Zeitgeschichte.* Beilage zur Wochenzeitung *Das Parlament.* B 1—2/92 (3. Januar 1992), S. 13.

56 Henry Kissinger in der Sendereihe »Zeugen des Jahrhunderts« des ZDF am 4. 11. 1990.

57 Gerade das vom *Spiegel* am 1. Februar 1988 im Faksimile veröffentlichte Telegramm, das Kurt Waldheim unwiderleglich als Kriegsverbrecher ausweisen sollte, hat sich als Fälschung erwiesen. Der Schweizer Militärhistoriker Hans Rudolf Kurz, Leiter der internationalen Untersuchungskommission, hatte das Papier schon zum »Schlüsseldokument« erklärt (*Basler Zeitung*, 6. 2. 1988, S. 5), Der damalige *Spiegel*-Chefredakteur Erich Böhme sagt heute: »Ich bin auf einen Betrüger reingefallen« (in: *1 plus*, Wortwechsel, 25. Mai 1991). Zum »Fall Waldheim« informativ: Simon Wiesenthal: *Recht, nicht Rache.* Ullstein-TB 1991, S. 380—395.

58 Helmut Schmidt beklagte sich gegenüber einem Mitarbeiter der *Frankfurter Allgemeinen* über die »ekelhafte Kampagne«, die gegen ihn in Gang gekommen sei wegen des auf Befehl erfolgten Besuches von Freislers »Volksgerichtshof«. Zitiert nach dem »Besuch beim Bundeskanzler« von Walter Henkels in der *FAZ* vom 21. 10. 1980. — *FAZ* vom 26. 2. 1982, S. 7: »Neue Angriffe Begins auf den Bundeskanzler«.

59 Bärbel Bohley in der Diskussionsrunde eines deutschen Fernsehsenders 1991. Wortlaut des zitierten Satzes von der Bürgerrechtlerin autorisiert durch briefliche Mitteilung vom 11. 8. 1992.

60 Nach dem am 15. August 1991 vom Bundesinnenminister vorgelegten »Verfassungsschutzbericht 1990« hat der sowjetische Geheimdienst KGB »sowohl ehemalige MfS-Spione als auch eine Fülle von Spionagematerial des DDR-Apparates übernommen«. So mitgeteilt nach *dpa* in der *Rhein-Neckar-Zeitung* vom 16. 8. 1991 unter der Überschrift: »KGB übernahm arbeitslose DDR-Spione«. Ähnliche Presseberichte lauteten:
»DDR-Spione sind noch aktiv« (*Berliner Morgenpost*, 1. 4. 1990);
»KGB hört weiter mit« (dpa/*Süddeutsche Zeitung*, 19. 8. 1991);
»Teil der Stasi-Spione ist weiter aktiv« (Reuter/*Der Tagesspiegel*, 31. 8. 1992).

61 Stasi-Oberst F. Komorowsky in einem Interview mit *RTL-plus*, gesendet am 17. September 1990. — Der schöngeistig gestimmte Interview-Partner hörte an der politischen Brisanz dieser Aussage vorbei und forderte den Ex-Oberst zum wiederholten Male auf, »einen Nachruf auf die Stasi« zu formulieren.

62 Rita Süssmuth in der Bundestagssitzung im Berliner Reichstagsgebäude am 20. Dezember 1990. — An Warnungen hat es nicht gefehlt: »RAF und Ex-Stasi wirken zusammen«, sagte der neue Präsident des Bundesamtes für Verfassungsschutz Eckart Werthebach laut *SAT.1*-Text vom 8. Juli 1991.

63 Norbert Muhlen (*Das Deutschlandbild der Amerikaner.* Hamburg 1960) fand in den USA eine Menge Bücher und Abhandlungen mit wissenschaftlichem Anspruch, in denen es darum gehe, die Behauptung »zu stützen, daß dem deutschen Nationalcharakter angeborene böse und gefährliche, blutrünstige und zivilisationsfeindliche Züge eigen seien« (Muhlen a. a. O., S. 27). — Ein Beispiel dafür oben in Anmerkung 49 des Nachworts.

64 Dem rassistischen Denken eines Nazi-Führers lag es nicht fern zu sagen: »Bar-

barei muß ein vorherrschender deutscher Charakterzug sein.« So Hans Frank
am Rande des Nürnberger Kriegsverbrecherprozesses zum amerikanischen Gerichtspsychologen Gilbert. Siehe Gustave M. Gilbert: *Nürnberger Tagebuch.*
Frankfurt a. M. (S. Fischer-TB) 1962, S. 66.
Dem Spanier Heleno Saña verkörpert Deutschland »das Prinzip des Bösen wie
kein anderes Land« (s. Anm. VIII/113). — Chaim Noll sieht immer noch das
Gros der deutschen Nation als »latent gewalttätig« (Anm. VIII/1).

65 Heleno Saña: *Das Vierte Reich.* Deutschlands später Sieg, Hamburg (Rasch
und Röhring) 1990, S. 212.

66 *Land der Mörder:* Diese Formulierung ist nicht ganz so geläufig geworden wie
diejenige vom »Volk der Täter« (vgl. Anm. IV/80). Wir fanden sie aber in Auf-
sätzen von Richard Chaim Schneider in der Wochenzeitung *Die Zeit* vom
7. 12. 1990 (S. 76) und von Chaim-Alexis Barsuhn in der *Allgemeinen Jüdischen Wochenzeitung* vom 16. Juli 1992 (S. 5).

67 Heinz Abosch: Wer sich erinnert, kann nicht ruhig sein. In: *Fremd im eigenen
Land.* Juden in der Bundesrepublik. Hrsg. von Henryk M. Broder und Michel
R. Lang. Frankfurt a. M. (S. Fischer-TB) 1980, S. 34.

68 Richard von Weizsäcker in der *ZDF*-Sendung »Die deutsche Einheit — Traum
und Wirklichkeit« am 20. 12. 1990: Neben der Wirtschafts-, Währungs-, Um-
welt- und Verfassungsunion bedürfe es einer »Bewußtseins- und Empfindungsunion der Deutschen«.

69 »Ein Schuldgefühl bringt eigentlich jeder von uns auf, weil das unsere Vorfahren waren. Und weil wir Deutsche sind«, sagte ein Schüler, der zusammen mit
anderen jungen Deutschen Auschwitz besucht hatte. ARD-Filmbericht von
Leonie Lambert »über eine Schülergruppe, die sich ganz bewußt mit den Verbrechen der NS-Zeit auseinandersetzen will« (Programmtext der *AZ*), ausgestrahlt am 16. 9. 1988. — Vgl. Anm. 14 des IV. Kapitels!

70 Theodor Lessing: *Der jüdische Selbsthaß.* München (Matthes und Seitz) 1984.

71 So wurde es von Vladimir Dedijer namens der Jury des Internationalen Russell-
Tribunals am 29. März 1978 in Frankfurt am Main vorgetragen. Zitiert nach
dem Bericht von Dirk Cornelsen in der *Frankfurter Rundschau* vom 30. März
1978 unter der Überschrift: »Russell-Tribunal weist jede antideutsche Propaganda zurück«.

72 Staatspräsident Václav Havel in einem *Spiegel*-Gespräch: *Der Spiegel* vom
1. Oktober 1990, S. 198. — Gegen den biologistisch (= rassistisch) eingefärbten Antigermanismus wendet sich Michael Wolffsohn: *Ewige Schuld?* München
(Piper) 1988, S. 53 f.

73 In diesem Sinne von Deutschland, »in dem bekanntlich keine bürgerliche Revolution sich durchsetzen konnte«, spricht Eberhard Jäckel in seiner Einleitung
zu: *Deutsche Parlamentsdebatten.* Band 3: 1949—1970. Fischer-TB 1971,
S. 15. — Ähnlich, unter Berufung auf Hans Werner Richter, auch Günter
Grass: *Deutscher Lastenausgleich.* Frankfurt a. M. (Luchterhand) 1990, S. 95,
und Theodor Heuss: *Die großen Reden.* Tübingen (Leins) 1965, S. 220.

74 Ministerpräsident Heinz Modrow in einem *Spiegel*-Gespräch: *Der Spiegel* vom
4. Dezember 1989, S. 35 f. — Ähnlich Modrow in einem *ZDF*-Interview am
19. 12. 1989.

75 Hermann von Berg, ein 1986 aus der DDR gekommener Gesellschaftswissen-
schaftler, sagte zu Modrows Bekenntnis zur deutschen Einheit noch am selben
Tag (1. 2. 1990) in der *heute*-Sendung des ZDF: »Das war der taktische Versuch, sich an die Spitze der Revolution zu setzen, sie zu kanalisieren, sie in
seichtes Wasser zu lenken und womöglich in versumpftes Gelände.«

76 Willy Brandt am 14. September 1988 in der Friedrich-Ebert-Stiftung in einer

Rede zum Thema »40 Jahre Grundgesetz«, zitiert nach der *Frankfurter Rund-schau* vom 15. 9. 1988, S. 8.

77 Willy Brandt am 10. November 1989 in Berlin vor dem Rathaus Schöneberg: »Wir sind jetzt in einer Situation, wo wieder zusammenwächst, was zusammen-gehört.« (Wortlaut nach der *Süddeutschen Zeitung* vom 11. 11. 1989, S. 1).

78 Walter Jens im *Hessischen Fernsehen* (h3) am 8. Februar 1989 in der Sende-reihe »Streitfragen«. — Karl Jaspers hielt nach dem Untergang des »Bismarck-staates« den Gedanken an Wiedervereinigung für »irreal« (*Freiheit und Wieder-vereinigung.* Neuausgabe bei Piper, München 1990, S. 110).
Günter Grass, der häufig im Sinne von Jens und Jaspers zitiert wird (so von Bri-gitte Seebacher-Brandt: *Die Linke und die Einheit.* Berlin 1991, S. 63), hat aber stets den »dritten Weg« einer Konföderation im Auge behalten. Vgl. Rudolf Augstein, Günter Grass: *Deutschland, einig Vaterland?* Göttingen (Steidl) 1990, S. 55, 59 und 89. — Bemerkenswert eindeutig dagegen die heutige Schiller-Preis-Trägerin Lea Rosh noch im Februar 1989: »Ich kann die Arro-ganz der Westdeutschen nicht verstehen, die von der Wiedervereinigung re-den.« (In der *talkshow* »Freitagnacht« des *Senders Freies Berlin,* am 24. 2. 1989.)

79 Dov Schilanski, zitiert nach der *Süddeutschen Zeitung* vom 4. Oktober 1990: »Tag der Trauer für das jüdische Volk« (Bericht nach dpa/Reuter).

80 Johann Kroll, zitiert nach einem Bericht von Ulrich Schmidla in: *Die Welt* vom 5. Oktober 1990, S. 7: »Kattowitz läßt die Glocken läuten«.

81 »Den Deutschen fehlt es an nationaler Identität; sie hatten eine ideologische Identität«, sagte der israelische Journalist Daniel Dagan am »Stammtisch« des Fernsehsenders *3sat* am 3. März 1991.

82 So berichtete es Wolfgang Koczian, der Frankreich-Korrespondent des Deutsch-landfunks, im »Presseclub« der ARD am 27. 12. 1992.

83 Näheres dazu in den Anmerkungen VI/48 und VIII/57a. Armin Mohler (*Der Nasenring,* München: Langen-Müller 1991, S. 187) hat gezeigt, wie man einer Bezahlung fürs »Nazi-Spielen« auf die Spur kommen kann.

84 Wolfgang Kowalsky hat zu solchen ablenkenden Erklärungen und Deutungen ausländerfeindlichen Verhaltens treffend gefragt: »Kann die Selbstwahrneh-mung und -interpretation der Menschen umstandslos beiseite geschoben wer-den?« (W. Kowalsky: Rechtsextremismus und Anti-Rechtsextremismus in der modernen Industriegesellschaft. In: *Aus Politik und Zeitgeschichte.* Beilage zur Wochenzeitung *Das Parlament,* B 2—3/93, 8. Januar 1993, S. 23.)

84a Henning Voscherau in: *Das Parlament,* Nr. 24, 11. Juni 1993, S. 13.

85 Günter Grass: *Rede vom Verlust.* Über den Niedergang der politischen Kultur im geeinten Deutschland. Vorgetragen in den Münchner Kammerspielen am 18. November 1992. Wortlaut zitiert nach der *Süddeutschen Zeitung* Nr. 269 vom 21./22. November 1992, S. 14.

86 Wiglaf Droste: Papa, Adolf hat gesagt … *Titanic.* Heft 145, November 1991, S. 42.

87 Ralph Giordano: *»Ich bin angenagelt an dieses Land«,* Hamburg (Rasch und Röhring) 1992, S. 298.

88 Vgl. Anm. IV/61! — Die auch von Frankreichs Ex-Premier Michel Rocard auf-gegriffene Rede von den deutschen *Dämonen* (nach *Welt am Sonntag,* 6. 9. 1992, S. 2) geht auf Elie Wiesel zurück, der die Frage aufwarf, ob das er-starkte, wiedervereinigte Deutschland die »eroberungssüchtigen Dämonen« (*conquest-thirsty demons*) seiner Vergangenheit abschütteln könne (Elie Wiesel: I Fear What Lies Beyond the Wall. *The New York Times.* 17. November 1989, Seite A 39).

89 Die Wochenzeitung *Bild am Sonntag* machte am 29. 11. 1992 ihre Titelseite mit dem Bild eines 14jährigen Mädchens auf, dem angeblich Skinheads ein Hakenkreuz ins Gesicht geschnitten hätten. Das skandalöse Bild ging auch durch viele andere Blätter, nicht aber die Richtigstellung von Enrico Weber in der *Bild*-Zeitung vom 16. 12. 1992, wonach sich das »arme Opfer« von Neonazis die Verletzung selbst zugefügt hatte.

Ein ähnliches Faktum: »Skinhead-Überfall vorgetäuscht. Freund schoß türkischem Mädchen mit Gaspistole ins Gesicht« (AP/*Rhein-Neckar-Zeitung* vom 29. Januar 1993, S. 17).

90 Die *Bild*-Zeitung (Regionalausgabe Halle) vom 28. 12. 1992 überschrieb einen entsprechenden Bericht von Günther Trittel auf Seite 1 mit der Zeile: »Bitterfeld: Asylanten zündeten Asylheim an«.

Nach Berichten der *Stuttgarter Zeitung* vom 2., 4. und 5. Januar 1993 kamen am Neujahrstag 1993 durch einen Brandanschlag auf die Asylbewerberunterkunft in Bietigheim zwei Menschen ums Leben; ein dritter Heimbewohner erlitt lebensgefährliche Verletzungen. Dringender Tatverdacht richtete sich gegen einen 19jährigen Jugoslawen, »der häufig brennende Zigarettenkippen und brennende Streichhölzer nach Mitbewohnern geworfen hat« (Stuttg. Ztg., 4. 1. 1993, S. 21).

91 Die *Stuttgarter Zeitung* vom 5. Dezember 1992, S. 28, in einem Bericht (ema) unter der Überschrift: »Motiv des Brandstifters: Aktion gegen Rechtsradikale«.

92 Wolf Biermann hat mit diesen Worten am 2. Januar 1993 einen »Liederabend vor Asylbewerbern« in Hamburg-Barmbeck eingeleitet. Nach einem Bericht von Claus Thomsen (»Gegen Amokläufer helfen keine Lieder«) in der *Rhein-Neckar-Zeitung* vom 4. 1. 1993, S. 2.

93 Die erste *Lichterketten*-Demonstration »gegen Fremdenhaß, Rechtsradikalismus und Antisemitismus« fand am 6. Dezember 1992 in München statt. Eine der stimmungsvollsten Lichterketten war diejenige rund um die Hamburger Außenalster mit den sich im Wasser spiegelnden Lichtern. *Der Spiegel* vom 21. 12. 1992 (S. 39) brachte ein halbseitiges Bild davon. — Wo aber nur noch Stimmung erzeugt wird, da werden Inhalte beliebig und austauschbar. Aus solcher Einsicht kam die Kritik von Brigitte Seebacher-Brandt: Des Guten genug. Deutschland im Glanze seiner Lichterketten. *Frankfurter Allgemeine Zeitung* vom 28. 1. 1993, S. 25.

94 Joachim Neander erwähnt im selben Zusammenhang (Biedermanns Brandstifter. *Die Welt*, 9. 1. 1993, S. 4) die »insgesamt zweiunddreißig ermordeten und mehr als hundert verletzten Opfer des RAF-Terrors«.

95 *FAZ* vom 7. Januar 1993, S. 8: »Der 50 Jahre alte Türke, gegen den im Zusammenhang mit dem Mord an fünf Menschen in Tankenrade-Ahrensbök Haftbefehl wegen dringenden Tatverdachts erlassen worden ist, soll in seinem Heimatland festgenommen worden sein.«

96 *Ausländerkriminalität:* Der von der *National-Zeitung* (s. Schlagzeile vom 25. 1. 1993) häufig propagandistisch verwendete Begriff soll denken lassen, es handle sich dabei um eine besondere, von allen anderen Verbrechen abgehobene Kriminalität.

97 Die *dämonische* Austrahlung eines mörderisch agitierenden und handelnden »Führers« kommt von der Erregung, die in bereits aggressiv gestimmten Menschen von ihm aufgerührt wird. Die Überzeugung, ganze Völker seien dämonisch, ist nicht minder ein Projektionsphänomen. »Man hat die Deutschen dämonisiert«, sagte der Franzose Jean-Paul Picaper (im »Presseclub« der ARD am 10. Mai 1992). — Vgl. Anm. Nw/88!

Abkürzungen

a. a. O.	am angegebenen Ort	Ed.	Editor (Herausgeber)
AFP	Agence France-Press	EVA	Europäische Verlags-
AJW	Allgemeine Jüdische		anstalt
	Wochenzeitung	f.	folgende (Seite)
Anm.	Anmerkung	ff.	(die) folgenden (Seiten)
Anm. IV/80	Anmerkung 80 des	FAZ	Frankfurter Allgemeine
	IV. Kapitels		Zeitung
AP	Associated Press	FDJ	Freie Deutsche Jugend
ARD	Arbeitsgemeinschaft der		(DDR)
	öffentlich-rechtlichen	FDP	Freie Demokratische
	Rundfunkanstalten der		Partei
	Bundesrepublik Deutsch-	FR	Frankfurter Rundschau
	land	Gestapo	Geheime Staatspolizei
Art.	Arikel		(Hitlers)
Az	Aktenzeichen	Ges. W.	Gesammelte Werke
AZ	Abendzeitung (München)	GG	Grundgesetz
Bd.	Band	GULag	Glawnoje Uprawlenije
Bde.	Bände		Lagerej (Hauptver-
BGH	Bundesgerichtshof		waltung des sowjetischen
BR	Bayerischer Rundfunk		Straflagersystems)
BT-Drs.	Bundestags-Drucksache	H.	Heft
BVerfG	Bundesverfassungs-	Hg./Hrsg.	Herausgeber
	gericht	IMT	Internationales
©	copyright		Militär-Tribunal
CDU	Christlich-Demokratische	Jg.	Jahrgang
	Union	Kap.	Kapitel
CIC	Counter Intelligence	KdV	Kriegsdienstverweigerung
	Corps (USA)	KTA	Kröners Taschen-
CSU	Christlich-Soziale Union		ausgaben
	(Bayern)	KZ	Konzentrationslager
DAG	Deutsche Angestellten-	MfS	Ministerium für Staats-
	Gewerkschaft		sicherheit (DDR)
DDR	Deutsche Demokratische	M. K.	Mein Kampf
	Republik	MM	Mannheimer Morgen
DGB	Deutscher Gewerk	ND	Neues Deutschland
	schaftsbund	NDR	Norddeutscher Rundfunk
DKP	Deutsche Kommunisti-	NJW	Neue Juristische
	sche Partei		Wochenschrift
dpa	Deutsche Presse-Agentur	NPD	Nationaldemokratische
dt.	deutsch		Partei Deutschlands
DVA	Deutsche Verlags-Anstalt	Nr.	Nummer
DVU	Deutsche Volks-Union	NS	Nationalsozialismus
ed.	edited (herausgegeben)		

NSDAP	Nationalsozialistische Deutsche Arbeiterpartei	SPÖ	Sozialistische Partei Österreichs
Nw.	Nachwort	SRP	Sozialistische Reichs-
NZZ	Neue Zürcher Zeitung		partei
OB	Oberbürgermeister(in)	SS	Schutz-Staffel (Kampf-
o. J.	ohne Jahresangabe		verband der NSDAP)
op. cit.	opere citato (im zitierten Werk)	Stasi	Staatssicherheitsdienst (der DDR)
p.	page (Seite)	StGB	Strafgesetzbuch
PAP	Polska Agencja Prasowa (polnische Nachrichten- agentur)	St. Ztg.	Stuttgarter Zeitung
		SWF	Südwestfunk
		SZ	Süddeutsche Zeitung
PDS	Partei des Demokrati- schen Sozialismus	taz	Tageszeitung (Titel eines alternativen Blattes)
PNP	Passauer Neue Presse	TB	Taschenbuch
RAF	Rote-Armee-Fraktion	UdSSR	Union der Sozialistischen
Rdnr.	Randnummer		Sowjetrepubliken
Reps	Republikaner	UNESCO	United Nations Educa-
RNZ	Rhein-Neckar-Zeitung		tional, Scientific and
RTL	Radio Télévision Luxembourg		Cultural Organization
		USA	United States of America
s.	siehe	Vol.	Volume (Band)
s. o.	siehe oben	W.	Werke
S.	Seite	WamS	Welt am Sonntag
SA	Sturm-Abteilung (Hitlers)	WDR	Westdeutscher Rundfunk
SDR	Süddeutscher Rundfunk	ZDF	Zweites Deutsches Fern-
SED	Sozialistische Einheits- partei Deutschlands (DDR)		sehen
		Zschr.	Zeitschrift
		ZStW	Zeitschrift für die
Sp.	Spalte		gesamte Strafrechts-
SPD	Sozialdemokratische Partei Deutschlands		wissenschaft
		Ztg.	Zeitung

Sachregister

Personenregister

Lieferbare Bücher von Arno Plack:

Philosophie des Alltags
Deutsche Verlags-Anstalt, Stuttgart

Die Gesellschaft und das Böse
Eine Kritik der herrschenden Moral
Frankfurt am Main: S. Fischer-Taschenbuch

Wie oft wird Hitler noch besiegt?
Neonazismus und Vergangenheitsbewältigung
Frankfurt am Main: S. Fischer-Taschenbuch

Es darf nicht wahr sein. Satiren
Rauten Verlag Dr. Hanskarl Hornung, Riemerling

Jeweils wenige Exemplare der folgenden Bücher werden noch ausgeliefert
von Dr. Hanskarl Hornung (D-85521 Riemerling, Geranienstraße 46 a):

Der Mythos vom Aggressionstrieb
(Ln. u. Pb.)

Plädoyer für die Abschaffung des Strafrechts
(Pb.)

Ohne Lüge leben
Zur Situation des Einzelnen in der Gesellschaft
(Pb.)